兴皖学术文库（第十四辑）

长三角一体化与安徽发展

安徽省社会科学界第十四届（2019）学术年会论文集

安徽省社会科学界联合会　编

合肥工业大学出版社

安徽省社会科学界第十四届(2019)学术年会组织机构名单

组织委员会

主 任　马 雷

委 员　（以姓氏笔画为序）

卜幼凡　叶晓明　江 涛　刘 涛　孙东海
李 中　李仁群　李琳琦　吴天宏　吴劲松
陈初升　陈超英　苗 键　周 军　周加来
施立业　洪永平　袁维海　顾党胜　程 艺
程雁雷

秘书长　江 涛

学术委员会

主 任　宋宏

委 员　（以姓氏笔画为序）

汪兴福　陈义平　盛明泉　程继新　潘理权
燕少红　戴兆国　魏 遥

秘书长　程继新

前　言

　　安徽省社科界学术年会是一年一度全省多学科、高层次、权威性的学术盛会,是研究学术问题、展示学术成果、培养学科新人的重要平台。经过多年精心打造,年会的吸引力、凝聚力和影响力不断提升,年会集结出版的优秀成果《兴皖学术文库》,也成为我省社科界一年一度的学术精品。

　　2019年学术年会的主题是"长三角一体化与安徽发展",以习近平新时代中国特色社会主义思想为指导,深入学习贯彻党的十九届四中全会精神,突出长三角一体化发展主题,紧扣安徽实际,彰显智库支撑,重点围绕安徽加快推进长三角一体化发展国家战略的重大理论与实践问题开展研究,注重学术创新及成果转化应用,进一步增强年会的整体影响力和品牌辐射力,不断推动哲学社会科学繁荣发展。学术大会由省社科联主办,三个专场分别由中共安徽省委党校(安徽行政学院)、安徽大学和阜阳市社科联等单位承办。

　　本届学术年会得到全省社科界的热烈响应,共收到应征论文279篇,经各专场专家委员会和年会学术委员会两轮严格评审,评选出58篇优秀论文参加学术年会大会交流,按照政治与社会治理、经济与生态文明、文化融合与创新三个专题汇编成集,公开出版。本届学术年会的召开和论文集的编辑出版,得到了中共安徽省委党校(安徽行政学院)、安徽大学和阜阳市社科联等单位的支持和帮助;我省广大社科工作者热情参与;同时,合肥工业大学出版社的领导和编辑对论文集的编辑出版付出了辛勤劳动,在此表示衷心感谢!

目 录

第一专题

政治与社会治理专题

第二专题

经济与生态文明专题

第三专题

文化融合与创新专题

第一专题

政治与社会治理专题

安徽融入长三角高质量一体化：测度与对策

方大春　裴梦迪

摘　要：把握安徽融入长三角高质量一体化水平及特征，能够充分发挥安徽融入主动性，有利于实现长三角高质量一体化发展。基于"高质量一体化"和"融入"内涵，构建科学合理的评价指标体系，测度一体化融合水平。安徽融入长三角高质量一体化整体水平稳步提升，社会一体化具有良好基础，协同一体化程度较高但仍有提升空间，市场一体化和空间一体化水平呈稳步增长态势，经济一体化变化平缓，创新一体化水平落后。针对上海"龙头效应"不足、安徽"洼地效应"不足、经济发展动能不足以及发展战略差异化不足等制约因素，提出安徽深度融入长三角高质量一体化发展路径要以产业共生夯实深度融合根基，以创新驱动增强深度融合动力，以要素配置空间耦合提高深度融合效率，以协同治理落实深度融合责任。

关键词：融入长三角；高质量一体化；测度；对策

一、引　言

长三角高质量一体化发展具有极大的区域带动和示范作用，应紧扣"一体化"和"高质量"两个关键，树立"一体化"意识和"一盘棋"思想，打造高质

作者简介：方大春（1973—），男，安徽和县人，博士后，安徽工业大学商学院教授、副院长、硕士生导师，主要从事区域经济研究；裴梦迪（1996—），女，安徽郎溪人，安徽工业大学商学院应用经济学研究生。

基金项目：教育部人文社科规划基金项目"高质量发展背景下长江经济带产业布局优化研究"（19YJA790010）。安徽省社会科学创新发展研究课题重大研究项目"长江经济带建设大格局中协同共进机理与高质量发展重大工程研究"（2018ZD016）。

量发展动力源。安徽如何在长三角地区更高质量一体化发展中发挥更大作用,需要主动对标江浙沪,明晰差距、找准定位。

关于安徽融入长三角高质量一体化的研究多为理论分析。范从来(2019)、孟天琦(2019)、姚玫玫(2016)等学者分别从基础、差距、优势和问题等方面探讨安徽融入长三角高质量一体化的使命与作为、制约因素和实现路径,但对安徽融入长三角高质量一体化缺乏定量研究。定量测度安徽融入长三角高质量一体化的关键在于指标选取,目前研究中关于长三角高质量一体化的评价指标大致分为两类。一是从单个指标或某一维度评价长三角高质量一体化,如市场一体化(杨凤华等,2012)、经济一体化(陈坤等,2013)、空间一体化(陈雯等,2013)、公共服务一体化(武义青等,2017)等。二是选取多指标构建多维度评价体系测度长三角区域一体化。李世奇等(2017)从分工、竞争、协作三大核心要素出发,构建长三角高质量一体化指标体系,包括市场统一性、要素同质性、发展协同性和制度一致性4个一级指标和21个二级指标。顾海兵等(2017)从市场、产业、基础设施、公共服务、政策体制5个维度选取13个评价指标。曾刚等(2018)构建包含经济发展、科技创新、交流服务、生态保护四方面内容的20个核心指标。纵观现有评价长三角高质量一体化的指标体系,有些仅考虑单方面一体化,难以全方位评价一体化水平;或者构建综合指标体系但未对分项指标进行深入设计,缺乏高质量背景下一体化的新内涵体现。

鉴于此,需要在准确把握安徽融入长三角高质量一体化的"融入"和"高质量一体化"内涵基础上,构建一套科学合理的一体化评价指标体系,测算安徽融入长三角高质量一体化水平,并探寻内在原因,给出提升策略。

二、指标选取与处理

(一)指标选取

测度安徽融入长三角高质量一体化水平,需要正确理解"高质量一体化"和"融入"内涵。高质量一体化是以创新、协调、绿色、开放和共享等新发展理念为指导,通过合作开放和竞争打破要素流动壁垒,使区域内各水平趋于一致,实现高质量发展(陈耀,2019;刘志彪,2019;陈建军,2019)。"融入"不仅是"加入",还需经济上的渗透和关联,是安徽与长三角其他地区各方面差距的缩小、协同度的提升,既要有反映融入长三角的"差距"类对比性指标,也要有"协同"类状态性指标。本质上,安徽融入长三角高质量一体化就是要保证要素在区域内自由流动,市场一体化是前提,经济一体化是基础,空间一体化是载体,创新一体化是支撑,社会一体化是保障,协同一体化是状态。充分考虑指标代表性、可操作性、综合性及科学性,从市场一体化、经济一体化、空间一体化、社会一体化、创新一体化、协同一体化等方面构建指标体系,见表1。

表1 安徽融入长三角高质量一体化指标体系

一级指标	二级指标	指标说明	指标属性	指标类型
市场一体化	工资水平比	城镇非私营单位就业人员人均工资	正向	差距
	利用外资比	实际利用外资直接投资额占 GDP 比	正向	差距
	金融市场比	金融机构贷款余额占 GDP 比	正向	差距
	PPI 指数比	工业生产者出厂价格指数	逆向	差距
	CPI 指数比	居民消费价格指数	逆向	差距
经济一体化	人均产出比	人均 GDP	正向	差距
	可支配收入比	城镇居民人均可支配收入	正向	差距
	经济结构比	产业结构层次系数	正向	差距
	恩格尔系数比	城镇居民恩格尔系数	逆向	差距
	失业率比	城镇登记失业率	逆向	差距
空间一体化	城镇化率比	城镇人口占常住人口比	正向	差距
	城市建设比	城市建成区占区域城区面积比	正向	差距
	公路网比	每百平方公里内的公路里程数	正向	差距
	铁路网比	每百平方公里内的铁路里程数	正向	差距
	信息网比	每万人固定互联网宽带接入用户	正向	差距
社会一体化	教育水平比	人均受教育年限	正向	差距
	空气质量比	空气质量平均优良天气比	正向	差距
	医疗条件比	每万人口医院床位数	正向	差距
	社会治安比	犯罪率	逆向	差距
	生命健康比	死亡率	逆向	差距
创新一体化	创新成果比	每万人发明专利授权数	正向	差距
	技术转化比	技术市场成交额占 GDP 比	正向	差距
	能源消耗比	单位 GDP 能源消耗	逆向	差距
	技术效率比	全社会劳动生产率	正向	差距
	创新产出比	高技术产业产值占 GDP 比	正向	差距

（续表）

一级指标	二级指标	指标说明	指标属性	指标类型
协同一体化	产业同构比	产业结构相似性系数	逆向	状态
	专业化程度比	克鲁格曼专业化系数	正向	状态
	区域增长收敛比	人均GDP增长率方差	逆向	状态
	人口首位度比	城市人口首位度	逆向	状态
	经济联系强度比	绝对经济联系强度	正向	状态

（二）指标处理

指标分为差距类指标和协同类指标。差距类指标包括市场一体化、经济一体化、空间一体化、社会一体化和创新一体化，主要考察安徽融入能力。通过计算各项指标下"安徽值/沪苏浙均值"大小考察安徽省与长三角其他两省一市的差距，判断安徽融入长三角高质量一体化的能力基础，比值越大，说明安徽融入长三角高质量一体化的基础条件越好、融入能力越强。不同于差距类指标，协同类指标主要考察安徽融入效果，通过计算各项指标下"加入安徽值/不加安徽值"，考察安徽融入长三角高质量一体化整体效果，比值越大，说明安徽融入长三角高质量一体化越容易推进。正向指标值越高表明安徽融入长三角高质量一体化水平越高，逆向指标值越高表明安徽融入长三角高质量一体化水平越低。具体正向或逆向指标见表1中的说明。

由于指标属性并不一致，测算安徽融入长三角高质量一体化水平时，首先需对指标做同向化处理。对于逆向指标，采用"倒数逆变换法"取其倒数，其实质是变换为"沪苏浙均值/安徽值"或"不加安徽值/加入安徽值"。基于融入指标含义特殊性以及各维度指标的重要性，采取专家打分法确定权重大小，经过多轮征询和意见反馈，最终确定各项指标权重相等。研究年份为2010—2017年，原始数据来自2011—2018年的各省统计年鉴以及相关年份统计公报。

三、安徽省融入长三角高质量一体化水平

（一）安徽融入长三角高质量一体化总体水平

基于评价指标体系，测算2010—2017年安徽融入长三角高质量一体化总水平及各维度水平（见表2），为更加可视化分析安徽融入长三角高质量一体化各项水平变化趋势，绘制图1和图2。

表 2　安徽融入长三角高质量一体化水平

差距类指标 年份	一体化 总水平	市场 一体化	经济 一体化	空间 一体化	社会 一体化	创新 一体化	协同 一体化
2010 年	0.7728	0.7881	0.7434	0.7421	1.0344	0.3840	0.9449
2011 年	0.7745	0.8071	0.7291	0.7457	1.0124	0.4176	0.9351
2012 年	0.7915	0.8342	0.7301	0.7837	1.0347	0.4426	0.9235
2013 年	0.8199	0.8587	0.7439	0.7990	1.1026	0.5002	0.9151
2014 年	0.8374	0.8927	0.7757	0.7936	1.0870	0.5514	0.9237
2015 年	0.8481	0.9308	0.7576	0.8459	1.0501	0.5811	0.9228
2016 年	0.8566	0.9513	0.7568	0.8657	1.0222	0.5984	0.9452
2017 年	0.8549	0.9731	0.7704	0.8821	0.9590	0.5929	0.9519
均值	0.8194	0.8795	0.7509	0.8072	1.0378	0.5085	0.9328

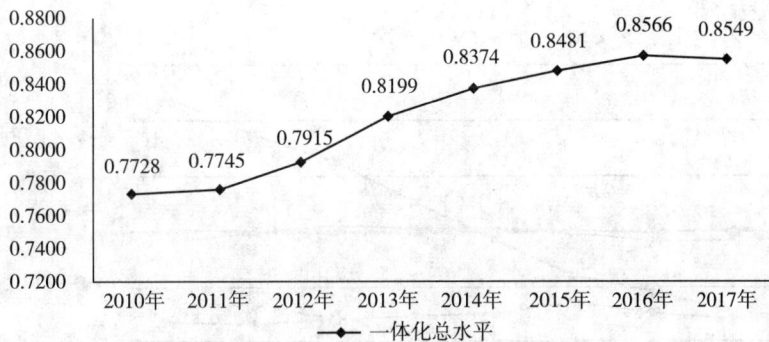

图 1　安徽融入长三角高质量一体化总水平变化趋势

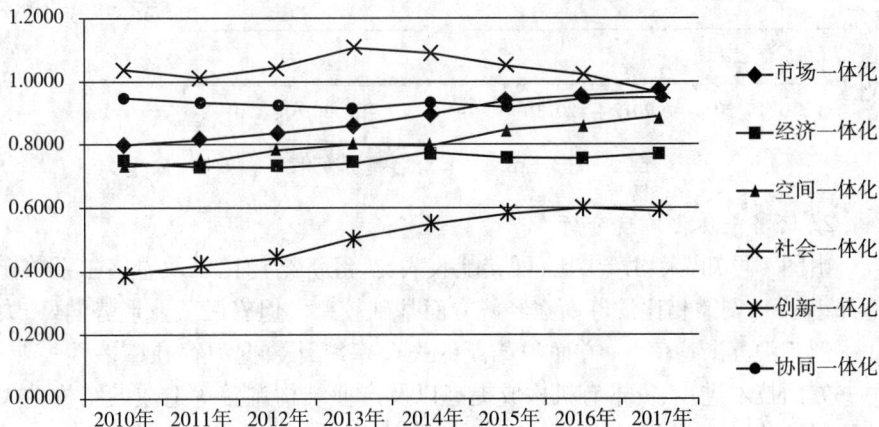

图 2　安徽融入长三角高质量一体化分维度变化趋势

安徽融入长三角高质量一体化总水平稳步提升。市场一体化水平值超过0.8且有望突破1;经济一体化水平低于0.8且变化平缓;空间一体化水平呈稳步增长态势且均值超过0.8;社会一体化水平最高且均值超过1,部分指标优于沪苏浙均值;创新一体化水平明显落后,与其他几项水平差距较大且近几年增长速度放缓;协同一体化水平大于0.9但未超过1,协同一体化程度较高但仍有提升空间。

(二)安徽融入长三角高质量一体化分维度水平

1. 市场一体化维度分析

由图3可知,安徽利用外资水平呈稳步增长,实际利用外资占GDP比近几年超过沪苏浙均值;金融市场比值小幅提升但仍小于1;劳动者工资水平比值小幅下降且小于1;消费者价格指数和生产者价格指数均接近1,但总体来说安徽生产者价格指数相对沪苏浙略高。安徽与沪苏浙在投资环境和金融市场方面的差距缩小,劳动力市场发展不足,价格水平缺乏吸引要素集聚优势。

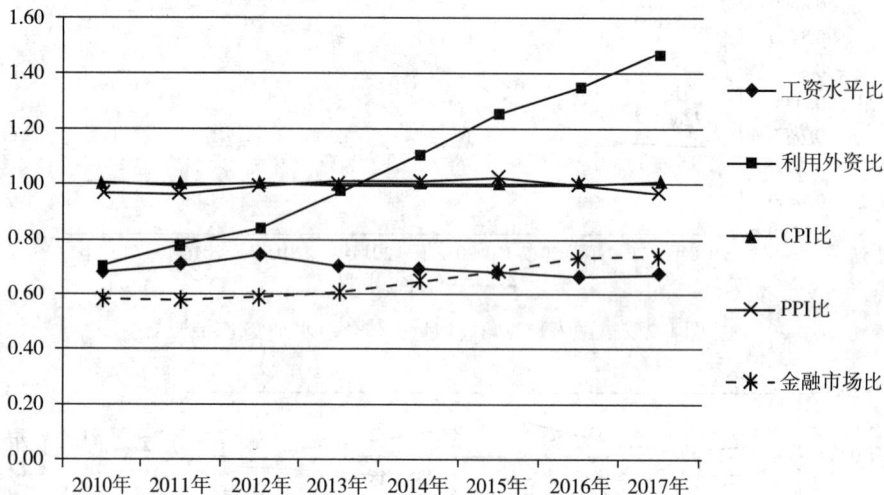

图3 市场一体化各指标变化

2. 经济一体化维度分析

由图4可知,人均产出比、可支配收入比、经济结构比以及恩格尔系数比值都小于1,安徽相比沪苏浙在经济方面基础较差。但安徽就业形势向好,失业率低于沪苏浙均值,一方面沪苏浙的失业率统计数据中存在摩擦性失业;另一方面技术进步、资本有机构成提高以及产业结构调整等造成的结构性失业使得沪苏浙失业率比安徽高。

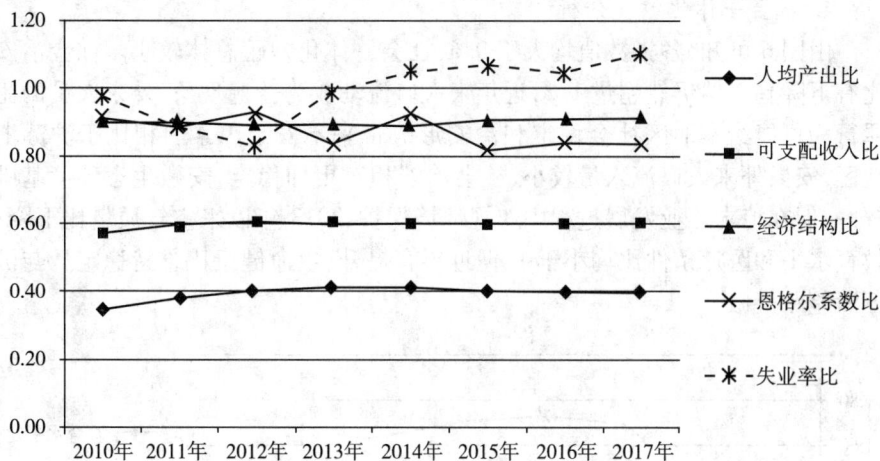

图4 经济一体化各指标变化

3. 空间一体化维度分析

由图5可知,公路网密度、铁路网密度以及信息网密度比值均呈上升态势但仍然小于1,其中信息网相对落后。城市化比值小于1,但城市建设区域比总体上升且始终大于1,安徽城市化建设区域大于沪苏浙,但安徽城市化水平远低沪苏浙,其土地规划、土地供应增加的速度,远超城区人口增长速度。这反映出安徽城市建设水平明显滞后,中心城区偏弱、产业发展不发达、工业化和城镇化水平较低,跟不上本地人口改善生活水平的迫切需求,可能造成大量人口外流。

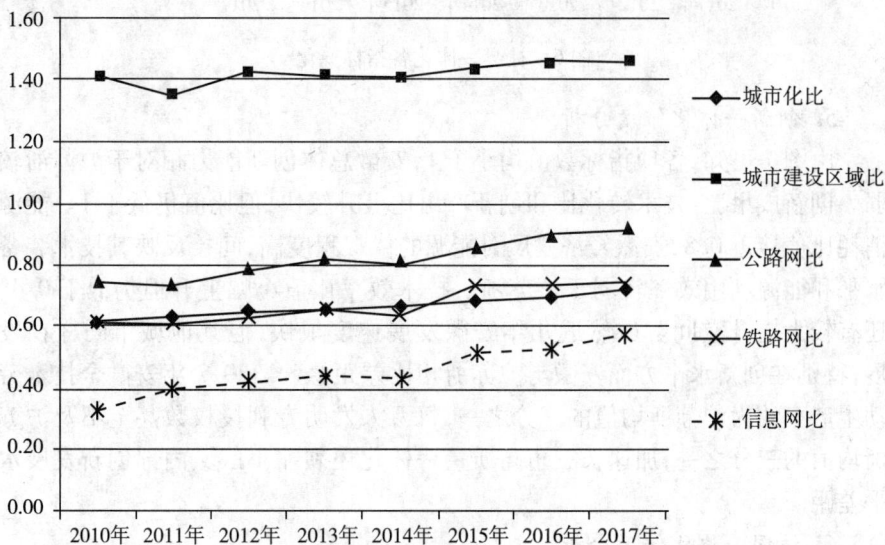

图5 空间一体化各指标变化

4. 社会一体化维度分析

由图6可知,各指数值均大于0.6,社会一体化差距总体较小。社会治安比有下降趋势但仍然超过1.2,近年来人口流动成为普遍现象,外来人员的犯罪行为可能给本地区社会稳定和治安形势带来不安定因素。相比于沪苏浙地区,安徽外来人口流入量较小,社会治安相对更加稳定,安徽生态环境基础较好,但在追求工业发展过程中忽视环境保护,2013年以来空气质量比下降;教育水平和医疗条件比均小于1,但近年有提升;生命健康比维持稳定且与沪苏浙差距甚微。

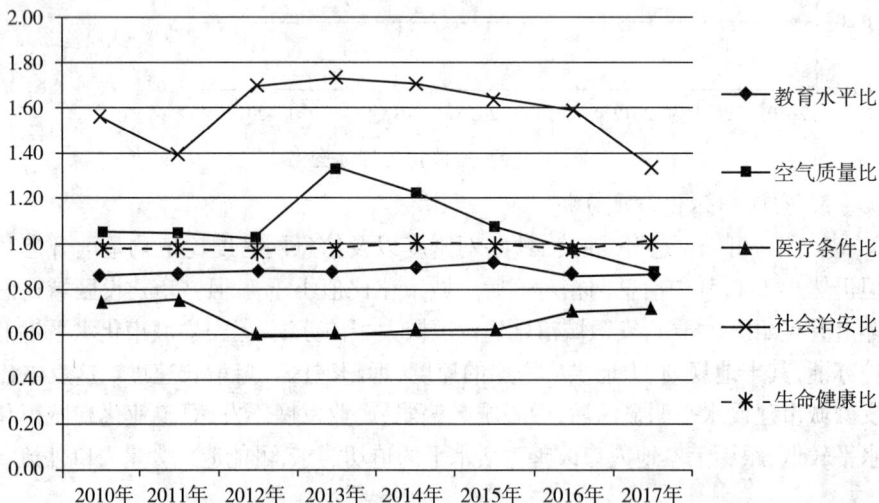

图6　社会一体化各指标变化

5. 创新一体化维度分析

由图7可知,各项指标数值均小于1,安徽总体创新能力相对于沪苏浙较弱。创新成果比、技术转化比和创新产出比上升较快,但比值仍低于1。能源消耗比值接近0.8,安徽经济发展对能源的依赖程度高,间接反映其技术装备水平和能源利用效率较弱于沪苏浙。技术效率比值小幅上升但仍低于0.4,还有较大提升空间。虽然近几年安徽发展速度很快,但其他城市同样在发展,特别在创新水平方面安徽与沪苏浙相比差距悬殊。2017年安徽全技术劳动生产率约为沪苏浙均值的三分之一,每万人发明专利授权数甚至不及沪苏浙均值的三分之一,加速长三角高质量一体化还须缩小区域内部创新发展水平差距。

6. 协同一体化维度分析

由图8可知,产业同构比基本持平为1,专业化程度比和经济联系强度比

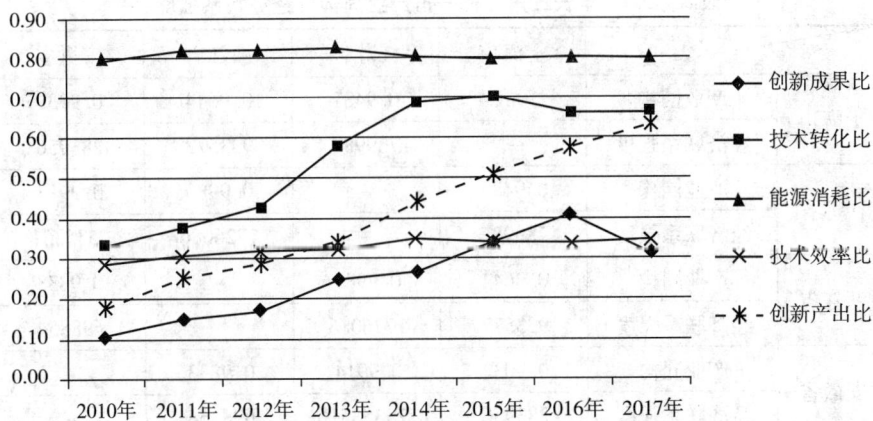

图7 创新一体化各指标变化

均大于1,人口首位度比和经济增长差异比均小于1。安徽加入长三角提高产业专业化分工,加强地区整体经济联系,但区域间经济增长差异变大,且中心城市首位功能减弱。进一步从表3看,2017年上海与江苏、浙江的经济联系量超过与安徽经济联系量的1.8和2.3倍,一定程度反映上海作为长三角龙头城市的扩散效应不足。从产业同构来看,上海与江浙皖的产业结构相似性系数均低于江苏、浙江、安徽省三者之间的产业结构相似性系数,江浙皖产业同构严重。

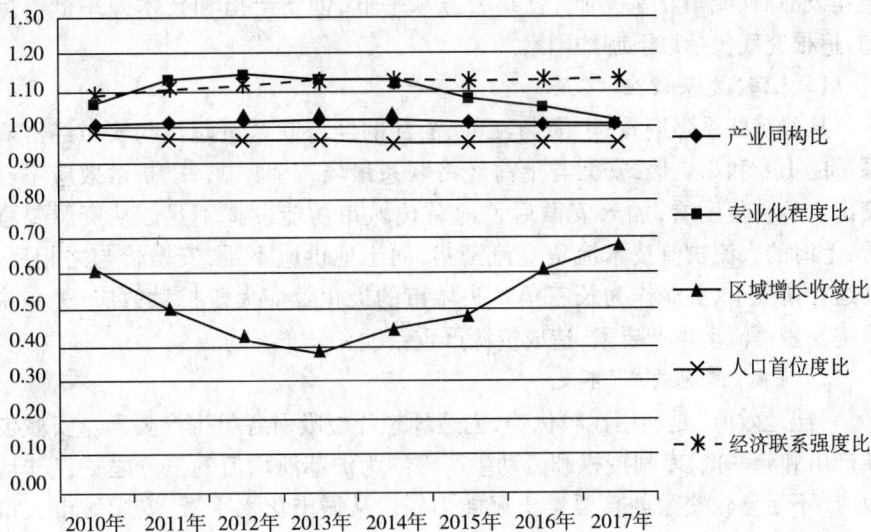

图8 协同一体化各指标变化

表3　2017年长三角三省一市产业同构与经济联系强度

		上海市	江苏省	浙江省	安徽省
上海市	产业同构	–	0.9487	0.9644	0.9032
	经济联系强度	–	789987	933577	283956
江苏省	产业同构	0.9487	–	0.9985	0.9914
	经济联系强度	789987	–	1726086	2535351
浙江省	产业同构	0.9644	0.9985	–	0.9833
	经济联系强度	933577	1726086	–	698854
安徽省	产业同构	0.9032	0.9914	0.9833	–
	经济联系强度	283956	2535351	698854	–

四、安徽融入长三角高质量一体化制约因素

　　安徽融入长三角高质量一体化总水平稳步提升,与长三角其他两省一市在金融市场、投资环境上的差距逐渐缩小,交通便利性提高,区域整体经济联系度加强,产业分工合作水平提升。但一体化融合还有较大提升空间,如核心区域扩散效应弱,安徽存在劳动力市场发展不足、经济产出低、信息基础设施建设滞后、城市化水平低、公共服务水平低、创新产出和技术效率低等问题,追根究底包括以下制约因素。

　　1. 上海"龙头效应"不足

　　从经济联系强度看,上海与江苏、浙江的经济联系量超过与安徽经济联系量的1.8和2.3倍,安徽与上海经济联系最弱,上海"龙头"扩散效应不够突出。从首位度看,加入安徽后上海首位城市功能发挥不足。从资源要素看,上海的人流物流技术流资金流密集,而土地供应不足,安徽恰与之相反。在这种情况下,上海作为长三角龙头城市的极化效应大于扩散效应,进一步聚集安徽可流动生产要素,造成资源严重错配和分布不均。

　　2. 安徽"洼地效应"不足

　　"洼地效应"是利用比较优势,创造理想环境吸引各类生产要素。安徽创新产出和效率低,专利授权和劳动生产率约为沪苏浙均值的三分之一,"洼地效应"不足导致安徽创新要素集聚能力弱。从城市化水平看,安徽城市人口扩张远小于城市建设区域扩张,空间城市化大于人口城市化。从公共服务看,安徽医疗条件、教育水平落后于沪苏浙。从要素市场看,金融发展和工资

水平低于沪苏浙。交通路网的发展让要素流动更快,安徽没有充分发挥洼地效应反而导致更多人才和资金要素外流,长久以来形成一种低生产率、低创新产出的恶性循环。

3. 经济发展动能不足

安徽经济产出不足沪苏浙均值的40%,人均收入仅约沪苏浙三分之二,且近年来增长速度放缓,究其原因是经济基础差、增长动力弱。虽然近年深入推进外资促进专项行动,打造内陆开放新高地,努力成为长三角对接"一带一路"建设的桥头堡,但历史上,国家财政对安徽投入少,资本存量小。从新产业看,沿海地区主要发展制造业和金融业,而安徽省过去的定位一直是农业大省,新兴产业发展滞后。从新技术看,安徽技术成果转化应用率低。从新业态和新模式看,安徽信息基础设施建设落后,基于"互联网+"的新业态新模式探索不足,经济增长潜力有待开发。

4. 发展战略差异化不足

安徽与沪苏浙的产业同构分别为 0.9032、0.9914 和 0.9833,江浙皖产业同构更为严重,这是由于江浙皖自然条件、历史文化及区位资源有一定相似性,长期以来造成产业发展雷同和同质竞争。上海承担平台角色,在更大范围为长三角吸引人才和资金,江苏优势在于制造业,浙江承担互联网、数字经济发展,安徽的优势和定位则不甚清晰,导致产业投资"潮涌"和同质化的产业承接。安徽一直在主动学习沪苏浙,寻求发展思路,却始终徘徊在低端同质化怪圈中,如何在更大格局下找准自身定位,是深度融入长三角不得不思考的问题。

五、安徽融入长三角高质量一体化对策

针对发展现状和制约因素,安徽深度融入长三角高质量一体化发展路径要以产业共生为切入点、创新驱动为抓手、要素空间耦合为载体、跨界协同治理为保障,发挥产业共生效应、创新驱动效应、空间布局联动效应、区域治理协同效应。

1. 以产业共生为切入点,夯实深度融合根基

长三角高质量一体化深度融合需要通过产业共生建立更大空间合作网络,共同提高产业生存和获利能力。上海依然需要发挥好龙头作用,率先突破思维瓶颈,用更大胸怀、视野和格局,把自身经济转型、全球城市建设,与推动长三角高质量一体化进程结合起来,把上海发展放在国家对长三角发展的

总体部署中来思考谋划。联合安徽着力打造总部经济,开启"双向模式",实现总部所在"中心区域"对基地所在"外围区域"的辐射带动作用。安徽要充分发挥重点产业优势,加快形成与沪苏浙相关联产业,形成科学合理的产业生态位经济,相互合作、资源重组,使得区域内总体资源达到最大化利用,既提高效益又避免产业同构,以同类资源共享或异类资源互补形成共生体,促进内部或外部、直接或间接的资源配置效率的改进。

2. 以创新驱动为抓手,增强深度融合动力

长三角正处于工业化后期向后工业化初期过渡阶段,创新驱动是深度融合发展引擎。一方面,充分发挥合肥综合性国家科学中心优势,着力打造"四个一"创新主平台和"一室一中心"分平台,推进以高科技、新领域和基础设施为主的"高、新、基"全产业链项目工程建设,形成集原始创新、技术创新、产业创新为一体的高质量项目体系,为安徽深度融入长三角高质量一体化发展提供强劲动能。另一方面,与长三角共建包容性区域协调新机制,发挥"1+1>2"的聚合效应,将主导产业链嵌入长三角创新链和人才链,构筑发展新优势,催生乘法效应,扬优势产业之长、补创新链之短,将产业链各环节融入创新链,形成价值增值,完善价值链。

3. 以要素配置空间耦合为目标,提高深度融合效率

安徽深度融入长三角高质量一体化发展,需要优化人口、资源和产业之间空间配置,提高要素配置空间耦合效率。高质量一体化要求从竞争到竞合,从产业转移到产业协同,产业发展资源要素分布与产业链布局实现空间耦合。要素配置效率提升不能仅限于产业间要素配置,而且要优化要素配置空间效率。目前,长三角地区城市之间经济发展水平差异大,劳动力、资本与产业空间配置错位严重,难以推进一体化深度融合发展。重点集中在破除"行政化壁垒"和"地方利益保护",解决市场配置的前端扭结,提供更加自由的市场竞争条件,形成"看不见的手"与"看得见的手"协力推动区域资源要素流动的良好局面。

4. 以跨界协同治理为保障,落实深度融合责任

安徽深度融入长三角高质量一体化涉及多维度和多主体,要想构建区域发展命运共同体,必须突破行政区划约束,实行跨界治理,落实各参与主体责任。组建多层、多元的跨界协调组织,建立健全重大跨界协调机制,最大程度实现跨行政区的产城融合、产业融合、服务融合、市场融合,增强或放大整个长三角地区的经济综合竞争力和经济能级,提高经济效率、扩大经济价值。环境治理方面,可以借鉴"新安江"模式,与长三角城市建立上下游跨界生态补偿机制、联防联控机制等。公共设施方面,建立纵横交错、内外联结的协作

机制,在长三角区域内系统配置服务资源,推进医疗、教育、养老等公共服务资源的共享化,为跨区域劳动力提供保障等。

参考文献:

［1］姚孜孜．安徽与长三角城市群耦合机制研究［J］．西华大学学报(哲学社会科学版),2016,35(3):58-65.

［2］孟天琦．安徽深度融入长三角更高质量一体化路径研究［J］．经济论坛,2019(6):106-111.

［3］罗江．长三角高质量一体化发展中安徽“融”机制的建构［J］．安徽行政学院学报,2018(4):82-88.

［4］杨凤华,王国华．长江三角洲区域市场一体化水平测度与进程分析［J］．管理评论,2012,24(1):32-38.

［5］陈坤,武立．基于相对价格法的长三角经济一体化研究［J］．海经济研究,2013,25(12):49-56.

［6］陈雯,王珏．长江三角洲空间一体化发展格局的初步测度［J］．地理科学,2013,33(8):902-908.

［7］武义青,赵建强．区域基本公共服务一体化水平测度——以京津冀和长三角地区为例［J］．经济与管理,2017,31(4):11-16.

［8］李世奇,朱平芳．长三角高质量一体化评价的指标探索及其新发现［J］．南京社会科学,2017(7):33-40.

［9］顾海兵,张敏．基于内力和外力的区域经济一体化指数分析:以长三角城市群为例［J］．中国人民大学学报,2017,31(3):71-79.

［10］曾刚,王丰龙．长三角区域城市一体化发展能力评价及其提升策略［J］．改革,2018(12):103-111.

［11］陈耀．长三角更高质量一体化发展的思考［N］．安徽日报,2019-06-18(6).

［12］刘志彪．长三角区域高质量一体化发展的制度基石［J］．人民论坛·学术前沿,2019(4):6-13.

［13］陈建军．不失时机推动长三角更高质量一体化发展［J］．人民论坛·学术前沿,2019(4):41-47.

长三角区域治理视域下
党员干部政治自律研究

伍万云

　　摘　要:2019 年 5 月 30 日,中共中央、国务院印发《长江三角洲区域一体化发展规划纲要》,明确提出:"把党的领导始终贯穿长三角一体化发展的全过程。"在"不忘初心、牢记使命"主题教育活动不断推进背景下,如何打破三省一市行政壁垒,推动要素自由流动? 课题组采取多种形式调查,得出结论:党员干部政治自律建设是我们党自我完善、自我革命的法宝,一些党员干部贪污腐化、不愿为、不敢为,其核心原因是政治自律出了问题。关键要突出党员干部政治自律的标准,创新绘就引领长三角更高质量一体化发展的"红色蓝图";注重典型示范,激发党员干部政治自律的"红色动能";加强教育引导,探索党员干部政治自律共建共享区域治理体系。

　　关键词:长三角区域治理;党员干部;政治自律;研究

　　党的十八大以来,以习近平同志为核心的党中央十分重视党员干部政治自律建设这一重大工程,从"八项规定"到反对"四风",从群众路线教育实践活动到"两学一做",从"不忘初心、牢记使命"主题教育到全面从严治党制度体系的形成,党的建设伟大工程正处于历史机遇期。党员干部政治自律建设是党的建设伟大工程重要组成部分,其重要性不言而喻。但当前长三角地区党员干部政治自律建设还存在一些具有普遍性的问题,严重影响了党员干部政治自律建设的质量和效果。

　　作者简介:伍万云,男,教授,安徽省信访与社会治理研究中心研究员,安徽大学中国三农研究中心研究员,安徽省中共宣城市委党校市情研究所所长。

一、党员干部政治自律理论研究综述

（一）习近平总书记和党中央关于党员干部政治自律问题的综述

习近平总书记在很多场合多次谈到党员干部政治自律问题,其中比较重要的有,2019 年 1 月,习近平总书记在《求是》杂志发表《努力造就一支忠诚干净担当的高素质干部队伍》[①]指出："鉴别政治上的两面人,'要透过现象看本质……看政治忠诚,看政治定力,看政治担当,看政治能力,看政治自律'。"这是习近平总书记第一次提出"党员干部政治自律"的概念。2019 年 1 月 31 日,中共中央印发《中共中央关于加强党的政治建设的意见》,强调"政治忠诚、政治定力、政治担当、政治能力、政治自律"五个方面的选人用人政治标准。2019 年 10 月 31 日,中国共产党第十九届中央委员会第四次全体会议公报提出："提高政治引领能力。"[②]党和国家领导人的重要论述,为我们研究政治自律建设指明了方向。

（二）党的政治引领能力建设视角下对政治自律问题研究的综述

党员干部如何做到政治自律?向泽雄(2015)认为,政治自律关键要"心怀敬畏""手握戒尺""慎独慎微"。沈文(2016)提出:党员干部社会背景、文化水平、认知能力与思维方式、需求与偏好不同会影响其政治自律。杨红群(2017)从世界观、人生观、价值观、权力观等反面典型的视角提出:警示教育有利于加强党员干部政治自律。吴文波(2018)认为,综合运用巡视巡察、审计、信访举报等方式,全方位检视党员干部政治自律情况。

（三）思想政治教育视角下对政治自律问题研究的综述

思想政治教育是我们党的建设重要法宝,陈思思(2016)等人认为,党员干部政治忠诚品质的形成过程,一般经历"思想依从""情感认同""内化于心"三个阶段。邓海林(2017)提出:新时代增强党员干部政治自律能力,必须学习马克思主义哲学,涵养理论内涵。卿孟军(2018)提出:党员干部自律不严,政治思想动摇的根源是自由主义思想的侵蚀。刘明勇(2019)认为,当下党员干部在遵守政治纪律和政治规矩等方面,存在行动上自律性不严、思想上认识不到位等问题。

---

① 习近平. 努力造就一支忠诚干净担当的高素质干部队伍[J]. 求是,2019(1).

② 中共中央关于坚持和完善中国特色社会主义制度推进国家治理体系和治理能力现代化若干重大问题的决定[N]. 人民日报,2019-10-31

（四）反腐倡廉视角下政治自律问题研究的综述

少数党员干部腐化堕落，毫无例外都在政治自律上出了问题。杨君红（2016）认为，政治自律不是明哲保身，"台上高喊廉洁自律，台下大肆贪污受贿"是典型的政治两面人。吴文波（2018）认为，把廉洁自律转化为政治自觉，在思想上高度自觉，在行动上实在干事。李曼琳（2019）从政治生态系统、经济发展、文化价值三个层面，对当前党员干部政治意识和政治自觉进行现实维度分析，得出：加强理论修养、懂得敬畏戒惧、学会自省慎微是新时期提升党员干部政治自律的关键。

综上所述，以习近平同志为核心的党中央高度重视党员干部政治自律建设，提出具体方略。理论界主要从党的建设、思政教育和反腐倡廉三个维度展开的，这些研究虽然取得了丰硕的成果，但也有一定不足。一是研究领域不够聚焦，缺少专门针对长三角一体化党员干部政治自律问题研究的成果；二是党员干部政治自律现状的实证分析相对较少；三是对党员干部政治自律的建议，大多数强调思想层面，缺少操作性强的具体建议。本课题研究重点，更多从实证分析视角，探讨长三角区域企业、事业、党政机关等不同层面党员干部对政治自律的认知，及其如何因地制宜强化政治自律建设。

二、长三角区域党员干部政治自律的现状

为全面了解长三角区域党员干部政治自律建设情况，课题组先后组织召开上海松江、浦东等地工商联、教体局、开发区党外人士座谈会，江苏苏州、镇江等地公安、纪检、组织部门分管党务领导和支部书记座谈会，浙江杭州、湖州等地审计、财政、人社部门普通党员和入党积极分子座谈会，实地走访安徽宣城、芜湖等县市区纪委（监委）了解违法违纪党员干部政治自律情况，设计了政治自律问卷。采取现场发放（156份）、网络问卷（2179份）等方式，共收到有效问卷2136份，有效率91.48%，符合问卷要求。55.57%的被调查者是非领导干部，具有副科以上领导干部44.43%。符合机关党员干部样本选择构成。

（一）长三角区域党员干部特色构成

1. 党员干部年龄结构主要集中在26～49岁

长三角区域25岁以下的年轻人入党非常少，只占1.15%；50岁以上占23.12%。党员干部主要集中在26～39岁、40～49岁，占75.74%。这一群体年轻有为，是单位骨干，面临各种诱惑和陷阱，往往会成为被拉拢、围猎的对

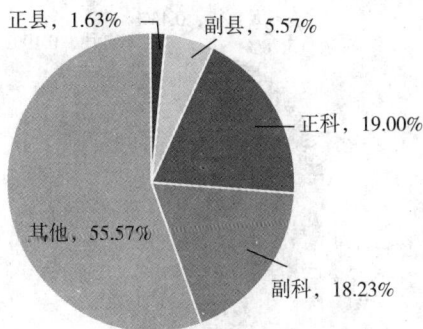

正县，1.63%　　　　副县，5.57%

正科，19.00%

其他，55.57%

副科，18.23%

图 1　您的职务
资料来源:现场发放和网络问卷整理

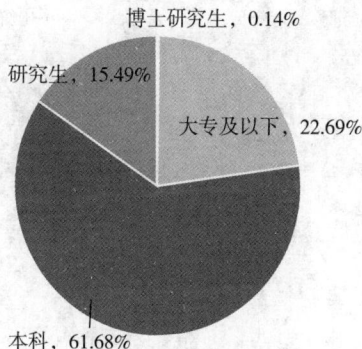

象。可见,长三角区域党员干部政治自律的关键年龄在 26～49 岁,刚参加工作人员入党有一个过程,50 岁以上已多年接受党的教育,但也不能放松。

2. 长三角区域党员干部文化素养普遍较高

长三角区域党员干部本科学历占 61.68%,大专及以下学历占 22.69%,研究生学历占 15.49%,但博士研究生只占 0.14%。这说明长三角区域党员干部高层次人才有待进一步引进和培养。

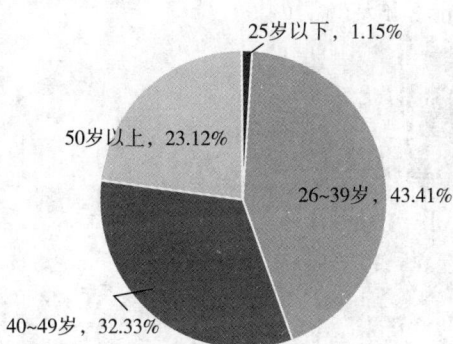

25 岁以下，1.15%

50 岁以上，23.12%

26~39 岁，43.41%

40~49 岁，32.33%

图 2　您的年龄
资料来源:现场发放和网络问卷整理

博士研究生，0.14%

研究生，15.49%

大专及以下，22.69%

本科，61.68%

图 3　您的文化程度
资料来源:现场发放和网络问卷整理

(二)长三角区域党员干部政治自律建设的基本特点

1. 党员干部政治自律建设的基本情况

当前长三角区域党员干部政治自律总体状况良好,47.33%的被调查者认为党员干部非常自律,46.27%的被调查者认为党员干部比较自律。只有0.62%的被调查者认为党员干部不自律,党员干部自律教育形式化比较多,不深入,没有入脑入心;个别领导只关心搞关系,不注重自身政治自律,影响党员干部在群众中的形象。

不太自律，0.43%

一般，5.78%

不自律，0.19%

非常自律，47.33%

比较自律，46.27%

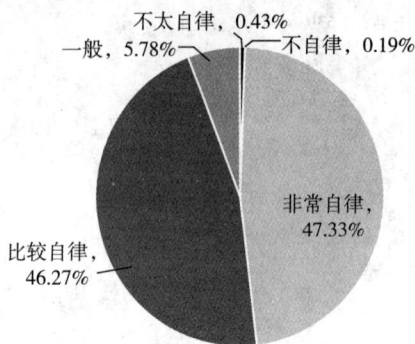

图4 当前党员干部政治自律总体状况

资料来源：现场发放和网络问卷整理

2. 党员干部对政治自律的认知度

63%的被调查者认为党员干部对政治自律的认知，更多从习近平总书记关于政治自律的重要讲话及中央相关文件学习认知的。认知但不代表发自内心的认同，并自觉践行。仍有36%的被调查者认为党员干部基本了解政治自律，但并没有引起足够重视，重主业轻教育现象突出。

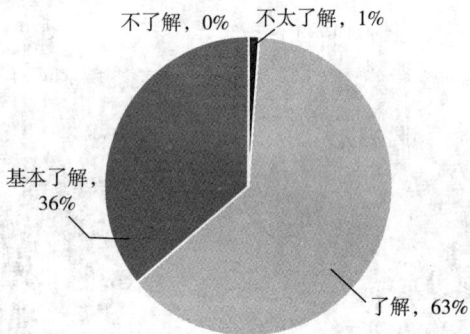

不了解，0%

不太了解，1%

基本了解，36%

了解，63%

图5 您是否了解习总书记关于政治自律重要讲话及中央相关文件精神

资料来源：现场发放和网络问卷整理

(三)长三角区域党组织开展政治自律情况及其效果

1. 基层党组织开展政治自律的情况

只有44%的被调查者认为基层党组织专门把党员干部政治自律纳入支部活动，53%的被调查者认为基层党组织将党员自律教育纳入党支部活动。这说明基层党组织总体上重视党员干部政治自律教育，但没有足够重视党员干部政治自律教育。

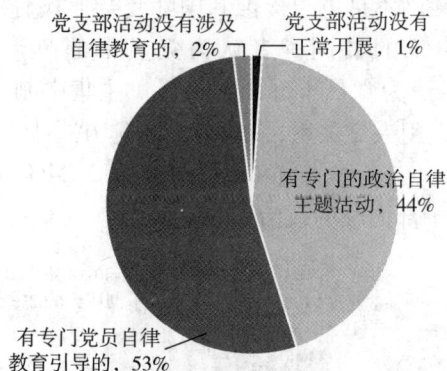

图6　您所在党支部是否把政治自律纳入支部建设

资料来源:现场发放和网络问卷整理

2. 基层党组织党员干部政治自律教育的成效

62.87%的被调查者认为基层党组织在党员干部政治自律方面做得很好,只有3.37%的被调查者认为做得一般,党员干部政治自律教育形式主义多,管用实用办法少。以上说明长三角区域机关党建工作总体上做得好,但党员干部政治自律教育的方式方法有待改善。

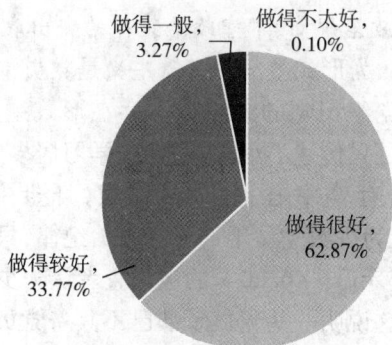

图7　政治自律教育做得如何

资料来源:现场发放和网络问卷整理

三、长三角区域党员干部政治自律建设存在的问题及其影响因素

(一)存在的主要问题

1. 当前党员干部面临最大的政治风险

47.74%的被调查者认为当前最大的政治风险是妄议中央大政方针。有

的党员干部面对互联网不良思想侵蚀和国际复杂形式时,随意在朋友圈中传播政治谣言。19.01%的被调查者认为党员干部政治风险是贪污腐败。13.84%的被调查者认为党员干部面临违反民主集中制、搞一言堂的政治风险。突出表现在选人用人靠关系,采取公开竞选方式少。在提拔重用党员干部时,甚至人际关系大于工作能力和道德水准。12.24%的被调查者认为热衷搞"小圈子"是党员干部面临的政治风险。

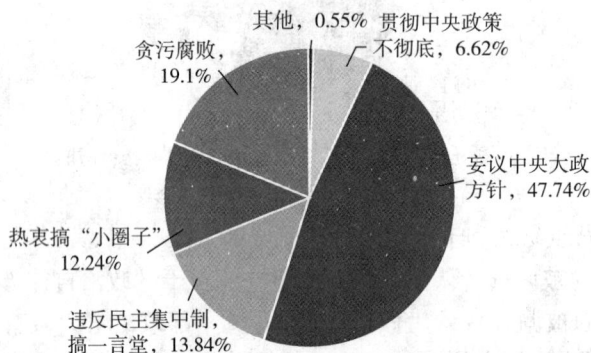

图8　当前党员干部面临最主要的政治风险
资料来源:现场发放和网络问卷整理

2. 党员干部缺乏政治规矩、不守政治纪律的突出表现

72%的被调查者认为形式主义和官僚主义是党员干部缺乏政治规矩的最突出表现。少数基层党组织党的组织生活存在形式主义,走过场多,学习传达中央精神不到位或是只传达不解读,应付式学习居多。57.50%的被调查者认为部分党员干部心存侥幸心理、顶风作案,拜金主义、享乐主义严重。56.70%的被调查者认为少数党员干部不守政治纪律,只唯上不唯下。遇到困难推诿扯皮,甚至上交矛盾。46.20%的被调查者认为少数党员干部不收手不收敛现象仍然存在。这说明一些党员干部已不具备党员的基本条件。

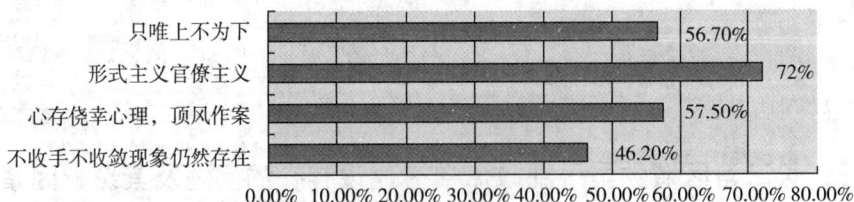

图9　党员干部缺乏政治规矩、不守政治纪律的主要表现
资料来源:现场发放和网络问卷整理

3. 党员干部成长的政治生态环境不优

70.50%的被调查者认为,党内政治生活随意化、形式化、平淡化、庸俗化

现象仍然存在,缺乏真正红红脸、出出汗氛围,少数党员干部讲问题蜻蜓点水,讲成绩头头是道。59.80%的被调查者认为党员干部政治自律缺乏有效监督机制,少数党员干部在具体工作中自我要求不严,容易违反政治纪律。48.40%的被调查者认为,少数单位一把手党性原则不强,好人主义盛行,让一些不符合提拔条件或职称晋升的人,得以提拔晋升。35.50%的被调查者认为,党内出台一系列的党规党纪,在实际工作中存在执行不到位的现象。

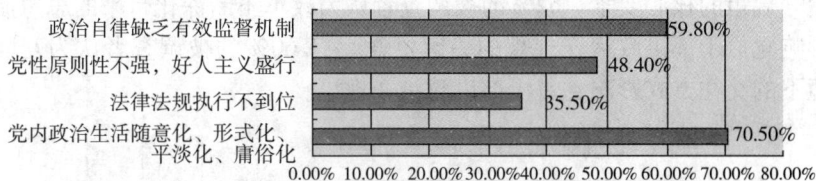

图10　当前政治生态存在哪些不良现象

资料来源:现场发放和网络问卷整理

(二)探析长三角区域党员干部政治自律建设的影响因素

1. 影响长三角区域党员干部政治自律的主要因素

33%的被调查者认为不注重政治理论修养是影响党员干部政治自律的最主要因素。在宣城市某市直机关调研时发现:有的党员学习目的不明确,实用主义盛行,对政治自律的必要性认识不足,存在思想误区,认为普通党员做好自己的本职工作就行,不需要关注政治。31%的被调查者认为思想道德滑坡是影响党员干部政治自律的关键。有的年龄大的党员干部认为自己船到码头、车到站,做点事是讲感情讲良心,认为做只要不犯错误,组织对自己也没办法;有的认为自己辛辛苦苦几十年没有提拔,对岗位不满意有牢骚;等

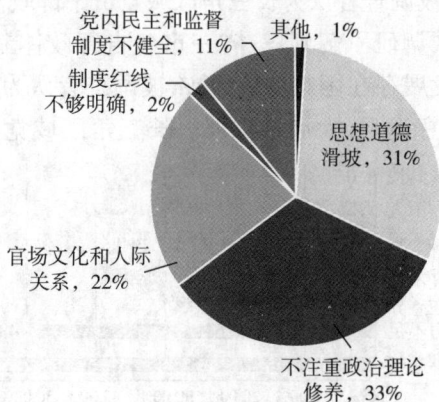

图11　您认为影响党员干部政治自律的主要因素

资料来源:现场发放和网络问卷整理

等。22%的被调查者认为官场文化和人际关系是影响党员干部政治自律的重要因素。11%的被调查者认为党内民主和监督制度不健全,影响党员干部政治自律。课题组在党外人事座谈会上了解到:有的党员干部对身边违反政治纪律、政治规矩的人和事,睁一只眼闭一只眼,漠然视之。

2. 影响长三角区域党员干部政治规矩的因素排序

84.10%的被调查者认为市场经济带来的价值观变化是影响党员干部讲政治守规矩的核心要素。62%的被调查者认为改革不断深化带来的思想波动是影响党员干部讲政治守规矩的关键要素。47.60%的被调查者认为互联网环境下的交往方式影响党员干部讲政治守规矩。

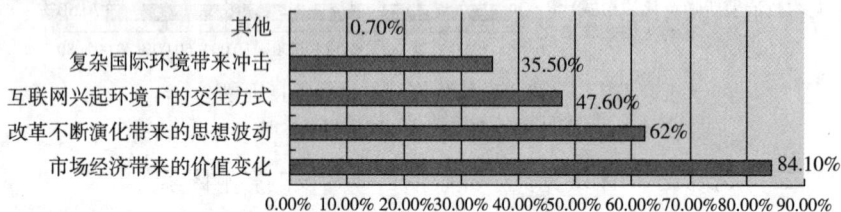

图12 影响党员干部政治规矩的因素

资料来源:现场发放和网络问卷整理

3. 影响长三角区域党员干部政治自律建设的主要因素

59.10%的被调查者认为对接联通不够顺畅是关键。课题组在支部书记座谈会上了解到:三省一市尚未建立相关职能部门、省、市、县的党建引领运行体系。48.20%的被调查者认为政策推动力不足。突出表现在缺少相应的约束机制和考核机制,大多停留于顶层设计,缺乏有针对性、可操作性强的政策体系。30.40%的被调查者认为长三角区域党员干部政治自律获得感不强。课题组在上海松江区调研了解到:三省一市各自行政体制不同,一体化党员干部政治自律互动发展存在困难。17.90%被调查者认为是思想观念存在差异,突出表现在本位意识强,大局意识弱。长三角区域党员干部政治自律互

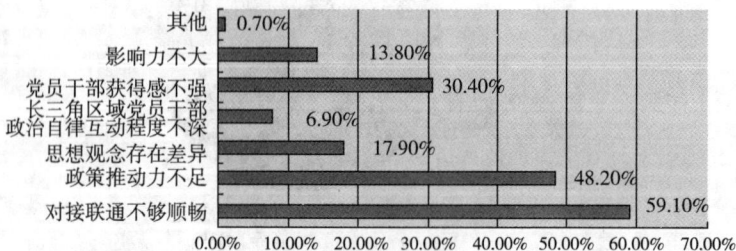

图13 影响长三角区域党员干部政治自律一体化建设的主要因素

资料来源:现场发放和网络问卷整理

动程度不深,只占 6.90%,这说明广大被调查者更看重政策顶层设计和运行体系的执行率。

四、创新长三角区域党员干部政治自律建设的路径

(一)强化顶层设计,创新引领长三角高质量一体化发展的"红色蓝图"

1. 将长三角区域毗邻党建纳入党建目标考核,强化责任担当

79%的被调查者认为,党员干部应自觉做到廉洁自律、慎独用权、勤俭持家。77.10%的被调查者认为党员干部必须严私德、守功德、明大德。68.00%的被调查者认为党员干部要加强学习,提升政治修养。63.80%的被调查者认为党员干部要坚定理想信念。为此:一要将长三角区域党员干部政治自律培训机制纳入党建目标考核。在三会一课、民主生活会、党校主体班教学内容安排等方面,要探索长三角区域合作培训框架,切实做到三省一市党员干部政治自律培训的联动,构建定期互访、相关部门定期交流经验与做法的制度体系。二要将长三角区域党员干部政治自律建设纳入基层党组织标准化建设。进一步发现、梳理和强化毗邻党建的组织纽带、项目纽带、利益纽带,不断提升长三角区域党员干部政治自律的互动、双向、共赢的效果。三要加强长三角区域党员干部政德教育。古人云:严私德、守公德、明大德,乃圣人也。三者是层层递进不断升华的关系,是做好政治自律的思想保障。新时代的党员干部,必须从自身做起,从身边构筑起预防和抵制各种不正之风防护网,在人所不知而己所独知的内心领地做到严格自律。

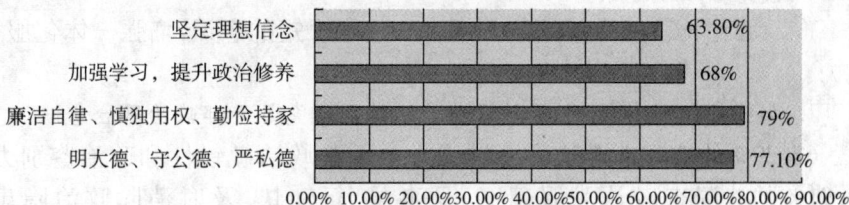

图14 党员干部如何做到政治自律

资料来源:现场发放和网络问卷整理

2. 树立正确用人导向,营造风清气正的长三角区域政治生态环境

86.40%的被调查者认为突出政治标准,树立正确的选人用人导向。67.90%的被调查者认为要贯彻落实新形势下党内政治生活若干准则。63.40%的被调查者认为加强党内政治文化建设有利于营造良好的政治生态

弘扬社会主义核心价值观 ▨ 62%
加强党内政治文化建设 ▨ 63.40%
贯彻落实新形势下党内政治生活若干准则 ▨ 67.90%
突出政治标准，树立正确的选人用人导向 ▨ 86.40%

0.00% 10.00% 20.00% 30.00% 40.00% 50.00% 60.00% 70.00% 80.00% 90.00% 100.00%

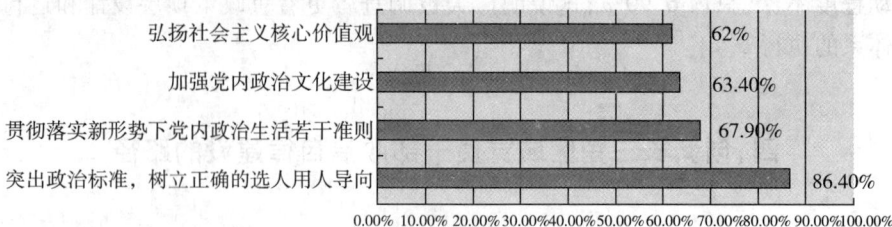

图15　营造风清气正政治生态的主要途径

资料来源：现场发放和网络问卷整理

环境。62%的被调查者认为弘扬社会主义核心价值观有利于营造良好政治生态环境。一位领导干部不正将直接影响一片同志的工作积极性，且这种影响是深刻的，甚至一生。为此：一要严把选人用人政治关。自媒体时代的到来，网络舆论以强大的生命力演绎现实生活中的蝴蝶效应，到处弥漫着各种不同的声音。只有以党内政治生活若干准则为标准，令行禁止，才能形成强大力量。二要严把选人用人纪律关。以共青团、妇联、商会、文联等群团组织定期交流、定向互访等方式，加强长三角区域党员干部道德品行建设，增强毗邻党建的认同感和获得感，在关键时刻才能自觉践行政治自律。三要严把选人用人监督关。党员干部决不能以任何借口而拒绝监督，严以律己是党员干部成事之要、修身之本。各级党组织要时刻提醒党员干部保持清醒头脑，一旦发现违反自律的现象，立即给予相应的告诫、处分，通过典型案例，起到提醒、震慑、规范的作用。四要加强社会主义核心价值观教育。要以"不忘初心、牢记使命"主题教育活动为契机，深入学习贯彻十九届四中全会精神，进一步提升党员自我修炼、自我约束的本领。

（二）强化长三角区域党员干部讲政治守规矩的意识，增强一体化服务能力

1. 加强意识形态教育，不断提升长三角区域党员干部政治风险意识

67.29%的被调查者认为要增强党员干部政治敏锐性和政治鉴别力。13.91%的被调查者认为眼睛亮、见事早、行动快，及时消除政治隐患。11.50%的被调查者认为要加强培训，增强明辨是非的能力。为此：一要按照第二批主题教育活动"守初心、担使命、找差距、抓落实"的要求，探索长三角毗邻党建合作的长效机制。打破区域堡垒、突破行政区划，推动毗邻党员干部政治自律建设难点突破、亮点打造、作风建设等方面的互动互学，不断增加明辨是非的能力。二要"抓早抓小""防微杜渐"。课题组在浙江杭州和湖州等地调研发现：少数党员干部在政治上"不矜细行"，慢慢地降低自我要求，渐渐地放松自我警惕，如"温水煮青蛙"般，一步一步沦落，最终走向犯罪。这就

要求每一位党员干部将政治自律外化为一言一行。

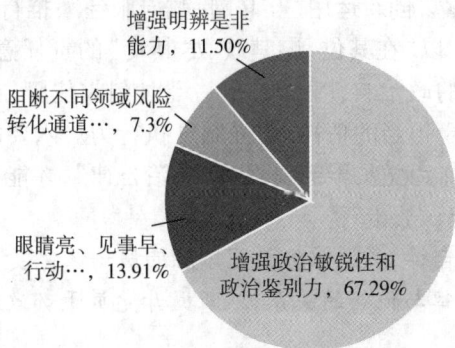

图 16　党员干部防范政治风险的关键
资料来源：现场发放和网络问卷整理

2. 典型示范,增强党员干部服务长三角更高质量一体化发展的政治自律意识

67.30% 的被调查者认为"个人干净、敢于担当"是党员干部政治自律的底线;62.80% 的被调查者认为要加强理想信念教育;59.90% 的被调查者认为要提升党员的权力与义务意识;54.20% 的被调查者认为要加强好干部标准的落实;50.70% 的被调查者认为要加强党员干部警示教育;45.50% 的被调查者认为要明确奖惩制度;44.70% 的被调查者认为要创新政治自律教育方式;39.70% 的被调查者认为要加强典型示范宣传。为此:一要深化政治理论学习,特别是党的十九届四中全会精神的学习。做到理论上成熟,思想上坚定"四个自信"。二要时刻"体检消毒",增强自我净化内驱力。阜阳市在脱贫攻坚领域的形式主义官僚主义问题,给我们党带来很多负面影响,必须吸取教训,以"三个以案"警示教育,规范制度行为,做到在制度面前人人平等,提高服务长三角更高质量一体化制度的执行力。三要敬畏制度,严格依法依规用权。作为党员,在行使权利时必须自觉以国家法律、党规党纪为约束。在言

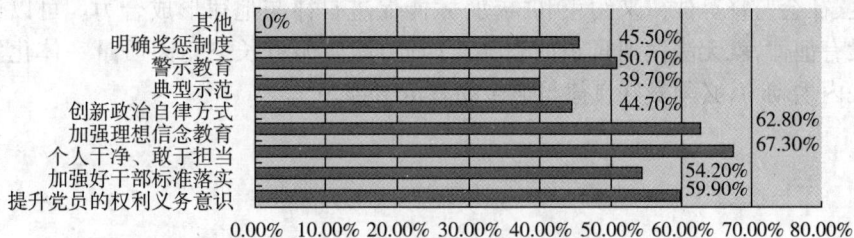

图 17　提高党员干部政治自律意识
资料来源：现场发放和网络问卷整理

行上自觉规范自己的言语,把守纪律讲规矩内化为价值追求和行为习惯。四要深化"放管服"改革,创新运用"互联网+政府服务",推行"一网通办""一门通办"的高效服务。以"在其位、谋其政、尽其责"的责任意识,增强党员干部服务长三角一体化的政治自律意识,在关键时刻收住脚,在人民利益面前不越位。五要培养敢于担当的精神,增强制度执行力。六要时刻以好干部标准检视自己的行为。作为党员干部要保持"政治自律",才能成为服务长三角一体化旗帜鲜明的"忠诚战士"。

(三)强化政治自律,激活服务长三角高质量一体化发展的"红色动能"

1. 正确认识自律与他律的关系,不断提升党员干部政治自律的自觉性和实践性。

一要辩证看待自律与他律的关系。自律主要靠修养,他律主要靠监督,两者相辅相成,相互促进。制度的生命力在于执行①,制度体系中每个个体的自我约束,能够使制度体系得到最高效率的运行,从而使制度发挥出更大作用。他律是自律的制度基础,没有他律,人就无法做到自律。全面从严治党实践经验证明:讲纪律就是自律,就是党员干部必须自我约束、自我控制、注重党性锻炼,把个人所作所为主动纳入党的纪律范畴里去。他律主要从外部规范自身的言行,在某些人自律出现问题时,及时纠正,使其走上正确道路。

二要以身作则,率先垂范。党员干部要从自律入手,不断加强党性修养,约束管好自己行为,拒外力而不腐,把好名利关、金钱关、美色关等。只有自律了,才能不受外界(他律)因素的影响。真正做到言必行,行必果,实事求是地严格遵守党章和做到"两个维护"。

三要强化自律与他律的有机结合。自律是一个人自身修养、品质高尚与否的体现,是一个共产党员检验自身合格与否的重要标准。自律是由内而外的表现,只有自律才能在思想上做到自觉服务长三角一体化高质量发展。而他律是由外而内,只有做到自律才能做到由心而生,才能全心全意为人民服务。但我们必须看到自律作用毕竟是有限的,自律必须通过诚信、法律、制度、社会监督等他律来约束和推动,才能促进自律与他律形成合力。可以说没有他律,就无法做到真正的自律。因此,激发服务长三角高质量一体化发展内生动力,必须做好自律与他律的有机结合。

---

① 中共中央关于坚持和完善中国特色社会主义制度推进国家治理体系和治理能力现代化若干重大问题的决定[N]. 人民日报,2019-10-31.

2. 充分发挥三省一市基层党组织政治功能和服务功能,探索共建共享共赢党员干部政治自律长三角一体化服务平台

84.60%的被调查者认为统筹兼顾长三角党建资源,开发一体化服务平台。72.50%的被调查者认为探索毗邻党建工作标准化管理规范。72.10%的被调查者认为以优质党建资源共享,推进毗邻党建工作成果共赢。68.90%的被调查者认为整合区域党建红色资源,推动党员干部政治自律一体化发展。为此:一要建立和完善长三角区域党员干部政治自律信息沟通机制。对党忠诚是政治自律的思想基础,要充分利用"互联网+"模式,尽快建立长三角区域党员干部政治自律信息网络共享系统,构建地区间政治上有定力有担当有诚信的有效信息沟通平台,以实现区域服务功能共享。二要将规矩和纪律作为党内政治生活自我约束的高压线,知其"触之必亡"的自然道理。三要将政治自律与中国特色社会主义制度相结合。讲政治强自律不能纸上谈兵、空喊共产主义远大理想的口号,每个党员要绷紧讲政治守规矩这根弦。四要明确新时代长三角区域党员干部政治自律的政治方向就是满足人们对美好生活的向往,要真实地为群众干实事,从与人民群众息息相关的现实问题入手,牢固树立群众观点,忠实地执行党的群众路线,听取群众意见,做到与民共享、与民共利。

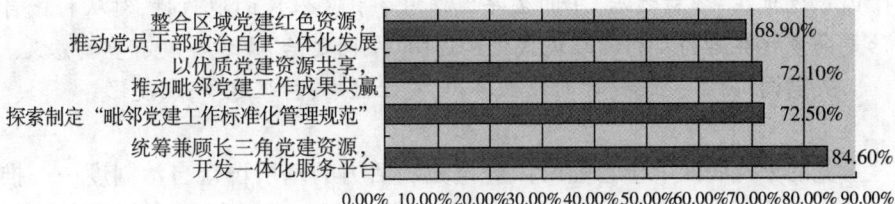

图18　长三角区域党员干部政治自律共建共赢服务平台的建设路径

资料来源:现场发放和网络问卷整理

国家与社会融合视域下
村级选举制度化建构
——基于安徽 A 村村委会换届选举的调查

王友叶

摘　要:村级选举是观察村庄自主、村民自治和乡村治理的重要窗口,在国家与社会互动融合的关系中,表现为一个在宏观政治权力规范下村民社会行动的制度化实践。从计划性秩序分析,村级选举是国家建构乡村的制度逻辑;从自发性秩序审视,村级选举是乡村回应国家的实践逻辑。两种社会秩序的合力,营造了村庄"竞而不争"的选举生态。这种选举生态的深层内涵在于国家逻辑在"乡村之治"中的主导性作用孕育了农民的现代性,对从村民自治走向乡村共治的乡村治理现代化和迈向"中国之治"新境界具有重要意义。

关键词:国家-社会;计划性秩序;自发性秩序;村级选举;制度化

党的十九届四中全会强调:"健全充满活力的基层群众自治制度……推进基层直接民主制度化、规范化、程序化。"作为村民自治制度的实践形式,村级选举是基层政治生活的重要组成部分,事关基层群众的民主权利和切身利益,更关乎乡村治理能力和治理水平的现代化。因此,从国家与社会视角窥探村级选举的实质,在实践上把握村级选举的政治民主基础,在理论上分析村级选举的学术价值,都具有重要指导意义。正如曹锦清教授所言:"由改革引发出来的社会自发力量,如今已形成一股汹涌澎湃的潮流,冲击着社会各阶层的生活秩序与观念。政治家试图将各种盲目的、自发的社会力量纳入政

作者简介:王友叶,男,安徽大学东方毅政治发展研究中心研究员,安徽大学社会与政治学院博士生,主要从事政治社会学、乡村社会治理研究。

基金项目:国家社会科学基金重点项目"政治文化视域下的政治生态演化机理与优化路径研究"(17AZZ004)的阶段性成果;安徽省教育厅高校协同创新项目"安徽城乡基层治理创新与重大风险防范化解研究"(GXXT2019038)。

策法令的预设轨道,思想家们则试图从理论上去认识他们。"①村级选举既是政治性事务,又是社会性活动,用"政治性的社会学眼光"②来考察村级选举生态,才能更深刻地把握和践行村庄的自主性、村民自治程度和乡村治理现代化。

一、"社会中的国家":一个分析范式

对国家与社会关系的探讨在社会政治思想中占有重要地位,成为哲学、政治学、经济学、社会学研究的核心命题之一。在学术思想史上,对国家与社会关系的认识是逐渐深化的过程。古希腊时期的政治理论家提倡国家社会一体论,在城邦政治体系中,国家与社会视被作有机统一的整体,既是社会包容国家,又是国家吞并社会,国家与社会合而为一③。在西方二元对立范式的影响下,国家与社会处于分离与对抗状态。无政府主义者及自由主义者提倡社会中心论,以市民社会为核心概念,用社会来对抗国家甚至将国家职能限制到最低程度;圣西门、普鲁东和马克思④等人也站在社会一边:对他们而言,社会是需要被强化和巩固的结构,而国家却必须被社会所限制和控制,乃至被灭亡,即强社会、弱国家。在后马克思主义国家理论潮流中国家中心论甚嚣尘上,将国家作为社会最高组织形式,强调国家的自主性及其对社会发展的强制力和控制力,社会的不同部分需要服从国家主权。无论是社会中心论还是国家中心论,其局限性在于将国家与社会视为两种相互独立的机构、相互对立的组织,是并不适合于中国的近现代西方经验里抽象出来的理想构造。然而"国家与社会之间的关系并非一种主客二元两分的关系,而处于一种关系主义的境地之中"⑤,这种关系逐渐模糊了国家与社会的边界,二者相互渗透、互动融合⑥已成为智识界的共识。"社会中的国家"⑦立场试图破除

---

① 曹锦清:《黄河边的中国》(上),上海:上海文艺出版社,2013 年。

② 张静:《政治社会学及其主要研究方向》,《社会学研究》1998 年第 3 期。

③ 孙立平:《转型与断裂:改革以来中国社会结构的变迁》,北京:清华大学出版社,2004 年。

④ 在英语中,与"国家"一词相近的有三个常用词,分别是:country,即从地缘角度来讲"国家";nation,即从民族角度来讲"国家";state,即从国家体制和国家机器角度来讲"国家"。马克思强调的要打碎的是作为统治阶级工具的"国家",即 state。

⑤ 肖文明:《国家自主性与文化——迈向一种文化视角的国家理论》,《社会学研究》2017 年第 6 期。

⑥ 赵文词(Richard Madsen):《五代美国社会学者对中国国家与社会关系的研究》,涂肇庆、林益民主编:《改革开放与中国社会:西方社会学文献述评》,上海:牛津大学出版社,1999 年。

⑦ 乔尔 S. 米格代尔:《社会中的国家:国家与社会如何相互改变与相互构成》,南京:江苏人民出版社,2013 年。

二者的二元对立关系,在中间地带形成一个全新的问题论域和重叠空间,即所谓的"第三领域"①,在这一领域中国家与社会达成了共识。作为一种分析范式,"社会中的国家"倡导动态的、过程的、横向的水平关系结构,更深地触动国家逻辑与乡村逻辑的内在机理、结构功能和发展变迁,为越来越多的学者所关注,并日益走向政治社会分析的主流。② 在复杂的社会系统中,"国家"与"社会"之间往往难以划分明确的边界,更没有绝对的"强""弱"之分,沉溺于国家、社会非此即彼的二元对立建构和对二者强弱关系的偏见,反而会阻碍社会系统的良性发展,而是要超越固化的建构模式,立足于二者的互动融合才能淡化边界之争。国家与社会相融合发展是一种常态,"社会借用国家的力量而自行发育,国家有意识地对社会发育进行指导,由此形成了'你中有我,我中有你'的现实状态"③。

与国家-社会关系相呼应,对当前中国农村社会治理的解释呈现出两种截然不同的图景:一种是自治的、传统的、田园式乡土性画面;另一种是控制的、威权的国家宰制画面。④ 前者将农村视为一种自治实体,强调本土性资源的自发性作用;后者基于国家中心论的立场,认为国家主导着农村社会和人们日常生活,强调国家政治权威与权力威严对农村社会的计划性指导。而造成这两种相区别的治理景观的主要原因在于社会基本单位选择的错位:前者基于乡土性村庄为研究单位;后者注重行政性乡镇为研究单位。要化解研究单位选择所造成结论的片面性,可把基层中的国家与社会关系视作一种动态的、流动的过程,以国家与社会互动融合的研究视角去关注、描述和分析农村社会政治生活形态。这种融合互动的关系在国家与乡村之间是双向的,既是"国家改造乡村",又是"乡村回应国家"⑤。村级选举实践在这种融合关系中实现国家与社会的双向互动,这种互动是基于两种权力秩序——宏观政治权力与微观社会权力的相互作用。在这种关系中,一方面国家或地方政府在不断完善自身的治术;另一方面具有初步自理能力的社会对国家作出积极反应,借以从中获得政治合法性而逐渐发育。基于国家与社会互动融合的分析框架,在村级选举的场域中政府与村民扮演怎样的角色? 二者如何实现互

① 黄宗智:《重新思考"第三领域":中国古今国家与社会的二元合一》,《开放时代》2019 年第 3 期。
② 庞金友:《现代西方国家与社会关系理论》,北京:中国政法大学出版社,2006 年。
③ 徐中振,李友梅等:《生活家园与社会共同体》,上海:上海大学出版社,2003 年。
④ 参见孙立平:《过程-事件分析与当代中国国家-农民关系的实践形态》,《清华社会学评论》2000 年第 1 期。与此相似的是费正清的"两个中国"论断:一是农村中为数极多从事农业的农民社会;另一个是城市和市镇的比较流动的上层社会。参见费正清:《美国与中国》,北京:世界知识出版社,1999 年。
⑤ 徐勇:《国家化、农民性与乡村整合》,南京:江苏人民出版社,2019 年。

动？角色的扮演和互动构建了怎样的新型乡村社会秩序？这都是破解乡村治理现代化难题、推进乡村治理现代化水平的着力点。

二、制度化逻辑：一场"竞而不争"的选举

村民委员会是村民进行自我管理、自我教育、自我服务的基层群众性自治组织，实行民主选举、民主决策、民主管理、民主监督。村委会换届选举既是实施村民自治制度的基础环节，也是村级民主政治重要的基层实践。村民选举参与既是农村经济社会发展的政治需求，也是村民政治诉求的表达渠道。作为改革开放以来在乡土社会中孕育而生的一种治理逻辑，村级选举基于一人一票、公开竞选、直接选举等村民自治制度规定与传统社会以宗族为基础的乡绅治理模式截然不同[①]，也与计划经济时代自上而下的国家主导型治理模式大相径庭[②]。自 1987 年《中华人民共和国村民委员会组织法》颁布以来，经过三十多年的社会实践和理论探索，村级选举演变成为村民广为接受、积极参与的制度化实践。在这一过程中个体行动、集体意识、政治价值在相互作用，体现在制度建构、制度内化、制度践行的制度化体系。村级选举制度化存在乡村逻辑、科层制逻辑和国家逻辑[③]三重逻辑的作用。本质上，国家机构也是一种科层制组织体系，科层制逻辑是在国家逻辑的指导下形成的，受国家逻辑的制约，即科层制体系下各级政府的行政目的在于因地制宜实践国家政策。因此，国家逻辑与科层制逻辑是"一体两面"的关系。在村级选举制度化逻辑中可以理解为村民与基层政府的行为主要受国家逻辑和乡村逻辑的双重制约，也就是宏观层次上制度安排和微观层次上乡村社会行为取向的共同作用：既要符合国家的制度化选举政策，又必须契合农村社会实际，其制度的优化和完善需要各级科层制机构自上而下的行政指令的计划性引导，又需要农村、村民自下而上的自发性政治参与。

作为省级观察员，以自上而下的方式参与 A 村村委会换届选举观察，能够有效而顺利地进入选举场域中，收集基层群众所倾诉的选举实践案例。作为观察者重要在于悬置已有的价值观念和意识形态，同时分离出选举实践案

---

① 杜赞奇：《文化、权力与国家：1900—1942 年的华北农村》，南京：江苏人民出版社，2010 年版。

② Edward Friedman, Paul G. Pickowicz and Mark Selden, Chinese Village, Socialist State, New Haven: Yale University Press, 1991; William L. Parish and Martin King Whyte, Village and Family in Contemporary China, Chicago: University of Chicago Press, 1978.

③ 周雪光，艾云：《多重逻辑下的制度变迁：一个分析框架》，《中国社会科学》2010 年第 4 期。

例中基层群众的导向性意识，客观而全面地描绘出村级选举的"过程-事件"图景。通过对 A 村村委会换届选举中推选村选举委员会、村民代表改选、选民登记、正式投票等诸事件和过程进行近距离的参与式观察，对村"两委"干部、村民代表、普通村民开展问卷调查和访谈，并在选举后对基层群众自治组织建设和基层治理状况进行跟踪调查研究，形成村级选举制度化实践逻辑的学理性分析，对于理解村民自治实践逻辑、完善乡村治理机制、实现乡村现代化具有重要意义。

A 村是一个少数民族村落，村域面积 7.3 平方公里，耕地面积 2616 亩，人口 4700 多人，1200 多户，少数民族人口占全村总人口的 76%，回族和汉族村民在选举上存在竞争，但日常生活中矛盾不多，社会关系较为和谐。村民委员会换届选举中登记的选民有 3472 名，发出选票 3288 张，收回选票 3278 张，有效票 3248 张，弃权票 8 张，废票 22 张，有 106 人委托他人投票。A 村下辖 5 个自然村，19 个村民小组，有党员 51 名。在本次村委会换届选举中共设立 5 个投票点，4 个投票点几乎全部为回族村民，另一投票点大部分为汉族居民，在投票上情况却更加复杂，也是选举故事的发生地。

A 村采取"一票"选举方式，没有提名候选人的环节，但是村民对有意参选村干部的竞选人较为清楚，因为竞选人会向村民表达参选意愿。这可以尽力规避"一票"选举选票过于分散的弊端，但是部分村民把没有任职经历的竞选人当成候选人对待，不利于选举的公平、公正。随着村委会在乡村治理中发挥越来越重要的地位，在村级权力的高价值性和村级关系结构的圈层化的影响下，竞争性村级选举日益白热化、公开化。村部竞选委员的撒苞①声称陇庄片区的投票存在问题，按照选举流程，投票人在写票时应设置秘密写票处，旁边不应该有无关人员，他的朋友告诉他，陇庄投票点在写票时陇庄片长一直在写票处引导他人投他的竞争对手汪建的票，所以他主动带领观察员过去监督。陇庄投票点设置在该片区一户党员家中，其院子外停放了一辆车，车窗前方贴有一张书写着"汪建竞选委员"的红纸，车子旁边堆放饮料若干箱，来往村民中有一部分自行领取。在院子右侧不远处，另有五六个年轻人守着若干箱饮料，来往村民中有一部分自行领取。院子门口左侧墙上贴有白色纸张宣传"撒苞竞选委员"，右侧墙上贴有红色纸张"汪建竞选委员"院子大门处摆放了一张桌子，桌子内侧为选举委员会的两位成员（其中一位为村委会会计）负责核对选民证发放选票，桌子外侧为领取选票和围观的村民，村民未排

---

① 依照学术规范，文中被访人的姓名和调查地名均为化名。撒苞（回族人）与汪建（汉族人）在参选村委会委员中存在竞争关系。

队,院子门口拥堵,出入堵塞。制度化的竞争性选举决定了它不具有抗争性,不是竞争双方的群体性对抗,而是维持"竞而不争"的平衡关系。院中的竞选空间布局和选举资源的整合充分展示了基层群众的选举智慧,两位竞选者的支持者不仅在物理空间上,更在心理空间中摆出一副"非我族类"的竞争架势,但由于日常关系较为融洽,因此双方都不主动在竞选中制造矛盾。从人与社会双向运动的视角分析,制度化的第一层含义在于社会建立起一整套完善的社会制度体系①。社会制度的构建是一个循序渐进、不断探索的过程,村级选举制度的建立也是不断在社会实践、社会探索中逐渐形成的。在这熙熙攘攘的选举活动背后,政府的计划性引导随处可见——村民选举委员会召开、村民代表改选、选民登记、选举标语宣传等都是国家逻辑在基层社会的实践。

制度化的另一层含义在于既定社会制度内化(即制度的自我实现)与制度践行(即制度的习惯化)。这种行为规则不断得到内化或社会化的过程②,在村级选举中,要求人们通过学习教化把外在的选举制度规范转化成人的内心信念、内心情感和人格意志的过程,形成对选举制度的认可、遵循与并付诸实践。就个体而言,撒苞和双方的支持者在竞争性选举的制度规范内争取自身利益的最大化,保持了村级选举"竞而不争"的和谐秩序。制度内化不仅是制度在个体观念中的内化,而且还表现为群体的同形化③,即群体成员在应对外在环境时所表现出一致性的行为举动。在投票现场有三名乡镇工作人员(两人负责替村民代书,一人维持秩序)、两名乡镇派出所民警,另有陇庄片区的片长、六位监督员及竞选者派来的记录员,该记录员受竞选者委托在发放选票的全过程中记录领取选票的人名。无论是组织选举机构、维持选举秩序,还是监护投票场地、参与选举观察,乡镇工作人员的"在场"一定程度上体现了国家权力在乡村社会的渗透,也反映了现阶段村民主导选举的条件尚不成熟。该选举现场主要存在三个行为主体:参与投票的村民、乡镇基层政府的工作人员和国家及其制度化政策,三个行为主体反映了各自群体的制度逻辑,相互监督、相互依存,其行为和角色形塑了村级选举的制度化逻辑。在这种逻辑运作之下,撒苞声称其竞争者汪建干预甚至"诱导"村民的选举意愿,似乎很难得到证实。而造成撒苞的这种说法的原因主要有两方面:一是通过

---

① 成振珂,闫岑:《社会学十二讲》,北京:新世界出版社,2017 年。

② 李汉林,渠敬东,夏传玲,陈华珊:《组织和制度变迁的社会过程——一种拟议的综合分析》,《中国社会科学》2005 年第 1 期。

③ W. W. Powell, Expanding the Scope of Institutional Analysis, in W. W. Powell, &P. J. DiMaggio ed, The New Institutionalism in Organizational Analysis, Chicago: University of Chicago Press, 1991.

塑造选举程序的不合规,来拉低竞争者的选票,甚至可以为后续自身无法当选提出异议;二是竞选者汪建存在给村民散烟的行为,虽然这种行为在乡土社会是一种日常化举动,但在竞争性选举的场域中,却往往授人以柄。随后,撒苞向村民选举委员会提出选民未带身份证、户口本等证明材料,村民选举委员会没有准备选民登记底册,因而村民选举委员会的两位成员决定暂停发放选票,让村民回家去取证件,会计去取选民登记底册。选举暂停了半个多小时,部分村民认为都是村子里的人,互相认识,不需要证件,等待时间过长存在不耐烦的现象。当国家逻辑与乡村逻辑相冲突时,乡村逻辑形塑的村民有自身独立的一套行为规范,但在国家逻辑的干预下,村民们仍旧遵照选举章程的要求行事。随着村书记撒隆来到投票点,此时已有部分村民回家取证件回来,重新凭选民证和证件领取选票,书记也加入其中核对选民身份发放选票,此后秩序良好。这种良好秩序的转变在一定程度上反映了制度化组织体系中,村书记作为权威角色的话语权存在,要求"下级"对"上级"的服从与尊奉。村级选举制度化的目标不仅在于要建立各项选举制度、选举机构,而且是要使村级选举的运作和实践严格在制度的框架和程序中展开。如此,村级选举制度才能与农村社会共生共存。

从"过程-事件"分析来看,"国家与社会关系实际上是一种动态过程而非静态结构"①,村级选举所产生的村干部既要有效回应国家政策的实施,又要保障村民的集体利益;既是国家权力、行政力量在加大,又是社会空间在不断成长。因此,村级选举制度化实践需要"从上往下看"与"从下向上看"②两个视角来进行学理性的分析。通过对"上""下"两个视位的论述,来呈现一个在宏观政治权力规范下村民社会行动的制度化选举实践③。正如王斯福(Stephan Feuchtwang)提到的:"塑造中国村落的两种力量:一种是传统的力量,这种力量是村落在历史上形成的,是自然的,主要存在于自然村中,这种力量自下而上地建构着村庄的认同;另一种力量是行政的力量,这种力量自上而下地塑造村庄的认同。"④有序的村级选举制度化实践来源于计划性秩序

① 孙立平:《"过程-事件分析"与当代中国国家农民关系的实践形态》,《清华社会学评论》2000年第1期。

② "从上往下看",就是通过"官语"来考察中国社会的现代化过程;"从下往上看",就是站在社会生活本身看"官语"指导下的中国社会,尤其是中国农村社会的实际变化过程。参见曹锦清:《黄河边的中国》(上),上海:上海文艺出版社,2013年。

③ 武中哲:《村民选举制度的实践过程及差异化后果——基于对LZ市村民选举的调查》,《社会科学》2018年第10期。

④ Stephan Feuchtwang, "What is A Village", Journal of China Agricultural University(Social Sciences Edition), No. 1,2007.

和自发性秩序实现有机融合,自上而下看是国家宏观政治权力对乡村社会的渗透,透视了国家逻辑的计划性秩序,即国家建构乡村;自下而上看是乡村微观社会权力对行政体系的响应,映射了乡村逻辑的自发性秩序,即乡村回应国家。

三、国家建构乡村:村级选举的计划性秩序

自上而下审视村级选举的计划性秩序①,是国家逻辑裹挟着科层制逻辑和乡村逻辑,本质上是探寻基层政府在村级选举中所扮演的角色及其所发挥的作用。波兰尼指出,计划性秩序要发挥作用,必须具有一个与之相协调的权威的金字塔②,即科层制的行政机构。在村级选举中,乡镇科层制逻辑便扮演着这种权威式金字塔角色,利用自上而下的政治权力对选举事件进行计划性指导。在村级选举的生态位上,计划性秩序是通过行政嵌入的方式进入乡村社会,其营造者是乡镇政府,而其施加的对象是乡村社会、村"两委"干部、村民等主体。乡镇政府凭借行政权威,依靠指示和指令事先设定好选举计划,给乡镇政府工作人员、村"两委"干部、村民选举委员会、村民代表、村民小组、村选民等主体设定相应的选举"空间",从而限制主体内在的、自由的、散乱的心理空间,来计划和建立秩序以完成选举任务这一共同目标③。

村级选举事件是以自上而下的方式进入村庄,对基层政府而言,是一件自上而下部署的任务,但村级选举与基层政府和村庄承接的其他国家任务不同,它有着更为严格的程序化、制度化规定,体现为国家统一的法律和各级政府严密的实施方案,说明它的国家逻辑性和政府权威性更强,其背后有着从中央、省到地、市、县的各级行政压力。因此,乡镇政府往往采取依法选举的

---

① 波兰尼(Michael Polanyi)在《社会思想的成长》中关于"两种秩序"(社团秩序和自生自发的秩序,在哈耶克的语境中是"生成性的"和"建构性的"社会秩序)的理论经著名经济学家哈耶克(Friedrich Hayek)发展使之成为其经济学说的基础。波兰尼创造"两种秩序"概念的初衷在于阐述对自由社会的愿景,特别是对自生自发性秩序的真正关切,是社会应该保护各种文化按秩序的运行。这"两种秩序"具有普适性,既适用于自然现象又使用于社会现象。所不同的是,波兰尼强调自生自发秩序对文化的关切,哈耶克更侧重于探究经济因素。Michael Polanyi. "The Growth of Thought in Society". Economica, No. 8,1941. Hayek, Law, Legislation andLiberty: Rules and Order(1), The University of Chicago Press,1973.

② 菲尔·慕林斯:《自发性秩序·格式塔心理学·波兰尼和哈耶克》,《思想与文化》,2010年。载,杨国荣:《知识问题与中西思想》,上海:华东师范大学出版社,2010年版。

③ Michael Polanyi, "The Growth of Thought in Society", Economica, no. 8,1941.

态度。这样一场政府权威强、行政压力大、程序严格的制度化选举实践必须依赖宏观政治权力的计划性力量来完成。计划性秩序基于这样一种假设,即"某些政治主体有能力获取和运用制定恰当决策所需要的全部知识,还拥有强制他人服从其命令的权力"①。这样的政治主体主要是政府人及以其为核心组成的行政机构,掌握着实施选举的理论与实践知识和选举资源,能够制定出一整套较为完备的选举方案,并通过行政权力能够有效实施选举工作。

一方面,计划性力量依附于政治权力所规定的选举制度,即选举的计划性秩序伴随着行政权力的强制实施。在"乡政村治"②的农村治理体制中,乡镇政府作为国家权力向乡村社会延伸、渗透的基层机构,在国家-乡村社会之间发挥着承上启下的"接点"作用。同时,作为国家权力的末梢,乡镇政府在村级选举发挥着计划性引导作用。在选举制度化层面,依据《中华人民共和国村民委员会组织法》规定,凡举行村(居)民委员会换届选举的地方,市、县(区)、乡镇各级都要成立专门的领导机构和工作机构,推动选举工作有组织、有步骤、有秩序地开展。制度的运行需要包括乡镇干部、村"两委"成员、村民等"政治人"积极、理性、有序的行动。对乡镇干部而言,选举任务是在一定制度性安排下开展的,完成上级交代的选举任务是首要目标,通过选举维持乡村社会稳定是终极目标,辅助中意的候选人当选是附加目标。因此,在村级选举实践中,随着所追求目标的逐步确立,乡镇政府由积极操控者、干预者、参与者转变为维持程序公正的监督者、保障程序顺利的指导者。③ 村级选举不仅是"改造农民"的过程,也是"改革政府"的过程,更是改革基层政府施政方式、转变政府职能的过程。一是体现为乡镇政府和行政村关系的契约化重构;二是乡镇政府的监督和指导,帮助农村基层选举的制度化运行。在 A 村选举中,乡镇党委、政府,尤其是主管部门及工作人员从推选村民选举委员会、进行选民登记、张榜公布选民名单,到召开选举大会直选产生候选人和村委会依据程序化的流程、制度化的方案作为服务者、观察者、秩序维持者和监督者而存在。正如某乡镇工作人员所说的,"这样不仅减轻了乡镇政府的工作负担,也真正做到放权于村民,让村民选择自己满意的村委会干部,实现村民自治。"

另一方面,计划有序化要求被协调者理解并服从行政信号,即选举的计划性秩序依赖于群众基础。由于家庭联产承包责任制的推行,乡村社会游离

---

① 柯武刚,史漫飞:《制度经济学:社会秩序与公共政策》,北京:商务印书馆,2000 年。
② 张厚安,肖明:《村治——乡政的基石》,《华中师范大学学报》(哲学社会科学版)1990 年第 4 期。
③ 周雪光:《一叶知秋:从一个乡镇的村庄选举看中国社会的制度变迁》,《社会》2009 年第 3 期。

着个体化、原子化的农民群体,给乡村之治提出了难题。村级选举制度化实践有效地将原子化农民再组织①起来,使得日常较为零散的政治生活得以暂时整合。在村级选举的场域中,由乡镇政府根据上级机构预先策划好的计划来协调和指挥政府官员、村委会干部、村民等政治主体,从而在国家与村民之间形成有目的的选举模式。在这一模式中,乡镇政府扮演指导者、协调者的角色,村民则是村级选举中的被协调者。选举工作除了要设计完善的顶层制度外,还需要有被协调者的支持作为基础。在村委会换届选举期间,选举事件成为人们日常生活关注的焦点。在制度化践行层面,选举已经成为人们生活的一部分,选举过程中的事件也总能成为人们茶余饭后的谈资。A 村村委会换届选举中,村民选举参与的投票率达到 69.74%,在一定程度上体现了乡镇政府对乡村社会计划性成效以及选举工作坚实的群众基础。对 A 村村民的问卷访谈发现,村民们参与最多的环节是正式投票环节,而对于其他环节则关注较少;村干部也认为正式投票是最重要的选举环节之一。由此观之,正式投票成为多数村民达成共识的重要环节,足见村民的政治行为与乡镇政府行政信号的一致性。

农村基层选举过程与乡镇政府紧密交织,把分析的焦点放在乡镇政府所扮演的角色上,有助于将这些相关的过程编织进一幅宏观政治权力指导下的计划性社会秩序图景中。正如徐勇教授所说的,当下农村社会里"国家"身影处处可见,离开了国家,便无法全面深入理解农村社会。② 在结构相对简单的社会系统中,靠自上而下的行政命令进行协调而达成政治任务相当有效。但协调任务变得越复杂,一味地依赖计划性秩序,对于乡村而言只能形成空洞而缺乏根基的效果,自发的有序化就可能越有优越性。

四、乡村回应国家:村级选举的自发性秩序

自下而上分析村级选举的自发性秩序,是乡村逻辑对国家逻辑或科层制逻辑所做出的基层回应,本质上是探究村民在村级选举中所表现出的民主意识和微观社会权力在其中所发挥的作用。自发性秩序是行为主体以一种自发的方式遵循共同规则时实现个体间的相互适应,而形成的行动秩序。③ 在

---

① 陈周旺:《选举、治理与基层社会的组织化——对上海近郊某村委会换届选举过程的观察》,《河北学刊》2018 年第 2 期。

② 徐勇:《国家化、农民性与乡村整合》,南京:江苏人民出版社,2019 年。

③ Michael Polanyi, "The Growth of Thought in Society", Economica, no. 8, 1941.

学界，习惯于用非正式制度①来概括村庄的自发性秩序。在乡土社会中，自发性秩序体现在村规明约、风俗习惯、传统道德等地方性知识内生的一种秩序，是在回应他们所处的即时环境时遵循这些规则而产生的行动结果②。自发性秩序所遵循的规则系统是进化而非设计的产物……任何社会中盛行的传统和规则系统都是进化的结果。③ 中国乡土社会自古以来便具备生产自发性社会秩序的基础，可以说，中国封建社会是基于以宗族邻里为基础而形成的乡绅治理方式。这种乡村治理模式与乡村社会的自发性秩序相伴而生，伴随封建王朝的更替不断凝固在乡土社会中，以血缘、亲缘、家族、宗族等乡土性塑造成的自发性秩序在乡村治理与国家的互动中发挥着重要作用。一是乡村自发性秩序为国家在乡村的治理上提供方向，二是国家能够为乡村社会所生产的自发性秩序正名定位。

在当代中国，乡村治理是建筑在现代公民权的基础之上，包括村民政治权利、经济权利和社会权利的制度保障。在村级选举的生态位上，充分体现了公民权利的社会实践和村民政治角色的扮演。本质上，村级选举又是以自下而上的方式进入国家的视野，经国家逻辑塑造为一种制度化的实践。随着人民公社的解体，国家在乡村治理处于权力真空时，乡村的自发性秩序所孕育的村委会自治组织有效地填补了这一治理空白。自发性秩序基于这样一种观念，即"将社会事物理解为一个自动演化的产物，不同的人被推动着，按其自己的自由意志，运用其分散化的知识，去追求形形色色不断变化的自设目标"④。村级选举演化的推动力、村民的选举意识、村民选举知识和选举目标的实现依存于乡镇政府行政力量和村庄社会系统的内在需求两个层面。

一方面，村级选举的自发性是伴随村庄社会权力而生成的一种内生秩

---

① 杜赞奇在《文化、权力和国家》中提出的由各种社会关系和组织中的象征与规范所构成的"权力的文化网络"；吴思在《潜规则：中国历史中的真实游戏》中提出的作为一种中国政治生活中存在的权力运作方式的"潜规则"；贺雪峰在《私人生活与乡村治理研究》中提出的在公开的政治制度及关系背后的"灰色力量"的决定性作用；谭同学在《草根民主与村庄政治竞争》中提出的"草根民主"对村庄政治结构的影响；仝志辉在《选举事件与村庄政治》中提出的"村庄社会关联"是村庄社会秩序的基础；朝前在《村民自治中的非正式制度》中提出的地方"土政策"在村民自治实际运作中的作用；张静在《现代公共规则与乡村社会》中关注到村规民约等非正式制度权威的乡村治理效应。

② Hayek, Law, Legislation and Liberty: Rules and Order(1), Chicago: The University of Chicago Press, 1973, p. 43.

③ J. N. Gray, Hayek on Liberty, London: Oxford, 1984, p. 134-135.

④ 柯武刚, 史漫飞：《制度经济学：社会秩序与公共政策》，北京：商务印书馆，2000 年。

序。从历时性审视村委会这一自治组织①,可以看出,村级选举最初是由村庄内生性所塑造而成的。在国家所赋予的乡村治权与村庄微观社会权力相作用的语境中,村级选举实现了乡村政治格局的定型,反映了村民内在政治需求的满足与政治行为的表达。在结构功能主义取向上,乡村政治格局主要由各权力主体之间模式化的互动结构所决定,实质上是占有不同优势资源的体制精英、非体制精英和普通村民②等村庄权力主体对村庄政治所发挥的不同制约作用。体制精英倾向于充当乡镇政府在村庄的代理人,借以从乡镇获取政治资本。因此,体制精英占有政治资本优势,往往能够成为乡镇政府中意的选举候选人。乡镇政府培养的村级储备干部和现任村干部都是体制精英的典型代表。非体制精英是在村庄中具有一定政治社会影响力的村民,突出表现为改革开放后优先富裕起来的经济能人和德高望重的(新)乡贤能人,能够为农村发展做出贡献,是村级选举重要的候选人。非体制精英占有经济或文化资本优势,在乡村治理中具有一定的话语权,填补了经济社会分化所造成的乡村社会秩序的空白。普通村民虽然缺乏政治经济资本优势,却是参与包括村级选举在内的集体行动的大多数群体,是体制精英和非体制精英都竭力争取的对象。在村庄精英的裹挟下,村民主动或被动地参与到公共政治生活中。作为村庄政治格局的三股重要力量,体制精英、非体制精英和普通村民共同塑造着村级选举的自发性秩序,其中最为突出的是普通村民在选举中的参与意识、参与态度和参与行为的表达。一般而言,村级民主"既有基层政权对民主的认识和遵守法律的意识提高的影响,也是适应其自身能力的实际,对村庄自主性力量所作出的一种让步"③。普通村民选举参与的自主性是依据其对村委会候选人的选择意愿和行为独立于村庄精英的意愿和行为的自主程度,表现为基于自己在村庄社会网络中的利益而对候选人的选择、对参与行为方式的选择和对投票结果的解释。因此,村级选举是村民行使民主权利来参与村庄事务。此处所指的村民选举参与自主性是村庄内部自生自发地参与政治行为的意志,是与乡政府的政治选举意志相对。A 村的选举生态表明,普通村民的选举意愿与选举行为受村庄精英的影响相对较弱。村庄精英与普通村民同为村庄成员,

---

① 根据徐勇教授对村民自治的考究,中国第一个村委会是 1980 年在广西宜州市合寨村形成。当地村民为了解决土地包产到户后造成的乡村治安、村庄矛盾等社会秩序混乱问题而自发组建起最初的村委会组织。参见徐勇:《最早的村委会诞生追记——探访村民自治的发源地——广西宜州合寨村》,《炎黄春秋》2000 年第 9 期。

② 仝志辉,贺雪峰:《村庄权力结构的三层分析——兼论选举后村级权力的合法性》,《中国社会科学》2002 年第 1 期。

③ 仝志辉:《选举事件与村庄政治:村庄社会关联中的村民选举参与》,北京:中国社会科学出版社,2004 年。

在村庄整体性上,村庄精英对普通村民选举参与的动员也是村庄内部结构的一部分,精英动员与普通村民的选举参与是村民选举参与自主性的两个向度,历史与现实两个层面都是相互联系、相互制约的,但并非相互对立。

另一方面,村级选举的自发性秩序又与乡镇政府计划性力量相呼应。当国家权力或基层政权的触角逐渐向乡村社会延伸,来自乡村逻辑自生自发的乡土性超越了"压迫-反抗"的农民政治行为传统模式,实现了从"抗争性政治"向"创造性政治"①的转变,以和解的姿态来应对国家逻辑和科层制逻辑的计划性所塑造的社会秩序。村级选举为两种社会秩序催发反应提供了制度空间,自下而上看是乡村社会的自发性在向国家逻辑和科层制逻辑倾诉心声。中国的改革是自下而上的改革,农民是改革的突破者和原创者。村委会契合了村民的内心需求,得到地方和中央政府的决策提升,使得现代政治民主进入乡土社会中,并成为广泛性的、制度性的组织机构和国家治理体系。村民在村庄中有着自身独特的参与选举的行为逻辑,对选举有着基于村庄经验的理解。在 A 村的选举活动中,能够清楚地观察到国家的法律条文和政府的规章制度的色彩,包括成立选举委员会、宣读村级选举规程、竞选演讲等制度化程序;同时,具有乡土特色的选举文化也展现其中,包括"竞而不争"的选举行为和借用科层力量实现竞选目的等选举策略。乡村逻辑所生产的自发性秩序获得了国家逻辑的认可,通过科层制逻辑的计划性秩序回归乡土社会中,实现了计划性秩序与自发性秩序的结合。

社会生态并非是绝对的、完全孤立的系统,社会成员、社会事物时刻都受到外在环境的影响,单纯依赖内部力量所维持的平衡只是短暂的,社会生态长久的平衡取决于内、外力量的合成。国家的计划性秩序与乡村的自发性秩序在乡村治理现代化中互动融合,前者是后者的"定位灯",能够有效确定自发性社会秩序在乡村治理中的发展方位;后者是前者的"信号灯",能够准确指示计划性社会秩序在乡村治理中的改革路径。因此,计划性秩序与自发性秩序既是分立的,又是相互统一、相互交织、相互依赖的。缺乏自发性秩序的指示,计划性秩序是空洞的、苍白的;缺乏计划性秩序的定位,自发性秩序又是盲目的、冲动的。只有促成二者的融合,基层社会秩序才会是健康稳定的、可持续发展的。有鉴于此,处理好国家计划性秩序与社会自发性秩序在村级选举中的关系问题,其本质是处理国家与社会的融合关系、处理宏观政治权力与微观社会权力的互动关系。

---

① 徐勇:《农民改变中国:基层社会与创造性政治——对农民政治行为经典模式的超越》,《学术月刊》2009 年第 5 期。

五、余论:从村民自治走向乡村共治

现代国家的建构是社会权力自下而上集中和政治权力自上而下渗透的双向过程。权力集中和渗透能有效地将分散和分化的社会因素和政治单位整合到国家组织体系中,并建构社会成员和政治单位对国家的认同。国家与社会这种融合互动的关系,并不意味着在"乡村之治"中"国家"与"社会"是对等的,也不是主张"强国家"与"弱社会"或者"弱国家"与"强社会",而是强调在中国特色的政治体系中,国家逻辑起着主导性作用,以国家意志为优先,乡村逻辑只是在国家逻辑的框架内塑造和延续村庄的社会形态。

基于村民自治逻辑而实行的村级选举工程,既是自上而下的制度部署,也是自下而上的民意表达,本质上是在宏观政治权力规范下村民社会行动的制度化实践。国家的计划性秩序与乡村的自发性秩序在基层社会的融合,在一定程度上,改变了村庄自主与村民自治的政治生态样貌,逐渐形成自治、德治和法治"三治合一"的多元"乡村之治"新格局。因此,村民并不存在绝对的自治空间,而是计划性秩序引导下的参与式自治。村民选举是民主的讲习班,三十多年的村级选举实践揭示了"中国式"民主在中国农村悄然生根、成长,选举的常态化让广大中国农民接受民主训练,让现代民主进入乡村社会。经过民主洗礼的村民已经不是一群"乌合之众"①,而是由政治权力的"局外人"转变为"局内人",由传统的自给自足的小农逐渐转变为社会化的现代农民,葆有自己独立的利益追求、价值追求和政治诉求,抽象的公民、国民、人民等概念日益成为他们生活中的具体存在。在新时代,这种农民的现代性为乡村治理现代化奠定了基础。十九届四中全会强调,坚持和完善共建共治共享的社会治理制度。多元共治是社会治理的最新实践成果,既保留了自治主体,又承袭了他治的方式,这是由于自治仍有其内在价值和力量②;既保障了自治的"自我性",又发挥了他治的"他我性"。虽然"找回自治"仍有其理论价值和实践可能,但在自治主体的自主性和自力性尚不足的现实条件中,将村民纳入多元共治的重要主体,将村民自治嵌入乡村共治体系中,继续在村

---

① 古斯塔夫·勒庞在《乌合之众》中描述了这样的群体及群体心理特征:冲动与多变、易受暗示和轻信、情绪的夸张与单纯、偏执与专横。当个人融入群体后,其个性会被群体的特征所淹没,进而增加了社会的不稳定因素。

② 徐勇:《中国农村村民自治》,北京:三联书店,2018 年。

庄治理中担当主人翁的角色,或是可能的实践进路。

国家与社会的关系并不是一成不变的,随着社会历史不断演进会呈现出与之相适应的关系形态,这既取决于民族特定的文化传统,又取决于经济社会发展所面临的具体环境,还取决于未来的走向,因而不存在普遍性模式可资遵循,只要适合中国国情,为中国人民普遍接受的道路便是一条具有中国特色的康庄大道,更是一条迈向"中国之治"新境界的复兴大道。

"自我革命":安徽党支部改革的
内在机制探析(1927—1931)

梁华玮

摘 要:大革命失败后,中共党组织受到巨大冲击,党支部遭到巨大破坏。安徽党支部为适应苏维埃革命的新形势,积极进行自我革命:内外危机是自我革命的客观动力,自我修复是自我革命的组织保障,自我净化是自我革命的团结一致,自我完善是自我革命的制度支撑,自我提高是自我革命的群众基础,共同形成一个协调互动的机制。然而,安徽党支部当时不仅面临外部的生死存亡威胁,而且党内亦存在复杂的路线斗争,因此不可避免地会受到重大影响,以致在自我革命的过程中仍存在一定的问题。

关键词:自我革命;安徽;党支部;改革

"自我革命"是马克思主义政党的本质要求,也是中国共产党的优秀品格,同时,也是促进自身改革和推动社会变革的根本动力,是始终保持旺盛生命力的精神和力量源泉。在党的组织体系中,"支部是党的基本组织,是党深入群众的核心"[①]。党支部是中共的基层组织和战斗堡垒,在组织体系中发挥着重要的作用。安徽是一个具有光荣革命传统和深厚革命基础的省份,也是"全国建立党组织较早的省份之一"[②]。苏维埃时期安徽党支部的建设是中共的一个重要组成部分,在"自我革命"方面进行了一系列积极探索。尽管目前学界对安徽党支部进行了一定的研究,但研究成果主要集中于 1921—1927 年

作者简介:梁华玮,男,38 岁,淮南师范学院马克思主义学院讲师,博士。研究方向:中国近现代史、中共党史。

① 中央档案馆、安徽省档案馆编:《安徽革命历史文件汇集》第3 册,内部出版,1987 年,第19 页。
② 中共安徽省委党史工作委员会编:《中共安徽党史纲要》(1919—1949),合肥:安徽人民出版社,1992 年,第23 页。

大革命时期,而对于苏维埃时期党支部的系统研究较少,研究成果极为缺乏。① 有鉴于此,本文以党支部为切入点,对支部的"自我修复""自我净化""自我完善""自我提高"及其自我革命中的困境等方面略作探讨。

一、党支部的内外危机

"自我革命"是安徽党支部在面临内外存亡的危机下进行的。1927 年第一次国共合作失败后,革命形势处于低潮。随着国民党实行"反共"政策,全国处于白色恐怖状态。安徽成为国民党"反共"的重点区域,党组织尤为显得散弱,无法适应革命形势的转变。诚如 1928 年安徽报告所言:当时"由于省委没有切实的训练与指导,以致他们对一切莫名其妙,久而久之消沉散漫","省委却弄得大半年来全无办法,对中央又不以真相相告,对党员群众及下级党部则想起来就空骂,骂后就忘记,直弄得工作作不起来,威信树立不起来,许多同志要离开安徽,一切情形就常常糟糕,坐以待毙,整个安徽工作,已经是塌台现象"②。

大革命失败后安徽党支部面临着内外两个方面的存亡危机:一是从外部来看,国民党积极推行"反共"政策,全国处于白色恐怖状态,中共党员遭到迫害,党组织遭到破坏。安徽的白色恐怖尤为严重,不仅各地的党组织和革命群众团体遭到严重破坏,而且党员和进步人士被通缉或被捕,其他革命团体被解散。③ 对此,有报告记载说:1928 年安徽"大起恐慌,特别戒严了","捕人"开始了。芜湖济难会负责人王少渔被捕,"抄罗济难会机关,所有名册,一齐均为搜去",公安局"大行捕人,一晨的时刻,将同学捕去四十余人,县委交通处亦破获",宣城党内"机关亦破"。④ 在六安,"斗争加厉,白色恐怖对于我们非常严重","我们被捕的同志有四五个,被杀有两三人"。⑤

---

① 目前学界关于安徽早期党支部的研究成果,主要有梁华玮、吴玉才的《安徽早期党支部的组织构成及其特征》(1921—1927)(《淮南师范学院学报》,2018 年第 6 期);梁华玮、吴玉才的《安徽早期党支部的创建过程及其困境》(1921—1927)(《安徽理工大学学报(社会科学版)》,2018 年第 2 期);罗国辉与丁留宝的《乡村学校与乡村革命——乡村学校在中共安徽早期建党活动中的作用》(《淮南师范学院学报》,2009 年第 1 期);玉耕与巨荣的《安徽最早的农村党组织——中共寿县小甸集特支》(《党史纵览》,2001 年第 3 期)等。
② 中央档案馆、安徽省档案馆编:《安徽革命历史文件汇集》第 3 册,内部出版,1987 年,第 2–4 页。
③ 戴惠珍等:《安徽现代史》,合肥:安徽人民出版社,1997 年,第 150 页。
④ 中央档案馆、安徽省档案馆编:《安徽革命历史文件汇集》第 3 册,内部出版,1987 年,第 19 页。
⑤ 中国人民解放军历史资料丛书编审委员会:《土地革命战争时期各地武装起义》(安徽地区),北京:解放军出版社,2001 年,第 147–148 页。

二是从内部来看,因组织上不严密,党员缺乏训练,安徽党支部原先不同程度存在的弊病逐渐显露。对此,安徽省临委的报告曾深刻指出:安徽党组织"过去的遗毒深,总还是太疲,不紧张,不积极负责任",现在"一般智识分子的同志对党无形中也就冷淡了","是很模糊的","很难找到积极肯干的分子,即有一、二也少经验"。① 例如,安庆县委过去对于各支部工作,是命令式原则式的指示,没有具体的指导他们的工作方法;对各支部的工作能力,没有正确的了解与估量;没有设计养成支部会议的兴趣,只是机械地参加会议,也没有能够提出许多工作问题与党的策略和他们热烈地讨论,仅仅于做点报告,甚至连报告也没有预备,因此县委参加支部会议的结果,养成支部依赖县委参加的心理,县委如不参加,支部会议便开不了。② 同时,因党员成分复杂,致使党支部工作未能有效展开。例如,芜湖原有三区十六支部,但除了少数党支部是"有机关外","其余都是些游民智识份子乱分配成支部,装点门面"③。

由上可知,安徽已进入一个新的革命时期,即苏维埃时期,也是安徽党支部被迫进入一个"自我革命"的时期。诚如1927年12月《关于安徽军事工作报告》中指出的那样,安徽"实在是一个极容易发生暴动的地方","安徽的工农的确有革命的需要,而且是很迫切的","在这样的环境当中,民众之需要革命,自不待言"④。但是,此时的安徽党组织本身存在的缺点和弊病,无法适应苏维埃革命形势的转变。对此,1927年12月,中共中央在给安徽的指示信中明确指出:安徽党组织存在缺点和"政治上的严重错误",组织方面"虽经作了一次改组的工作,但因为没有经过群众的斗争工作,未能增加工农分子入党。亦未实行中央通告第2号所指示的'党内讨论',以致党的成分仍旧是90%以上为知识分子,百分之几的工农分子亦不是工农群众的领袖分子,各级党部完全留在失业的知识分子之手中。——总而言之,安徽的党,还没有具备共产党的雏形,政治上机会主义的主要来源,便在于此种组织上的小资产阶级的知识分子的成分"⑤。正因为如此,整个苏维埃时期,"中共安徽省党组织时

---

① 中共安徽省党史工作委员会、安徽省档案馆编:《安徽早期党团组织史料选》,内部编印,1987年,第192页。

② 中共安徽省委党史工作委员会编:《安徽现代革命史资料长编》(第2卷),合肥:安徽人民出版社,1991年,第139页。

③ 中共安徽省党史工作委员会、安徽省档案馆编:《安徽早期党团组织史料选》,内部编印,1987年,第192页。

④ 中共安徽省委党史工作委员会编:《安徽现代革命史资料长编》(第2卷),合肥:安徽人民出版社,1991年,第2-3页。

⑤ 中共安徽省委党史工作委员会编:《安徽现代革命史资料长编》(第2卷),合肥:安徽人民出版社,1991年,第30页。

建时撤,时分时合,变动频繁"。1927 年 5 月中共安徽省临时委员会成立,12 月 6 日,中央常委会决定安徽省临委撤销,1928 年 3 月中旬,中共安徽省临委恢复。1929 年 5 月,中共中央再次撤销安徽省临委,1931 年 2 月,中共安徽省委员会成立。4 月 6 日,省委机关遭破坏。5 月上旬成立中共安徽省临时工作委员会,6 月上旬奉命撤销。此后至 1937 年抗日战争全面爆发,全省未再建立统一的党的领导机构。①

二、党支部的"自我修复"

"自我修复"就是通过深刻把握所处时代和面临的内外危机,寻求突破,已达组织的不断改造和重建。1927 年"八七会议"召开后,中国共产党进入了一个武装斗争、建立根据地和开展土地革命的苏维埃时期。随着苏维埃的重心和革命任务发生巨变,中共必须在组织上进行调整,以求适应新的革命形势。1927 年 11 月中共中央指出:目前"许多大工厂商店尤其是在乡村和军队之中,至今几没有党的支部",应迅速"建立并巩固党的支部","特别注重支部工作,经过支部起群众的作用"②。安徽党支部的"自我修复"主要表现在以下两个方面。

1. 党支部数量和党员人数逐渐增加

大革命失败后,安徽党支部大量减少。据报告记载:1927 年 8 月,安徽仍存在的党支部只有 8 个。③ 但是,经过各党支部的积极努力,安徽党支部逐渐增多,发展党员的人数也增加不少。例如,1929 年 7 月,安庆县委报告说:"迄至六月中旬才恢复了几个支部,添几个新同志,支部亦可如期开会,工作才有一点发展的现象。"中心县委成立后,"一面恢复旧的支部,注意发展本身的工作,成立六个支部,同志三十多人,各支部尚能如期开会"。④ 至 11 月,安庆党支部数量增加到 11 个,党员数量增加到 43 人。桐城党支部数量增加到 31 个,党员数量增加到 275 人。潜山党员数量 137 人,16 个支部,4 个区委,另有

---

① 中共中央组织部、中共中央党史研究室、中央档案馆编:《中国共产党组织史资料》(第 2 卷),北京:中共党史出版社,2000 年,第 1193 页。

② 中央档案馆编:《中共中央文件选集》第 3 册,北京:中共中央党校出版社,1983 年,第 384 页。

③ 中共安徽省党史工作委员会、安徽省档案馆编:《安徽早期党团组织史料选》,内部编印,1987 年,第 156 页。

④ 中共安徽省党史工作委员会、安徽省档案馆编:《安徽早期党团组织史料选》,内部编印,1987 年,第 325 页。

4 个独立支直辖县委。庐江"党员数量四十多人","支部共有七个"。太湖"党员数量五十余","支部数量五个,另外特支一个"。①再如,截至 1931 年 3 月,芜湖"有裕中纱厂,东门农民,长街店员、公职学生、市立一小女生,街道贫民六个支部,共有二十四个同志","离芜六十里的一个市镇湾扯最近已恢复关系,有六个支部,共四十几个同志","宣城有七十多个同志","南陵有七十多个同志","繁昌有三十多个同志","无为有四十多个同志","广德有一百二十个同志","郎溪有三十多个同志","巢县,含山共二三十个同志","铜陵有十几个同志"。②

2. 党支部的扩充和强化

面对大革命的失败和国民党实行的白色恐怖,中共领导的革命并未消沉。安徽各地党支部一方面进行整顿和重建,另一方面则进行扩充。一是深入军事组织中建立党支部。例如,1928 年 2 月,皖北"太和十军中组织完全秘密,发展成绩很好","亳州派人去建立组织发动工作,萧县因环境很好,也派四位得力同志前去指导。蒙城、颍上、霍邱均(依)次派人整顿。韦金同志奉令来阜阳组织特委常委,到达以后,顺路整顿了流集(属阜阳)工作,四天以内建立了十个农村支部"。③ 再如,安庆党支部"在军队中发生组织,主要的是要向下层兵士群众中求发展,官长与兵士须分开组织,甲支与乙支须保守组织上的秘密"④。二是注重在农村中建立党支部。例如,1929 年 8 月桐城县委报告:全县支部 31 个,城内只有 5 个支部,而农村支部共有 20 个。七桥区委直辖农村支部就有 6 个。⑤ 太湖,现有 9 个支部,党员 104 人,"太湖的组织都在乡村,城市只有一个特支"⑥。

---

① 中共安徽省党史工作委员会、安徽省档案馆编:《安徽早期党团组织史料选》,内部编印,1987 年,第 328–330 页。

② 中共安徽省党史工作委员会、安徽省档案馆编:《安徽早期党团组织史料选》,内部编印,1987 年,第 303 页。

③ 中共安徽省委党史工作委员会编:《安徽现代革命史资料长编》(第 2 卷),合肥:安徽人民出版社,1991 年,第 63 页。

④ 中共安徽省委党史工作委员会编:《安徽现代革命史资料长编》(第 2 卷),合肥:安徽人民出版社,1991 年,第 135 页。

⑤ 中共安徽省委党史工作委员会编:《安徽现代革命史资料长编》(第 2 卷),合肥:安徽人民出版社,1991 年,第 63 页。

⑥ 中共安徽省委党史工作委员会编:《安徽现代革命史资料长编》(第 2 卷),合肥:安徽人民出版社,1991 年,第 128–129 页。

三、党支部的"自我完善"

"自我完善"就是"坚持补短板、强弱项、固根本,防源头、治苗头、打露头,堵塞制度漏洞,健全监督机制"。苏维埃时期党支部必须成为具有战斗力的基层组织。中共中央曾指示说:"切实的整顿支部工作,在支部讨论支部的不好现象,使每(个)同志自觉的了解为党工作的意义,切实的执行每个党员的任务"。① 安徽省临委也指示说:"其余各地特支之组织工作,应将其健全起来。"②安徽党支部的"自我完善"主要通过制度化来实现,主要有两个方面的表现。

第一,通过委派特派员、巡视员等,深入地方详细指导和整顿。③ 例如,对于芜湖各支部的指导,安徽省临委"用临委名义发一通告于各地,宣布遵照中央决议停止职权及实行改组后,即着手先召集区委会,报告中央对过去临委在政治上组织上之批评及实行改组的意义,并督促各区委根据中央指示,召集各支部会讨论,改组支部,再由各支部推代表开区代表会改组区委,由各区推代表开县代表会改组县委"④。芜湖特委的工作"已有相当进展","曾派人到繁昌,宣城巡视,曾调南陵负责人来解决工作问题,巢合最近也曾派人来,其他各县也在注意中"。特委"对支部工作的推动也能抓紧下层干部,改变了过去特委负责人亲自代替支部召集会议的方式,而能督促支书把责任担负起来,经常的开会与分工以及督促同志的工作"。再如,芜湖县委成立后,"有一个常委经常在各地巡视,有四个县委委员分派在各乡经常工作,精神上大都能积极去进行"。安庆建立中心县委后,"有两个委员来注重学生支部工作的领导和推动,有两个旧的特委委员经常到各县去巡视,帮助建立密切关系"⑤。

第二,对党支部制度进行详细规定,健全党支部的运作。例如,安庆规

① 中共安徽省委党史工作委员会编:《安徽现代革命史资料长编》(第2卷),合肥:安徽人民出版社,1991年,第135页。

② 中共安徽省党史工作委员会、安徽省档案馆编:《安徽早期党团组织史料选》,内部编印,1987年,第158页。

③ 中共安徽省党史工作委员会、安徽省档案馆编:《安徽早期党团组织史料选》,内部编印,1987年,第169-170页。

④ 中共安徽省党史工作委员会、安徽省档案馆编:《安徽早期党团组织史料选》,内部编印,1987年,第190-191页。

⑤ 中共安徽省党史工作委员会、安徽省档案馆编:《安徽早期党团组织史料选》,内部编印,1987年,第305-306页。

定："支部党员在六人以上者可划分二组,二组以上须成立干事会。支部会议每星期五至少一次,小组会每星期二次,支部会议县委派人参加,小组会议支书须参加。支部对县委的报告,按照县委发下支部会议报告表各项规定每星期填报一张。……支部按照县委的规定,收缴党费和特别捐,按月缴纳县委。"同时,还要求党员"经常的到支部会,按月缴纳党费,讨论党的策略及本身日常工作,参加群众斗争,读党报,分配宣传品给群众,介绍同志,实行自我批评等"。① 再如,芜湖规定:速即卅临时支书联席会议,检查各支部与各支书负责工作。每星期各支书须开会一次,紧急会议不在此内。各支部开会时除讨论各项外,特别注意分配同志工作。每星期开支书联席会议一次,各支书须于联席会中应有口头报告,两星期应有一次书面报告。按月缴纳费,一般工农士兵同志每月每人缴纳铜元五枚,知识分子每月每人缴纳铜元十枚。督促各支部讨论上级机关所发下来的通告、通讯以及开会时报告政治消息及讨论。请省委速即发下基本训练材料,以便督促各支部研究并讨论等。② 从相关资料来看,党支部会议基本上得到运行。例如,根据会议记录,1929 年 11月 8 日,潜山县无愁党支部召开关于成立"摸瓜队"的会议,既有主席报告,又有事务讨论,并进行议决等。③ 尽管如此,但安徽党支部在自我完善方面仍存在一定的问题。

1. 组织贯通联系不密切

上级组织对党支部未能有效指导和监督,造成党支部未能有效运行,组织间联系并不畅通。对此,安徽省委指出:"省委之下,组织市委,增加了许多组织,结果增加了许多会议,把一切工作,多半停顿在会议上,省委没有办法直接到支部里去。"④例如,1930 年 8 月,寿县县委报告说:"因县委与各级党部未能尽督促和领导责任,以致影响到过去几个月党的工作停顿和党员腐化的现象","县委委员,大多数是不参加县委工作的,仅三五委员在那里工作,同时又因县委机关不集中,以致形成了不健全的组织,减少指导能力。保区旧区委过去也是缺乏指导能力",因此,"县委与各区及各组织在纵的连系上,于党的会议时,互派代表出席,讨论工作困难缺点错误及工作的方法,区与

① 中共安徽省委党史工作委员会编:《安徽现代革命史资料长编》(第 2 卷),合肥:安徽人民出版社,1991 年,第 136 页。
② 中央档案馆、安徽省档案馆编:《安徽革命历史文件汇集》第 3 册,内部出版,1987 年,第 32-33 页。
③ 中国人民解放军历史资料丛书编审委员会:《土地革命战争时期各地武装起义》(安徽地区),北京:解放军出版社,2001 年,第 147-148 页。
④ 中共安徽省党史工作委员会、安徽省档案馆编:《安徽早期党团组织史料选》,内部编印,1987年,第 315 页。

支、支与小组,都是采取同样的办法","县巡视员经过区委介绍可直接与各部发生关系","县委每月派员巡视各区支一次,区则每半月巡视一次并出席支部大会暨干事会"。① 再如,1931 年 7 月,芜湖,"因为没有巡视员到各县去,对于整个的芜湖区工作的推动和布置,还非常不够",因此,"必须建立交通网,以便上级党部对下级党部和中心县委对于外县的指导,更容易发行"。并制定市委与支部的关系:经常派人参加支部会议;对支部每天要有政治报告通信;支部每周要有工作报告;支部壁报每天要送一份给市委会等。②

2. 党支部未能彻底制度化

党支部仍未彻底实行制度化,运作上仍存在诸多弊病。例如,1927 年 10 月,芜湖有支部开会时,"惟同志不大发言,故会场精神不佳","以致省委不能常派人到会,且有许多琐事照顾不到"③。甚至到 1931 年,安徽省委认为:党支部"纪律非常之松懈,没有集体分工,对工作多是应付式,关门主义特别浓厚,因吸收分子过于慎重,对于上级通告不甚讨论,而是无条件地执行,就是执行到什么程度都不管。党员和群众分不开,对秘密工作非常之不注意"④。再如,安庆对于党支部最低限度的工作"是没有工作计划的,分配党员工作更谈不到,支部整个月不开会,县委也不去督促,县委与支部几有整月的不发生组织上的关系,一般党员只顾保存党的关系,而不积极去做党的工作,这是没有支部生活的原因,引不起一般同志的工作兴趣"⑤。南陵,"没有健全的支部",党员"七八十,支部可算没有一个,如何能推动组织而动员全体同志呢?更如何能发动群众斗争呢?"⑥

3. 党支部运作中仍有一定的弊病

例如,1929 年 11 月,安庆"农支部会每十天开一次,城内每礼拜一次,同志对于缴纳党费还未认真,不能按期自动交纳,对于党的策略不能切实去讨

---

① 中共安徽省党史工作委员会、安徽省档案馆编:《安徽早期党团组织史料选》,内部编印,1987 年,第 371–372 页。

② 中共安徽省党史工作委员会、安徽省档案馆编:《安徽早期党团组织史料选》,内部编印,1987 年,第 343 页。

③ 中共安徽省党史工作委员会、安徽省档案馆编:《安徽早期党团组织史料选》,内部编印,1987 年,第 179 页。

④ 中国人民解放军历史资料丛书编审委员会:《土地革命战争时期各地武装起义》(安徽地区),北京:解放军出版社,2001 年,第 258 页。

⑤ 中共安徽省委党史工作委员会编:《安徽现代革命史资料长编》(第 2 卷),合肥:安徽人民出版社,1991 年,第 135–136 页。

⑥ 中共安徽省委党史工作委员会编:《安徽现代革命史资料长编》(第 2 卷),合肥:安徽人民出版社,1991 年,第 135–136 页。

论"①。党支部对于党员并没有进行良好训练,造成党员意识薄弱。例如,1930 年,南陵"一般同志加入了党以后,并没有认识了党,也并没有努力工作的决心,召集一个会议,都要上级党部才行。不但如此,入党以后,以为面上刻了'共党'两个字,不敢动弹,只看见白色恐怖,而不看见群众的力量伟大"②。六安的党支部,"因无产阶级基础薄弱,政治水平线低弱,当然支部生活是无法健全,稍有一二较清楚同志在支部中,而又消沉万分,不愿努力工作"③。

四、党支部的"自我净化"

"自我净化"就是要"不断纯洁党的队伍,保证党的肌体健康"。支部是中共组织细胞,也是"群众的核心,是党的基础,是执行党的路线,而把政治主张传达到群众中的"④。所以,苏维埃时期党支部"本身要有严密的组织,要有日常的生活,要能经常的开会,要分配每一个同志的工作,要有计划地向群众宣传,领导群众斗争"⑤。安徽党支部主要通过以下两个方面来达到"自我净化"。

1. 党支部努力改善阶级基础,实现无产阶级化

党支部原基础主要是知识分子,党内"关门主义"、歧视工农的观念浓厚,所以改造党支部的阶级基础以实现无产阶级化就成为当务之急。对此,中共中央指示说:"必须努力改造党的基础","切实的整顿支部工作"。⑥ 安徽省临委也有明确表示:要求"每个同志应努力随时在各种群众组织及工厂乡村中去找寻对象,经过相当的观察,确认为忠实有阶级觉悟及明了主义者即介绍予支部。"⑦于是,安徽各地党组织积极改造党支部的阶级基础。例如,安庆中心县委要求向电灯厂工人、汽车工人、码头工人、市政工人、印刷工人、店员

① 中共怀宁县委党史办公室编:《怀宁党史资料选编:1919-1949》,内部编印,1991 年,第 52 页。
② 中央档案馆、安徽省档案馆编:《安徽革命历史文件汇集》第 3 册,内部出版,1987 年,第 92 页。
③ 中国人民解放军历史资料丛书编审委员会:《土地革命战争时期各地武装起义》(安徽地区),北京:解放军出版社,2001 年,第 147-148 页。
④ 中央档案馆、安徽省档案馆编:《安徽革命历史文件汇集》第 3 册,内部出版,1987 年,第 91 页。
⑤ 中共安徽省委党史工作委员会编:《安徽现代革命史资料长编》(第 2 卷),合肥:安徽人民出版社,1991 年,第 135-136 页。
⑥ 中共安徽省委党史工作委员会编:《安徽现代革命史资料长编》(第 2 卷),合肥:安徽人民出版社,1991 年,第 135 页。
⑦ 中共安徽省党史工作委员会、安徽省档案馆编:《安徽早期党团组织史料选》,内部编印,1987 年,第 158 页。

手工业工人和苦力中去发展,要求"改良旧的基础和发展新的组织,旧的改造新的发展,要同时并进,如果不注意新的发展,则党必有一天一天的缩小和松懈,工作是不会推动的,组织是不会进展的。……选派同志打入各业工人群众中,以职业去接近工人群众,在群众中扩大党的政治影响,鼓动群众日常斗争,由小的斗争到大的斗争,由斗争中建立党的健全的工人支部和赤色工会"。农村中党的基础,应该建筑在雇农、佃农、贫农和农村中手工业工人身上。安庆工作计划是"产业工人,码头市政,印刷工人及苦力,安徽大学在一月以内应各成立支部","其发展的成分以工农分子占百分之七十,兵士占百分之二十,知识分子占百分之十为原则",在省会及乡镇的中心区域中建立模范支部。①

经过改造,安徽党支部的党员成分逐渐改善,阶级基础在一定程度上实现无产阶级化。据统计,截至1931年3月,芜湖24名党员中"成分工人五个、农民四个、店员三个、学生七个、其他五个",湾扯镇"共四十几个同志,全属手工业者和船夫",宣城"有七十多个同志,工农学生各半",南陵"有七十多个同志,十分之九是工人。繁昌有三十多个同志,工农学各占三分之一。无为有四十多个同志,工农只占三分之一。广德有一百二十个同志,工农占三分之二。郎溪有三十多个同志,只有四五个学生,余都是工农。巢县,含山共二三十个同志,工农学各三分之一。铜陵有十几个同志,三分之二是工农"。其他地方也相应地增加工农党员。例如,贵池"有三十几个同志,工农和学生各半。庐江有三十多个同志,农民占三分之二。……旧桐有六十多个同志,工农占三分之二。潜山是去年五月就有一百五六十个同志,工农占三分之二。太湖、望江有二十几个同志,全属工农"。合肥,53名党员中"工农学各占三分之一","舒城有四十几个同志,工农学生各半。六安有百多同志,工农学各半"。纯粹工人的支部有芜湖、南陵、湾浊三处,"共十四五个"。② 更有报告指出:阜阳等皖北9县"共有三千党员","党员成分比以前好多了"。③

2. 执行党支部组织纪律,对违纪党员进行惩处

有报告指出:"当此严重时期,凡我们同志均须特别努力工作,有畏缩不

① 中共安徽省委党史工作委员会编:《安徽现代革命史资料长编》(第2卷),合肥:安徽人民出版社,1991年,第135页。

② 中共安徽省党史工作委员会、安徽省档案馆编:《安徽早期党团组织史料选》,内部编印,1987年,第303—305页。

③ 中国人民解放军历史资料丛书编审委员会:《土地革命战争时期各地武装起义》(安徽地区),北京:解放军出版社,2001年,第273页。

前者,无论负责同志或普通同志一律排斥党外。"① 例如,安庆"旧有支部及大多摇动同志,目前表显(现)怠工,畏缩不前,躲避白色恐怖等等右倾的倾向,要坚决的肃清"。② 再如,芜湖的周俊口原任河南区委,反对党的组织,决议并组织小团体,议决开除。张统望、戴松林参加小团体的组织,留党察看一月。寿县委在汉口时,曾指薛卓俊等为县委,但数月以来,有的尚有畏缩于上海,有的消极怠工。因此议决薛卓俊开除,朱松年开除三月外,令其返回寿工作,许一清留党察看一月,限一月内在寿县工作具有成绩。③ 1930 年 5 月阜阳中心县委报告称"凤台党的组织有一区一支(特支)百人之谱,过去两月前统计,该县党员百余人,近因有些同志观点错误,或没有工作决心的已逐出党外",所以目前各支部已有"相当发展"。④

尽管如此,安徽党支部的"自我净化"仍未能彻底解决。因党内的"关门主义"仍旧不同程度地存续,一些支部的党员成分未能得到改善,仍存在知识分子与工农分子比例失衡严重现象。对此,1931 年 3 月安徽省委的发展组织决议案中明确指出:党内"小资产阶级意识,是对工农关门的,因此广大的劳苦工农,不得其门而入"。由于当时中共中央推行"立三路线",对党支部产生了"阻碍和摧残",所以安徽党支部"没实际的群众工作","加上命令主义家长制度,官僚式的惩办等,往往使一般同志离开组织"。"没有注意成分的重要,对于党员的成分,没有确实的统计,因之重点发展,也不是工人和雇农。"⑤ "关门主义"造成党组织脱离群众较为严重,以致党员成分仍未完全实现无产阶级化。至 1931 年,安徽省委仍认为:"党是松懈的","关门主义特别浓厚"。⑥ 安徽党组织"没有注意成分的重要","重点发展,也不是工人和雇农"。以往"不做群众工作,离开群众实际工作,站在群众之外,空喊暴动","狭隘的工作路线和富农路线的障碍,一般同志除空喊暴动以外,很少做群众工作,只秘密的介绍同志,这种发展的方式,即使发展了一些同志,也很易失去,加上富农

① 中共安徽省党史工作委员会、安徽省档案馆编:《安徽早期党团组织史料选》,内部编印,1987 年,第 199 页。

② 中共安徽省党史工作委员会、安徽省档案馆编:《安徽早期党团组织史料选》,内部编印,1987 年,第 151 页。

③ 中共安徽省党史工作委员会、安徽省档案馆编:《安徽早期党团组织史料选》,内部编印,1987 年,第 184 页。

④ 中共安徽省党史工作委员会、安徽省档案馆编:《安徽早期党团组织史料选》,内部编印,1987 年,第 333 页。

⑤ 中共安徽省党史工作委员会、安徽省档案馆编:《安徽早期党团组织史料选》,内部编印,1987 年,第 297-298 页。

⑥ 中国人民解放军历史资料丛书编审委员会:《土地革命战争时期各地武装起义》(安徽地区),北京:解放军出版社,2001 年,第 258 页。

路线,阻止着雇农、贫农大批吸收到党内"①。

同时,党支部内部党员存在政治观念分歧、政治意识淡薄等问题。有人指出:安庆党组织中,"没有群众基础,一般党员多数充满了小资产阶级的意识,个个都不肯打入群众中担负工作,从前有几个工农同志,不去训练他们,因他们幼稚的表现,便把他们开除了,这是违反了组织上正确路线"②。有报告指出:1931年阜阳等皖北9县"有无产阶级的基础的,还非常的薄弱,工农干部非常之少,如阜阳县委对于引进工农干部还发生疑同与怠工的表现,是非常严重的问题"③。对此,1931年,安徽省委自己都认为:"党是松懈的,无产阶级基础特别薄弱",甚至出现"寿县、合肥、霍邱还有地主阶级的同志",原因就在于"吸收分子过于慎重,对于上级通告不甚讨论,而是无条件的执行,就是执行到什么程度都不管"④。

五、党支部的"自我提高"

"自我提高"就是"自觉向书本学习、向实践学习、向人民群众学习",不断提升组织能力,增强群众动员和斗争能力。党支部通过"自我革命"来推动社会变革,最终实现自我提高。自我提高主要表现在群众动员和组织功能逐步增强。据报告记载:1929年11月,安庆党组织领导的群众组织和斗争取得一定成绩,"在党的领导之下工会的组织,有五种工人,数量总计有一百零六人,农协组织有十一个,分会数量一千二百五十人。另外浮山初中学生组织有八十二人,过去的斗争城市工人有多次的经济斗争,因增加工价,结果胜利,农民减租抗租运动也有多次"⑤。随着党支部的不断改造和完善,安徽的群众运动和斗争不断增多,党支部的组织能力也逐渐增强。安徽有报告指出:1931年,皖南"二月以前仍然是死气沉沉的","整个工作陷于消极的状态,不仅没有群众运动,就连支部会议也召集不成功,经过了严厉的斗争才开始转变到

① 中共安徽省党史工作委员会、安徽省档案馆编:《安徽早期党团组织史料选》,内部编印,1987年,第297-298页。

② 中共安徽省委党史工作委员会编:《安徽现代革命史资料长编》(第2卷),合肥:安徽人民出版社,1991年,第134页。

③ 中国人民解放军历史资料丛书编审委员会:《土地革命战争时期各地武装起义》(安徽地区),北京:解放军出版社,2001年,第273页。

④ 中国人民解放军历史资料丛书编审委员会:《土地革命战争时期各地武装起义》(安徽地区),北京:解放军出版社,2001年,第258页。

⑤ 中共安徽省党史工作委员会、安徽省档案馆编:《安徽早期党团组织史料选》,内部编印,1987年,第330页。

正确的道路上来"。芜湖"少数的支部的同志举行了几个青年群众大会,而能抓紧群众的迫切要求来建立群众组织,并发动群众斗争。对支部工作的推动也能抓紧下层干部,改变了过去特委负责人亲自代替支部召集会议的方式,而能督促支书把责任担负起来,经常的开会与分工以及督促同志的工作"。芜湖的工作"已有相当进展,群众组织大都是新建立的,……其他支部组织大多数能经常动员在群众中活动"①。尽管如此,安徽仍有一些地方党支部的组织能力未能增强,未能很好地动员群众,支部在群众中效果不明显。例如,1929 年有党员代表说:"安庆是省会,芜湖是工业区域,大通也是沿江重镇,这些区域都是接近省委或在省委直接指导之下,但直到如今工作还未建立起来,尤其在省委所在地的芜湖,只见百余个同志溃散,组织根本瓦解,至今连一个同志也找不到。"②

余　论

任何政党、任何组织、任何事业,只有不断地吐故纳新才能健康成长并保持旺盛的生命力。马克思主义政党也是如此,面对外部环境的严峻挑战和自身存在的问题,能不能做到勇于自我革命,善不善于进行自我革命,是关系一个政党及其党员能否保持纯洁性、先进性的重大问题。从一定意义上来说,中国共产党的历史就是党组织马克思主义化的历史。在革命低潮时期,每个革命党都会遇到诸多预料不到的挫折和困难,然而,中共能够在白色恐怖下重建和发展起来,其中党组织的自我革命起到关键作用。苏维埃时期安徽党支部立足于地方特有的政治社会条件,逐渐克服了国共合作失败后出现的诸多弊病和困境,通过自我修复、自我净化、自我完善和自我提高,逐步适应苏维埃新形势,最终实现党支部的扩充、阶级基础改造和组织制度化。尽管如此,安徽党支部在自我革命过程中仍面临着严重的内忧外患,因而不可避免地存在一定的困境。总之,安徽党支部在面对严峻的革命形势下,并没有回避现实存在的问题,而是通过自我革命和不断总结经验和失败的教训,从而使自己逐渐重建起来。换言之,中共只有通过不断自我革命,不断净化自己,不断完善自己,不断提高自己,才能不断纯洁党的队伍,保持旺盛生命力和强大战斗力。

① 中共安徽省党史工作委员会、安徽省档案馆编:《安徽早期党团组织史料选》,内部编印,1987年,第305-306 页。

② 中共安徽省委党史工作委员会编:《安徽现代革命史资料长编》(第 2 卷),合肥:安徽人民出版社,1991 年,第 78 页。

党内政治自觉的生成逻辑与实践进路

朱中原　黄明明

摘　要:培养政治自觉是政党建设的核心内容,也是提升政治战斗力的重要保证。政治自觉具有历史、理论和实践的生成逻辑,政治信仰不牢、政治意识不强和政治站位不高是党内政治自觉的三大现实困境。廓清培养理念、补齐实践短板是提升党内政治自觉的理论应然和实操必然。提升党内政治自觉要在摆析困境的基础上廓清理念、探寻进路以求对症下药、去病除痛和强身健体。

关键词:党内政治自觉;政治信仰;政治站位;政治意识

"高度的政治自觉是我们党的先进性和活力的根本体现,是建设有中国特色社会主义的根本特征。"[1]育养党内政治自觉是领导民族复兴的迫切要求,也是新时代政党建设的紧要任务。全党在积极落实中央党建部署的同时也都翘首以盼理论强党的实践伟力能够风靡云涌。当前,梳理党内政治自觉的生成逻辑和实践进路重要而紧迫。

一、党内政治自觉的生成逻辑

政治自觉是指政治主体在政治信仰、政治意识和政治站位三个方面的觉察与行动。党内政治自觉蕴含组织和党员两个主体对党内民主、中央决议和

作者简介:朱中原(1984.5—),男,安徽宿州人,安徽商贸职业技术学院思政部讲师,哲学硕士,研究方向:哲学教育、思政教育。黄明明(1984.2—),女,安徽宁国人,芜湖职业技术学院人文旅游学院讲师,文学学士,研究方向:文秘教育。

基金项目:本文系2018年安徽省教育厅高校人文社科重点项目"大学生创新创业教育融入思想政治教育的意义与路径研究"(编号:SK2018A0844)的阶段性成果。

个体责任的科学认识、主动担当和积极践行。厘清其生成逻辑有助于摆析其实践进路。

（一）党内政治自觉的历史逻辑

"政治"一词源于古希腊语，原意指城堡，后演绎为邦国治理之意。我国的《周礼·地官·遂人》有云：掌其政治禁令，其意为通过法令来管理、教化百姓。"自觉"一词初见于《孔子家语》，其中的《致思》有云：吾有三失，晚不自觉，此处意思是指察觉或感觉。"自觉"一词后延伸和外化为"有所感悟且主动作为"之意。"政治自觉"一词提出较晚，但实行较早。西周统治者提出以"亲亲"和"尊尊"为核心的周礼并作为社会秩序，意在达到通过礼数教化来培养顺民的目的。孔子受周礼影响，提出了君君臣臣的伦理道德观念，这是对政治教育的自觉发现和自我教育的雏形。西汉董仲舒将儒家的君臣伦理发展并异化为政治纲常。宋代朱熹又把君臣纲常发展为天理说，为党同伐异、强化统治做足了理论铺垫。可见，在漫长的封建统治长河中，政治自觉一直是以尊君自觉的形式存在的，其表现主要是忠君言行。自西方政党制度建立后，政治目标成为政党的价值追求和奋斗目标。政治自觉主要以主义的形式存在，表现为党员对主义的信仰和追求。革命先行者孙中山先生提出和倡导民族、民权、民生的三民主义后，"主义"一词开始在全民心中落地开花，成为政治信仰的代名词。此时的政治信仰更多是自发的懵懂状态。1921年，中国共产党成立伊始就提出共产主义的政治信仰和奋斗目标。1927年，秋收起义失败后，党中央适时地进行了三湾改编，完成了政治建军的壮举。其后的古田会议也再次强调了思想建党的重要性。1941年开始的延安整风运动既是强化党建、夯实信仰的党内政治运动，又是统一思想、凝聚共识的群众教育活动。通过整风形式而培养的政治自觉侧重但不限于党内，既包括党组、党员，也包括广大群众的政治自觉。可见，党内的政治自觉不是无源之水、无本之木，有其深远的历史渊源和严密的历史逻辑。

（二）党内政治自觉的理论逻辑

政党是指代表特定阶级利益、为实现政治目标而组成的政治组织，政治性是其本质属性，制度性是其基本要求，通过制度设计来保障目标实现是其运行范式。政党的政治目标要体现和服务特定阶级的根本利益。这是政党建立和建设的逻辑起点和实践归宿。党内决策要围绕政治目标背后的阶级利益而展开和设计，因此，决策过程必须要讲求党内民主。只有建设党内民主，才会有党内民主政治，才能最终确保党内决策兼具真理性和价值性。真理性是指通过发挥党内民主、汇聚全党智慧而形成的党内决策符合客观规律，具有实践可行性。价值性是指依靠政治民主、整合全党诉求而形成的党内决策代表阶级利益,具有理论必要性。决策的制定和执行是完全不同而又前后相继的两回事。决策制定不好,决策就执行不了;决策执行不了,决策的制定就失去了意义。政党决策的执行要全部依靠基层党组和全体党员。离开了基层党组和全体党员的高度重视、坚决执行和自觉行动,再科学而伟大的决策都会被束之高阁、弃之不用。毛泽东主席在 1938 年召开的六届六中全会上就曾告诫全党:政治路线确定之后,干部就是决定的因素,实践是人之意志作用于对象之上的物化过程,实践目的的实现在很大程度上取决于人的主观能动性发挥,包括意愿、态度和意志在内的主体自觉在很大程度上影响了人的主观能动性发挥。政治纪律是决策执行的外在约束方式,思想教育是决策执行的内化激励方式。两者都必须通过主体认识转变和行动自觉来发挥作用。以信仰自觉、使命自觉、责任自觉为核心的政治自觉就日益凸显且愈发重要了。可见,没有真理性的决策行不通,没有价值性的决策没意义,得不到执行的决策更为闹笑话。党内决策的形成和执行都离不开全党的政治自觉。这是百回千转的历史事实,更是颠扑不破的伟大真理。

(三)党内政治自觉的实践逻辑

中国共产党执政是历史和人民的选择,但其执政地位不是与生俱来的,也不是一劳永逸的。随着世情、国情和党情的变化,党长期执政的四大考验和四大风险与日俱增,党建任务也被提升到最新的战略高度。"中国共产党团结带领全国人民进行中华民族伟大复兴,必须要保有清醒的忧患意识。"[2]党的十八大以后,党中央汇聚民族大团结的磅礴威力,科学统筹、协调推进了"五位一体"的总体布局和"四个全面"的战略布局,取得了经济社会的历史性成就,实现了矛盾转化的历史性巨变。"中国特色社会主义事业的伟大实践和巨大成就,不断验证着科学社会主义理论的真理性。"[3]进入新时代,人民群众对美好生活的向往成为全党同志的奋斗目标。全面建成小康社会成为党守初心和担使命的试金石和对金牌,它近在咫尺却任务艰巨。每一个决议部署都尤为重要且事关全局。党的决议要兼具真理属性和价值属性。真理性要求决议要符合规律、契合实际,价值性要求决议要改善民生、惠及百姓。前者给后者以路径、后者给前者以归宿。两者的实践成效都有赖于全党同志育养政治自觉,以高度的时代使命与责任自觉去贯彻和执行党的决议。"共产党员要意识到自己是党的人,心中有党,忠实于党"[4],要在坚定政治信仰、强化政治意识和提升政治站位的政治实践中磨砺和育养政治自觉,坚决拥护和认真贯彻党的各项决议。美好生活是党的庄重承诺,也是使命共识,更是政治要求。离开了基层党组和全体党员在政治、思想和行动上的高度一致,党的各项决议和庄严承诺就会落空,美好生活和民族复兴也会落空。常态地加强党建工作、持续地强化政治自觉是党建的历史使命和时代要求。新时代背景下，全党同志必须不断增强"四个意识"、牢固坚定"四个自信"、坚决做到"两个维护"，不断提高政治素质和政治战斗力，认真贯彻和坚决落实党的惠民决议和庄重承诺。这是抽丝剥茧的理论逻辑，更是强国兴邦的实践逻辑。

二、党内政治自觉的现实困境

党的十八大以来，全党同志的政治信仰、政治意识和政治站位出现了巨大改观，政治自觉和政治战斗力有了明显提升。伴随着民族复兴的号角吹响，党中央对全党政治战斗力的要求陡然提升，党内政治自觉的现实困境相对凸显出来。

（一）政治信仰不牢依旧存在

政治信仰意指政治主体对政治目标、政治理想的信念与敬仰，是政治行为、政治追求的价值原点和动力源泉。"中国共产党执政是历史的必然"[5]。她有高尚的政治灵魂，其党员有坚定的政治信念。党的十八大以来，各级、各地的信仰教育都取得了巨大成效，但相对于历史使命、民族重托而言还有很多的固牢空间。

首先，政治信仰摇摆的问题长期存在。实现共产主义是共产党人的政治信仰和使命归宿，但其有个长期、复杂甚至曲折的实现过程。有的党员甚至党员干部逐渐迷失了初心，开始迷茫、彷徨甚至厌弃共产主义信仰。共产主义的实现需要几代人甚至几十代人艰苦卓绝的奋斗和奉献。有的党员甚至基层党组丢弃了使命，开始质疑、苛责甚至摒弃马克思主义理论。共产主义的实现有一个解放人类、自我革命的过程。有的党员干部甚至领导干部变异了心志，不讲公心、只谈私利，甚至损公肥私、中饱私囊。

其次，政治理想淡化的问题长期存在。建设中国特色社会主义是当下党和全国各族人民的共同理想。缘于中外对比的失范，有的党员干部甚至领导干部不能客观评价中国模式和中国方案，对中国特色认识不全、评价不高甚至妄自菲薄。"马克思主义经典原著是一种历史性生成"[6]，必须常与现实对话。缘于原著研读的不勤，有的党员同志和基层党组不能科学把握社会主义的本质与特征，对社会主义认识不到位、理解有偏差甚至信心有动摇。缘于建设任务的繁杂，有的党员同志甚至党员干部不能积极践行党性宗旨和自身使命，对伟大事业产生畏难思想、厌烦心理甚至抵触行为。

最后，政治信念退化的问题长期存在。政治信念是政治主体对政治信仰坚信不疑并身体力行的心理状态。有的党员同志面对新形势、新使命、新任务时,思想散漫、心气不足、进取意识不强,总想着摆花架、绕过去甚至当逃兵。有的党员干部面对小私情、小恩惠、大考验时,心思飘摇、定力不足、纪律意识不强,总想着顾旧情、谋私利以至乱章法。有的基层党员面对细标准、严要求、高压令时,心情烦躁、耐性不足、履责意识不强,总想着不理会、晾着它甚至怼回去。

（二）政治意识不强依旧存在

政治意识意指政治主体对政治问题、政治行为和个体责任的鉴别和自觉,其体现了政治信仰,决定了政治站位。党的十八大以来,党员和干部的政治意识都得到了空前强化,但相较于时代要求、形势需要而言尚还有很大的强化空间。

首先,党性意识退化的问题持续存在。受政治信仰摇摆的影响和驱使,有些基层党组和普通党员在党性教育、党性历练和自我修为方面做得不尽如人意。有的基层党组政治立场性不强,政治思想缥缈、政治态度摇摆,对侵犯百姓利益的丑行陋习熟视无睹、装聋作哑、不敢斗争。有的党员同志政治敏感度不高,思想认识混沌、政治言行糊涂,对党员同志违纪言行不爱评论、不想批评、不愿多管。有的党员干部政治践行力不够,落实精神迟缓、执行决议拖沓,对执行中央决议的范式和效果不讲政治、不守纪律、不求实效。

其次,规矩意识缺失的问题持续存在。规矩意识缺失必然会导致党风党纪松弛、恶化,而党风政风关乎人心向背,影响事业兴衰。有些基层党组不遵规矩做事、不按套路出牌,政治生活和理论学习真作秀、瞎折腾,只讲形式、不求实效,贯彻决议不坚决、不严格、不彻底。有些党员干部贪图安逸享乐、罔顾中央禁令,反对"四风"拖拉推诿、抵制"四风"阳奉阴违,立整立改不全面、不得力、不到位。有些党员同志政治觉悟不达标、"四个意识"不牢靠,举止言谈与党规党纪南辕北辙,整天满腹委屈、牢骚不断,政治心理不积极、不乐观、不阳光。

最后,责任意识淡薄的问题持续存在。离开了责任自觉就无所谓责任担当。责任意识淡薄是政治意识退化的必然后继和直观表现。"使命意识、责任担当是党员干部必备的基本素质和精神状态。"[7]有些基层党组面对大好形势,不思百尺竿头、丧失进取动能,干事业率性而为、搞工作敷衍了事,以致错失良机、负了时代。有些党员干部面对困难群众,不思积极作为、丧失服务意识,欺上级阳奉阴违,骗百姓口若悬河,以致辜负重托、辱了使命。有些普通党员面对自身职责,不思积极履责、丧失示范意识,争示范有始无终、作表率一曝十寒,以致亵渎职责、丢了宗旨。

（三）政治站位不高依旧存在

政治站位意指政治主体看待和处理政治问题的立场态度、觉悟认识和言行对标，其是判定组织成员政治合格与否的重要考量。党的十八大以来，全党同志大都能摆正位置、提高认识，坚决执行中央决议、主动履行岗位职责、积极践行党性使命。但相比于中央要求、党性宗旨而言，政治站位上还存有很大的提升空间。

首先，宗旨意识淡薄的问题依然存在。宗旨意识彰显党性自觉，又影响政治站位。宗旨意识淡薄通常表现为思想觉悟低、服务意识差，不敢担事、不愿做事，服务群众时隐匿身份、推诿扯皮。有些基层党组宗旨教育不足、服务意识不强，不能客观、全面地把中央的惠民决议宣传到位、贯彻到位。有些党员干部执行能力不强、服务群众不勤，不能认真、彻底地把党的利民政策贯彻到底、执行到位。有些基层党员主体意识不强、积极作为不够，不能自觉、自愿地把入党誓词内化于心、外化于行。

其次，纪律意识松软的问题依然存在。纪律意识体现规矩意识，彰显政治站位。纪律意识松软主要表现为执行能力差，没有敬畏心理和守纪习惯，遇事爱打擦边球，把自己置身于党纪国法之外。有些基层党组集中有余、民主不足，以致无人监督、自查不力，经常对中央决议选择性执行和形式性贯彻。有些党员干部八面玲珑、精于钻营，以恃才自傲、无所顾忌，经常对党规党纪试探性违反和选择性遵守。有些基层党员不学无术、懵懂糊涂，以致率性而为、自由散漫，经常对大政方针揣测性评论和盲目性说道。

最后，先锋意识弱化的问题依然存在。责任意识孕育先锋自觉，先锋意识又彰显责任意识。因循守旧是先锋意识弱化的主要表现。有些基层党组因循守旧、固步自封，感召力不够，不能谋篇布局、汇集民心，战斗堡垒作用不能凸显出来。有些党员干部思想僵化、创新不足、战斗力不够，不能军号嘹亮、步履铿锵，战斗尖兵作用不能发挥出来。有些基层党员不思进取、安于现状，示范性不够，不能激流勇进、以身示范，战斗旗帜作用不能展现出来。

三、党内政治自觉的实践进路

育养政治自觉是党建工作的客观需要和主观诉求。育养政治自觉既要因循客观规律，更要应照党建实际。须在重构理念和探索进路两大方面巧花心思、下大功夫。

（一）党内政治自觉的理念重构

重构理念是创新行动的实践前提。没有新理念的指引，一切实践都是说空话、走老路。党内政治自觉的育养事关党建大局、事业兴衰，一定要在理念重构上花大力气、下真功夫。

首先，要明确培养党内政治自觉的中央主导地位的定位和责任。党中央居于育养党内政治自觉的主导地位，主导中央和地方两个层面的党组和党员的政治自觉的培育和养成。党中央既要统筹谋定、规划全局，更要遵循规律、尊重实际，要从规律和实际出发合理科学地下发任务、核验成效。既对育养内容、育养范式、考核标准等做宏观的路向指导，又要对任务布置、组织实施和核验查收等做精细的过程指挥。两个层面都要坚持下真工、求实效，而不能走形式、搞过场，要在精细育养的基础上务求实效，促就真理诉求与价值追求有机结合。

其次，要厘清强化党内政治自觉的基层党组首要主体地位的角色与使命。"只有通过科学有效的理论灌输，才能把马克思主义思想观念内化为人们固有的思维品质和行为习惯。"[8]没有理论灌输就没有政治自觉。育养政治自觉的首要主体就是基层党组，其肩负着执行中央决议和教育基层党员的双重重任。基层党组的政治自觉既体现政党组织的政党属性、政治生态和社会公信，更影响广大党员的党性教育、组织管理和誓言践行。基层党组要契合当地实际、对标党建要求，机动灵活地开展党组和党员的政治教育与强化工作，做到落实要求不走样、创新行动有特色，实现政治原则与灵活方法巧妙融合。

最后，要压实提升政治自觉的普通党员核心主体地位的责任与要求。普通党员是育养和历练政治自觉的核心主体。普通党员肩负落实中央决议、践行入党誓言和引领示范群众的重任。普通党员的政治自觉直接决定了惠民政策能否落实、入党誓言能否践行和群众评价是否满意。广大党员要通过学习理论来育养政治自觉，通过争先创优来历练政治自觉，把入党为公、奉献终身的入党誓词外化为为国尽忠、为民服务的政治实践，做到政治上高度自觉、行动上积极主动，实现理论觉醒与实践自觉高度统一。

（二）党内政治自觉的培养进路

政治自觉是新提法，也是新标杆，更是新要求。提升党内政治自觉是当下党的建设的紧要任务。育养党内政治自觉要取得突破性成就就必须在探寻实践进路上铆足劲、下苦功。

首先，夯实政治理想教育、筑牢党内政治信仰。"党内政治理想是实现共产主义。"[9]政治理想教育是党建工作的重要内容和历史特色。基层党组要继承和弘扬这种特色和优势，深入推进初心使命教育，通过梳理"为谁""利谁"的初心来促就党员同志的信仰自觉，把远大理想和共同思想的两个教育贯穿于信仰确立全过程、落实于信仰匡扶各方面,着力解决党内信仰不纯的难题。普通党员要持续强化理论学习和政治修为,通过摆析"信谁""靠谁"的使命来推动自我的信念自励,把信仰马克思主义和践行两个理想结合于言谈举止、践行于工作实际,切实解决党内信念不坚的问题。

其次,加强全党政治历练、强化党内政治意识。基层党组要强化历练党员的党性责任,要随机考验党员的思想觉悟,通过考验和教育来警醒党员不忘初心、践行使命。党员干部要自觉强化党性的修为和历练,在服务为民的社会实践中磨砺自己的党性和气力,包括固牢信仰的毅力、坚定信念的耐力、拒腐防变的定力、争先创优的魄力和勇担使命的魅力。普通党员要永葆宗旨意识和担当意识,力争做到党性觉悟高、政治表现优、群众评价好,坚决做到危难之际挺身而出、以身作则,积极发挥战斗尖兵和党旗示范作用。

最后,加大违纪问责力度、确保党内政治站位。"党要管党,全面从严治党,必须有坚强的制度作保证。"[10]遵守党章、敬畏党纪既体现政治站位又保障政治站位。基层党组要强化纪律监督、加大违纪问责,促就党员同志做政治上的明白人、纪律上的老实人,坚持一级做给一级看,一级带着一级干,通过带电的政治铁律来整肃党员同志的政治站位。普通党员要模范遵守党规党纪,主动接受纪检单位与社会群众的双重监督,在遵规守纪的党性践行中筑牢宗旨意识、提升先锋意识,切实做到对党忠诚、为党分忧。

培养党内政治自觉可以确保中央的惠民政策落地生根和党员的党性宗旨得以践行,其意义重大、迫在眉睫且有章可循。全党同志都必须着力培育政治信仰、大力强化政治意识、全力提升政治自觉。只要切实地重塑育养理念、扎实地探寻实践进路,全党同志的政治自觉就一定能大幅跃升,"两个一百年"的奋斗目标和民族复兴的宏伟蓝图就一定会如期实现。

参考文献:

[1] 张向东. 政治自觉与社会优化——对十八大以来治国理政新思想新实践的框架分析[J]. 政治学研究,2016(5):36-43.

[2] 耿步健. 居安思危:中国共产党的政治自觉[J]. 人民论坛,2018,9(上):32-33.

[3] 邹庆国. 本土自觉与价值超越:党的政治建设与中国政治发展[J]. 探索,2019(2):84-92.

[4] 王辉. 习近平的共产党人政治自觉观——以治理贫困作为视角[J]. 人民论坛,2016,3(中):29-31.

[5] 高新. 着力培养大学生对党政治认同的高度自觉[J]. 学校党建与思想教育,2017(8):39-40.

［6］张哲．论思想政治教育的哲学自觉［J］．湖北社会科学,2017(3):175-182.

［7］刘学新．牢记使命担当　自觉担负"两个维护"的特殊历史使命和重大政治责任［J］．中国纪检监察,2018(13):8-9.

［8］符长喜,陈喜月．理论自觉和理论自信视阈下的高校思想政治理论教育创新探析［J］．贵州师范大学学报(社会科学版),2017(6):10-17.

［9］李斌雄．用先进文化的自觉自信引领党内政治文化建设［J］．人民论坛,2017,3(中):38-40.

［10］刘军胜．强化政治自觉　落实全面从严治党［J］．红旗文稿,2017(5):37-38.

新时代国家治理能力现代化视角下智慧社会建设的法理蕴涵与跃升路径

康兰平

摘　要:党的十八大以来,以习近平同志为核心的党中央擘画了中国特色社会主义现代化建设的新篇章,为推进国家治理体系和治理能力现代化提供了行动指南。党的十九届四中全会恰逢中华人民共和国成立70年之磅礴盛世,整体深描了新时代国家治理体系和治理能力现代化的理论方位、行动指南和制度安排。新时代国家治理能力现代化视角下智慧社会建设是制度定型的有力抓手和根本遵循,一方面智慧社会建设有助于推进国家治理能力现代化从"威权型支配"向"技术型支配"转变;另一方面智慧社会建设领域中大数据和人工智能技术的辅助决策和智能化应用有助于形塑新时代国家治理能力现代化的智慧图景和未来形态。当前大数据和人工智能的应用已经渗透到社会生活的方方面面,并以数据化、精细化、场景化和智能化的趋势蓬勃发展。智慧社会建设既需要呼唤因应性制度,探究新时代国家治理能力现代化背景下的场景变迁与赋权增能;同时我们也需要警惕"破窗性"挑战和内生性风险,从智慧数据驱动的视角探究智慧社会建设的价值愿景、制度架构与本土路径。

关键词:国家治理体系建设;智慧社会建设;智能转型;制度因应

　　党的十九届四中全会聚焦推进国家治理体系和治理能力现代化。国家治理体系和治理能力现代化集中体现了国家制度的运行状况及其执行效能,两者相辅相成。一方面国家治理体系是移植外来制度与活化本土资源的渐

　　作者简介:康兰平,合肥工业大学文法学院讲师,浙江大学光华法学院博士后,主要研究方向为法治评估、人工智能法治。

　　基金项目:国家社科基金青年项目"大数据视野下社会治理法治建设评估方法及其应用研究"(项目编号:18CFX002)的阶段性成果。

进改进与内生演化的结果,体现了变动不居与宁静自守的辩证统一;另一方面推进国家治理能力现代化体现了以人民为中心的价值立场,从提升制度实施质量和实施效能的角度探究高质量的制度执行能力[1]。

习近平总书记在党的十九届四中全会召开期间,围绕着推进国家治理能力现代化发表了重要论述,为新时期全面深化改革指明了前进的方向。近年来伴随着人工智能成为推进新一轮科技革命和产业变革的驱动力量和重要抓手,人工智能的崛起开辟了智慧社会建设的新纪元和新格局,智慧社会建设领域的智能化应用样态初见端倪。以智图"治"用信息化、智能化、数字化技术手段开辟了智慧社会建设的新图景,为人工智能赋能新时代国家治理提供了技术支撑和方向指引;以智提"质"有助于为智慧社会建设注入新动能,推动政府职能深刻转变,逐步调整政府与市场的关系,持续深化放管服改革和优化营商环境;以智谋"祉"正在显著提升国家治理能力的现代化水平,人工智能正以深刻的变革力量影响着智慧社会建设的立法、执法、司法、守法等层面,推动提高民生福祉,实现民众获得感显著提升。新时代国家治理能力现代化视角下智慧社会建设面临着全面的机遇与挑战。大数据和人工智能技术辅助决策国家制度的实施与执行,一方面为智慧社会建设赋能授权,嵌入日常生活场景当中,展示了智能生活的全新图景;另一方面技术支配型方案也给智慧社会建设带来了现实挑战,引发了规制理念、技术路径和治理模式的警惕与担忧。当前我们有必要厘清新时代国家治理能力现代化视角下智慧社会建设的核心议题、制度图景与跃升路径。[2]

一、新时代国家治理能力现代化的法理省察与实践逻辑

党的十八届三中全会开启了全面深化改革的新阶段和新目标,完善和发展中国特色社会主义制度,推进国家治理体系和治理能力现代化。党的十九大继往开来,进一步明确了我国社会主义现代化建设事业的发展方向和现实要求。党的十九届三中全会聚焦构建五大体系的改革目标,全面提升国家治理能力和治理水平。党的十九届四中全会强调坚持和完善中国特色社会主义制度、推进国家治理体系和治理能力现代化,这一改革总目标的提出锚定了新时代国家治理模式和治理能力现代化的历史方位与变革方向。近年来伴随着大数据和人工智能技术的蓬勃发展,国家治理体系和治理能力建设迈向了数字化、网络化和智能化阶段,智慧社会建设的现实样态与未来图景呼之欲出。[3]为此,我们有必要在省察新时代国家治理能力现代化的法理意涵

和实践逻辑基础上,探究智慧社会建设的现实与境域未来图景。

(一)新时代国家治理能力现代化的法理蕴涵

一个国家要实现对社会的有效治理和有序发展,必然需要建构因应本国国情的国家治理体系,并要具备将制度付诸实施和执行的治理能力,而制度实施和制度执行能力就构成了国家治理内涵的基石。[4]党的十八届三中全会明确提出"推进国家治理体系和治理能力现代化"的战略目标,充分彰显了中国共产党致力于构建科学合理、规范有效的治理体系和制度安排,着力破解制度发展的不平衡不充分矛盾,以更为规范有效的治理能力协调推进高质量发展、高效能治理和高品质生活。党的十九届四中全会进一步框定了国家治理能力现代化的发展蓝图、战略愿景和具体目标。从深远意义上讲,厘定新时代国家治理能力现代化的法理蕴涵,有助于从历时态发展和共时态语境中洞察国家治理能力现代化的逻辑、价值与要素,铺陈国家治理能力现代化美好图景的跃升空间与实施机制。[5]

首先,从演进逻辑上看,国家治理能力现代化从应然层面的学术命题转换为实然层面的制度实践,在历时性的发展与共时性的语境中渐次铺陈了价值基准、行动逻辑和制度目标。新时代国家治理能力现代化亟待围绕着多元主体、技术驱动、价值基准、战略规划等方面进行"道"与"术"的探寻,构筑新时代国家治理能力现代化的美好愿景和制度跃升空间。[6]

其次,从价值基准上看,新时代国家治理能力现代化的顶层设计既是对中华人民共和国成立 70 年国家治理建设的历时性概括和共时性总结,也是对国家治理建设过程中发展理念的航向定位。考量国家治理能力现代化这一有待深耕的实践命题,不仅仅需要回应国家治理能力现代化的构成要素、衡量标准与制度逻辑等"元问题",同时也需要明确国家治理体系建设的价值维度,在自省与建构中探究国家治理能力现代化的价值基准与功能定位。

最后,从制度逻辑上看,当前国家治理能力现代化呈现出从"总体支配"到"技术支配"的发展趋势[7]。国家治理体系的规范化、科学化和制度化面临着组织层面、运行层面、监督层面的融合与创新,一方面,国家治理能力的技术化、智能化导向推动了精准化治理的逻辑变迁,另一方面也不可避免瞄准偏差和公共性价值缺失的问题,如顺应情势和制度发展的需求,从制度效用和治理能力提升的角度探究目标、制度与价值的有机整合。

(二)新时代国家治理能力现代化的实践向度

党的十九届四中全会提出了新时代国家治理体系和治理能力现代化的制度安排、组织结构和运作机制。历经 70 年的风雨征程,中国特色社会主义制度日趋成熟定型,推进国家治理体系和治理能力现代化成为新时代全面深化改革目标的根本遵循和有力抓手。一方面国家制度和国家治理体系的显著优势为新时期提升国家治理能力提供了组织保障和运作支撑,另一方面新时代国家治理能力现代化是对中国特色制度自信和文化自信的高度凝练,确立了制度创新的价值目标、基本原则、建设重心、建设保障和建设保障。由此,国家治理能力的现代化进程,不仅是一场着眼于制度创新、实现国家治理手段和方式现代化的变革过程,同时也是一场谋求国家治理体系进一步发展与创新的价值共识和机制保障。

从价值层面来看,新时代国家治理能力现代化应当突破政府绩效评价的经济发展的单一指向,并代之以实现高质量发展和满足民众日益增长的美好生活需要的均衡治理目标。从制度层面上看,中国特色社会主义制度不是对西方治理模式的模仿或者移植,而是深植于中国的本土治理模式的自发道路选择。新时代国家治理能力现代化的科学研判、战略规划与顶层设计既要立足于中国的政治生态进行破与立,同时也要活态嫁接域外的先发经验,提升国家治理能力现代化的整体水平。从组织层面来看,伴随着国家治理体系的日趋成熟与定型,坚持党的领导和坚决维护党中央的权威成为制度自信的组织保障和坚实后盾;从机制保障上看,统一高效、民主法治的治理体系是推进各项改革的有力抓手,中国特色的治理体系和治理能力正日益彰显其智慧光芒,把制度优势更好地转化为治理效能[8]。

(三)新时代国家治理能力现代化视域下智慧社会建设的提出

党的十九届四中全会公报中指出全面实现国家治理体系和治理能力现代化是中国特色社会主义的制度优势和创制发展。一方面成熟定型的国家治理体系为全面深化改革提供了坚实的制度保障和鲜明的价值导向;另一方面新时代国家治理能力现代化的发展愿景、规划部署和阶段目标也催生了智慧社会经济发展新常态、多元发展新业态、公共服务新动态、精准治理新模式等等。新时代国家治理能力现代化视角下建设智慧社会蕴藏着扩大需求与创新供给的空间与潜力,有利于推动我国经济社会的高质量发展。建设智慧社会有利于充分发挥信息化的载体和平台功能,有助于破解当前快速发展过程中的不平衡不充分问题,有助于从全面深化改革的角度出发进行统筹城乡的智慧化顶层设计,构筑立体化、全方位和多维度的顶层格局。着力推进智慧社会建设的规范化、科学化和法治化是新时代国家治理能力现代化的应有之义和有效途径。在新时代加快推进国家治理能力现代化的崭新契机下,智慧社会的建设亟须在理论建构与实践操作层面进行要素优化、协同治理、预测监管和模式升级[9]。中国特色的智慧社会建设亟待厘清思维、技术与伦理的边界与交融[10]。

二、新时代国家治理能力现代化视角下智慧社会建设的实践探索

（一）智慧社会建设的新画面

大数据、云计算、物联网等新兴产业的迅猛发展，为新一代人工智能的不断崛起提供了良好的制度环境。由人工智能引领的产业变革和科技革命正在深刻影响社会生活的方方面面，智慧社会建设的智能应用也初见端倪，人工智能给智慧社会建设描绘了新画面、铺陈了新场景。人工智能技术一旦嵌入智慧社会建设的制度场景，便会成为助推精准立法、智慧司法、科学执法、守法赋能的有力助手，凭借大数据和智能算法的模式正在颠覆传统智慧社会建设的经验和直觉模式，显著提升智慧社会建设的可预见性、透明性、高效性和精准性。比如通过搭建云平台能够实现社会治理数据的高度整合共享，运用大数据进行社会综合情况分析，能够厘清社会发展的基本现状和客观规律，对于科学编制地方立法规划、精准预测立法方向和充分发挥立法促进改革的能动性和主动性具有巨大的助推作用。比如利用云计算能够实现数据资源方式由人工采集向智能采集转变，打破部门间的数据壁垒，实现社会治理资源的深度融合，人工智能在公安执法领域的深化应用不仅大大提升行政执法效率，同时也提升了执法规范化水平。比如通过大数据智能的无监督、半监督学习技术可以从海量诉讼文书中自主抽取关键司法知识、构建国家审判信息知识库，从而为社会公众提供类案检索、诉讼风险分析、诉讼策略推荐等个性化的诉讼服务；比如伴随着人工智能的普及，大数据和法律知识图谱技术的广泛应用推动了智慧普法和公共法律服务的转型升级，全方位、全时空的"人工智能+法律服务"的新型法律服务供给方式打通了法律服务的最后一公里，实现了法治宣传、法律服务和法治保障的深度融合。可见，将人工智能应用到立法、执法、司法、守法、普法等实施环节，有助于增强智慧社会建设的可预期性、透明性、公开性、高效性，实现规范、实践与实效的辩证统一。

（二）智慧社会建设的新命题

人工智能时代的到来，不仅开启了国家治理现代化的新纪元，同时也给智慧社会建设的变革与创新带来新的应用图景。一方面人工智能技术的应用给智慧社会建设带来了新气象，比如智慧司法、精准执法、预测立法等，另一方面我们也应当意识到新型治理手段带来的冲击与挑战。对于当前学界而言，人工智能助力于智慧社会建设已经成为正在发生的制度实践和鲜活现实命题。大数据法治和算法规制正在侵蚀法律的领地，人工智能时代智慧社

会建设是量化法治的跃升阶段和新型样态,是一种智慧型法治模式、精准型法治模式和赋能型法治模式。

首先,人工智能时代的到来对智慧社会建设提出了新要求、新课题。当前人类社会正在快速迈入以"智慧政务""智慧司法""智慧执法""智慧治理"等为支撑的智慧社会,并推动智慧社会建设迈入新阶段。人工智能应用于智慧社会建设不仅仅是技术层面的策略安排,更为重要的是一种法治化的重构和制度安排,即体现为智慧型治理模式,从过去依靠经验和直觉走向万物互联、高度被感知的智能化社会,其基本形态是社会运行智能化、智慧化。

其次,人工智能时代智慧社会建设面临着精准化转型。伴随着人工智能技术与经济社会发展的深度融合,智慧社会建设正在从过去的单向管理向整体性治理迈进,从线下转向线上线下深度融合,从单纯的政府监管迈向多元协同治理模式。

最后,人工智能时代智慧社会建设面临着赋能化转型。大数据、物联网、人工智能技术的不断涌现,给正处于拐点的智慧社会建设注入了新动能、新活力,赋能放权的法治新形态正在颠覆既有的法律规制模式,探索共建共治共享的赋权机制,塑造智慧型、效能型、精细型的共建共治共享的治理秩序。

当前人类社会正迅速步入智慧社会,人工智能助推智慧社会建设的实践探索正如火如荼地进行。智慧社会建设与算法规制已经成为新形势下智慧社会建设的制度底色和技术支撑,一方面人工智能技术与经济社会发展的深度融合推动了智慧社会建设迈向智能化、协同化、精细化和个性化,另一方面人工智能驱动下的智慧社会建设也面临着技术风险而引发的破窗挑战,亟待因应智慧社会建设的实践样态,探究智慧发展时代智慧社会建设的未来图景。

(三)智慧社会建设的客观省察

1. 智慧社会建设的实践面向

紧跟大数据和人工智能发展潮流,运用智能化手段也成为新时代智慧社会建设技术支撑和实践样态。首先,依托于云计算和数据挖掘技术有助于提升立法活动的科学性和精准性。人工智能技术参与立法活动使得传统意义上的专家论证和直觉判断让位于数据的精准分析和科学依据。人工智能应用通过互联网平台搜集全样本数据进行深度学习和模型训练,一方面有助于整合立法资源,节约立法成本,另一方面也有助于提升立法的精细化水平。[11]其次,智能执法终端和记录仪的广泛应用有助于提升执法的效率和精准性。近年来,智能执法在完善智慧社会建设中得到了广泛应用,在市场准入、动态监管、公共服务以及管理决策等方面起到了积极的作用,既能够不断满足民众日益增长的法治需求,提升政府公信力,也能够提升行政执法的透明度和精准度。再次,智慧司法的建设有助于提升司法公信力和民众法治获得感。近年来大数据和人工智能技术的广泛应用,有助于构建高效多元的司法服务系统,提升司法解决纠纷的质效。互联网法院的开设推进了电子诉讼制度改革和新兴诉讼规则的建立,满足民众及时化解纠纷和实现高效便捷诉讼服务的现实需要[2]。最后,伴随着人工智能技术在法律服务市场领域的广泛应用,信息检索与文书处理、案件分析与预测、公共法律服务呈现均等化、智能化以及定制化的发展趋势,有助于提升法律服务的可获得性和公平公正实现程度。

2. 智慧社会建设的形态定位

蓬勃发展的人工智能革命推动了社会治理法治运行状态的智能化转型,并深刻渗透到科学立法、精准执法、公正司法和智慧法务等实践领域,呈现出智慧法治型的社会治理模式和实施形态。伴随着云计算、智能技术的日渐普遍,智慧社会建设也面临着范式与技术的变革与升级,在智慧社会建设中运用智能化思维不仅有助于降低政府管理的成本,还能够充分利用大数据的实时性、开放性、迅捷性优势,不断倒逼政府与民众之间的权力分配,推动政府、企业与社会之间进行良性互动,形成多元协同的整体性治理格局。首先,通过搭建开放共享的综合数据平台,整合多种统计源和信息源,进行数据标准化建设和实时动态齐全的指标体系建设,破解信息孤岛和数字鸿沟的问题,提升智慧社会建设的精细化水平。其次,借助于云计算和大数据处理技术能够避免小数据时代的数据崇拜风险和技术泥淖,从真实的数据轨迹和行为规律中发现影响智慧社会建设的短板和不足之处,进行实效层面的改进与完善。最后,人工智能驱动下的智慧社会建设是一项复杂的系统工程,即需要落实宏观层面的顶层设计,谨慎考量中观层面的制度建设和法治实施效果,同时也需要渗透到微观层面的民众诉求和实践运行,从科学性追求向精细化方向转变。可见,人工智能驱动下的智慧社会建设推动了治理理念的变革和法治运行方式的转变,迈向智慧法治型的社会治理模式,进入人人皆为微粒的精细化治理时代[12]。

三、新时代国家治理能力现代化视角下智慧社会建设的"破窗性"挑战

伴随着信息革命和人工智能技术的迅猛发展,智慧社会建设也面临着虚实同构双重空间的涌现、人机协同引发的主体身份之争、算法主导的法权关系冲击等方面的冲击与挑战。为此,我们有必要洞察人工智能驱动下智慧社

会建设的新画面、新命题,既需要在历时性的长河中观照智慧社会建设的理念变迁和发展脉络,同时也需要因应算法主导的数字生态和生活场景,顺应人工智能的发展态势,厘定法理层面、制度层面和实效层面所带来的"破窗性"命题。具体而言:

（一）虚实同构的双重空间催生了智慧法治的场景变革[13]

大数据和人工智能技术的飞速发展,打破了物理空间的地域限制,开启了虚拟与现实的交互模式。一方面虚实同构的双重空间冲击着既有的规范体系和法律秩序,深刻地改变着人们的生产、生活方式和行为模式,引发了法律深度变革;另一方面虚拟网络空间与现实物理空间的交互融合也催生了智慧法治的场景变革。人工智能技术与智慧社会建设的交互融合推动了智慧法治的场景变革和场域。新型的算法规制模式促进了立法执法司法的智能化发展,塑造了精细化的社会治理秩序,提升了法律体系和规制模式的精细化水平。人工智能驱动下的智慧社会建设面临着双重空间融合下的场景变迁,既有的规范体系面临着现实解释力的不足和难以有效涵摄新问题、新挑战。与此同时,伴随着人工智能技术渗透到智慧社会建设的方方面面,既有规范体系也面临着深度的变革以因应智慧法治的深度应用场景,比如算法规制而引发的技术权力和良法善治的龃龉冲突、人机协同的行为模式引发的人工智能主体身份之争以及责任承担等以及精细化的社会治理秩序所引发的数字利维坦忧虑等[14]。社会治理法治建设与人工智能技术的交互融合催生了智慧法治的新场景,并逐步拓展到立法、司法、执法和守法等法治具体形态,亟待在既有规范体系与新生场景之间进行沟通与对话,有效应对数据驱动、算法主导以及智能服务对智慧社会建设的现实冲击,探究智慧法治驱动下智慧社会建设的深度应用场景[15]。

（二）算法主导的数据治理模式重塑了新的法权关系

伴随着智能互联网时代的到来,以算法为主导的数据治理模式呈现出交互融合的态势。借助于大数据和智能算法逐渐塑造了智慧社会建设的虚拟化和现实化交织的新型法权关系,新型法律关系主体和客体面临着重大变革。在智能互联网时代,新兴产业、新兴业态不断涌现,新兴的商业组织正在打破既有的交易规则和商业模式,传统意义上的法律关系主客体之间的鸿沟被打破,新兴权利的大量涌现,传统意义上的权利义务关系在数字化、智能化的驱动下面临着重大变革,技术视角下的算法权力正在冲击着既有的规范体系,由此引发的社会关系和利益诉求变化正在重塑着权利义务的配置格局和实现方式,制度规范的效力也面临着结构性转向。无论是经济发展业态还是民众日常生活都被算法和数据支配着。数据和算法不仅带来了社会治理的巨大变迁,数字化时代的社会模式也催生了以单个个体为中心的"微粒人"时代,我们每一个人在数据和算法的支配下开始微粒化和具象化,模糊的理性人在数据挖掘和算法支配下成为具象的微粒人。而智慧社会建设作为数字化时代的具体表征也面临着深刻变革,即从定性描述向定量评价转变,算法主导的数据治理模式形塑了新型法权关系和法益格局,既有规制模式面对数据治理的深度场景应用亟待进行法理、规则和制度层面的革新[16]。

(三)精细化治理的双重困境面临秩序唯美和数据崇拜的现实张力

人工智能驱动下智慧社会建设在虚实同构的双重空间里催生了智慧法治的诞生,算法主导的数据治理模式触发了深度的法律变革、重塑了新型法权关系。一方面新技术给智慧社会建设带来了颠覆性的影响,塑造精细化治理的共建共治共享治理格局成为实践诉求,另一方面精细化治理所带来的技术支配、秩序唯美主义也引发了工具理性与价值理性的现实张力,亟待明确其中所隐藏的内生性风险,反思与重构人工智能时代智慧社会建设的变革向度和创新路径。

首先,人工智能的迅猛发展带来了很多革命性后果,形成了技术化治理的权力支配、权力与权利关系的重塑、代码规制的精细化治理转向等方面的变革与创新。这使得既有的法律规制体系面临着教义学层面的解释力拷问,在法律制度和规则秩序层面遭遇着规范与实效的双重困境。其次,人工智能驱动下的智慧社会建设面临着规范与实效的双重困境,即新技术对智慧社会建设提出了精细化治理的秩序唯美主义需求,在算法规制和数据驱动面向下容易陷入数据崇拜的技术万能主义泥淖中,在追求精致化治理的秩序之美中反而扼杀了社会发展的活力。最后,人工智能驱动下的智慧社会建设面临着指标治理的数据崇拜迷思。在精细化治理的指标量化和数据驱动下,智慧社会建设被简约化和整体化为量化的指标体系和数目字管理,重视量化和数字指标考核成为智慧社会建设的内在逻辑。过密的技术驱动可能会引发制度内卷化陷阱,对数据和指标的过度依赖造成了丧失价值理性的现实观照,容易陷入技术决定论的异化状态。因此,我们需要高度警惕人工智能时代智慧社会建设的泡沫风险[17]。

四、新时代国家治理能力现代化视角下智慧社会建设的未来图景

纵观中华人民共和国成立 70 年来智慧社会建设的发展轨迹和制度变迁,始终贯穿着合法性与最佳性互动的现实主线,兼容政府与社会两种力量,兼具规制与治理双重面向。智慧社会建设历经 70 年的风雨洗礼,因应智能互联

网时代背景正面临着思维、理念、体制机制的变革与升级。因而,深刻把握中华人民共和国成立 70 年智慧社会建设的主题变迁和思维向度,有助于洞察人工智能时代智慧社会建设的变革趋向,探究智能互联网时代智慧社会建设的实践因应与制度变革[18]。

（一）智慧社会建设的变革向度

伴随着信息革命和人工智能技术的迅猛发展,历经 70 载风雨洗礼的智慧社会建设面临范式变迁和向度变革。人工智能驱动下智慧社会建设是一项实践性极强的复杂系统工程,然而不同层级和部门之间的数据整合面临着数据保护和数据共享的中梗阻,智慧社会建设面临着信息孤岛和数据鸿沟的挑战,忽视了社会弱势群体的法治诉求,导致了改革红利的"灯下黑",影响了法治的公平正义价值目标实现。如何进行深度有效的数据挖掘给政府部门带来了新的挑战。如何实现跨部门的数据共享与流通,打破传统的条数据梗阻和数据孤岛壁垒,由条数据向块数据转变,需要政府与社会的通力合作,实现资源共享和信息整合[19]。本文立足于人工智能时代智慧社会建设的变革向度,力求更为精准地进行风险预警、决策分析、政策仿真以及满足民众的多元化诉求等等。

1. 智慧社会建设的理念变革

中华人民共和国成立 70 年智慧社会建设经历了艰难的发展历程,取得了丰硕的成果,在结合中国国情和时代背景的基础上,形成了因应本土发展的有益经验和创新做法。而大数据和人工智能技术的广泛应用给面临转型的智慧社会建设带来了机遇与挑战,助推其理念变革和制度创新。具体而言,人工智能驱动下智慧社会建设面临如下理念变迁:首先,人工智能时代智慧社会建设面临精细化转向。在大数据和人工智能技术等新理念的指引下,智慧社会建设领域更注重运用科技手段和方法创新,尤其是伴随着电子政府的稳步建立和政务平台的逐步推广,智慧社会建设实现了全要素资源的整合和精细化治理,更加注重权利与义务、规范与实效、公平与效益的辩证统一与良性发展。其次,人工智能驱动下智慧社会建设亟待从规范主义向实效主义迈进。智能算法治理驱动下的智慧社会建设是一个动态发展的定量化运行过程,不同于既往社会治理法制化建设的静态规范主义面向,智慧社会建设的人工智能实现路径和精细化治理面向实现了从静态规范主义向动态实效主义的制度转型,有助于实现规范、实证、实践与实效的多维融通。最后,人工智能驱动下智慧社会建设凸显了整体性治理的现实图式和中国逻辑。人工智能驱动下智慧社会建设是一项涉及因素众多、关乎制度成效的复杂系统工程。整体性治理作为近年来兴起的理论图式正在成为助推智慧社会建设数字化实现路径的缝合机制和实践样态[20]。人工智能技术和数字化手段有助于克服智慧社会建设中利益诉求碎片化、权力体系碎片化的困境,从弥合角度探究智慧社会建设的制度因应和智能化转型路径。

2. 智慧社会建设的价值重构

伴随着智能互联网时代的到来,智慧社会建设也面临着价值层面的变革与重构,在算法治理与代码规制的双重逻辑拷问下探究数据正义观的多维面向。首先,网络空间中代码就是法律催生了代码规制和代码正义的正当性与合法性。代码在网络空间中已经成长为规制方式和规制力量,代码正义观背后所折射的价值偏好成为我们不得不应对的实践难题,智慧社会建设的智能化路径面临着数据安全与隐私保护、算法歧视与算法共谋以及权力贫困或权力丧失的伦理与价值层面的危机,有待于从规范与价值层面进行重新考量。其次,大数据和人工智能技术的广泛应用也催生了数据正义观问题。最后,算法的偏见或者歧视引发了算法正义观的技术层面和价值层面的治理难题。一方面当前智慧社会建设领域如何构建技术公平的规则避免算法的偏见或者歧视面临实践层面的操作难题,另一方面算法偏见或者歧视有可能带来公平正义的偏离,影响了智慧社会建设的公平正义目标实现。

3. 智慧社会建设的规范重塑

社会治理法治建设指标体系的构架必须依赖科学的规范维度为预设,才能实现从抽象法治概念到经验指标的转换。十九大报告"社会治理智能化"的制度规划为基础,以社会治理法治建设的规范面向为索引,进行规范维度研究。具体有:其一是规范维度的制度来源;从立法、行政与司法三个角度对国家层面与地方层面的规范性文件进行分类并建立资料库。其二是规范维度的选判标准;从法治价值与制度的一体性及评估逻辑的科学性从发,建立"保持层级规齐与结构完整""承载法治价值标准的基本要求""反映法治实施相关的规划部署""具有纵向可操作性"四项规范维度设立标准。其三是从现有法律、地方性法规、规章中归纳出社会治理法治建设的核心领域及规范要点,促进政法工作与大数据深度融合,并在不同维度之下凝聚核心法治规范组合与融贯。人工智能视野下智慧社会建设面临着规范面向的深刻变革,一方面虚拟生活和现实生活的交织裹挟推动了法律关系的深刻变革,法律属性正遭受着重大的冲击和挑战;另一方面权利义务关系正面临着解构和重构,传统法权观念亟待更新、法权界定的难题日益凸显、权利义务的分配格局被改变等。因而,人工智能驱动下智慧社会建设亟待进行规范层面的变革与回应,从科学逻辑的规范主义向信息逻辑的实效主义转变,推动法律制度与信息社会的交织融通以及转型升级。

（二）智慧社会建设的精细化转型

1. 从经验主义的模糊治理向数据驱动的精细治理发展

中华人民共和国成立70年来智慧社会建设的制度变迁既是思维领域的范式变革，也是社会领域的实践变革，智慧社会建设历经时代洗礼和主题转换，正在加快推进三治融合治理格局形塑，智慧社会建设从经验主义的模糊治理向数据驱动的精细治理模式转变。而人工智能时代的逼近，智能终端技术的广泛应用也在深刻影响着智慧社会建设的实践样态，如何运用数字化手段塑造精细化治理秩序迫在眉睫。人工智能驱动下智慧社会建设亟待在实践中拓宽理论视野，从规范法治观向实效法治观转变，提升智慧社会建设的精细化水平和实施效能。近年来，大数据分析和智能化技术逐步渗透到智慧社会建设的方方面面，在数据驱动和智慧治理转型的现实驱动下，智慧社会建设亟待因应人工智能和大数据的实践背景，迈向精细化治理阶段。

一方面，伴随着执法司法智能化技术的飞速发展，司法审判辅助系统的应用缓解了案多人少的压力，提升了审判质效，智能化执行查控系统打通破解执行难的最后一公里，政务大数据云平台的建设助力数字政府建设迈向新台阶。伴随着数据治理理念在智慧社会建设的层累铺陈，如何因应人工智能的发展与规制，塑造精细化治理秩序成为摆在我们面前的现实挑战和实践难题。人工智能与大数据的结合极大地提升了社会治理法治建设的实施效能，呈现出法律规则与技术规则的水乳交融，精细化的治理规则，探究社会治理所依存的相关关系，洞悉社会治理背后的关联机制及其与公正正义的内在关联，通过数据清洗、转换和获得等去伪存真的过程，在传统统计技术与云计算模式的互动协作下，国家与社会之间双向对流的协同治理格局逐步清晰。

另一方面，执法司法的智能化成为智慧社会建设的变革趋势，法律规则与技术规则的协同互动，大大降低了执法司法的成本，促进了规制方式的多元化，形成国家、企业与社会的三元互动格局。

2. 通过要素整合方式构建更为符合法治运行规律的整体性治理模式

近年来，伴随着信息网络和人工智能技术的飞速发展，借助数字化和大数据等手段各地相继打造人工智能与精准治理的统一政府信息平台，打造基于要素整合的整体性治理政府图式。一方面借助于人工智能技术的深度应用，有助于实现智慧社会建设体系的横向权力整合和纵向权力下沉，为公民提供无缝隙的精准化服务。另一方面利用人工智能技术推进智慧社会建设有助于从应用场景和要素整合的双重维度推进合法性与最佳性的二维互动，将社会事务、社会生活和社会组织的各项活动纳入法治化轨道。实践中各地纷纷试水智慧社会建设的精细化智能模式，助推末端治理向前端治理转变。

比如苏州市吴江区创建了网格化精准社会治理模式，形成了两纵四横的组织结构体系，打破了以往条块分割和部门壁垒的体制缺陷，驱动系统治理模式形塑；智慧大脑空间感知体系的构建与应用实现了网格化管理与智能技术的深度融合，打破了政务信息孤岛和放管服改革的中梗阻，推动社会治理模式从单向管理向国家-社会融吸的良法善治模式转变，从线下管理向线上线下融合转变，形成了纵横数据贯通交互的联动格局[21]。搭建基础支撑云平台，实现数据的实时共享和资源的高效利用；基于大数据驱动的辅助决策分析系统，实现了全息式的信息研判、预警预测的知识库来源，辅助于政策决策和风险预测；满足民众的多元诉求，通过构建民众法治舆情案例分析库，提升民众的法治认同感。伴随着数字政府管理体制机制创新的现实驱动，一方面数据驱动的量化治理和法治评估模式方兴未艾，推动了智慧社会建设的标准化、精细化；另一方面大数据和人工智能的深入融合助推了智慧社会建设从末端治理转向前端治理，从源头上防范化解矛盾纠纷。

（三）智慧社会建设的异化风险与防范策略

司法大数据和人工智能技术的深度应用一方面提升了智慧社会建设的精细化水平，另一方面受制于算法黑箱及技术依赖、代码规制的正当性与合理性以及人工智能的法律风险、伦理风险等负面效应，智慧社会建设的人工智能实现路径也应当秉持谦抑和谨慎的积极心态，嵌入风险控制的制度机制，防范人工智能的技术陷阱和异化风险，厘清应用限度和规制边界。

首先，防控过于依赖算法治理而带来的负面效应。伴随着网格化社会治理智慧平台和人工智能技术的广泛应用，随之而伴生的大数据与隐私安全保护、人工智能与国家安全、区块链金融风险、新的数据孤岛和重复性建设以及算法治理带来的蝴蝶效应和代码正义观的现实拷问等。因此，我们需要未雨绸缪，积极采取行动，通过制定新的法律法规和政策措施来规范和治理人工智能技术应用带来的技术风险、伦理影响和法律滞后问题。

其次，有效规制人工智能应用带来的法治风险，加强立法、执法、司法、守法层面的法益保护。在立法层面，加紧研究制定"人工智能发展与风险防范法"。在司法层面，司法机关要及时依法"确责"和"问责"。在依法"确责"领域，首先是刑事、民事审判两大"确责"领域。

再次是行政审判领域，既要支持行政部门开展工作，又要支持老百姓依法告政府和有关部门，保障各级政府依法行政。在公安执法层面，人工智能技术深度应用推动了传统警务模式的变革，但也面临着个人信息保护和隐私泄露的法律风险，如何在公共管理和个人权利保护上实现平衡成为摆在我们面前的棘手问题，亟待法律制度的跟踪与完善。在守法领域，人工智能技术的广泛应用将会深刻影响公众法律认知和法治传播效果,亟待通过大数据和人工智能手段挖掘民众法治诉求的内在规律和价值导向,进而重构法律的价值导向和规制目标,赋能于民众,提升民众的守法权能和守法积极性。

最后,完善人工智能监管的顶层设计和规制路径。我们需要完善人工智能法律规制体系,围绕着数据使用、算法合谋、权利义务、算法歧视和法律责任等方面给出适切的制度安排,在数据开发和数据保护方面实现动态的权衡。[22]

结束语

智慧社会建设亟待进行理念方法和体制机制的创新与转型,一方面贯彻落实全民共建共治共享的智慧社会新理念既需要在既有规范框架内注入新内容,同时也需要把握大数据和人工智能时代脉搏,基于大数据和云计算的技术支撑,通过科学量化的方式评估智慧社会建设的实际成效,借助于人工智能手段能够精准了解当前智慧社会建设的精细化实现程度以及实践盲点,通过政府开放数据、政务云平台建设、在线矛盾纠纷多元化解平台等信息化手段实现了智慧社会建设智能化、精细化和数据化,为提升智慧社会建设的精细化水平提供动力机制和智识基础。

回眸中华人民共和国成立 70 年来我国智慧社会建设的轨迹变迁和制度逻辑,贯穿其中的主线是合法性与最佳性的耦合互动,其中合法性历经管控阶段的正名与整顿、社会管理阶段的定义与铺陈,而最佳性则凸显了以人民为中心的发展理念,不断满足民众日益增长的法治期待和法治需要。智慧社会建设因应制度实践和大数据、人工智能背景,开启了量化法治的精细化、个性化治理时代。人工智能时代智慧社会建设的探索与实践既推动了量化法治理论与实践的适时发展,同时也勾勒了大数据法治的实践图景与社会治理精细化的现实场景,有助于摸清智慧社会的真实水平、补齐智慧社会建设的短板、形塑智慧社会的要素网络、了解民众的法治诉求、提升法治建设的精细化水平、服务于法治政府建设和改进社会治理实践。当然,我们也应当清醒地认识到人工智能时代智慧社会建设有其应用限度和实践误区,人工智能背景下智慧社会建设受制于智能终端技术的复杂性、异构性、即时性等特点,也面临着侵犯隐私权、危及国家安全等规范层面的障碍,为此我们有必要在数据开放需求与个人权利、国家安全之间进行权衡,探究人工智能背景下智慧社会建设的思维升级、制度因应和精准化应用[23]。

参考文献：

[1][4] 辛向阳. 推进国家治理体系和治理能力现代化的三个基本问题[J]. 理论探讨,2014(2):27.

[2] 张凤阳. 科学认识国家治理现代化问题的几点方法论思考[J]. 政治学研究,2014(2):11.

[3] 李超民. 智慧社会建设:中国愿景、基本架构与路径选择[J]. 宁夏社会科学,2019(2):118.

[5] 虞崇胜. 科学确立中国国家治理现代化的衡量标准[J]. 中州学刊,2014(10):5.

[6][7] 何显明. 70年来中国现代国家治理体系的建构及演进逻辑[J]. 浙江学刊,2019(5):4.

[8] 王炳林. 推进中国特色社会主义制度优势转化为国家治理效能[J]. 中国党政干部论坛,2019(10):23.

[9][10] 汪玉凯. 智慧社会与国家治理现代化[J]. 中共天津市委党校学报,2018(2):62.

[11] 罗洪洋,陈雷. 智慧法治的概念证成及形态定位[J]. 政法论丛,2019(2):27.

[12] 周翠. 互联网法院建设及前景展望[J]. 法律适用,2018(3):38.

[13] 克里斯多夫·库克里克. 微粒社会:数字化时代的社会模式[M]. 黄昆,等译. 北京:中信出版社,2018:45.

[14] 马长山. 智能互联网时代的法律变革[J]. 法学研究,2018(4):34.

[15] 陈鹏. 算法的权力:应用与规制[J]. 浙江社会科学,2019(4):52.

[16] 齐延平. 论人工智能时代法律场景的变迁[J]. 法律科学,2018(4):37.

[17] 胡洪彬. 人工智能时代政府治理模式的变革与创新[J]. 学术界,2018(4):75.

[18] [英]芭芭拉·亚当,等编. 风险社会及其超越:社会理论的关键议题[M]. 赵延东,等译. 北京:北京出版社,2005:270.

[19] 马长山. 面向智慧社会的法学转型[J]. 中国大学教学,2018(9):33.

[20] 周晓霞,谭成国. 块数据助社会治理走向共建共治共享新模式[J]. 中国信息界,2018(5):68.

[21] 门理想,王丛虎. "互联网+基层治理":基层整体性治理的数字化实现路径[J]. 电子政务,2019(4):37.

[22] 徐明宁. 吴江网格化社会治理模式探索[J]. 中国领导科学,2019(2):83.

[23] 郑戈. 人工智能与法律的未来[J]. 探索与争鸣,2017(10):78.

乡村振兴背景下法治乡村建设研究

汪恭礼

摘　要：实施乡村振兴战略是党的十九大做出的重大决策部署，是决胜全面建成小康社会、全面建设社会主义现代化国家的重大历史任务。2018年中央一号文件以乡村振兴为主题，首次明确提出"建设法治乡村"。建设法治乡村是乡村振兴战略的内在要求，是乡村振兴战略不可分割的组成部分。但乡村传统观念根深蒂固，群众法治意识比较薄弱，"人情社会、熟人社会"让群众用法意愿较低，厌烦诉讼情绪严重，遇事首先想到的不是依法诉求，求官或信访的局面没有从根本上改变，法治乡村建设面临着诸多现实问题，建设的道路依然漫长。本文从乡村振兴的背景入手，针对乡村现实与经济社会结构，在对乡村法治基本内容探讨的基础上，从法治乡村建设的意义、现状、完善的途径来分析，从而为实施乡村振兴战略建设良好的法治环境提供有力的参考。

关键词：法治乡村；乡村振兴；建设

实施乡村振兴战略是党的十九大做出的重大决策部署，是一项艰巨而又长期的历史任务。2018年中央一号文件以乡村振兴为主题，首次明确提出"建设法治乡村"。在实施乡村振兴战略过程中，无论是乡镇政府的管理，还是市场经济行为，乡村干部、村民、经济组织和农户的各类活动，都应当纳入规范化的法治轨道。以法治乡村建设作为切入点，通过分析法治乡村建设面临的问题与困难，试图通过实地调查找出具体问题的原因，正确认识和处理目前法治乡村建设所处阶段和面临的问题，从而完善法治乡村建设，深化法治乡村建设对实施乡村振兴战略重要性和必要性的认识。

作者简介：汪恭礼，男，安徽宣城人，安徽大学中国三农问题研究中心研究员、安徽省政治学会常务理事、安徽省农村社会学研究会理事、中国法学会会员、安徽省社会心理学会会员、中共宣城市委党校特聘研究员、宣州区法学会常务理事，主要研究领域为产业经济、农村发展理论。

基金项目：本文为安徽法治与社会安全中心第三批招标项目（fzsh2018lx-9）研究成果。

一、引言及文献回顾

法治的首要含义就是"法律之治"[1]，一种严格依法办事、贯彻法律至上的治国方式和原则。此处所谓"法律"反映社会主体根本利益和共同意志，具有至高无上的权威，并在全社会得到有力的贯彻、普遍的遵守和有效的实施。法治作为先进的治国方式和原则，要求管理国家、治理社会均依法而治，即依靠法律的公共权威。中国特色社会主义法治兼顾了法律正义性、尊重中国共产党领导地位以及权力限制的三方面内容，包括了公平正义、依法治国、执法为民、服务大局和党的领导[2]。中国共产党极富组织性，是一个代表绝大多数人民群众的先锋队组织，依法治国和党的领导都是人民意志的体现，依法治国在坚持党的领导下实施，而党的领导需要在依法治国中实现，从执政地位而言，不存在"党大、法大"的问题。但对具体的党政干部和组织而言，必须遵守宪法和法律，也就是说组织和个人在行使具体权力时，必须受到宪法和法律的约束[3]。

法治与人们所说的法制，一字之差，其含义不尽相同。"法制"是法律和制度的总称。其中，法律包括经国家机关认可的不成文法如判例法和习惯法等和以规范性文件形式出现的成文法，如宪法、法律和各种法规。制度指依法建立政治、文化、经济等方面的各项制度。从这个方面来说，法制是一种社会制度，是一种相对稳定的、制度化的、正式的社会规范。"法治"则是治理社会的方法、原则、理念和理论，一种社会意识和观念，强调社会治理规则的权威性、稳定性和普适性。另一动态意义上的法制，包括法律的制定、执行和遵守和对法律实施的监督，把国家事务制度化、法律化，是统治阶级实行专政的工具和方法[4]。法治内在的本质要求必须按照法律本身制定的规则制定、执行到修改法律，而不能超越法律。两者最明显的区就是行政、立法、司法等政府权力是否受到法律的控制和约束。

法治作为治国理政的基本方式，十九大报告提出了"坚持全面依法治国"，而乡村作为全面依法治国的关键领域，法治乡村建设则是全面依法治国缺之不可的重要组成部分。2018年的一号文件提出了"坚持法治为本，树立依法治理理念"等内容，为建设法治乡村指明了方向和提出了一系列新任务新要求。十九大报告又提出了实施乡村振兴战略，"治理有效"则是实施乡村振兴战略的一个重要目标，而"治理有效"不仅需要德治和自治，更需要法治。乡村振兴战略是一个艰难的系统工程、一项长期的历史任务和一个宏大的战略。法治乡村建设既是实施乡村振兴战略的重要内容,又是实施乡村振兴战略的重要保障。以一种法治的视角来探究乡村振兴战略的实施,具有重要的理论和现实意义。

法治乡村建设提出的时间不长,学界做的研究和探讨不多,主要体现在如下方面。

(1)乡村振兴与法治乡村建设的逻辑关系。王运慧(2018)认为,建设法治乡村,助推乡村振兴。张锋学(2018)认为,法治乡村是振兴乡村的根本保障。张帅梁(2018)认为,法治乡村也是乡村振兴不可分割的组成部分。大家都谈到了法治乡村对乡村振兴的作用,却很少讨论乡村振兴统领法治乡村建设的关系。

(2)法治乡村建设存在的问题。丁文(2018)认为,"三农"领域法律制度的供给不充分,法治运行无法在法律规则之上进行。李国祥(2018)认为,农村受熟人社会、传统观念的影响,法治下乡难度不小。大家在谈法治乡村建设的问题时,各有侧重,却很少讨论法治乡村建设问题产生的深层次原因。

(3)如何加强法治乡村建设。张艳(2015)认为,村干部要做"法治乡村"建设的促进者。聂清如(2018)认为,"法治乡村"从增强法律意识入手。大家都谈到了"法治乡村"建设,却很少讨论"法治乡村"建设中如何解决"法治乡村"建设存在的相关问题。

以上这些研究为本文提供了较好的前期基础,但就总体来看,仍存在如下问题:首先,对于法治乡村建设的关注主要过度集中于对乡村振兴保障作用方面,对于乡村振兴如何统领法治乡村建设等关注不够;其次,对于法治乡村建设的必要性以及相关内容关注较多,而对于法治乡村建设概念和所涉及的新情况、新问题研究较少,缺乏系统性;最后,就研究方法来看,大多基于平安乡村建设,保障农民权利,维护乡村社会的稳定,对如何建立乡村现代化的法治理念、法律秩序等涉及较少,不同程度地存在跛足的问题,相关研究结论难以为相关对策建议提供有力支持。因此,本文拟针对上述相关问题,以乡村振兴战略为时代背景,简述法治乡村的概念,提出规范乡村事务运行、约束乡村公共权力、保障农民权利等措施,给予弥补和改进。

二、乡村振兴战略引领法治乡村建设

十九大报告提出"中国特色社会主义进入了新时代",人民在民主、法治、公平、正义、安全、环境等方面的要求日益增长。法治乡村建设,就是要将法治思维和方式有效贯穿到乡村经济、文化、社会、政治、生态文明等各个环节和领域,从而确保乡镇基层政府依法行政、村级组织依法民主自治、新型经营主体和小农户依法经营、乡村各类社会组织依法开展活动、农民群众知法守法、乡村社会和谐稳定[5]。

（一）法治乡村建设是乡村振兴战略的内在要求

党的十九大将"坚持全面依法治国"作为十四条基本方略之一,要求在法治国家、政府、社会建设以及城乡经济、文化等方方面面做到同步推进、协调发展,要求法治贯通沿海与内地,覆盖城市与乡村。乡村指县城以下的"乡"和"村",含国家政权体制内乡镇政权组织和村级自治组织,也是从事农民聚居和农业生产的地方。乡村地区广阔、人口众多仍然是目前最现实的国情,法治乡村建设是依法治国的重要领域。2017年12月28日,习近平总书记在中央农村工作会议上说:"不管城镇化发展到什么程度,农村人口还会是一个相当大的规模,即使城镇化率达到70%,也还有几亿人生活在农村。"全面依法治国包括调整和规范整个社会中各类主体权利和义务的关系。而随着农村综合改革的深入,乡村经济社会的发展,乡村现代化、社会化程度将不断提高,乡村经济关系变得越来越复杂,这就要求必须依靠法律手段来调整和规范乡村各类主体的权利和义务关系。乡村社会的稳定和发展如何,直接关系到整个国家稳定和发展的大局。而乡村社会的矛盾纠纷解决得好坏,影响乡村社会的稳定和发展,关乎党和政府的公信以及全面建成小康社会的实现,法治乡村建设无疑是依法治国的基础,事实上已成为全面依法治国的内在要求。

（二）法治乡村建设是乡村振兴战略不可或缺的内容

在加速推进城镇化、工业化、信息化过程中,乡村社会经历了前所未有的变化,从静态变为动态、封闭走向开放,呈现出诉求多样化、利益多元化、人口流动的阶段性新特点[5],乡村法治建设发展得不平衡不充分,依然面临法治规范不适应、权威不足的问题。从乡村实际出发,加快法治乡村建设,运用法治思维和方式来做"三农工作",是实施乡村振兴战略的内在要求。十九大报告在实施乡村振兴战略中提出:"加强农村基层基础工作,健全自治、法治、德治相结合的乡村治理体系。"2018年的中央一号文件又提出,要坚持全面振兴的基本原则,通过挖掘乡村多种价值和功能,统筹谋划经济、政治、文化、社会、生态文明和党的建设,整体部署,协调推进。而法治乡村建设,就是要将法治思维和方式有效融入经济、文化、社会、政治、生态文明等各个环节和领域,从而确保基层政府依法行政、基层组织依法民主自治、新型经营主体和小农户依法经营、乡村各类社会组织依法开展活动、农民群众知法守法、乡村社会和谐稳定[6]。这些表明法治乡村建设是乡村振兴战略不可或缺的内容。

(三)法治乡村建设是乡村振兴战略的重要保障

乡村振兴战略的部署涉及经济、文化、生态、民生等诸多方面,均与法治有着密切关系。乡村振兴战略各项部署的顺利推进都必须在法治整体框架内来运行[7],做到于法有据、有法可依。十九大报告在实施乡村振兴战略中提出"第二轮土地承包到期后再延长三十年"等一系列乡村振兴战略政策,为乡村发展提供了政策支持,但只有把这些政策上升为法律,才能具有法律的强制性、稳定性、确定性的特性,才能为乡村稳健发展提供法律保障。特别是十九大报告提出了深化农村土地、集体产权等制度改革,各种利益联系错综复杂,牵扯的方面较多,会遇到各种各样的阻力,任务困难重重,就需要借助法治来扫除改革的阻力、少走弯路,为顺利平稳推进农村改革保驾护航。同时,实施乡村振兴战略离不开农民,农民的主体作用和主创精神不可少。但是,一些农民信仰权力,而不信仰法律,在遇到问题时,他们寻求解决的途径多数靠上访。依法维护农民合法权益和保障农民财产权益,把法律法规作为解决一切利益纠纷手段,迫切需要加强法治乡村建设。

(四)乡村振兴战略促进法治乡村建设

乡村振兴战略是做好新时代"三农"工作的总抓手,致力于乡村长远发展,特别是大力乡村发展经济,实现"产业兴旺",改变衰败面貌,促进繁荣,为法治乡村建设提供坚实物质基础。"加强农村基层基础工作",特别是加强农村基层党建工作,为法治乡村建设提供组织保障。"培养造就一支懂农业、爱农村、爱农民的'三农'工作队伍",让乡村干部及全体党员成为法治乡村建设最坚实的支撑力量,共同致力于建设和谐有序、充满活力的乡村。为实现乡村振兴战略"乡风文明"目标,以社会主义核心价值观为引领,采取符合乡村特点的方式,大力弘扬时代精神和民族精神,强化乡村思想文化阵地建设,为法治乡村建设奠定思想基础。"健全自治、法治、德治相结合的乡村治理体系",乡村事务日常的管理与监督、重大事务的决策、村干部的产生和更迭等通过自治方式来实现,充分体现乡村群众的意愿,从而避免和减少一些问题和矛盾的产生,及时解决乡村矛盾和问题而不至于激化,为法治乡村建设打下扎实的社会基础;深入挖掘榜样,强化道德教育,弘扬真善美,引导乡村群众形成孝老爱亲、家庭和谐、邻里和睦、向上向善、重义守信、干群和谐的良好局面,为法治乡村建设奠定坚实的德治基础。

综上所述,加强法治乡村建设,营造乡村公平、公正的法治环境,是顺利实施乡村振兴战略的可靠保障,而实施乡村振兴战略是促进法治乡村建设的动力,二者是相辅相成的、辩证统一的,应正确处理实施乡村振兴战略与法治乡村建设的关系,在乡村社会和谐稳定中推进乡村经济社会各项事业的快速发展,通过乡村经济社会快速发展来促进法治乡村建设逐步加强。

三、案例分析

随着工业化、城镇化的快速发展,大量农村劳动力转移,合理配置农村土地资源,培养适度规模经营主体,对拓展农民增收渠道、富裕农民均具有非凡意义。十九大报告在实施乡村振兴战略中提出发展多种形式适度规模经营,培育新型农业经营主体,农村土地流转会越来越多。但在农村土地流转的实施过程中,流转纠纷的频发,已成为当前乡村不和谐、不稳定的一个重要因素。如2003年底,G村委会将20世纪70年代村办林场发包给村民W,并签订了土地承包协议,先后投入了大量的人力、物力、财力。2010年3月该村X村民组村民拿出1963年县政府颁发的山林所有权证,认为G村委会私自发包,侵犯了X村民组权益,要求G村委会收回W承包的林场,并上山阻止村民W经营。山林权纠纷发生后,镇政府怕引发X村民组群体性上访事件,及时给承包户W下达了"停止经营,维持现状通知书"。这一"停止经营"直到2016年在法院主持调解下才达成协议[8]。

本案处理过程中:

首先,政府从维稳角度出发,怕矛盾激化,顺应X村民组村民的要求,及时给承包户W下达了"停止经营,维持现状通知书",而不是积极依法、公平、公正处理,导致"停止经营"长达7年之久。

其次,鉴于历史背景和特有国情,城乡区域进行了数次区划调整,农村土地政策也经历过数次变革,土地的性质、权属已经发生了变化,而林业主管部门干部在处理过程中,对国家政策、法律的不了解、不熟悉,毫不负责任地口头答复1963年权属证书有效(诉讼中没有出具书面确认权属证书有效的文件和材料),土地承包合同无效,导致后续在司法诉讼途径中久拖不决(2013年开庭审理后,直到2016年才协调处理完毕)。

第三,乡村干部处理过程中,一味迁就X村民组,出现了G村委会与X村民组串通、恶意诉讼,损害第三人利益的闹剧,最终不得不把山林所有权让给村民组(这个村民组不是法人单位)。

第四,乡村干部处理过程中,不是依法维护承包户W的合法权益,而是以"村级经济薄弱,赔偿数额大,村委会拿不出钱"为由逃避责任,一次次不守承诺,甚至提出违反法律法规的处理意见。如2012年双方约定,按评估价赔偿损失,要承包户 W 评估。当承包户 W 拿出评估总价为 37.41 万元的评估报告时,镇村又不认可。进入司法程序后,镇村提出重新评估,原(村民组)、被告(村委会)及第三方(承包户 W)均同意由法院安排评估,以评估价赔偿损失,当法院拿出评估总价为 625937.00 元的评估报告时,镇村不愿兑现承诺。2016 年在法院主持调解下达成的协议,但还有负责办林权证的条款仍然没有履行。

从本案来看,一是少数乡村干部以言废法、以权压法、违法乱纪的行为被乡村群众视为基层党组织、政府以及村级组织的行为,基层党组织、政府以及村级组织的威信就因这些少数不遵守法治的言行而丧失殆尽,导致乡村群众信"访"不信"法"。二是受到现代化和城镇化的冲击,传统的乡村秩序和道德遭到破坏,村民们见利忘义,总有一些人嫉妒缠心,犯"红眼病"、见不得别人好。如本案中,承包户 W 投入大量的人力、物力、财力的时候,没人上山阻止,眼见要收益了,才开始索要权益,阻止经营。三是部分领导力争任期内不出问题的短期思想,遇到问题想到的是如何推脱,而不是如何依法解决,导致问题从一个领导拖到另一个领导,问题久拖不决。

本案虽然在法院主持下协商达成了协议,但承包户 W 想恢复经营已是困难重重。从本案来看,实施乡村振兴战略离不开法治建设,离不开法治的保障。

四、法治乡村建设面临的现实问题

乡村传统观念根深蒂固,群众法治意识比较薄弱,"人情社会、熟人社会"让群众用法意愿较低,厌烦诉讼情绪严重,遇事首先想到的不是依法诉求,求官或信访的局面没有从根本上改变,法治乡村建设面临着诸多现实问题,建设的道路依然漫长。

(一)乡村法律法规供给不充分,法治运行"有法难用、无法可依"

"三农"领域的法律法规是推动法治乡村建设的重要前提,是促使乡村法治化的依据。随着乡村经济社会的快速发展和群众生活水平的提升,乡村社会矛盾的内容和表现形式也随之发生变化,有关乡村及其群众的法律法规在质量上和数量上都远远不能适应现实发展的要求,更不能适应实施乡村振兴战略的需要。

一是长期以来我国的法律和政策制度设计不科学或者不合理,客观上推动了城镇与乡村的教育、医疗、社会保障等存在着重大差别,巩固了城乡二元格局。实施乡村振兴战略中,逐步改变城乡二元结构,"建立健全城乡融合发展体制机制和政策体系"任务繁重。

二是十九大报告实施乡村振兴战略中提出了"壮大集体经济",而农村集体经济组织大多数被村民委员会所代替,存在功能缺位、淡化乃至异化的状况,集体经济组织的性质"名存实亡"。在缺少农村集体经济组织的专门法律法规的前提下,想通过生产、管理、服务、协调、分配以及资产积累等经营活动来壮大集体经济难度很大。

三是现行的法律、法规对农村集体土地的产权归属模糊。人民公社时期,农村集体土地实行的"三级所有,队为基础",这里说的三级就是指公社、大队和生产队,这里说的队为基础中的"队",指的就是生产队。随着历史的变迁,公社、大队和生产队分别演变成乡镇政府、村委会和村民组,而按照法律规定,集体土地所有权仍然归村民小组、村和乡(镇)农民集体所有。随着农村家庭承包基本经营制度的建立,村民小组内的土地、山场、生产资料及承担的税费任务分到各家各户,村民小组的功能逐渐退化。事实上,乡(镇)基本上退出,村民小组拥有独立的法人地位不多,大多数土地则由村委会按照各村民组为单位分别发包给各家各户和土地调整等,土地承包经营权主体不清。在众多的深化农村集体产权制度改革中,集体土地所有权又忽略村民组,统一到村一级。

四是在《物权法》中明确农村宅基地使用权是一种用益物权,而我国有关法律规定宅基地不能进入市场流通,更不能高价卖出,这种土地是农民专有的,按照"一户一宅"的原则无偿获得,是作为社会保障的一种体现。在实践中,各地私下都出现过出租、出让、出售等,一些省份也顺应农村改革的潮流,出台了宅基地有偿退回、流转等法规和管理办法,但国家层面上还没有出台与宅基地有偿退回、流转相关的规定,使得农村集体产权制度改革预期效果难以达到[9]。

(二)乡村干部法治思维欠缺,"重人治,轻法治"依然存在

由于受到传统文化和封建思想的影响,一些乡村干部依然存在法治思维欠缺的问题,法制观念仍很淡薄,喜欢用过去的思维模式和思维习惯来审视各种社会矛盾和问题,在维护稳定、化解矛盾时不能完全做到依法行政、依法决策。

一是大多数乡村干部不重视学习法律知识,也不能够系统地学习法律知识,即使参加一些法律知识教育培训,也是流于形式,学习并不深入,乡村干部缺乏基本的法律知识已经成为普遍的现象。在法律知识严重匮乏的背景下,乡村干部处理具体事务时,很难将法治方式和法治思维运用到实际工作

中,不是运用法治思维来解决问题,而是利用手中权力,用权力说话,以言代法。同时,也有一些乡村干部工作任务往往比较繁重,很难安排时间专门学习法律知识,面对乡村中发生的各种矛盾纠纷事件时,知道需要依法解决,但不知道如何下手解决,导致矛盾纠纷激化。

二是少数乡村干部"官本位"思想依然盛行,"人治"作风依然存在,利用手中权力肆意妄为,遇到问题喜欢批条子、打招呼,喜欢"拍脑袋"、搞"一言堂"决策。少数乡村人治思想较为浓厚,存在"选择性执法",当遇到法律的规定对自己有利,而对别人(或普通群众)有约束时,他们就严格依法办事;当遇到法律的规定对自己有约束,而对别人(或普通群众)有利时,就把法律丢在一边,甚至不惜违反法律规定,随意侵害或剥夺群众的合法权益,导致官与民的矛盾激化。

三是很多乡村干部在维护稳定、化解矛盾时,高喊依法治理,但事实上只是喊喊而已,并非发自内心地接受、认可和尊重法律,在实践仍然以权力思维代替法治思维,没有多少人真的以法处理,导致法律被束之高阁,犹如一纸空文。法律的稳定性、权威性丧失,法治也就沦为人治。

四是一些乡村干部在维护稳定、化解矛盾时,觉得依法处理和解决费时费事,程序繁杂,影响工作效率。遇到问题,他们不顾法律的权威和公平、正义的程序,就按照自己的方式来处理,看似提高了工作效率,一旦处理失败,则容易导致矛盾激化,甚至引发群体性事件。

五是城镇化、工业化的发展,大量有文化的青壮年外出务工经商,导致大多数村组干部文化水平偏低、年龄偏大、政策理论功底弱、法治观念淡薄,给群众传达党的方针、政策都存在困难,遇到问题沿袭本地长期形成的民间"习俗"来处理,而不是寻求法律途径来解决,让他们带领群众开展法治乡村建设难以达到预期效果。

五、推进法治乡村建设的几点建议

推进法治乡村建设必须紧紧围绕如何实现乡村振兴战略目标而展开,揭示实施乡村振兴战略中存的法治问题开始,然后针对这些法治问题完善和建立相关的涉农法律法规及制度,以保障和促进乡村振兴战略目标的实现。

(一)优化法治乡村建设的法制供给,完善法律法规及制度体系

"没有规矩,不成方圆",任何一项工作的落实和推进都要以严格的制度和严厉的法律为后盾和保障。深入研究在实施乡村振兴战略过程中面临的

新问题、新情况,对现行涉农法律法规及规章制度进行梳理,对已不符合乡村发展部分的法律法规及规章制度进行修改、废止,增加支持保护乡村振兴相关领域的法律法规及规章制度供给。

一是立足于乡村的现实情况,紧密结合乡村振兴战略实施过程中出现的热点和难点问题,修订和制定符合乡村现实情况的法律法规[14]。如修改后《农村土地承包法》中规定"不得以退出土地承包经营权作为农户进城落户的条件",就是针对当前农民进城落户担心失去承包地的现实,以法律的形式打消了他们的顾虑。

二是从"以人为本"法律观出发,结合乡村农民群众知识水平较低的客观实际,对一些争议性较大、规定模糊的法律条文,出台通俗易懂的解释性法规和条文,使法律易于被乡村群众所接受,充分调动民众的力量,获得强大的助推力,推动法治乡村建设不断深入[15]。

三是结合新时代、新要求,修改现有法律法规,把支持乡村振兴战略的政策法定化。如十九大报告提出了"第二轮土地承包到期后再延长三十年"[16]的政策,而修改后的《农村土地承包法》就增加了"前款规定的耕地承包期届满后再延长三十年"的内容,让这一政策法定化,在法律上使承包农户的耕地承包权得到充分保障。

四是立足当地乡村社会的惯例、礼法和习俗等"民间法",研究制定《关于加强法治乡村建设的意见》,提出建设法治乡村总体目标和具体举措,体现地方特色,突出问题导向,明确自身的差异性定位和发展,注重内容创新,着力提高地方立法的可操作性和实用性,努力为当地实施乡村振兴战略提供高质效的法律服务和强有力的法治保障。

五是十九大报告提出了"深化农村集体产权制度改革,保障农民财产权益,壮大集体经济"[16],这就要求建立或出台与集体经济组织相应的法律法规及规章制度,确认集体经济组织法人地位,取得从事市场经营等经济活动地位,明确界定农村集体土地所有权主体资格,从根本上遏制土地纠纷频发的问题。理顺和调整集体经济组织与集体经济组织成员的关系,公平合理地确定农村集体经济组织与成员之间的收益分配关系,保障集体经济组织成员合法权益。

六是十九大报告提出了"建立健全城乡融合发展体制机制和政策体系"[16],其核心问题就是通过建立健全法律法规及规章制度,重新塑造新型的城乡关系,在权利义务的法律配置中提升乡村和农民的地位和比重,在不损害城市发展的前提下,从社会分配与保障、财政、税收、市场准入、价格、金融等各方面给乡村以适当的倾斜,缩小或消除城乡差别。

（二）树立乡村干部依法治理理念，提高运用法治思维和方式解决问题的能力

乡村干部是法治乡村建设的推动者、组织者、实践者、示范者，加强乡村干部的法治教育培训，树立他们法律信仰、依法治理理念，让他们自觉尊重法律的权威，正视法律赋予自己的权力，从而实现法律对权力的抑制，最大限度地合理利用法律，切实提高自己运用法治思维、方式和法律手段解决乡村经济社会发展中的矛盾和问题的能力，努力实现乡村各项工作的法治化。

一是构建乡村干部法治教育培训的长效机制，使他们树立法律主体意识和依法治乡、治村的观念，让法律至上的权威性铭刻于其心，自觉把法律作为一种规则来遵守，作为一种观念来崇尚，作为一种信仰和追求[17]，想问题、作决策、办事情，必须严格遵循法律程序和规则，自觉接受法律法规的监督、承担相关法律责任[18]。

二是坚持问题导向，以"按需培训、学以致用"的原则，以提高乡村干部法治水平和法治能力为重点，特别是有关乡村振兴、乡村社会稳定等方面的法律法规，学会依法解决乡村经济社会发展中出现的各种纠纷事件。

三是加强乡村干部依法执政理念培训，树立权力制约意识，破除头脑中的封建意识，摒弃权力在手、高高在上的心态，不采用任何违背宪法和法律的手段和方法，杜绝以权谋私、以权压法和贪图享乐的做法，合理利用自己手中的权力处理乡村各类矛盾和问题。

四是组织乡村干部系统学习宪法法律，特别是新增法律规范和适用中的重点、难点，采用多种方式，如正反案例介绍、舆情处置、法律法规培训等方式，让他们掌握法律知识精髓，提高他们的法律素质、法制观念和乡村事务管理法治化水平，让他们行使权力时的底气十足，敢于面对，敢于发声，敢于对话，增强他们运用法治思维和方式解决问题的意识和能力[19]。

五是把运用法治思维、方式和手段解决影响乡村群众关注和经济社会发展的难点、热点问题，列入乡村干部工作考评的重点，将考核权交给乡村群众，让群众来评判他们办事是否依法、遇事是否找法、解决问题是否用法、化解矛盾是否靠法，是否时时以法律来规范自己，是否事事以法律约束自己，并将考核结果作为评选评优以及选拔任用的重要依据。实行"庸者下，能者上"的政策，对不称职、不合格的乡村干部及时进行调整；让"法治型"乡村干部有位置、有舞台，激发他们的潜力，为法治乡村建设提供有力的保障[20]。

六是加大乡村干部行使职权或者权力的监督与问责，推进乡村事务管理法治化、程序化和规范化，积极谋求公开、公平、公正，让他们在行使职权或者权力过程中，自觉接受组织监督、法律监督、群众监督、舆论监督，把权力关进

制度的笼子,让权力在阳光下运行。同时,依法承担权力行使不当或者违法行使职权而引起的各种法律责任[21],迫使他们提高自身的法制观念和法律素质,增强法治自觉性。

(三)调整维稳考核体系,建立乡村法治运行机制

法治则是解决维稳问题最权威的方式和最终的手段。当前出现维稳手段变异等问题,在某种程度上说是考核体系和导向出现偏差而形成的新情况。因此,一方面,应结合实际,按照可行性、科学性、导向性的要求,对当前维稳考核体系进行必要的调整。另一面应遵循乡村经济社会运行的规律,建立和完善乡村法治运行机制,将乡村各项工作纳入法治良性发展轨道,强化法治的尊严和权威,避免解决维稳问题陷入不法治的恶性循环,从而促进乡村经济社会和谐稳定。

一是集体、越级上访量作为考核指标,但不单凭集体、越级上访量论功过。在社会转型期,一些影响稳定的问题时间跨度久、涉及面广、解决难度大,有些完全超出了基层政府的治理能力,必须合理界定和解决基层政府在维稳方面所承担的职、责、权不对称问题。在考核中要进行客观分析,分清主观努力和客观因素的影响,客观、公正、准确地考核。对于工作上确实很努力,但由于各种客观因素的影响,一时难以解决和扭转的,要给予客观、公正的评价,特别要充分肯定在艰苦环境中长期奋力拼搏的干部,调动他们的积极性。要对工作不努力、无所作为而集体、越级上访量上升势头的各级党政部门、单位和个人进行严厉的责任追究和问责[22]。

二是把信访维稳问题的排查和解决作为考核指标,但绝对不可以将进入司法程序的信访维稳问题列入指标考核,纠正群众认为信访大于法律的错误导向[22],构建乡村民众有序参与的考核机制,将他们的意见纳入考核中,保证乡村民众在维稳中拥有话语权,使乡镇政府、村级组织和乡村干部在选择维稳方式、采取维稳手段时充分考虑乡村民众的建议和意见,营造一个公平、公正的社会维稳环境。

三是"稳定压倒一切"并不代表不顾一切地采取不正常的行为和手段,甚至非法的方式进行维稳。因此,必须规范乡镇政府的维稳行为,维稳的方式和手段要在法治框架内[23]。同时,应该强化法律尊严和权威,把维稳建立在法治轨道上,完善解决矛盾冲突和维护稳定的法治机制,依法界定矛盾各方的权益,曝光缠闹缠访典型案件,以法律手段为主,辅以经济和行政手段,扭转维稳工作被动状态[24]。

四是将涉农各项工作和事务管理纳入法治化轨道,强化法律在化解农村社会矛盾、生态环境治理、农业支持保护、规范市场运行、维护农民权益等方

面的权威地位,建立健全农村公共法律服务体系和矛盾纠纷调处机制,加强对农民的司法救助和法律援助。加大乡村普法力度,提高乡村民众法治素养,引导他们增强学法守法用法尊法意识,减少维稳问题的发生。

五是严格规范司法行为,引导乡村民众通过司法途径解决矛盾纠纷。加强对司法活动的监督和制约,杜绝领导干部干预司法,插手具体案件处理,让司法机关独立公正行使职权,确保司法公正,增强乡村民众对司法的认同和对法律的信任,使社会矛盾纠纷按照法律设计的路径解决,以维护乡村民众合法权益[25]。

(四)依法打击宗族势力、黑恶势力,净化乡村社会环境

乡村混混和村霸对法治乡村建设、村民自治能否有效运行和实现具有深远影响,必须坚持长期防范整治和短期严密打击相结合、长效机制和临时举措相结合,通过推进法治乡村建设和精准打击乡村宗族势力、黑恶势力,集中整治乡村混混和村霸,减少现有乡村混混和村霸存量,抑制乡村混混和村霸增量[26],从而有效地推动乡村振兴战略的实施。

一是按照2018年1月党中央、国务院发出的《关于开展扫黑除恶专项斗争的通知》要求,依法严厉打击处理欺压残害百姓的乡村黑恶势力,横行乡里的家族、宗族势力,把扫黑除恶同惩治腐败结合起来,深挖宗族势力、黑恶势力和村霸背后的"保护伞"。始终保持严打高压态势,引导侦查取证,坚决查处、打掉黑恶势力背后的"保护伞",铲除黑恶势力滋生土壤,创造安宁和谐的乡村社会环境。

二是强化乡村干部的责任,杜绝乡镇政府及乡村干部在征地、维稳等乡村事务管理中利用乡村"混混",排斥乡村"混混"干扰和介入乡村事务管理,特别是乡村各类工程建设,遏制他们从中谋利。强化政务公开、村务公开,加大对乡镇政府及乡村干部实施有效监督,一旦发现利用乡村"混混"的行为,或为乡村"混混"、村霸提供庇护的,则予以重罚,让他们不敢与乡村"混混"勾结,也让乡村"混混"丧失"靠山"、丧失干扰和介入乡村事务管理的空间。

三是加快乡村社会治安防控体系建设[16],让公共安全力量覆盖到村庄[27]。针对乡村青壮年外出打工经商、群防群治力量薄弱的现状,科学整合警务资源,组织乡村治安员、老党员、复退军人、正义感的村庄精英、低保村民等力量,在村警务工作站民警的带领下巡逻打更,努力提升乡村治安巡逻防控效能。建立乡村视频监控网,派出所监控中心与村组的监控室连接,村组联防人员、民警均可进行网上巡逻[28]。如安徽宣州区完善乡镇视频监控系统,杨柳镇、文昌镇对原有视频监控系统进行了升级改造,黄渡、狸桥、水东等乡镇增设了监控点,溪口镇、黄渡乡在公路沿线安装了太阳能爆闪警灯。推

进村级技防和技防设施入户进程,实现50%的村级主要路口、路段建有视频监控,30%城乡居民建有技防设施的目标。同时,定期组织开展打击黄赌毒、拐卖儿童妇女、两抢一盗、治爆缉枪、电信诈骗等专项整治行动,加强吸毒人员、社区矫正等重点人员管理,强化预防青少年违法犯罪,减少村霸横行的机会,切实增强乡村群众安全感。

四是把好村两委干部选人用人关,特别要严把候选人资格关,选准用好带头人。加强村两委干部候选人身份和品质审核,深入调查群众反映,广泛征求群众意见,把愿奉献、作风正、能力强、有担当、有干劲、素质高的同志选入村两委干部队伍。在选举程序中,对候选人的资格审查、投票、计票等各个环节都做出明确规定[29];对有可能涉及宗族势力、黑恶势力和村霸干扰破坏选举的乡村"混混"及相关人员,主动对他们进行警示谈话,及时查处、打击宗族势力、黑恶势力和村霸干扰破坏选举行为,将问题控制和处理在苗头性阶段,阻止宗族势力、黑恶势力和乡村"混混"进入村两委干部队伍。

五是加强乡镇党委和政府、村务监督委员会、社会力量等多元主体参与监督,落实和细化各类村务、财务的公示制度,特别要充分发动乡村群众积极参与监督[30],形成合力。同时,广开投诉途径,如公开举报热线、开设专门的电子邮箱、网上举报专栏、微信和网络问政等,第一时间让群众的举报得到受理,发现欺凌乡里的宗族势力、黑恶势力、"混混"和村霸予以及时曝光和惩治,让他们没有可乘之机。

结　语

2018年中央一号文件以乡村振兴为主题,首次明确提出"建设法治乡村",就是要将法治思维和方式有效贯穿到乡村经济、文化、社会、政治、生态文明等各个环节和领域,从而确保乡镇基层政府依法行政、村级组织依法民主自治、新型经营主体和小农户依法经营、乡村各类社会组织依法开展活动、农民群众知法守法、乡村社会和谐稳定。但受乡村传统观念根深蒂固的影响,群众法治意识比较薄弱,"人情社会、熟人社会"让群众用法意愿较低,厌烦诉讼情绪严重,遇事首先想到的不是依法诉求,求官或信访的局面没有从根本上改变,法治乡村建设面临着诸多现实问题,建设的道路依然漫长。乡村法律法规供给不充分,法治运行"有法难用、无法可依";乡村干部法治思维欠缺,"重人治,轻法治"依然存在;基层政府维稳压力过大,"法治"难免被稳定压倒;村霸、混混的介入,严重影响法治乡村建设等等。

推进法治乡村建设必须紧紧围绕如何实现乡村振兴战略目标而展开,从揭示实施乡村振兴战略中存的法治问题开始,然后针对这些法治问题完善和建立相关的涉农法律法规及制度,以保障和促进乡村振兴战略目标的实现。"没有规矩,不成方圆",任何一项工作的落实和推进都要靠严格的制度和严厉的法律作为后盾和保障。深入研究在实施乡村振兴战略过程中面临的新问题、新情况,对现行涉农法律法规及规章制度进行梳理,对已不符合乡村发展部分的法律法规及规章制度进行修改、废止,增加支持保护乡村振兴相关领域的法律法规及规章制度供给。加强乡村干部的法治教育培训,树立他们法律信仰、依法治理理念,让他们自觉尊重法律的权威,正视法律赋予自己的权力,从而实现法律对权力抑制,最大限度地合理利用法律,切实提高自己运用法治思维、方式和法律手段解决乡村经济社会发展中的矛盾和问题的能力,努力实现乡村各项工作的法治化。按照可行性、科学性、导向性的要求,对当前维稳考核体系进行必要的调整。遵循乡村经济社会运行的规律,建立和完善乡村法治运行机制,将乡村各项工作纳入法治良性发展轨道,强化法治的尊严和权威,避免解决维稳问题陷入不法治的恶性循环,从而促进乡村经济社会和谐稳定。坚持长期防范整治和短期严密打击相结合、长效机制和临时举措相结合,通过推进法治乡村建设和精准打击乡村宗族势力、黑恶势力,集中整治乡村混混和村霸,减少现有乡村混混和村霸存量,抑制乡村混混和村霸增量,从而有效地推动乡村振兴战略的实施。

参考文献:

[1] 黄涛. 重新思考法治概念[J]. 新华月报,2014(6):34-37.

[2] 莫桑梓,黄大熹. 法治概念再辨析[J]. 学术探索,2016(7):72-78.

[3] 张学博. 新时代中国特色社会主义法治[J]. 长春市委党校学报,2018(1):36-39.

[4] 陈禹廷. 论法治与法制的区别[J]. 辽宁公安司法管理干部学院学报,2011(3):9-10.

[5] 江雯雯. 浅析乡村振兴背景下乡村社会治理的法治化探索[J]. 职工法律天地,2018(7):227-227.

[6] 郝浩. 论建设法治国家的目标[J]. 政府法制,2018(19):62-63.

[7] 张帅梁. 乡村振兴战略中的法治乡村建设[J]. 毛泽东邓小平理论研究,2018(5):37-43.

[8] 汪恭礼. 判断承包合同效力应先确地权[N]. 中国国土资源报,2011-06-01(11).

[9] 惠建利. 农村集体土地产权制度与流转制度的立法完善——基于地方立法实践[J]. 中共山西省委党校学报,2012(3):97-100.

[10] 任然. 杨天直之死是对非法截访的警示[N]. 中国青年报,2016-11-16(02).

[11] 周铁涛. 村级组织推进农村法治化治理的困境和路径[J]. 行政管理改革,2016(11):38–42.

[12] 谷峰. 河北省农村民主政治建设中应处理好的几个关系[J]. 河北大学学报(哲学社会科学版),1999(3):102–105,128.

[13] 卢昌彩. 推动乡村振兴法治保障研究[J]. 决策咨询,2018(4):54–57,63.

[14] 汤丽. 当前农村法治化建设存在的问题与对策探析[J]. 农村经济与科技,2017(16):223–225.

[15] 吴卫军,陈璇. "以人为本"法律观的理论传承与现实解读[J]. 河北大学学报(哲学社会科学版),2010(2):64–69.

[16] 决胜全面建成小康社会 夺取新时代中国特色社会主义伟大胜利——在中国共产党第十九次全国代表大会上的报告[M]. 北京:人民出版社,2017.

[17] 陈永红. 论领导干部法治思维的养成[J]. 黑河学刊,2018(3):81–82.

[18] 钟慧容,陈宗波. "关键少数"的法治自觉及其成长路径[J]. 社会科学家,2018(5):108–113.

[19] 张莉. 领导干部法治思维的内涵与培育路径探索[J]. 云南警官学院学报,2018(4):82–87.

[20] 褚楚,杨弘. 基层干部如何推动法治建设[J]. 人民论坛,2018(16):164–165.

[21] 马怀德. 法治政府建设的基本要求[J]. 中国司法,2018(5):18–20.

[22] 张力. 关于信访工作实绩考核机制几个问题的思考[J]. 探索与求是,1999(11):6,13.

[23] 杨大路,杨福禄. 新形势下地方政府社会维稳的行为逻辑及其治理[J]. 理论导刊,2013(6):36–38.

[24] 敖带芽. 高压维稳考核的弊端与完善途径[J]. 广州社会主义学院学报,2015(2):18–22.

[25] 王祯军. 法治视域下"维稳怪圈"之成因及破解路径研究[J]. 行政与法,2016(12):52–60.

[26] 马华,王晋茹. 基层政治生态中的村霸问题及其治理[J]. 广西大学学报(哲学社会科学版),2017(6):55–62.

[27] 郑风田. 对沦为村霸的村干部必须严惩[J]. 人民论坛,2017(10):52–64.

[28] 缪金祥. 城镇化进程中农村社会治安防控体系的建设[J]. 净月学刊,2016(6):75–81.

[29] 任禹. "村霸"现象及其治理路径[J]. 领导科学,2018(18):16–17.

[30] 王忠信. 乡村治理背景下的"村霸"现象及其治理[J]. 改革与开放,2017(19):67–68.

长三角科技创新创业生态种群现状与分析

韩　骞　熊立勇　张　杰

摘　要：自长三角一体化发展上升为国家战略以来，长三角地区各自发挥所长，创新创业发展方面成果斐然，在我国经济建设全局、现代化发展乃至深化改革中都具有十分重要的战略地位。本文将对三省一市的创新创业生态种群现状进行较为全面的阐述，包括政府种群、科研机构种群、科技型企业种群和金融种群等方面。通过分析总结，找到目前存在的问题和挑战，并提出相应的建议和对策。

关键词：长三角一体化；科技创新；创新创业生态种群；创新创业指数

引　言

　　长三角地区是中国实力最强的经济区之一，作为我国率先跻身世界级城市群的地区，肩负着代表国家水平建设全球先进制造业基地、亚太地区重要国际门户的重要使命。2019年5月22日，上海市、江苏省、浙江省和安徽省的主要领导共同聚焦长三角协调创新发展，在安徽芜湖召开了第一届长三角地区主要领导座谈会。会议深入学习贯彻习近平总书记关于长三角一体化发展的一系列重要讲话和重要指示批示精神，以"长三角：共筑强劲活跃增长极"为主题，全面分析了长三角一体化发展上升为国家战略的新内涵和新要求。创新是长三角一体化发展的根本动力，而创新创业生态系统是一体化发

作者简介：韩骞(1987—)，女，安徽六安人，博士，讲师，研究方向：区域创新发展。

基金项目：2019年合肥市重大课题：合肥综合性国家科学中心建设研究(2019078)；2019年合肥市委党校重点课题：合肥综合性国家科学中心产学研一体化发展研究(HFDXKT201915)。

展的基础、提升区域影响力的关键。本文通过对长三角科技创新创业的生态种群现状的分析,总结目前存在的问题并提出相应的建议和对策。

一、长三角科技创新创业生态种群现状

(一) 政府种群

党的十九大报告中提出,我国经济已由高速增长的阶段转向高质量发展阶段。近年来,长三角区域各地方政府将创新作为发展的第一动力,出台了一系列鼓励创新创业的政策和相关指导意见(见表1),在体制机制、人才、金融、成果转化等方面取得了一系列的进展和成效。

表1　2017年以来长三角创新创业政策汇总

上海	2019.03 关于进一步深化科技体制机制改革增强科技创新中心策源能力的意见
	2019.01 关于印发《上海市科技创新券管理办法(试行)》的通知
	2018.12 关于进一步支持科技创新促进金融与产业融合发展的实施意见(试行)
	2018.07 上海市工业互联网产业创新工程实施方案
	2018.04 关于持永久居留身份证外籍高层次人才创办科技型企业试行办法
	2017.12 嘉定区四大产业集群创新发展的若干政策实施细则
	2017.12 上海市人工智能创新发展专项支持实施细则
	2017.12 上海市加快推进具有全球影响力科技创新中心建设的规划土地政策实施办法
	2017.11 关于全面建设徐汇国家大众创业万众创新示范基地的实施意见
	2017.08 浦东新区"十三五"期间创新型人才财政扶持办法
江苏	2018.11 关于深化科技体制机制改革推动高质量发展若干政策
	2018.08 关于深入推进大众创业万众创新发展的实施意见
	2018.08 关于促进科技与产业融合加快科技成果转化实施方案的通知
	2018.04 省政府办公厅关于印发江苏省深化科技奖励制度改革方案的通知
	2018.04 关于印发创新型省份建设工作实施方案的通知
	2017.07 关于促进创业投资持续健康发展的实施意见
	2017.05 关于创新管理优化服务培育壮大经济发展新动能的实施意见

（续表）

浙江	2019.04 关于加快推进 5G 产业发展的实施意见 2019.03 关于下达 2019 年浙江省国民经济和社会发展计划的通知 2019.03 关于推动创新创业高质量发展打造"双创"升级版的实施意见 2018.12 浙江省人民政府关于全面加快科技创新推动高质量发展的若干意见 2018.08 关于强化实施创新驱动发展战略深入推进大众创业万众创新的实施意见 2017.04 关于促进创业投资持续健康发展的实施意见 2017.01 关于印发浙江省国家标准化综合改革试点工作方案的通知
安徽	2018.10 "综合性国家科学基金及大科学装置科学研究联合基金"框架协议 2018.09 安徽省人民政府办公厅关于引发安徽省深化科技奖励制度改革方案的通知 2018.08 安徽省扶持高层次科技人才团队在皖创新创业实施细则（修订） 2018.06 安徽省人民政府关于印发支持与国内外重点科研院所高校合作若干政策的通知 2017.09 关于印发安徽省新型研发机构认定管理与绩效评价办法（试行）的通知 2017.09 合肥综合性国家科学中心实施方案（2017—2020 年） 2017.06 建设合肥综合性国家科学中心打造创新之都人才工作的意见 2017.05 关于印发加快建设创新发展四个支撑体系（技术和产业、平台和企业、金融和资本、制度和政策）实施意见的通知

从表 1 可以看出，上海的政策体系完整丰富，敢于先行先试，在高精尖领域、科技金融和高端人才的发展方面都出台了一系列优惠政策和指导意见。尤其在张江综合性国家科学中心和 G60 科创走廊等专项工程方面，都出台了配套政策支持，帮助项目顺利实施推进。江苏省的政策体系更倾向于优化体制机制，鼓励创业，看重科技成果与产业化的联系和转化，是全民创业、中小型科技型企业发展的沃土。浙江省与江苏省的政策体系相近，倾向于鼓励投资和产业化，对本省经济的高质量发展进行科学的设计和规划。安徽的综合实力与前三者相比，各方面都较为薄弱，亟须对政策体系的完备性、科学性进行顶层设计，因此目前安徽省依托合肥综合性国家科学中心，出台了一系列针对科研院所、科技人才和产业化的优惠政策，完整的体制机制基础已现雏形。

从长三角地区地方财政对科技创新的支持来看，2017 年长三角地区地方财政科技经费支出见图 1。

从图 1 可得，上海、江苏、浙江、安徽在 2017 年地方财政科技经费支出分

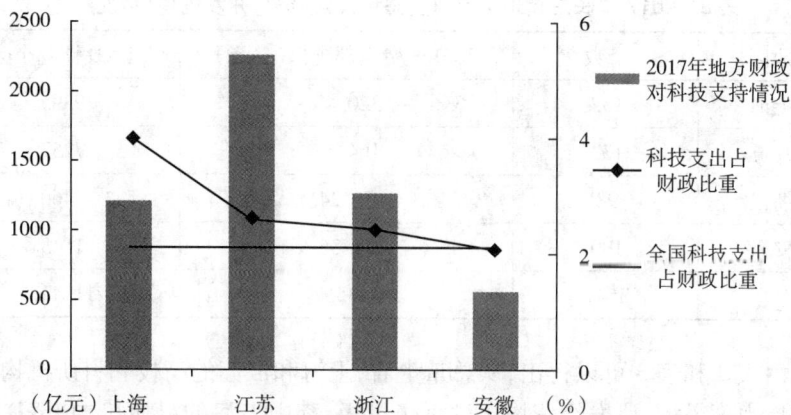

图 1 2017 年长三角地区地方财政科技经费支出

别为 1205 亿元、2260 亿元、1266 亿元和 564.9 亿元,安徽的科技支出经费明显低于其余三地。四地的科技支出占财政支出比重分别为 4%、2.63%、2.45%、2.05%,全国平均水平为 2.13%,因此上海、江苏和浙江的地方财政对科技创新的支持力度比较大,上海远超全国平均水平,说明上海地方政府对科技创新的支持力度较大。安徽落后于全国平均水平,但值得一提的是,安徽的省会城市合肥市的科技支出占财政比重逐年上升,目前达到全国省会城市第三名,由此可见合肥市政府对建设好综合性国家科学中心的决心以及坚定地走科技创新引领发展的信心。同时也反映出安徽内部科技水平发展的不平衡性较为突出。

(二)科研机构种群

长三角地区汇聚了一大批国际一流、国内领先的高校和科研院所。到 2017 年底,以上海交大、复旦大学、南京大学、浙江大学、中国科大为个中翘楚,整个地区内共有 457 所高校,占全国总量 17.4%。以中科院上海分院、中电科 14 所、中电科 38 所、合肥物质院为优秀代表的科研机构共 463 所,占全国总量 13%。整体科研种群实力雄厚,综合情况见表 2 和表 3。

表 2 2017 年长三角地区科研生态种群(高校)情况汇总

地区	个数	R&D 经费内部支出(亿元)	R&D 课题个数
上海	64	109.2	56674
江苏	167	109.6	70982
浙江	107	62.2	70024
安徽	119	32.56	30004
全国	2631	1265.96	966780

表3　2017年长三角地区科研生态种群(研究与开发机构)情况汇总

地区	个数	R&D经费内部支出(亿元)	R&D课题个数
上海	132	320.49	9395
江苏	133	164.57	7257
浙江	98	36.24	3460
安徽	100	58.35	1543
全国	3547	2435.7	112472

　　由表2和表3可以得出,从总量上看,上海和江苏的高校和科研机构获得的支持力度最大,研发经费均超过百亿量级,其中上海的科研机构R&D经费内部支出比其余三地总和还要多,超过全国总支出的13%。从平均值来看,浙江省对单个课题的支持力度最小,高校的单个课题经费平均为8.88万元,科研机构的单个课题约为104.7万元,均低于其余三地。其中,安徽的总量在整个长三角地区最为薄弱,但对单个项目的支持力度超过了江苏和浙江,与上海水平相当。由此可见,安徽在充分调动科研人员积极性、扶持本地优秀科研项目方面具有一定优势。

　　长三角地区的科研产出与技术输出合同额见图2。

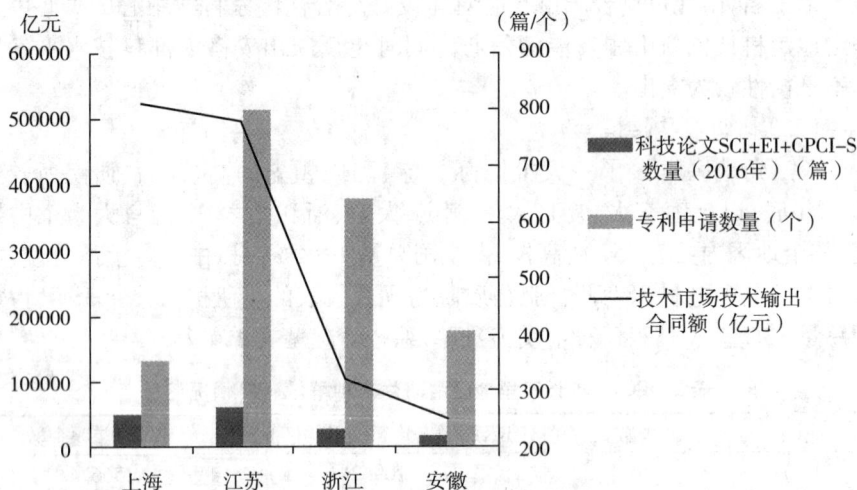

图2　2017年长三角地区科技产出情况

　　长三角地区科技产出丰硕,江苏省在科技论文数量、专利申请数量和技术输出合同额方面都卓有成效,可见江苏省的创新创业产出政策体系完善科学,科技研发优势突出。上海的专利申请数量是区域内最低的,但是贡献了最大额度的技术输出合同,可见上海地区申请的专利质量优异,成果转化率高,且科技研发市场化程度高,值得其他地区学习借鉴,以提高成果转化效率和质量。

（三）科技型企业种群

《国家中长期科学和技术发展规划纲要（2006—2020年）》中明确提出要建设以企业为主体的技术创新体系,因此区域内的高新技术型企业是该区域的创新创业生态种群的重要组成部分。长三角地区高技术企业生产情况见表4。

表4　2017年长三角地区高技术企业综合情况

地区	高新开发区数	高技术企业数	从业人员	营业收入（亿元）	净利润（亿元）	实缴税费（亿元）	出口额（亿元）
上海	2	5473	1089588	19770	1965	1188.5	2668.5
江苏	17	9000	1925329	28282	1975.5	1431.5	5781.5
浙江	8	4432	970949	13302	1013.2	795.5	1367.3
安徽	5	2201	453467	8180	603.9	576.4	897.4

从表4可以看出,江苏的高技术企业数量和营业收入最多,其余三地均有较大差距,但上海和江苏的净利润差距不大,通过比较发现,上海地区的企业平均利润率最高,其次是安徽,浙江和江苏的平均利润率相对较低。由此可见,上海在高新产业方面的布局更偏向附加值高的行业,结合前文政府种群和科研机构种群的相关数据,上海的高质量发展路线贯彻较好,以鼓励技术更新、提高企业利润率作为拉动经济发展的重要引擎。安徽的体量最小,但企业平均利润率仅次于上海,表明目前安徽对本地产业的布局以高附加值行业为主,前瞻性较强,潜力巨大。表5是长三角地区高技术企业的新产品开发和产出情况。

表5　2017年长三角地区新产品开发综合情况　（单位:亿元）

地区	新产品开发项目数	新产品开发经费支出	新产品销售收入
上海	3700	182.7	1176
江苏	16321	585.7	8851.7
浙江	11742	254.7	3417
安徽	3896	100.8	1424.8

江苏省在新产品开发和产出方面体量最大,基础深厚且发展势头较好。浙江省的体量仅次于江苏,但单个项目获得的平均经费和收入是三省一市中最低的。安徽省和上海市的新产品开发数目相当,但安徽在较少的经费支出

下,得到了较高的收入回报。由此可见,安徽的新产品开发通过合理布局并依托高新技术研发,具有了较好的发展势头。

(四)金融种群

近年来,长三角地区金融服务科技水平持续提升,以服务科技创新为目标,各地纷纷形成了各具特色的集科技信贷、科技保险、融资担保、直接融资为一体的金融服务体系,为科技型企业发展提供了持续动能。表6为2017年长三角地区金融机构的基本情况。图3为2017年长三角地区社会融资分布情况。

上海是全国金融业最为发达的地区之一,中国人民银行将自由贸易账户的适用主体扩大到全市科创企业。整合再贷款、准备金政策等货币政策工具,定向支持科技企业和科技创新。"投贷联动"试点稳步推进,科技型企业贷款存量家数近5000家,投贷联动下的贷款企业近300家。上海股权托管科技创新板运行良好,挂牌企业超过百家。专门服务于科创中心的引导基金——上海科创中心股权投资基金成立。从贷款投向看,小微企业信贷支持力度进一步增强,贷款余额同比增长15.6%,高于企业贷款平均增速2.6个百分点。江苏和浙江作为位于全国经济体量前列的省份,经济运行稳中向好,供给侧结构性改革稳步推进。浙江省的装备制造、战略性新兴、高新技术等产业增加值分别同比增长12.8%、12.2%和11.2%,均高于规模以上工业。根据统计数据显示,2017年末,浙江省通过投贷联动发放贷款同比增长66%,共设立科技金融专营机构62家,全年新增科技贷款135.4亿元。安徽省近年来将创新作为引领发展的第一动力,深入实施创新驱动发展战略,充分发挥国家创新战略平台叠加的效应,区域经济呈现出高质量发展的态势。2017年全省规模以上高新技术产业增加值增速比规模以上工业高5.8%,高新技术产业增加值占全省规模以上工业增加值的比重为40.2%,对全省规模以上工业增加值增长的贡献率为63.5%。

表6　2017年长三角地区金融机构的基本情况

	银行业				证券业			保险机构个数(总部+分支)
	法人机构个数	营业网点机构个数	从业人数	资产总额(亿元)	国内上市公司	全年境内A股筹资额(亿元)	全年境内债券筹资额(亿元)	
上海	207	4099	117599	147074	204	1145	352	55+101
江苏	801	14297	257743	166703	382	762	1000	5+502

	银行业			证券业			保险机构个数（总部+分支）
	法人机构个数	营业网点机构个数	从业人数	资产总额（亿元）	国内上市公司	全年境内A股筹资额（亿元）	全年境内债券筹资额（亿元）	
浙江	—	12581	246108	141027	415	1519	1718	3+80
安徽	165	8473	123011	59853.6	102	262	1476	1+72

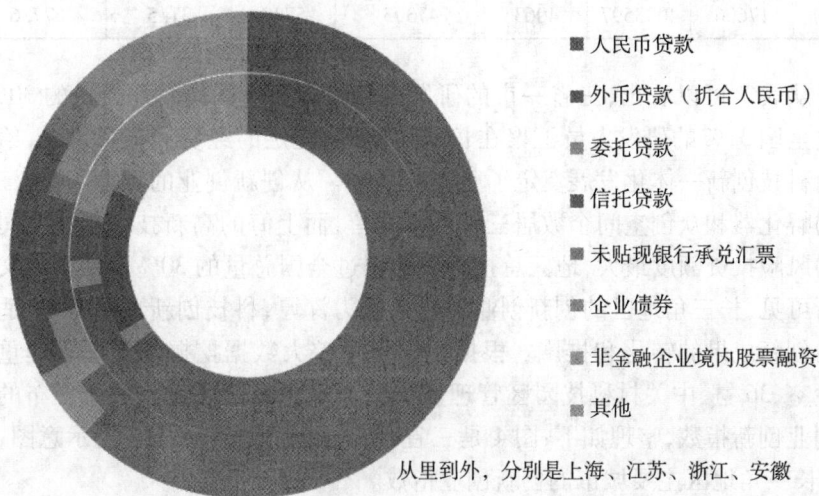

■ 人民币贷款
■ 外币贷款（折合人民币）
■ 委托贷款
■ 信托贷款
■ 未贴现银行承兑汇票
■ 企业债券
■ 非金融企业境内股票融资
■ 其他

从里到外，分别是上海、江苏、浙江、安徽

图3　2017年长三角地区社会融资分布情况

二、创新创业生态种群发展现状与挑战

通过近年来的积累，长三角地区创新创业生态种群取得了卓有成效的发展，政府种群、科研机构种群、科技型企业种群和金融种群的合作也取得了新的突破。根据习近平总书记关于"使长三角地区实现更高质量的一体化发展"的重要指示，依托上海、合肥2个综合性国家科学中心，充分发挥大科学装置科技资源优势，开放共享、协同攻关，为前沿学科突破、成果转化提供支撑。

表7　2017年长三角地区创新创业主要指标

地区	R&D经费内部支出	R&D人员数量	孵化器个数	当年获得风险投资额（亿元）	众创空间个数	享受财政资金支持额（亿元）	团队及企业当年获得投资总额（亿元）
上海	1205	183462	176	70	172	1	132.8
江苏	2260	560002	610	64	588	3.2	48.3
浙江	1266	395091	235	37.5	415	1.9	45
安徽	565	140452	139	5.8	133	1	15.9
全国	17606	4033597	4063	473.3	5739	31.5	677.6

　　从表7可以看出,三省一市的研发经费投入占全国研发总投入的30%,超过全国31%的研发人员汇聚在长三角地区,充足的经费和人员供给,给长三角科技创新一体化发展奠定了坚实的基础。从创新创业的环境来看,江苏省的孵化器和众创空间个数居三省一市之首,而上海的高新技术创业公司获得的风险投资额度最大,地区总投资额均超过全国总量的30%。结合前文的分析可见,长三角地区的创新创业综合竞争力深厚,科技创新环境良好,适于原始创新成果的转化和推广。根据中国科学院大数据挖掘与知识管理重点实验室、36氪、中关村科技园区管理委员会和中国经济研究院联合发布的中国创业创新指数,整理如下:图4是三省一市的创新创业生态环境示意图,表8是长三角地区主要城市的创新创业指数。

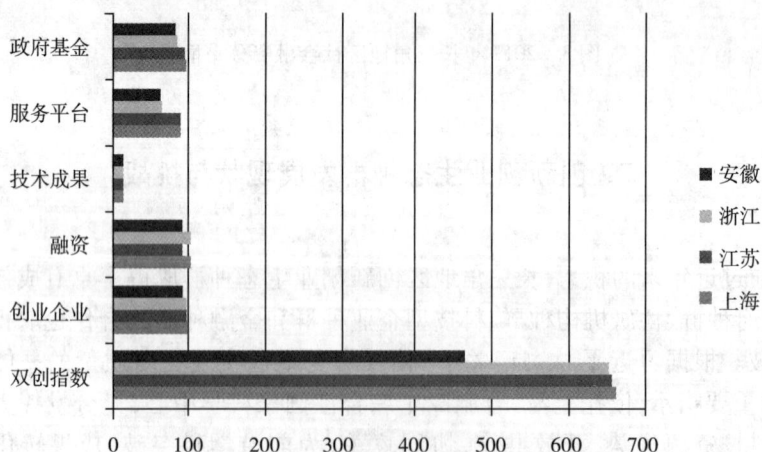

图4　三省一市创新创业生态环境示意图

表8　长三角地区主要城市的创新创业指数

地区	全国综合排名	双创指数	创业企业	融资	技术成果	服务平台	政府基金
上海	2	661	97	102	13	87	94
杭州	4	581	94	96	12	55	22
苏州	6	514	91	64	13	47	70
南京	8	468	89	7	13	63	61
合肥	17	361	69	13	13	45	74
宁波	18	355	77	67	13	35	71
无锡	34	275	70	7	13	46	8
芜湖	49	238	46	7	13	12	7
蚌埠	86	169	21	7	12	5	6

　　由于区域一体化的系统性强和集成度高等特点,目前长三角创新创业生态种群的发展还面临诸多挑战和问题。

　　首先,地域发展不平衡导致的"虹吸"效应明显。三省一市在制定各自的科技发展中长期规划时,通常都是基于本地区的发展现状和优势,上海、江苏和浙江由于地域优势,对人才和创新资源具有明显的"虹吸"效应,导致安徽的原始创新成果多流向沪苏浙地区,同理,苏浙的科技成果也多流向上海。整个地区创新创业生态种群的发展就会出现明显的排他性,导致技术共享、人员流通和资本要素等难以真正地流转起来,因而不利于长三角地区形成一体化的协同发展机制。

　　其次,相似的人文禀赋导致产业同质化竞争过于激烈。长三角地区长期以来,产业种类相似,产业同质化竞争激烈,大部分企业都没有形成规模经济,难以摆脱价格战,无法形成差异化壁垒和技术壁垒。尤其在一些卡脖子技术和国家战略产业方面,各地区由于信息交流不充分不平等,不同程度地存在盲目补贴造成产业同构过剩的现象。

三、构建良好科技创新创业生态种群的对策和建议

　　基于前文分析,可以看出长三角创新创业生态种群的发展已经取得了一系列的成果和显著成效,但同时也存在问题与挑战。展望未来,长三角创新创业生态种群发展最重要的任务是营造深度开放的科技创新环境,建设功能

互补、互联互通、资源共享的科技交流平台,形成互惠互利的竞争合作关系,将长三角地区建设成为"1+1+1+1>4"的共赢新局面。

(一)建立多层次的创新创业支撑体系,规划重点产业发展路线

从政府种群、科研机构种群、科技型企业种群和金融种群等方面,建立完备的创新创业支撑体系。首先,要建立跨三省一市行政机构和部门的政府管理组织协调机制,统筹规划,以长三角地区整体发展为目标,制订统筹政策、法规制度和规范标准等。其次,打通科研机构和科技型企业沟通交流的渠道,打造多形式多种类的创新平台,不仅可以包括前沿技术合作平台,也可以包括文化、政策或人才的交流平台,从而加深各创新主体的互相了解,学习和借鉴彼此的成功经验和教训。最后,创新创业还应该吸引政府以外的资金投入,一方面,做大做强融资担保体系,运用财税支持措施,撬动银行资金深入参与到长三角科技创新共同体的建设中来;另一方面,通过政府运作,引导各地区的社会资本在科创企业的发展早中期导入,提升科创企业的成果转化效率和产业化能力。

长三角地区有合肥和上海张江两座综合性国家科学中心,应充分发挥其优势力量,依托大科学装置集群和前沿技术交叉研究平台,打通从实验室技术到成熟产品的途径,完善"摸清产业需求-确定技术方向-整合优势资源-技术成果转化"的运行机制。制订重点产业技术路线图,各地区发挥禀赋优势,各司其职,打造产学研用深度融合的创新产业体系。

(二)营造深度开放的创新环境,推动跨区域合作

进一步活跃长三角地区创新创业的文化氛围,树立大众创业、万众创新、敢为人先、宽容失败的创业榜样精神。对于发展势头良好、市场前景开阔的中小科技型企业,积极鼓励"走出去"和"引进来",在整个长三角领域内寻找合作伙伴,引入先发领域的智力或物力资源。同时,积极地将企业和产业的发展与"一带一路"倡议结合起来,重点鼓励和扶持有外贸盈余前景的科技型初创企业。

搭建"顶天立地"式的技术交易市场,即一方面为全球顶尖人才和尖端科技建立健全成果转化的市场和渠道,另一方面交易市场需要接地气,充分调动参与主体的积极性,而不是流于完成任务的层面,简化手续,降低成本。同时,要提高知识产权保护力度,从立法的角度加大违法的代价,降低维权的成本,解除科研人员创新创业的后顾之忧。

参考文献:

[1]姚潇颖,等. 产学研合作创新效率、影响因素及时空差异[J]. 中国科技论坛,2017(8).

［2］夏辑. 安徽省大力推进创新型省份建设[J]. 安徽科技,2018(4).

［3］钱智,等. 提升张江综合性国家科学中心集中度和显示度研究[J]. 科学发展,2017(108).

［4］孙刚. 安徽聚焦聚力建设合肥综合性国家科学中心成效显著[J]. 安徽科技,2018(5).

［5］柯妍. 大科学装置等重大基础设施对国家创新体系建设的重要作用[J]. 科学智囊,2018(1).

［6］李鹏,等. 企业 R&D 投入与产学研协同创新绩效分析[J]. 企业管理,2019(2).

互嵌式社区治理：
社会工作机构与市场共治逻辑

——基于安徽省 H 市和 W 市的案例分析

范 慧

摘 要:社会工作机构与市场的互嵌式共治决定社区治理的方向与成效。为应对社会公共服务供给格局的单一化和供给效率的低效性,妥善处理与市场的关系能够有效满足我国社会工作机构自身发展与社区治理效能提升的双重需要。本文基于供需关系、市场资源和产品营销的分析维度,构建了社工机构与市场互嵌式参与社区治理的理论分析框架,即供需互嵌、资源互嵌和产品互嵌,并通过对安徽省3家社工机构的分析,呈现其与市场互嵌式治理的依据条件、运作困境及突破路径。文章通过理论与现实比照,以期实现公益目标与市场效率的互嵌共生,化解社区治理各主体间的融合瓶颈,优化社会工作机构参与社区治理的行动路径,推动社区建设的高质量发展。

关键词:社会工作机构;市场;互嵌式治理;社区治理

面对社区公共服务需要的骤增和财政紧缩,政府推动传统垄断式服务供给模式的更替,积极引入社会组织、市场等部门合作形成服务供给的多元格局。这为社会工作机构与市场的社区共治提供了制度和现实合法性。社工机构与市场关系的互嵌式发展是缓解机构社区治理方式的局限性、提升机构的社区服务效能以及构建治理主体间生态系统的必然选择和趋势。然而,受限于我国社会组织市场环境的建设迟缓且力度不足[①],二者互嵌的层次和水平相对较低,这直接导致社区多元治理体系的残缺和治理功能的锐减。同时,社工机构作为非营利组织,在市场化运作中平衡公益属性与利润追求的

作者简介:范慧(1987—),女,安徽大学社会与政治学院讲师,南京大学社会学博士。

① 张冉:《中国社会组织市场导向的本土建构:一个多案例分析》,《西南大学学报(社会科学版)》,2018 年第 5 期。

关系亦须纳入考量。因此,社区治理中社工机构与市场互嵌式治理的逻辑脉络研究极为重要,即机构如何凭借市场的激励与约束条件,有效化解市场运作的负面效应,实现市场效率与公益目标的互嵌共生,促进社工机构达成社区善治的目标。

一、互嵌式社区治理研究综述

　　市场与非营利组织的跨部门联盟与合作已经成为世界范围内不可逆转的发展态势①。市场与社会作为社区治理多元主体的主要组成,二者关系研究逐渐成为研究者关注的重要议题。寸洪斌和曹艳春②将波兰尼的嵌入性理论作为分析市场与社会关系的理论基础,提出市场嵌入社会的理论作为二者关系研究的基础。嵌入性是由波兰尼首次提出用于探讨经济活动如何嵌入社会关系网络之中。他③指出人类所有的经济活动同所处的制度环境和社会关系紧密联系在一起,经济活动能够通过不同的模式嵌入特定的社会关系和结构中。格兰诺维特④将嵌入性的概念更加具象化,他认为现代社会中的人们并没有随着市场化进程的深入而不受社会关系的影响和制约,相反这种影响是研究人类行为和制度时必须考虑的重要因素,因此,对现代社会的研究也必须采用"嵌入"视角;他进一步指出经济活动过程实质是人际关系的互动,并强调人际互动产生的信任关系是组织从事交易活动的基础,也是决定交易成败的关键因素。社会学视角对嵌入性理论的研究,主要关注制度环境、社会关系与组织经济行为的关系,注重研究对象之间的关系特点或网络结构⑤。传统仅从市场嵌入社会的互动关系考察已经无法清晰展示当前社会组织市场化运作的内在逻辑与机理。通过已有研究分析后发现,市场与社会

　　① Austin,J. E. The Collaboration Challenge:How Nonprofits and Businesses Succeed Through Strategic Alliances. San Francisco:Jossey-Bass,2000.

　　② 寸洪斌、曹艳春:《"市场"与"社会"关系探究:社会政策研究路向思考》,《思想战线》,2013 年第 1 期。

　　③ Polanyi,K. The Great Transformation:The Political and Economic Origins of Our Time:2Beacon Paperback Edition. Boston:Beacon Press,2001.

　　④ Granovetter,M. "The Impact of Social Structure on Economic Outcomes". Journal of Economic Perspectives,2005,19(1).

　　⑤ 何立军、杨永娇:《社区嵌入视角下中国社区基金会典型模式比较分析——深圳的实践探索样本》,《江汉论坛》,2018 年第 7 期。

已经从单向嵌入转向双向嵌入的互动关系样式,极大促进市场效率与公益价值的融合与共生发展。笔者把这种现象叫作互嵌式关系,而当社会工作机构与市场共同进入社区治理时,就形成了互嵌式社区治理。需要互嵌、资源互嵌与产品互嵌三个维度奠定了市场与社会工作机构互嵌的理论与现实基础。

(一)供需互嵌:利润获取与目标实现的耦合

企业是市场的主体,市场天然是以利润为驱动的。企业利润取向是企业生存和发展的最重要目标。社区治理中企业与非营利组织之间的合作,能够发挥各自的功能为双方带来有利的价值[1]。如企业与社工机构的供需关系可以有效实现企业利润与机构价值的共赢。

企业在社区的市场推广需要社会组织的公益平台,组织运作效率提升需要学习企业的市场化运作进行有效管理。社区是企业重要的利益相关者[2]。但企业直接进驻社区会遭遇排斥困境。因此,同社区公益性组织建立亲密的联系和友好的合作关系,成为企业获取社区消费资源的主要策略手段[3]。非营利组织在回应服务对象需要时,时常遭遇"志愿失灵"的困扰,即非营利组织的供给和服务对象的需要之间存在资源分配不畅的现象。市场化运作无疑是非营利组织克服"志愿失灵"的有效路径[4],能够帮助组织形成与服务对象间良性的供需关系,提高服务资源的利用效率。比如社区组织通过"类市场交换"的方式汇集、整理、储存和发放社区互助资源,克服以往资源递送瓶颈,实现捐赠物品与需要者的顺利链接[5]。

(二)资源互嵌:形象塑造与组织发展的吻合

企业社会责任与社会服务是一种互惠互利的关系[6]。已有相关研究表明,企业履行社会责任能够有效提升企业的声誉[7],增强投资者的投资意向,

---

① 张桂荣:《社区治理中企业与非营利组织的合作机制研究》,《行政论坛》,2018 年第 1 期。

② 爱德华·弗里曼、杰弗里·哈里森、安德鲁·威克斯、拜德安·帕尔马、西蒙娜·科莱:《利益相关者理论:现状与展望》,盛亚、李靖华译,北京:知识产权出版社,2013 年。

③ 雷茜:《城市社区建设中政府、市场与社会的互构:基于武汉市常青花园社区的考察》,2012 年华中师范大学博士论文。

④ 张玉磊:《困境与治理:非营利组织的市场化运作研究》,《中国农业大学学报(社会科学版)》,2008 年第 4 期。

⑤ 赵小平、毛佩瑾:《公益领域中的"市场运作":社会组织建构社区社会资本的机制创新》,《中国行政管理》,2015 年第 11 期。

⑥ 萧美娟、林国才、庄玉惜:《NGO 市场营销、筹募与问责:理论与操作》,北京:社会科学文献出版社,2005 年。

⑦ 沈洪涛、王立彦、万拓:《社会责任报告及鉴证能否传递有效信号?——基于企业声誉理论的分析》,《审计研究》,2011 年第 4 期。

增强其在产品市场的竞争力,提升企业价值①。社区非营利组织,基于其固有的社会公益性,企业认为通过捐赠、员工志愿服务等方式,与该类型组织进行合作,可以助力企业树立良好的品牌形象。企业通过为组织提供资金、人力、市场营销理念与方法等资源赞助,与非营利组织形成社区公益项目,建立伙伴关系,共同解决社会问题②。企业通过社区参与,能够塑造企业形象、扩大社会影响力、获取市场信息③,有助于企业加强与社区的联系,促进企业发展。而非营利组织可以利用市场资源有效缓解组织资源短缺等问题。如非营利组织采用企业的市场创新战略能够对组织绩效产生积极影响④。

（三）产品互嵌：服务诉求与专业供给的契合

伴随资源不确定性和技术革新在各行业内的普遍发生,服务产品营销已经成为非营利组织获得资源和生存机遇、满足市场服务诉求的主要手段⑤。尽管有学者忧虑非营利组织的营利行为会导致公共性困境⑥,与公益目标相悖⑦,但非营利组织进行服务产品营销的优势仍无法取代。它可以预防公众对公共产品的"搭便车"行为,实现服务诉求与供给的利润最大化⑧。如非营利组织可以通过采取服务收费的营销方式实现市场的差异化服务,进行专业化服务供给,提升组织的社会公益效率⑨。张思强和朱学义⑩在对营利方式与公益绩效的关系研究中发现,非营利组织的营利性行为对其公益绩效均有显著的正面影响。

① 廉春慧、王跃堂:《企业社会责任信息、企业声誉与投资意向的实证研究》,《东南大学学报（哲学社会科学版）》,2018 年第 3 期。

② Lakin, N. , V. Scheubel. Corporate Community Involvement：The Definitive Guide to Maximizing Your Business' Societal Engagement. Greenleaf Publishing,2010.

③ Liu,G. ,Y. Eng & W. W. Ko. ,2013," Strategic Direction of Corporate Community Involvement". Journal of Business Ethics 115(3).

④ 胡杨成:《环境变动、非营利组织创新与组织绩效的关系研究》,《软科学》,2012 年第 3 期。

⑤ 侯俊东、杜兰英、李剑锋:《国外营销学界关于非营利组织营销的研究及启示》,《华东经济管理》,2009 年第 2 期。

⑥ 韩小凤、苗红培:《我国社会组织的公共性困境及其治理》,《探索》,2016 年第 6 期。

⑦ 张林江:《社会组织的营利冲动及其规制》,《中央社会主义学院学报》,2012 年第 5 期。

⑧ 王方华、周洁如:《非营利组织营销》,上海：上海交通大学出版社,2005 年。

⑨ 时立荣:《非营利组织运行机制的转变与社会性企业的公益效率》,《北京科技大学学报（社会科学版）》,2003 年第 4 期。

⑩ 张思强、朱学义:《营利性行为损害民间组织公益绩效吗？——基于公募基金会面板数据的实证分析》,《华东经济管理》,2019 年第 1 期。

二、互嵌式社区治理的研究设计

根据上述分析发现,市场环境对于维系社会工作机构开展社区治理中服务行动的稳定性与高效性发挥着愈加重要的作用。文章基于嵌入性理念,通过供需互嵌、资源互嵌和产品互嵌三个维度,实现市场与社工机构的互利与共生发展,确保二者的利益分配格局处于稳定状态。这既是社工机构开展社区治理服务的逻辑依据,也对其服务行动起到了指导、规范、约束和形塑的作用。市场也在与社工机构的互动中,不断增强市场竞争力、提升市场效益。市场与社会的互嵌共生,使得二者能够在社区治理中各自发挥应有功能、共同实现社区治理的目标。

本研究选取了安徽省 H 市 B 区和 W 市 J 区中 3 个社区的 3 家社工机构,主要采取半结构访谈方式,对调研地区民政部门领导或工作人员(4 名)、社区居委会领导或工作人员(3 名)、社工机构负责人(3 名)、部分一线机构工作者(6 名)、社区居民(6 名),共 22 名访谈对象[①]进行资料收集。本文社工机构的具体选取原因如下:一是安徽隶属中部地区,约有社会组织 3.17 万个,居全国第八位[②]。相较于一线城市的独特优势和丰富经验,其社会组织发展优势和劣势更具有全国大部分地区的组织代表性。二是选取两市区均为民政部首批社会工作服务示范地区,其社会组织建设积累了丰富的经验。三是选取的社区为社工机构参与社区服务项目所在地,且为市区重点打造的社区;选取的社工机构必须是在当地社区治理中发展服务,且具有一定实务经验的机构。四是选取机构的主要资源来源须为市场,且涵盖不同的服务类型,以便有效提取机构与市场互嵌的条件与方式。从调查地区的情况来看,社工机构与市场的紧密互动主要是以老年、青少年、社区便民服务等服务对象或领域为主要服务供给。

本文主要选取了 3 家社工机构参与社区治理的市场化服务项目,主要包括老年服务、青少年服务、社区便民服务等领域。这 3 家机构的市场化项目分别为"夕阳美"——J 区的智能化养老服务中心(简称为 A)的老年服务市场化项目;"亲子中心"——J 区的青少年社会事务服务中心(简称为 B)的青少年

---

① 本文访谈对象选取原则为两市区民政部门的领导或工作人员每地 2 名,共 4 名;社区居委会领导或工作人员每社区 1 名,共 3 名;每家机构法人或负责人 1 名,共 3 名;一线社区治理服务项目的社工每家 2 名,共 6 名;社区居民每社区 2 名,共 6 名。

② 数据来源:中国社会组织网大数据,http://data.chinanpo.gov.cn/,2019 年 9 月 3 日访问。

辅导市场化项目；"社区食堂"——B区的便民服务中心（简称为C）的社区居民餐饮供给的市场化运作（机构具体概况参见表1）。本部分以供需互嵌、资源互嵌与产品互嵌的三个维度为分析框架，讨论当前不同社工机构在不同服务类型供给中与市场互嵌的困境与出路。

表1　社会工作机构的成立与业务范围概况

名　称	机构概况
A 智能化养老服务中心	该中心是民政局批准成立的社会工作服务机构，5A 级社会组织。该机构主要致力于打造以智慧养老、社区养老、居家养老、养老评估、养老机构信息管理为主体的养老服务体系建设，努力形成全方位服务、全过程监督、全天候守护、全体系建设的养老服务新模式。
B 青少年社会事务服务中心	该中心旨在加强全区青少年社会事务工作专业人才队伍建设，统筹全区青少年社会组织孵化培育工作，引导其健康有序发展，专门服务青少年健康成长发展、权益维护、预防犯罪等领域的青少年社会组织。该机构介入社区治理主要是向社区内青少年提供发展性服务，如宣传教育、亲子沟通、青少年成长性活动等各类与青少年相关的专业社会工作服务。
C 便民服务中心	该中心是采用"互联网+便民服务"的模式，通过整合各类社会资源，在便民生活、文化教育、居家养老、家庭发展、社会事务延伸等方面，为辖区困难群众提供"惠民兜底服务"，为中等收入群众提供"评价优质服务"，为高收入群众提供"高档定制服务"。

三、动力匮乏：供需、资源与产品维度下的互嵌困境

市场与机构互嵌的动力匮乏主要表现在市场与机构供需关系的互限性、市场资源投入带来机构性质的质疑，以及市场产品需要与机构产品供给的疏离。在此基础上，本部分主要讨论了市场环境与机构互动动力匮乏的困境缘来，并对困境带来的机构参与社区治理功能的弱化问题进行阐释。

其一，"底层市场"引发市场与机构供需互嵌阻滞。"底层市场"带来市场与社工机构的供需关系受限，是市场嵌入产生动力匮乏的重要原因之一。"底层市场"是指市场的主体主要由金字塔底层（the Base/Bottom of the Pyramid，简称 BOP）低收入群体构成。BOP 市场属于长期被忽视的边缘市场，其消费者购买力严重受制于收入，在制度环境、资源条件和基础设施等方面

都不同于金字塔中高端(the Top of the Pyramid,简称 TOP)市场①。由于购买力的局限性,低收入人群在面对新产品时,往往会及时进行自我承受能力评估,并产生两种取向:或优先选择价格较低的产品以满足生活日常;或择优选择在可接受范围内真正能改善生活质量、但价格略高的产品②。

社工机构的主要服务人群是弱势群体,大多属于 BOP 市场的消费人群。一方面,这部分人群可以通过机构这一本地社会网络获取对机构服务产品的认知,逐渐培养对服务产品的消费习惯;另一方面,这部分人群服务的大多是由政府兜底进行购买,自我支付的消费能力不足。因此,这部分人群的消费能力和购买力相对较弱,对社工机构的服务需要大多维持在基本需要,对高水平服务消费购买能力相对较弱。而社工机构的服务对象主体就是底层市场的人群,限制了高水平服务消费的发展。A 机构负责人在谈及市场化困境时,特别强调底层市场人群对于机构与市场互嵌式治理的限制。

市场化首先要有市场,我们现在服务对象大多都是一些老年人,这些人的服务都是要政府兜底的,他们也习惯了由政府买单。如果让他们自己来买单,他们会很不理解,而且最主要的是他们没有这个购买能力。没有这个购买市场,我们的市场化运作就很难运转起来。(A 机构法人与社区治理项目负责人)

其二,资源互嵌导致市场文化与公益文化冲突。资源供给的来源与流向是政府还是市场,往往招致公众对社工机构组织性质的质疑。公益性是社会组织参与社区治理的重要内容和行动方式。社会公众已经习惯于认为,传统非营利组织依靠政府资源供给或社会捐赠的运作方式更符合其本性。而现代非营利组织采用市场资源和商业化运营机制,使公众担忧组织偏离其公益属性。非营利组织一旦与市场并轨,就不得不受到利润至上的市场文化冲击。这对于追求公益效应的社会服务机构来说,势必遭受相当大的冲击,出现公益文化与市场文化的冲突。社工机构作为非营利性社会组织,其服务对象的弱势群体本质,让机构天生就披上了公益的外衣,并被公众认可。当前社工机构与市场互嵌式治理正处于发展初期,这种冲击更为明显,主要表现有两方面:一方面,社工机构自身对公益和市场文化关系处理不当,出现认知上的偏差;另一方面,商业文化的冲击,社区居民对公益和市场文化的区分不清,担心机构偏离主流公益文化。从调研地区的社工机构负责人、社区领导

---

① 邢小强、彭瑞梅、仝允桓:《面向金字塔底层市场的产品创新》,《科学学研究》,2015 年第 6 期。

② Viswanathan, M. , Sridharan, S. , Ritchie R. Marketing in Subsistence Marketplaces, Alleviating Poverty through Business Strategy. New York:Palgrave Macmillan,2008.

的访谈来看,这种公益文化与市场文化的冲突,受到了机构自身和外界的双重质疑,不利于机构与市场的互嵌发展。具体表现在以下方面。

一是社工机构在公益和市场关系中的挣扎。社工机构服务性质的公益化或是市场化,首先是来自机构自身是如何对待和处理二者关系的。B机构负责人在谈及市场与机构的关系时,论述了机构在市场和公益文化中的挣扎。

社工机构有它的民非属性,它再去做收费性服务的时候,会产生"精神分裂"的反应。因为首先它需要有市场化意识的人,而且做市场化的服务和公共服务是两个概念。公共服务是拿政府的钱去照顾政府需要去照顾的那些人,而市场服务是要找到那些有钱的去满足他们的服务需要。大多数社工都转不过弯来。所以让社工既拿着政府的钱天天去服务弱势群体,又要告诉他你要思考中产阶级要什么,提供给他们什么,他才愿意掏钱买。社工不精神分裂才怪,至少一定会出现角色混乱。他会想我到底是一个行侠仗义去帮助弱势群体的角色,还是一个想办法满足中产阶级需要的角色。(B机构法人)

二是社区居民对公益文化和市场文化的区分不清。公益文化和市场文化的相对性使得社区居民对社工机构的组织性质产生怀疑。公益是一种无偿、奉献和博爱精神的理念已成为公众的思维定式。然而,公益组织要生存就无法避免"经济人"的自利行为。更有甚者,某些公益组织将善款中饱私囊、财务状况隐瞒或作假等现象也屡禁不止,突破了公众对公益组织的信任底线。因而,当社工机构这样公益性质的非营利组织开展收费服务的时候,公众必然会对其服务产品收费的合法性产生怀疑,甚至进一步质疑其组织的公益属性。从现实情况来看,社工机构之所以具有良好的组织形象,绝大程度上是受益于其非营利性、公益性的组织文化定位。社工机构一旦进行营利性的市场化运作,对服务对象采取收费或者相关服务产品的销售策略,就很容易引起社会公众和服务对象的反感。加之,机构市场化运作中如果没有及时向社会公开资金流转状况,那么,机构将会受到公众的质疑而产生抵触情绪,这势必会对组织形象及其运作产生极大的负面效应。当C机构负责人对机构市场化问题进行回答时,该负责人很无奈地谈到社区居民对机构收费服务的误解。

很多社区居民认为机构是公益组织,就应该提供免费服务。如果你跟他说你要收费,他们根本不理解,甚至不会再找你。我们有些增值服务,也是需要社工花费时间、人力去做的。我们只能去收费,但收费的标准我们也犯难。因为即使有些服务,居民能接受收费了,费用也不可能像市场那样高,必须远低于市场价,否则居民也不能接受。(C机构法人与社区治理项目负责人)

其三,专业匮乏疏离市场产品需要与机构产品供给的互嵌渠道。社工机构对公共需要的回应迟缓,致使其在市场化进程中发育不良。我国社工机构是在政府资源的推动和供给背景下应运而生,对政府的强依附性使得机构只关注政府资源的动向,不去关注和应对市场竞争的压力。而长期脱离市场竞争环境的社工机构,缺乏外在和内在的革新动力去创新组织发展模式,致使机构频频出现人才外流、资源供给不稳定等现象。然而,机构的发展缺乏创新和竞争意识会直接导致机构的专业能力不足,导致机构社区治理的范围和服务对象局限性显著。我国社会工作介入和参与的服务范围主要局限于个人、家庭生活的心理咨询类问题,对于社会生活中如失业、社会秩序和贫困等普遍关注的社会问题介入明显不足。以社区老年服务为例,老年服务内容包含很多专业性服务,如护理技巧、餐饮搭配、心理疏导等。但大多机构并未受过类似专业训练,无法满足社区居民的服务需要。B机构所在民政局社会组织管理科科长一针见血地指出当前社工机构在社区治理中存在的专业性欠缺无法满足社区需要的现实问题。

社区治理通过社会组织服务介入社区治理能带来多大改变?其实我觉得只是锦上添花,不可能深刻地改变社区工作的现状,只是说介入社区里边,能帮社区一部分、小众的、特殊群体暂时解决一部分的需要,从事一定的服务吧。我认为这种服务都不太专业。社区里边开展的这些服务,无非是搞这个活动那个活动。我看目前社工机构还承担不了专业性和复杂的服务。(B机构所在区民政局社会组织科科长)

四、互利共生:社会工作机构突破互嵌困境的路径拓展

能否有效规避各种风险是社工机构与市场互嵌成功与否的关键,如果无法有效应对市场嵌入引发的多重风险,那么,社工机构进入市场也没有意义。因为这样机构不但不能够更好地实现其参与社区治理的使命和目标,而且会葬送机构的发展前景。基于上文社工机构与市场互嵌的困境,文章将对社工机构如何规避市场风险的策略和路径进行分析,进而实现机构与市场的良性互动。社工机构与市场互嵌动力匮乏的根源是双方利益契合点的缺位。因此,互利原则成为二者互嵌共生的基本立足点,其路径主要表现为机构通过价格优势的组织运作、服务效益导向的价值倡导以及资源链接的产品互适,以回应上述困境问题。

首先,价格优势的组织运作拓展底层市场,疏通供需互嵌关系。BOP市

场与社工机构要实现供需关系平衡,价格策略成为社工机构实现二者供需互利的主要策略手段。社工机构在实行收费制度和价格制定时必须遵从以下两方面原则。一是社工机构要考虑的是服务对象对收费服务的认可和认同问题。收费服务一般是针对具有排他性和竞争性的公益服务,不适用于所有的公益服务。二是收费服务的定价问题。社工机构要利用服务产品价格低于市场价的优势,吸引底层市场群体的服务需要。同时,针对不同的人群采取不同的定价原则。由于这部分人群考虑的是投资的可负担性,同时也渴望改善生活品质的服务产品,因此,如果低收入的消费人群能够从新产品的购买和使用中获得足够和充分的价值体验,他们也愿意购买该产品。本研究的社工机构应对 BOP 市场与机构的供需互嵌困境策略,主要采取"公益+市场"的低偿服务供给模式,以价格优势吸引 BOP 市场居民人群,满足居民服务需要,形成居民对服务需要的依赖惯性,逐步进行更高层次的产品设计。A 机构一线社工发现收费服务对象选择服务项目时,价格是决定其是否愿意购买服务的关键。

社区居民普遍认为机构的老年服务都是免费的,他们到我们这里喝茶、聊天、打麻将等等都觉得应该是由政府买单,是公益的。可是,这里的水费、电费、麻将都是我们的运作成本。时间长了,我们就考虑象征性地收取一些费用。很多老人反馈,不能接受收费的公益服务。有的老人可以接受收费,可接受的费用却较低。但仍然有相当一部分老人,尤其是单身或是孩子不在身边或行动不便的老人,他们对于吃饭、护理等需求是愿意花钱购买的。我们就在想降低价格,仅收取运作成本,甚至更低,先让服务对象依赖上这种服务。我认为如果服务能赢得服务对象的信任和依赖,市场化这条路还是走得通的。(A 机构社区治理项目一线社工)

其次,服务效益导向的价值理念倡导化解文化冲突,化解资源互嵌矛盾。社工机构在社区治理中秉持价值理念的最主要特征之一,就在于社会责任的承担,即以服务对象的服务效益为机构的价值实现导向。服务效益导向能够帮助社工机构树立在社区公共服务中的权威性。具体来说,社工机构的绩效判断,不是以利润或市场份额大小为标准,而是通过服务对象对服务产品是否满意作为导向。公益事业领域可以通过引入市场资源或机制来改革和完善公益事业发展。市场机制中平等、契约、创新、优胜劣汰、资源有效配置等理念,可以助力社工机构更好地满足公众需求与实现公共利益最大化。因此,社工机构运用市场运作的理念和方式革新公益领域,其核心和实质是对社会公益的捍卫。社工机构在社区治理中凭借该策略,能够化解市场与公益文化的冲突,避免组织因效率低下而被市场淘汰,并最终实现社区的公共利益。

由此,社工机构为应对文化冲突,致力于秉持以社会公共服务效益的价值理念塑造组织文化。一是面对机构内部员工的挣扎与困惑,机构通过注重服务效益的价值理念注入,明确引入市场资源的目的,化解内部员工的疑虑。机构在市场化运作过程中,要向内部员工灌输机构公益服务的价值理念,并将公益价值有效渗透进实际的服务中去,展示市场机制的引入是为了更好地实现公益目的。如C机构一线社工谈及他们在转变经营和管理理念的同时,时刻将关注服务质量和效率的效益指标作为机构社区治理服务开展的出发点和落脚点。

机构的经营性活动获取的收入会用于公益事业,不在组织内部进行分配,是我们机构价值观的宗旨。并且我们在收费项目上,不会只考虑支付得起费用的用户,还会针对社区的困难群体,实行一些优惠政策,以使更多人能享受到机构的服务。这是符合我们机构的服务宗旨的,并且只有自身做好了才能获得公众的认可。(C机构社区治理项目一线社工)

二是社工机构通过服务效益导向的价值观念倾注,引导社区居民正确看待市场文化与公益文化的融合。市场机制的介入能够从观念和行动上改变社工机构传统运行效率低下的不良机制。机构通过市场化运作,培养市场竞争意识、搭建高效的市场运作方案,使得机构可以更加有效满足市场需要。但机构应当坚决抵制唯利是图的商业文化,始终将公益服务的宗旨和目标凌驾于私利获取之上。收费的目的是以不违背组织宗旨和组织价值为前提,且收费的目的不是盈利,而是为了降低组织运行成本,弥补开支缺口,以实现组织的社会使命。B机构所在社区居民对当地社工机构的收费服务评价,体现出机构注重服务效益导向价值观得到了社区居民的认可。

我认为做公益不见得都是免费的。中国有句古话,天下没有白吃的午餐。现在很多免费的公益反而让人望而却步。可能就是因为现在人们条件好了,接受的教育不同了,人的思想也比较活跃,加之社会上也出现过一些不良风气,所谓公益却要营利的事,所以大家反而会对免费产品产生排斥心理。例如,一个陌生人突然过来要你扫二维码,你可能会考虑一下我能不能扫,会不会上当受骗。但机构的服务,比如孩子上课,机构适当地收一些费用,明文规定是作为管理和奖励这些上课老师的资金。那如果我在外面花100块钱的课程,在社区20块钱就能上,而且是同样的老师同样的教学水平,为什么不去社区?我觉得这就是社区服务给我们的福利。所以我认为公益也不完全是免费的。社工机构也要生存,它们只有存活得更好,才会有更强的能力来为你服务。(B机构所在社区的社区居民)

最后,资源链接应对专业服务与市场需要悖论,搭建产品互嵌平台。资源链接是社工机构专业能力的重要体现方式,亦是机构专业服务价值的重要特征。凭借资源链接,机构能够有效将市场需要与机构的专业服务进行有效对接。因此,市场需要的信息采集与资源对接的准确性,决定了社工机构在服务供给与市场需要对接的科学性和有效性。面对复杂的市场服务需要,社工机构要深入社区广泛了解社区居民对服务产品需要状况等信息,甚至可以邀请社区居民参与决策。这就需要社工机构利用社会工作专业方法了解服务对象的服务需要信息。信息采集后,社工机构通过资源链接功能,与具有相当专业优势的企业或商家进行服务项目合作,实现居民需要与市场供给的对接,弥补社工机构自身专业性服务产品供给不足的缺陷。

社工机构会依据不同类型社区的市场服务和产品需要进行信息收集,体现出机构以人为本的服务性价值取向。按照社区居民收入状况区分,中高收入居民所属的社区市场需要与低收入社区市场需要就存在较大差异。在低收入社区主要还是生存需要和安全需要,而在高收入社区注重的是安全需要和社交需要。陈岳堂、熊亮[1]的研究发现,低收入社区需要主要是社区治安、家庭困难扶助和求职,而高收入社区的主要需要是环境卫生、社区治安和社区活动。社工机构在社区服务产品提供时,要具备有效区分社区市场中居民服务需要的信息获取能力,以满足居民的服务需要与市场企业服务供给的有效契合。如 C 机构积极回应社区居民中花艺爱好者的要求,通过聘请花艺企业的专业人士到社区进行免费培训,结合微信服务,与企业共同形成了"花艺坊"这个品牌项目。该机构通过及时寻找市场外部资源,与专业的企业合作,即机构做好服务需要的信息平台,企业负责专业服务供给,共同满足社区居民的服务需要。

我们每个月定期为辖区百姓做一些花艺培训。我们是与一家企业合作的。他们派老师过来,提供免费培训。我们提供原材料。居民每次来培训,自己作品可以免费带回去。有的居民参加一期还要继续参加。于是我们跟这个企业洽谈了一个合作项目,开通了微信商店。居民可以通过微信下单,如需要什么花,发一个要求,这个企业就按照他的要求送货到家。我们同时也开通线上线下服务。这个形式居民很乐意接受,企业也受益。我们作为平台,只向企业收取很少的管理费用,但也有一部分收益。(C 机构法人和社区治理项目负责人)

---

① 陈岳堂、熊亮:《非营利组织参与社区公共品供给机制研究》,北京:北京理工大学出版社,2015 年。

五、结　语

市场与社会组织的互嵌式治理模式已成为当前社区治理可持续发展的主要趋势。传统市场单向嵌入社会的发展模式，易引发社会公益性组织市场化运作的合法性质疑。而从市场与社会工作机构互嵌式发展的分析可以看出，市场与社工机构已经发展成为相互交织、不可分割的紧密化关系。社工机构基于供需关系、资源供给与产品营销的关系维度，通过市场化运作可以形成"公益+市场"的组织运作，实现社区治理的服务目标。从调研情况可以看到，在社区治理背景下，市场与社工机构在互嵌融合过程中仍遇到动力匮乏的困境，如底层市场的局限、文化价值的冲突以及专业能力的欠缺，二者互嵌关系的可操作性仍遭遇自然属性的局限性。然而，社工机构积极采取互利共生的策略原则，通过组织运作、价值理念和专业能力积极回应互嵌弊端，通过专业服务与市场化手段结合，专业理念锻造市场文化的价值属性等方式，实现与市场资源的互通有无、互利共融。通过本文研究可以发现，社工机构与市场互嵌式社区治理模式研究，实质是对当前我国社会组织如何在社区治理中与市场共融、共生的理论探讨，是实现社区治理各方主体共同推动社区的内生型发展和创新社区治理方式的重要路径。

皖北地区发展政策落实的绩效评估及完善路径研究

王　凤　方铭勇

摘　要:皖北地区发展有着系列扶持政策,本文从客观维度的经济社会绩效评价和主观维度的重点群体过程(感知)评价两个层面的绩效评估,分析得出皖北地区在经济发展、民生福祉、创新驱动、生态文明建设等方面取得了显著提升,我省促进皖北地区发展政策也获得了皖北各级干部的较高评价。但与此同时,皖北在发展政策体系及实施层面仍存在障碍,创新、协调、开放、绿色、共享五大发展方面仍然存在困境,由此提出系列对策建议。

关键词:皖北发展;政策落实;绩效评估;完善路径

皖北地区包括六市四县,即宿州、淮北、蚌埠、阜阳、淮南、亳州 6 个省辖市以及明光市、凤阳县、定远县、霍邱县 4 个县(市)①,土地面积 5.3 万平方公里②,2018 年末总人口 3780.3 万人。当前,扶持皖北地区发展的政策主要有国家层面出台的区域发展规划、省级层面出台的皖北地区发展政策和各地市、县(区)制定的实施办法与配套政策三个层面,本文主要针对省委、省政府及省直有关部门出台的政策,其主要包括发展规划与战略引领政策、产业扶持与项目支持政策、农业发展政策、合作(南北)共建政策、财政支持政策、税收减免政策、金融服务政策、干部队伍建设政策、人才智力支持政策、用地支

作者简介:王凤(1985—),女,中共安徽省委党校(安徽行政学院)讲师,研究方向为应用社会学、公共政策。方铭勇(1973—),男,中共安徽省委党校(安徽行政学院)教师进修学院副院长,副教授,研究方向为公共政策、社会治理。

①　安徽省发展和改革委员会,安徽省加快皖北地区发展领导小组办公室.加快皖北地区发展政策文件及领导讲话汇编[G].2014.

②　皖北地区经济和社会发展"十三五"规划[EB/OL].http://www.ahpc.gov.cn/pub/content.jsp?newsId=586DE4B9-183B-4D60-A5DB-B3A3245D0521.

持政策、制度创新政策、生态文明建设政策、民生工程和惠民政策等 13 类。①

文章尝试对皖北地区发展政策的落实情况进行两个维度的评价：一是客观维度的经济社会绩效评价，二是主观维度的过程（感知）评价。评估现有政策的实施效果，找出皖北经济社会发展及政策落实中存在的问题及症结，结合我省及皖北地区实际，坚持问题导向，提出进一步促进皖北又好又快发展的对策建议。

一、经济、社会发展客观指标评价

通过对比"十一五"、"十二五"期间、"十三五"中期相关经济、社会发展指标看皖北政策的量化绩效。将选择地区生产总值、基础设施建设、民生福祉、生态环境等统计数据，从相对宏观的视角看皖北地区自身的纵向发展及与省内平均水平的横向比较。

（一）经济发展

1. 皖北综合实力明显提升

从表 1 可知，皖北地区生产总值快速增加，"十一五"开局之年皖北地区生产总值为 1686.51 亿元，期末达到 3588.73 亿元，年均增长 380.4 亿元；"十二五"期间年均增长再上台阶，年均增长达到 554.3 亿元，到 2015 年皖北地区生产总值达到 6360.41 亿元；2017 年达到 8583 亿元。

表1　地区生产总值　　　　　　　（单位：亿元）

地区 年份	皖北	淮北市	亳州市	宿州市	蚌埠市	阜阳市	淮南市
2005	1686.51	208.99	265.00	312.98	311.33	324.61	263.60
2006	1921.63	226.03	297.96	359.48	357.07	376.11	304.98
2007	2260.6	259.19	343.27	424.92	412.09	462.42	358.71
2008	2688.49	341.53	386.88	483.28	472.42	548.93	455.45
2009	2994.15	371.87	431.91	541.70	532.09	607.81	508.77
2010	3588.73	461.64	512.78	650.57	638.05	721.51	604.18

---

① 方铭勇，王凤．皖北地区发展政策落实困境及完善路径研究[J]．安徽行政学院学报，2019(10)．

地区 年份	皖北	淮北市	亳州市	宿州市	蚌埠市	阜阳市	淮南市
2011	4326.98	554.92	626.65	802.42	780.24	853.21	709.54
2012	4885.65	620.54	715.65	914.95	890.22	962.53	781.76
2013	5525.2	714.26	819.99	1025.20	1046.65	1099.71	819.39
2014	5913.28	759.64	883.63	1140.53	1151.19	1188.97	789.32
2015	6360.41	760.39	942.61	1235.83	1253.05	1267.45	901.08
2016	7313	780	1046.1	1351.8	1108.4	1401.8	945
2017	8583	929	1184	1503.9	1550.6	1571.1	1100

资料来源：安徽统计年鉴、各市统计公报

从表1皖北及各市生产总值趋势图可以看到，皖北地区生产总值一直处于上升的趋势，而各市的地区生产总值也是呈现逐年增加的趋势。

表2　皖北与全省GDP年均增长率

地区 时期	皖北	全省
"十五"	8.9%	10.4%
"十一五"	12.4%	13.4%
"十二五"	10.1%	10.9%

资料来源：安徽统计年鉴、各市统计公报

从表2可以看出，皖北与全省的GDP年均增长率差距在逐渐缩小。

2. 产业结构不断调整

皖北是全国重要的粮食主产区，农业在产业结构中一直占有较大份额。2001年前，其第一产业增加值占经济总量的比重在三成以上，高于第二产业增加值比重。在省相关政策和的支持下，二产比重逐年提升，至2005年，三次产业结构比为25.6∶37.7∶36.7；"十一五"时期，皖北地区发展方式不断转变，产业结构持续优化，二产开始居主导地位，2010年三次产业结构比达到20.2∶47.6∶32.2；"十二五"期间，皖北地区继续不断调整产业结构，2015年三次产业的比例为17.1∶46.6∶36.3，第一产业比重继续下降，第三产业比重上升（见表3）。

表3 皖北与全省三次产业比例 （%）

地区 时间	皖北			全省		
	第一产业	第二产业	第三产业	第一产业	第二产业	第三产业
2005	25.6	37.7	36.7	17.9	41.6	40.5
2010	20.2	47.6	32.2	14.1	52.1	33.8
2015	17.1	46.6	36.3	11.2	51.5	37.3

资料来源:安徽统计年鉴、各市统计公报

3. 其他相关指标比较

由表4可知,虽然皖北与全省的指标有一定的差距,但是从2010年和2015年的指标变化可以看出,大多指标的差距在逐渐缩小,说明了皖北地区经济社会发展与全省平均水平越来越靠近,在一定程度上表明了皖北发展政策带来的效应。

表4 皖北与全省各指标比较

地区 指标	2010年		2015年	
	皖北	全省	皖北	全省
城镇化率(%)	37.6%	43.2%	44.7%	50.5%
城镇登记失业率(%)	<4.0%	<3.66%	<3.40%	<3.14%
规模以上工业增加值增速(%)	12.8%	23.6%	13.5%	8.6%
服务业增加值占GDP比重(%)	32.2%	33.8%	36.3%	37.3%
人均GDP(元)	11423	18104	23754	35997
城镇人均消费(元)	10500	11513	15540	17234
进出口总额(亿美元)	16.15	242.8	60.07	488.1
社会消费品零售总额(亿元)	1460	4151	3019	8908

资料来源:安徽统计年鉴、各市统计公报

(二)民生福祉

1. 居民人均收入不断提高

2017年,皖北地区城镇常住居民人均可支配收入达到2.8万元;农村常住居民人均纯收入突破1.1万元;城、乡居民人均收入之比由2005年的3.35∶1缩小至2017年的2.46∶1(见表5)。

表5 皖北居民人均可支配收入

（单位：元）

地区 年份	皖北		淮北市		亳州市		宿州市		蚌埠市		阜阳市		淮南市	
	城镇	农村	城镇	农村	城镇	农村	城镇	农村	城镇	农村	城镇	农村	城镇	农村
2005	8288	2471	8603	2665	7991	2353	7910	2156	8875	2780	7750	2085	8599	2786
2006	9574	2801	9807	2968	9042	2569	8945	2495	10175	3171	8817	2348	10660	3252
2007	11300	3236	11644	3374	11288	3000	10562	3072	11440	3616	10863	2655	12003	3697
2008	12491	3880	12851	4096	12759	3585	11899	3671	12705	4299	11727	3187	13003	4440
2009	13516	4290	13736	4547	14042	3977	13097	4076	13483	4727	12693	3520	14046	4893
2010	14874	4697	15191	5337	15538	4689	14669	4766	15376	5565	13981	4187	15377	5746
2011	17735	6030	17876	6313	18099	5638	17384	5720	18143	6615	16686	5100	18219	6795
2012	20152	6984	20360	7286	20488	6552	19731	6635	20629	7674	18972	5922	20733	7835
2013	22228	7974	22460	8240	22605	7456	21713	7571	22739	8741	20933	6965	22920	8869
2014	23461	9281	23787	9116	22909	8967	21941	8332	24147	10511	21715	8213	26267	10547
2015	24774	9645	25690	9882	23120	9738	23631	9140	26369	11552	23496	9001	28106	11433
2016	26678	10726	27248	10653	25053	10576	25533	9917	28653	12591	25483	9776	28098	10848
2017	28964	11731	29578	11611	27246	11591	27703	10859	31145	13737	27713	10748	30404	11840

资料来源：安徽统计年鉴、各市统计公报

2. 其他民生指标

2015 年末,皖北地区农村贫困人口脱贫人数为 185.7 万人,基本养老保险参保人数达到 90.5%,预计在 2020 年达到 95%,城、乡居民享受最低生活保障的人数分别达 31.8 万人和 97.3 万人,占到全省的 43.9% 和 46.6%,消费支出水平逐年增加,居民家庭的恩格尔系数逐渐下降,人均住房面积也是稳中有增。

(三) 创新驱动

研究与试验发展(R&D)投入经费逐年递增。皖北地区历年科研人员、专利授权数、经费投入及增长率如表 6 所示。2010 年 R&D 经费为 23.53 亿元,2015 年已经达到 67.47 亿元,年均增长率达到 23.5%。科研机构和参与人员也呈现逐年递增的趋势,机构数从 2010 年的 389 个增加到 2015 年的 1142 个,增加幅度近 2 倍,授权的专利数从 18 件增加至 2527 件,年均增幅为 273%(见表 6)。

表 6 皖北地区研究与试验发展(R&D)人员与经费投入

指标 年份	机构(个)	人员(人)	专利授权(件)	R&D 经费(亿元)	R&D 经费增长率(%)
2010	389	19372	18	23.53	18.8%
2011	411	26398	158	31.48	33.8%
2012	599	34703	728	44.77	42.2%
2013	737	40614	972	56.37	25.9%
2014	883	42093	1847	61.88	9.8%
2015	1142	43282	2527	67.47	9.0%

资料来源:安徽统计年鉴

(四) 生态环境

表 7 列出了 2005—2015 年皖北地区的空气质量情况、森林面积与覆盖率、生态示范区等指标,虽有部分波动,但总体看造林面积在逐年增加,可见皖北地区始终坚持绿色发展,重视生态环境保护,努力打造生态皖北。

表 7 皖北生态环境

指标 年份	空气质量(mg/m³)			森林			城市道路噪声均值(分贝)	生态示范区(个)
	PM_{10}	SO_2	NO_2	造林面积(千公顷)	面积(千公顷)	覆盖率(%)		
2005	0.089	0.032	0.033	14.43	904	19.2%	68.6	9
2006	0.083	0.037	0.031	9.26	717.04	16.1%	67.6	9

指标 年份	空气质量（mg/m³）			森林			城市道路 噪声均值 （分贝）	生态 示范区 （个）
	PM₁₀	SO₂	NO₂	造林面积 （千公顷）	面积 （千公顷）	覆盖率 （%）		
2007	0.082	0.031	0.026	8.08	717.04	16.1%	69.1	9
2008	0.081	0.030	0.025	12.82	717.04	16.1%	69.0	9
2009	0.081	0.025	0.024	18.29	717.04	16.1%	69.5	9
2010	0.084	0.023	0.025	16.06	668.29	16.0%	68.4	9
2011	0.086	0.022	0.025	17.13	745.9	18.4%	67.3	9
2012	0.085	0.027	0.026	23.79	766.26	18.7%	66.7	9
2013	0.101	0.028	0.030	39.45	822.32	20.3%	66.8	9
2014	0.100	0.026	0.032	48.30	757.32	18.5%	64.2	9
2015	0.085	0.026	0.033	36.95	798.51	19%	883	9

资料来源：安徽统计年鉴

从以上数据的变化，可以看出，近年来在皖北系列扶持政策的引领下，皖北地区在经济发展、民生福祉、创新驱动、生态文明建设等方面取得了显著提升。

二、重点群体的主观感知评价

项目组精心设计问卷，从政策的知晓度、满意度、利用度、重要度、贡献度等五个维度进行过程（感知）评价，针对皖北地区六市四县公务员系统在任的领导干部进行调查，共发放问卷 210 份，收回问卷 184 份，回收率为 87.62%；经过认真筛选，确定有效问卷 176 份，问卷有效率为 95.65%。

调查对象与皖北发展政策接触密切，对政策实施情况、存在的问题较为熟悉，是皖北地区经济社会发展的参与者、政策执行者、见证者，可真实、科学地反映皖北地区发展政策的实施过程及取得的成效。另外，调查对象涵盖皖北地区六市四县，具有较强地域代表性。

（一）皖北地区发展政策的知晓度总体居高，但差异明显

皖北地区干部在工作中对相关政策的了解程度总体较高。问卷分析显示，13 类政策中知晓度均达到 70% 以上，但不同政策在知晓度上差异明显，产

业发展与项目扶持、民生工程和惠民政策知晓度达90%以上,而税收、用地及金融政策知晓度均在80%以下(见图1)。

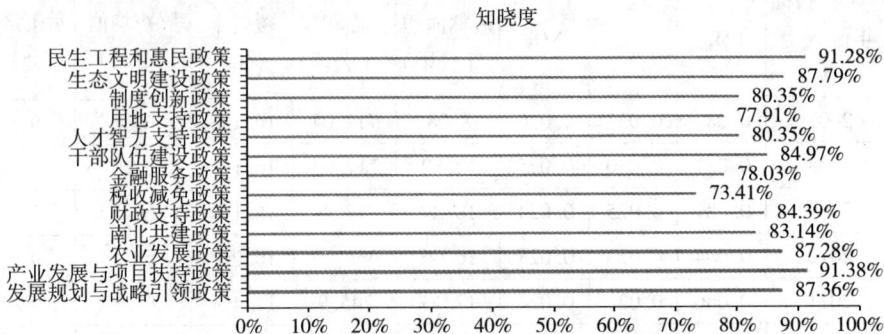

知晓度

民生工程和惠民政策　91.28%
生态文明建设政策　87.79%
制度创新政策　80.35%
用地支持政策　77.91%
人才智力支持政策　80.35%
干部队伍建设政策　84.97%
金融服务政策　78.03%
税收减免政策　73.41%
财政支持政策　84.39%
南北共建政策　83.14%
农业发展政策　87.24%
产业发展与项目扶持政策　91.38%
发展规划与战略引领政策　87.36%

0% 10% 20% 30% 40% 50% 60% 70% 80% 90% 100%

图1　皖北地区对我省促进皖北地区发展政策的知晓度

(二)皖北地区发展政策的满意度较高,但期盼更高

问卷显示,皖北地区对我省促进皖北地区发展相关政策的总体满意度为89.2%(总体满意包括非常满意、比较满意和基本满意)(见图2),表明皖北地区对政策的总体满意度较高,同时也说明省委、省政府对皖北地区的关心和支持,符合皖北地区的热切期盼,也符合皖北发展实际,为皖北发展创造了较好的政策环境。

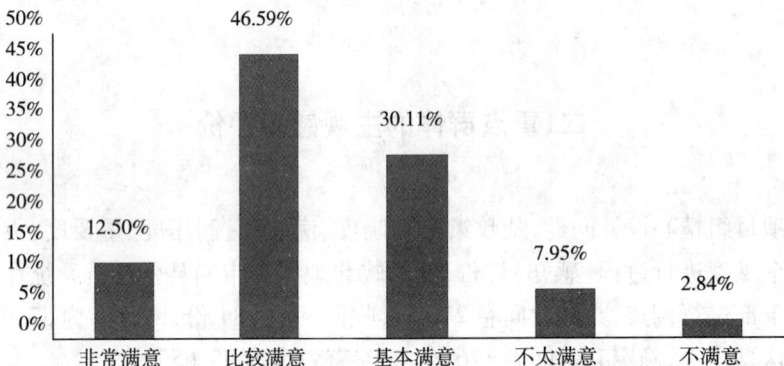

12.50%　非常满意
46.59%　比较满意
30.11%　基本满意
7.95%　不太满意
2.84%　不满意

图2　皖北地区对我省促进皖北地区发展政策的总体满意度

图3显示,对各市县落实省委、省政府促进皖北地区发展相关政策的总体满意度为92.57%(总体满意包括非常满意、比较满意和基本满意)。表明了各市县均能按要求积极稳妥推进,制定具体落实措施,发挥了政策效应。

尽管对省级总体满意度和市县落实满意度达到90%左右,但二项指标中非常满意的只有12.5%和23.43%。由此可见皖北干部对省级政策及地方落实期盼更加。

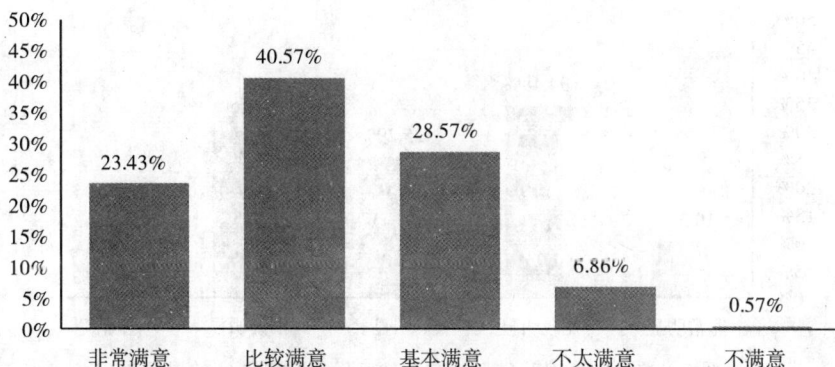

图3 对各市县落实我省促进皖北地区发展政策的总体满意度

（三）皖北各地对政策的利用推广反映及时

图 4 显示,在 13 类政策中,发展规划与战略引领、民生工程和惠民、农业发展、财政支持、制度创新、产业发展与项目扶持等 7 项政策利用推广比例达到 90% 以上。

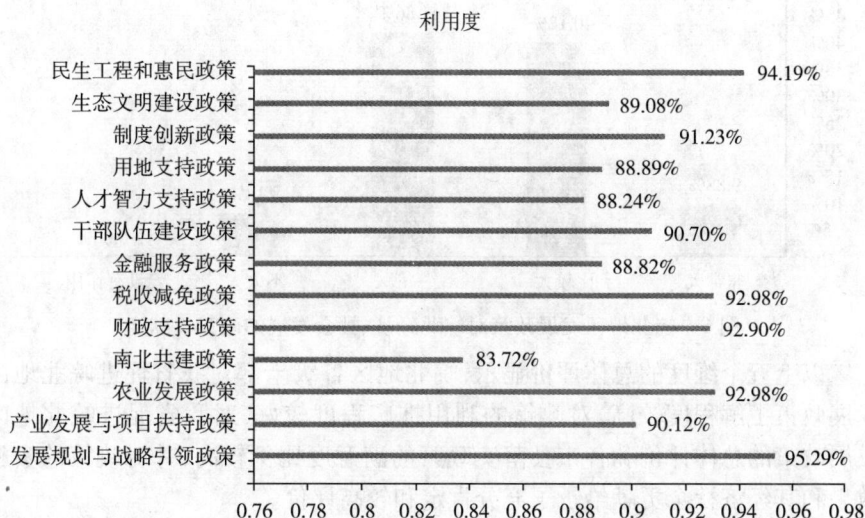

图4 皖北地区对我省促进皖北地区发展政策的利用度

实地调研中反馈,皖北各地能紧跟省委、省政府的决策部署,认真贯彻落实各项政策,努力打通政策落实的"最后一公里"。

（四）皖北地区发展政策的实施效果明显

图 5 显示,近年来我省皖北地区发展政策落实效果明显的为 70.11%（效果明显包括非常明显、比较明显和明显）,大多数人认为政策取得了较好实施效果,体现了政策的含金量。

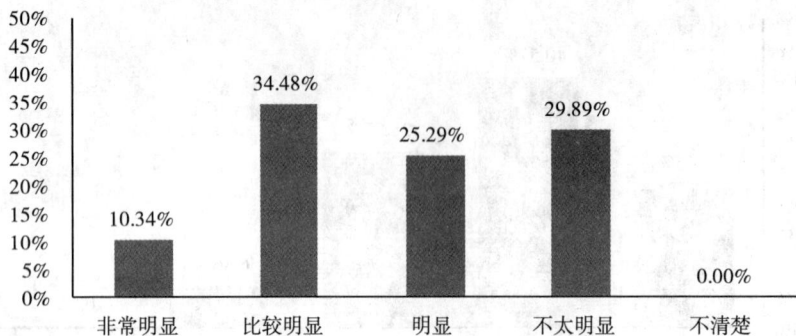

图5　皖北地区对我省促进皖北地区发展政策落实效果评价

（五）皖北地区发展政策对经济、社会发展的贡献度较大

图6表明，认为我省加快皖北地区发展政策对皖北经济、社会发展的政策贡献度为91.86%（贡献度包括非常大、比较大和一般），显示皖北地区发展政策有力度，在经济社会发展中发挥了较好的作用。

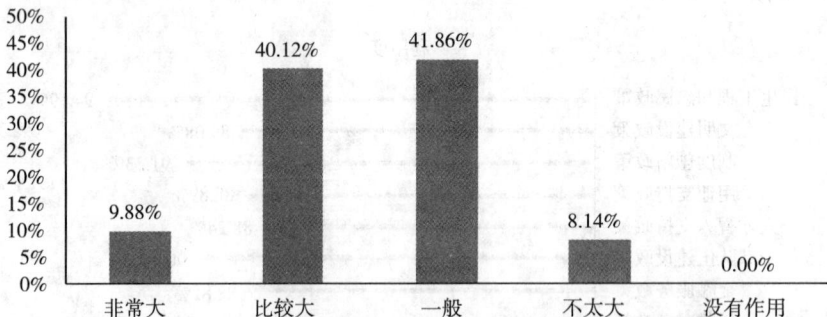

图6　皖北地区发展政策对皖北经济、社会发展的政策贡献度

以上五个维度的总体评价显示，皖北地区各级干部对我省促进皖北地区发展政策了解程度较高，对政策的利用推广程度较好，对我省促进皖北地区发展政策的总体评价和各市县落实政策的满意度比例较高，并对政策的实施效果和其经济社会贡献给予了充分肯定和较高评价。

三、皖北地区经济社会发展及政策落实中存在的问题

近年来在皖北系列扶持政策的引领下，皖北地区在经济发展、民生福祉、创新驱动、生态文明建设等方面取得了显著提升。但与此同时，皖北发展仍然存在皖北发展政策体系及实施层面仍存在障碍，内生动力不足，发展不优，创新能力不强，人才、资金等要素供给不良，资源环境约束进一步加剧，基础

设施和公共服务短板依然存在等。

（一）皖北地区发展政策体系存在的主要问题和实施障碍

问卷分析显示，皖北地区发展政策体系最突出的问题就是"过于宏观，有些政策难以落实"，比例为70%。这说明有的政策没有及时细化措施，制定配套措施不到位，造成难以落地。有27.78%的受调查者认为"主要是过少，存在缺失，一些当地亟须的政策没有出台实施"，表明了对基层的诉求了解不够深入（见图7）。

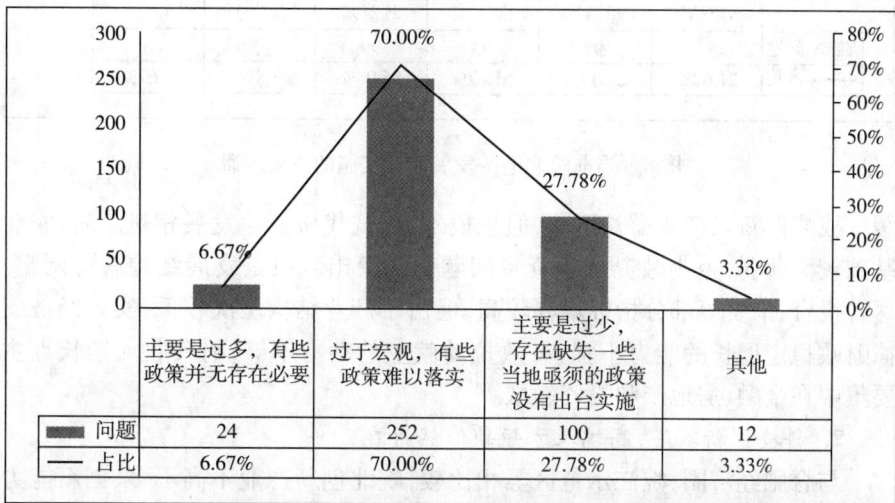

	主要是过多，有些政策并无存在必要	过于宏观，有些政策难以落实	主要是过少，存在缺失一些当地亟须的政策没有出台实施	其他
问题	24	252	100	12
占比	6.67%	70.00%	27.78%	3.33%

图7　当前皖北地区发展政策体系的主要问题

从问卷分析看，位列前3项的主要障碍是"顶层设计不够明确，不敢落实""政府职能转变滞后，不能落实""思想观念比较保守，不想落实"，分别为55%、51.67%、51.11%。这三类障碍的影响度基本一致，较为突出。下一步要充分发挥市场在资源配置中的决定性作用，更好发挥政府作用，形成各类规划定位清晰、功能互补、统一衔接的规划体系。加快政府职能转变，持续推进简政放权，提高政府效能（见图8）。

（二）皖北地区经济社会发展存在的困境

1. 发展不足、发展不优问题依然存在

一是发展速度有待提升。皖北地区经济总量提升速度有下降趋势，2016—2017年，皖北地区生产总值分别为7313亿元、8583亿元，经济总量不及全省三分之一；年平均增速7.95%，低于皖北"十三五"规划预期目标1.05个百分点。二是发展质量有待改善。受市场需求疲软等不利因素影响，皖北地区传统企业运行困难，电力、酿酒、烟草、采矿等四大传统行业增长趋势放

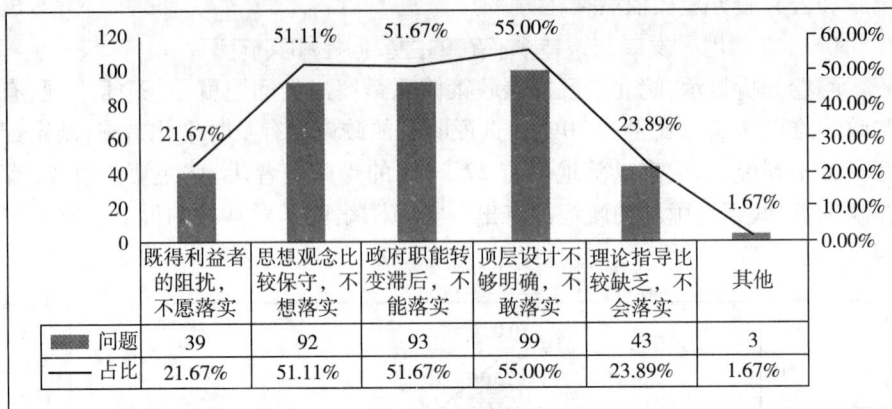

问题/占比	既得利益者的阻扰，不愿落实	思想观念比较保守，不想落实	政府职能转变滞后，不能落实	顶层设计不够明确，不敢落实	理论指导比较缺乏，不会落实	其他
问题	39	92	93	99	43	3
占比	21.67%	51.11%	51.67%	55.00%	23.89%	1.67%

图8　当前皖北地区发展政策实施的主要障碍

缓。战略性新兴产业增长迅速，但规模不大，现代服务业发展相对滞后，农业基础较为薄弱，企业融资难融资贵问题仍较突出。三是发展结构有待调整。尽管投资、消费等部分指标增幅较高，但由于产业结构层次较低，实体经济支撑财政稳定增长的能力不强，有效拉动就业的动力不够，财政收入增长点主要集中在金融、房地产和投资领域。

2. 科技创新不足，高端人才短缺依然存在

与合肥经济圈、皖江示范区等相比较，皖北创新产业不高不多、创新能力不强不匀、创新动力不足不均等。一是科技创新不足。创新发展指标 R&D 经费投入占 GDP 比重，仅蚌埠市完成"十三五"预期目标，皖北其他城市均未有效完成。二是创新平台和载体建设相对滞后。皖北拥有的省级及以上研发平台数量低于全省平均水平。三是高端人才短缺，同时存在引进难、留不住等问题。人才引进难，规模工业企业科技创新工作中普遍存在高端技术人才和科技带头人匮乏。已建成的企业技术中心、院士工作站、博士后工作站作用发挥有效性不强，企业科技创新意识不强。企业科技人员的积极性和创造性未能充分调动起来，人才向江浙等发达地区流失。

3. 基础设施和公共服务短板依然存在

一是交通基础设施薄弱。机场布点不多、高铁没有实现市级全覆盖、高速公路网络密度较低、国省道通行不很顺畅等。二是城市基础设施配套不够。城区市容市貌有待改善，商业服务有待提升，管网设施有待加强，雨水管网急需联通等。三是公共服务水平较低。就业、教育、卫生、文化、社会保障等主要领域的仍存在较大的短板。四是脱贫攻坚任务艰巨。任务重，要求多，投入人力物力巨大。

4. 生态环保等硬性约束依然存在

主要表现为资源约束趋紧、环境污染严重、农业生态系统退化等。一是国家将生态文明建设和生态环境保护摆在重要战略位置，企业面临的用能、生态环保等硬性约束压力越来越大。二是国家批准淮河生态经济带，淮河流域的生态环保要求将更加严格。三是皖北多数县区均为限制开发区域，主要功能定位是保障国家农产品安全，一定程度上限制了区域工业化城镇化开发强度。四是今年以来空气质量优良率下降，蓝天保卫战更加难攻。究其原因，主要是森林资源率低、水资源严重缺乏、环保约束力下降等。

5. 开放发展有待加强依然存在

主要表现在外资注入率不高、外贸进出口总量低、外向型发展质级偏低等。一是受地理区位及经济发展水平影响，皖北各市、县开放型平台种类和数量均偏少。二是皖北传统外向型企业规模偏小，发展结构不优。三是外资投资以加工制造业为主，战略性新兴产业、现代服务业领域项目占比偏低。四是出口产品多为劳动密集型产品，科技含量不高，附加值低，市场竞争力不强，抗市场风险能力较弱，进出口效益不高。

6. 协调发展、共享发展不均等依然存在

一是工业化水平差距大、城市化水平较低、农业现代化水平滞后等。二是资源转型城市转型升级成绩不佳，影响皖北总体发展。三是皖北在城乡居民收入、教育公共服务、医疗公共服务与全省平均值尚有较大的差距。

四、进一步完善皖北地区发展政策体系的对策建议

结合问卷调查、座谈会调研以及专家意见，为进一步完善皖北政策体系，促进皖北地区又好又快发展，文章提出以下思考和建议。

(一)基本原则

皖北发展政策体系的完善应深入贯彻习近平新时代中国特色社会主义思想，坚持问题导向、精准发力，坚持以人民为中心的发展思想，大力实施创新、协调、绿色、开放、共享五大发展行动。[①]

一是政策制定与贯彻落实相结合。在皖北政策出台以后，要有配套的贯彻落实措施，完善政策落实责任。将政策分解到省直各部门，明确责任单位

---

① 方铭勇，王凤．皖北地区发展政策落实困境及完善路径研究[J]．安徽行政学院学报，2019(10)．

和责任领导,制成加快皖北发展政策措施目标任务分解表,出台实施细则,完善配套措施。不仅注重于政策制定,更加要强调政策的贯彻落实,将政策制定与政策落实结合起来。

二是外部"输血"与内生"造血"相结合。现有的支持政策较偏重经济层面,多数是给予财政支持和资源供给,缺少创新体制机制的支持。由资源扶持向产业扶持和基础设施建设转变,提升皖北地区的自身发展能力。因此,大胆创新体制机制,激活皖北发展的内生活力和动力,形成既有外部扶持,又有自身发展的局面。

三是省级协调与"一市一策"相结合。省委省政府的专门机构负责统筹协调,由省政府各有关部门和皖北各市(县)参与,在省级层面协调和解决加快皖北发展中的重大问题,制定皖北发展的扶持政策,调配资源要素。皖北各市(县)根据各地的具体发展情况,制定有明确发展定位的"一市一策",力避各市间同质化竞争和重复建设,强力推动各项政策措施贯彻落实。

四是政策扶持与要素扶持相结合。省委省政府对皖北地区的发展提出了一系列扶持政策,在财税、资金和南北共建方面都给予一定的优惠政策,这些政策对皖北地区的发展带来了一定绩效。可皖北地区的发展不仅需要政策扶持,更主要的还要以要素保障为重点,打破制约皖北发展的土地、资金、人才等要素瓶颈,把要素扶持提高到政策层面。

五是绩效评价与督查考核相结合。建立皖北地区政策落实绩效评估制度,对积极为皖北发展量身打造"政策洼地",挖掘政策动力和潜力,放大政策效应,让多重政策源源不断的支持皖北发展的部门。建立政策体系的创新、评估及营造鼓励创新。同时要建立政策落实的专项督查考核制度。建立皖北政策落实情况的专项督查和专项考核的工作制度,把专项督查和专项考核作为皖北六市四县推动政策落实的工作机制,形成一套考核评价指标体系。

(二)针对皖北地区经济社会发展中存在的困境,精准施策

一是以创新发展为动力,积极构建现代产业体系。要强力推进工业转型升级。重点围绕绿色食品、煤电化工、机械制造、轻工纺织、建材等传统优势产业,加快自动化、智能化、绿色化、标准化改造。积极发展光电新材料、磁性材料、新型显示、高端装备制造等战略性新兴产业。要加快发展现代服务业。积极发展供应链物流、研发设计、技术服务、文化创意等生产性服务业,加快发展商贸流通、健康养老、体育健身、教育培训等生活性服务业,着力培育网络经济、分享经济、人力资本服务等新兴业态。

二是以协调发展为保障,促进城乡融合、乡村振兴。要加速新型城镇化进程。持续放大中心城市能级。进一步发挥规划引领作用,推进"多规合一"

实施,持续优化城市空间布局,推进城市快速交通等各类专项规划编制。要实施乡村振兴战略,着力推进农业农村现代化。促进农村一二三产业融合发展。加快推进美丽乡村建设。抓好农村电商全覆盖、道路建设、饮水安全、电网改造、义务教育"五个巩固提升"。深入开展农村环境"三大革命"。健全有效乡村治理。倡导乡村文明新风,健全自治、法治、德治相结合的"三治"体系。

三是以绿色发展为引领,着力加强生态文明建设。树牢绿色发展意识。持续推进大气污染防治。认真落实中央大气污染防治新的行动计划,实行大气污染防治网格化精准监测,做到线上预警和线下监管相结合。扎实推进水和土壤污染防治。推动淮河等重点流域水污染综合治理,高度重视并着力解决湖泊污染问题。加快城市黑臭水体治理,组织实施农村黑臭水体排查治理,加大污水管网和雨污分流设施建设力度。深入推进绿化提升专项行动。加快实施一批城乡绿化项目,打造一批园林绿化精品工程,不断提升绿化档次和水平。建立完善生态环境管理制度。认真落实能源、水资源、建设用地总量和强度"双控"制度。严格执行排污许可制度,探索开展碳排放权交易试点。全面落实河长制、林长制。持续推进中央、省环保督察突出问题整改。

四是以开放发展为抓手,打造开放合作新高地。皖北地区坚持开放发展理念,构建东引西联、南北并重、内外并举的开放格局。深度融入"一带一路"建设,积极参与长三角一体化、长江经济带建设,加快淮河生态经济带建设,全面融入中原经济区发展等。大力发展外向型经济,打造皖北开放新高地。加快基础设施互联互通,实现与周边市县全面快捷的道路连通。深化南北结对合作,加快园区转型升级。皖北现有 10 个共建产业园区(阜合园区、亳芜园区、宿马园区、蚌铜园区、凤宁园区、濉芜园区、寿蜀园区、临庐园区、泗涂园区、霍新园区),进一步加大产业、园区建设合作,同时拓展科技、金融、文化、教育医疗等多方面合作。

五是以共享发展为根本出发点,保障和改善民生。坚持把脱贫攻坚作为重大政治任务和第一民生工程,全面落实产业扶贫关键举措,切实加大深度贫困地区攻坚力度,重点围绕阜南、颍上、临泉、霍邱等沿淮行蓄洪区、洪洼地区等深度贫困地区,整合各方要素资源,认真落实新增脱贫攻坚资金、项目、举措向深度贫困地区倾斜的政策,加快推进村(庄)台、保庄圩整治,谋划实施一批居民迁建、环境治理、基础设施、生活保障等重点项目,改善群众生产生活条件。

加快补齐基础设施、基本公共服务短板。完善皖北地区基础设施布局,增强区域承载能力,加大项目建设。重点围绕医疗、教育、住房等基本公共服务8个主要领域,针对薄弱环节、重点人群,不断提升基层基本公共服务能力和水平。

乡村治理体系构建面临的
现实困境及其化解

王小红

摘　要：乡村治理好坏、水平高低关系到党和国家的政策落实是否有效，也关系农民群众切身利益。中央高度重视乡村治理工作，党的十九大报告提出"加强农村基层基础工作，健全自治、法治、德治相结合的乡村治理体系"，为未来指明了新方向。2018年的一号文件提出并强调"加强农村基层基础工作，构建乡村治理新体系"，对乡村治理工作做出了部署和安排。但随着乡村社会深刻的变革，产生了新情况、新问题，对乡村治理工作提出了新的要求。从当前乡村治理现状入手，发现分析当下乡村治理的困境及不足，在乡村振兴战略视角下，准确把握乡村治理的中央提出新部署新要求，寻求其科学的解决办法，构建乡村治理新体系，以达到乡村善治的目的。

关键词：乡村振兴战略；乡村治理体系；构建

当前，乡村社会日益开放、人口快速流动，家庭离散化、村庄空心化、人口老龄化等多元化和复杂化问题凸显，乡村经济社会背景也发生了深刻变化。乡村振兴战略背景下，这些问题和背景的变化迫切需要强化乡村治理能力和构建乡村治理体系，让乡村社会充满活力。

一、问题提出

乡村治理涵涉政治、经济、文化、社会和生态环境各个方面。乡村治理好坏、水平高低关系到党和国家的政策落实是否有效，也关系农民群众切身利

作者简介：王小红，宣城市宣州区溪口镇人民政府工作人员。

益。中央高度重视乡村治理工作,党的十九大报告提出"健全自治、法治、德治相结合的乡村治理体系",为未来指明了新方向。

(一)研究文献简要评述

乡村社会发展中各种制约因素和矛盾凸显,乡村治理问题越来越为人们所关注,近年来学界对乡村治理做了很多研究和探讨,并主要体现在如下方面。

1. 乡村振兴与乡村治理的逻辑关系

徐勇(2017)认为,乡村治理有效是乡村振兴的条件和目标,通过乡村治理有效来实现乡村治理。郑军(2017)认为乡村治理是实现乡村振兴战略的基石。廖林燕(2018)认为,乡村振兴离不开有效的乡村治理。马华认为(2018),治理有效是乡村振兴的保障。大家都谈到了乡村治理对乡村振兴的作用,却很少讨论乡村振兴统领乡村治理的关系。

2. 健全乡村治理体系的问题

于建嵘(2017)认为,乡镇政权的权力和责任不对等,乡镇政权的管理权有限经济能力也有限却承担着无限的政治责任,"一票否决"事项过多不必要地增加了加了乡镇政权的工作压力和困难;乡镇政权与农村群众自治组织、经济组织和社区组织的关系有待理顺;乡镇政权的民主基础不牢乡镇人大制度没有全面落实,不能适应农民日益提高的民主意识和诉求,乡镇政府往往得不到农民的高度信任。温铁军(2017)认为,乡村"去组织化"改革多年之后,几乎全面地进入了"有组织地不负责任"的状态。乔金亮(2017)认为,各治理主体间的利益冲突加剧,群众参与不足,顶层设计不完善,缺乏治理的针对性和有效性等。张诚(2018)认为,乡村面临着矛盾凸显、治理弱化、公共精神消解等诸多治理困境。张敬燕(2018)认为,农民加速流动,乡村原有的价值观念、社会认同和行为模式发生了巨变,乡村社会的经济基础、价值基础、政策基础都在改变,这些对乡村治理格局产生了巨大影响,导致原有的乡村治理体系难以适应治理基础的变迁,以至于出现了各种不适应现象和治理困境。大家在谈问题时,各有侧重,却很少讨论会造成什么样的影响。

3. 乡村治理体系的构建

贺雪峰(2016)认为,实现乡村善治仅有民主选举是不够的,还需要配套的制度安排。赵树凯(2016)认为,不仅要对各类政治和行政组织的权力做出制度化切分,建立相互之间的沟通和制衡机制,还要不断开放治理空间,让民众和社会组织充分参与到治理过程中来。党国英(2017)认为,在较短的时间里,将村民自治体设置下移到村民小组一级,有利于最基层乡村精英实现"体制内化"。马吟秋(2017)认为,增强村民自治的自我管理、自我服务功能;提升乡村治理法治化水平,发挥德治在农村社会治理中的基础作用。陈荣文

(2017)认为,健全乡村治理体系,不仅需要以加强自治建设为核心,还需要法律和道德共同发挥作用,自治、法治、德治相辅相成达至善治。夏红莉(2018)认为,要以党的十九大精神为指引,着力构建以自治为基础、以法治作保障、以德治为支撑的现代化乡村治理体系。大家都谈到了健全"三治合一"乡村治理体系,却很少讨论乡村治理体系中如何解决乡村治理主体问题及发挥他们的作用。

以上这些研究为本文提供了较好的前期基础,但就总体来看,仍存在如下问题:首先,对于乡村治理体系的关注主要过度集中于乡村治理对乡村振兴保障作用方面,对于乡村振兴如何统领乡村治理等关注不够;其次,对于健全乡村治理体系的必要性以及相关对策关注较多,而对于健全乡村治理体系所涉及的新问题、新情况研究较少,缺乏系统性;最后,就研究方法来看,大多基于健全"三治合一"乡村治理体系,如何发挥定位乡村治理主体的功效和地位涉及少,不同程度地存在跛足的问题,相关研究结论难以为相关对策建议提供有力支持。因此,本文拟针对上述相关问题,从"乡政、村治"、体制机制等方面入手,提出构建多元(党委领导、政府负责、人大监督、农民主体、社会协同参与)协同共治、三治(自治、法治、德治)结合的乡村治理体系,给予弥补和改进。

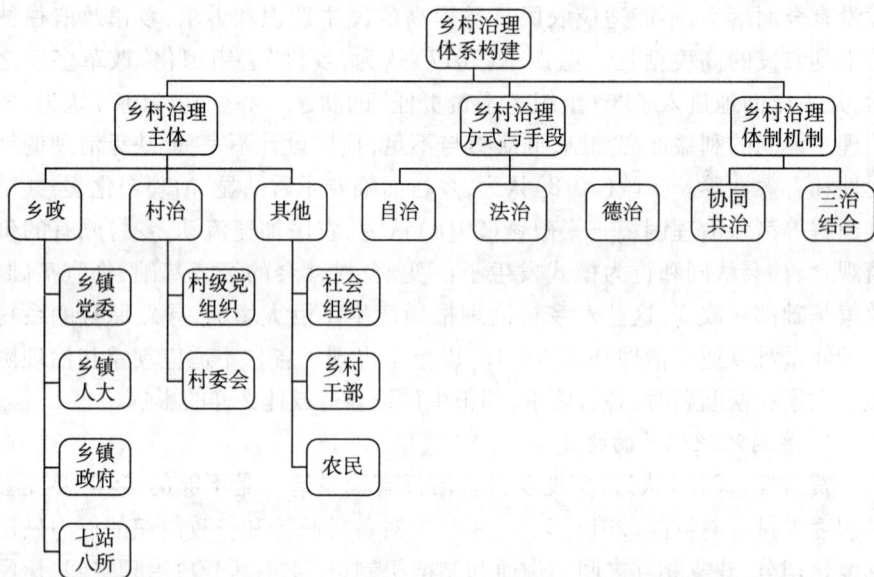

(二)乡村治理体系构建是实现乡村振兴"治理有效"目标的有效路径

随着城镇化推进,城镇人口的逐步放开,农村人口越来越多地向城镇聚集。但我们必须看到,我国人口众多,即使以后城镇化达到70%,仍然有四五亿人生活在乡村。乡村治理的好坏直接关系到乡村的地位、前途和命运。乡村治理是源头治理、综合治理的重要组成部分,是国家治理的基础。十九大报告在乡村振兴战略中提出了"治理有效"目标,把乡村治理摆在了十分重要的位置。

1. 乡村振兴统领乡村治理体系构建

乡村治理是乡村振兴战略实施的重要内容。乡村治理好坏(或者说是否有效)主要看,是否有利于形成良好的乡村社会秩序,促进乡村社会公平公正;是否有利于乡村群众拥有更可持续的获得感、更加充实的幸福感、更有保障的安全感。"治理有效"更关乎乡村群众利益。在乡村振兴战略中提出了加强农村基层基础工作,健全自治、法治、德治相结合的乡村治理体系的具体要求,为乡村治理体系构建指明了方向。

一是加强农村基层基础工作,注重系统与源头治理相衔接、依法与综合治理相结合,运用现代信息手段,进行网格化、精细化治理。建立"党委领导、政府负责,乡镇服务、村民自治,农民主体、社会协同"的乡村治理结构,把党的密切联系群众、组织和政治的优势转化成乡村治理的优势。

二是自治是基础,法治是保障,德治则是支撑。乡村治理必须在法律的框架下进行,必须实现法治化。自治只有依法有条不紊地实行,才能达到效果。德治有利于提高乡村治理的质量和水平,提升法治与自治的效能。完善和健全德治、法治、自治的耦合机制,让乡村德治、法治与自治高效契合、深度融合,构建德治、法治、自治"三治结合"、多元共治、相互补充和衔接的新型乡村治理体系,提升乡村治理能力,推动乡村振兴战略"治理有效"目标实现。

三是从人治走向德治、法治、自治"三治结合",多元共治,达到善治。人治就是少数人或个人掌握了乡村公共权力,依靠个人崇拜或权威性治理乡村社会。在人治的思维方式下,少数人掌控着大量与乡村群众切身利益紧密相关的资源,阻挠权力在阳光下运行,滥用权力易如反掌,导致德治、法治、自治"三治结合"乡村治理体系失去作用。2018 年一号文件明确提出,加大基层小微权力腐败惩处力度,推行村级小微权力清单制度,严厉整治土地征收、集体资产管理、惠农补贴等领域侵害农民利益的腐败问题和不正之风。因此,必须走出人治思维的误区,让权力运行公开透明,构建德治、法治、自治"三治结合"的新型乡村治理体系,提升乡村治理能力,以达乡村善治的目的。

2. 乡村治理体系构建是乡村振兴的基石

乡村振兴是一项系统工程,是一个大而综合的战略,而在这个系统工程中乡村治理的作用十分凸显,它是实现乡村振兴目标的制度基础和重要保障。一是乡村振兴的重点是产业兴旺。构建乡村治理体系,坚持党委领导、政府负责,加快农业供给侧改革,稳步提升农业综合生产能力,培育新产业新业态,构建农业产业深度融合的现代农业产业体系,实现产业兴旺的目标,也为乡村治理提供经济支撑。二是乡村振兴的基础是生态宜居。构建乡村治理体系,充分发挥农民主体作用,扎实推进农村基础设施建设,改善农村人居环境,全面实现农村美的目标。三是乡村振兴的关键是乡风文明。构建乡村治理体系,支持和鼓励宗亲会、慈善救济会、红白理事会等社会团体及组织协同参与,积极践行和倡导文明乡风,有效涵养和净化社会风气,培育乡村德治土壤,抑制假恶丑、弘扬真善美,推动乡村有效治理。四是乡村振兴的根本是生活富裕。构建乡村治理体系,创新现村级治理机制,壮大集体经济,拓宽农民增收渠道,鼓励和支持农民创业就业,提高农民就业创业质量,让工资性收入和经营收入成为家庭收入的新增长点,全面实现农民富的目标,增强农民的幸福感、获得感。

3. 乡村治理体系构建是乡村振兴的保障

我国幅员辽阔,大部分土地是农村,农村不能成为记忆中的故园、留守和荒芜的农村。农村是传统文明的发源地,是乡土文化的根,不能断!乡村已成为我国经济文化社会发展的基础,最深厚最广泛的基础在农村,最繁重最艰巨的任务在农村,最大的后劲和潜力也在农村。但随着农村经济社会的发展,一些交通便利、环境好的村落会集聚更多人口,一些偏远、环境恶劣的自然村落会逐步消亡,这也符合农村村落演进发展的规律。在乡村振兴战略实施过程中,哪些村做大、哪些村缩减、哪些村整治、哪些村保留,这都要在尊重农民意愿的基础上,科学论证,让更多农民积极参与之中。同时,乡村振兴做到规划先行,一定要走符合农村实际的路子,注意乡土味道,遵循乡村自身发展规律,体现农村特点,不能照搬照抄城镇建设那一套,搞得城市不像城市、农村不像农村。要注意生态环境保护,留得住青山绿水,保留乡村风貌,记得住乡愁。要因地制宜做好人居环境综合整治,改变许多地方秸秆乱烧、垃圾乱扔、污水乱排的脏乱差状况。乡村振兴是一个系统的、内涵丰富的工程,乡村不仅要改变村容村貌,更需要创造一个公平正义的社会环境,让人有幸福感、获得感,这就需要构建一个完善的乡村治理体系。

(三)案例分析

1976年,上汪冲村民组村民A在上汪冲村庄内建房并在房屋右侧圈一块地,种上毛竹。2008年,A户后面的B户感觉出行不方便,想占用A户部分土地修路,A户不愿意。于是B户与下汪冲村民C(自己的妹夫)商量对策。整个上汪冲村民组村庄后面的林地是下汪冲自留山,刚好B户后面的林地于1983年分给下汪冲村民C经营。

下汪冲村民C户是大家族,与时任村主任是亲戚。下汪冲村民C跑到村委会,请村主任 D 帮忙做工作,结果 A 户仍然不同意。村主任拿出 1964 年颁发的林权证书给下汪冲村民 C,就说上汪冲村民组村民 A 家的宅基地是下汪冲村民 C 家 1983 年承包的自留山,要求归还土地,上汪冲村民组村民 A 仍然不同意,理由是:一是上汪冲村民组中华人民共和国成立前就存在,所占有的土地归上汪冲村民组所有,而不是归下汪冲村民组;二是自己建房占有土地时间为 1976 年,而村民 C 于 1983 年承包自留山,不可能是村民 C 家自留山。多次协调未果,村民 C 丁 2009 年 3 月 9 日到镇政府上访。4 月 21 日,镇调解委员会答复:"村民 A 于 20 世纪 70 年代私自在争议的山地上建了一个平房,村民 C 于 1983 依法承包,承包地上含这块山地"。

村民 C 拿着镇调解委员会的答复,要求归还土地被村民 A 拒绝后,于 5 月 5 日向法院提起诉讼。法院认为:村民 A 于 1976 年在村民 C 于 1983 依法承包的自留山建房,已有 30 多年,且村民 C 无异,已经造成事实,拆除将给村民 A 造成很大的经济损失,以不拆除为宜。2010 年 4 月 16 日,判决于判决生效之日起 30 日内恢复占用的该房屋后面和左边约二亩自留山原状,并将该自留山使用权返还给村民 C。村民 A 不服判决并上诉,二审认为,村民 A 没有土地使用证等证据证明土地权属,维持原判。二审终审后,村民 A 仍然不服,开始到市政府上访。笔者接访后,一方面,以事实情况对村民 C 进行说服(其实我们都清楚,法院判决与事实不符以及村民 C 的目的是帮村民 B 方便出行),并明确告诉他,强制执行矛盾升级,会造成两败俱伤的后果。村民 C 也赞同笔者的看法,愿意听从协调;另一方面,对村民 A 进行劝导,同时,以帮他办理宅基地使用权为条件,答应让出部分土地,本案纠纷最终以协调而结束。

从本案来看:首先,从德治层面来看,村民之间有互帮互助精神,村民 A 主动让出土地,方便村民 B 修路出行;村民 B 占用别人土地,给一定赔偿或置换土地;村民 C 主动劝村民 B 放弃或给一定赔偿、置换土地,纠纷不会产生。其次,从村治层面来看,村委会主任出于公平、公正,不站在大户村民 C 的立场出谋划策,也不会闹得这么狠。再次,从乡政的角度来看,镇调解委员会依法、据实调解,也不会出现让人费解的答复,两级法院的判决也不会背离事实。最后,乡村治理是一个持续互动的过程,治理过程的基础不是控制,也无须仅依靠国家的强制力,而是把自治、法治、德治三治结合起来,通过协调来实现的。

二、乡村治理体系构建面临的现实困境

工业化、城镇化步伐的加快,加速了乡村人口流动,乡村经济、社会、人口结构等发生了巨大的变化,以往那种传统的乡村治理体系难以发挥其应有的

作用,也给乡村治理体系构建带来前所未有的困境。

（一）乡镇党委、人大、政府在乡村治理中职能定位不清

乡镇党委是乡村治理的权力、决策、指挥和控制中心。乡镇人大是国家在乡村设置的权力机关,群众参与行使当家作主、地方事务管理权利的基本形式,肩负宪法和法律赋予的决定、监督和任免等各项职责。乡镇政府是我国乡村政权组织,担负着乡村绝大多数行政事务,在乡村治理中具有重要作用。一是少数乡镇党委执政能力不高,缺乏宏观把握和理性判断经济社会发展大势,特别在处理内部矛盾、管理社会事务、维护社会稳定、协调各方利益关系等方面,缺乏创造性,本领不够强。在乡村治理工作中,善抓善管能力弱,还存在不依法办事、决策不够科学、工作方法简单的问题,突发事件应对能力弱,不稳定因素难以及时化解[1]。二是乡镇人大的权力地位不高,法律所赋予职权难以有效履行,乡村治理的决定权、监督权成为一纸空文[2]。三是随着村民法制和维权意识的觉醒,政府推行依法行政,乡镇政府履行职责的手段也在减少,各项政策难以有效实施。一些缺乏公共财政资源的乡镇财政陷入了困境,影响了乡村公共事业的发展和乡镇政府的日常运转,无法满足群众对乡村公共服务的需求,乡镇政府在群众中权威严重降低,治理能力呈弱化趋势。

（二）乡镇站所"条块分割"影响治理效果

目前,乡镇管理体制仍实行"条块结合",乡镇政府（"块块"）与乡镇站所（上级部门与单位派出机构"条条"）共同治理乡村。从实践来看,这种"条块分割"体制已不适应乡村治理发展的需要。一是"有权有利和管财管物"的站所由上级机关垂直管理,难以对这些站所进行有效的协调和监督管理,削弱了乡镇对乡村事务管理的权力,造成"责任大、权力小"。二是上级各部门、各部门争着挤着向乡镇"插一脚",以加强服务和管理的名义到乡镇设立派出机构,造成站所人员和机构不断增多。而这些站所借助上级单位和部门的权势对乡镇"汇报"各自的任务和要求,迫使乡镇政府组织人力、财力保障完成他们的任务和要求。如林长制、河长制的实施,确定专门人员配合林业站等站所开展森林防火、防汛抗旱等工作,在人员不够的乡镇,只能一人数职,穷于应付,削弱了乡镇在乡村治理方面的力量。三是"条条"管理的乡镇站所大都拥有与农民生活和生产直接相关的生产经营许可及土地使用等方面管理权。而这些站所中,有的对农民生产经营横加干涉,有的"只收钱、不办事",有的"收了钱还乱办事",有的借助行使管理权力巧立名目"搭车收费",甚至乱罚款、乱收费,增加了民众对政府的不满,影响了乡村治理效果。四是乡镇站所设置小而全,"管"与"用"脱节,责权分离,难以形成规模效应。同时,乡镇站

所之间、乡镇站所与乡镇政府之间也存在权责不清、利益矛盾和职能交叉,也很难实现"人权、事权、财权"有效统一,严重影响到站所公共资源的优化配置和服务功能的整体发挥。

（三）村级党组织在村治中的领导核心地位弱化

村级党组织是推进乡村治理工作的组织者、领导者、实践者和示范者。但随着乡村经济社会的快速发展与变迁,一些村级党组织的领导核心地位和领导能力弱化、虚化已是不争的事实。一是农民群众自主生产经营,意识形态的多元化,使他们理性对待村级党组织权威,不再盲目崇拜和迷信村级党组织权威,大大减少了对村级党组织的依赖性,也大大减弱村级党组织对他们的影响力和管控力。二是有些村级党组织无力带领群众发展农村经济和现代农业建设,服务群众效果不好,不在点子上,也不到"心坎里",大大削弱了党组织的服务职能。三是有些村级党组织在社会转型中对群众利益的新变化、新特点不能准确把握,各方利益也不能很好地统筹兼顾,各种利益冲突不能有效疏导,各方利益不能实现平衡。四是有些村级党组织维护党员的权利和对党员合理利益诉求保障比较乏力。有些村级党组织个人说了算、主要村领导集权的问题不同程度存在,导致党员的向心力和忠诚度下降。也有些村级党组织执行民主协商、村务公开等制度不力,甚至走过场,失去了群众的拥护和信任。五是一些村级党组织领导乡村治理的经济资源有限,难以有效提供公共服务,同时出现本领不强、作风不正、组织涣散,无法树立有效权威。乡村黑恶势力、宗教及宗族借机争夺话语权,使这些村级党组织在乡村治理中的核心领导地位、领导权威面临挑战,陷入"边缘化"的困境[4]。

（四）村（居）委会村治功能异化

村（居）委会作为国家赋权的村（居）民自治组织,每隔3年由村（居）民直接选举产生,拥有村治的合法权利,处理村（居）公益事业和公共事务。但政府通过各种手段和方式支配和左右村（居）委会,自治功能异化、削弱。一是国家在法律上规定村（居）委员会协助乡镇政府开展工作,没有具体地界定这里的协助,含糊性的"协助",把村（居）委员会视为乡镇政府下面的"腿"（办事机构）。虽然国家投入越来越多的资金支持乡村建设、提供公共服务,但乡镇政府精力有限,就整天要求村（居）委员会去做这事或那事,协助乡镇政府开展工作越来越多,处理村民自治事务越来越少,缩小了乡村自治空间。二是村（居）委员会虽不能代表政府对乡村实施管理,但经常充当政府角色管理,特别是在计划生育、殡葬改革及秸秆禁烧等工作中,不能充分代表村民利益与政府谈判,让一些村民们感到自己利益受到侵犯,难以依靠村（居）委会对自己利益的维护和实现,其尴尬境地在村治中的权威性受到严重影响。

同时,不能很好地代表村(居)民的利益,村(居)民对村(居)委员会的自觉认同和服从认同渐失,加速了其权威的丧失进程,自治角色的失败,村(居)委会的自治空间受到限制。三是大部分村(社)集体收入不多,而要面对处理一大堆村(社)内事务,自己筹资来处理这些村(社)内事务,又加重了村(居)民的负担,国家也不允许。村(居)委员会经费的短缺导致一些村(社)基础设施建设滞后,村(居)民生活生产环境得不到改善,也就是增加了治理难度。与此同时,很多地方实施了"村财乡管或镇管"的做法,村(居)委员会如果不配合乡镇政府,就有可能难以使用村(社)经费,进一步强化了乡镇政府对村(社)的管理和领导。

(五)各类乡村新型社会组织治理能力偏弱

乡村新型社会组织指在乡村范围内,以村民为主体的,为三农服务而设立的非政府自治组织,具体包括计划生育协会、志愿者协会、扶贫互助协会、红白喜事服务队、农业专业经济协会、治安联防队(或平安协会)、村民公益理事会、农村用水户协会、民主监事会、农村卫生协会、农民专业合作社、农村财务服务中心、乡贤理事会、畜牧兽医协会等。乡村新型社会组织介于官方和民间,依托自己的优势和职能活跃于乡村公共领域,参与到乡村治理中,推动乡村公共事业发展,达到乡村治理有效。但是,乡村新型社会组织在发展过程中也面临一些问题,这与乡村振兴背景下"治理有效"的要求还有一定差距。

一是乡村新型社会组织主要集中在公益类范围的社会服务和管理领域,缺少光彩事业类、维权类和经济互益类组织,也缺乏残疾人、妇女、老年人等特殊群体服务类组织,从而呈现出发展结构失衡的特征。二是计划生育协会、治安联防队(或平安协会)等大多数乡村新型社会组织由乡镇政府和村委会牵头成立,难免会受到政府行为的影响,在运作过程中,政府的作用和意图更加明显,村民的实际需求和愿望得到经常性的、积极的、有效的回应,村民对乡村新型社会组织的认可度不高,村民参与程度依然偏低。三是大多数的乡村新型社会组织没有健全内部管理和自律制度,也尚未建立良好的监管和自律机制,规模较大的偏少,公信力和影响力不足,难以发挥典型示范作用。四是乡村新型社会组织大多是官方授意成立的,政府只是将他们作为有效的治理工具,与政府的意愿、政绩等密切相关,使其管理和服务的职能逐步发生异化。同时,在运作过程中,自身自治能力不足,缺乏农业生产、加工、销售等服务能力,所提供的管理和服务绩效还不能满足村民的需求。

(六)乡村干部治理能力影响治理水平

乡村干部的能力、水平决定了乡村治理水平的高低,可以说,乡村干部的素质直接关系到乡村治理的整体水平。但是在乡村治理过程中，由于乡村干部工作方法、政策掌握程度等多方面的因素，影响了乡村治理水平。一是由于生活条件艰苦、基础设施不完善、经济落后等原因，高学历、高素质人才吸引不来，青年人又大量流失，导致乡村干部学历和素质相对较低。现有的乡村干部中，年龄较大的具有较强的实践能力和较丰富的工作经验，也能吃苦耐劳，但在接受新事物、运用科学技术辅助决策、信息化办公以及创造性地解决问题等方面明显的力不从心；年龄较轻的接受新的理论知识相对容易、学习能力也较强，但在工作能力、工作经验和艰苦奋斗等方面还不足。同时，乡村干部都集中时间和精力在处置日常烦琐事务上，不注重学习，在知识更新较快、科学技术飞速发展中，难以适应经济社会发展和乡村治理工作的需要。二是在乡村治理中，乡村两级职能、乡村干部之间职责界定不清，甚至有权力的乡村干部不承担责任，承担责任的却没有相应的权力，这必然导致相互推诿、逃避责任和消极懈怠等问题和无法履职、权力滥用两种状况[5]。三是乡村干部在乡村治理中，形式主义、家长作风、奢靡之风和官僚享乐主义还不同程度存在，表面化、摆架子、不愿意倾听群众的意见，甚至滋生腐败，严重影响了乡村治理方面的政策贯彻落实。四是激励机制和考评制度不健全，"干与不干、干好干坏、干多干少一个样"，缺少干事业的激情和没有工作热情，也使其丧失进取心，意志消磨殆尽。没有工作压力，很难以积极、负责、认真的态度对待工作，办事拖沓、不作为已成为一种常态[5]。

（七）"空心化"的农村让乡村治理中农民这个主体缺位

当前，欠发达农村地区的村民居住偏僻、分散，且青壮年纷纷外出务工经商，留守在家中的是儿童、妇女和老人，造成了家庭空巢化、村庄空心化、土地抛荒化等，让这些村落走向衰败。一是农村青壮年纷纷外出务工经商，难以引进优秀人才，导致参与乡村治理的能人青黄不接、后继无人。一些宗族势力趁机操纵村庄，让治理村庄的权力落在极少数人手中，甚至就出现了恶人治村的现象。二是农村空心化，青壮年村民平时很难看到，村级组织处于半瘫痪或瘫痪状况，就是正常运转，也因农村空心化的加剧而难以维持、力不从心。乡村治理各项工作难以开展，治理能力面临严峻考验。三是伴随空心化的加剧，大量的知识青年、青壮年常年不在农村，他们忙于赚钱养家，根本没时间和精力参与村庄事务治理，留守在农村的老幼妇孺成为家庭代言人，表达其对村庄事务治理的主张，由于能力、知识等限制，这些留守人员的意见无法正确表达其外出家庭成员的真实意愿。同时，村民议事会、村民会议开不起来，村民代表会组织难度大，导致乡村治理中的"一事一议"制度流于形式。四是由于留守人员自身能力、知识水平的限制，乡村治理的信息渠道不畅通及农村不发达的传播媒介,保障所有村民对乡村治理的知情权成为空话,甚至一些涉及切身利益的事务都弄不清楚,更不要谈监督权了[6]。

(八)利益纠纷和矛盾的多样化、复杂化增加了乡村治理的难度。

急剧变迁的乡村社会,必然带来利益格局的巨大变化,导致利益纠纷呈现尖锐化、多样化、复杂化等趋势,使乡村治理的难度大大增加。一是随着农村经济快速发展,征地拆迁、农村集体资产管理、征地补偿分配及"外嫁女"利益纷争、选举权与被选举权、土地产权争议等利益纠纷与矛盾形式多种多样,涉及方方面面,呈现尖锐化。二是开放的农村社会,维护自己的权利越来越趋于理性,一些村民了解的法律和专业知识越来越多,维权经验越来越丰富,知道采用什么样的方式能够引起社会的关注、戳到对方的软肋;法律和专业知识了解不多的村民,也会咨询或寻找了解法律和专业知识多的村民,甚至寻找专业的维权组织,从而实现自己获得利益最大化。三是一些村民往往打着"讨个说法"的旗号,要求巨额赔偿,稍有不满,动不动就会诉诸聚众"闹事"、上访等手段,期望值越来越高。四是村民表达利益诉求除了传统的诉讼、逐级上访外,还采用重复和越级上访、缠访、闹访、涉诉信访等最让基层政府感到害怕的手段。也有些村民借助网络等新媒体、民间不合法或合法维权组织的力量把事情"问题化"、复杂化、扩大化等。在不少群体性维权中,采用"企业出资金,律师做军师,老弱病残打先锋"的行动策略,精心策划,有专业的口号、标语等道具,具有明显的组织化特征。五是基层政府担心害怕群众越级、特别是赴京上访。一些村民利用政府这一"软肋",提出一些不合理要求,使合理与不合理诉求交织在一起,使纠纷诉求呈现复杂化趋势,甚至出现了一些以上访来牟利的群众。

三、化解乡村治理体系构建困境的具体途径

党的十九大报告提出,社会矛盾和问题交织叠加,全面依法治国任务依然繁重,国家治理体系和治理能力有待加强。国家治理体系自上而下包括中央、地方和乡村治理体系,乡村治理体系是国家治理体系的实施和执行环节。当前,我们必须着力构建多元(党委领导、政府负责、人大监督、农民主体、社会协同参与)共治、三治(自治、法治、德治)结合的乡村治理体系,确保乡村社会和谐稳定、乡村振兴战略有序实施。

(一)精准定位乡镇党委、人大、政府在乡村治理中的职能

乡村治理工作中,乡镇党委、人大、政府是密不可分的一个整体,不可孤

立、分割,三者有机结合,相互促进,共同发展。乡镇党委是乡镇各项工作和各种组织的领导核心,要牢固树立党领导的观念。乡镇人大与政府是监督与被监督、决定与执行的关系。乡镇党委、人大、政府要正确定准各自在乡村治理工作中的位置,正确处理好三者之间的关系,合力推进乡村治理能力和治理体系现代化,以达到乡村善治。

一是建设强有力的乡镇党委领导班子,强化领导班子的政治意识,提高乡镇党委协调各方、总揽全局的能力。在乡村治理中,乡镇党委必须认真履行党章和宪法赋予的责任与职权,站在全局的高度,统筹协调各方主体及利益,把领导核心作用充分发挥出来。[7]二是乡镇人大从群众的利益出发,围绕群众关心的焦点、难点、热点问题,倾听群众呼声,反映民声,认真履行各项职责,保证乡村治理的决策部署的顺利实现。三是作为乡村治理体系关键和核心力量的乡镇政府,尤为重要是提升乡镇政府治理能力和服务群众满意度。[8]从本地实际出发,探索乡镇政府干部全覆盖、常态化联系服务群众的有效途径,建立乡镇政府领导干部下访接访制度,运用新兴载体或先进科技手段,动态掌握群众诉求、就地及时解决合法合理诉求以及实施公共服务的效果。乡镇政府在提供公共服务时,让群众参与决策、运作、监督和评价,拓宽群众参与渠道,提高乡镇政府在群众中的权威。[9]

(二)理顺乡镇站所"条块"关系来提高治理效果

乡镇站所条块关系就是利益关系问题,要辨证施治,各地从实际出发,逐步摸索一套符合实情的乡镇管理体制。

一是增强乡镇功能,理顺县与乡镇的关系,合理调整乡镇站所管理体制,厘清各自权责,对乡镇政府"赋权增能",上级主管部门不得随意转嫁工作任务给乡镇政府。按照高效、统一、精干原则,"下放部门和权力",把驻乡镇站所改为由乡镇统一管理的职能部门,将服务群众方便有效且量大面广的各类事项权力下放,主管部门加强监督和业务指导,减少环节,减少不必要人为障碍,以利于发挥乡镇政府职能,更好地服务群众。

二是专业性较强或省级以上垂直管理的站所,可采取加强协作、条块结合的方式,乡镇和主管部门双重领导,主管部门加强业务上的指导,赋予乡镇政府对关系群众利益的公共服务设施布局、重大项目和决策的建议权和参与权。在人事调整、职级晋升、干部考核等方面要征求所在乡镇的意见,形成"优势互补、多方共赢"格局。

三是建立健全乡镇服务体系,充分发挥乡镇服务功能,可以采用"以钱养事"方式将公共服务事项交给社会组织承担;也可以采取市场、"花钱办事"方式交给社会力量承办。

四是加强对乡镇站所监督与评议,并将监督评议情况反馈给上级主管部门。对监督评议综合情况不佳,配合和支持乡镇不力,群众反映不好,负面影响较大的,乡镇有权要求调整其领导及工作人员。上级主管部门也应加强管理的责任,简化办事程序,推进政务公开,严格办事时限,防止出现越权和失职行为,查处违纪违法案件,消除不正之风,提高站所服务实效和治理能力。[10]

(三)强化村级党组织在村治中的领导核心地位

党的十九大报告提出,"坚持党对一切工作的领导"。村级党组织是村级各项事业领导核心。乡村治理好坏,重点在农村治理,关键在村级党组织,着力点也是坚持村级党组织领导核心地位。面对乡村治理的新特点、新形势和环境的新变化,村级党组织及时解决涉及村民利益的焦点、热点、难点问题,不断提高治理能力和领导核心地位。

一是尊重群众的意愿,以与群众平等的姿态沟通引导,站在群众的立场来思考问题,把群众作为依靠力量,扩大群众的个体权利和价值实现的空间,激活农民群众的自主和主体意识,以赢得群众衷心拥护[11]。

二是合理划分村级党组织和村民委员会的职权和各自职责范围,以法律法规等形式明确下来。同时,村级党组织改进工作方法和领导方式,利用和团结宗族势力及其他社会组织,发挥他们的积极作用,克服其消极因素,为乡村治理贡献力量。当然,也要利用国家专政力量,对那些利用宗族势力破坏乡村治理的犯罪分子和团伙坚决进行打击,保证村级党组织在乡村治理中的领导核心地位和政治权威。

三是要适应乡村治理的新变化新特点,创新活动内容和方式,摸准发挥党组织作用的着力点,按照党组织发挥作用、便于党员参加活动的要求,完善和探索在外出经商务工党员相对集中点、产业链、农民专业协会和合作社设置党组织,提高村级党组织战斗力、创造力、凝聚力[12]。

四是健全、规范党内生活,坚持党内教育培训、会议学习与管理等工作常态化、制度化,使之成为农村各类组织及村民委员会学习的榜样,积极营造民主、有序、务实、严肃活泼的氛围,实现党风对民风、政风的带动。

五是以培训、指导和监督等方式培养村级党组织带头人,使其具有较强的工作能力和较高的政治、理论文化素质。加强对普通党员的培养和党性修养锻炼,鼓励和支持他们参加农业生产技术与技能培训,把他们培养成为农民致富和道德典范。关心每一名普通党员,了解他们的思想状况,及时解决他们的生活困难,增强党员对村级党组织的向心力、归属感、责任感与荣誉感,使村级党组织成为乡村治理等各项事业发展的主心骨,提升村级党组织的吸引力[13]。

（四）凸显村（居）委会村治功能

村（居）委会作为村（居）民自治的组织形式，其职能发挥得如何，直接影响到乡村有效治理目标的实现。一是村（居）委会应突出村民自治、基层民主、公共服务功能，在本村（社区）范围内有效地处理村（居）民内部矛盾、环境、医疗、卫生、教育以及基础设施建设等方面问题，向乡镇政府反映村（居）民的建议、意见和要求，做好村务、财务公开，接受（居）民及社会提供监督。二是明确村（居）委会与乡镇政府的角色定位，用法律法规形式划分两者的职权范围，协调和规范乡镇政府行政管理权与村（居）委会行驶的自治权，依照法律法规的规定，乡镇政府对村（居）委会的"指导"，村委会对乡镇政府行政管理进行"协助"，使他们各司其职[14]。三是切实减轻村（居）委会负担，废止和清理乡镇政府与村（居）委会签订的行政管理责任书，清除不必要实施的、不适合实施的、无法实施的事项，取消乡镇政府可以实施、无须借助村（居）委会实施的事项，扭转村（居）委会功能行政化倾向，让村（居）委会工作人员从繁重的行政管理事务中解脱出来，用更多的精力和时间为村（居）民服务。确实交由村（居）委会办理的工作，除法律、法规及党章规定之外，一律按照"事费配套、费随事转、权随责走"的原则签订"政府采购服务"或"委托管理"协议书，花钱购买服务或给予必要的经费，授予相应的权利，做到责权利的相统一。对村（居）委会有异议、村（居）普遍不认可或反对的，可以拒绝接受。

（五）积极鼓励和扶持乡村各类新型社会组织参与治理

社会组织（尤其是基层社会组织）的成员来自乡村不同行业，成员基础和社会触角广泛，是乡村社情民意的"顺风耳"和"千里眼"。社会组织凭借其灵活的信息获取方式，能够及时掌握和获取乡村社会各类矛盾可能发生、发展的各种信息，有利于乡镇、村两级组织及早改变治理方式，调整处置策略，采取有效措施化解矛盾，消弭社会矛盾于萌芽之中[15]。在乡村治理中，积极鼓励和扶持乡村各类新型社会组织有效参与，形成"社会参与、民众受益"的乡村治理新格局，避免村（居）"两委"与乡镇政府治理缺位，弥补治理能力偏弱和功能缺失。

一是加强对乡村各类新型社会组织的政策引导和扶持，出台法律法规及相关政策，明确其职能、地位与性质等核心要素，给他们提供一个合法、公平、公正的平台，保障他们在乡村治理中发挥积极的作用[16]。

二是培育、发展和壮大乡村各类新型社会组织，引导他们制定科学的发展规划、筹资体系、队伍培训与建设、规范管理制度等自身建设，鼓励他们引进高素质人才，将现代生产经营管理等技术和手段运用到基层服务和治理领域,着力提高服务和治理能力,以获得广大群众的支持和信任。

三是贴近村(居)民生活、乡村实际,广泛培育公共治安维护、民间纠纷调解、村(居)民职业介绍与培训和农业科技组织等有利于生产和生活水平提升的各类新型社会组织,拓宽村(居)民组织化领域,提高村(居)民的认同感和归属感。在培育数量和扩大规模的同时,引导乡村各类新型社会组织之间、组织内部成员之间相互信任与支持、互惠互利,以包容、开放的心态参与竞争与合作,提高他们整体治理效果[17]。

四是增加政府购买服务项目,将乡村公共事务委托或转移给相应的社会组织承担,为社会组织提供经费支撑。建立社会组织多元投入机制,更多地获取市场化支持,拓宽资金来源渠道,提升持续发展的能力。同时,建立健全评估考核体系,定期开展考核,将考核结果作为培育与扶持及购买服务的重要依据[18]。

(六)提升乡村干部治理能力与水平

乡村干部担当着乡村治理的重任,是乡村治理的组织者、推动者与实施者。党的十九大报告提出,培养造就一支懂农业、爱农村、爱农民的"三农"工作队伍。

一是从实际出发制定规划,分步实施,合理调整,让乡村干部和后备干部队伍在年龄、专业等上呈合理的梯次结构,实现系统化、规范化、科学化管理,大幅度地提高乡村干部带领村民发展经济的本领,建设一支执政和治理能力强的高素质乡村干部队伍。

二是对乡村干部进行分期分批、分层次培训,鼓励和支持他们参加各种学历学习,提高他们的科学综合和文化素质。创新培训的内容和方式,多办形式多样、内容丰富的短期培训班,除政治、经济、法律理论知识以及党在乡村的方针政策外,重点培训现代生产经营管理知识、实用技术知识、农村工作方法等,提高服务群众的能力和水平。

三是吸引大中专毕业生到乡村工作,特别是农学专业毕业生,充分发挥他们和上级选派的大学生村官、农技教卫人员工作积极性,提高他们养老、医疗等保险费标准以及工资待遇,关心他们的生活,解决他们的后顾之忧,让他们稳定地留在乡村,把新观念新思路带到乡村,为推进乡村治理现代化发挥巨大作用[18]。

四是及时对高考落榜生进行培养及引导,让他们成为乡村干部的有生力量和乡村治理后备人才。鼓励外出务工经商的村民进入村级组织工作,让他们成为发家致富的带头人,带着技术和资金回乡创业,领着大家发展现代农业。鼓励农村致富能手和农民企业家进入班子兼职,让这类乡村干部在适合的位置上挥出养殖专才、种植能手、田秀才的特长,成为群众的贴心人和主心骨[19]。

五是鼓励和引导他们改进工作方法,扎扎实实、脚踏实地服务于群众,遇事要调查研究,同群众商量,听取群众意见,绝不可强迫命令。村支部书记、村委会主任和乡镇党政一把手要讲究领导艺术和方法,正确行使手中的权力,充分发扬民主,发挥一班人的作用,杜绝发生以权谋私现象。

六是加强乡村干部监督管理,对那些工作打不开局面、政治素质不高、干不丁事、带领群众致富能力不强、不丁正事、为政不廉、群众不拥护、完不成年度工作目标的干部进行组织调整;对违反政策法律给其他事业和村集体经济造成损失的,该处分的处分,该罚的罚;对少数贪污腐化的乡村干部坚决严惩。

（七）采用乡村治理"互联网+"模式来弥补"空心村"乡村治理主体缺位

当前,随着在家务农与外出务工经商收入差距拉大,外出务工经商地点、工种等不同,收入差异大,导致村民流动性的增强。但村民无论流动到何处,如何流动,通过手机、电脑网络均可视频、通话,交流感情,互换信息,这为乡村治理"互联网+"模式提供了可能。

一是以村落或村民组为单位建立 QQ 群、微信群,把分散在全国各地本村落或本村民组村民集中在一个网络空间（QQ 群、微信群）内,紧密联系在一起,交流讨论互动,解决乡村治理村参与不多问题。QQ 群、微信群至少保证每户都有人入群,保证本村落或本村民组每家每户均可共享群内信息。村民在参与讨论共同的话题时增强了感情,彼此间关系变得亲密,也增强对村落的认同感,村落或村民组内各类矛盾日益减少。

二是群内成员共享村内、村外各类信息的同时,QQ 群、微信群的群主积极引导大家参与村落或村民组中的公共事务,讨论儿童教育、老人养老等热点难点及大家共同关心的问题,共同找出适当的解决办法,把群内的讨论结果转化成现实中的行动,实现彼此间互帮互助[19]。

三是乡村两级具体工作要跟进,也建立 QQ 工作群或微信工作群,乡镇政府 QQ 工作群或微信工作群至少保证辖区内每个行政村都有人入群,行政村 QQ 工作群或微信工作群至少保证辖区内每村落或村民组都有人入群,承担上对下的联络员,让互联网成为乡村两级的传声筒。

四是乡村两级建立官方网页、微信公众号,发布或推送各类惠农政策、本地生活资讯以及乡村两级工作动态,让全体村民了解乡村两级最新工作动态以便配合并理解乡村两级的行动。特别是涉及村落或村民组基础设施建设和公共事务管理的信息发布后,该村落或村民组在外村民能第一时间获悉,并通过网络和在家村民商定实施方案,实现对村内公益事业或公共事务的参与。

五是乡村两级通过 QQ 群、微信群收集民意、倾听民声，全面及时地了解分散各地村民对某项工作方案、措施的具体看法，可以实现最快速纠正错误或不妥之处，尽可能地避免工作失误。通过网络，乡村两级与村民监督各项各类惠农政策和工作的实施，真正让村民享受到惠农政策带来的益处，成为连接乡村两级与村民之间的桥梁，让乡村治理工作变得更加顺畅，为乡村振兴塑造安定有序的环境[20]。

（八）建立健全"自治、德治、法治"结合的多元解决矛盾纠纷机制

利益纠纷和矛盾纷繁复杂，方法不对，协调不好，均有可能引发矛盾纠纷激化，不利于乡村振兴。因此，必须按照十九大的精神，从实际出发，建立健全自治、法治、德治"三治"融合的多元解决矛盾纠纷机制，以确保持乡村和谐稳定、长治久安。

一是建设农村群众性自治组织，设立村民理事会、村民议事会、村民监事会，把本村德高望重的村民、新乡贤、党员、村民代表、社会知名人士推选为会长、副会长，充分发动他们积极参与乡村治理和排查调处化解矛盾纠纷。他们把血缘、亲情、乡情等因素融入乡村治理和矛盾纠纷排查调处化解中，有利于提高乡村治理和矛盾纠纷排查调处化解能力和效果。

二是以"法律六进"为主要载体，加大乡村普法力度，在广播、电视开辟普法栏目，普及法律、法规及相关政策等知识，引导广大村（居）民增强学法遵法守法用法意识，提高法治素养，提升运用法律武器解决问题的能力，形成遇事找法、化解矛盾纠纷靠法、维护权益用法遵法的浓厚氛围。建立健全县乡村矛盾纠纷调处机制，增强乡村干部法治观念，带头学法、遵法、守法、用法，依法办事，依法行政，把各项工作纳入法治轨道，依法理顺群众各种利益关系，平衡他们不同的利益诉求，调处化解各类矛盾纠纷，提高依法治理能力和水平。

三是从乡村实际出发，强化村民道德教化作用，把社会主义道德教育作为重要内容，引导他们破除陈规陋习，反对封建迷信，激发他们发扬艰苦奋斗、勤俭持家、重义守信、自力更生、孝老爱亲、向上向善的传统美德[21]。强化道德约束，把诚信、荣辱融入农民群众日常生活，成为他们的道德准则和行为规范，使他们讲诚信、识美丑、知荣辱、明是非、辨善恶，使道德约束力持续有效。法律效力发生门槛高，无法及时解决乡村日常发生的各类矛盾，可操作性不强，乡村各类社会矛盾的调解更多地依靠村规民约[22]。在完善和修订村规民约时，将家庭美德、职业道德、社会公德等公民道德建设纳入其中，融入乡村经济社会文化生活的各个方面，转化为村民自觉行动，促进乡村形成干

群融洽、平等友爱、家庭和睦、扶贫济困、团结互助、邻里融洽和谐的良好风尚,实现乡村社会道德秩序井然,群众生活安定。

参考文献:

[1] 甘肃省山丹县委组织部. 乡镇党委运行机制问题探析[J]. 组织人事学研究,2013(1):34-37

[2] 王维国,刘军. 北京市乡镇人大履行职权的现状、经验与问题[J]. 新视野,2011(3):56-61.

[3] 郝涛. 乡镇政府的治理能力:弱化与重塑[J]. 重庆交通大学学报(社会科学版),2015(1):9-11.

[4] 夏朝丰. 村务管理中的村级党组织核心职能研究[J]. 宁波大学学报(人文科学版),2012(3):63-67.

[5] 孟里中,张朋,刘文光. 乡镇干部精准扶贫能力建设的影响因素及对策[J]. 行政与法,2017(3):46-53.

[6] 周春霞. 农村空心化背景下乡村治理的困境与路径选择——以默顿的结构功能论为研究视角[J]. 南方农村,2012(3):68-73.

[7] 肖立辉. 发挥乡镇党委领导作用的五种方式[J]. 中国党政干部论坛,2017(4):17-20.

[8] 贾晋,李雪峰. 政府职能、居民评价与乡镇政府满意度——基于10省1336个样本的实证分析[J]. 公共行政评论,2017(3):164-183.

[9] 吴理财. 加强乡镇政府服务能力建设——如何强化乡镇政府服务功能[J]. 中国党政干部论坛,2017(4):6-11.

[10] 汪恭礼. 乡镇条块管理中存在的问题亟待解决[J]. 红旗文稿,2005(22):26-28.

[11] 周挺. 治理背景下村级党组织群众工作的着力点[J]. 中共云南省委党校学报,2014(5):82-84.

[12] 郭波. 村级党组织权威弱化及其治理研究[J]. 四川理工学院学报(社会科学版),2011(3):1-6.

[13] 何金凤,王晓荣. 农村党组织治理能力提升与基层政治生态优化[J]. 理论学刊,2016(3):42-47.

[14] 谢明. 论村委会职能的异化及其治理[J]. 行政与法,2012(3):94-97.

[15] 梁德友,刘志奇. 社会组织参与群体性事件治理研究:功能、困境与政策调适[J]. 河北大学学报(哲学社会科学版),2016(3):136-142.

[16] 邱玉婷. 农村社会组织参与乡村治理的机制分析[J]. 农村经济与科技,2015(7):190-192.

[17] 刘瑜. 农村社会组织:促进社会善治重要力量[J]. 人民论坛,2017(8):60-61.

[18] 刘太敏. 社会组织有效参与新型农村社区治理的路径分析[J]. 企业导报,2016

（9）:196.

[19] 刘融斌. 农村稳定与吸引人才新途径——以鄱阳湖生态经济区农村为例[J]. 新农村(黑龙江),2012(8):9-10.

[20] 朱启彬. "互联网+"背景下的村落共同体重塑[J]. 人民论坛·学术前沿,2017(21):72-75.

[21] 郑会霞. 关于农村思想道德建设的思考[J]. 决策探索,2017(6):88-89.

[22] 刘志奇,梁德友. 基于不同理论的乡规民约研究理路及其展望[J]. 河北大学学报(哲学社会科学版),2018(1):120-125.

一体化背景下长三角城市
可持续竞争力以及政策创新

周 娟

摘 要：本文通过整合舒适性与可持续消费理论，构建城市可持续竞争力评价模型，以 2011—2017 年长三角 14 个城市为样本，发现一体化背景下苏浙沪与安徽地区内部分化特征明显，彼此可持续竞争力不平衡。利用秩相关分析法验证城市可持续竞争力与创造型人力资本吸引力之间关系的存在，基于 Tobit 模型分析自我实现层的舒适性对创造型人力资本吸引力的影响，发现：现阶段省级或副省级城市仍是创造型人才的集聚地，但其人力资本投资成本居高不下则为安徽省创造了人力资本回流的可能；创造型人才的人文意识已超过物质意识，但生态意识仍然偏低，这为安徽省通过提高城市舒适性供给能力与水平来吸引人力资本提供了机遇。未来三省一市至少要从以下几个方面去政策创新：以城市群为城市治理的主体形态，强化三省一市之间的统筹协调；坚持人本治理理念，打造城市可持续消费空间；加大人力资本投资改革力度，促进人力资本向皖回流。

关键词：城市舒适性；可持续消费；城市可持续竞争力；创造型人力资本吸引力；长三角一体化；政策创新

一、引 言

随着城市问题的爆发，传统城市规划过分注重空间的物质形态、城市竞争过分强调 GDP 等经济优势已不可持续，因为决策者忽略了城市治理的出发

作者简介：周娟，铜陵学院工商管理学院教师，讲师。
基金项目：2018 年安徽省社会科学创新发展研究课题（2018CX030）

点和落脚点是人,是使人收获幸福与快乐,是实现人的全面发展,从而造成城市竞争力的不可持续,即城市不能保证经济、社会、环境之间的协调发展。

城市舒适性逐渐成为城市竞争力的新动力。城市舒适性源自人们对城市或地方的整体性消费,强调城市既是生产与工作的场所,也是消费和居住的空间;"消费城市""地方消费主义"等都强调未来城市保持持续增长和繁荣将更加依赖于城市的消费功能。① 然而,由于"物本消费主义"的抬头、炫耀型消费的蔓延等,人们作为地方消费者又在"黑化"。

因此,舒适性具有整合可持续消费的紧迫性,即只有成为一个可持续消费空间,城市才能拥有可持续竞争力。社会实践论指出要想实现可持续消费,除了教育消费者,公共政策更需要考虑与可持续相关的基础设施的供给②。即结合城市消费者与舒适性供给系统来打造可持续消费空间,提升城市可持续竞争力:一方面由城市舒适性系统来"助推"地方消费者转变需求——消费者不仅关注物质需求,还要重视人文与生态需求③,另一方面供给端要匹配消费端。

以三种理论为基础,舒适性理论又具备整合可持续消费的条件。一是根据人居环境理论,舒适性决定了人们的生活质量或幸福感;可持续消费并不是减少消费,而是更高效地消费,旨在提升人们的生活品质④。二是根据需求理论,舒适性主要关注的就是人的需求;可持续消费不仅关注物质需求,还重视人文需求与生态需求。三是根据人力资本理论,城市要通过提升舒适性来吸引创造阶层的入驻,创造型人才是新经济时代城市可持续发展的决定力量⑤;创造型人才具有较高的行为反思能力,是消费文化与扩大消费的中坚力量,往往被视为可持续消费的先驱。

综上,整合舒适性与可持续消费去探讨城市可持续竞争力更有意义。长三角一体化作为国家战略,为长三角各地之间的信息传递与政策学习提供了有效途径,有利于区域内城市治理进程的推进,尤其为安徽提供了创新发展机遇。本文立足安徽并以苏浙沪典型城市为分析对象,对城市可持续竞争力进行评价,并结合一体化的现实需要总结政策建议,提升其创新性与有效性。

---

① Cappellin R. Growth, consumption and knowledge cities[J]. Management, 2011, 2(2):6-22.

② 范叶超,赫特·斯巴哈伦. 实践与流动:可持续消费研究的社会理论转向[J]. 学习与探索,2017(8):34-39.

③ 钟茂初. 可持续消费:物质需求、人文需求、生态需求视角的阐释[J]. 消费经济,2004(5):48-51.

④ 温婷,等. 城市舒适性:中国城市竞争力评估的新视角及实证研判[J]. 地理研究,2016,35(2):214-226.

⑤ 崔人元,霍明远. 创造阶层与城市可持续发展[J]. 人文地理,2007(1):7-11.

二、城市可持续竞争力评价

(一)模型构建

可持续竞争力由城市竞争力与城市可持续发展不断融合而来,2010 年 Balkyte 和 Tvaronaviiene 基于"欧盟 2020 年发展战略"以及竞争力与可持续能力之间相互作用的研究,指出发展"可持续竞争力"的概念以及新的理论模型非常必要,但他们并没有给出明确的定义以及评价模型与方法①。2013 年,世界经济论坛将可持续竞争力定义为"一系列制度、政策和要素,能够使一个地区长期保持一定的生产力水平,同时确保社会和环境的可持续性"。该定义以经济竞争力为核心,强调经济与社会、环境间的协调关系②。

本文的评价模型借鉴了世界经济论坛的"可持续性修正 GCI 模型":计算经济舒适性来评价城市竞争力,评价城市竞争力的可持续性,将城市竞争力与城市竞争力可持续性融合为城市可持续竞争力。但是与以往模型又存在不同(见图 1):一是舒适性包括工作机会与收入等经济因素。现阶段的中国,经济因素仍是提供人们幸福、快乐与舒适的重要资源,因此本文将经济因素扩展至舒适性的外延之中,这样也有利于掌握城市吸引人才的规律。二是舒适性的内涵与城市可持续竞争力相匹配,包括经济、社会与环境舒适性。三是依然以经济指标来表征城市竞争力,但是结合人的需求来进行的指标设计。面向可持续消费空间的城市规划与建设,仍要匹配人们的物质需求。

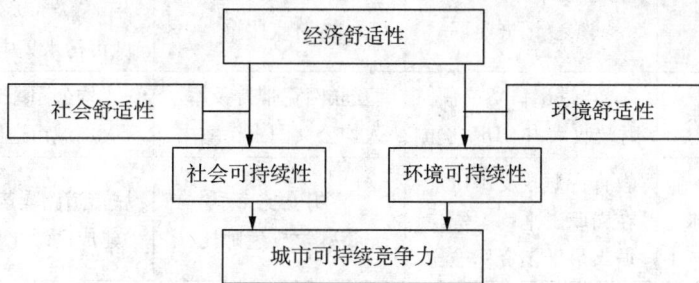

图 1　城市可持续竞争力评价模型

---

①　Audrone Balkyte, Manuela Tvaronaviiene. Perception of competitiveness in the context of sustainable development:Facets of sustainable competitiveness[J]. Journal of Business Economics and Management,2010,11(2):341–365.

②　Klaus Schwab. The Global Competitiveness Report 2012—2013[R]. World Economic Forum,2013.

(二)指标体系

为了保证指标的内在联系和逻辑性、提升评价结果的客观性,本文基于马斯洛需要层次理论来设计供给端指标;大学生一直是重要的可持续消费实践群体,为了匹配消费端,还针对大学生地区流动意愿与行为开展了一次小规模调查,最终确定评价指标,见表1。

横向上,经济、社会与环境舒适性分别反映人们物质、人文与环境需求的匹配程度。纵向上,可持续消费需求又被划分为5个层次:生存需求:主要从社保与就业、住房、医疗、水源与气候等方面来反映。安全需求:主要从金融安全、失业风险、公共安全、空气安全及用水安全等方面来反映。社交需求:主要从外贸、行政效能(一般地,财政收入占GDP比重越高,地方越有能力为人们提供富足的公共服务)、网络化、文化交流、户外互动与行走空间等方面来反映。尊重需求:主要从教育普及、劳动尊重、性别平等、社会包容、道路礼仪以及自然邻近性等方面来反映。自我实现需求:主要从消费能力、生产效率、生命延续、智力资本、科技创新、环保水平以及游客吸引等方面来反映。

表1 评价指标设计

	经济舒适性	社会舒适性	环境舒适性
生存需求	社保就业财政支出比重	城镇常住居民人均住房建筑面积 人均三甲医院数	人均水资源量 平均气温
安全需求	金融机构本外币存贷比 城镇登记失业率	公共安全支出占财政比重	空气质量达到及好于二级的天数比例 城市污水集中处理率
社交需求	人均进出口贸易额 财政收入占GDP比重	互联网宽带普及率 人均公共图书馆藏书	人均公园绿地面积 人均城市道路面积
尊重需求	教育占财政支出比重 在岗职工平均工资与城市最低工资标准比	男女比率 特殊学校生师比	城市道路噪声平均值 建成区绿化覆盖率
自我实现需求	人均消费性支出占可支配收入比重 人均生产总值	人口出生率 人均受教育程度 人均专利授权量	综合能耗产出率 万人年均国内旅游收入

(三)数据与方法

美好安徽建设的不断推进、人才强省战略的深入实施等,促进了安徽省人力资本回流。但在进行安徽省城市研究时,不能就安徽论安徽。要从地理视角展开城市的研究,将相关要素进行空间上的投射,从对其影响较大的区域,进一步认识城市之间的差异,从而更深入地揭示安徽省城市竞争力的现实状态。因此,本文立足于安徽,同时结合大学生地区流动意愿与行为调查,又选择苏浙沪地区 6 个最具人力资本吸引力的城市。数据来源主要包括 2011—2017 年省市统计年鉴等。

为保证数据处理的客观与可比性,利用熵值法来计算经济、社会与环境舒适性水平:A_e、A_s、A_t,并结合协调发展度模型来评价 A_e、A_s、A_t 之间和谐与共进的情况,计算得出社会可持续水平 D_{es}、环境可持续水平 D_{cs},如式(1)所示。其中,D_{pq} 为 p、q 之间的协调发展度,A 为舒适性水平,调节系数 $k=2$;按照目前城市竞争力的主流观点,经济、社会、环境系统应该具有同等重要的地位和作用,各系统权重 α、β 分别赋值 0.5,最后以 D_{es} 与 D_{cs} 的算数平均合成为城市可持续竞争力 C_s,如式(2)所示。

$$D_{pq} = \sqrt{\left| \frac{A_p \times A_q}{((A_p + A_q)/2)^2} \right|^k \times (\alpha A_p + \beta A_q)} \qquad \text{式(1)}$$

$$C_s = (D_{es} + D_{cs})/2 \qquad \text{式(2)}$$

(四)结果

长三角 14 个城市可持续竞争力测度结果见表 2。

表 2　长三角 14 个城市可持续竞争力测度结果

年份	城市/可持续竞争力													
	上海	南京	无锡	苏州	杭州	宁波	合肥	滁州	马鞍山	芜湖	宣城	铜陵	池州	安庆
2011	0.7238	0.7411	0.7328	0.7751	0.7417	0.6636	0.5216	0.4673	0.5804	0.5527	0.5257	0.6051	0.5535	0.4712
2012	0.6988	0.7248	0.7459	0.7671	0.7306	0.7046	0.5301	0.5156	0.5523	0.5744	0.5187	0.6074	0.5589	0.5012
2013	0.6775	0.7261	0.7526	0.7787	0.7656	0.7129	0.5246	0.5201	0.5643	0.5492	0.5284	0.6044	0.5534	0.5192
2014	0.6772	0.6982	0.7397	0.7937	0.7572	0.7062	0.532	0.5255	0.5695	0.5244	0.5021	0.613	0.5476	0.51
2015	0.6399	0.7673	0.7558	0.7978	0.734	0.6956	0.5401	0.5365	0.5678	0.5084	0.5291	0.5552	0.5502	0.5263
2016	0.6952	0.7504	0.7597	0.7944	0.7278	0.701	0.552	0.5051	0.5488	0.5263	0.5196	0.5707	0.5032	0.5116
2017	0.7062	0.7528	0.7641	0.793	0.7274	0.7124	0.5503	0.5105	0.5526	0.5284	0.5181	0.5778	0.5193	0.5156

区域之间,苏浙沪 6 个城市的可持续竞争力始终高于安徽省 8 个城市,两地始终存在差距。

区域内部,除了南京,苏浙沪其他两个行政级别最高的上海、杭州的城市可持续竞争力都有所下降,但是南京的上升幅度低于行政级别次之的宁波、无锡与苏州;除了合肥、滁州与安庆的城市可持续竞争力持续提升,安徽省大部分城市的可持续竞争力都呈下降趋势。可见,相较于一线城市,一些新兴城市可持续竞争力动力可能更强劲,例如苏州、合肥等。

三、城市可持续竞争力评价模型的鲁棒性

不能吸引创造型人才入驻的城市很难具有可持续竞争力。为了保证城市可持续竞争力评价的鲁棒性,本文通过城市可持续竞争力与创造型人力资本吸引力的相关性分析来验证(两者相关性越强,鲁棒性越好)。

(一)创造型人力资本吸引力的测度

主要从数量、质量与结构三方面来进行测度。

流动人口比例常被用来测度城市对人口的吸引能力。流动人口扩大了城市规模,有利于降低城市舒适性供给成本。流动人口比例还会提高城市的创业活跃度[①],从而展示出较强的人力资本创造力,提升城市舒适性供给水平。该指标用作数量测度,计算方法为:

$$流动人口比例 = 1 - \frac{城市户籍人口数}{城市年末人口总数}$$

高考移民是一种典型的人才流动现象,该流动决策的制定除了与高校有关,还与其所在城市有关。因此,在校大学生数量一定程度上代表了城市对创造型人力资本的吸引力。但是,由于城市高校数量的异质性,高校较多的城市其创造型人力资本可能会被严重高估,从而带来较大的偏差,因此本文采用平均值来量化。该指标用作质量测度,计算方法为:

$$在校大学生人数 = \frac{在校大学生总数}{高等学校个数}$$

第三产业占比反映了一个城市的经济效率与经济结构:第三产业占比越高,金融业、公共服务等越发达,城市对创造型人力资本的就业吸纳能力越强,城市高品质生活的供给能力越强;此外,创造型人力资本的创业领域主要集中于互联网等新科技,智力资本存量大。因此,本文选择第三产业就业人员占比用作创造型人力资本吸引力的结构测度,计算方法为:

---

① 叶文平,李新春,陈强远.流动人口对城市创业活跃度的影响:机制与证据[J].经济研究,2018(6):157-170.

$$第三产业就业人员比例 = \frac{第三产业就业人员总数}{就业人员总数}$$

本文从以上三个方面来测度创造型人力资本吸引力,并结合 TOPSIS 法进行计算。TOPSIS 法可以根据有限个评价对象与理想化目标的接近程度进行排序,从而进行相对优劣的评价,见表3。

表3 长三角14个城市的创造型人力资本吸引力

| 年份 | 城市/创造型人力资本吸引力 | | | | | | | | | | | | | |
	上海	南京	无锡	苏州	杭州	宁波	合肥	滁州	马鞍山	芜湖	宣城	铜陵	池州	安庆
2011	0.79	0.71	0.69	0.77	0.65	0.67	0.40	0.14	0.27	0.29	0.11	0.30	0.15	0.05
2012	0.83	0.70	0.71	0.80	0.66	0.69	0.41	0.16	0.29	0.30	0.13	0.32	0.09	0.07
2013	0.79	0.69	0.68	0.77	0.64	0.67	0.40	0.16	0.30	0.33	0.12	0.32	0.08	0.08
2014	0.78	0.67	0.67	0.76	0.62	0.66	0.41	0.17	0.31	0.33	0.12	0.32	0.08	0.08
2015	0.78	0.66	0.65	0.76	0.62	0.67	0.41	0.16	0.31	0.32	0.13	0.20	0.07	0.07
2016	0.82	0.65	0.67	0.77	0.64	0.69	0.41	0.17	0.31	0.29	0.13	0.22	0.07	0.05
2017	0.82	0.62	0.65	0.75	0.64	0.69	0.40	0.18	0.32	0.29	0.13	0.21	0.07	0.03

(二)城市可持续竞争力与创造型人力资本吸引力的相关分析

采用秩相关分析法。该方法是利用两变量的秩次大小作线性相关分析,对原始变量的分布不作严格的要求,属于非参数统计方法。表达式为:

$$r_s = 1 - \frac{6\sum_{i-1}^{n} d_i^2}{n(n^2 - 1)} \qquad 式(3)$$

其中:r_s 为秩相关系数;d_i 为指标 x_i 和指标 y_i 的评秩差值;x_i 为城市可持续竞争力排序后的秩;y_i 为城市创造型人力资本吸引力排序后的秩;n 为样本城市数量,结果见表4。

表4 城市可持续竞争力与创造型人力资本吸引力的秩相关结果

	创造型人力资本吸引力
城市可持续竞争力	0.807 * * * (0.000)
经济舒适性	0.764 * * * (0.000)

（续表）

	创造型人力资本吸引力
社会舒适性	0.834***(0.000)
环境舒适性	0.3**(0.003)

注：*表示$p<0.05$，**表示$p<0.01$，***表示$p<0.001$，括号内的数值为显著性水平。

　　如图4(a)所示，城市可持续竞争力与创造型人力资本吸引力之间的秩相关系数为0.807并且显著(见表4)，说明可持续竞争力评价模型总体上具有良好的鲁棒性。根据图4(b)、4(c)、4(d)，创造型人力资本吸引力与经济、社会以及环境舒适性都存在显著的正相关关系，秩相关系数分别为0.764、0.834、0.3，呈现出不同的人才吸引规律：一是创造型人力资本吸引力与社会舒适性的相关性最强，表明：不论是安徽还是苏浙沪，社会舒适性对创造型人才都构成更强的吸引力；社会舒适性越高的地区，越容易集聚创造型人才。

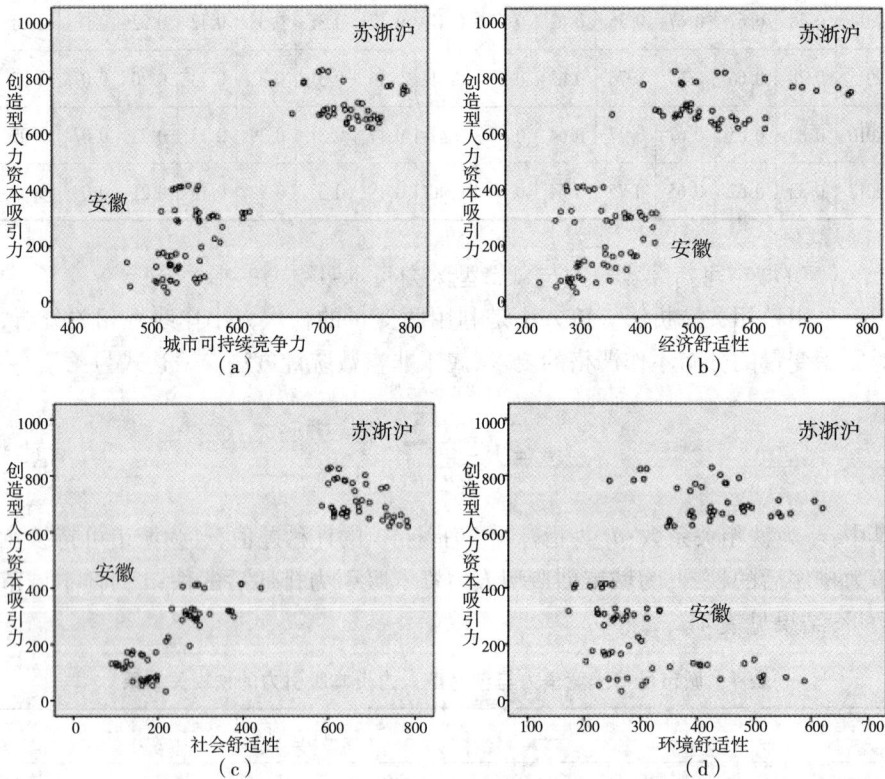

图4　城市可持续竞争力与创造型人力资本吸引力的秩相关散点图

二是创造型人力资本吸引力与经济舒适性的秩相关系数为0.764<0.834,表明创造型人才对工作机会与收入是比较重视的,但重视程度要低于社会舒适性;经济舒适性越弱的城市,对创造型人才的吸引力越弱,因而安徽对这类人才的吸引力低于苏浙沪。三是创造型人力资本吸引力与环境舒适性的相关性最弱,表明无论是安徽还是苏浙沪,相较于较高的人文与物质意识,创造型人才的生态意识可能还停留在较低层次,因此即使安徽的环境舒适性与苏浙沪比较接近,但仍然很难留住人才。

四、创造型人力资本吸引力的影响因素

总体上把握了创造型人力资本吸引力与城市可持续竞争力之间的关系,还须进一步分析创造型人力资本吸引力的影响因素,从而促进城市治理政策的有效性。具体为:将创造型人力资本吸引力作为被解释变量 TA_{it},将城市可持续竞争力的相关因素作为解释变量进行回归。由于城市可持续竞争力旨在城市的长期发展须匹配人们全面发展的需求,因此本文选择自我实现需求层次的舒适性指标作为解释变量:CM_{it}、PG_{it}、BR_{it}、ED_{it}、PT_{it}、CI_{it}、TR_{it}。根据上文可持续竞争力评价结果,一些新兴城市的可持续竞争力动力强劲,因此选择城市行政级别作为控制变量 XZ_{it}(XZ 为哑变量,$XZ_1=1$ 表示直辖市,$XZ_1=0$ 表示非直辖市;$XZ_2=1$ 表示省会或副省级城市,$XZ_2=0$ 表示其他)。由于 $TOPSIS$ 法得出的 $0<TA_{it}<1$,属于截尾的离散分布数据,若采用 OLS 进行估计,会产生偏差且估计量不一致,因而采用基于极大似然估计法的 $Tobit$ 模型[①]。综上,将回归方程设定为:

$$TA_{it}=\beta_0+\beta_1 CM_{it}+\beta_2 PG_{it}+\beta_3 BR_{it}+\beta_4 ED_{it}+\beta_5 PT_{it}+\beta_6 CI_{it}+\beta_7 TR_{it}+\beta_8 XZ_{it}+\mu_i+\varepsilon_{it}$$

其中,it2011—2017(4)由于数据量有限,无法进行固定效应面板 $Tobit$ 回归,因而利用面板随机 $Tobit$ 模型和混合面板 $Tobit$ 模型,其判断依据为:当 LR 检验所对应的 P 值小于0.01,则存在个体效应,应采用面板随机 $Tobit$ 模型;当 P 值大于0.01 时,则采用混合面板 $Tobit$ 模型。经检验,LR 检验的 P 值小于0.01,因此采用面板随机 $Tobit$ 模型,见表5。

① 陈强. 高级计量经济学及 Stata 应用[M]. 北京:高等教育出版社,2014.

表5　Tobit 回归结果分析

	TA
CM	0.0605*（0.0269）
PG	0.0437*（0.0183）
BR	−0.0052*（0.0022）
ED	0.0175*（0.0078）
PT	0.0008**（0.0003）
CI	0.0007（0.00096）
TR	−0.0308***（0.0084）
XZ_1	0.5248***（0.0827）
XZ_2	0.3775***（0.0474）
constant	−0.41*（0.1918）
rho	0.9316（0.0292）

注：*表示 $p<0.05$，**表示 $p<0.01$，***表示 $p<0.001$，括号内的数值为标准差。

CM、PG、ED、PT 均具有显著的正向作用。这与秩相关分析的结果保持一致，创造型人力资本的物质与人文意识比较高。他们会被那些能够提供高工作机会与收入的城市所吸引，这些城市智力与创新资本存量大，能促进人的全面发展与自我实现。XZ_1 与 XZ_2 对 TA 也具有显著的正向作用，表明长三角行政级别高的城市其人力资本吸引力仍然很强，尽管安徽省的某些新兴城市的可持续竞争力动力很强劲，但现阶段创造型人才的首选之地可能还是上海，其次是杭州、南京、宁波等苏浙沪地区的省会或副省级城市。

CI 对 TA 的正向作用虽然不显著，但一定程度上说明创造型人才已开始注重环境保护，但可能仅仅话语意识高而实践意识低，即环保意愿强但由于能力不足或基础设施不够完善而无法真正实践，典型例子如新能源汽车缺少充电桩等。较高的旅游收入意味着旅游资源的丰富，但表5显示旅游收入 TR 对 TA 具有显著的负向作用，表明长三角地区创造型人才的旅游热情很高，但越是旅游热门城市，其基础设施建设压力越大、生态环境越易被旅游开发而恶化，由于补偿机制缺失，创造型人才的相对剥夺感易引发冲突甚至导致人才的出走。这也说明了创造型人才生态意识偏低很有可能还是实践不佳造成的。

人口的出生意味着生命的延续，这种延续包括数量与质量两个方面。养育子女，即增加"耐用消费品"的消费能增进幸福感；而根据经济学家 Becker

的"质量数量替代假说",父母的偏好总是指向质量高的孩子,随着家庭收入的提高,对孩子质量的需求会逐渐增强。表5显示 BR 对 TA 存在显著的负向作用,表明现阶段创造型人才对子女质量的偏好超过数量,他们会被低出生率的城市所吸引,因为这些城市往往高端教育资源丰富能增加孩子的人力资本,例如上海;然而近年来大城市的教育成本和房价的高涨等大大增加了人力投资成本,更加深了他们对子女质量的偏好,对数量的替代效应更强。

五、结论与政策建议

(一)结论

(1)长三角地区竞争力内部分化特征显现,拥有较高人力资本存量的省级或副省级城市仍是人才的首选之地,加之一些新兴城市例如苏州、无锡等地的城市可持续竞争力不断上升,未来可能形成人力资本由安徽流向苏浙沪的"路径依赖",从而加剧安徽与苏浙沪之间的不平衡,不利于长三角一体化。

(2)现阶段,创造型人才的人文意识已超过物质意识,但生态意识仍然偏低。这种意识低下不是因为创造型人才的环境觉悟低,相反正是由于觉悟高而环境舒适性供给能力跟不上才导致实践不佳。这实际上为环境舒适性较高的安徽提供了一种发展机遇。

(3)大城市出生率偏低已开始拉低其可持续竞争力,教育与住房费用的昂贵等,大城市养育孩子的收入效应持续大于替代效应,高收入的创造型人才对孩子质量的偏好更多。如此看,大城市人力投资成本居高不下也为安徽省人力资本回流创造了可能。

(二)政策创新

为了推动长三角高质量一体化、推进城市治理进程、提高城市可持续竞争力,苏浙沪皖各大板块至少需从以下几个方面去进行政策创新。

1. 以城市群为城市治理的主体形态,强化三省一市之间的统筹协调

一是充分发挥长三角区域合作办公室的组织功能,推进国家层面实体性的统筹协调机构的建立以及"半官办民"跨地区组织的构建,提升城市治理的系统性与开放性。例如率先推进苏浙沪与安徽省可持续竞争力较强的城市之间的专项合作,加强城市间的人才交往、资金流动、信息流通、文化融通等。

二是探索建立区域内基于可持续发展目标的城市竞争力评价与监管制度,完善地方首脑绩效考核与问责机制,监测地区之间环境流动以及网络化驱动的信息、文化、符号等非物质流动对可持续消费的影响,促进地方对长期

投资的关注以及可持续消费方式的培育。

三是正视各地发展差异、立足各地发展阶段,打破行政区划限制,实现区域内经济、社会、环境领域的协同及资源的对接,例如长江流域生态环境协同治理共同提升环境舒适性、通过社会保障与福利等趋同化以及公共服务一体化等提升社会舒适性、探索区域产业协同财税制度创新提升经济舒适性等。

四是尤其加强对高端人才市场的管理,规范人才定价、交易和监管政策,提高人才市场透明度,避免三省一市之间无序的"人才价格战",保证中小城市尤其安徽的人才引进空间。

2. 坚持人本治理理念,打造城市可持续消费空间

一是实施城市竞争力动力变革,重视城市生产功能,同时加大城市多元化、多层次的城市消费设施的建设,满足人才多样化需求,从而引发创造型人才集聚、促进新的服务与产品创新、促进多样化产业集聚,提高城市发展能力。

二是增加城市舒适性供给能力与水平,完善与可持续相关的基础设施建设,促进可持续消费实践;加大城市可持续消费的宣传与教育,引导消费者践行可持续的生活方式,引导消费升级转向可持续消费,关注物质需求与人文需求,增强生态意识,提高可持续基础设施利用率,降低供给成本。

三是建立健全绿色低碳循环发展的消费经济体系,保证物质、人文与生态需求之间的平衡。政府应统筹布局可持续消费空间,重点发展创意产业、绿色消费相关产业与服务,强化企业与公民的社会责任意识与公民精神。尤其提高绿色产品与服务的可达性,确保公民的环保可实现性与便利性。

四是通过数字智能技术与城市管理、公共服务相结合,推行"智慧城市""智能城市",促进城市治理的智慧化与精细化;建立市场化旅游生态补偿机制,保护旅游地生态环境与居民长期利益,提高居民、游客等城市消费者的城市舒适性,促进社会可持续与环境可持续。

3. 加大人力资本投资改革力度,促进人力资本向皖回流

大城市人口拥挤、房价高企、出生率持续走低等为中小城市人才回流提供了可能,安徽省要吸取经验、把握机遇。

一是提高人力资本回报率。提升优势产业水平、注重错位发展、完善体制机制,为创造型人才提供丰富的工作机会与高工资收入;鼓励全社会多方参与人力资本投资,提高人力资本存量与质量,打造良好的人文空间,满足人文需求;以"人的城镇化"来推动城镇化进程,防止大城市病在中小城市蔓延,优化城市空间布局,提升环境舒适性。

二是提高人力资本利用率。推进管理创新、开展柔性引进,自我造就人才和巧妙借用人才。推动体制内激励机制改革,提升公共服务能力,引导高

质量人力资本流入企业尤其是民营企业,提供有力的人才创业支持政策。

　　三是降低人力资本投资成本。坚持"房住不炒"的定位,落实房地产长效管理机制,不将房地产作为短期刺激经济的手段。积极响应二胎政策,大力发展早教服务以及学前教育,适度降低育孩的收入效应。加强义务教育阶段的学校教育,减少家庭的校外教育需求,降低教育成本。加大对家庭的转移支付力度,对有孩和多孩家庭进行现金转移支付、提供购房优惠政策等,降低抚养成本。

长三角科技创新共同体建设
的思路及对策研究

赵菁奇　刘赞扬　孙　靓

　　摘　要:文中分析了"共同体""创新共同体""科技创新共同体"的内涵及构成。从协同视角对长三角区域科技创新发展现状进行梳理,分析构建长三角科技创新共同体中存在的问题,探讨建设长三角科技创新共同体的对策建议。提出要在明确目标定位,加强顶层规划设计;健全协同机制,优化资源共享;鼓励联合攻关,促进成果转化;扩大对外开放,营造良好环境等方面推动长三角科技创新共同体建设,推进长三角区域一体化发展,把长三角区域建设成为全球重要的高端制造业和国际科技、产业创新中心。

　　关键词:长三角区域;共同体;科技创新;对策研究

　　当前,世界正在经历百年未有之大变局,新一轮科技革命和产业变革迅速发展。创新是当今时代的重大命题,全球因创新而联系紧密,全球因创新而竞争激烈,创新的方式方法随时代也正在发生变革,催生着对创新理论和模式的再思考。"共同体"一词较早时候来源于"科学共同体",原本是一个科学哲学概念,所谓的"科学共同体"是对遵守同一科学规范的科学家群体的总称①。2008 年《空间力量:建设美国创新共同体体系的国家战略》②由美国大学科技园区协会发布,提出了"创新共同体"进行协同创新的新理念及组织模式,对科技创新及产业发展的空间因素给予高度关注③,并提出了创新的"空

　　作者简介:赵菁奇,中共安徽省委党校(安徽行政学院),副教授。刘赞扬,安徽科学技术情报研究所,研究员。孙靓,安徽科学技术情报研究所,副研究员。

　　①　梁飞. 科学共同体概念、运行及其社会责任初探[J]. 法治与社会. 2010(35):217–218.

　　②　Association of university research parks. The power of place:A national strategy for building America's com-munities of innovation[EB/OL]. http:／www.aurp.net /assets/documents/The Power of Place. pdf,2008.

　　③　李春成. 创新共同体——协同创新的理念与工具[EB/OL]. http://blog.sina.com.cn/s/blog_d388–85690101hyqt.html,2013.

间力量"(the power of place)计划,旨在打造能将全美国若干创新主体协同化连接起来的"美国创新共同体"(america's commu-nities of innovation)。可见创新共同体最初是想解决一个国家或区域内各创新主体协同创新的问题。自此,"创新共同体"概念引起了全球的广泛关注,成为各国政府政策文件中的重点。随着我国经济发展由高速发展转变为高质量发展,迫切需要通过改变创新组织形式以实现创新能力提升、产业转型升级进而推动经济发展方式转变。在《京津冀协同发展规划纲要》《长江三角洲城市群发展规划》等引领区域发展的文件中,提出要"建设协同创新共同体",推动区域协同发展并推动经济转型升级。2019年5月30日,中共中央国务院印发《长江三角洲区域一体化发展规划纲要》,在共建产业创新大平台中提出要构建"长三角科创共同体",把构建长三角科技创新共同体作为区域创新共同体建设的一个重要内容,推动协同创新产业体系建设。

国内关于创新共同体建设的研究,大致可以分为以下几个方面:一是从空间层面关于创新共同体的研究,研究较多的属京津冀层面如王秀玲(2017)对京津冀协同创新共同体建设的研究①,薄文广(2019)关于京津冀协同创新共同体发展研究②,还有一些学者关于粤港澳大湾区、"一带一路"、中非合作及长三角区域创新共同体的研究,如张宗法、陈雪(2019)等关于粤港澳大湾区科技创新共同体建设思路与对策研究③。二是欧美发达国家创新共同体的经验借鉴,如苏宁等关于美国建设创新共同体的研究④,李亚欣(2017)等关于典型创新共同体建设经验的研究⑤,刘慧(2018)等探讨的欧洲研究区对建设京津冀协同创新共同体启示的研究⑥。三是关于具体的产业创新共同体的研究,聚焦于某一产业,如刘荣志(2015)等对构建京津冀绿色食品产业协同创新共同体的研究,还有学者物流产业创新共同体的研究等。这些研究对于长三角科技创新共同体建设有一定的借鉴意义。加快长三角科技创新共同体建设,对于落实十九大报告提出区域创新生态体系建设,推动长三角区域一体化发展,具有重大的现实意义及引导示范作用。

---

① 王秀玲,王亚苗. 加快京津冀协同创新共同体建设[J]. 经济与管理,2017(2):14-16.
② 薄文广,刘阳. 京津冀协同创新共同体发展研究[J]. 区域经济评论,2019(3):139-146.
③ 张宗法,陈雪. 粤港澳大湾区科技创新共同体建设思路与对策研究[J]. 科技管理研究,2019(14):81-85.
④ 屠启宇,苏宁美国建设"创新共同体"的战略设计与政策启示[N]. 科技日报,2013(6).
⑤ 李亚欣,王建茹. 典型创新共同体的建设经验及对京津冀协同创新共同体的启示[J]. 河北地质大学学报,2018(2):89-92.
⑥ 刘慧,江时学. 欧洲研究区对建设京津冀协同创新共同体的启示[J]. 河北学刊,2018(2):157-162.

一、长三角科技创新现状

截至 2018 年底,长三角三省一市面积占全国的 1/26,人口占全国 1/6,2018 年经济总量占全国 1/4,R&D 经费投入占全国近 1/3,R&D 经费占 GDP 的比重达 2.74%,达到 2016 年美国 2.74% 的水平。其中,上海(4%)、江苏(2.64%)、浙江(2.52%)R&D 经费占 GDP 比例超过全国 2.18% 的平均水平,安徽(2.1%)与全国平均水平基本持平①。长三角地区汇集了全国 1/5 的"双一流"建设高校、1/3 的重大科技基础设施、1/4 的国家重点实验室、1/4 的国家工程研究中心、1/3 的中科院京外研究单位,拥有上海张江、安徽合肥两大国家综合性科学中心。

(一)重大科技基础条件优势明显

重大科技基础设施是衡量一个国家科技创新能力的重要指标。我国已经建成的重大科技基础设施主要分布在长三角、环渤海和珠三角等科技创新能力较强的沿海地区。如表 1 所示,截至 2017 年底,长三角地区拥有大科学装置 17 个(含在建,分中心未列入),已经初步形成强大的科技基础设施群,是全国设施最为集中地区之一。

表 1　长三角地区三省一市重大科技基础设施

省市	数量	重大科技基础设施	状态
上海	10	神光Ⅱ高功率激光物理实验装置	建成
		上海同步辐射装置	
		蛋白质科学研究(上海)设施	
		超强超短激光实验装置	张江综合性国家科学中心启动
		活细胞结构与功能成像等线站工程	
		软 X 射线自由电子激光试验装置	
		海底科学观测网	列入国家计划
		转化医学研究设施	
		上海光源线站工程	
		硬 X 射线自由电子激光装置	

① 刘赞扬,孙靓. 长三角区域科技创新合作的现状、问题及对策研究[J]. 安徽科技,2019(7):16–18.

省市	数量	重大科技基础设施	状态
江苏	2	高效低碳燃气轮机试验装置	列入国家计划
		未来网络试验设施	
浙江	1	超重力离心模拟与实验装置	列入国家计划
安徽	6	合肥同步辐射装置	建成
		全超导托卡马克核聚变实验装置	
		稳态强磁场实验装置	
		聚变堆主机关键系统综合研究设施	列入国家计划
		高精度地基授时系统（分中心）	
		未来网络试验设施（分中心）	
	2	合肥先进光源	先行启动预研
		大气环境立体探测实验研究设施	

（二）科技资源共享成效凸显

长三角区域按照国家科技基础条件平台的整体框架,建立了"长三角大型科学仪器协作共用网"等公共科技基础设施。近年来,入网仪器数和跨区域服务量都有了明显提高。截至2019年上半年,长三角科技资源共享服务平台共有大科学装置28634台(套),总价值约330亿元,其中上海最多约139亿元、江苏、浙江分别为90亿元、88亿元、安徽最少约10亿元[①]。2008年以来,区域内累计为长三角大型科学仪器协作共用网投入约2500万,有效减少区域内科研经费对实验设备购置的重复投资,累计节约财政资金约6.4亿人民币。

（三）科技创新平台作用突出

长三角区域建成了一批产业创新平台,坐拥张江、杭州、苏南、合芜蚌等4个国家创新示范区。在国家级研发平台分布方面,上海数量较多;研究领域方面,三省一市各有所长,具有一定的互补性(见表2)。2009—2016年三省一市建设国家地方联合工程研究中心(工程实验室)共93个,占全国总数的11.73%。截至2016年9月,三省一市共建有国家工程实验室24个,占全国总数的14.37%。现有国家工程研究中心27个,占国家工程研究中心的21.26%。截至2018年7月,三省一市共建设企业技术中心361个,占全国总数的24.95%;共建有国家级高新区34个,国家级孵化器316家。

---

① 本刊编辑部.长三角科技创新共同体[J].今日科技,2019(9):3-5.

表2　长三角地区三省一市国家级研发平台

省市	总数	种类	数量	主要分布领域
上海	80	国家重点实验室	32	医学、生物、材料、海洋等
		国家工程研究中心	18	生物医药、材料、船舶、环境等
		国家工程实验室	8	药物、汽车、材料、信息等
		国家工程技术研究中心	22	交通、信息通信、健康等
江苏	57	国家重点实验室	20	信息、环境、煤炭、材料等
		国家工程研究中心	6	水资源、火电等
		国家工程实验室	2	轻工业
		国家工程技术研究中心	29	材料、环境、信息通信、农业等
浙江	27	国家重点实验室	9	医学、材料、能源等
		国家工程研究中心	2	自动化、电力
		国家工程实验室	2	农业安全、工业控制
		国家工程技术研究中心	14	先进制造、材料、健康等
安徽	29	国家重点实验室 *	10	火灾科学、环境、核科学
		国家工程研究中心	3	瓦斯治理、生物
		国家工程实验室	7	类脑、大气、语音、生态保护、特种显示
		国家工程技术研究中心	9	环境、交通、煤炭等

注：国家重点实验室数据来自2017年12月科技部发布的《2016国家重点实验室年度报告》，国家工程技术研究中心数据来自2018年4月科技部发布的《国家工程技术研究中心2016年度报告》，沪苏浙国家工程研究中心和国家工程实验室数据来源于网络。（包含了省部共建国家重点实验室、军民共建国家重点实验、企业国家重点实验室）

（四）科技创新主体活力充足

截至2017年末，长三角区域国家级高新技术企业约36437家，占全国比重为27.89%[1]，阿里、中芯国际、恒瑞、京东方等一批创新龙头企业发展态势良好，在创新能力提升方面有很大潜力。三省一市共拥有高等教育学校（机构）457所，其中双一流大学8所，占全国总数的19.05%，聚集了复旦大学、上交大、南大、浙大、中科大等一批名牌大学，拥有中科院上海分院、合肥分院及

---

[1]　数据来自2018年10月科学技术部火炬高技术产业开发中心发布的《2017年全国高新技术企业主要经济指标》。

中电科 38 所等 29 家国家级研究院所,集聚了浙江清华长三角研究院、江苏产业技术研究院、合肥清华公共安全研究院等一大批具有很大发展潜力的新型研发机构。

（五）高端创新人才储备丰富

长三角区域共有科学院院士 180 余人,约占全国近 1/4;工程院院士 150 余人,约占全国近 1/5。从院士研究领域来看,上海主要分布在生命科学、数学、物理、化学、环境、能源等领域;江苏主要分布在电子、化学、天文、地学等领域;浙江主要分布在化工、物理、生物等领域;安徽主要分布在物理、信息技术、能源、化工、生命科学、环境等领域,特别是在量子通信、核聚变等领域拥有一批国际顶尖科学家。三省一市的院士所从事的研究基本涵盖了世界科技前沿、前瞻性基础研究、引领性原创研究和重大产业技术研究的各个领域。

（六）产业体系配套相对完善

三省一市产业体系相对完备,配套能力较强,产业集群优势明显,战略性新兴产业发展较快,形成了生物医药、汽车、高端装备制造、新材料、集成电路、信息产业等新兴产业集群和产业链,为长三角科技创新共同体建设提供了产业基础与创新支撑。从 2016 年长三角、京津冀和粤港澳城市群的第二产业占比（43.2%、36.6% 和 32.6%）情况可以看出,长三角城市群第二产业占比明显高于京津冀和粤港澳大湾区城市群。这主要是由于长三角城市群内存在大量以制造业为主导产业的城市,如南京的电子产业、合肥的家电产业及新兴面板产业。根据国家知识产权局《战略性新兴产业专利统计分析报告（2017 年）》,长三角城市群具有新材料、新能源汽车 2 个具有比较优势的战略性新兴产业,粤港澳大湾区城市群只有新一代信息技术 1 个。

二、长三角科技创新共同体建设中存在的问题分析

（一）顶层设计和协调机制不够完善

长三角区域各市特色优势明显,但作为一个整体来看仍缺乏顶层设计和系统规划,尤其是作为创新主要力量的城市群创新功能定位尚不清晰,创新布局各自为政、创新竞争无序的情况依然存在,某一行政区划内对创新资源的争夺时有发生,何况拓展到三省一市。在行政设置分割的情况下,长三角各城市之间合作与竞争并存,但是从创新协同发展的整体来看,城市间科技合作的体制机制还不够健全,区域内科技、产业、金融、财税等政策协同创新能力不强,创新要素的区域间流动和共享机制还有待完善。如在创新平台建

设布局上缺乏系统规划,多个城市在大数据、机器人等领域布局研究院、制造业创新中心等创新平台,同质化现象严重。此外,长三角地区内平台资源整合力度还不够,大部分是自愿状态,没有强制要求;不同的平台分别隶属于不同部门或者不同地方,同一领域的资源也分别被不同的部门所管理,没有形成与开放共享共用要求相适应的评价、考核与长效激励机制。

(二)创新人才跨区域流动存在障碍

长三角区域各市都出台了人才发展战略,到目前为止尚未建成统一完备的人力资源信息库,导致长三角地区内人力资源共享不充分。如上海市先后出台人才"30 条""高峰计划",江苏同步编制产业发展规划和产业人才发展专项规划,浙江省明确提出"打造人才生态最优省份",安徽省 2016 年以来出台了"安徽人才 30 条",多样化的政策造成长三角地区内人才竞争多于人才合作。由于当前社会保障制度是按照行政区划各自进行设计的,各省市之间没有衔接,社会保障政策覆盖的人员范围也不同,存在明显的"壁垒",创新人才在跨区域流动时社会保障等难以随身迁出,异地就医、异地社保等问题突出。同时,受计划经济条件下形成的身份、档案、户口及福利保障等体制性因素制约,长三角区域人才资源市场化配置程度较低,严重制约了创新人才在区域内的自由流动。

(三)科研联合攻关和经费跨区使用存在壁垒

当前,三省一市各自承接了部分国家重大科技基础设施建设和国家重大科技专项布局,也分别围绕各自产业需要布局了一批技术创新平台和项目。但是,对于产业中的一些关键共性技术和设备,因为研发投入巨大,周期较长,任何一个省市无法独自承担巨额的开发费用,造成避重就轻的现象较为普遍,在如何共同组织联合科技攻关、共同管理研发资金等方面还缺乏制度保障和有效管理,同时,三省一市在地方财政支持项目经费跨区域使用及扶持创新的财政补贴方面还存在分歧,共享程度较低。特别是在跨区申请各省市的科研项目经费方面有严格限制,只能与省内机构合作申请,无法以省外高校或科研机构的名义申请,其根本原因在于研发投入不同于其他投入,地方财政科研经费来源于本地税收,由外省创新主体申请,科研项目的相关收益难以保证在本地实现,难以保证本地财政收入的增长。

(四)成果转化和产业化程度不高

长三角地区科研创新成果比较丰硕,但大量科研成果还是停留在论文和实验室里,转移转化和产业化不足。由于知识产权问题的限定,成果的有效转化不足。由于区域间"条块分割"现象仍然存在,技术信息的共享流通尚未完全实现,在科研项目成果共享、技术交易市场开放等方面还存在壁垒,制约了成果转移转化和产业化。三省一市各自有完备的行政管理体制、经济管理体制和考核监督机制。省市间、城市间在追求本地发展利益最大化时，容易削弱成果转化的动力，阻止本地创新成果向外转移转化的现象时有发生。同时，在科技创新合作和成果转化的过程中，会涉及一些跨区共建项目，如果利益分配机制不健全，也会成为阻碍跨区域合作和成果转化的重要因素。此外，为促进产学研合作，三省一市纷纷成立各自的技术产权交易平台，但各平台的建设严重依赖于当地政府的政策扶持，而政策的排他性使这些平台的构建多呈现出自我封闭现象，省与省之间甚至省内各级平台之间缺乏信息共享和沟通协作，难以发挥成果转移转化对产业升级的支撑引领作用。

三、长三角科技创新共同体建设的对策建议

(一)明确目标定位，加强顶层规划设计

长三角地区一体化发展上升为国家战略，为长三角地区科技创新合作带来了重大机遇。当前，要强化"发展是第一要务、创新是第一动力、人才是第一资源"的理念，明确长三角地区科技创新合作的发展方向，发挥协同联动效应，推动科技资源整合共享，积极构建科技创新共同体。围绕打造世界一流的创新型城市群、基础研究和原始创新的"最大策源地"、科技成果转化的"最佳试验场"、全国区域一体化协同创新发展示范区的目标，消除阻碍创新要素流通的政策壁垒、体制障碍和市场藩篱，在更大程度上推动科技创新资源在区域内共享。

长三角地区各省市科技创新资源禀赋不同，都有一定的基础且各具特色优势，如何做到错位发展、优势互补，在合作中实现互利共赢、共同发展，迫切需要加强顶层设计，进行统筹谋划。建议在科技部等国家部委指导支持下，在各省市政府科技部门协作下，加强系统性的整体谋划和顶层设计，明确区域创新共同体建设的指导思想、目标要求、重大任务和保障措施等。紧紧牵住科技创新这个牛鼻子，发挥三省一市的比较优势，重点在协同共建共享国家实验室、重大科技基础设施集群及国家技术创新中心等方面，集聚国际一流创新人才和创新团队，联合开展科技攻关研究，共同构建区域技术转移体系、培育营造优良的创新创业生态环境，以科技创新支撑引领长三角更高质量一体化发展。

(二)健全协同机制，优化资源共享

推进长三角区域科技创新合作和一体化发展是一项系统工程，需要加强

三省一市的战略协同,建立高效、务实的区域协同创新发展机制。进一步发挥长三角地区创新体系建设联席会议作用,充分调动各地方政府和全社会共同推进科技创新的积极性,特别是要针对阻碍长三角协同创新发展的政策制度瓶颈,加强组织领导和统筹协调,共同推进全面创新改革试验,开展先行先试,促进各项改革措施落到实处。围绕建设科技创新共同体,重点在政策、规划、机制、措施等方面开展前瞻性战略研究,提升政府决策支撑能力。形成以企业为主体,高校、科研院所为依托,政府推动、市场导向、社会参与的广泛区域创新合作机制,深入推进 G60 科创走廊建设,推进苏滁现代产业园等一批长三角合作园区载体建设,建设长三角科技创新合作示范基地。

打破部门条块分割、资源分散、自成体系的格局,整合长三角地区科研设施和资源,建立完善统一开放的区域科技创新资源共享服务平台,探索跨区域的共享服务机制,实现信息、技术、设施、管理等创新要素资源共享,形成跨城市、跨地区的信息资源共享网络,为区域科技进步与创新提供支撑保障。强化长三角地区科技创新资源的共建共享,推动技术、资本、产业和市场联动融合,开放共享已建成的上海光源、全超导托卡马克、稳态强磁场和无锡超算中心等科技设施,推动张江实验室、量子信息科学实验室创建国家实验室进程,突破世界前沿重大科学问题,不断提升原始创新能力。

(三)鼓励联合攻关,促进成果转化

从长三角区域内部发展水平差异的现实出发,引导不同发展水平城市围绕战略性新兴产业构建科技创新联盟,促进长三角中心(省会)城市等与其他城市之间的联合和协作,全面提升产业链整体技术水平,打造具有全球竞争力的优势产业。发挥上海、南京、杭州、合肥等核心城市创新要素集聚和综合服务优势,面向国家战略需求及市场需要,聚焦人工智能、量子技术、生物医药、集成电路、新材料、新能源等重点领域,筛选"卡脖子"的产业关键性共性技术,联合设立关键共性技术研究开发中心并开展攻关研究,探索建立长三角一体化的科技成果转移转化指标体系和激励与补偿机制[①],真正发挥《长三角技术市场资源共享互融互通合作协议》的作用,推动长三角技术市场高质量一体化发展[②],共同攻克一批核心技术,取得一批原创性科技成果。

瞄准世界科技前沿和战略性新兴产业发展,加速科技成果转移扩散。探索承接成果外溢转移、与各地产业创新需求对接转化的新模式,提升对长江经济带以及对全国的辐射带动作用。加强长三角技术转移体系建设,支持上

---

① 李万. 着力打造长三角创新共同体[N]. 解放日报,2018-04-22(1).
② 本刊编辑部. 长三角科技创新共同体[J]. 今日科技,2019(9):4-5.

海技术交易所、浙江科技大市场、江苏技术产权交易市场及安徽科技大市场建立长三角技术交易联盟，促进科技成果跨区域转移转化，加强科技要素跨区域流动。联合发展高新技术风险投资，研究成立长三角科技投资银行，创新投融资渠道，在创业风险投资、科技保险及知识产权质押等方面推动科技金融模式转变，助推重大科技成果转化和产业化。以上海建设全球科技创新中心为引领，加强长三角区域内自主创新示范区的合作互动，推进创新链和产业链深度融合。促进各省市国家级高新技术产业开发区打破地域壁垒，发挥竞争优势与比较优势，广泛吸纳资金、人才、成果等科技创新资源，与众创空间、孵化器、加速器等创新服务平台建设互动协作，推动原始创新、技术创新、产业创新联动发展，加快推动创新成果转化为现实生产力。

（四）扩大对外开放，营造良好环境

充分利用全球科技创新资源，深化国际科技交流与合作，融入全球创新网络，通过开展科技人文交流、共建联合实验室（研究中心）、强化科技园区合作。引导国际创新要素向企业集聚，鼓励企业采取引进人才、研发外包等多种形式，加大国际科技合作力度，突破一批产业关键技术。支持企业、高校和科研院所参与、主导国际大科学计划和工程，鼓励科学研究者承担国际科技合作计划。深入实施"走出去"战略，深度参与"一带一路"建设，鼓励有实力的企业采取并购、合资、参股等形式设立海外研发中心和产业化基地，创建国家级跨国技术转移平台，建设一批国家和省级国际科技合作基地，全面提升企业研发的国际化水平和国际科技合作能力。

区域科技创新共同体是一个动态变换、共生相长、有机融合的体系，在构建长三角科技创新共同体进程中，应当以中心城市为龙头，构建区域分工与协作关系，营造区域合作氛围良好的创新环境。争取国家科技体制改革部分政策措施在长三角区域先行先试，力求科研投入风险共担、利益共享，人才评价考核标准统一，激励和奖励政策跨区域兑现等制度，建立完善区域创新统计调查和创新指标监测制度体系，探索形成统一的协同创新政策环境。深化商事制度改革，构建良好的创新创业环境和营商环境，借鉴上海"一网通办"、江苏"不见面审批"、浙江"最多跑一次"，为企业提供更加快捷、便利的服务。支持优质产权交易中介机构跨地区发展，共建产权交易市场，降低市场交易成本。建立完善科技创新人才柔性流动机制，联合培养、引进高层次人才，避免产生无序的"人才抢夺"现象。依托区域内高校和科研机构集中优势，加大高端人才培养力度，打造开放、互动、高效的高端人才库和专业人才信息网。

五大发展理念实施绩效测度体系研究

——以长江经济带区域一体化发展为视角

李旭辉　殷缘圆　张胜宝

摘　要：新发展理念引领贯彻经济社会发展的全过程，由此，为了探索出长江经济带省市（包括安徽省）五大发展理念实施的绩效，以及在五大发展理念引领下其经济社会一体化发展水平，本研究运用基于二次加权的"纵横向"拉开档次法测度了2014—2016年长江经济带五大发展理念实施绩效，借助耦合协调度模型方法实证考察了长江经济带五大发展理念实施的一体化发展水平。研究结论如下：①样本考察期内，长江经济带五大发展理念实施绩效在波动中呈现上升趋势，部分城市的五大发展理念实施绩效走"滑坡"路线。②从系统间的耦合性来看，长江经济带五大发展理念耦合协调度呈现波动态势，两两子系统之间耦合协调度的非均衡性显著。③从协同性来看，长江经济带五大发展理念实施绩效的协同发展效应较弱，城市主要分布于第三象限。

关键词：五大发展理念；测度体系；"纵横向"拉开档次法；耦合协调度模型；一体化发展

一、引　言

党的十九大报告指出，中国经济已由高速增长转向高质量发展阶段，正处在转变发展方式、优化经济结构、转换增长动力的攻关期。由此，推动经济

作者简介：李旭辉（1981—），男，山东烟台人，副教授，硕士生导师，安徽财经大学管理科学与工程学院实验实训中心主任。研究方向：经济统计。

高质量发展成为新时代现代经济体系建设的重大战略①，而新发展理念是实现经济高质量发展的重要指引，是推动经济发展质量变革、效率变革和动力变革的关键②。十八届五中全会指出，实现"十三五"时期发展目标，破解发展难题，厚植发展优势，必须牢固树立并切实贯彻创新、协调、绿色、开放、共享的"五大发展理念"；新发展理念的提出，集中体现了'十三五'乃至更长时期我国的发展思路、发展方向、发展着力点③，是高质量发展的重要战略指引④，因此，新时代背景下必须深入实施五大发展理念，发挥其在经济社会发展中的引领作用，从而有效破解高质量发展过程中的不平衡不充分问题。

长江经济带作为经济布局"T"字形空间结构战略中重要的一级发展轴，与沿海经济带构成了中国经济发展的黄金走廊⑤。"十三五"规划中明确提出长江经济带建设是我国区域发展三大战略之一⑥，是全国最重要的高密度经济走廊和区域经济高质量发展的强劲引擎⑦。由此可知，以长江经济带为核心的区域协同发展战略，是新时期优化我国发展空间格局的重大战略部署和实现高质量发展的"助推器"。同时习近平总书记在长江经济带座谈会上的重要讲话中明确提出："推动长江经济带发展是关系国家发展全局的重大战略，要坚持围绕新发展理念的五个维度实现全方位的高质量发展，使长江经济带成为引领我国经济高质量发展的生力军。"⑧因此全面贯彻落实五大发展理念，是长江经济带实施区域协同发展战略的重要保证，也是引领经济转向高质量发展格局的战略支撑。在此背景下，长江经济带要全面落实五大发展理念，以期为建设现代化经济体系的"黄金经济带"、打造"一轴、两带、三级、多点"的高质量一体化发展新格局提供实践支撑。

在高质量发展的时代背景下，长江经济带要严格贯彻落实五大发展理念，形成以新发展理念五个维度为引领的全方位发展，同时伴随着经济全球化、市场化的深入推进，城市之间的联系日趋加强，实现优势互补、利益共享

① 张军扩，侯永志，刘培林，何建武，卓贤．高质量发展的目标要求和战略路径[J]．管理世界，2019,35(07)：1-7.

② 冯正霖．以新发展理念引领新时代民航高质量发展[J]．人民论坛，2019(05)：6-9.

③ 马建堂．伟大的实践深邃的理论——学习习近平新时代中国特色社会主义经济思想的体会[J]．管理世界，2019,35(01)：1-12.

④ 孙红湘，张静．以新发展理念指引高质量发展[J]．人民论坛，2018(30)：94-95.

⑤ 刘华军，贾文星，彭莹，裴延峰．中国城市群发展的空间协同性测度及比较[J]．云南财经大学学报，2018,34(05)：47-58.

⑥ 杨其广．从长江经济说到区域发展战略[J]．中国金融家，2018(09)：82-83.

⑦ 刘晓阳，黄晓东，丁志伟．长江经济带县域信息化水平的空间差异及影响因素[J]．长江流域资源与环境，2019,28(06)：1262-1275.

⑧ 罗丰安．长江经济带高质量发展的战略选择[J]．改革，2018(06)：13-25.

的协同发展格局至关重要。在此背景下,本文关注的问题是:长江经济带要形成以五大发展理念为引领的发展模式,那么目前长江经济带五大发展理念实施绩效如何? 更进一步,五大发展理念是由相互作用的五个理念构成,各系统之间的耦合协调性、协同性如何? 而解决上述问题的关键途径就是通过构建指标体系对五大发展理念落实成效进行监测测度,科学反映新理念、新发展成果,发现短板和问题所在,为促进长江经济带高质量发展提供重要的决策参考价值,也为各级政府深入贯彻新发展理念提供参考标准和指标尺度。

二、文献综述

探讨五大发展理念实施状况成为学术界关注的重要问题,从现有的文献来看,关于五大发展理念的研究主要基于以下两个方面:一是对五大发展理念的静态定性论述,二是关于五大发展理念的动态定量考察。一方面,关于五大发展理念的静态定性论述,这类研究着重分析了五大发展理念的内涵①②、价值观③④以及五大发展理念与制度创新的关系⑤等方面。另一方面,关于五大发展理念的动态定量考察,现有文献以五大发展理念中的单一理念进行实证研究居多,如王建民等(2019)⑥、酒二科(2019)⑦、方敏(2019)⑧、胡海洋(2019)⑨,也有少数文献从系统视角出发,测度五大发展理念各理念的整体实施绩效,如田光辉(2018)、胡志强(2019)⑩。还有部分文献考察了五大发展理念与全面小康社会的耦合关系、与包容性发展的耦合点。

① 陆夏. "新发展理念"的马克思政治经济学解读[J]. 厦门大学学报(哲学社会科学版),2018(05):1-8.

② 郭冠清. 论习近平新时代中国特色社会主义经济思想[J]. 上海经济研究,2018(10):5-18.

③ 付康. 五大发展理念的价值观研究[J]. 山东社会科学,2019(05):181-185.

④ 刘进田. 新发展理念与价值的哲学自觉[J]. 人文杂志,2018(09):64-70.

⑤ 刘志彪. 进入高质量发展阶段江苏的制度创新与富民问题[J]. 现代经济探讨,2018(09):1-7.

⑥ 王建民,仇定三,蒋倩颖,张敏. 长江经济带工业绿色发展效率测量与提升路径研究[J]. 科技管理研究,2019,39(12):46-52.

⑦ 酒二科. 中国绿色发展的时空差异及障碍因子分析[J]. 统计与决策,2019,35(08):121-125.

⑧ 方敏,杨胜刚,周建军,雷雨亮. 高质量发展背景下长江经济带产业集聚创新发展路径研究[J]. 中国软科学,2019(05):137-150.

⑨ 胡海洋,姚晨,胡淑婷. 新时代区域协调发展战略的效果评价研究——基于中部崛起战略下的实证研究[J]. 工业技术经济,2019,38(04):154-160.

⑩ 胡志强,苗长虹. 中国省域五大系统的协调发展评价[J]. 统计与决策,2019,35(01):96-100.

五大发展理念的静态定性分析为各级政府贯彻落实五大发展理念提供了全方位的理论支持,五大发展理念的动态定量分析研究为后续的研究奠定了基础,但还存在一定的拓展空间。

一是在研究深度上,五大发展理念的静态定性分析仅停留在理论层面,而基于五大发展理念的定量研究仅初步测算了各城市的五大发展理念落实状况,对其各个理念之间的耦合协调特征和差异演化规律的科学测度与分析严重不足,缺乏较为深入、细致的系统性探究,研究设计相对简单,难以全面精准把脉五大发展理念实施绩效的现状及其演化特征,因此有必要对其进行更为深入的拓展性研究。

二是研究尺度上,国务院明确指出长江经济带是重大国家战略发展区域,但目前研究大多将省域作为研究载体,鉴于长江经济带拥有具有全球影响力的内河经济带、东中西互动合作的协调发展带、沿海沿江沿边全面推进的对内对外开放带、生态文明建设的先行示范带等重要战略地位,研究其五大发展理念实施绩效的耦合协调与差异特征,可以为全方位落实五大发展理念、缩小区域差异,实现区域协调发展提供新的视角。

三是研究内容上,多数文献将五大发展理念作为子系统之一,评价五大发展理念与其他子系统之间的耦合协调发展状态。本研究认为,评价五大发展理念与其他系统之间的耦合协调度固然重要,但随着五大发展理念在实现高质量发展中的引领作用愈加凸显,探讨五大发展理念内部子系统之间的耦合协调度,区域内部发展差异现状、演变态势,有助于增进对五大发展理念实施状况的现状及其基本特征的宏观认知;更重要的是,对于评价现有相关政策的实施效果,把脉五大发展理念实施绩效区域布局的演变趋势,为切实解决区域之间的失衡问题提供现实的参考依据。

三、研究方法

(一)测度方法

为了能从动态视角出发测度长江经济带五大发展理念实施绩效,由此引入二次加权的"纵横向"拉开档次法,从横向和纵向双元视角揭露长江经济带五大发展理念实施绩效的优势与不足、演化规律。

1. "纵横向"拉开档次法

"纵横向"拉开档次法由东北大学郭亚军教授提出的。该方法主要是用于时序立体数据的动态评价,不受主观色彩影响、完全基于观测数据挖掘的综合评价方法。设有 n 个被评价对象，m 个评价指标，将收集到的 m 个被评价对象的 n 个指标原始数据按一定时间顺序 $t_1, t_2, \cdots, t_N$ 排列组成一个面板数据矩阵。$x_{ij}(t_k)(i=1,2,\cdots,n; j=1,2,\cdots,m; k=1,2,3,\cdots,N)$ 不失一般性，这里假定对面板矩阵 $x_{ij}(t_k)$ 进行了指标一致化、无量纲化处理，且评价指标都是极大型的，设 $y_{ij}(t_k)$ 是无量纲化处理后的矩阵，见式(1)，其中 $y_{ij}(t_k)$ 是标准化后的数据矩阵，$\overline{x_j(t_k)}$ 是样本均值，$S_j(t_k)$ 是标准差。对于时刻 t_k，取综合评价函数，见式(2)，式中 $v_i(t_k)$ 是第 i 个评价对象在 t_k 时刻的综合评价值，w_j 是第 j 个指标的权重系数。

$$y_j(t_k) = \frac{x_j(t_k) - \overline{x_j(t_k)}}{S_j(t_k)}, i = 1,2,\cdots,n; j = 1,2,\cdots,m; m; k = 1,2,\cdots$$

式(1)

$$v_i(t_k) = \sum_{i=1}^{m} y_{ij}(t_k)w_j \quad i = 1,2,\cdots,n; k = 1,2,\cdots,N$$

式(2)

$$\delta^2 = \sum_{k=1}^{N} \sum_{i=1}^{n} (v_i(t_k) - v)^2$$

式(3)

根据"纵横向"拉开档次法得出评价对象在时序立体矩阵上的整体差异，故用总体离差平方和 δ^2 来刻画，见式(3)，对面板矩阵 $x_{ij}(t_k)$ 进行标准化处理之后，标准化矩阵 $y_{ij}(t_k)$ 的样本均值和样本方差分别是 0 和 1，则有式(4)、式(5) 的关系式，式中，$w = (w_1, w_2, \cdots, w_n)^T$，$H = \sum_{k=1}^{N} H_k$ 是 $n \times n$ 阶对称矩阵，$H_k = U_k^T U_k (k = 1,2,\cdots,N)$，且 U_k 如式(6) 所示。若限定 $w^T w = 1$，当 w 为矩阵 H 的最大特征值 $\lambda_{\max}$ 对应的特征向量时，δ^2 取最大值。

$$\bar{v} = \frac{1}{N} \sum_{k=1}^{N} \left(\frac{1}{n} \sum_{i=1}^{n} \sum_{j=1}^{m} w_i y_{ij}(t_k) \right) = 0$$

式(4)

$$\delta^2 = \sum_{k=1}^{N} \sum_{i=1}^{n} (v_i(t_k) - \bar{v})^2 \sum_{k=1}^{N} \sum_{i=1}^{n} (v_i(t_k))^2 = \sum_{k=1}^{N} [w^T H_k w] == w^T H w \quad 式(5)$$

$$U_k = \begin{bmatrix} u_{11}(t_k) & \cdots & u1n(t_k) \\ \vdots & \cdots & \vdots \\ u_{m1}(t_k) & \cdots & u_{mn}(t_k) \end{bmatrix} \quad k = 1,2,\cdots,N \quad 式(6)$$

2. 二次加权法

基于上述方法可以求出各指标的权重系数,将权重系数值代入综合评价模型,即式(2)便得到t_k时刻被评价对象各项指标的值以及各评价对象在t_k时刻的某指标评价值。但单独使用此种方法的缺陷是由于无法得到各个时刻的权重,计算不出被评价对象在一段时期内的总体评价值,所以需要在此方法基础上引入一种可以得到时间权重的方法。

对时间进行二次加权采用"厚今薄古"法,在评价时间的影响力度方面应用比较广泛。基本思想即时间越近,指标越重要,其代表性也就越强,权重也应该越大。故在时间段$[t_1,t_N]$内,时刻的时间权重如式(7)所示,其中$\sum_{k=1}^{N} w_k = 1, w_k > 0$,由式(7)求出$t_k$时刻的时间权重,获得二次加权的权重系数,从而得出被评价对象在一段时间内反应整体情况的总评价值,总评价值S_i的计算公式,见式(8),综上,根据式(2)能求出第i个被评价对象在第t_k时刻的评价值$v_i(t_k)$的得分和排名,根据式(8)能求出第i个被评价对象在$[t_1,t_N]$时间内的总评价值的得分和排名。

$$w_k = \frac{k}{\sum_{k=1}^{N}} \qquad k = 1,2,\cdots,N \qquad \text{式(7)}$$

$$s_i = \sum_{k=1}^{N} w_k v_i(t_k) \qquad \text{式(8)}$$

(二)耦合协调模型

为了能够反映系统之间的相互作用状态,本文引入了耦合协调模型,该模型是描述两个或两个以上系统相互作用影响的程度,耦合作用决定了系统的发展情况,也反映出系统存在的问题,能有效地发现系统的主要矛盾所在。该方法借助物理学中的容量耦合概念及其容量耦合函数模型构建耦合度模型,来衡量系统中各子系统之间的相互作用,根据已有的耦合度函数,可推出创新、协调、绿色、开放、共享系统的耦合度模型,其公式为

$$C = \left[\frac{U_1 U_2 U_3 U_4 U_5}{\prod (U_i + U_j)} \right]^{1/5} \qquad \text{式(9)}$$

其中U_1、U_2、U_3、U_4、U_5分别代表创新、协调、绿色、开放、共享五个子系统,$i = 1$、2、3、4、5;$j = 1$、2、3、4、5,$i \neq j$,C表示耦合度,该值越大,表示耦合度越高,即五个系统之间的相互作用越强烈。

虽然C可以反映创新、协调、绿色、开放、共享之间的耦合度,但却不能反映系统之间影响的性质,即不能判别系统间的相互影响是好还是坏,比如当

创新、协调、绿色、开放、共享的值很低时,该地区很可能出现较高的耦合度,从这一点看,该城市的发展是不协调的,为了克服这种局限性,更客观、准确地揭示各系统之间的耦合效应,本文进一步引入耦合协调度函数,其公式为

$$D = \sqrt{C \times T} \qquad\qquad 式(10)$$

$$T = aU_1 + bU_2 + cU_3 + dU_4 + eU_5 \qquad\qquad 式(11)$$

其中 T 为子系统的综合发展指数,描述系统综合发展指数对耦合协调度的影响程度。

四、长江经济带五大发展理念实施绩效测度

（一）测度对象、数据来源及处理

本研究以长江经济带的部分城市作为测度对象。在归属长江经济带的41个城市中选取了具有较好代表性的上海、南京、苏州、无锡、杭州、宁波、合肥、芜湖、南昌、岳阳、武汉、宜昌、重庆、成都、贵阳、昆明等16个城市作为评价对象。这16个城市包含了长江经济带归属城市中的一级中心城市、二级中心城市以及部分地区中心城市,对长江经济带的经济社会发展有很好的代表性。

本文中各指标数据来源于《中国城市统计年鉴》(2015—2017)和2015—2017年各市统计年鉴以及2014—2016年各市国民经济与社会发展统计公报各指标观测值。由于各基础指标的指标类型和量纲不统一,需要对指标数据进行标准化处理。首先对指标进行统一化处理,将逆指标或非正指标通过取其倒数的方法正向化,其次按照"纵横向"拉开档次法的处理方法将数据标准化。

（二）评价指标体系构建

党的十八届五中全会通过的《中共中央关于制定国民经济和社会发展第十三个五年规划的建议》提出:"实现'十三五'时期发展目标,破解发展难题,厚植发展优势,必须牢固树立并切实贯彻创新、协调、绿色、开放、共享的发展理念",即要求长江经济带要以创新驱动引领转型发展、搞好生态文明建设的先行示范、完善开放布局提升全球影响力、促进东中西互动合作协调发展、扎实做好保障和改善民生工作。鉴于此,结合五大发展理念的内涵与长江经济带的战略定位,构建以创新为第一动力、绿色为基本前提、开放为外联支撑、协调为聚合路径、共享为根本目的的长江经济带五大发展理念实施绩效测度指标体系,由此设置创新发展、协调发展、绿色发展、开放发展、共享发展为准

则层,力求客观严谨地反映长江经济带五大发展理念的具体落实状况,如表1所示。

表1　长江经济带五大发展理念实施绩效指标体系

目标层	准则层	一级指标	二级指标	权重	属性
五大发展理念实施绩效	创新发展	创新环境	信息传输、计算机服务和软件业单位从业人员	0.042	正
			R&D 经费占 GDP 比重	0.046	正
		创新绩效	专利申请授权量	0.050	正
			技术市场成交额	0.041	正
五大发展理念实施绩效	协调发展	城乡协调	城乡居民人均纯收入比	0.034	－
			城乡居民人均消费比	0.047	－
		经济社会协调	社会事业支出占公共财政支出的比重	0.043	正
			登记失业率	0.033	负
		文明协调	人均教育文化娱乐消费支出比重	0.034	正
	绿色发展	绿色环境	建成区绿化覆盖率	0.044	正
			空气质量优良率	0.043	正
		绿色生产生活	工业废水排放量	0.042	负
			每万人拥有公共交通车辆	0.037	正
		绿色治理	污水处理厂集中处理率	0.044	正
			生活垃圾无害化处理率	0.045	正
			工业固废综合利用率	0.035	正
	开放发展	开放环境	外商投资企业数占当地工业企业总数比重	0.084	正
			外商投资企业工业总产值	0.007	正
		开放绩效	当年实际使用外资金额	0.040	正
			国际旅游外汇收入	0.039	正
	共享发展	社会保障	基本养老保险参保人数增长率	0.043	正
			职工平均工资增长率	0.041	正
		公共服务供给	人均城市道路面积	0.043	正
			教育支出占公共财政支出比重	0.043	正

(三)长江经济带五大发展理念实施绩效的实证测度

基于对于指标类型一致化和无量纲化处理后的数据,利用上述二次加权"纵横向"拉开档次法得到2014—2016年长江经济带中上海、南京、武汉等16

个城市的五大发展理念实施绩效评价值和综合测度值,从纵向与横向两个维度对该测度结果展开分析。

1. 纵向发展态势分析

依据上述评价方法,我们测度了长江经济带五大发展理念实施绩效,图1展示了2014—2016年长江经济带五大发展理念实施绩效演变趋势。从总体上层面来看,长江经济带五大发展理念实施绩效综合测度值处于稳步上升的趋势,部分城市的五大发展理念实施绩效处于不断波动的态势。从图1可以看出,长江经济带大部分城市五大发展理念实施绩效随着时间的推进呈现向上波动的态势,部分城市如贵阳、昆明、岳阳等城市五大发展理念实施绩效走"滑坡"路线。具体而言,长江经济带上游、中游、下游五大发展理念实施绩效综合测度值存在一定的差异性,呈现由东部沿海地区向西部内陆递减的空间变化趋势。作为长三角城市群的核心集聚区上海、南京、苏州、杭州等城市,是长江经济带的五大发展理念实施绩效水平最强的地区,并且长三角地区始终引领长江经济带的经济社会发展,因此无论在资源配置、交通区势、经济水平、科技水平等方面都处于中国较强地位,这极大地促进了长江经济带下游城市五大发展理念实施绩效的提高;而位于贵州、重庆、云南等地区的城市受区位条件的限制以及科技水平和创新意识较弱,整体五大发展理念实施绩效水平较低,造成长江经济带东部西部"马太效应"显著。

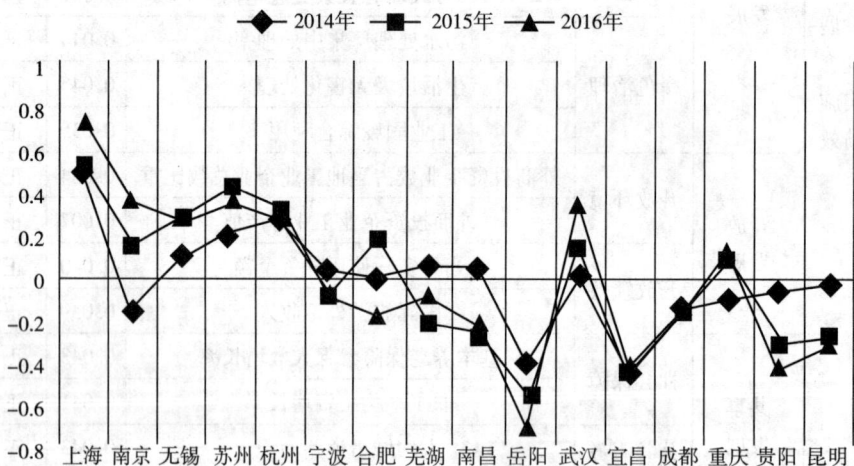

图1 2014年—2016年长江经济带五大发展理念实施绩效变化趋势

2. 横向指标体系分析

长江经济带横跨我国东中西三大区域,以长江流域为主线,划分为以成渝城市群为核心的上游、长江中游城市群为核心的中游区域和以长三角城市群为中心的下游区域。长江经济带上游、中游、下游区域由于地理位置、区域政策以及资源配置等问题,在区域经济和城市发展水平存在差异。为了全面分析长江经济带上游、中游、下游城市关于五大发展理念实施绩效的具体态势,分别绘制了长江经济带城市创新、协调、绿色、开放、共享等发展水平雷达图,深入识别影响长江经济带五大发展理念实施绩效的关键因素(图2)。

(1)创新发展能力分析。根据图2可知,下游城市的创新能力相对于上游、中游城市一直处于遥遥领先的位置,中游与上游城市的创新发展能力趋向于一致。具体来看,结合图1和图2可以看出,下游城市中的上海、南京的创新发展能力一直居于前三位,而上海、南京作为最具有经济活力、创新能力最强的长三角城市群的核心城市,在创新环境、创新投入力度、创新绩效方面都优于其他城市且都呈逐年递增趋势。上游和中游城市由于城市经济发展落后、对创新发展的投入力度低,科技创新人才缺失,创新绩效相继落后其他城市。总体来看,长江经济带的创新发展具有明显的非均衡性特征。

(2)协调发展能力分析。由图2可以看出中游城市和下游城市的协调发展能力呈现上升态势。具体而言,中游城市中的武汉以及下游城市的南京都是具有历史底蕴的城市,该类城市的物质文明与精神文明指标值相对较高,排名位居前列。此外下游城市中无锡的城乡居民人均纯收入/消费支出比为最低值,在城乡协调方面排名较好。下游城市中的上海、合肥等城市在统筹城乡发展、城乡居民收入差距等方面稳步前进,城乡发展不协调问题逐渐减缓。

(3)绿色发展能力分析。上游和中游城市在绿色发展实施绩效方面相对于下游城市具有一定的领先位置,但是随着时间的推移和五大发展理念的提出,下游城市的经济模式由高速发展转向高质量发展。在绿色发展方面排名总体较高的城市有昆明、南昌、合肥、杭州等。上游城市中的昆明和杭州拥有得天独厚的生态环境,化工类企业相对较少,工业废水废气排放量较低,空气质量优良率明显很高;合肥与南昌则在注重工业发展的同时加大工业废弃物集中化处理率,增加绿化面积和公共交通车辆投放量。下游城市绿色发展水平较低的城市有南京、上海、苏州等。传统经济模式中,高速的经济发展模式代表着高能耗、高排放与高污染,继而导致绿色发展水平低。该类城市虽然在绿色治理方面排名较高,但由于存在短板指标绿色环境和绿色生活,生态环境水平低于城市化水平,表明上海、南京等城市应该扩大绿化面积和减少工业废水的排放量。

(4)开放发展能力分析。下游城市主要分布东部沿海地区,地理位置优越,其开放发展能力明显领先于上游、中游城市。具体而言,下游城市开放发展水平较高的城市有上海、苏州、杭州、南京、无锡,这5个城市得益于较好的经济增长加大了对外开放投入力度,拥有良好的对外开放环境,从而吸引外商投资,增加旅游外汇收入。另外上海、苏州和杭州旅游业相对发达,国际旅游外汇收入与其他城市相比也有明显优势;而上游和中游城市如,贵阳、岳阳和宜昌,同创新发展水平相似,经济发展对开放发展也有明显的制衡作用,同时由于地理环境约束,不论从开放环境和开放绩效来看,这3个城市均排在末尾。

(5)共享发展能力分析。下游城市的共享发展能力呈现稳步上升的态势,上游城市略有下降的趋势。具体而言,位于下游城市的南京、苏州是综合发展能力排名靠前或发展趋势稳步上升的城市,其共享发展能力也处于前列,可以看出经济发达的地区其社会保障体系较为完善、职工福利较为优越、基本养老保险覆盖率较高。上游城市中贵阳的共享发展水平总体靠前但有明显的下降趋势,短板指标包括人均城市道路面积,反映出贵阳在经济发展的同时缺少公共服务建设的投资。

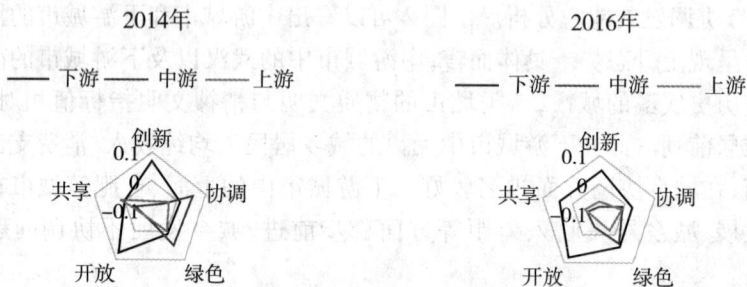

图2　长江经济带五大发展理念实施绩效雷达图

五、长江经济带五大发展理念子系统耦合协调及协同性分析

(一)长江经济带子系统耦合协调度结果

依据耦合协调度模型,即可得到长江经济带创新、协调、绿色、开放、共享五个子系统的耦合协调度,如表2所示

表2　长江经济带子系统耦合协调度结果

城市	2014	2015	2016	城市	2014	2015	2016
上海	0.6552	0.6627	0.5149	南昌	0.5173	0.6558	0.6600
南京	0.6372	0.5784	0.4913	岳阳	0.5793	0.7010	0.9356

城市	2014	2015	2016	城市	2014	2015	2016
无锡	0.5506	0.5262	0.4988	武汉	0.5580	0.5868	0.4731
苏州	0.6315	0.5373	0.5218	宜昌	0.5616	0.6479	0.7279
杭州	0.5263	0.5350	0.5042	成都	0.6546	0.6790	0.6610
宁波	0.5518	0.6243	0.5955	重庆	0.6471	0.6143	0.5831
合肥	0.6450	0.5848	0.6856	贵阳	0.6452	0.7099	0.7921
芜湖	0.5616	0.6352	0.6050	昆明	0.5637	0.6623	0.6743

从表2中不同年份的截面耦合协调度结果可以看出，整体上长江经济带各城市之间的耦合协调度呈现波动中上升的发展态势，但是，从横向上看，不同年份16个城市的耦合协调度呈现一定的截面差异，并随着时间的推移，这种差异愈发明显，并与长江经济带五大发展理念实施绩效差异走势基本一致，说明长江经济带区域内部的协调性还需要进一步提升，各个城市之间的协调程度参差不齐，需要新的契机推动长江经济带城市内部协同发展。

（二）长江经济带子系统两两耦合协调度比较

依据长江经济带耦合协调度结果，多层次多目标评价指标体系特性，按照层次对应和层次加总的原则，则可以得到长江经济带子系统两两耦合协调的结果，其具体趋势如图3所示。

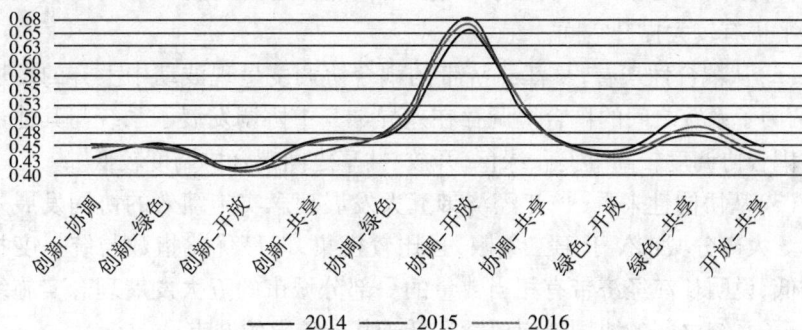

图3 长江经济带子系统两两耦合协调度比较

由图4可以看出，两两子系统之间的耦合协调度总体呈现波动态势，但存在明显差异，按照两两子系统之间的耦合协调程度，其差异可以分为两类。一是协调发展子系统与其他子系统的耦合协调度较高，这突出地表现出长江经济带协调发展对其他子系统的发展起到了一定的促进作用。究其原因，这是由于长江经济带有着独特的区域战略特色和协调发展价值，其天然的区位和地势联结着东中西三大区域,成为东中西合作、沿海沿江沿边全面推进的协调发展带。二是创新、绿色、开放、共享之间耦合协调度较低,其中"创新-开放"、"绿色-开放"子系统耦合协调度最低,开放子系统发展落后,制约了其他子系统的发展。究其原因,这是由于城市之间开放发展程度不高,导致区域之间要素流通受到阻碍,资源共享效果不佳,而长江经济带正在成为中国经济新引擎,发挥着重要的战略支撑和示范引领作用,在此背景下,更要突出开放发展的重要性,以高水平开放推动长江经济带高质量发展,进而引领经济高质量发展。

六、研究结论与政策启示

本文在测度长江经济带 14 个城市 2014—2016 年期间五大发展理念实施绩效的基础上,借助耦合协调模型、最优化指数及统一度指数、Theil 指数及 Kernel 密度估计方法对长江经济带五大发展理念的耦合协调性及非均衡特征进行了系统分析,研究结论如下。

(1)由纵向维度看出,长江经济带五大发展理念实施绩效整体呈现波动中上升趋势,部分城市的五大发展理念实施绩效水平走"滑坡"路线;由横向维度看出,上海、南京等城市的五大发展理念实施绩效显著高于贵阳、岳阳等城市,部分城市处于相对较低水平的发展阶段,五大发展理念实施绩效的整体水平仍有较大提升空间。

(2)从耦合性来看,长江经济带的耦合协调度呈现波动中上升的发展态势,两两子系统之间的耦合协调存在差异。其中协调发展子系统与其他子系统的耦合协调度较高,创新、绿色、开放、共享之间耦合协调度较低。

(3)从协同性来看,长江经济带五大发展理念实施绩效的协同发展效应较弱。大部分城市位于第三象限,且比较密集,即最优化指数与统一度指数都较低,说明长江经济带有相当数量的一部分城市的五大发展理念实施绩效较低,子系统之间的协同效应要远远低于其他象限的城市。

根据以上研究结果,本文认为在贯彻落实五大发展理念的过程中,不仅要关注城市五大发展理念实施绩效充分性,更要重视城市之间发展的平衡性和协同性。在提高城市的经济社会发展水平的同时,也要注重缩小长江经济带整体的差距,减弱区域之间的异质性,具体措施如下。

第一,应基于各城市自身的发展短板,实施差异化的五大发展理念实施战略。根据图 2 的雷达图显示,长江经济带各城市的五大发展理念实施绩效整体呈现非均衡状况,各个城市应针对其五大发展理念实施绩效的短板因素,选择与自身发展阶段相适应、能够充分发挥其区域优势的五大发展理念实施战略,降低城市之间的非均衡程度。具体而言,位于长江经济带下游区域的城市,如上海、南京等,在提高经济发展质量和效益的同时,也要将修复长江生态环境摆在压倒性位置,创新综合治理组织管理,形成跨区域协同的综合治理体系和应急联动机制,坚持生态优先和绿色发展理念;位于长江经济带的中上游区域的城市,有相当一部分城市地处山区等偏远地带,相较于下游完善的交通网络体系,中上游区域距离中心城市较远,产业区位条件较差,区域发展水平较低,这也是造成长江经济带下中上游经济发展差异成"阶梯化"分异的原因,因此长江经济带中上游城市应加大对交通基础设施方面的投资,做到区域之间互联互通,尽快消除省际断头路,加快形成两小时交通圈,同时加强区域之间的合作,依托沿江、沪昆和京九、京广、二广等重点轴线,形成多中心、网络化发展格局,促进省际毗邻城市合作发展,推进城乡发展一体化。

第二,应建立统筹协调机制,充分发挥五大发展理念的协同效应。创新、协调、绿色、开放、共享发展是指导我国"十三五"乃至更长时期五大发展理念,需要贯彻到落实到各大建设领域及不同发展区域。根据测算的两两子系统的耦合协调度,得出协调发展与其他子系统的耦合协调度最高,推进长江经济带五大发展理念必须坚持协调发展,而协调发展主要是解决发展不平衡不协调问题。然而长江经济带在创新、绿色、开放方面还存在严重的不平衡现象。创新发展是经济高质量发展的关键动因,长江经济带沿线城市经济高质量发展应以创新驱动为引领,实施区域内人才战略,构建人才支撑体系,同时要打破体质机制障碍,形成创新服务型政府,并且对接国家创新体系建设,形成区域性协同创新体系;其次要以开放发展促进长江经济带沿线城市经济高质量发展,通过进一步扩大开放,吸引高质量外资、发展高质量的技术和服务贸易、提升长江经济带区域内的竞争力,同时推动形成深度融合的开放创新局面,强化与"一带一路"的连接,推动沿江全方位新格局,可以有效缓解科技创新驱动经济高质量发展边际效率递减的困境;绿色发展是长江经济带永续发展的必要条件和人民美好生活需要的重要体系,长江经济带应充分挖掘"黄金水道"的潜力,尽快摒弃"高耗能、高排放、高污染"的粗放型增长方式,加强创新驱动转型升级,优化产业结构,形成产业多元支撑的结构格局,要充分认识到"当前和今后相当长的时期,修复长江生态环境将一直处于压倒性位置"。

区域一体化背景下长三角区域
创新共同体建设研究

王泽强

摘　要："构建区域创新共同体"是《长江三角洲区域一体化发展规划纲要》所提出的一项重要战略任务。长三角三省一市地域接近、资源互补、经济依存,并且创新资源密集,经济发展都处于由传统要素驱动向创新驱动转变的关键阶段,协同推进长三角区域创新共同体建设具有良好的。在区域高质量一体化发展背景下,本课题在梳理国内外区域创新共同体的相关理论及评价方法的基础上,把区域高质量一体化发展背景下"构建长三角区域创新共同体"的现实基础与存在的问题进行综合分析,并提出加快推进长三角区域创新共同体建设基本框架与思路的政策建议。

关键词:创新共同体;科技创新;区域合作;区域一体化

一、研究背景

长三角三省一市地域相邻、经济依存、资源互补的特征,且科技资源丰富,创新要素密集,区域协同创新优势互补明显:上海产业体系完备、科技教育发达,江苏制造业发达、实体经济基础好,浙江民营经济发达、市场活力强,安徽市场潜力广阔、新技术新业态有后发优势。随着长三角一体化进入高质量发展阶段,深化区域科技创新合作,加快长三角协同创新共同体建设,有助

作者简介:王泽强(1972—),男,中共安徽省委党校(安徽行政学院)战略研究所教授,经济学博士,主要从事区域经济研究。

基金项目:2019年度国家社科基金项目《长三角区域创新共同体运行机制与构建路径研究》(项目编号:19BGL268)。

于推进区域内创新链和产业链深度融合、科技和产业联动发展,是引领长三角创新驱动转型、推动高质量一体化发展的一项战略举措。《长江三角洲区域一体化发展规划纲要》提出要把长三角建设成为全国发展强劲活跃增长极、高质量发展样本区、率先基本实现现代化引领区、区域一体化发展示范区和新时代改革开放新高地。

2018年6月,长三角地区主要领导座谈会明确提出,要在长三角地区率先构建区域创新共同体。2018年10月,沪苏浙皖三省一市签署《长三角地区加快构建区域创新共同体战略合作协议》,开启长三角区域创新共同体建设新阶段。2019年5月,中共中央政治局审议通过《长江三角洲区域一体化发展规划纲要》,该规划纲要专门对"构建区域创新共同体"进行了战略规划与总体要求,从而使得长三角区域创新共同体建设上升为国家战略层面。毫无疑问,在高质量一体化发展背景下,加快推进长三角区域创新共同体建设,是长三角三省一市围绕国家大局、服务国家战略,实现长三角更高质量一体化发展的战略举措和路径选择。

近年来,在国家科技部的指导和推动下,长三角三省一市在共同推进域创新体系建设方面取得了较为显著的成效,积极构建区域协同创新机制,强化规划对接,推进资源共享,完善跨区域创新生态系统。随着高质量一体化发展国家战略的推进和落实,长三角地区以上海为龙头,长三角科技创新一体化协同发展的"力度"和"速度"等方面都正在实现历史性突破,以构建区域创新网络体系为目标协同推进区域创新共同体建设。

二、文献回顾与综述

当前,世界各主要经济体都在竞相建设区域性、全国性乃至全球性的创新共同体,如美国提出建设全国性的"美国创新共同体",欧盟提出建立跨国性的"欧洲研究区"。在国内,包括长三角、京津冀等地区也正在谋划或推进区域创新共同体建设。总体来看,国内外关于协同创新、创新共同体及长三角区域创新共同体等方面研究大致可梳理归纳为以下几个方面。

(一)关于协同创新及区域创新共同体内涵研究

协同创新是当今创新型国家与创新型地区提高科技创新能力的一种全新组织模式。Haken(1971)的协同理论,认为协同是系统中各子系统的相互协调、合作的联合作用与集体行为。H. Chesbrough(2003)提出开放式创新模式,即一个组织从其外部和内部同时获得有价值的创意和优秀的创新人才,运用外部和内部的研发优势实现研发成果商业化。V. Serrano&T. Fischer（2007）阐释了协同创新的内涵，即对各创新主体要素进行系统优化、合作创新的过程。关于创新共同体，其理论可溯源至 K. Polanyi（1942）、S. Kuhn（1962）等人提出的"科学共同体"。2000 年欧盟委员会提出"欧洲研究区"，以保持欧洲科学研究的卓越性。2008 年美国大学科技园区协会等组织提出"美国创新共同体"这一协同创新的新理念和组织形式。在国内，"区域创新共同体"近年来倍受政府决策层和政策制定者重视，在《京津冀协同发展规划纲要》（2015）和《长江三角洲城市群发展规划》（2016）都明确提出构建"协同创新共同体"。《长江三角洲区域一体化发展规划纲要》（2019）对"构建区域创新共同体"专门进行了规划。

（二）关于区域创新共同体的协同创新效应研究

国内外学者研究表明，在现代开放式创新体系中，大学、产业与政府等在发挥各自作用时能产生多重效应与功能。Haken（1971）认为协同是系统中各子系统的相互协调、合作的联合作用及集体行为，可以产生 1+1>2 的协同效应。欧盟委员会（2000）提出的"欧洲研究区"，旨在形成人才、资金和知识等可以自由流动的欧洲单一研发与创新市场，促进科研成果的传播和应用。Nordic Innovation（2012）在《创新共同体：信任、互相学习与行动》中指出，创新共同体大多聚集于特定地区，致力于开展跨越边界的创新活动，其形成和发展有助于打破区域壁垒，冲破文化视角的限制。我国于 2012 年 5 月启动实施以协同创新中心为核心的"2011 计划"也是典型的创新共同体，该计划选定科学前沿、行业产业以及区域发展等方面为突破点，突破高校封闭的组织架构，实现跨组织科研合作。赵增耀等人（2015）认为，通过发挥区域协同创新的溢出效应，则可打破地区封锁，从而降低交易成本和创新风险，促进物品、生产要素、投资和创新要素自由流动，实现知识共享和技术扩散。

（三）关于区域创新共同体运行机制与模式研究

区域创新共同体的运行机制是指系统各部分及创新要素之间的相互联系、相互作用，不断实现创新的内在机理和运转方式（Varrichio P，2012）。区域创新共同体需要多元主体共同参与，以最大范围地吸引所有参与创新活动、支撑区域创新功能的主体，包括政府、企业、社会组织等机构以及科技中介公司、投资公司、担保公司等企业以及产业创新联盟、行业协会等各类创新平台与载体（王峥、龚轶，2018）。基于创新共同体的制度安排，可通过构建高校、科研院所、企业、政府、非政府组织等创新主体之间的协同创新机制，强化各自之间的战略协同，进而实现对各创新主体的目标任务、资源配置等进行有效的协调与管理（杨继瑞，2013）。关于创新共同体运行的模式，根据其运营管理机构的不同,可分为政府支持机构主导模式、大学主导模式、商业组织主导模式和非营利组织主导模式(王峥、龚轶,2018)。此外,尤建新(2017)、陈劲(2018)等分别从产业演进、企业竞争优势等视角研究了产业创新生态系统及企业创新生态系统,张贵(2018)对创新生态系统的形成、演化、运行以及治理进行了系统研究。

(四)关于长三角区域创新共同体构建路径研究

基于长三角科技合作和协同创新战略实践需要,学者们从研究视角和构建思路等方面对长三角区域创新共同体建设进行了研究。从研究视角看,毕亮亮、施祖麟(2008)在长三角城市科技创新能力评价基础上,提出构建长三角城市群内的"区域科技创新圈";徐伟金、张旭亮(2016)提出沪苏浙皖要从自主创新示范区、网上技术交易市场、打造环沪科创产业带等方面入手,共建最具影响力的全球科创中心;陈强(2018)基于长三角区域创新网络协同治理视角,提出科学管理重大科研基础设施运行、开放共享,以更好发挥长三角重大科研基础设施的功能作用。从构建思路看,沈开艳等人(2015)提出开展区域共性技术联合攻关,推动区域科技产业联动发展和创新服务系统链接,建立政府引导、企业主体、产学研一体化的区域创新体系;刘亮(2017)基于"科技创新中心"及"国家科学中心"建设大背景下,提出长三角应借助自身的科技创新集群优势、产业链整合优势和区域一体化发展先发优势,在国内区域创新实践中实现率先突破。

三、长三角区域创新共同体建设的现实基础

长三角地区是我国科技创新资源最为集中、创新成果最为丰富、创新活力和综合竞争力最强的区域之一。基于区域高质量一体化发展的国家战略背景,为协同推进长三角区域创新共同体建设带来了重大机遇。长三角地区具有建设区域创新共同体的独特优势和良好的基础条件,三省一市通过推动上海张江、合肥综合性国家科学中心的联动发展,加快培育长三角科创圈,协同推进长三角区域创新共同体建设,联手努力突破一批卡脖子关键技术,最终实现区域创新资源的高效联动和优势互补,最终将长三角建设成为全球创新高地。

(一)战略规划与区域政策基础

2015年9月,中共中央办公厅、国务院办公厅印发《关于在部分区域系统推进全面创新改革试验的总体方案》,明确提出要"加快长三角核心区域率先

创新转型",在长三角的上海、安徽等"省级行政区域进行系统部署,重点促进经济社会和科技等领域改革的相互衔接和协调,探索系统改革的有效机制、模式和经验","安徽依托合(肥)芜(湖)蚌(埠)地区,开展先行先试"。2016年6月,在《长江三角洲城市群发展规划》这份指引长三角区域一体化发展的纲领性文件中,也明确要求长三角地区"实施创新驱动发展战略,营造大众创业万众创新良好生态,立足区域高校科研院所密集、科技人才资源丰富优势,面向国际国内聚合创新资源,健全协同创新机制,构建协同创新共同体"。

《长江三角洲区域一体化发展规划纲要》提出,要深入实施创新驱动发展战略,以科创中心建设为引领,走"科创+产业"的道路,促进创新链与产业链的深度融合,不断提升在全球价值链中的位势,为高质量一体化发展注入强劲动能。对此,《长江三角洲区域一体化发展规划纲要》又进一步从联合提升原始创新能力、协调推进科技成果转移转化、共建产业创新大平台以及强化协同创新政策支撑等方面对长三角"构建区域创新共同体"进行了战略规划。显然,在长三角高质量一体化发展战略背景下,加强区域科技创新合作,构建长三角区域创新共同体既是区域一体化发展的内在需求导向,更是国家层面的战略规划与政策导向。因此,加快构建长三角区域创新共同体是实现长三角高质量一体化发展战略的必然需求,是三省一市肩负的打造全国创新驱动经济发展新引擎的重要使命。

(二)资源条件与实践探索

长三角地区是我国科技创新资源最为集中、创新成果最为丰富、创新活力和综合竞争力最强的区域之一,在长三角高质量一体化发展背景下,该地区具有建设区域创新共同体的独特优势和良好条件,并积极开展富有成效的区域科技创新协作。

1. 丰富的区域科技创新资源

长三角区域创新共同体建设的具有良好的资源条件。首先,长三角三省一市的科教资源较为丰富,聚集着复旦大学、上海交通大学、浙江大学、南京大学、中国科技大学等一批一流大学,包括1/5以上的985高校和1/4的211高校分布在长三角,这些长三角一流的大学源源不断地培养了一流人才,为长三角高科技企业的创办与发展提供了丰富的人才储备和智力支持。其次,国家综合性科学中心、国家大科学装置集中,1/3以上建成的和新建的国家大科学装置也分布在长三角的合肥、上海和南京等城市,并且合肥与上海等城市还拥有着较多数量的国家实验室和国家级科研机构。

2. 国家科学中心创新引领作用显著

目前,全国正在建设三个国家综合性综合中心,其中两个分布在长三角地区,分别是上海张江国家综合性科学中心和合肥综合性国家科学中心。如2017年1月合肥继上海之后获批建设第二个综合性国家科学中心的两年多来,原始创新成果加速涌现,协同创新平台加快布局,科技创新实现了里程碑式的突破。两年多来,合肥综合性国家科学中心面向世界科技前沿,面向重大战略需求,面向经济主战场,多类型、多层次创新体系不断完善,科技成果转化加快。如中国科大先进技术研究院自建立以来已孵化了包括36家国家级高新技术企业在内的233家企业,有效地推动了合肥构建形成从源头创新到新兴产业的全链条式创新体系,合肥综合性国家科学中心的知识创新溢出效应日益增强。随着开放性平台建设不断发展,合肥综合性国家科学中心科技攻关和成果转化继续保持着良好的态势,中国科大、中科院合肥物质院、中电科38所等相关高校院所承担的科研项目实现重大技术突破,部分核心关键技术达到了较为领先水平,培育了量子信息、类脑智能、精准医疗等一批未来先导产业,推动了合肥"四新经济"(新技术、新产业、新业态、新模式)的发展步伐。

3. 良好的区域创新合作实践基础

长三角区域内有着良好的科技合作与协同创新实践基础,也经历从"两省一市"演变为"三省一市"的区域科技合作格局。新的世纪初,长三角两省一市(沪苏浙)于2003年签署了《沪苏浙共同推进长三角创新体系建设协议书》,开启了长三角区域协同创新的新里程。此时,安徽省虽尚未正式参加长三角区域创新体系建设,但安徽省委、省政府明确了"东向发展"战略,积极开展与长三角两省一市的合作互动,在科技领域也积极主动地拓展泛长三角区域科技合作有效路径。2008年9月,在国务院印发的《关于进一步推进长江三角洲地区改革开放和经济社会发展的指导意见》(国发〔2008〕30号)中要求,长三角地区要"大力推进自主创新,加速建成创新型区域","积极推进泛长江三角洲区域合作",于是长三角区域创新合作也随着安徽的加入而逐渐演变为泛长三角科技合作层面。2014年9月,国务院印发《关于依托黄金水道推动长江经济带发展的指导意见》(国发〔2014〕39号),在国家战略层面上明确了安徽是长三角地区的有机组成部分,合肥是长三角城市群副中心。自此,长三角科技合作与区域协同创新也相应地在国家战略层面上真正进入了三省一市的空间格局。

随着区域一体化进程的不断加快,长三角在推进科技合作与区域创新体系建设方面的互动关系越来越密切,三省一市签署了多项战略合作协议,积极探索长三角科技创新合作机制与模式,从而使得长三角区域科技创新合作进入制度层面。自2017年以来,三省一市的科技部门共同制定了《长三角区域协同创新网络建设三年行动计划(2018—2020年)》,协同开展重大科技基础设施集群建设,构建长三角创新创业生态建设实践区,共同推进长三角技术转移体系建设,联合共建产业技术创新创业载体,联合攻关重大科技项目,推动科技创新资源开放共享等,着力构建长三角区域协同创新网络。

(三)影响因素及障碍

长三角丰富的科技创新资源与重大科技基础设施群布局等优越条件为三省一市协同推进区域创新共同体建设奠定了坚实基础;多年的区域创新合作实践并取得初步成效,为长三角区域创新共同体建设积累了宝贵经验。与此同时,在三省一市协同推进长三角区域协同创新共同体建设实践中也存在着一些障碍和制约因素,主要体现在以下方面。

1. 区域壁垒制约了创新资源开放共享

由于受传统的区域行政管理体制的影响,长三角区域协同创新共同体建设中难免会存在着科技创新资源要素配置的条块分割、科技创新装置与设施布局各自为政的状况,区域内的科技创新活动主体之间往往就会面临着信息不对称的问题,进而导致了跨区域的创新人才流动、科技成果转移转化、金融资本投资等创新资源开放共享渠道还不够顺畅,区域内的科技创新主体不能及时共享科创资源要素信息,最终阻碍了科创资源的跨地区流动,降低了创新资源的配置效率。

2. 区域协同创新制度建设还有待完善

尽管长三角三省一市较早就开展了区域协同创新的实践探索,并积累了较丰富的实践经验与成效,但由于区域协同创新体制机制与制度建设方面仍存在一些不够健全之处,区域协同创新战略、规划、政策的制定与实施等还不是很系统到位,而使得各自之间的创新资源与特色优势还没有完全实现优势互补,区域协同创新激励与约束机制还有待进一步增强,区域内的创新资源与创新平台整合还不够充分。根据《中国区域创新能力评价报告2018》的相关数据所显示,长三角沪苏浙皖的区域创新能力在全国各自的排位分别为第四、第三、第五和第十,三省一市的区域创新能力在全国范围来看,都居于前列,但各自之间的区域创新能力还不够均衡,区域整体的协同创新能力还有进一步提升的空间。

3. 区域创新链与产业链融合发展不足

长三角三省一市科技资源丰富,创新要素密集,产业体系发达,在科技创新与产业发展方面各有特色和优势,区域协同创新优势互补明显:上海产业体系完备、科技教育发达,江苏制造业发达、实体经济基础好,浙江民营经济发达、市场活力强,安徽市场潜力广阔、新技术方面有后发优势。但长期以来,由于传统发展思维和地方保护主义的影响,三省一市在各自的行政区域内较为重视产学研合作,并积极推动科技成果的本地转移转化,而在长三角区域内的产学研合作相对不足,区域内的创新链和产业链融合发展不充分,科研院所和产业(企业)间互动对接不畅,科技成果不能有效转移转化,一方面是区域内科研机构的技术供给信息不能及时传递给产业(企业),另一方面则是产业(企业)的技术需求也不能及时传递给科研院所。

四、长三角区域创新共同体建设基本思路

在区域一体化发展背景下,推进长三角区域科技创新一体化,应突出上海科技创新中心的引领作用,增强张江和合肥综合性国家科学中心的龙头效应,发挥相关国家自主创新示范区的辐射带动,通过联合提升原始创新能力、协同推进科技成果转化、共建产业创新大平台以及强化协同创新政策支撑等,高质量建设长三角区域创新共同体。

(一)联合提升原始创新能力,协同推进创新平台建设

加强张江、合肥综合性国家科学中心的联动发展,联合提升原始创新能力,共同组织、参与国际大科学计划和大科学工程,不断提升长三角参与解决世界性科学难题的核心能力与智慧水平。加强科技创新前瞻布局和资源共享,完善长三角科技创新资源的开放共享合作机制,联合开展科技项目攻关,集中突破一批"卡脖子"技术,联手打造有利于提升自主创新能力的创新生态系统,将长三角打造成为全国原始创新策源地和全球创新高地,为提升长三角原始创新能力和区域创新竞争力提供强有力的科技支撑。

充分利用长三角地区丰富的科教资源优势,打通区域内的学科间、院校间、机构间界限,联合打造以基础性和原创性研究为主的协同创新平台。通过优先布局国家重大战略项目、国家科技重大专项,共同实施国际大科学工程,合力推进长三角区域国家大科学装置、国家重点实验室、工程研究中心、产业技术创新中心等重大科技基础设施集群化建设,加快推进长三角科技基础设施一体化进程,打造高端科研试验和协同创新平台。加快科技资源共享服务平台的优化升级,推动重大科研基础设施、大型科研仪器设备、科技文献、科学数据等科技资源合理流动与开放共享,加快融入全球创新网络。

(二)打破区域行政界限,协同推进科技成果转移转化

打破区域行政界限和管理机制条块分割,以政府引导、市场主导,充分发挥市场和政府作用,构建长三角地区科技成果转移转化的协同机制,打通原

始创新向现实生产力转化通道,推动科技成果的跨区域转移转化。协同推进长三角地区原始创新成果的转移转化,重点开展新一代信息技术、高端装备制造、生命健康、绿色技术、新能源、智能交通等领域科技创新联合公关,构建开放、协同、高效的共性技术研发平台,实施科技成果应用示范和科技惠民工程,重点提升应用研究和科技成果转化能力。

发挥长三角技术交易市场联盟作用,推动技术交易市场互联互通,打造主要面向市场和应用的成果转化平台。依托现有的国家科技成果转移转化示范区,建立健全协同联动机制,共建科技成果转移转化高地。联合组建技术转移服务机构,打造长三角技术转移服务平台,实现成果转化项目资金共同投入、技术共同转化,利用共同分享。打通高校、科研机构和企业间科技成果转移转化通道,定期举办长三角创新成果展和长三角科技成果转化对接会,组织创新资源、科技成果进行对接。建立和完善长三角技术交易中心和专利信息资源库,实现科技资源交流共享。共建全球创新成果集散中心,打造国际创新合作交流平台,积极对接国际创新资源和渠道,推动国际创新项目成果在长三角地区落地。

(三)共建产业创新大平台,加强科技资源交流共享

瞄准世界科技前沿和产业制高点,共建长三角多层次的产业创新大平台。充分发挥长三角地区创新资源集聚优势,协同推动原始创新,技术创新和产业创新,着力打通科技成果研发转化有效通道,加速科技成果向现实生产力转化,形成具有全国影响力的科技创新和制造业研发高地。创建和培育一批综合性国家产业创新中心和分行业产业创新中心,充分发挥长三角双创示范基地联盟作用,加强跨区域"双创"合作,联合共建国家级科技成果孵化基地和双创示范基地,共同办好浦江创新论坛、长三角国际创新挑战赛,打造高水平创新品牌。

以长三角产业转型升级需求为导向,不断强化主导产业链关键领域的创新,聚焦聚力产业集群发展和产业链关键环节创新,加强科技创新、组织创新和商业模式创新,积极改造和提升传统产业,大力发展现代服务业,努力提升主导产业创新能力和核心竞争力。充分利用长三角丰富的创新资源和创新成果,积极培育新兴产业,推进商业模式创新,稳妥发展新业态,推动创新优势转化为产业优势。

(四)强化协同创新政策支撑,构建政策互动机制

加快建立国家及省(市)层面的政策统筹协调互动机制,增进"三省一市"的战略协同与政策互动,全局考虑和统筹谋划,形成推动长三角协同创新的强大合力,加快实现长三角科技发展战略一体化。不断强化上海科技创新中

心的引领作用,持续增强张江和合肥综合性国家科学中心的龙头效应,充分发挥现有的国家自主创新示范区的辐射带动,协同推进长三角区域创新共同体建设。

研究制定覆盖长三角全域的全面创新改革试验方案,深化科技体制改革,促进创新资源合理配置、开放共享、高效利用。建立一体化人才保障服务标准,实行人才评价标准互认制度,允许地方高校按照国家有关规定自主开展人才引进和职称评定。加强长三角知识产权联合保护,建立长三角地区知识产权保护协作机制,推动实现跨区域知识产权信用信息共联共享,建设长三角地区知识产权服务体系,推动长三角地区知识产权海外资源共享。支持地方探索建立区域创新收益共享机制,鼓励设立产业投资、创业投资、股权投资、科技创新、科技成果转化引导基金。在上海证券交易所设立科创板并试点注册制,鼓励长三角地区高成长创新企业到科创板上市融资。

参考文献:

[1] Chesbrough H W. Open Innovation [M]. Harvard Business School Press, Boston, MA, 2003.

[2] Serrano V, Fischer T. Collaborative Innovation in Ubiquitous Systems[J]. Journal of Intelligent Manufacturing, 2007, (5): 599-615.

[3] Varrichio P, Diogenes D, Jorgea, et al. Collaborative Networks and Sustainable Business: A Case Study in the Brazilian System of Innovation [J]. Procedia Social and Behavioral Sciences, 2012, 52: 90-99.

[4] 陈建华. 高质量构建长三角协同创新共同体[N]. 安徽日报, 2019-05-28.

[5] 李侃桢. 在落实国家战略中体现担当作为[J]. 群众, 2019(15): 13-14.

[6] 王峥, 龚轶. 创新共同体:概念、框架与模式[J]. 科学学研究, 2018(1): 140-148.

[7] 刘亮. 区域协同背景下长三角科技创新协同发展战略思路研究[J]. 上海经济, 2017(4): 75-81.

[8] 陈强. 长三角区域创新网络协同治理的思路与对策[J]. 科学发展, 2018(6): 43-53.

长三角一体化中安徽社会治理创新：
构建逻辑、困境与实现路径

潘　琳

摘　要：社会治理是国家治理的重要内容和坚实基础。新形势下迫切要求加强和创新社会治理，打造共建共治共享的社会治理格局。文章从构建逻辑、面临困境以及实现路径三个维度，诠释构建社会治理创新的三重逻辑，结合长三角一体化进程中各地社会治理创新发展模式，通过调研深入分析长三角一体化中安徽省社会治理创新实践困境和挑战，探索其推进路径。推进社会治理创新是一个长期性工程，应不断满足人民群众更高层次需求，在社会治理制度创新、人才保障、载体建设和多元主体上构建实现社会治理创新的理性路径。

关键词：社会治理创新；构建逻辑；困境；实现路径

党的十九届四中全会提出推进社会治理制度建设，构建人人有责、人人尽责、人人享有的社会治理共同体。旨在坚持和完善共建共治共享社会治理制度，加强和创新社会治理，提升社会治理现代化水平。因此，在社会治理创新实践中，要贯彻十九届四中全会精神，推进社会治理的理论和实践创新，探索中国特色社会主义社会治理之路，以社会治理现代化夯实"中国之治"的基石。进入新时代，长三角区域一体化中安徽社会治理创新这一命题要义在于，在国家治理体系现代化新格局下，调适性发展导向安徽社会治理创新的思路、创新举措与实施路径，加快推进社会治理现代化。

作者简介：潘琳，女，中共安徽省委党校（安徽行政学院），副教授，管理科学与工程博士后，研究方向：社会组织与社会治理，公共政策。

一、社会治理创新的基本构建逻辑

新时代推进社会治理创新是马克思主义社会治理思想中国化的理论和实践创新,根植于中华优秀的传统文化,是中国共产党人的集体智慧结晶,更是满足人民日益增长的美好生活需要,体现全体人民的共同期待。

(一)理论逻辑:马克思主义社会治理思想中国化的理论和实践创新

从理论逻辑来看,新时代推进社会治理创新是马克思主义社会治理思想中国化的理论和实践创新。马克思社会治理思想包括社会公平正义论、社会治理管理论和人的全面发展论等丰富的思想内涵。

社会的公平正义始终是马克思秉持的价值追求。他认为人人共享、普遍受益的社会公平正义就是社会发展所追寻的目标。马克思、恩格斯所设想的未来社会"生产将以所有的人富裕为目的的"。马克思社会治理思想的灵魂就是社会的自我管理,即社会自治,是自上而下和自下而上的治理,它强调人民的协商和参与。巴黎公社正是这样一个人民协商和参与的无产阶级自治政权,是人民群众的自治组织①。马克思主义提到实现未来社会管理主体多元化,由国家、社会和人民共同组成,以及未来社会管理职能实现从国家到社会的转变,人们平等协商维护社会有序发展。在马克思看来,人的自由而全面发展是人类解放终极目标,更是未来社会治理最终目标。未来理想社会是"一个更高级的、以每个人的全面而自由的发展为基本原则的社会形式"②。马克思人的全面发展论具体内涵是人的活动、需要和能力、社会关系以及个性等方面的全面发展。

习近平总书记明确提出,把促进社会公平正义作为价值追求。社会治理既为了增进人民福祉,又为了实现全社会公平正义。要打造共建共治共享的社会治理格局,实现人的自由全面发展③。所以新时代创新社会治理的丰富内涵从马克思主义社会治理思想汲取了丰富的思想资源,是其中国化的理论和实践创新。

(二)价值逻辑:中华优秀传统文化民本思想的传承和发展

从价值逻辑来看,社会治理创新是中华优秀传统文化的传承和发展。以

---

① 马克思恩格斯选集(第3卷)[M].北京:人民出版社,1995.
② 马克思恩格斯选集(第2卷)[M].北京:人民出版社,1995.
③ 习近平.习近平谈治国理政(第二卷)[M].北京:外文出版社,2017.

民为根本、以和谐为目的、以礼治为手段,是传统文化社会治理思想精髓①。儒家倡导济世救民现实主义,孔子提出"仁者爱人""为政以德"等理念,把"安民""恤民""养民""惠民"作为德政内容。孟子提出"民为贵,社稷次之,君为轻"主张。荀子提醒统治者要顺民意而为,提出"舟水论"。墨子申明"官无常贵而民无终贱""利国益民"的思想主张,赋予"民"以实在内涵。道家关注社会和谐,提出"小国寡民"和"无为而治"社会治理方法。儒家将大同社会描述为"大道之行也,天下为公"。礼治思想指出礼是治理国家首要准则。孔子曰"礼之用,和为贵"。建立和谐人际关系和良好社会秩序,是社会治理重要方法。所以,传统文化中社会治理思想体现了以人民为中心的价值逻辑。

习近平总书记社会治理观的价值取向是以人民为主体。首先,社会治理为了人民。习近平总书记强调:社会治理一切工作要以人民为中心,把增进人民福祉、促进人的全面自由发展作为社会治理根本出发点和落脚点。马克思历史唯物主义观点指明:"历史活动是群众的活动。"群众参与社会治理是群众进行历史活动重要形式。其次,社会治理依靠人民。习近平总书记指出:"一切治理活动,都要尊重人民的主体地位,尊重人民首创精神。"发挥人民群众在社会治理中主体地位。最后,社会治理效果由人民评判。习近平总书记强调:"检验我们工作的成效,最终要看人民是否真正得到了实惠,人民生活是否真正得到了改善。"所以,社会治理创新的价值遵循就是坚持以人为本,坚持公平正义,实现共建共享②。

(三)行动逻辑:满足人民日益增长的美好生活需要

从行动逻辑来看,社会治理创新是中国共产党人的集体智慧结晶,是中国特色社会主义社会治理伟大实践,更是满足人民日益增长的美好生活需要。

新中国成立70年来,我国社会治理经历了从传统社会管理体制的突破,到健全有中国特色的社会管理体制,再到提出打造共建共治共享的社会治理格局,这是一个先"破"后"立"再到"创新"的社会治理发展过程。我国构建了中国特色社会治理体系,走出了中国特色社会治理之路。

党的十八大以来,社会治理体系和治理能力现代化更加完善,平安中国建设取得重大进展。我国打破了犯罪率随着现代化推进必然升高的西方"魔咒"。严重暴力犯罪案件、群体性事件、信访总量、非正常上访量等社会秩序的关键性指标同时出现下降趋势。中国成为世界上最有安全感国家之一(10

---

① 高斌. 浅谈习近平关于社会建设重要论述的理论基础[J]. 中共四川省委党校学报,2019(1):4-5.

② 陆学艺. 当代中国社会建设[M]. 北京:社会科学文献出版社,2013:18-19.

万人命案发生 0.81 起）。全国公安机关刑事案件立案数、治安案件受案数同比下降①。广大人民群众安全感和满意度不断增强。2017 年人民群众的社会治安满意度比 2012 年上升了 8%。

社会稳定是根本大局，有效的社会治理是社会稳定的保证。打造社会治理新格局，是促进社会和谐稳定必然要求②。党的十九届四中全会提出构建人人有责、人人尽责、人人享有的社会治理共同体。在现代社会治理中，企事业单位、社会组织、城乡社区居民组织、社会公众等成为参与社会治理的重要力量。社会治理中心实现下移，广泛的社会参与通过自律、自治形成社会秩序。有效降低社会治理行政成本，提升了社会治理效能，共建共治共享的社会治理格局初步形成。这一新的社会治理理念和实践行动强调发展为了人民、发展依靠人民、发展成果由人民共享，全民参与、共同建设和共同治理，满足人民日益增长的美好生活需要。

二、长三角一体化中社会治理创新模式

长三角一体化首先是经济的一体化，与此同时，社会一体化、行政一体化重要性在凸显。在长三角一体化进程中，推进社会治理创新是深入谋划和推进长三角更高质量一体化发展的重要基础，也是长三角区域一体化发展的坚实保障。长三角城市群在社会治理创新方面探索了一些发展模式。

（一）上海：推进社会治理的协同联动

上海市将"创新社会治理、加强基层建设"作为一号课题，不断创新社会治理③。推动行政主导为的管理模式融入社会化协同治理的新阶段。

一是条块协同，政府机构职能转变。上海打破条块分割，推动政府职能转移，将重心从"条"（垂直部门）下沉到"块"（街道乡镇），形成条包块管、以块为主的社会治理格局。形成以街道（乡镇）网格化管理中心为联动平台，以城管为骨干，以公安为保障，派出机构、相关执法单位协同参与的联勤工作机制。二是政社协同，多元主体参与治理。上海将"12345"市民热线、联动联勤和应急处置等功能纳入城市网格化综合管理体系，形成政社协同新机制。建成社区事务受理中心、文化活动中心、卫生服务中心与睦邻中心，发动企事业

①　李培林. 用新思想指导新时代的社会治理创新[N]. 人民日报,2018-02-06(07).

②　马德坤. 习近平关于社会治理的理论创新与实践探索[J]. 中国高校社会科学,2017(3):4-13.

③　上海市委、市政府. 关于进一步创新社会治理加强基层建设的意见[Z]. 2015.

单位、社会组织、人大代表、政协委员、居民等多元主体参与社区治理。三是信息协同,大数据技术共享。社区服务方面,社区大数据云平台、智慧社区综合服务平台、智慧城市卡、居民电子健康档案、"电子围栏"等载体加强建设;社区管理方面,推广"社区大脑"、物联网"智慧感知"系统、居村电子台账、居委工作移动应用、"居家宝"安防等使用。四是规范协同,社会服务标准化。上海探索制定协商议事规则和制度的精细化。如闵行区通过大规模社区讨论和调查,确定"居民议事黄金法则",不断推动社会服务标准化、精细化。

(二)杭州:构建市域社会治理"六和塔"工作体系

在总结G20杭州峰会维稳安保经验和基层治理"四平台"经验基础上,杭州创新市域社会治理"六和塔"工作体系,打造新时代"枫桥经验"都市版。

杭州从顶层设计入手,探索市域社会治理"六和塔"工作体系[①]。2019年,杭州市制定《关于推进杭州市域社会治理现代化的意见》等"1+5"系列文件,优化"六和塔"工作体系标准、组织架构,构建"党建领和、社会协和、专业维和、智慧促和、法治守和、文化育和"的"平安六和"治理体系。以"党建统领"为塔尖,以社会治理社会化、法治化、智能化、专业化"四化"支撑为塔身,以自治、德治、法治"三治融合"及文化引领为塔基,市、县、乡三级联动,实施"六和工程",全面提升市域社会治理的统筹谋划、共建共治、防控处置、数字治理、依法善治、舆论引导能力。在理念层面,"六和塔"工作体系坚持以人民为中心的发展思想,构建全民共建共治共享的社会治理格局;在制度层面,构建党建统领、分工明确、运行高效的组织领导体系;在工具层面,以科技运用为支撑,运用"互联网+"和大数据的信息技术,实现市域智慧治理。

(三)安徽:提升基层社会治理智能化水平

安徽积极融入长三角社会治理创新,综合运用云计算、大数据等新技术,引领、促进社会治理的信息化、精细化和协同化。

一是推进社会服务管理信息化建设。2013年芜湖市开展社会服务管理信息化建设试点。将政府权责清单内办事项纳入信息化平台,为群众和企业提供便捷高效服务。2014年,安徽省全面推进社会服务管理信息化建设。各市创新运用大数据技术破解社会治理难题,形成以"互联网+社会治理"为代表的"芜湖经验"、以保障城市安全为主导"合肥模式"、以"互联网+政务服务"为特色"亳州样板"等。目前安徽平均每市对接57个单位、647类数据,通过数据共享提升服务管理工作效率。

二是加快推进综治信息化。安徽实现省、市两级平台数据和功能对接,

① 沈吟."平安六和"看杭州[N].浙江日报,2019-09-02(05).

完善、拓展综治"9+X"功能,提升综治信息化实战应用水平。持续推进综治视联网向乡镇和村级延伸,实现综治工作指挥调度的可视化、扁平化。

三是推进"雪亮工程"建设。以合肥、亳州、蚌埠、芜湖、安庆等长三角城市为代表,完善信息化社会治安防控体系,形成以视频为核心的视频结构化应用、以车辆为核心的车辆大数据分析应用、以人为核心的人脸识别比对分析应用、以多维数据为核心的时空研判应用、以 GIS(地理信息系统)为核心的可视化指挥调度应用系统,涌现了合肥市"雪亮工程"异构平台融合、蚌埠市社会资源整合、芜湖市"实名实人身份认证"等特色模式。加大与高速公路视频监控和恶劣气象条件监测预警系统、驻皖武警部队"智慧磐石"工程等对接力度,探索视频监控资源进一步向网格、家庭和个人应用延伸。建立智慧公共安全预测预警机制,实现事前预测预警、事中指挥调度、事后信息管控,避免出现次生问题。

三、长三角一体化中安徽社会治理创新面临困境

安徽各地在推进社会治理现代化,融入长三角一体化进程中构建共建共治共享工作格局方面,进行了积极探索,取得一定成效。但从安徽社会治理创新整体调研情况来看,实际工作中还面临一些困境,需加强研究,制定可行的对策路径。

(一)平安建设协同机制破而未立

社会治理创新涉及治理主体与对象较多,需统筹全局和系统治理。机构改革后,不再设立综治委及其办公室,有关职责交由党委政法委承担。在现行条块分割的体制下,党委政法委统筹推进社会治理缺少抓手,力不从心。指导协调各单位共同参与社会治理工作,构建协调联动、齐抓共管工作格局,需要尽快建立新的协同机制予以保障。虽然安徽合肥、芜湖等市结合地方实际,在协同机制建设上做了有益探索,但由于缺乏顶层设计的指导推动,很多地方仍然在等待观望,个别地方社会治理推进力度减弱,不进反退。

(二)综治中心缺少主要推动力量

新一轮党和国家机构改革后,各级综治中心缺少原综治办这样的核心职能部门,社会治理体系需要多部门协同参与治理,工作协调推进难度加大。在乡镇,仅由政法委员负责推动政法综治工作和综治中心的建设运行,很多地方的政法委员还兼管其他工作,无法专心从事社会治理创新工作;部分乡镇综治中心工作全部交司法所人员行使,缺乏社会治理工作的权威性和规范

性。县级综治中心一般由相关单位派遣人员入驻,同级政法委对综治中心人员管理难度较大,人员流动频繁,不利于工作的连续性。

（三）信息化应用水平参差不一

在信息化建设上,安徽省芜湖、蚌埠等市起步早、进度快,已进入实战运用阶段,为社会治理现代化提供了智力支撑。相对而言,其他部分市信息化建设力度不够、进度缓慢,尤其在建设成果应用转化方面,距离省内领先长三角芜湖、蚌埠等市还有差距。一些地方操作平台尚未互通,数据鸿沟、数据壁垒、多头采集、更新不快、利用不足等现象突出。网格员需要操作几种 App 终端,中心工作人员需要受理、处置多种平台的事件和信息;一些地方信息化系统虽已建成,但是建而不用、用而不精、建管用脱节等问题不同程度存在。

（四）治理型社会组织发展相对滞后

社会组织是介于政府与市场之外第三部门,社会（社会组织）与政府、市场共同构成现代社会治理的三大支柱。调研发现,安徽一些地方社会组织整体实力偏弱,自身能力建设不足、筹资能力较弱、内部治理体制不健全,人员专业化水平不高,造成许多政府亟待转移出来的职能缺乏相应的社会组织承担,参与社会治理的效能不高。同时,社会参与社会治理积极性和专业化程度不高,培育、引导、推动社会组织、社会力量参与社会治理的措施仍然不足,社会协同作用未充分显现。社会组织参与社会治理领域不广、程度不深,在提供公共服务、反映利益诉求、化解矛盾纠纷等方面的社会资源有待进一步整合,深层次、多方面、多样性、一体化的社会服务体系尚未形成。

四、长三角一体化中安徽社会治理创新现实路径

基于对社会治理创新的构建逻辑、经验借鉴和困境的探析,安徽融入长三角一体化社会治理创新发展,是持续推动长三角地区社会治理领域协同联动与合作交流。安徽需要继续深化社会治理机制建设,扩大多元主体参与社会治理,推动基层社会治理创新,从而提升社会治理能力和现代化水平。

（一）制度创新:更加突出社会治理机制建设

创新社会治理,关键在于体制机制创新。党的十九届四中全会,明确提出要坚持和完善共建共治共享的社会治理制度。必须加强和创新社会治理,完善党委领导、政府负责、民主协商、社会协同、公众参与、法治保障、科技支撑的社会治理体系。

创新社会治理要更加突出制度建设。第一,在党政关系方面,要进一步

完善党委领导、政府负责的制度安排,优化跨部门议事协调机制,确保党的路线方针政策和各项决策部署贯彻落实到位。第二,在政府与社会关系方面,要进一步完善民主协商、社会协同、公众参与的制度建设,充分发挥社会力量,提高社会治理的社会化、民主化、协同化水平。第三,在治理手段和方式上,要善于运用法治、自治、德治以及科技手段,完善人民内部矛盾处置机制,加强社会治安防控体系建设,健全公共安全体制机制。

鉴于长三角一体化中已有浙江、江苏等省份建立了多部门参与的涵盖综治、维稳、信访、防邪等内容的省级大平安建设工作协调机制,并且要求省内各级党委均要参照执行,保证了各部门协调联动。安徽省应按照中央即将出台的有关文件精神,制定相关实施意见,建立各级平安建设工作协调机制,以综治领导责任制为抓手,保证各级各部门各司其职、齐抓共管,加快形成平安建设工作链条和责任体系,推动社会治理有关任务落地生根。

(二)人才保障:更加突出社会治理专业化水平

社会治理要培养专业人才,打造专业队伍,运用专业知识、技能实现社会治理。专门机构、专门人才积极参与社会治理,有利于提高社会治理的专业化、精细化、规范化水平。例如"清河实验"的专家参与社区治理模式的探索。制定支持社会治理规范化队伍建设的政策法规体系,建立健全社会治理专业人才的培养、考评和激励机制,打造一支数量充足、结构合理、素质优良、熟悉法律、掌握治理方法的专业化队伍,为社会治理提供人才保障。

按照《中国共产党政法工作条例》精神,在乡镇(街道)党组织配备政法委员。推广安庆市、黄山市及凤阳县等地的做法,将综治中心确定为全额拨款事业单位,核定一定数量的事业编制人员,彻底解决目前综治中心工作人员流动性大、队伍稳定性差的问题。广泛吸纳高素质人才,壮大基层综治工作队伍,同时加强业务培训,提高专业知识技能,解决目前综治中心工作人员综合素质不高的问题,推动实现社会治理工作队伍年轻化、专业化、职业化。

(三)载体建设:更加突出社会治理实战应用

互联网不仅是一场技术革命,也是一场社会治理的变革。探索社会治理的创新,需要以信息化建设为基础。在载体建设方面,运用科技提升社会治理的网络化和智能化水平。运用大数据解决社会治理有关问题,打造统一规范、运行高效的云中国、云城市、云社区等大数据平台,开发与制定统一开放、共享应用的数据标准体系。提高社会治理的精细化、智能化和现代化管理水平。

推进综治信息化建设力度,有效发挥研判分析、协调指挥、联动高效的实战功能。结合安徽实际,推进网格化管理、综治信息"9+X"系统、综治视联网等公共管理应用平台建设,构建区、街、社区三级信息化应用平台管理,依托数字化、信息化地理管理系统,将各类基础信息和社情民意纳入网格,形成精确管理单元,实现对实有人口、特殊人群、社会治安、矛盾纠纷等综治主体模块的全覆盖和动态管控。

(四)主体多元:更加突出社会治理社会协同

推进社会治理创新,要在国家、政府、企事业单位、社会组织、社区、公民个人等多决策中心之间,建立合作型伙伴关系。这体现了社会治理要凝聚社会合力,多元主体加强社会共治。牢固树立开放共治理念,发挥各类社会主体的协同作用,动员各方力量广泛参与,打造权责统一、风险共担、成果共享的命运共同体。要切实增强基层社会治理工作的责任感、使命感,把服务群众、依靠群众、发动群众作为推进共建共治共享的出发点和落脚点,将"乡贤+多元化解"等长三角相关城市经验融入共建共治共享,不断拓展新时代"枫桥经验"安徽实践的内涵。

加强社会组织孵化基地建设,重点扶持发展城乡基层生活服务类、公益事业类、慈善互助类、专业调处类、治保维稳类等社会组织,更好地发挥他们在维护公共利益、救助困难群众、化解矛盾纠纷、维护社会稳定中的重要作用。创新运用市场思维、市场机制、PPP模式推进社会治理创新,通过政府购买服务、项目外包等方式化解社会矛盾和预防风险。建立促进市场主体履行社会责任的激励约束机制,鼓励企业利用技术、数据、人才等优势参与基层社会治理,以开放性治理结构吸纳社会力量参与社会治理,形成分工负责、良性互动的社会治理模式,实现公共利益的最大化。

连片特困地区农业
现代化发展水平评价及影响因素分析

——以安徽省大别山片区为例

耿林玲　钱　力

摘　要:基于2011—2017年的县域数据,从农业投入水平、农业产出水平、农村社会发展水平、农村可持续发展水平四个维度,运用因子分析法对安徽省大别山12个贫困县农业现代化发展水平进行评价,并运用回归法分析农业现代化发展水平的影响因素。研究结果表明:第一,安徽省大别山连片特困区的农业现代化发展水平呈现阶段式的逐年上升态势;第二,各地区的农业现代化发展水平存在差异,呈现北部地区高,南部地区次之,中间最低的格局;第三,所选取的影响因素指标对于农业现代化发展水平的影响程度依次为农林牧渔总产值、农用塑料薄膜、农用排灌机械、人均生产总值、人工造林面积。在此基础上针对安徽省大别山连片特困区农业现代化发展提出加强农村基础设施建设、加强生产投入力度、提高农业产出水平、加强农业生态保护四点建议。

关键词:连片特困地区;现代农业;评价;影响因素

一、引　言

实施乡村振兴战略是建设现代化经济体系的重要基础,是建设美丽中国的关键举措,是传承中华优秀传统文化的有效途径,是健全现代社会治理格

作者简介:耿林玲(1996—),女,安徽合肥人,硕士生,研究方向:区域经济学;钱力(1981—),男,安徽定远县人,副教授,硕士生导师,博士,主要从事区域经济与农村经济研究。
基金项目:安徽省社会科学创新发展研究项目"计划行为理论视角下连片特困地区扶贫绩效及影响因素研究——基于大别山片区的实证分析"(2019CX035)。

局的固本之策,是实现全体人民共同富裕的必然选择。农业是国民经济的基础,农村经济是现代化经济体系的重要组成部分,因而农业现代化发展对实现乡村振兴有着积极的作用。安徽省大别山连片特困地区是安徽省脱贫攻坚的主战场[1],其农业现代化的发展水平相对较低,因此对于其农业现代化水平评价及影响因素分析对于连片特困区的脱贫攻坚有着重要意义,对安徽省乡村发展有着重要的意义。

农业现代化问题深受国内外学者的关注,从现有的文献研究方法来看大致可以分为三类。

一是基于熵值法和熵权的 TOPSIS 方法对农业现代化水平进行分析,如夏四友、文琦[2]等基于 2000—2013 年数据用熵权法、数据包络分析法对榆林市农业现代化发展水平进行时间和空间演变格局的分析;刘世薇、张平宇[3]等基于 2000 以来的数据用熵值法对黑龙江垦区农业现代化水平进行综合评价,得出黑龙江垦区农业现代化水平处于初步实现农业现代化阶段;孙晓欣、马晓冬[4]运用熵值法对 2000—2014 年江苏省 57 个县(市)地域单元的农业现代化水平进行评价用空间自回归模型分析影响现代农业发展的驱动因素;陈江涛、张巧惠[5]等运用熵权 TOPSIS 法对我国部分省域 2008—2015 年的农业现代化水平进行量化评价,并对农业现代化发展与产业结构、基础建设、农业固定资产投入之间的关系进行了检验。

二是采用综合方法来分析农业现代化水平;如冀钦、杨建平[6]等运用 AHP 和多目标线性加权函数法相结合的方法对山西省吕梁山连片特困区农业现代化水平进行综合评价,得出农业生产水平低是制约农业发展的重要因素;韩叙、石宝峰[7]等运用循环修正模型对陕西各市的农业现代化水平进行评价和一致性检验并对各地市农业发展状况进行聚类分析,最后从四个方面对提高陕西省农业现代化水平给出对策建议;张香玲、李小建[8]等运用多指标综合测定法和探索性空间数据分析法对河南省农业现代化发展水平进行评价,并分析其空间演变格局变化及其影响因素;谢杰、李鹏[9]应用动态空间面板数据模型考察了中国农业现代化进程的直接影响因素与空间溢出效应,得出农业现代化,工业化,农业水利化和城市化,农业科技投入和农村财政支出对农业现代化的具体影响。

三是定量分析,如钟真[10]指出新时代农业现代化战略的重心应该从推进土地流转向加强农业社会化服务转变;杜鹰[11]认为现阶段中国农业发展存在农户属于小农类型和人多地少水更少的现实情况两方面约束。同时也指出推进中国农业现代化要统筹安排好农业结构和生产布局,大力培育新型农业经营主体,优化农业体系完善农业保护体系;阮文彪[12]指出新时代中国小农户和现代农业发展有机衔接所面临的问题,借鉴发达国家农业现代化发展经验教训提出全面推进产权制度、生产耕作制度、交易制度和收入分配制度等与小农户经营相关的制度创新;程华、卢凤君[13]等从演进分化视角分析农业现代化中产业主体与生产要素之间的二元格局,并从规模化发展、产业结构、创新驱动三个方面提出龙头企业的发展困境;另外国外学者也对农业现代化发展进行了研究,如 S. Archambault[14] 深入研究了农业现代化与生态保护之间的关系;如 S. Waldron[15] 深入研究了延长农产品产业链对农业现代化发展的作用。

综上所述,现有文献大多是从定量方面分析农业现代化发展水平或者是从定性方面分析发展路径问题,很少从定量方面分析农业现代化发展水平以及其影响因素并在此基础上提出建议。然而安徽省大别山连片特困区很少有对农业现代化水平的研究,本文基于 2011—2017 年县域数据,运用因子分析对安徽省大别山连片特困区农业现代化水平进行评价,同时用回归分析法对其农林牧渔总产值、农用塑料薄膜、农用排灌机械、人均生产总值、人工造林面积等影响因素进行研究,在此基础上提出加强农村基础设施建设、加强生产投入力度、提高农业产出水平、加强农业生态保护四点建议。

二、模型构建

(一) 模型构建

因子分析法是用少量具有代表性的因子替代较多的原有变量来参与建模。设原有 p 个变量 $x_1, \cdots, x_p$ 每个变量均值为 0,标准差为 1。用 k 个因子 $f_1, \cdots f_k$ 的线性组合来表示。

$$
\begin{cases}
x_1 = a_{11}f_1 + a_{12}f_2 + a_{13}f_3 + \cdots + a_{1k}f_k + c_1 \\
x_2 = a_{21}f_1 + a_{22}f_2 + a_{23}f_3 + \cdots + a_{2k}f_k + c_2 \\
x_3 = a_{31}f_1 + a_{32}f_2 + a_{33}f_3 + \cdots + a_{3k}f_k + c_3 \\
\qquad\qquad\qquad \cdots \\
x_p = a_{p1}f_1 + a_{p2}f_2 + a_{p3}f_3 + \cdots + a_{pk}f_k + c_p
\end{cases}
$$

式中,a_{ij} 是变量 x_i 与 f_j 之间的相关系数,称为因子载荷,绝对值越接近 1 表明因子与变量的相关性越强。c 为特殊因子,表示原有变量不能被因子解释的部分。用原有变量计算因子得分,即第 i 个观测在第 j 个因子上的取值。

$b_{j1}, b_{j2}, b_{j3}, \cdots, b_{jp}(j=1,2,3,\cdots,k)$ 为各变量的加权。

$$\begin{cases} F_1 = b_{11}x_1 + b_{12}x_2 + b_{13}x_3 + \cdots + b_{1p}x_p \\ F_2 = b_{21}x_1 + b_{22}x_2 + b_{23}x_3 + \cdots + b_{2p}x_p \\ F_3 = b_{31}x_1 + b_{32}x_2 + b_{33}x_3 + \cdots + b_{3p}x_p \\ \cdots \\ F_k = b_{k1}x_1 + b_{k2}x_2 + b_{k3}x_3 + \cdots + b_{kp}x_p \end{cases}$$

最后综合评价指标函数为 $F = w_1 F_1 + w_2 F_2 + w_3 F_3 + \cdots + w_k f_k$，其中 w_j 这个权重本文是从数量上考虑的，用的是因子的方差贡献率。

（二）指标体系构建

在现有文献的基础上[16]，根据安徽省大别山的农业发展具体情况，本着指标选择的系统性、科学性及可获取性原则，选择农业投入水平，农业产出水平，农村社会发展水平以及农业可持续发展水平四个维度。农业投入水平是影响农业现代化发展的重要因素，选取农业机械总动力，农业排灌机械台数，农村用电量，农用塑料薄膜指标。农业产出水平是农业投入和农业现代化发展的重要反映，选取农林牧渔总产值，劳动产出率，第一产业增加值，人均生产总值。农村社会发展水平深刻地影响着农村人民的生活，也是农业现代化水平的切实反映，选取农民人均可支配收入，固定电话用户，医疗机构床位数，乡村从业人数。农业发展可持续水平是农业生态状况的反映，决定着农村农民的长远利益和发展，选取人工造林面积，木材采伐量，化肥使用量指标。（见表1）

表1　农业现代化发展水平评价指标体系

目标层	准则层	指标层	单位	方向
农业现代化发展水平评价指标	农业投入水平	农业机械总动力	千瓦	正
		农业排灌机械台数	台	正
		农村用电量	万千瓦	正
		农用塑料薄膜	吨	正
	农业产出水平	农林牧渔总产值	万元	正
		人均生产总值	元	正
		第一产业增加值	万元	正
		劳动产出率	—	正

目标层	准则层	指标层	单位	方向
农业现代化发展水平评价指标	农村社会发展水平	农民人均可支配收入	元	正
		固定电话用户	户	正
		医疗机构床位数	床	正
		乡村从业人数	人	正
	农业可持续发展水平	木材采伐量	万立方米	负
		人工造林面积	公顷	正
		化肥使用量	吨	负

（三）数据来源及处理

本文数据主要来源于《安徽省统计年鉴》《中国县域统计年鉴》《中国区域经济统计年鉴》以及相应市、县统计年鉴。由于各项指标在计量单位和数量级间存在差异，量纲不同计算结果不可比较。因此，在实证分析前需要对全部指标数据进行标准化处理。

三、现代农业发展水平评价实证分析

（一）农业现代化发展水平总体评价

1. KMO 检验和巴特利特球度检验

KMO 检验是用于检验变量之间的相关性，巴特利特球度检验用于检验变量之间的相互独立性。KMO 值越接近 1，表明变量间的相关性越强，KMO 值越接近 0，表明变量间的相关性越弱。一般认为 KMO 值在 0.5 以上是可以接受做因子分析，在 0.5 以下不适合做因子分析。KMO 取样适切性量数为 0.764，显著性为 0.000，表示适合做因子分析。

2. 提取公因子

利用 SPSS23.0 进行主成分分析，提取 3 个特征值大于或等于 1 的公因子，累计方差贡献率为 73.125%，包含了原始变量的 73.125% 的信息，较好地反映了原始数据信息。（见表 2）

表2 总方差解释

成分	初始特征值			提取载荷平方和			旋转载荷平方和		
	总计	方差百分比	累积%	总计	方差百分比	累积%	总计	方差百分比	累积%
1	6.364	42.426	42.426	6.364	42.426	42.426	5.776	38.509	38.509
2	3.207	21.380	63.805	3.207	21.380	63.805	3.015	20.098	58.607
3	1.398	9.320	73.125	1.398	9.320	73.125	2.178	14.518	73.125
4	0.915	6.097	79.222						
5	0.789	5.257	84.479						
6	0.596	3.976	88.455						
7	0.488	3.252	91.707						
8	0.452	3.014	94.721						
9	0.285	1.902	96.623						
10	0.194	1.290	97.913						
11	0.144	0.961	98.875						
12	0.089	0.593	99.467						
13	0.058	0.386	99.854						
14	0.018	0.122	99.975						
15	0.004	0.025	100.000						

提取方法:主成分分析法。

3. 计算因子得分

由 SPSS23.0 得出成分得分系数矩阵可计算得出 F_1, F_2, F_3。本文选取的是各因子的方差贡献率作为计算的权重,具体公式为:

$$F = 38.509\% * F_1 + 20.098\% * F_2 + 14.518\% * F_3$$

通过计算得出安徽省大别山连片特困区 12 个县 2011—2017 年的得分情况,再通过取 12 个县的平均值得出每年安徽省大别山连片特困区的总体得分,具体如下表3。

表 3 2011—2017 年农业现代化发展水平综合得分

年份	F_1	F_2	F_3	F
2011	0.253	0.093	0.143	0.137
2012	0.274	0.089	0.237	0.158
2013	0.279	0.164	0.314	0.186
2014	0.307	0.136	0.348	0.196
2015	0.340	0.023	0.455	0.202
2016	0.387	0.012	0.564	0.233
2017	0.383	−0.053	0.674	0.235

从 2011—2017 年农业现代化发展水平得分来看,安徽省大别山连片特困区整体是逐年上升的态势,表明安徽省大别山连片特困区农业现代化水平在逐年提高。从表中可以看出 2011—2013 年 F 值增幅较大,到达 0.186 水平之后开始缓慢上升,2013—2015 年增幅平稳,2013 年之后国家进入转型,农产品生产成本上升,一定程度上制约了农业现代化发展,但总体还是在发展前进的。2015—2016 年又一次出现较快发展,从 2016—2017 年进入一段小幅上升的平稳期。农业现代化发展水平得分的上升也代表农业机械总动力、农用排灌机械、农村用电量、农用塑料薄膜使用量、农林牧渔总产值、人均生产总值、第一产业增加值、劳动产出率、农民人均可支配收入、固定电话用户、医疗卫生机构床位数、乡村从业人数、人工造林面积在持续增加;木材采伐量、化肥施用量在持续下降。

(二)各地区农业现代化发展水平评价

以安徽省大别山连片特困区 2017 年的数据分析各个地区的农业现代化水平,具体见表 4。

表 4 2017 年安徽省大别山 12 个县农业现代化发展水平得分

地区	F_1	F_2	F_3	F
潜山	0.044	0.218	0.885	0.189
太湖	0.047	0.051	0.920	0.162
宿松	0.289	−0.072	0.840	0.219
望江	0.166	−0.105	0.673	0.140
岳西	0.041	−0.054	0.722	0.110

（续表）

地区	F_1	F_2	F_3	F
临泉	0.919	−0.166	0.552	0.400
阜南	0.654	−0.168	0.569	0.301
颖上	0.613	−0.095	0.579	0.302
寿县	0.548	−0.108	0.626	0.280
霍邱	0.596	−0.118	0.559	0.287
金寨	0.159	−0.041	0.558	0.134
利辛	0.518	0.024	0.600	0.291

对于安徽省大别山连片特困区 12 个贫困县 2017 年农业现代化水平得分进行横向对比分析得出：北部地区临泉县、颖上县、阜南县、利辛县、霍邱县、寿县农业现代化水平普遍高于中部地区金寨县和南部岳西县、太湖县、潜山县、望江县、宿松县。从北部地区来看，临泉县农业现代化水平最高，其次是颖上县、阜南县、利辛县。农业现代化水平大致呈现西高东低，北高南低的态势。从中部地区看，金寨县农业现代化水平较为落后，仅高于南部地区的岳西县。从南部地区来看，宿松县农业现代化水平最高，其次是潜山县和太湖县。整体来看，农业现代化水平呈现出地区连片，发展水平类似的特点。北部农业现代化水平最高，南部农业现代化水平次之，中部农业现代化水平最差，呈现北高南次中间低的态势。从计算结果来看，大致可以分为三个梯度，北部地区为第一梯度，南部地区为第二梯度，中间为第三梯度，具体见表 5。

表 5　安徽省大别山连片特困区 12 个县梯度分布情况

梯度	地区
第一梯度	临泉、阜南、利辛、颖上、霍邱、寿县
第二梯度	岳西、太湖、潜山、望江、宿松
第三梯度	金寨

四、农业现代化发展水平影响因素分析

（一）指标选取

本文根据生产投入，产出水平、经济发展和生态保护四个方面选取了 5 个

指标作为解释变量,农业现代化发展水平得分作为被解释变量。农业的生产投入将直接影响到农业综合产出,因此本文选取了农业排灌机械、农业塑料薄膜两个指标,记为 X_1, X_2。农业产出水平选取的是农林牧渔总产值这一指标,记为 X_3。一个地区的经济发展水平的高低将影响着农业现代化发展的各项资金投入的多少,因此本文选取了人均生产总值这一指标,记为 X_4。农业现代化长久发展建立在生态环境良好的基础之上,恶劣的生态环境也将使农业现代化举步维艰,生态坏境很大程度上影响着农业现代化长久发展,人工造林在一定程度上缓解了水土流失,延长了农业用地的寿命,使得农业后续发展成为可能,因此选取人工造林面积作为影响因素 X_5。基于以上分析本文设定的安徽省大别山连片特困区农业现代化发展水平影响因素的回归模型如下:

$$Y = \beta_0 + \beta_1 * X_1 + \beta_2 * X_2 + \beta_3 * X_3 + \beta_4 * X_4 + \beta_5 * X_5$$

（二）回归分析

用 Stata14.0 对标准化的数据做回归,得到 F 检验为 290.47, R^2 为 0.949,调整后的 R^2 为 0.956,表明模型模拟良好,模型整体显著。农用排灌机械、农用塑料薄膜、农林牧渔总产值和常数项在 0.01 的统计水平上差异显著,人均生产总值在 0.05 的统计水平上差异显著,人工造林面积系数不显著主要是因为人工造林改善生态环境需要较长时间,生态环境对农业现代化发展又需要一段时间,在短时间影响不是很明显,但人工造林对缓解水土流失保证农业耕地面积有着重要作用,因此本模型保留人工造林面积作为解释变量 X_5,具体见表6。

表6　农业现代化发展水平影响因素回归结果

变量	系数	标准误差	P 值
农用排灌机械	0.056	0.016	0.001
农用塑料薄膜	0.069	0.023	0.003
农林牧渔总产值	0.361	0.013	0.000
人均生产总值	0.032	0.014	0.025
人工造林面积	0.019	0.013	0.138
常数项	0.284	0.010	0.008

通过回归结果建立的模型为:

$$Y = 0.284 + 0.056 * X_1 + 0.069 * X_2 + 0.361 * X_3 + 0.032 * X_4 + 0.019 * X_5$$

经过回归发现,生产投入指标与农业现代化发展水平呈正相关关系。在其他变量不变的情况下,每增加一个单位农用排灌机械农业现代化发展水平得分相应增加 0.056 个单位。在其他变量不变的情况下,每增加一个单位农用塑料薄膜农业现代化发展水平得分相应增加 0.069 个单位。从系数可以看出生产投入指标对于农业现代化发展水平具有较强的影响。加大农业生产投入可以较为直接影响到农业的发展水平,加大农用机械的投入,加大对农产品的科学研究等等在很大程度上给农业的综合产出、农产品结构、农业规模经营带来积极的作用。

产出水平指标农林牧渔总产值与农业现代化发展水平呈正相关关系。在其他变量不变的情况下,每增加一个单位的农林牧渔总产值农业现代化发展水平相应增加 0.361 个单位。农林牧渔总产值是农业产出水平的直接反映,农业现代化发展水平越高农林牧渔总产值越高,产出水平在很大程度上影响着农业现代化发展水平。

经济发展指标与农业现代化发展水平呈正相关关系。其他变量不变的情况下,每增加一个单位人均生产总值农业现代化发展水平得分相应增加 0.032 个单位。从这个系数可以看出人均生产总值对于农业现代化发展水平具有一定的影响。所以提高人均生产总值可以在一定程度上加大对农业发展的资金投入,也可以对教育,医疗,基础设施的建设予以资金支持,进而为农业现代化发展输送高素质人才,为农业现代化发展提供科技力量。

生态指标从回归结果来看不显著,对农业现代化发展没有明显影响。这是因为生态环境在短时间内没有显著的变化,对于农业现代化发展影响不明显。随时间的延长,生态环境有了显著变化,本文预测生态环境对农业现代化具有一定程度的影响。

总的来说,生产投入、产出水平、经济发展水平这几个方面对农业现代化发展产生一定的影响,生态指标从回归结果看对农业现代化发展水平影响不显著。从系数排序来看依次为农林牧渔总产量、农用塑料薄膜、农用排灌机械、人均生产总值。生产投入的增加直接影响农业综合产出,产出水平是农业现代发展水平直接反映,很大程度上影响农业现代化发展水平。经济发展水平直接影响到电网水等基础设施建设,农业科学研究,高素质人才培养等资金投入,影响农业现代化发展的各个方面。

五、研究结论与对策建议

(一)研究结论

基于 2011—2017 年安徽省大别山 12 个县的数据,运用因子分析对农业

现代化水平进行评价,并运用回归法对其影响因素进行分析,得出以下结论:

第一,农业现代化发展水平逐年提高,且呈现出阶段式特点。2011—2013年和2015—2016年两段是农业现代化水平提高较快的阶段,2013—2015年和2016—2017年两段是农业现代化水平提高较平稳的阶段。从2011—2017年安徽省大别山连片特困区的农业现代化水平得分从0.136785提高到0.234603,增长了将近一倍,说明安徽省大别山连片特困区农业现代化水平提高较为快速,但目前该地区的农业现代化水平依然不发达。

第二,安徽省大别山连片特困区12个县农业现代化发展水平呈现梯度分异现象。北部地区为第一梯度,南部地区为第二梯度,中间地区为第三梯度。以2017年的数据来看,安徽省大别山连片特困区农业现代化水平地区差异较大,北部地区农业现代化水平普遍高于南部和中部地区,南部地区普遍高于中部地区,整体农业现代化水平呈现北高南次中间低的格局。农业现代化发展具有地区连片发展相似的特点,这说明不同片区应该有着不同的发展模式以便更适应各地区的农业现代化发展。

第三,通过回归结果来看,安徽省大别山连片特困区农业现代化水平具有以下四个方面的影响因素:生产投入水平、产出水平、经济发展水平、生态水平。其中产出水平指标的系数最大,生产投入指标的系数次之,再次是经济发展指标的系数,说明对安徽省大别山连片特困区农业现代化发展影响最大的是农业的综合产出,其次是生产投入水平,再次是经济发展水平。考虑到生态环境在短时间很难有显著变化,对农业现代化发展水平影响短时间看不明显,预测随着时间的延长会加深对农业发展的影响。

(二)对策建议

第一,加强农村基础设施建设,促进经济发展。安徽省大别山连片特困区基础设施相对其他农村地区落后,而农业现代化发展是基于完善的基础设施上,所以很有必要完善基础设施。加大对陆路交通的投入建设,加快对电、水、网络的基础建设,有利于加强连片特困区与外界的文化联系,有也有利于农产品的来往贸易,利于当地企业的对外联系。加强连片特困区的教育投入,提高当地人民的素质教育水平,为当地农业现代化输送高素质人才。健全社会保障体系,合理提高最低生活标准,完善养老制度,加大医疗设施的资金投入,壮大连片特困区医疗卫生队伍,解决当地看病难问题,为留住当地劳动力提供一份筹码。

第二,加强生产投入力度。安徽省大别山连片特困区农业综合产出很大程度反映着农业现代化水平,增加农业排灌机械使用,提高有效灌溉面积,增大农业作物的产出,提高农村用地产出率。农业机械化程度的加深也在一定程度上加快农业规模经营步伐,缓解小农户生产带来的弊端。政府要加大对于农作物的科学研究投入,用技术缓解当地自然因素的制约程度,提高农作物灾害成活率,提高农作物的产出率。

第三,提高农业产出水平。优化调整农业生态体系,农林牧渔相结合,促进良好的农业循环圈。加强农业与工业联系,延长农产品产业链,加快农产品品牌建设,提高农产品销售量刺激农产品的产出。加强互联网与农业的结合,开通电商发展路线,发展互联网农业。运用农业新技术,改善化肥负面作用,缩短农作物生长时间,加强对灾害的预测精度。

第四,加强农业生态保护。农业现代化发展是长久可持续的发展模式,不能以严重破坏环境的手段取得短暂的利益,反而要为了更长久的发展采取保护生态的措施。生态环境恶化不仅降低当地居民的生存质量而且严重影响到农业的生产,形成恶性循环[17]。减少化肥的使用量,保护耕地农业资源;减少人工采伐量,加大人工造林面积,缓解水土流失问题;提高秸秆的使用率,禁止燃烧秸秆,提高当地人民居住的空气质量,秸秆埋田增加土壤的有机质。

参考文献:

[1]钱力,倪修凤,宋俊秀,曹巍.大别山连片特困区县域多维贫困测度及贫困重心迁移[J].地域研究与开发,2019,38(04):33–38.

[2]夏四友,文琦,赵媛,许昕,杨奎,赵茹.榆林市农业现代化发展水平与效率的时空演变[J].经济地理,2017,37(10):173–180.

[3]刘世薇,张平宇,宋凤斌,潘晓卉,温鑫.黑龙江垦区农业现代化水平评价[J].地理科学,2018,38(07):1051–1060

[4]孙晓欣,马晓冬.江苏省农业现代化发展的格局演化及驱动因素[J].经济地理,2016,36(10):123–130.

[5]陈江涛,张巧惠,吕建秋.中国省域农业现代化水平评价及其影响因素的空间计量分析[J].中国农业资源与区划,2018,39(02):205–213.

[6]冀钦,杨建平,徐满厚.山西吕梁山连片特困区现代农业发展水平综合评价[J].中国人口·资源与环境,2018,28(S1):54–59.

[7]韩叙,石宝峰,夏显力.基于循环修正模型的陕西省现代农业发展综合评价[J].华中农业大学学报(社会科学版),2017(01):64–71+142.

[8]张香玲,李小建,朱纪广,史焱文.河南省农业现代化发展水平空间分异研究[J].地域研究与开发,2017,36(03):142–147.

[9]谢杰,李鹏.中国农业现代化进程直接影响因素与空间溢出效应[J].农业经济问题,2015,36(08):42–48+111.

［10］钟真.社会化服务:新时代中国特色农业现代化的关键——基于理论与政策的梳理［J］.政治经济学评论,2019,10(02):92-109.

［11］杜鹰.小农生产与农业现代化［J］.中国农村经济,2018(10):2-6.

［12］阮文彪.小农户和现代农业发展有机衔接——经验证据、突出矛盾与路径选择［J］.中国农村观察,2019(01):15-32.

［14］程华,卢凤君,刘晴.新时期农业现代化进程中的困境与对策——基于演进分化视角［J］.农业经济,2019(06):3-5.

［15］ArchambaultS. Ecological Modernization of the Agricul-ture Industry in Southern Sweden:Reducing Emissions tothe Baltic Sea［J］. Journal of Cleaner Production,2004,12(5):491-503.

［16］Waldron S,Brown C,Longworth J. A Critique of High-val-ue Supply Chains as A Means of Modernising Agriculturein China:The Case of the Beef Industry［J］. Food Policy,2010,35(5):479-487.

［17］钟丽娜,李松柏.陕西省农业现代化发展水平综合评价［J］.农业现代化研究,2018,39(1):57-64.

［18］HEADY C. Natural resource sustainability and poverty reduction［J］. Environment and development economics,2000,5(3):241-258.

区域治理中的空间正义偏失及其修复

倪永贵

摘　要:随着区域公共事务急剧增多,区域化趋势日益加强,区域治理成为紧迫必要。然而,在区域治理中还存在空间异化和空间剥夺等非正义问题。近些年,随着社会科学研究的"空间"转化,空间正义理论开始引起学者们的关注,也为解决区域治理问题开辟一条全新路径。从结构过程的角度看,区域治理中的空间正义内含空间价值正义、空间生产正义、空间分配正义和空间制度正义。基于此,要矫正区域空间非正义问题,提高区域治理效果,不仅需要重塑区域价值观念,增强合作共识,还要科学规划,优化空间资源配置,构建公平正义的分配机制,并要健全合理的制度体系,确保各个主体参与治理的空间权利。

关键词:区域治理;空间正义;偏失;修复

随着科学技术的突飞猛进,经济社会的快速发展,地区间联系愈加紧密,区域公共事务也急剧增多,区域化趋势日益明显,区域化发展逐步上升为国家战略。习近平总书记在十九大报告中明确提出,要建立更加有效的区域协调发展新机制。尽管经过多年的探索实践,我国区域治理工作也取得了一定成效,但是由于行政权的属地性和公共事务的外部性等方面的影响,还存在空间分割和空间争夺等诸多非正义现象。近年来,随着社会科学研究的"空间转向",空间正义理论为国内学界所重视,被引入到城市化等问题的研究,也为分析和解决区域治理问题提供一个新颖方向。《墨子·天志中》说:"天下有义则治,无义则乱。"事实表明,正义是有效实现区域协同治理的基本前

作者简介:倪永贵(1974—),男,汉族,安徽太和人,博士,硕士研究生导师,阜阳师范大学政法学院教师,从事区域治理等方面研究。

基金项目:2018年安徽省教育厅人文社科重点项目"空间正义视阈下区域公共治理合作机制研究"(SK2018A0292)。

提和重要基础。显然,研究区域治理问题需要给予正义维度应有的关注。如区域空间正义具有怎样的内涵逻辑？如何才能有效实现区域空间正义,提高区域治理效果？这些问题都是现阶段亟待解决的问题。鉴于上述认识,本文从空间正义理论出发,结合我国具体区域实践,深入研究区域治理中的空间正义内在规律,探寻通达区域空间正义之道,进而达到实现区域善治和良性发展之目的。

一、空间正义:研究区域治理问题的新视角

（一）空间正义理论的兴起

正义是人类社会永恒不变的主题,是每个时代的人们都始终追求的理想目标。千百年来,从苏格拉底、柏拉图到马克思,以及晚近的罗尔斯等,许多哲人智者对正义进行了解读,留下缤彩纷呈的思想宝库。在柏拉图看来,各司其职才是真正的正义。中世纪时期,正义屈服于宗教,正义成为对上帝的服从。马克思批判"永恒正义",认为正义根源于社会利益关系之中,其内涵是历史的,具体的。美国近代哲学家罗尔斯从抽象的制度层面理解正义,他把正义的社会基本结构作为公平的正义的追求。不过,学者们对正义的探讨多限于政治、法律和哲学等领域。"正义有一种空间的维度;各种形式的不正义表现在空间中;从空间的视角可以观察、分析和辨别表现在空间中的不正义。"[1]20世纪下半叶,随着对资本主义空间生产的批判,正义获得了空间的纬度,空间正义理论逐步形成与发展。

20世纪70年代,随着资本主义的快速发展,城市不断扩张,城市空间结构资本化,城乡矛盾尖锐,城市问题日益严重。"自然,作为空间,和空间一道,被分成了碎片,被分割了,同时以碎片的形式被买卖,并被整体地占据。"[2]空间理论的奠基者、法国社会学家亨利·列斐伏尔（Henri Lefebvre）深刻揭示了资本主义生产中的空间正义问题,批判了传统的空洞的、僵死的、静止的空间观,阐述了联系的、社会的、动态的空间观。在借鉴马克思主义的历史唯物主义思想的基础上,列斐伏尔论述了"三维辩证"的空间思想,即把空间视为包含空间实践、空间表征和表征空间的统一体。"空间性的实践界定了空间,它在辩证性的互动里指定了空间,又以空间为其前提条件。"[3]在他看来,空间是政治性的和策略性的,不仅是社会发展的产物,也是国家统治的政治工具。另一位空间理论代表人物大卫·哈维在列斐伏尔空间思想的基础上,沿袭马克思主义政治经济学批判路径,坚持历史地理学的唯物论原则,

从普遍性与特殊性的辩证视角分析了空间内涵,剖析了资本主义生产的空间非正义现象,把空间正义拓展到生态领域和全球范围,提出了"公正的地理差异的公正生产"的著名论断。后来,爱德华·W. 索亚(Edward W. Soja)和曼努尔·卡斯特等学者又从不同视角对空间理论进行了深入研究,不断丰富和发展了空间正义的理论意涵。

尽管很早人们在社会生产和城市管理中就产生了空间正义的意识,但是那时的认识还是朴素的和零散的。直到 20 世纪后期,随着"空间"在社会科学研究中的地位凸显,空间正义的内涵才逐渐被阐发。根据学者研究,1968年英国学者戴维斯(Bleddyn Davies)在《社会需求和区域资源配置》一书中最早提出"领域正义"的概念。在此基础上,1973 年哈维在《社会正义与城市》一书中提及"领地再分配式正义"概念。他认为,社会资源分配要坚持社会正义原则,不仅要关注分配的结果,更要重视空间上公正分配的过程。不过,在此哈维论及的是城市区域的正义,是城市建设与发展中的权利正义。1983 年南非地理学家戈登·H. 皮里在《论空间正义》一书中指出,如果将空间视为是绝对的,是事物发生和社会关系演变的"容器",那么,"空间正义"就是"空间中的社会正义的简单缩写"[4]。爱德华·索亚认为,空间正义是一种正被日渐空间化了的一些概念,这些概念内含社会正义、参与式民主以及市民权利与责任等。在这里,空间正义被视为一种发展权利。近些年,国内学者对空间正义也进行了深入探讨。如陈忠从哲学的角度,把空间正义看作"是一种符合伦理精神的空间形态与空间关系,也就是不同社会主体能够相对平等、动态地享有空间权利,相对自由地进行空间生产和空间消费的理想状态"[5]。结合学界观点,本文以为,空间正义是指正义的空间性与空间的正义性交互融合的结果,是主体和物等诸要素能够平等地享有空间发展权利、符合客观规律的理想状态,是包含价值、生产、分配和制度等多种正义的综合性正义。

虽然空间正义理论来源于批判分析西方国家的城市化问题,但是对检视和解决我国区域治理中的诸多问题具有较强的启示意义。不过,近年来虽然空间正义理论也引起国内学者的兴趣,然而研究成果多限于阐释,或对城市治理空间问题进行分析,对区域空间不够关注,显然,这与当前区域化发展势头不相符合。其实,总体上讲,区域是由若干城市组成的空间,是多种相互联系的要素构成的地域空间,区域治理就是区域空间优化配置、不断生产的过程。所以,研究区域治理的空间正义问题与空间正义理论意蕴相契合。

(二)区域治理中的空间正义逻辑

区域首先是人们进行生产生活的空间,也是地方政府开展治理活动的场域和依托。在区域内,不仅紧密联系着的物、人和信息等各种要素相互依赖,不断地进行组合与生产,同时更交织伴随着各种社会关系,这些社会关系也在不断地变化着,并深刻地影响着思想观念和制度文化。"空间里弥漫着社会关系,它不仅被社会关系支持,也生产社会关系和被社会关系所生产。"[6]从空间维度看,区域治理又是区域空间的优化配置,是区域的物理空间、社会空间和精神空间相互作用的有机过程。"任何一个区域合作治理关系都是基于特定时空背景下多利益主体相互作用的空间生产关系而形成的特定体系,其建立的本质是为了促进特定区域空间生产关系的实现和发展资本的增值。"[7]从深层次讲,区域治理的根本任务在于追求区域善治,实现区域整体利益最大化;换言之,就是实现区域空间资源、利益要素的优化配置,各个主体的合法空间权利得到保障,从而实现区域空间正义。可见,空间正义是区域治理内在的价值诉求。

那么,区域治理中的空间正义有着怎样的逻辑结构关系呢?这是分析区域治理的空间正义问题的重要前提。现有成果多是对城市空间正义内在结构逻辑进行了研究,这些有益的分析思路对本文的研究具有较强的借鉴价值。比较有代表性的有:张彦(2019)认为,空间正义不仅直观体现在地域空间和生存空间中,亦隐含于发展空间和价值空间中;庄立峰和江德兴(2015)认为,城市治理的空间正义维度,主要可分为空间价值正义、空间生产正义和空间分配正义三个理论层面;代兰海和薛东前等(2019)在价值正义、制度正义和政策正义基础上分析了西安新城市贫困空间固化问题。可见,价值、生产、分配和制度等是分析空间正义问题的重要维度。

几乎一切理解人类群体活动的科学都需对价值问题作出判断。[8]社会行动理论认为,所有的具体行动都受共同价值和态度的制约,有着一种规范约束。[9]也就是说,社会行动都要受到价值和制度的约束。所以,作为一项有目的的社会集体行动,对区域治理问题的探讨也理应关注价值空间和制度空间方面的问题。事实上,区域治理取得成功不仅需要价值引领,并达成合作价值共识,还要有健全的制度作为保障。另外,从具体实践看,空间生产和空间分配也是区域治理的两个关键性环节,所以研究区域治理中的空间正义还应该分析空间生产与空间分配的问题。基于上述认识,本文从空间价值正义、空间生产正义、空间分配正义和空间制度正义四个维度构建分析框架,深入探讨区域治理中的正义问题。

空间价值正义,是指在区域治理中,关于区域空间和所含要素、以及区域空间生产、分配和组合等环节的正当的价值体系。在区域治理中,价值体系主要包含价值观念和价值目标,以及判断治理绩效的价值标准等。从实际情况看,只有各个治理主体在价值观念和价值标准等方面具有一致的看法,就比较容易达成共识,合作才能稳定高效,治理目标也才能实现。所以,对于区域治理而言,空间价值正义是实现区域空间正义的重要前提和基础。

空间生产正义是指在区域空间生产过程中,尊重各种要素和主体的空间发展权利。从宏观上看,区域空间生产是具有一定空间权力范围的不同地方政府集体协同的过程;从微观上看,区域空间生产是区域内各种要素不断流动、配置于优化组合的过程,是物质空间与社会空间辩证统一的过程。在区域空间生产中,要达到最佳的状态,不仅需要遵循物(要素)的自身发展规律,还需要保障各个主体(地方政府、社会组织和公民个人等)的空间权利,充分发挥不同主体的资源优势和智力支持,提高政策决策的科学性。

区域空间分配正义是指在区域空间权力、资源和利益分配中坚持的正义。区域治理中空间分配正义不仅体现为资源利益分配的公平,还体现为各个治理主体平等享有空间发展权利,尤其是弱势群体参与分配决策的合法权利。如在区域生态环境治理中,应该建立完善的利益补偿机制,给予受损方对等的补偿。空间分配是关键环节,如果分配不合理就会挫伤治理主体的积极性,影响区域治理效果。

空间制度正义是指在区域治理中,保障区域空间生产和分配,以及空间权利的法规制度应该遵循的正义原则。在哈维看来,制度是生产出来的具有持久性空间,它们带来了象征空间的组织化和符号体系的空间控制。对区域治理而言,不同利益诉求的主体开展协商合作,以及空间权利和资源的分配等各项工作,都需要正义的制度进行保障。可见,实现区域空间正义离不开制度的保证作用。不过,制度要发挥作用的前提在于制度必须是正义的。换言之,就是制度内容、制度制定和执行都必须是贯彻正义原则的。

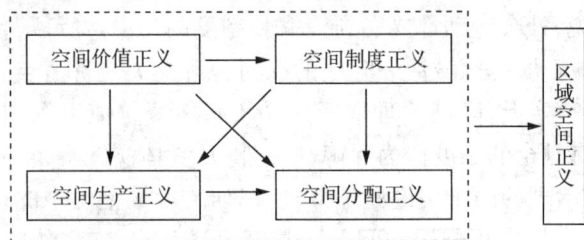

区域治理中空间正义逻辑结构示意图

在区域治理过程中,空间价值正义、空间生产正义、空间分配正义和空间制度正义都是不可或缺的,四者之间的逻辑关系如图所示。价值空间正义是重要前提条件和重要基础,不仅决定着空间生产正义与分配正义的实现,还深刻影响着空间制度正义的状况;生产空间正义是必要途径,体现着一定的空间价值正义,又是空间分配正义实现的基础;而空间分配正义是关键点,即蕴含一定的空间价值正义,又是空间生产正义的落脚点。空间制度正义是重要条件,不仅是空间价值正义的展现,又是生产正义与分配正义得以实现的重要保障。在区域治理中,四者之间相互联系,相辅相成,相互作用。

二、现阶段我国区域治理中的空间正义偏失

近些年来,我国经济社会快速发展,区域一体化不断加强,区域多元合作共治成为必要。然而,由于区域行政权力的分割性、资本的逐利性和体制的不完善性,使得在区域治理过程中产生了一些非正义现象,诸多非正义现象在一定程度上消解了区域合作的基础,妨碍了区域治理目标的顺利实现。大体看来,区域治理中的非正义现象主要表现在以下几个方面。

（一）空间价值正义丧失

在区域治理中,由于各个地方资源禀赋不同,以及考虑问题的立足点也有差异,使得各个治理主体对区域空间的价值观念也相差较大。在谋求自身利益最大化的驱动下,这种情况更为明显。例如,在经济发展至上的驱动下,地方政府追求高增长的 GDP,重视经济建设,而轻视生态环保和社会公共建设等需要资金投入的项目。大体看来,当前在我国区域治理实中,空间价值非正义现象主要表现在以下几个方面。

其一,价值理念失当。一方面,地方政府大局意识不强,对区域整体性认识不够,谋划发展和治理工作,只盯住自己的一亩三分地,各自为政,滋生地方保护主义,阻碍了区域协调发展。另一方面,对区域内各个具体空间也欠缺正确的认识。区域内的山川丘陵、江河湖海和森林平原等空间都遵循自身的发展演进规律,在区域治理和发展中发挥着特定的作用,并具有一定的承载限度。但是在区域治理过程中,有些地方对这些空间不切实际地任意进行胡乱改造,空间发生质变,导致空间异化问题凸显。再有,各个治理主体还存有不当观念。如不少地方政府部门官僚作风浓重,思想狭隘封闭,开放合作意识不强,服务精神不足,轻视生态环保和社会服务等工作。

其二,价值标准错位。价值标准决定着价值取向和价值目标,对区域空间生产产生重要影响。由于区位优势、发展水平和政策资源享有机会等不同,地方政府参与区域合作的动机也不相同,判断工作得失成败的标准也有差异。例如,在长三角区域合作中,上海多关心生态环境和社会服务问题,而

安徽省更多强调经济发展问题。另外,一些地方领导为了仕途升迁,违背空间正义原则,急功近利,大搞"政绩工程",也是价值标准错位的突出表现。

其三,价值思维匮乏。价值思维是一种属人的、以主体尺度为根据的、多向度的个性化的主体性思维,它主张以联系的、全面的和发展的眼光辩证地观察世界,是主体向度的"关系思维"。从近些年的具体实践看,我国区域治理中还普遍存在机械僵化的简单做法,对区域空间的认识多囿于静止、孤立的实体思维模式,绩效考核仍以复杂的量化标准为主导,具有典型的工具理性主义色彩,而价值理性主义不足。

(二)空间生产正义缺乏

区域空间价值正义的失偏造成了区域空间生产中非正义问题不断发生,在权力逻辑与资本逻辑的双重驱使下,这种趋势愈加严重。目前,区域空间沦为权力和资本的奴婢,被垄断或交易,成为实现个人或利益集团目的的工具。"空间对于金钱和资本的从属,让一种量化,从对每一个单元的金钱的衡量和商业化,向整个空间扩展了。"[10]总体看来,我国区域治理中的空间生产正义困境主要体现以下几个方面。

其一,空间异化。有些地方忽视空间自身客观发展规律,片面追求经济增长,肆意改造空间格局,如填堵沟河,毁林开山,大搞房地产开发,造成内涝不断,洪水泛滥成灾;甚至把承载着文化记忆的历史古城和古建筑拆除重建,不伦不类,造成资源大量浪费。另外,区域内地方政府大都喜欢竞相上马收效快的短期项目,区域空间同质化问题突出,造成空间土地资源浪费,无法形成优势互补,很难取得区域整体规模效益。

其二,空间分割。"空间是政治的、意识形态的。它是一种完全充斥着各种意识形态的表现。"[11]在"条块"行政管理体制下,受"政绩竞标赛"制度的影响,地方政府或政府的部门为了寻求自身利益,往往运用权力不断加强自己空间的存在,干预信息、人才和技术等要素的正常流动,使得统一的区域空间被分割成若干封闭的空间,造成了空间"碎片化"问题。例如在京津冀区域,北京与河北接壤的地方就存在不少断头路,阻碍了京津冀空间要素的自由流动,也不利于区域协同治理和快速发展。

其三,空间侵袭。区域内的不同行政空间彼此相互接壤,江河等水流贯穿其中,这使得发生于一个空间的问题如果不及时处理,极易扩散侵害到周边空间,引发跨界纠纷与冲突,影响区域和谐稳定。例如,2013年爆发的黄浦江死猪事件就是典型例证。

其四,空间剥夺。区域之中,中心城市享有优先发展权,对边缘城市形成"剥夺"形势,城市空间不断挤压乡村空间,许多丢失土地的农民被迫生活在城市,迷茫焦虑被边缘化;经济空间大肆侵占和损害生态空间,造成环境污染问题。另外,空间剥夺的一个突出表现就是在区域空间生产中,企业、社会团体和居民个人等主体的参与权和决策权被剥夺,他们的积极性被忽视和冷落。

（三）空间分配正义匮乏

区域空间分配正义,就是在区域治理中,对区域空间利益资源的分配要达到公平公正合理,保障每个空间与主体的合法权益,并做到奖惩分明。空间分配是最能彰显正义的关键性环节。然而,实际上由于政治、权力以及资本等因素的影响,空间资源分配过程中出现了一系列的不正义,而这一系列的不正义又进一步影响空间资源的分配。[12]概言之,在区域治理中,空间分配环节滋生的非正义现象主要体现在以下几个方面。

其一,空间资源布局不合理。由于资源禀赋、经济基础和区位优势不同,同一区域的各个地方经济社会发展程度存在较大差距,使得区域空间内容不均衡。如京津地区四处高楼鳞次栉比,建筑美轮美奂,群众生活衣食无忧,而与之仅仅一沟之隔的河北省却存在许多国家级贫困村、县,低矮土房和垃圾遍布。[13]就具体城市而言,在不少城市空间中,常常是宽阔漂亮的马路与垃圾并存,金碧辉煌的高楼大厦与低矮破旧的民房同在,尽管城市"硬空间"看上去很漂亮,但环境卫生堪忧,社会治安欠佳,人文底蕴不足,城市"软空间"失却,整个城市空间明显不和谐。

其二,空间利益分配不平等。"不同的空间之中人们获取资源的能力不同,他们的生活机会也就不同。"[14]由于区位和资源优势不同,在统筹国家建设和区域发展的时候,有些地方比较容易集聚资源,获得收益,而有些地方则要作出牺牲,导致空间利益分配中出现不正义现象。诚然,合理的差别是提高效率、促进区域发展的不合或缺的手段,但是如果空间资源和利益分配差别过大,或者空间利益损失得不到合理补偿,就会妨害区域的合作交流。如地处京津周围的张家口市、三河市和唐山市等河北城市,为了治理雾霾污染,关停了许多厂矿企业,在经济发展上做出了巨大牺牲,但是损失的利益却得不到对等补偿,影响了区域合作的积极性。

（四）空间制度正义弱化

从某种意义上讲,区域治理就是协调空间利益关系、明确治理主体权利和责任的过程,这需要正义的制度作保证。然而,近些年来,在我国区域治理中制度空间的正义并没有得到充分彰显,导致诸多非正义现象不断滋生。概言之,制度空间的非正义问题主要有以下几个方面。

其一,制度不健全。目前,我国区域合作不断加强,区域治理逐渐常态化,但是在区域发展和区域治理方面,还没有出台专门的法律规范。少数指导性的《意见》和《规划》内容比较抽象，制约性较弱，操作性也不强。

其二，制度不统一。区域治理离不开统一规范的制度体系建设。但是，目前在长三角、京津冀等区域中，都还存在制度不一致问题，妨碍了区域合作顺利进展。例如，在京津冀区域，北京与天津在工作日期间车辆限行政策一致，但是京津与河北省部分县市的限行政策不一致，导致车辆不能进入京津地区办事，影响了区域经贸交往。再有，在污水排放标准方面，河北省执行的是较为宽松的国家标准（GB8978—1996），京、津两市则分别执行更为严格的北京市标准（DB11/307—2005）和天津市标准（DB12/356–2008）[15]京津冀三地在排污费收取标准上也不统一，基本比例为9∶7∶1。

其三，制度执行不力。目前，我国区域治理行动的开展多是依靠地方政府之间经过协商而签署的松散协议，这些协议的贯彻执行基本上是建立在主动自愿的基础上，约束力不强；当面临资源争夺和利益冲突时，协议就显得苍白无力。即便国家制定的法规制度，由于地方保护主义的干预，在贯彻执行中也常常不尽如人意，存在着标准尺度不一致、跨区域执行难现象。例如，考虑到个别企业对地方财政的良好贡献，地方政府常常袒护他们的违规行为，对其污染行为睁只眼闭只眼，除非迫于压力逼不得已，才象征性地处罚一下。

三、区域治理中空间非正义的修复策略

寻求空间正义是区域治理的本质要求。如何才能有效实现区域空间正义，提高区域治理效果呢？从上文分析可知，针对我国区域治理中存在的空间非正义问题，需要从空间价值、空间生产、空间分配和空间制度四个方面做好细致工作。换言之，就是在区域治理过程中，就应该实现空间价值正义、空间生产正义、空间分配正义和空间制度正义。为此，现阶段需要做好以下几个方面的工作。

（一）在空间价值层面，要形塑正确的价值理念，培育科学空间意识，增强合作共识，夯实区域治理的思想基石

思想是行动的先导，价值空间正义是有效实现区域空间正义的重要基础。"在任何社会形态中建立起来的价值体系，不可分割地与其社会关系、劳动关系以及物质世界的时空秩序的特点联系在一起。"[16]为此，应该主要做好两个方面的工作。

其一，要加强宣传教育，提高区域空间价值认知。政府和社会媒体要自觉肩负时代使命和责任感，积极利用微信微博、广播电视和杂志报纸等传播

媒介,构建人民群众喜闻乐见的空间价值符号体系,宣传符合正义原则的区域治理理念(如平等互信、合作共赢和生态环保等),培育公共精神,增强命运共同体意识,营造和谐合作的区域氛围。可以利用学校、社区讲堂等机构,充分发挥协会和学会等社会团体的作用,有针对性地对相关政府人员、企业主和居民等进行培训教育,宣讲法治知识,弘扬共建共治共享理念,提高他们的空间价值认知水平。

其二,树立正确价值理念,增强区域合作共识。地方政府(以及政府各个部门),要打破"一亩三分地"的保守思维,坚持全心全意为人民服务宗旨,以"创新、协调、绿色、开放、共享"五大发展理念为引领,自觉树立正确的权力观、利益观和政绩观,转变发展思路,增强整体意识、开放意识、规则意识和协同意识,加强信息交流共享,推进区域经济社会协调发展。企业、社会组织和民众也要摒弃"事不关己,高高挂起"的错误认识,自觉树立法治观念,增强责任意识和参与意识,以主人翁的精神自觉肩负起时代赋予的价值使命,积极参与区域治理,促进区域治理协调有效发展。

(二)在空间生产层面,要统筹区域发展规划,完善多元主体共治机制,提高区域治理水平

在区域治理中,生产空间正义是有效实现区域空间正义的重要途径。大体而言,实现区域生产空间正义,就是在区域空间规划、生产和交换等环节,遵循事物发展规律,保障主体合法权利。具体而言,需要注意几个方面工作。

其一,尊重事物发展规律,加强区域空间规划,提高资源配置效益。要坚持"区域一盘棋"谋划,树立全局意识,贯彻以人为本理念,坚持经济发展与生态治理相统一、坚持地方利益与区域整体利益相统一,科学规划,突显错位互补,明确地方在区域中的定位,优化区域空间布局,提高资源要素配置效率,推进经济、政治、文化、社会和生态五大空间协调生产。要打破行政区划壁垒,建立有效协调机制,积极推进市场管理、污染防控和社会保障衔接一体化,加强学校、医院和公园等公共空间建设,促进区域公共服务均等化,实现区域整体规模效应。

其二,构建多元合作共治机制,充分保障各个主体参与空间生产的权利,提高区域治理的科学性和有效性。"空间正义作为一种'合目的性'的空间价值原则,要求社会中的不同群体能够相对自由而理想地进行空间生产和消费,同时享有平等的空间权利。"[17]空间正义的治理机制必须是社会、公众力量能够介入其中的参与式治理机制。[18]区域中的各级政府、企业、社会组织和居民等都是平等的利益相关者,是命运共同体的成员,所以区域治理不是政府进行的"独角剧",而是各级政府、企业、社会组织和居民等多元主体共同合

作的"大剧"。因此,要建立健全合作治理机制,主要包括组织运行机制、信息交流机制和监督评价机制等,构建多层次全方位和多领域的合作共治方式,加强培训教育,着力提高社会各方参与治理的能力。不仅要参与治理行动和监督评价,还要参与决策。例如,可以让企业和社会代表参与区域性的合作机构,表达利益诉求,提供治理建议,提高区域治理决策的科学性和实效性。

(三)在空间分配层面,要优化空间资源配置,完善公平的利益分配机制,切实提高各个主体参与治理的积极性

哈维认为,必须把普遍性看作一个具有细微差别的构造,它嵌于在完全不同的时空规模上运行的过程中[19]。也就是说,在空间资源和利益分配中要坚持"差序正义"的原则。

首先,要消除行政壁垒,通顺空间联系,优化资源要素配置。要破除画地为牢的地方主义思想,健全区域组织机构,打破"条块分割"的阻梗,因地制宜,积极推进产业合理分工,科学配置空间资源,实现经济、政治、社会、文化和生态协调发展。要统筹城乡空间均衡发展,遵循规律,适度扩展,打造特色精品城镇,提供空间利用率,减少城市空间对乡村空间的侵占,加强体育和文化等社会公共服务设施建设,促进区域人民共享改革发展成果。

其次,要完善利益共享机制。在区域治理活动中,分配主要涉及两个方面:利益资源的分配和权力共享。在区域治理中,企业、社会组织和居民都是不和或缺的治理主体,具有知情权、表达权、参与权和监督权。所以,实现分配空间正义要完善区域利益协调机制,积极利用现代信息技术,依法构建顺畅的利益表达渠道,使合理合法的利益诉求能够及时得到反映,并能够得到妥善解决。贯彻"谁污染、谁治理;谁受益、谁赔偿"的原则,构建公正合理的利益补偿机制,灵活运用市场机制,树立差异正义理念,摈弃绝对平均主义,把公平正义与提高效率有机统一起来。

最后,要健全责任分担和追究机制。在区域治理中,空间正义的实现不仅需要对符合正义原则的行为进行褒奖,还必须对不合理不合法的非正义行为进行惩罚。对非正义的行为进行警示与处罚,能够规范主体行为,本身就是弘扬正义。所以要根据权力与责任对等的原则,健全多元主体协同机制和监督评价机制,依法明确权责关系,严肃追究区域治理中的不作为和乱作为等违法违规行为。

(四)在空间制度层面,要健全制度体系,实现法制无缝对接,强化贯彻执行力度,为实现区域治理现代化提供可靠保障

罗尔斯认为:"正义是社会制度的首要价值,正像真理是思想体系的首要价值一样。"[20]正义是制度的价值诉求,而正义的实现也需要制度进行维护。

在区域治理中,制度维护空间正义的前提是制度本身符合正义原则,也就是要达到制度正义。从我国区域治理实际情况看,实现制度空间正义主要从两个方面着手,即制度供给和制度执行。

首先,在国家层面要加强区域治理方面的立法,完善法制体系。目前有关区域治理的法规散见于不同法律文本,缺乏实际操作性。中央国务院要加强顶层设计,出台有针对性的法律制度,理清地方政府之间、政府部门之间,以及政府与企业、社会之间的利益关系,明确权责范围,引导、规范区域生产生活活动,促进区域空间有序发展。

其次,要协调地方法规建设,积极促进区域制度一体化。"区域合作治理呼唤公平、统一、有效的治理规则。"[21]要在适当考虑地方具体情况的前提下加强立法协调,实现各类规划、政策和法制有效衔接,积极促进区域规制一致化。

最后,要加强制度的贯彻执行。良法是实现善治的根本,但是如果良法不能被执行,只是一纸空文。一方面要健全区域合作组织机构,完善决策、协调、执行和监督等工作机制,保证合作协议得到有效贯彻执行。另一方面,地方政府也要有大局意识,摒弃狭隘的地方观念,严格执行国家和区域的法律规范,对于违法乱纪行为要严肃惩处,绝不姑息偏袒。

参考文献:

[1] Dikec, Mustafa. Justice and the Spatial Imagination. Environment and Planning [J]. 2001, A33(10)1785-1805.

[2] [法]亨利·列斐伏尔:空间与政治[M]. 李春,译. 上海:上海人民出版社,2015:30-31.

[3] 包亚明. 现代性与空间的生产[M]. 上海:上海教育出版社,2003:48.

[4] Pirie, Gordon H. "On Spatial Justice."Environment and Planning,1983,A(15):471.

[5] 陈忠. 空间辩证法、空间正义与集体行动的逻辑[J]. 哲学动态,2010(6):46.

[6] 包亚明. 现代性与空间的生产[M]. 上海:上海教育出版社,2003:48.

[7] 张京祥,耿磊,等. 基于区域空间生产视角的区域合作治理——以江阴经济开发区靖江园区为例[J]. 人文地理,2011(1):8.

[8] 张康之. 社会治理中的价值[J]. 国家行政学院学报,2003(5):21.

[9] 谢立中. 西方社会学名著提要[M]. 南昌:江西人民出版社,1998:151.

[10][11][法]亨利·列斐伏尔. 空间与政治[M]. 李春,译. 上海:上海人民出版社,2015:37、37.

[12] 袁超. 空间正义何以可能[J]. 马克思主义与现实,2016(5):166.

[13] 彭建交,等. 经济一体化与京津冀协同[M]. 北京:中国人民大学出版社,

2017:217.

[14] R. E. Pahl. Patterns of Urban Life[M]. London:Prentice Hall Press,1970. P110.

[15] 孟庆瑜. 论京津冀环境治理的协同立法保障机制[J]. 政法论丛,2016(1):124.

[16] [美]戴维·哈维. 正义、自然和差异地理学[M]. 胡大平,译. 上海:上海人民出版社,2010:303.

[17] 张彦,金梦佳. 协调发展需构建"空间正义"[J]. 重庆大学学报(社会科学版),2019(1):190.

[18] 王志刚. 当代中国空间生产的矛盾分析与正义建构[J]. 天府新论,2015(6):84.

[19] [美]戴维·哈维. 正义、自然和差异地理学[M]. 胡大平,译. 上海:上海人民出版社,2010:362.

[20] [美]约翰·罗尔斯. 正义论[M]. 何怀宏,等译. 北京:中国社会科学出版社,1988:3.

[21] 杨治坤. 区域治理的基本法律规制:区域合作法[J]. 东方法学,2019(5).

长三角区域一体化发展战略下
安徽创新体系建设研究

陈明明

摘　要：安徽坚持创新驱动发展，在科技创新方面取得了许多耀眼的成果，创新已然成为安徽新的增长点和核心竞争力之一。但是在社会主要矛盾变化、经济高质量发展的背景下，安徽创新体系建设也遇到了瓶颈。本文以习近平新时代中国特色社会主义思想为指导，深入落实国家长三角区域一体化发展战略，立足安徽创新体系建设现状，分析问题，提出优化创新制度、携手沪苏浙共建长三角科技创新共同体、加强创新人才队伍建设等对策建议。

关键词：长三角一体化发展；安徽创新体系；科技创新共同体

　　党的十九大报告提出，创新是引领发展的第一动力，是建设现代化经济体系的战略支撑。[①] 习近平总书记在 2018 年底召开的中央经济工作会议中，又一次强调了创新推动经济高质量发展。安徽科技创新取得了一些耀眼的成果，如世界首颗量子科学实验卫星"墨子号"成功上天，高标准推进综合性国家科学中心建设，"魂芯"高性能芯片实现突破，"人造太阳"多次创造世界纪录……科技报国，创新领跑，安徽区域创新能力连续 7 年居全国第一方阵、中部第一位。[②] 2019 年 5 月，中共中央政治局审议了《长江三角洲区域一体化发展规划纲要》，长三角一体化发展正式上升为国家战略。安徽制定了长三角一体化建设的"安徽方案"——《安徽省实施长江三角洲区域一体化发展规划纲要行动计划》。"安徽方案"将提升创新能力，推动创新发展作为积极参与长三角区域一体化战略的重中之重。

作者简介：陈明明（1989—），男，安徽合肥人，中共安徽省委党校（安徽行政学院）四级主任科员，硕士，研究方向：社会治理、区域经济。

① 习近平．决胜全面建成小康社会夺取新时代中国特色社会主义伟大胜利——在中国共产党第十九次全国代表大会上的报告[N]．人民日报，2017-10-28(1)．
② 王德润，董文君．构建长三角区域创新共同体的对策思路[J]．安徽科技，2018(08)：5-7．

一、安徽创新体系建设现状

根据 2019 世界制造业大会坛发布的《中国云制造指数》,长三角地区是我国云制造发展领航区和排头兵,云制造指数为 36.5,安徽跻身前十。[①] 业内人士分析,安徽着力提升创新能力,竞争力明显增强。安徽着力下好创新"先手棋",推动关键领域创新,全面推进合肥综合性国家科学中心、滨湖科学城、合芜蚌自主创新示范区、大科学装置建成数量居全国前列,全面创新改革试验省"四个一"创新主平台和 20 个高标准的省实验室和技术创新中心建设。[②] 创新俨然已成为安徽的最重要最靓丽的名片之一。

(一)支持创新发展的制度日渐完备

党的十九届四中全会公报指出:"坚持和完善中国特色社会主义制度、推进国家治理体系和治理能力现代化,是全党的一项重大战略任务。"治理体系和治理能力现代化离不开制度建设,安徽一直将完善制度作为龙头工作来抓,特别是支持创新发展的相关制度。2017 年 5 月,《安徽省人民政府关于印发加快建设创新发展四个支撑体系实施意见的通知》印发。安徽提出了"创新发展四个支撑体系",分别从加快建设技术和产业创新体系、加快建设平台和企业创新体系、加快建设金融和资本创新体系、加快建设制度和政策创新体系四个方面提出实施意见,最大限度激发释放人才创新创业活力,更好地服务科技创新、产业创新、企业创新、产品创新和市场创新。2018 年下半年,《安徽省进一步优化科研管理提升科研绩效实施细则》《关于进一步加强基础科学研究的实施意见》和《安徽省深化科技奖励制度改革方案》印发。在优化科研管理方面,明确责任主体,充分尊重科研人员主体地位,深化放管服改革,进一步加强基础科学研究,重点推进国家实验室等基础设施建设,积极开放合作,形成人才竞相涌现的良好局面;在科技奖励方面,通过理顺科技奖励机制、增设奖种、提高奖项数量,激励自主创新、激发人才活力、营造良好创新环境。同时,安徽还深化人才发展体制机制改革,建立市场化科技成果转化机制,促进科技金融深度融合、加强知识产权创作保护和运用,从制度层面切实为科技人员"松绑",形成鼓励创新、宽容失败的良好环境。

---

① 中国云制造指数首度发布安徽进入前十[EB/OL].(2019-09-21)[2019-11-03].http://ah.anhuinews.com/system/2019/09/21/008237540.shtml

② 李锦斌.下好创新"先手棋",走活高质量发展"一盘棋"[N].经济日报,2019-07-24(006).

（二）科技园区建设成果显著

高新园区是以先进科技资源、资金、管理、人才和环境为平台，是科技创新的动力源和主战场之一。[①] 安徽省内初步形成了合肥声谷、合肥银行后台中心、马鞍山装备制造、铜陵铜基新材料等一批创新型产业集群，其中合肥市公共安全产业集群、蚌埠新型高分子材料产业集群、芜湖节能与新能源汽车产业集群纳入国家创新型产业集群试点。"十二五"期间，安徽高新技术产业产值以年均20.7%的高速增长，增加值以年均17.8%的速度增长、高出 CDP 增速3个百分点以上。截至2019年11月，全省共有6家国家级高新区，10家省级高新区。根据科技部公布的2018年全国157高新区等单位综合评价结果，合芜蚌三家高新区综合排名位列全国前50名。[②] 2018年上半年，全省高新区共实现营业收入5254.5亿元，高新区共建有研发机构1741家，累计拥有有效发明专利12605件，企业51283家（其中，当年新增注册企业6359家），拥有高新技术企业1614家。[③]

（三）双创平台成果显现，新型孵化平台加速发展

科技企业孵化器孵化企业成效初显。截至"十二五"末，全省建设各类科技企业孵化器109个，其中国家级孵化器17个，孵化场地面积达259.4万平方米，孵化企业数累计达到7316家，孵化完成企业2076家。如合肥市高新区连续引进阿里巴巴、腾讯、美国巴特恩、中以天使汇、PNP 等国内外知名孵化载体，孵化创新型企业3000余家，带动园区各类双创活动超900场，帮助30余个项目获融资约4.5亿元。

众创空间等新型孵化平台也在加速发展。省内各地大力推动众创空间等新型服务平台建设，据统计，截至2018年底，安徽省拥有众创空间301家，同比增加12.7%。众创空间加速发展主要体现在：一是发展规模不断扩大，截至2018年底，众创空间总面积达418.6万平方米、服务人员3493人，同比增长7%、50.8%；二是融资渠道拓宽加深，截至2018年底，众创空间累计获得投融资团队1210个、初创企业866个，同比增长49.3%、61.3%；三是创新创业人才迅速聚集，众创空间累计创业人数达24725人，同比增长61.3%；四是创新成果不断产出，截至2018年底，众创空间常驻团队拥有有效知识产权5946件，同比增长45.1%。

① 任媛媛. 安徽省科技创新平台建设现状与对策分析[J]. 经济研究导刊,2018(07):71-73+80.

② 高培勇,杜创,刘霞辉,袁富华,汤铎铎. 高质量发展背景下的现代化经济体系建设:一个逻辑框架[J]. 经济研究,2019,54(04):4-17.

③ 韩凯,许霞. 安徽:下好创新"先手棋"[N]. 国际商报,2019-09-18

（四）科创基金初成规模

安徽省科创基金种类相对较多，主要由省级政府部门或国有企业牵头设立，按照市场化原则运营，主要包括："三重一创"产业发展基金、安徽省量子科学产业发展基金、科技成果转化引导资金、安徽省级种子投资基金和安徽省风险投资基金等。基金总额590亿以上，其中，"三重一创"产业发展基金规模最大，达300亿，详见表1。

表1 安徽省科创基金简表（部分）

名称	规模	支持行业（企业）	运行机制
安徽省"三重一创"产业发展基金	300亿	基金主要投向重大新兴产业基地、重大新兴产业工程中处于成长期和成熟期的项目	基金由安徽省投资集团设立，采取阶段参股、直接投资、跟进投资等方式支持"三重一创"等企业
安徽省量子科学产业发展基金	100亿	主要投资量子通信、量子计算及其关联领域	由安徽省投资集团按照市场化原则负责组建运营
科技成果转化引导基金	20亿	重点扶持种子期、初创期科技成果转化，引导支持国内外重大科技成果在安徽省内转化	由省科技厅、财政厅等部门负责相关事宜的管理和协调
安徽省级种子投资基金	20亿	促进科研成果转化，培育种子期、初创期前端企业	由安徽国元集团设立，采取"基地+基金"投资模式。基金存续期为15年，前10年为投资期，后5年为退出期，设置50%投资损失允许率
安徽省风险投资基金	150亿	联合市县政府、社会投资主体设立子基金，采取"基地+基金"模式，重点支持初创期、前端成长期企业	华安证券40亿元，国元证券60亿元，省投资集团50亿元，省级风险投资基金设置30%投资损失允许率

二、安徽创新体系建设问题

（一）支持创新发展制度还不够完善

目前，安徽科技创新发展的顶层设计还需要进一步完善，相关政府机构的分工与职责尚未厘清，不适应创新发展需求的各项法律法规尚未完全清除,考核与长效激励机制不完善,科技创新领域的人、财、物管理制度已经不匹配创新体系建设、研发以及科技成果高效转化的要求。

（二）创新人才培养机制尚未理顺

人才资助力度不够大、人才政策针对性不够强、人才政策落地大打折扣、人才创业政策不够完善、人才流动不够通畅、人才服务保障政策不够健全等现实问题造成了安徽创新人才培养工作离预期目标和先进省份有较大差距。

（三）成果转化和产业化程度还不高

需求和成果脱节,管理环节重项目申报、轻过程监管;经费投入环节重固定资产投入、轻智力价值体现;结题环节重文章、轻专利技术和成果转化。高校和科研机构每年取得的研究成果虽很多,但与技术产权交易平台缺乏沟通和协作,成果转化比率很低,造成了现实的成果转化和产业化困境。

（四）科研联合攻关存在壁垒

省内及跨省企业、高校、科研机构及其他组织机构在科研联合攻关,特别是面对重大问题联合攻关时,往往存在着谁出资、怎么管、成果所有权归属、收益如何分配等问题,这些权责问题尚未完全建立制度和政策解决方案。

（五）科创基金来源单一、专业程度不高

科创基金资金来源渠道较为单一,主要由政府和国有企业设立,基金投资门槛较高,对社会资本吸引力不足,社会资本的参与度不高,基金的杠杆效应没有充分发挥。同时,也存在着基金管理制度不健全、管理人员专业度不够、基金使用不透明等问题,初创团队获取基金投资困难。

（六）科研经费管理方式较为粗放

科研经费报销繁琐,环节多流程长,占用了科研人员的大部分时间和精力,科研人员被迫变身成"报账员"。虽然现在科研经费管理宏观环境较之以前宽松很多,但是在实际的经费使用和报销过程中,仍然给科研人员带来了很大的困扰,大大降低了科研效率和职业幸福感,影响了科研成果产出。

三、安徽创新体系建设对策建议

（一）深化创新制度建设

良好的创新制度是创新赖以生存的土壤。党的十八大以来,党中央国务院出台了一系列创新建设制度,安徽省也对应出台了省级制度,社会反响积极正面,成效显著。但与先进省份相比,安徽创新建设也存在着不小的差距,例如江苏省科技创新"40 条"类目细措施实,浙江创新人才队伍建设力度大政策实。安徽在深化创新制度建设还需要多向有关省市学习,营造良好的创新发展环境,同时政策细化到具体主管和实施单位,制定计划并按时验收,确保好的政策能落地生根。

（二）携手沪苏浙共建长三角科技创新共同体

2018年10月,沪苏浙皖签署《长三角地区加快构建区域创新共同体战略合作协议》,长三角地区科技创新合作形态正式从"科技创新走廊"、"科技创新圈"上升为整体性和系统性更高的"科技创新共同体"。《长江三角洲区域一体化发展规划纲要》再次强调建设"长三角科技创新共同体"。近年来,安徽由原先的"配合融入"转变为"主体推动",依托"四个一"创新主平台和"一室一中心"分平台,共建"长三角科技创新共同体",着力完善协同创新机制,促进创新链和产业链深度融合等。

一是加快构建科技创新平台体系。重大创新平台是抢滩布局、赢得竞争的战略科技力量,推动上海张江、合肥综合性国家科学中心"两心"共创。建设世界一流的国家实验室,积极争创量子信息科学国家实验室,同时加快推进能源研究院和人工智能研究院建设,为争创相关国家实验室创造条件;建设世界一流的大科学装置集群,加快建设聚变堆主机关键系统综合研究设施,启动合肥先进光源、大气环境立体探测实验装置、强光磁集成实验装置前期工作;[①]建设世界一流的高校院所,支持中国科学技术大学、合肥工业大学、安徽大学"双一流"建设,支持沪苏浙一流大学、科研院所到安徽设立分支机构。同时,强化产学研合作平台建设,按照"政府支持、企业参与、市场运作",促进新型研发机构、产业联盟等组织产学研协同发展。

二是加快实施科技创新攻坚计划。解决"卡脖子"难题需要协同攻关,安徽要面向国家战略需求和产业发展需要,在量子信息、类脑芯片、第三代半导体、下一代人工智能、靶向治疗等领域,与沪苏浙联合申请科技重大专项、发布技术需求榜单、开展技术协同攻坚,力争取得更多原创性成果和前瞻性突破。

三是加快建设科技成果转移转化中心。创新的根本目的在于形成现实生产力,要以长三角技术交易市场互联互通为目标,深入推进G60科创走廊建设,高水平推动安徽创新馆、合肥国家科技成果转移转化示范区建设,促进创新型企业在上交所科创板上市,着力打通科技成果转移转化通道,共建全球创新成果集散中心。

四是加快培育战略性新兴产业集群。产业合作是一体化发展的重中之

---

① 孙刚. 安徽聚焦聚力建设合肥综合性国家科学中心成效显著[J]. 安徽科技,2018(05):5-6.

重,我们要编制成长性的"产业地图",摸清我省产业发展底数,动态研判安徽在长三角产业分工中的优势、劣势和潜力空间,明确产业合作的方向和重点。

五是推进多层次的产业合作,提升中新苏滁现代产业合作园等现有园区建设层次,建设毗邻苏浙地区产业合作带和跨行政区产城融合发展功能区,推动各市县与沪苏浙开展多种形式产业合作,支持上海临港与我省开发区开展战略合作,在财税分享、生产总值分计、管理模式等方面加大探索创新力度;要培育集群化的产业链条,围绕家电、电子信息、新能源汽车、工业机器人和人工智能等我省优势领域,支持引导骨干龙头企业战略性重组,牵头或参与建设国家级产业联盟和开放式产业技术研究院,进一步优化整合长三角区域内供应链、产业链,共建世界级战略性新兴产业集群。

六是进一步发挥长三角地区创新体系建设联席会议作用。针对阻碍区域协同创新发展的瓶颈问题,加强经常性的信息互通与交流,促进区域资源共享共用;利用区域优势,进行科技成果的转移转化与区域联动,达到科技资源的共享交流,设立联席会议办公室负责日常沟通协调。[1]

(三)加强创新人才队伍建设

创新安徽人才引进与管理制度,制度要具有竞争力,制度设计要有进入退出机制;制定高校、院所、企业等不同岗位科研人员评价机制,把科研人员的精力和时间聚焦在深入研究原创技术与关键核心技术上。[2] 人才是科技创新体系中最活跃的因素,人才管理制度要允许科技人员自由流动,创造出宽松、无障碍、人尽其能的工作环境,使研发人员的创新潜力与积极性得到充分发挥,形成工作内容减负提效、创新人才竞相涌现的良好局面。

(四)扩大科创基金规模,加强科创基金管理

广泛宣传科创基金的投资理念,面向国内外社会各界寻觅科创基金的"同路人"和"亲密合作者",扩大基金来源和社会影响力。科技创新基金应坚持专业化、市场化运作原则,要综合运用行政、金融和法律等手段,对科技创新基金管理建章立制,加强基金流向及其安全性的审查。创新基金管理形式,如北京市科创基金采取董事长由政府委派、全球公开遴选合作母基金管理机构的组织形式。确定基金绩效考核体系,建立基金收益分配机制,完善基金监管责任以及责任追究制度等。建设科创基金联盟,形成科创基金之间的信息互通和经验共享机制,将科技项目与金融机构深度融合,实现成果落

---

① 刘赞扬,孙靓.围绕一体化 聚焦高质量 打造共同体——长三角区域科技创新合作的现状、问题及对策研究[J].安徽科技,2019(07):16-18.

② 迟福林.以高质量发展为核心目标建设现代化经济体系[J].行政管理改革,2017(12):4-13.

地转化,助力科创企业快速成长,达到 1+1>2 的效果。

（五）探索科研项目经费"包干制"

2019 年《政府工作报告》指出:"开展项目经费使用'包干制'改革试点……由科研团队自主决定使用。"目前科技部已遴选首批 60 家"包干制"改革试点单位,科研项目经费"包干制"将科研人员从繁琐的经费报销程序中解放出来,让他们有充足的时间和精力投入到科研事业,有利于激发积极性,解放生产力,多出优秀成果。[1] 目前,安徽尚没有"包干制"改革试点单位,建议选择几家单位经有关部门同意后试点,形成"包干制"的省级经验,进而示范推广,为科研人员减负,切实增强获得感和幸福感。改革科研经费管理体制迫在眉睫,最大化地解放科研生产力,让科研人员把全部精力投入科学研究,推动创新成果研发和生产,有利于把"大众创业、万众创新"落到实处。

谋创新就是谋发展,高质量发展更离不开科技创新。完善安徽的创新体系,必须深化创新制度建设,将制度优势转化为治理效能;积极落实长三角一体化发展战略,共建长三角科技创新共同体,深入推进 G60 科创走廊建设;建设自主创新示范区,推进全面创新改革试验省;推进"三重一创""四个一创新主平台"建设;促进科技成果转化;壮大创新人才队伍;完善科创基金等。

---

① 张敬波."包干制"包好还要干好[N]. 安徽日报,2019-03-19(005).

第二专题

经济与生态文明专题

长三角一体化中林长制改革促进
生态扶贫的机制、逻辑与路径研究

——以安徽省为例

董　玮　秦国伟

摘　要：习近平总书记在首届进博会开幕式亲自宣布"支持长江三角洲区域一体化发展并上升为国家战略"，一体化发展是高质量发展的应有之义。安徽积极践行"两山"理念，贯彻山水林田湖草是生命共同体的思想，推深做实林长制改革促进生态扶贫，推进长三角一体化生态环境协同治理的机制创新，取得了显著成效。本文从长三角一体化中林长制的时代脉络出发，剖析基本内涵，分析林长制改革促进林业生态扶贫的作用机理与存在问题，为进一步推深做实林长制改革促脱贫提供学理支撑和创新路径。

关键词：林长制；生态扶贫；作用机制；路径创新

一、引　言

党的十八大以来，习近平总书记站在全面建成小康社会、实现中华民族伟大复兴中国梦的战略新高度，将脱贫攻坚摆在治国理政的突出位置，提出了一系列内容丰富、内涵深刻、内核创新的新思想新论断，系统性做出了一系列重大决策部署。

作者简介：董玮，安徽大学经济学院讲师，经济学博士。秦国伟，安徽省林业局机关团委书记，管理学博士。

做好生态扶贫、建好生态廊道是长三角一体化发展的"绿色动脉"。做好生态扶贫,强化生态红线区域保护和修复,加快长江生态廊道、淮河—洪泽湖生态廊道、皖西大别山生态屏障、皖南—浙西—浙南绿色生态屏障和环巢湖生态示范区建设,保护好水源地、湿地、森林公园等重要生态空间是促进好长三角可持续发展的生命线。

为贯彻落实习近平总书记在视察安徽时作出的重要指示,打赢脱贫攻坚战,同时把好山好水保护好,着力打造生态文明建设的安徽样板,建设水清岸绿产业优美丽长江(安徽)经济带和绿色江淮美好家园,安徽人民发扬"敢为人先、敢闯敢试"的小岗精神,在全面深化改革的时代背景下,立足安徽生态扶贫实践,勇立生态文明建设制度创新的潮头,在深入推进林业治理体系和治理能力现代化方面再出新招,在全国率先探索并全面推行生态环境林长制改革,2017年安徽在全国率先提出探索建立林长制,省委省政府出台了《关于建立林长制的意见》(皖发〔2017〕32号),聚焦"护绿""增绿""管绿""用绿""活绿"五大任务,建立省、市、县、乡、村五级林长制体系。林长制是生态文明制度体系的重要组成部分,是马克思主义生态观应用于中国实践的重大创新。目前,江西、海南已在全省借鉴推广,江苏、浙江等10多个省也在开展试点,改革的示范带动作用逐步显现,林长制改革已经成为推动生态文明建设、推进生态扶贫的重要制度举措。安徽推行林长制改革的发展脉络如图1所示。

试点阶段		总结阶段	全面推行阶段
提出林长制改革	合肥、安庆、宣城三市试点	出台《关于建立林长制的意见》	全省推进林长制改革
2017年3月	2017年6月	2017年9月	2018年

图1 安徽林长制改革的发展脉络

安徽现有扶贫开发任务的县(市、区)70个,其中国家级贫困县(市、区)20个,贫困人口大多分布在大别山区、皖北地区和行蓄洪区。由于自然立地条件与生态功能定位的限制,这些地区贫困面积大、贫困程度深、发展能力弱、生态环境脆弱、稳定脱贫难度大,在减贫机制和路径选择上,需要统筹考量生态约束及深度贫困的双重背景,在保护生态环境的同时,提升绿色产业发展动力,夯实持续稳定脱贫的经济基础,走林业绿色减贫之路。

二、安徽林长制改革促进生态扶贫的内涵与机制

所谓林长制,其实质就是按照区域(行政区域或自然区域)或责任范围(行业范围),明确并落实森林资源管理责任,一般而言,按照行政区域,其所辖区域的行政负责人为该区域森林资源管理责任人,即林长(沈晓旭,2017)。探索"林长制"改革,建立以党政领导负责制为核心的责任体系,以保护生态、促进经济、改善民生为目标,高位推动生态保护与修复,绿化美化国土空间,强化资源监管,科学经营林业产业(陈雅如,2019)。因此,林长制的本质是通过一种制度安排,强化了森林资源管理的社会责任和管理强度。"五级林长+护林员"的体系安排,既包含了政策决策机构,也包含了政策执行机构,还包含了基层执行人员,形成了上级推动和下级反馈的信息反馈和互动沟通机制,降低了信息传递和政策执行成本,提高了政策执行效率。林长制改革的内涵释义如图2所示。

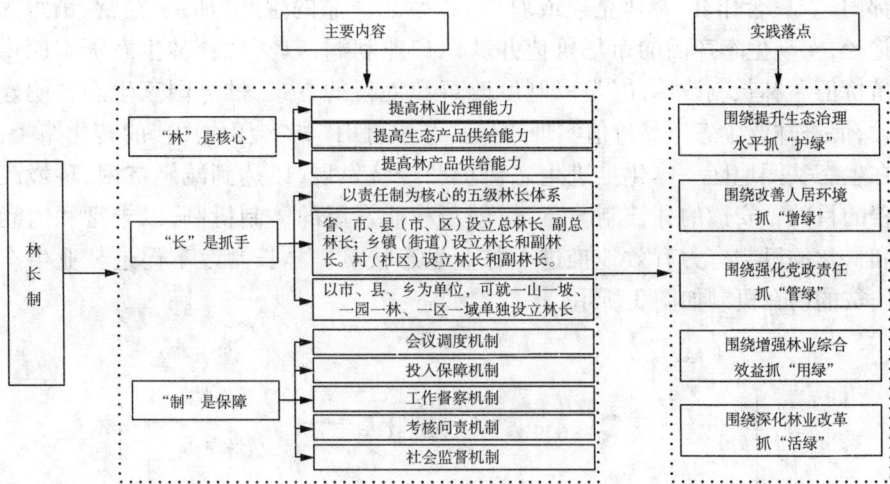

图2　林长制改革的内涵释义

由于我国大部分欠发达地区与生态功能区呈显著的耦合关系,被划入限制开发的生态功能区时常陷入"贫困—生态破坏—限制开发—贫困"的恶性循环。突破"生态致贫"的窘境,践行"绿水青山就是金山银山"的发展理念需要探索一种统筹兼顾的生态扶贫路径(黄巧龙等,2019)。扶贫作为我国各级人民政府帮助贫困地区或贫困人口取消贫困负担,实现脱贫致富的一种重要方式,在改善贫困地区面貌方面发挥着重要作用(王国勇等,2015)。

　　林业生态扶贫是在生态保护和环境改善的基础上,依托森林资源发展林业生态产业,带动贫困人口就业和增收,从而实现贫困地区经济社会可持续发展的减贫方式(张莉等,2018)。林业生态扶贫在改善贫困地区生态状况、促进农民脱贫致富、构筑国家生态安全屏障、维护国土生态安全、促进民族团结、维护边疆稳定、整合扶贫资源、保障贫困人口脱贫及经济的可持续发展等方面具有重要的现实意义(焦玉海等,2017;彭斌等,2013;赵金成等,2016)。林业生态扶贫的本质是通过生态资本的积累和生态产品价值的实现,打通生态资本的价值循环,达到生态资源积累和生态经济增长的双重目的。一方面,生态资本具有自然垄断和公共产品属性,因此,生态资本的积累往往依靠国家力量,私人部门不愿提供或没有足够的生产能力提供;另一方面,部分生态产品具有私人产品属性,或者可以通过制度设计,是部分准公共产品私有化,因此,生态产品的价值实现可以主要依托市场力量,国家应减少干预。

　　林业生态扶贫可以有两种基本方式:一是国家以生态提供者身份,通过财政资金拨款的方式,雇佣产业工人(可以是造林合作社、园林公司或农民个人),购买造林、护林等服务,发放劳务工资,以积累森林生态资本;二是私人部门(农民合作社、林业企业或农户)以生态产品的生产、加工、经营、销售为途径,实现生态产品的市场价值并获取产业利润,以实现森林生态资本的增殖价值。林长制改革,即是以制度改革和创新的方式,推进国家生态文明建设,促进林业生态产品价值实现,打通"绿水青山"和"金山银山"的转化路径,在生态贫困地区一体化推进生态保护和经济发展,以达到减轻贫困、环境改善的目的。安徽的林长制改革,以创新林业发展的体制机制,以丰富和内涵和科学的机制有力有效地推进了林业生态扶贫。林长制改革促进林业生态扶贫的内在机制如图3所示。

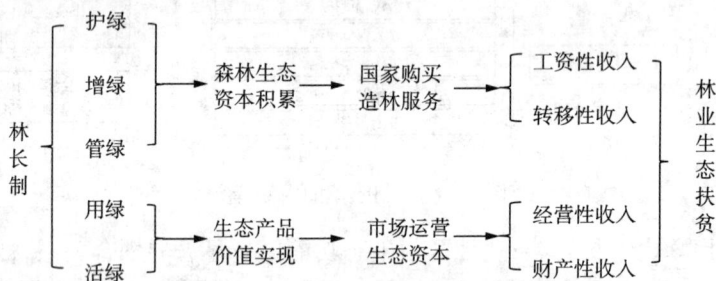

图3　林长制促进林业生态扶贫的作用机制

(一)紧扣"林"这个主题,明确促进林业生态扶贫的工作原则

　　这是促进林业生态扶贫的重要前提。安徽林业发展面临的主要问题是资源总量不足、区域分布和内在结构失衡、科技支撑和基础设施薄弱、质量效益不高等,促进林业生态扶贫需首先解决林业发展的难题,需要聚焦林业生态资源的短板,统筹推进"护绿""增绿""管绿""用绿""活绿",促进森林资源高质量发展和高效率保护,增强森林生态系统的质量和稳定性,在此基础促进林业生态扶贫,实现"绿水青山就是金山银山"。

（二）紧盯"长"这个关键,构建促进林业生态扶贫的五级林长体系

这是促进林业生态扶贫的重要基础。林长制的核心是责任制,安徽推行林长制改革,关键是构建以党政领导责任制为核心的省、市、县、乡、村五级林长体系。即:省、市、县(市、区)设立总林长,由党委、政府主要负责同志担任;设立副总林长,由党委、政府分管负责同志担任。乡镇(街道)设立林长和副林长,分别由党委、政府主要负责同志和分管负责同志担任。村(社区)设立林长和副林长,分别由村(社区)党组织书记和村(居)委会主任担任。

（三）紧抓"制"这个保障,建立促进林业生态扶贫的五大配套机制

这是促进林业生态扶贫的关键环节。安徽针对公益林生态补偿标准偏低、林权融资难、林地经营权流转不畅、社会资本投入林业建设积极性不高、林区道路交通基础设施建设滞后等突出问题,出台22条针对性强、含金量高的政策措施,林业改革发展的政策环境进一步优化。同时,建立会议调度机制、投入保障机制、工作督察机制、考核问责机制和社会监督机制等配套机制,保障林长制改革有力有序推进。

（四）紧贴"治"这个落点,明晰林长促进林业生态扶贫的五大任务

这是促进林业生态扶贫的内生动力。推行林长制改革,根本落脚点就是以林长制促进"林长治"。安徽围绕提升生态治理水平抓"护绿",组织实施重要生态系统保护和修复工程;围绕改善人居环境抓"增绿",大力实施高质量造林计划,深入开展森林城市、森林城镇、森林村庄、森林长廊创建活动;围绕强化党政责任抓"管绿",把林长制写入《安徽省环境保护条例》《安徽省有害生物防治条例》,以立法形式明确林长责任,切实把责任压实到人头、落实到林地;围绕增强林业综合效益抓"用绿",加快推进林业供给侧结构性改革,积极发展观光林业、游憩休闲、健康养生等新型业态,推动林业一二三产融合发展;围绕深化林业改革抓"活绿",创新林业治理体系,持续推进集体林地"三权分置"和"三变"改革,实现生态受保护、林业增效益、百姓得实惠。

在各级政府当中,利益相关者对于林业生态交涉的利益诉求存在差异和矛盾,由此往往造成政策执行不力或政策无效的外在表现,通过推深做实林长制改革,理顺各级政府的权益关系,是构建权责明晰的现代政府治理体制的关键,在林业生态建设中各级政府的利益诉求及矛盾焦点见表1。

表1　林业生态建设各级政府利益矛盾焦点分析

政府层级	利益诉求	应尽事权	矛盾焦点
中央政府	生态效益、生态恢复	制定法律、法规,制定财政、税收、金融、管制、政府考核等公共政策	法律、法规、政策体系不完善,生态补偿标准偏低
省级政府	全省经济发展和社会稳定、生态环境建设	制定地方性法律、法规,结合实际出台相关政策,对市县级政府进行监督考核	重经济发展、社会稳定,对生态投入和重视不够,对地方生态林补偿偏低
市县级政府	当地经济发展、就业和社会稳定	执行和完成省级政府下达的林业生态保护任务	追求GDP和政绩,执行林业生态保护与省级政府目标和要求有行为偏差

三、生态文明视域下林长制改革促进生态扶贫逻辑意蕴

生态文明思想是习近平新时代中国特色社会主义思想重要组成部分之一,生态文明是人类遵循人、自然、社会和谐发展这一客观规律而取得的物质与精神成果的总和(周生贤,2013)。在资源约束趋紧、环境污染严重、生态系统退化的形势下,只有通过不断深化生态文明体制改革,将生态文明建设融入政治建设、经济建设、文化建设、社会建设的各方面和全过程,开展一系列根本性、开创性、长远性工作,才能推动我国生态环境保护发生历史性、转折性、全局性变化。

生态扶贫是精准扶贫十大工程之一,在我国的扶贫工作当中具有突出重要的地位,作为陆地生态系统的主体——森林,在生态扶贫当中承担着主体角色。林长制改革即是顺应当前改革发展需要,以制度建设促林业发展,以林业发展促生态系统修复、促进生态环境改善、促进人民生产增收,达到生态保护和经济发展的双重目标。林长制改革促进生态扶贫的制度逻辑如图4所示。

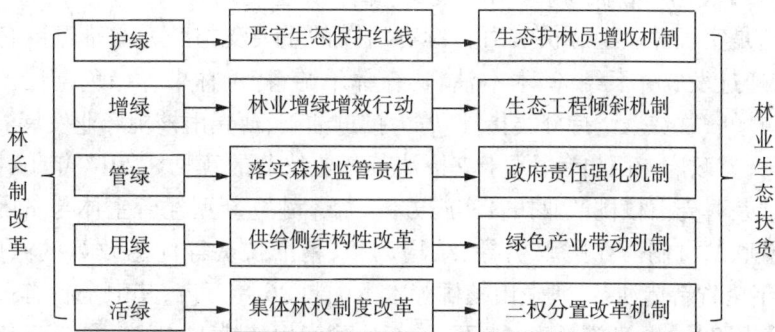

图4 林长制改革促进生态扶贫的制度逻辑

（一）突出精准抓"护绿"，建立生态护林员机制促增收

这是"一人就业、全家脱贫"的重要途径。安徽通过推行林长制，全省按照"一林一员"网格化管理办法，并印发《安徽省生态护林员选聘管理办法（试行）》，建立生态护林员巡护日志制度和动态管理机制。2019年安徽省生态护林员在2018年基础上增加了5041人，达到20625人，新增人员全部安排在70个扶贫任务县（市、区）。补助资金比2018年增加7000万元达到16500万元，按总人数平均每人每年8000元。按照"县建、乡聘、站管、村用"的管理机制，强化对已上岗护林员管理，建立护林员培训管理、定期考核、资金管理使用、督查考察制度，提高护林能力和效率。

（二）突出重点抓"管绿"，发挥经营主体作用带动增收

这是构建利益联结机制、实现发展收益共享的重要抓手。2018年全省各类林业经营主体达18162个，省级林业产业化龙头企业707家，国家林业重点龙头企业达到26家，年销售额达到1239.45亿元，拥有基地面积498.21万亩，带动农户147.87万户，提供就业岗位50.29万个。在林业脱贫攻坚中起到示范带动作用，尤其是大力培育林业新型经营主体，充分吸纳建档立卡贫困人口就近就业，让他们不出山区林区也能增收脱贫。

（三）突出提质抓"增绿"，实施林业生态工程促增收

这是开展林业生态扶贫的基础性和主体性工程。安徽认真践行绿水青山就是金山银山理念，结合林长制改革，印发《2018年林业生态扶贫实施方案》，在全省70个有扶贫开发任务县精准开展林业生态扶贫，在贫困地区精准实施长江防护林、林业血防、天然林保护等林业重点工程扶贫，巩固新一轮退耕还林成果。林业重点工程在建设任务和资金安排上将向贫困地区精准倾斜，优先安排给贫困村和贫困户。通过实施工程造林，实施专业合作社和新型经营主体造林，让贫困人口参与其中、实现增收。

（四）突出增效抓"用绿"，发展绿色富民产业促增收

这是实现林业生态扶贫可持续有后劲的重要支撑。大力推进绿色产业减贫，通过发展林下经济、木本油料、森林旅游、特色林果等绿色富民产业贫困人口增收脱贫。坚持分类指导，着力推进油茶、薄壳山核桃产业发展。2017年9月，省政府专门出台《关于支持油茶产业扶贫的意见》，2017年10月底，制定油茶薄壳山核桃产业扶贫实施方案，探索建立新型经营主体与贫困户间的利益联结机制。在财政引导、结构调整、精准扶贫等优惠政策的激励下，2018年全省新造油茶、薄壳山核桃等木本油料26.8万亩，其中全省有扶贫开发任务的70个县新造油茶14万亩、新造薄壳山核桃11万亩，创近三年单年度新造油茶、薄壳山核桃林面积新高。

（五）突出改革抓"活绿"，推进林业金融服务促增收

这是实现林业生态扶贫不断创新走出一条绿色减贫新路的核心。2018年，省委省政府出台《关于推深做实林长制改革优化林业发展环境的意见》，发展改革、财政、国土、环保、住建、交通、林业等部门提出了相关配套措施，各地结合实际研究出台实施意见，打出了强有力的政策"组合拳"。2018年全省各类金融机构共完成林权抵押贷款135.9亿元，贷款余额56.5亿元，大大激发了林业生产经营活力。通过有效的金融支持，全省各类林业新型经营主体累计带动贫困户近3000户实现了增收脱贫。

四、推深做实林长制改革促进林业生态扶贫的创新路径

推深做实林长制改革的目标就是贯彻落实"绿水青山就是金山银山"的理念，将脱贫攻坚与乡村振兴有机衔接，构建促进林农和现代林业发展有机衔接的现代林业治理体系和林业发展体系——政府管理制度和平台，创造良好的制度环境与政策环境，对接好、引导好、服务好市场化乃至全社会的力量，通过资源的配置效率的不断提升，以提高林业全要素生产率提供有效抓手，消除林业生产要素自由流动的体制机制障碍，林业企业通过市场化的手段，通过技术创新、机制创新和理念创新成为保护环境、发展林业的动力引擎、修复生态的主力军和提升自然资源质量的执行主体，同时打造可持续的绿色减贫载体和利益共享及联结机制，让贫困林农通过发展现代林业、参与林业改革、开展林业生产，实现林业绿起来与富起来相结合、生态与生存相结合、产业与扶贫相结合，实现绿色减贫、绿色发展，进而实现乡村振兴、美丽中国。通过推深做实林长制改革促进林业生态扶贫，需要多措并举、综合施策，

不断创新理念和路径。安徽推深做实林长制改革促进林业生态扶贫的创新路径如表2所示。

表2　安徽推深做实林长制改革促进林业生态扶贫的路径创新方式

	护绿	增绿	管绿	用绿	活绿
实践路径创新方式	生态功能区林长 绿化社会化管理 创设督察长 护林员全覆盖 网格化管理	造林奖补制度 森林生态廊道 采煤沉陷治理 长江岸绿工程 矿山复绿	五级林长网络 林长提示单 林长问责机制 智慧林长平台 互联网＋林长制	"金银林"扶贫 "三树一苗" 特色产业 林业科技支撑 林业碳汇交易 国家森标产品	林木所有权证 设立林投公司 产学研合作 林权流转证制度 林地收储中心

（一）树牢"两山"理念，在林业生态扶贫的精准度上下功夫

"两山"论高屋建瓴地阐明了经济发展与生态建设的辩证关系，贫困地区更要以此为指引，以护美绿水青山、做大金山银山的实际行动，奋力谱写出"绿水青山就是金山银山"的林业生态扶贫新篇章。建立林长制是推进生态文明建设的有力抓手，更是保护贫困地区生态环境的重要手段。各级林业部门需围绕本地林业资源保护与发展现状，结合林业生态扶贫，研究制定本级林长制工作方案。一是精准实施林业重点生态工程扶贫。在贫困地区精准实施长江防护林、林业血防、天然林保护等林业重点工程扶贫。林业重点工程在建设任务和资金安排上将向贫困地区精准倾斜，优先安排给贫困村和贫困户。二是精准实施林业生态护林员制度。实行聘用具有相应劳动能力的建档立卡贫困人口转为生态护林员，通过进一步争取中央资金、适时利用省级资金、鼓励市县自主投入多种方式，加大护林员资金投入，扩大护林员队伍，定向增加建档立卡贫困人口增收脱贫。

（二）注重问题导向，在林业生态扶贫的落脚点上下功夫

林业生态扶贫的落脚点是发展产业，通过生态资本转化为货币资本实现"惊险的一跃"，这是出发点更是落脚点。贫困地区林农应坚持问题导向，围绕提升绿水青山品质、共享金山银山成果，把发展林业经济与脱贫攻坚结合起来，大力发展林业产业，推动实现兴林富民。一是加快发展木本油料产业，在贫困地区因地制宜科学发展油茶、薄壳山核桃等木本油料产业。优先将有扶贫开发任务县纳入木本油料产业发展规划的重点支持区域，中央和省级的

木本油料项目向贫困地区倾斜支持。继续扩大木本油料林基地建设规模，建成一批丰产、优质、高效示范基地。二是优化发展苗木花卉产业。支持贫困地区加快发展优势乡土树种和名、特、优、新树种苗木，重点通过优选、改良和引进等多种方式，大力培育满足城市绿化美化需求的优良观赏大苗和乡村植树造林苗木。在皖北、皖西的贫困地区，扶持建设苗木花卉区域性市场和生产基地，加速培育特色花卉产业，引导建档立卡贫困户参与"市场+基地+农户"的苗木花卉生产就业脱贫。三是持续发展林下经济。支持引导贫困地区大力发展林下经济，中央林下经济补贴中药材资金、省级林下经济补贴食(药)用菌资金倾斜支持带动贫困村建档立卡贫困人口脱贫的林业经营主体。充分发挥种植养殖大户、林下经济专业合作组织以及林业龙头企业的资金、技术和管理优势，建设一批贫困人口参与度高的特色林下经济产业基地，建成一批扶贫能力强的生产、加工、营销服务示范区。四是稳步发展森林旅游康养业。充分利用森林负氧离子含量高和富硒、富锌等有益微量元素环境条件，积极发展森林旅游康养，发展"旅游+"、"生态+"等模式，推进林业与旅游、教育、文化、康养等产业深度融合。

(三)注重综合施策，在林业生态扶贫新机制上下功夫

推深做实林长制改革，最根本的是将"两山"理念内化于心、外化于行，探索建立践行"两山"理念的长效机制，坚持问题导向，勇于破解难题，做到综合施策，推动实现生态美百姓富的有机统一。在实践中应围绕破解"钱从哪里来"，推动资本进山入林；围绕破解"树要怎么砍"，提升森林经营质量和发展林业的效益；围绕破解"单家独户怎么办"，促进林农与现代林业有机衔接、发展适度规模经营；围绕破解"乡村如何振兴"，实现百姓富和生态美的有机统一。一是建立健全森林和湿地生态补偿机制。稳步提高公益林补偿标准，按照分级负担、省级奖补的原则，贫困地区根据实际情况，确定国家级和省级公益林补偿标准，省财政根据带动林农增收、补偿政策落实等情况给予奖补。在建档立卡贫困户自愿基础上，可将其所有的公益林经营管护权委托所在农村集体经济组织。加大天然林保护力度，稳妥推进天然商品林停伐政策的落实并给予补贴。二是大力创新林业科技扶贫机制。针对贫困地区经济发展和林农增收致富的技术需求，大力开展林业科技专家服务增绿增效行动活动，加大对贫困地区的科技扶持力度，使贫困地区的林业科技服务能力得到明显提升。支持新型林业经营主体对接电子商务平台，有效衔接产需信息，推动林产品线上营销与线下流通融合发展，增强贫困地区林业产业的核心竞争力。

(四)注重统筹协调，在林业生态扶贫内生性上下功夫

内生性是林业生态扶贫的本质属性，推深做实林长制改革需要聚焦林

业生态扶贫的内生性,统筹协调,以林业供给侧结构性改革为主线,促进互联网与林业产品高度融合,增强林产品供给能力,提升林业生态扶贫的内生性,坚持生态优先、生态规划、生态施工、生态涵养、生态加工、生态富民、生态生活的绿色发展理念,推进山水林田湖草综合治理,推动资源整合优化,整合林业资源,优化产业布局,创新经营模式,强化市场开拓,完善服务功能,以"精品带动、多点支撑、产业融合、宣传推介"为主攻方向,促进林业生态扶贫向产业化、品牌化、特色化方向发展,逐渐探索出内生动力强劲的绿色减贫新路。

一是推广"四带一自"产业扶贫路径。大力实施"四带一自"(园区带动、龙头企业带动、农民合作社带动、能人大户带动,贫困户自种自养)产业扶贫模式,使林业产业扶贫覆盖率大幅提升,一批贫困村建成特色林业脱贫专业村,一批自种自养贫困户实现林业产业脱贫。积极发展"龙头企业+基地+专业合作组织+农户"产业化经营模式,通过实行"订单林业"、实物计租货币结算、租金动态调整、股份合作等模式,使建档立卡贫困户与经营主体形成利益共同体,让贫困户更多分享林业产业融合增值收益。

二是积极推进"三业并举"林业扶贫路径。打造"产业、创业、就业"并举的扶贫模式,支持贫困村以特色林产品基地为基础,以林产品加工为带动,推进贫困地区林业一、二、三产业融合发展。鼓励新型经营主体和当地出外创业成功人士回乡创业,通过带动建档立卡贫困户流转林地、销售林产品,促进贫困人口家门口就业、本地零工就业。提升贫困地区生活水平,让农林业成为有奔头的产业,让农民成为有吸引力的职业,让农村成为安居乐业的美丽家园。

参考文献:

[1] 黄巧龙,曾京华,游玲娜,谢丽星,陈钦.限制开发背景下林业生态扶贫路径探析[J/OL].河北农业科学[2019 - 07 - 17].http://210.45.210.34:8000/rwt/CNKI/http/NNYHGLUDN3WXTLUPMW4A/kcms/detail/13.1197.S.20190617.1523.008.html.

[2] 沈晓旭.基于政府职能社会化的林长制建设探讨[J].现代农业科技,2017(15):148-149.

[3] 陈雅如.林长制改革存在的问题与建议[J].林业经济,2019,41(02):26-30.

[4] 王国勇,邢溦.我国精准扶贫工作机制问题探析[J].农村经济,2015,(9):46-50.

[5] 周生贤.走向生态文明新时代——学习习近平同志关于生态文明建设的重要论述[J].求是,2013(17):17-19.

［6］张莉,夏梦丽.林业生态扶贫研究进展［J］.世界林业研究,2018,31(04):8–12.

［7］焦玉海,杨洁.保护生态与精准脱贫的双赢之策——林业推进精准扶贫精准脱贫综述［J］.经济林研究,2017,35(02):2+233.

［8］彭斌,刘俊昌.民族地区绿色扶贫新的突破口——广西发展林下经济促农增收脱贫路径初探［J］.学术论坛,2013,36(11):100–104+134.

［9］赵金成,曾以禹,贺祥瑞,张多.加强生态保护和林业建设推动精准扶贫——甘肃、贵州两省林业精准扶贫模式和机制创新调研报告［J］.林业经济,2016,38(07):32–34.

人类命运共同体构建的生态文明意蕴

左路平　吴学琴

摘　要：人类命运共同体倡议有着丰富的生态文明意蕴，其理论资源主要包括马克思主义经典作家生态思想的全球视域和人类情怀、党的各届领导人对生态问题的持续性关注和相关论述、国外马克思主义的相关研究等。构建人类命运共同体有着鲜明的问题指向，其中之一则是全球范围的生态环境问题和生态不正义现象，同时也彰显了人类命运共同体的价值追求，即实现全球生态正义的价值诉求和建设全球生态文明社会的目标追求。底线思维下人类命运共同体的构建有着内在的生态逻辑起点，包括搭建全球性生态共识的共识起点，发展共享性生态经济的经济起点，共建协同性生态治理的政治起点，共育和谐性的生态文化的文化起点，共同维护全球生态正义的价值起点，共担全球性生态责任的信任起点。

关键词：人类命运共同体；生态文明；生态正义；生态起点

　　建设人类命运共同体是新时代中国人民为解决全球性问题、推进人类社会发展、建设美好地球家园提出的中国方案，其理论意涵和现实构建中有着丰富的生态文明意蕴，习近平在党的十九大报告中提及人类命运共同体时明确指出，要"构筑尊崇自然、绿色发展的生态体系""要坚持环境友好，合作应对气候变化，保护好人类赖以生存的地球家园"①，地球作为人类共同生存和

作者简介：左路平（1991—）男，安徽庐江人，安徽大学马克思主义学院，博士研究生，研究方向：意识形态理论。吴学琴（1965—）女，安徽黄山人，安徽大学马克思主义学院，教授，博士生导师。研究方向：意识形态理论。

基金项目：国家社科基金重点项目"当代中国价值观念对外话语体系的构建与传播研究"阶段性成果，项目编号：14AZD041。教育部社科司研究阐释党的十九大精神专项任务"如何理解人民日益增长的美好生活需要和不平衡不充分的发展之间的矛盾的哲学基础"（18JF013）。项目负责人：吴学琴。

①　习近平：《决胜全面建成小康社会　夺取新时代中国特色社会主义伟大胜利》，《人民日报》2017年10月19日002版。

发展的空间场域,只有保护好地球生物圈的生态系统,共同应对和解决全球环境问题,人类才能实现长久生存和持续发展,而生态环境作为"共同利益构成了人类各主体行为的前提条件和基础性约束"①。全人类共有的生态环境系统和地球生物圈成为世界人民构建人类命运共同体的前提和基础性约束。因而,人类命运共同体的构建必须以生态为起点,进而摒弃工业文明的致命缺陷,实现建设新型的、生态文明的社会形态的价值目标,推动以生态为起点的人类命运共同体建设,彰显了中国人民关于人类未来走向何处思考中的问题意识和生态智慧。

一、理论资源:马克思主义的相关理论阐释

理解人类命运共同体倡议的生态文明内涵,需要以马克思主义经典作家关于生态思想全球视域的论述为理论始基,继承党的各届领导人对全球生态问题的论述,借鉴国外马克思主义关于全球生态正义研究的相关理论资源,进而理清人类命运共同体建设生态之维的理论逻辑。

(一)马克思主义经典作家生态思想的全球视域

关于自然和生态环境问题的研究始终处于马克思和恩格斯的研究视域中,他们从哲学的层面阐明了自然与对人的重要意义,从世界历史的角度论述了生态环境问题的全球性。

首先,马克思阐明了人与自然的辩证关系,为理解人类命运共同体的生态意蕴提供了哲学基础。马克思认为:"人直接地是自然存在物。"②一方面,人起源于自然界,人类和其他动物一样,是自然存在物,没有自然也就没有人类,人对自然有着天然的依赖性。另一方面,人又生存于自然界,人类通过对自然的开发利用来维系自身的生存与发展,人类通过劳动改造自然为人类服务彰显了人的主观能动性。可见,人类与自然之间存在着辩证和谐的关系。

其次,马克思和恩格斯从唯物史观视角阐明了人、自然与社会的历史统一性。马克思指出"社会是人同自然界的完成了的本质的统一,是自然界的真正复活",因为"只有在社会中,自然界才是人自己的合乎人性的存在的基

---

① 钟茂初:《"人类命运共同体"视野下的生态文明》,《河北学刊》2017年第3期。
② 《马克思恩格斯文集》第1卷,北京:人民出版社,2009年,第209页。

础,才是人的现实的生活要素"。① 可见,在马克思看来,人与自然界的和谐与统一是在社会中实现的,从人类历史发展的历程来看,人类不断地在社会发展中实现与自然界的和谐与统一,最终的形态是在共同体的控制下,以最小的自然消耗来满足人的生存与发展,实现人与自然的真正和谐。

再次,马克思和恩格斯的生态思想具有全球视域。马克思和恩格斯的生态思想中蕴含着强烈的人类情怀,如恩格斯在告诫资产阶级时指出:"我们不要过分陶醉于我们人类与自然界的胜利,对于每一次这样的胜利,自然界都会对我们进行报复。"② 显然这里恩格斯是从全人类的视角来诠释自然界的重要意义,警告资产阶级不要再肆无忌惮地破坏自然环境。总之,经典作家为人类命运共同体的生态之维的研究提供了哲学基础、唯物史观方法论和全球视野。

(二)相关领导人对生态问题的持续关注与相关论述

人类命运共同体的提出是习近平对党的理论成果的继承、创新与发展,其生态维度的内涵则继承了党的各届领导人的相关思想。

首先,毛泽东在不同时期表达了对水利问题、林业发展问题、人口问题的关注,并且提出了一系列关于生态建设的观点,如阐明兴修水利对农业发展的重要意义,推动植树造林计划的实施,强调保护森林资源,倡导勤俭节约的生活等思想。

其次,邓小平强调把经济发展与环境保护协调统一起来,倡议全国范围的植树造林来治理环境,推进科学技术运用于环境治理和资源保护,推动生态环境保护的制度制定等。

再次,江泽民和胡锦涛在推动社会主义建设中,也强调实现生态环境保护与经济社会发展的协同推进,其中胡锦涛更是提出了科学发展观的指导思想,强调把生态文明建设纳入"五位一体"建设中,这些都成为当前推进生态文明建设的重要思想资源。

最后,习近平在地方从政的时候就强调生态建设,在成为国家领导人后更是进一步地发展了这些思想,构成了习近平生态文明思想的理论体系,这一理论体系不仅关注中国问题,而且有着强烈的人类情怀和广阔的全球视域,习近平生态文明思想的全球视域也构成了人类命运共同体倡议的重要思想基础。

(三)国外马克思主义对全球生态正义和有机共同体的研究与阐释

在工业发展造成的严重工业污染和生态危机面前,国外马克思主义学者

① 《马克思恩格斯文集》第1卷,北京:人民出版社,2009年,第187页。
② 《马克思恩格斯文集》第9卷,北京:人民出版社,2009年,第559-560页。

开始关注生态问题，并且形成了生态马克思主义学派，以对资本主义的生态批判为起点，畅想构建生态社会主义的未来社会，其中则蕴含着对全球性生态不正义的批判与反思，如奥康纳指出的："通过全球性的资本积累，这个世界上的自然资源被耗尽了，转化成了垃圾，并且往往还是危险性的垃圾。"①在资本逻辑的主导下，资本主义无限制的生产方式被推向全球范围内，在这种生产方式下，自然环境被不断破坏，工业污染不断增加，从而造成了全球性的生态危机。在这其中，还存在着生态不正义的情况，"从北部国家转移到南部国家去的，不仅仅是资本和技术，而且还有一连串的社会和环境成本"②。也就是说，发达国家凭借技术和资金优势，"要么把环境污染和生态破坏的相关产业直接转移到发展中国家，要么在看似平等的贸易往来中，运用其高价的科技产品夺取发展中国家的廉价生态资源，把资本主义生产的生态成本转移到发展中国家。"③生态马克思主义学者对全球生态正义的批判是人类命运共同体构想的重要问题域，成为其形成和发展的重要思想资源。国外马克思主义发展的最新流派有机马克思主义同样关注全球范围的生态危机问题，并且提出建设地球生物圈有机共同体的理论设想，有机马克思主义认为："有机共同体是建立在全面反思和深刻批判资本主义个人主义的理论假设、思维方式、价值观念、行为方式等方面的基础上，进一步建构起来的基于共同体主义的思维方式、价值观念、实践行动及具体的共同体组织形式的不同层面的集合体。"④并以此为基础，建设人类共同福祉的生态文明社会，这也成为人类命运共同体构建的重要理论参考和思想资源。

二、问题指向：全球性生态问题是人类命运共同体的问题意识

人类命运共同体倡议的提出有着鲜明的问题指向和强烈的问题意识，当前全球范围内出现的严重生态环境问题则是其重要问题域之一，全人类共同的生态问题也是人类命运共同体得以构建的共识基础。

---

① ［美］詹姆斯·奥康纳：《自然的理由：生态学马克思主义研究》，唐正东，臧佩洪译，南京：南京大学出版社，2003 年，第 318 页。

② ［美］詹姆斯·奥康纳：《自然的理由：生态学马克思主义研究》，唐正东，臧佩洪译，南京：南京大学出版社，2003 年，第 317 页。

③ 孟献丽，左路平：《社会正义到生态正义——戴维·佩珀生态正义思想研究》，《国外社会科学》2017 年第 1 期。

④ 王玉鹏，丁威：《有机马克思主义的有机共同体思想探析》，《探索》2017 年第 1 期。

（一）全球性的生态环境问题是人类命运共同体倡议的重要问题指向

资本主义的现代性发展造就了资本逻辑的疯狂与肆掠,无限制的工业化发展已经在数百年的时间内造成了全球范围内严重的生态环境问题,马克思和恩格斯早已对工业化发展带来的严重工业污染和自然环境破坏进行了批判,并且给以人类以警示,但是依然没能改变随后的工业大发展以及随之而来的严重生态危机,诚如有机马克思主义指出的:"全球资本主义已经造成了人类有史以来最为严重的生态与人道主义灾难。……资本主义的消极影响似乎并不仅仅局限于人类社会,地区自身也因难以承受人类实践的重压而发出痛苦的呻吟。……无论是发达国家,还是发展中国家,都存在资源减少、全球气候恶化、经济衰退的问题。"①可见,全球性的生态环境问题已经呈现在人类面前,只有人类联合起来行动,才能更加有效、长远地应对和解决这一问题,人类命运共同体的倡议,就是强调人类共同生活在地球这个生物圈中,必须联合起来,以共同体的方式解决全球性、共同性的难题,生态问题则是其中的关键问题之一。正如习近平指出的:"保护生态环境,应对气候变化,维护能源资源安全,是全球面临的共同挑战。"②可见,全球各国面临着生态环境问题、气候问题、能源资源问题的共同挑战,只有各国联合起来共同应对和协同解决,才能建设生态良好的地球家园,这也是人类命运共同体倡议的鲜明问题指向之一。

（二）全球范围的生态不正义是人类命运共同体建设的问题意识

资本逻辑主导下的全球化发展,不仅给人类社会造成了严重的生态问题,还带来了全球范围严重的生态不正义,贫困国家和贫困人民遭受着资产阶级的剥削和压榨,承受着更多的生态环境恶化的恶果。这种不正义表现在两个方面。

其一,从国家内部来说,城市地区由于经济发展迅速,是工业污染和环境破坏的重要来源,而不论城市居民还是乡村居民都要共同承担污染和生态恶化的后果,城市居民享受着工业发展的积极成果,农村居民和偏远地区居民却共同承担着由此而来的生态恶果,这是生态不正义在国家内部的表现之一。同时,由于城市空间有限,在发展中还存在着将垃圾转移、生态成本转移的方式,将城市化发展造成的生态后果转移到乡村地区,这是更为直接的生态不正义的表现形式。

---

① ［美］菲利普·克莱顿,贾斯廷·海因泽克:《有机马克思主义:生态灾难与资本主义的替代选择》,孟献丽等译,北京:人民出版社,2015 年,第 4-5 页。

② 中共中央文献研究室编:《习近平关于社会主义生态文明建设论述摘编》,北京:中央文献出版社,2017 年,第 127 页。

其二,从全球范围来说,"西方发达工业国家负有不可推卸的责任,它们的生产方式和消费方式使得资源和利益源源不断地流向生产链的上游,同时却把环境污染推向下游,这是以生态问题为尺度所展现出来的国家间的不平等和不正义。"①具体而言,全球性生态不正义有三种表现:第一,直接形式的生态垃圾转移,发达国家在工业发展中产生的污染物和生态垃圾,通过低价处理的方式转移到贫穷落后的国家,贫穷国家出于经济利益的需要不得不接受转移来的生态垃圾,造成实质上的生态不正义。第二,生态成本的跨国转移。发达国家通过把污染企业或生产环节转移到落后国家,实现生态成本的转移,这种生态不正义更为隐蔽,发达国家打着援助贫穷的幌子,实施着生态不正义的剥削行为,进而造成贫穷国家生态环境的恶化、自然资源的消耗和浪费,贫穷国家人民承受着种种生态恶果,但是最终的受害者必然是全人类,"发达地区将成本转嫁给欠发达地区承受,欠发达地区则转嫁给自然系统,最终承受者必然是地球生态系统、人类整体及后代人"②。第三,生态责任或生态治理成本的转移。发达国家工业发展制造着全球大部分的生态污染、大气污染和水源污染,却要全球各国来承担其后果,如美国是世界上最多的废气排放国,但是造成的全球气候变暖后果却需要全人类乃至地球生物圈共同承担,这也造成了全球范围的生态不正义。

三、价值追求:生态正义和生态文明是人类命运共同体的重要价值追求

人类命运共同体倡议蕴涵着一系列价值追求,其中就包含着实现全球生态正义的价值追求,而推动全球各国文明形态向生态文明的转型是人类命运共同体构建的价值目标。

(一)实现全球生态正义是人类命运共同体的重要价值追求

人类命运共同体的问题指向是全球性的生态环境问题,这也是其构建的共识基础,即世界各国关于生态环境的问题共识,实现全球生态正义成为人类命运共同体构建的重要价值追求。其一,实现全球生态正义需要发达国家和发展中国家携手共行、承担各自相应的生态责任。在人类命运共同体构建

---

① 李猛:《共同体、正义与自然——"人与自然是生命共同体"与"人类命运共同体"生态向度的哲学阐释》,《厦门大学学报》(哲学社会科学版)2018 年第 5 期。

② 钟茂初:《"人类命运共同体"视野下的生态文明》,《河北学刊》2017 年第 3 期。

中,发达国家和发展中国家都要承担相应的生态责任,共同为解决生态环境问题贡献力量。对于发达国家来说,需要贡献技术和资金,为解决全球性生态环境问题提供物质保障。习近平在谈及气候问题时指出:"发达国家要履行在资金和技术方面的义务,落实到二〇二〇年每年提供一千亿美元的承诺,并向发展中国家转让气候友好型技术。"①而对于发展中国家来说,则是要积极探索符合本国的低污染、低消耗、低排放的发展之路,承担符合自身能力的生态责任。"坚持共同但有区别的责任等原则,不是说发展中国家就不要为全球应对气候变化作出贡献了,而是说要符合发展中国家能力和要求。"②其二,各国在平等协商基础上共建新型的全球生态治理体系,制定国际性的生态制度和生态条约。人类命运共同体倡导共商、共建和共享,生态正义的实现也需要各国之间在应对生态问题时的平等对话和协商共治,摒弃旧有的资本逻辑对全球生产的控制,以国际性制度规约资本逻辑造成了生态不正义情况,如全球气候协定的制定与及时更新,其他各种国际生态制度的制定等等,正如习近平指出的,要"达成一个全面、均衡、有力度、有约束力的气候变化协议,提出公平、合理、有效的全球应对气候变化解决方案,探索人类可持续的发展路径和治理模式"③。在各项生态规则和制度的制定中,要以制度来维护和实现生态正义,保障生态治理中的公正性。

（二）生态文明社会是人类命运共同体建设的目标文明形态

工业文明社会给人类带来进步的同时也造成了严重的生态破坏,给人类的未来笼罩了一层阴影,而生态文明社会则是摆脱工业文明造成的生态噩梦的未来目标文明形态,也是人类命运共同体建设的重要目标。

其一,实现生态文明目标,是人类命运共同体建设的重要追求。习近平指出:"建设生态文明关乎人类未来。国际社会应该携手同行,共谋全球生态文明建设之路"。④ 人类命运共同体建设不仅仅是要促进各国的经济发展、文化交往和政治沟通,还要以生态文明建设为目标,这是对人类子孙后代负责的现实要求,也是为了人类未来能过上美好生活的必然选择。

其二,建设生态文明社会,只有在人类命运共同体建设中才能实现和完

---

① 中共中央文献研究室编:《习近平关于社会主义生态文明建设论述摘编》,北京:中央文献出版社,2017 年,第 130 页。

② 中共中央文献研究室编:《习近平关于社会主义生态文明建设论述摘编》,北京:中央文献出版社,2017 年,第 132 页。

③ 中共中央文献研究室编:《习近平关于社会主义生态文明建设论述摘编》,北京:中央文献出版社,2017 年,第 134 页。

④ 习近平:《论坚持推动构建人类命运共同体》,北京:中央文献出版社,2018 年,第 256 页。

成。全球生态文明建设不是各国的单打独斗和一枝独秀,更不是各国之间的相互扯皮和推卸责任,也不是发达国家对落后国家的污染转移和生态殖民,而是世界各国携手共进、合作协商才能共同实现的,地球是一个生物圈,各国人民都生活在其中,生态文明建设没有哪一个国家可以独善其身或置身事外,正如习近平指出的:"要努力建设一个山清水秀、清洁美丽的世界。……共同保护不可替代的地球家园,共同医治生态环境的累累伤痕,共同营造和谐宜居的人类家园。"①可见,只有各国之间形成真正意义上的命运共同体,秉持共同体的理念、凝聚共同体的力量进行生态治理、生态恢复和生态文明建设,才能最终实现全球生态文明,进入生态文明社会的新型文明阶段。

四、人类命运共同体构建的生态起点

依据底线思维,人类命运共同体构建应当有着自身的起点和底线,有学者则明确指出:"除非兜住包容性绿色发展的底线,人类社会才有可能长时间地维系共融共生的状态并最终构建起人类命运共同体。"②笔者认为,人类命运共同体建设应该以生态文明建设为起点,进而以点带面推动人类命运共同体的全面建设。这是因为,关于全球生态问题的共识是目前各国人民最普遍的共识,以生态为起点有助于各国之间消除隔阂、建立信任、达成共识、实现合作,进而为人类命运共同体建设提供更加牢靠的现实基础和渊源不断的动力。

(一)搭建全球性的生态共识是人类命运共同体构建的共识起点

人类命运共同体的构建需要以各国人民之间共识为基础,"我们应该凝聚不同民族、不同信仰、不同文化、不同地域人民的共识,共襄构建人类命运共同体的伟业。"③这些共识包括利益共识、政治共识、文化共识、价值共识、生态共识等内容,而其中最基础的则是生态共识,这也是最容易达成的共识,要以生态共识作为广泛共识形成的起点,以点带面促进多方的、普遍的、多层面的共识。

其一,要充分利用既有的全球性生态共识,并以此为基础达成更加广泛的生态共识。目前,世界各国已经就很多全球性生态问题达成了共识,如关

---

① 习近平:《论坚持推动构建人类命运共同体》,北京:中央文献出版社,2018 年,第 512 页。
② 史献芝,王新建:《包容性绿色发展:构建人类命运共同体的着力点》,《理论探讨》2018 年第 5 期。
③ 习近平:《论坚持推动构建人类命运共同体》,北京:中央文献出版社,2018 年,第 513 页。

于气候变暖问题形成的《联合国气候变化框架公约》《巴黎协定》等全球性的气候公约,是各国关于气候问题的共识,要在此基础上,推动关于生态问题的更广泛共识,如生态责任的分担共识、生态价值共识、生态文明的目标共识、生态治理的协同共识等方面,进而为全球生态文明建设提供共识基础,为人类命运共同体建设提供生态起点。

其二,要以生态共识为起点,推动更加广泛的利益共识、政治共识和价值共识的形成,为人类命运共同体建设奠定共识基础。生态共识是目前世界各国人民比较容易达成的共识,出于对自然的恐惧和面对来自恶劣生态环境的威胁,人类在环境保护、生态和气候治理方面容易达成共识,但是这些共识不足以为人类命运共同体建设奠定基础,要以此为起点,推动更加广泛、全方位的共识的达成,形成关于人类命运共同体建设的政治、经济、文化、社会、生态等方面的共识链条,以促进更加深入、更加全面的共同体建设的实践。

(二)发展共享性的生态经济是人类命运共同体构建的经济起点

人类命运共同体建设强调经济的共享发展,即世界各国在共建共商中共享经济发展的成果,发展共享性的生态经济则是其起点,这是因为发展生态经济更容易在各国达成共识。

其一,发达国家要为发展中国家提供生态建设相关的资金和技术支持,推动生态经济在各国的发展。习近平认为,在生态文明建设中,发达国家要向发展中国家提供资金技术支持,"还应该向发展中国家转让气候友好型技术,帮助其发展绿色经济"①。这是发达国家义不容辞的生态责任,也是发达国家和发展中国家共同推动生态文明建设、促进生态经济发展的必要措施。

其二,各国之间要实现生态环境的共同保护、生态资源的协同利用和开发,以生态经济发展奠定共享发展的利益基础。由于世界各国之间存在着自然资源禀赋的差异、存在着不同的生态环境,因而只有促进各国之间的通力协作,在资金、生态技术和生态资源等方面实现优势互补,促进生态资源在各国的合理流动,实现保护与利用的结合,进而促进各国在生态经济发展领域的合作,共享生态经济发展的成果和利益,为促进经济领域的广泛合作与共享发展提供起点和奠定基础。

(三)共建协同性的生态治理是人类命运共同体构建的政治起点

"实现绿色发展是国际社会的共同责任和使命,'协同治理'是实现全球

---

① 中共中央文献研究室编:《习近平关于社会主义生态文明建设论述摘编》,北京:中央文献出版社,2017年,第135页。

绿色发展的必由之路。"①人类命运共同体的构建不仅需要以共识和利益为保障，还需要各国之间的政治协同，而重塑政治主体平等的新型国际政治关系是人类命运共同体的重要内容，以生态治理和生态规则制定中的主体协同和平等合作为基础的政治关系重塑是其政治起点。

其一，通过生态治理中的主体协同与平等合作，重塑政治平等的国际主体交往关系，是人类命运共同体构建的政治起点。在既有的国家政治关系中，发达国家凭借着先入为主和经济优势等条件，占据着政治领域的主导地位，并且掌握着绝对的话语权，人类命运共同体的构建就是要改变这种不平等的政治关系，建立政治平等、共同协商的国际政治关系，这种关系建立的起点则是生态治理中的平等协商和协同参与。在生态协同治理中更加容易建立平等的关系，因为生态环境问题是全球面临的共同问题，关乎整个地球生物圈的可持续发展，没有国家能够置身事外，也没有国家能够拥有特权，只能通过各国的沟通协商和平等对话，才能为保护环境、减少污染作出共同性努力。

其二，通过国际领域生态规则和生态制度的制定，重构各国的规则话语权，形成人类命运共同体构建的规则起点。在国际规则和制度的制定中，发达国家长期掌握着话语权，通过不平等国际规则的制定维护其利益，人类命运共同体构建就是要改变旧有的不平等的国际规则，提升发展中国家的国际规则话语权，进而重塑国际规则体系，制定公正的国际规则。为此，需要以国际生态规则制定为起点，通过各国广泛参与、共同协商、平等合作的方式，制定公正的国际生态规则，进一步提升发展中国家的国际政治参与能力和国际规则制定的话语权。

（四）共育和谐性的生态文化是人类命运共同体构建的文化起点

人类命运共同体建设倡导"不同文明应该和谐共生、相得益彰，共同为人类发展提供精神力量。……共同消除现实生活中的文化壁垒……让各种文明和谐共存，让人人享有文化滋养"②。但是，在现实中，由于地理、历史等方面的差异，各国文化之间也存在着极大的不同，文化隔阂的消除并不能一蹴而就。生态文化作为一种新型的文化，是各国人民都比较容易接受和培育的文化，共同培育这种生态文化可以促进各国人民形成相似的生态思维和共识性话语，进而成为人类命运共同体构建的文化起点。

其一，通过共同体意识和生态文明意识的培育，提升各国之间的文化共性和文化共识，为人类命运共同体构建提供文化起点。生态文化是一种面向

---

① 陈慧:《绿色发展视阈中"人类命运共同体"的构建》,《广西社会科学》2018 年第 2 期。
② 习近平:《论坚持推动构建人类命运共同体》,北京:中央文献出版社,2018 年,第 512 页。

未来的文化形态,是各国文化中没有冲突和隔阂的文化内容,因而,通过生态文化的培育,可以为拉近各国文化之间的距离,形成文化共性内容,而生态文化的核心则是社会成员广泛形成共同体意识和生态文明意识,进而推动生态实践的广泛自觉。

其二,以生态文化为起点,推动更加广泛的文化交往,促进各国文化的和谐共生。生态文化的培育是人类命运共同体构建的文化起点,要以这个文化起点为基础,推动各国文化的广泛交流,促进各国文化在开放包容中摒弃文化隔阂,实现文化融合与文化共通,进而为人类命运共同体构建提供文化支援和精神力量。

(五)共同维护全球生态正义是人类命运共同体构建的价值起点

全球领域的不公正体现在方方面面,其他方面的正义问题由于历史、现实等原因需要人类命运共同体的长期建设才能得以破除,而生态正义问题由于直接关涉整个人类的生死存亡,是发达国家和发展中国家愿意联起手来解决的问题,也是人类命运共同体构建的价值起点。

其一,维护全球生态正义,是人类命运共同体构建需要解决的首要价值问题。全球范围内的生态环境问题已经严重威胁到人类的未来生存和发展,而由生态环境问题引起的全球范围的生态正义问题则更加紧迫,发展中国家人民遭受着更多的来自生态破坏、环境污染带来的严重后果,如果不首先解决生态正义问题,发达国家和发展中国家就难以达成更多的价值共识,人类命运共同体的构建亦无法开展,为此,要"合理协调不同民族国家、不同地区和不同人群之间在环境资源占有、分配和使用上的利益关系,遵循'共同但有差别的原则'。"[1]进而维护全球性生态正义,这是发展中国家的强烈诉求、也是人类命运共同体建设的价值起点。

其二,要以生态价值观的培育和形成为基础,促成更加广泛的价值共识和价值认同。生态价值观的培育是建设生态文明社会的现实要求,也是人类命运共同体建设的价值共识基础,要以此为基础,促进世界各国形成更加广泛的价值共识,进而为人类命运共同体的建设提供价值支撑和认同基础,凝练和打造一系列具有共识和认同基础的共同价值。

(六)共担全球性生态责任是人类命运共同体构建的信任起点

在国际交往领域,信任与不信任无不深刻影响着人类的各种社会关系、政治生活与经济运行,在跨国之间的政治、安全、经济、社会关系中产生了深

---

[1] 王雨辰:《人类命运共同体与全球环境治理的中国方案》,《中国人民大学学报》2018 年第4 期。

刻的影响,在世界政治中,各国往往通过建立互信来促进合作,甚至是深度合作进而形成安全共同体认同。① 可见,相互信任是国与国交往的重要基础,也是人类命运共同体构建的重要起点,而信任的建立并不是口头承诺、共同参会就能实现的,需要以现实的行动为支撑,才能在各国之间建立广泛的信任,这个信任的起点就是发达国家与发展中国家共同承担生态责任,协同推进生态治理。

其一,要以生态责任的共同承担为基础,提升各国之间的相互信任和协同合作。全球性生态环境问题不是哪一个国家可以解决的,只有落实发达国家和发展中国家各自相应的生态责任,各国在履行各自生态责任中进行全力以赴、协同合作、共同治理,为保护生态环境、改善大气污染、修复地球生态系统贡献各自的力量,如发达国家提供资金和技术支持,发展中国家提供人力和行动保障,只有在这种生态责任的协调落实、共同承担中,各国秉持守土有责、对地球共同体负责的原则,才能提升彼此的互信程度,进而为人类命运共同体建设提供信任起点。

其二,要以解决共同性的、全球性的生态问题为出发点,促进多层面、更进一步的合作与国家间的互信。生态责任的落实与生态治理的协同开展只是各国互信的逻辑起点,而更深入的、更广泛的互信则要通过更多的共同行动来达成,以全球生态治理的共同行动为起点,推动更广泛的共同行动,如经济行动、政治行动、文化行动、人员交往行动等,以共同行动联结起情感纽带,以共同行动中的合作与情感交流建立各国人民间的互信机制,进而为人类命运共同体的构建提供最为广泛的信任基础。

参考文献:

[1] 习近平:《决胜全面建成小康社会 夺取新时代中国特色社会主义伟大胜利》,《人民日报》2017 年 10 月 19 日 002 版。

[2]《马克思恩格斯文集》第 1 卷,北京:人民出版社,2009 年。

[3]《马克思恩格斯文集》第 9 卷,北京:人民出版社,2009 年。

[4][美]詹姆斯·奥康纳:《自然的理由:生态学马克思主义研究》,唐正东,臧佩洪译,南京:南京大学出版社,2003 年。

[5] 孟献丽,左路平:《社会正义到生态正义——戴维·佩珀生态正义思想研究》,《国外社会科学》2017 年第 1 期。

---

① 王正:《信任的求索:世界政治中的信任问题研究》,北京:北京时代华文书局,2016 年,第 2 页。

［6］王玉鹏,丁威:《有机马克思主义的有机共同体思想探析》,《探索》2017 年第 1 期。

［7］［美］菲利普·克莱顿,贾斯廷·海因泽克:《有机马克思主义:生态灾难与资本主义的替代选择》,孟献丽等译,北京:人民出版社,2015 年。

［8］中共中央文献研究室编:《习近平关于社会主义生态文明建设论述摘编》,北京:中央文献出版社,2017 年。

［9］习近平:《论坚持推动构建人类命运共同体》,北京:中央文献出版社,2018 年。

安徽省金融发展水平对
科技创新的影响研究

——基于空间计量模型的实证分析

汪　桥　曹　晨

摘　要:安徽省通过大力实施创新驱动发展战略,经济得到了长足发展,科技创新对安徽经济发展的作用越来越明显,而科技创新又离不开金融的支持。通过理论探究金融发展对科技创新的影响,并利用2010—2017年安徽省16地市的面板数据,依据 Moran's I 指数分析,发现科技创新具有一定的区域依赖性。据此借助空间计量模型实证探究了两者之间的关系,指出金融发展水平对科技创新具有一定的负向影响,并从产业结构和发展阶段给出了解释,最后提出了相关政策建议。

关键词:科技创新;金融发展;空间计量模型

改革开放四十年来,我国科技创新领域取得了举世瞩目的成就,但是相比其他发达国家,我国科技创新水平依然较低,科技创新对经济社会发展的驱动力依然不足。早在2015年,习近平总书记就明确指出抓创新就是抓发展,谋创新就是谋未来。中国经济的发展需要依靠科技创新的支持,而科技创新又离不开金融的支持。党的十八大后,安徽省实施了创新驱动战略,为建设科技创新型大省迈出了重要的一步。安徽省政府不仅实施了一系列的金融支持政策,大力发展科技金融,还打造了一系列支持科创的金融集聚区,

作者简介:汪桥(1980—),男,安徽霍邱人,硕士,滁州学院副教授,主要研究方向:农村金融、科技金融。曹晨(1990—),南京财经大学,男,安徽全椒人,博士,助教,主要研究方向:农业科技创新,科技金融。

基金项目:安徽省社会科学创新发展研究课题:安徽省科技金融创新支持体系:构建、测度与对策研究(2018CX113);安徽高校科学重点研究项目:安徽省科技金融驱动包容性绿色增长研究(SK2019A0451)。

例如"滨湖金融小镇"等。这些措施既提升了金融发展的质量,也促进了科技创新的发展,从而实现安徽经济社会的高质量发展,带动相关产业的集聚和升级。但是纵观安徽的金融聚集区,多数集中在经济较发达的合芜蚌地区,这些区域金融的集聚和发展不仅能够促进当地的科技创新的发展,也能够对周边区域产生引领和辐射作用。因此为了更科学准确地研究安徽金融发展水平对科技创新的影响,需要考虑安徽金融发展的空间依赖性,并通过空间计量模型实证探究安徽金融发展水平对科技创新的影响,这将深化认识安徽金融发展与科技创新的关系,为政府进行相关政策决策提供理论依据。

一、理论回溯

金融发展水平能否真正促进科技创新的发展呢?对此不少学者都对此进行了有益的探索。Grossman G M,Helpman E(1991)就指出在全球经济发展过程中,传统的经济发展模式是通过资本积累的增长,当资本积累达到一定程度,就会促进科技创新,从而引发新的增长模式,其中指出了金融资本积累对科技创新的重要作用。[①] Giudici G,Paleari S(2000)指出高科技企业在科技创新中的扩张和增长的障碍往往来自金融发展的约束,特别对于中小型企业来说更是如此。并且通过对比不同国家的情况,指出科技创新水平与该国的金融发展资源有不同的联系。[②] Belloc(2013)指出了由于金融市场的行业风险特质,法律过多的保护股东的权益,将会相应的减少科技创新,并通过对1993—2006年48个国家的实际数据,运用最小二乘法估计方法证实了他的观点。[③] 湛泳,李珊(2016)通过固定效应和两阶段系统GMM的计量模型,研究金融发展与科技创新的融合和智慧城市建设的关系,指出了两者之间的融合度较低,不能有效地促进智慧城市建设,并且认为金融发展能够推动科技创新,起到一定的中介效应。[④] 张林(2016)通过空间计量方法研究金融发展与科技创新融合,对实体经济的影响,指出要在金融和科技创新的融合的深

① Grossman G M,Helpman E. Innovation and growth in the global economy[J]. Mit Press Books,1991,1(2):323-324.

② Giudici G,Paleari S. The Provision of Finance to Innovation:A Survey Conducted among Italian Technology-based Small Firms[J]. Small Business Economics,2000,14(1):37-53.

③ Belloc,F. Law,finance and innovation:the dark side of shareholder protection[J]. Cambridge Journal of Economics,2013,37(4):863-888.

④ 湛泳,李珊. 金融发展、科技创新与智慧城市建设——基于信息化发展视角的分析[J]. 财经研究,2016(2):4-15.

度和广度上下功夫,切实提升实体经济的发展。① 虽然他用了空间计量模型,但是并没有直接研究金融发展对科技创新的作用,仅侧重于研究两者之间的融合。罗嘉雯、陈浪南(2013)通过建立面板向量自回归研究珠三角的数据,金融发展对科技创新具有显著的正效应,并且指出通过科研经费和政府科技投入,可以促进金融发展与科技创新的两项互动。② 赵丹妮,任晓怡(2015)通过协整分析模型,指出北京金融发展能够促进科技创新,但是科技创新并不能促进金融发展。但是上海的数据表明两者之间是互为因果的关系,并据此提出了相关建议。③ 屠年松,方玉(2017)通过系统 GMM 方法研究了金融发展对科技创新的关系,指出金融规模对科技创新起到明显的带动作用,但是金融效率对科技创新的带动性不明显。④

通过对上述学者的理论梳理可以看出,很少有学者考虑金融发展水平和科技创新的空间依赖性,导致模型估计会产生一定的偏差,影响对两者关系的界定,并且鲜有学者研究安徽金融发展水平与科技创新的关系。因此本文的贡献体现在以下两个方面:第一,充分考虑科技创新的空间效应,运用莫兰指数分析科技创新的空间相关性,并建立空间计量模型,更加科学准确地探究金融发展水平对科技创新的影响;第二,立足安徽省省情,借助安徽省 16 地市的面板数据,实证探究安徽省金融发展对科技创新的影响,并针对实证结论提出相关政策建议。

二、理论分析

金融发展水平可以从以下三个方面影响科技创新:首先,从融资方面来看,科技创新是一个系统。从科技创新要素的投入、转化、推广乃至最终的市场化,每个过程都需要金融资金的支持。金融发展水平越高,就能够给科技创新的每个过程提供更有力的资金保障,确保科技创新的成果落地,实现经济社会的可持续发展。其次,从金融中介和金融市场方面看,金融发展水平

---

① 张林. 金融发展、科技创新与实体经济增长——基于空间计量的实证研究[J]. 金融经济学研究,2016(1):14-25.

② 罗嘉雯,陈浪南. 金融发展影响科技创新的实证研究[J]. 中国科技论坛,2013,1(8):128-133.

③ 赵丹妮,任晓怡. 金融发展对科技创新影响的实证研究——基于北京市和上海市的比较分析[J]. 技术经济与管理研究,2015(2):97-100.

④ 屠年松,方玉. 金融发展对科技创新影响的实证研究——基于中国省际面板数据[J]. 生态经济,2017(11).

越高,金融市场就越活跃越有效,优质的科技创新企业就能够获得更多的资金支持,也会降低企业的融资成本,实现科技创新的市场效益。同时金融中介的丰富也给企业的投资融资提供了更多的渠道,更方便地获得科技创新所需的资金。最后,从投资方面看,金融市场发展水平能够提供更多的科技创新企业信息,激烈的竞争能够使得企业不断地改善自身的治理结构,资金的盈余者会把更多的资金投向最有价值的科技创新企业,这些企业也是最有可能实现创新成果的企业。

综上,从融资、金融市场以及投资方面看,金融发展水平能够有效促进科技创新。以上的分析都基于金融发展能够促进资金流入科技创新领域,若由于区域产业结构不平衡等因素,将可能导致资金并不愿意流入科技创新领域,由此将表现金融发展抑制科技创新的现象。因为产业结构的失衡将导致其他行业领域会表现出更快速的赚钱效应,对资金产生"虹吸效应",导致资金远离科技创新领域。因此对于安徽省的实际情况,需要进一步借助数据实证分析。

三、实证分析

(一)变量的选择以及空间计量模型的建立

1. 变量的选择

(1)被解释变量:科技创新的测度可以从多方面,可以从投入、转化以及成果角度去度量。但是最有效的还是从成果角度,因为其直接反映了科技创新的真实水平。因此本文用有效专利发明数(patent)来测度。

(2)解释变量:对于金融发展水平的测度,不少学者从金融发展效率角度探究,主要采用金融机构贷款余额除以金融机构存款余额。[①] 该指标主要反映了金融机构将储蓄转化为贷款的效率情况,但是该指标具有一定的局限性,没有度量金融发展的规模,并忽视了其他金融中介的作用。而我国主要金融系统是由银行主导,并且基于发展规模的考虑,本文用金融机构的年末的存款余额加上金融机构的贷款余额除以 GDP 作为金融发展水平(dlrate)的指标。

(3)控制变量:科技创新发展的水平还主要受科技创新投入的影响,尤其是研发人员的影响,因此把研发人员(rdpeo)作为控制变量。科技创新的效率也会影专利的成果,因此采用投入变量为 R&D 研发费用、R&D 人员数量以及

---

① 汪发元,郑军,周中林,裴潇,叶云. 科技创新、金融发展对区域出口贸易技术水平的影响——基于长江经济带 2001—2016 年数据的时空模型[J]. 科技进步与对策,2018,35(18):66-73.

财政支出中的科学技术,产出变量为专利申请数量,并应用 DEAP 2.1 软件测算出的安徽省 16 地市科技创新 Malmquist 指数结果作为科技创新的效率(tech)。同时地区的总体发展水平是该地区经济发展和社会发展的综合表现,地区发展总水平(agdp)必然会影响科技创新水平,具体指标用人均地区生产总值测量。

2. 数据来源与描述性统计

为了更好地探究安徽金融发展水平对科技创新的影响,查阅近十年的《安徽省统计年鉴》,以及合肥、芜湖等 16 个地级市《统计年鉴》《统计公报》等资料,根据数据收集准确性、一致性和可得性,选取 2010—2017 年安徽 16 地市的科技创新和经济发展相关指标对应的数据。由于 2011 年安徽省行政区域调整,巢湖市撤销,分别并入合肥、芜湖等市,为保持时空面板数据的相对一致,文中数据没有涉及巢湖市。

表1　各项指标的描述性统计结果

变量	平均数	标准差	最小值	最大值	观察值	单位
patent	80520.26	136756.1	3553	1016998	128	件
dlrate	0.6818774	0.153751	0.4243861	1.080073	128	%
rdpeo	10864.41	15463.39	773	85153	128	人
tech	0.58	0.23	0.23	1	128	%
agdp	36758.27	19856.1	9527.89	97193	128	元

3. 计量模型选择

由于安徽省各地区的经济往来较为频繁,科技创新又具有明显的溢出效应,创新成果可以通过各级政府或企业平台的推广,并得到转化和利用。因此各个地区的科技创新水平并非独立的,忽视科技创新与其他地区的空间相关性,往往会对模型的估计产生偏差。因此运用空间计量的方法将地理因素与空间结合起来,在一定程度上避免了传统计量方法的偏差。目前学术上较常使用的空间计量模型主要有:空间自回归模型(SAR)和空间误差模型(SEM)。[①] 空间自回归模型(SAR)是指被解释变量的空间回归因子作为解释变量的空间计量模型。科技创新的空间自回归模型表明某一地区的科技创新可以通过空间溢出效应对其他地区的科技创新水平产生影响。空间误差

---

① 白俊红,路嘉煜,路帅. 资本市场扭曲对环境污染的影响研究——基于省级空间动态面板数据的分析[J]. 南京审计大学学报,2019,16(01):37-47.

模型(SEM)是指对模型中的误差项设置空间自回归的回归模型,此时科技创新的空间依赖性存在于扰动项之中。但是,空间效应不仅会受到随机冲击造成的误差项的变化,也会同时受到科技创新自身的空间效应的影响,由此本文建立 SAR 和 SAC 两个空间计量模型。

(1)空间自回归模型(SAR)具体表示为:

$$Patent_{it} = C + \rho WPatent_{it} + \alpha dlrate_{it} + \sum \beta_j x_{ijt} + \varepsilon_{it}$$

其中 $Patent_{it}$ 表示地区 i 在时间 t 的科技创新水平,C 为常数项;W 为空间权重矩阵,ρ 为空间相关系数,$\rho WPatent_{it}$ 衡量空间相关地区的科技创新对本地区科技创新的影响,若 ρ 为正数,表明空间相关地区对本地区的科技创新具有正向影响,反之则为负向影响。$dlrate$ 表示本地区的金融发展水平,α 为解释变量的相关系数。x_{ijt} 为 j 个控制变量,β_j 为控制变量的相关系数,ε_{it} 为随机误差项。

进一步考察科技创新本身是一个动态的过程,一个地区的科技创新不仅取决于当期的影响因素,也可能受上一期的影响,因此拟再用动态空间面板模型来检验金融发展对科技创新的影响。科技创新的动态空间自回归模型可表示为:

$$Patent_{it} = C + \sigma Patent_{it-1} + \rho WPatent_{it} + \alpha dlrate_{it} + \sum \beta_j x_{ijt} + \varepsilon_{it}$$

其中 $\sigma Patent_{it-1}$ 为科技创新的一阶滞后项,以此来反应科技创新的动态效应。σ 为科技创新一阶滞后项的影响系数。

(2)空间自相关模型(SAC)具体表示为:

$$Patent_{it} = C + \rho WPatent_{it} + \alpha dlrate_{it} + \sum \beta_j x_{ijt} + \mu_{it}, 其中 \mu_{it} = \gamma W\mu_{it} + \varepsilon_{it},$$

其中 μ_{it} 为误差项,γ 为空间误差系数,体现了空间相关地区的扰动项对本地区科技创新的影响。$W\mu_{it}$ 为空间相关系数,ε_{it} 为随机误差项。其他变量符合与上文相同。

(二)实证结果与分析

1. 空间相关性检验

在运用空间计量模型实证探究金融发展水平对科技创新的影响前,需要检验科技创新是否具有空间的相关性。本文采用 $Moran's I$ 指数来检验科技创新的空间相关性。$Moran's I$ 指数的计算公式如下所示:

$$Moran's I = \frac{\sum_{i=1}^{n} \sum_{i \neq j}^{n} \omega_{ij}(Patent_i - Patent)(Patent_j - Patent)}{S^2 \sum_{i=1}^{n} \sum_{j=1}^{n} \omega_{ij}}$$

其中 $S^2 = \sum_{i=1}^{n} (Patent_i - Patent)^2/n$，$Patent = \sum_{i=1}^{n} Patent_i/n$，其中 $Patent_i$ 和 $Patent_j$ 分别表示第 i 和 j 个地区的科技创新观察值，$Patent$ 表示科技创新的观察值的均值。n 为地区的数量，ω_{ij} 为空间权重矩阵 W 中的元素，若两地区相邻则 $\omega_{ij} = 1$，若两地区不相邻或者 $i = j$，则 $\omega_{ij} = 0$。$Moran's I$ 指数的取值范围为 $[-1,1]$，等于 0 表示不存在空间自相关，小于 0 表示空间负相关，大于 0 表示空间正相关，其绝对值越大表明空间相关程度越大，反之越小，得到的检验结果见表 2。

表 2　2008—2017 年安徽科技创新的 $Moran's I$ 检验

年份	2010	2011	2012	2013
$Moran's I$	0.190 *** (0.003)	0.275 *** (0.001)	0.265 *** (0.001)	0.239 *** (0.001)
年份	2014	2015	2016	2017
$Moran's I$	0.308 *** (0.001)	0.303 *** (0.001)	0.278 *** (0.002)	0.235 *** (0.001)

注：括号内数字为显著性概率 p 值；*** 、** 、* 分别代表 1%、5% 和 10% 的水平下显著

从表可以看出我国 2010—2017 年安徽省的科技创新的 $Moran's I$ 为正值，都通过了显著性检验，这意味着各省市的科技创新存在一定的正向空间相关性。在考察金融发展水平对科技创新的影响时，空间依赖性不可忽视。

2. 实证结果及分析

为减少异方差对模型估计的影响，对文中全部绝对量取对数。借助 stata14.0 统计工具，对上述模型进行估计。根据 chow 检验和 hausman 检验可知，所有计量模型均应该建立个体固定效应模型，具体空间计量结果见表 3。

表 3　空间面板计量回归结果

变量	Fe	SAR	动态 SAR	SAC
dlrate	−10.936 *** (0.008)	−11.405 *** (0.000)	−11.932 *** (0.000)	−12.104 *** (0.000)
lnrdpeo	1.046 *** (0.000)	0.943 *** (0.000)	0.712 *** (0.000)	0.833 *** (0.000)
tech	1.315 *** (0.000)	1.261 *** (0.000)	1.024 *** (0.000)	1.194 *** (0.000)

变量	Fe	SAR	动态 SAR	SAC
Inagdp	0.838 * (0.058)	0.800 *** (0.001)	0.586 *** (0.008)	0.670 *** (0.002)
ρ		0.181 *** (0.026)	−0.261 *** (0.032)	0.416 *** (0.000)
λ				−0.606 *** (0.001)
R−sq	0.9520	0.9551	0.8715	0.9574

注:括号内数字为显著性概率 p 值;***、**、* 分别代表 1%、5% 和 10% 的水平下显著

从拟合度可以看出,都在 0.9 左右,模型的拟合效果较好。并且从 SAR、动态 SAR 和 SAC 模型的结果可以看出,估计的变量相关系数的方向及大小和显著水平,没有发生根本改变,因此研究结果具有较强的稳定性。同时可以看出,三个模型都表现出明显的空间的依赖性。但是各模型的空间相关系数方向不同,主要原因在于考虑了科技创新滞后效应对科技创新的影响较大,并且从随机误差空间效应系数看,一个地区的科技创新会对另一个地区的科技创新造成显著的负向影响,可能由于模型遗留了部分变量,或者存在内生性问题,但是这些都不影响本文探讨安徽省金融发展水平对科技创新的影响。

从金融发展水平的系数可以看出,金融发展对科技创新起到显著的负向关系,说明金融发展不但不能促进科技创新,还将会抑制科技创新的发展。依据上文理论分析可知,主要原因在于,安徽省地处中国中部地区,相对于东部来说具有较大的发展空间,在不平衡发展下,由于资金的逐利性原因,产业结构不合理导致资金流入一些见效明显的粗放式发展行业上,以至于高风险、见效慢的科技创新领域缺乏金融的支持,从而表现出金融发展抑制科技创新的现象。同时从相关控制变量的系数可以看出,科技创新人员的投入、科技创新的效率、地区经济发展水平对科技创新都有显著的正向影响。

四、相关结论和政策建议

本文从安徽金融发展的角度探究了其对科技创新的影响,并根据科技创新的 *Moran'sI* 指数空间相关性分析,发现科技创新具有一定的区域依赖性。据此借助空间计量模型,实证探究金融发展对科技创新的影响,得出了金融

发展对科技创新具有显著的负向影响。这一结论与多数学者的观点不同,主要原因在于:第一,大多数学者都是从国家或者较大区域去研究金融发展水平对科技创新影响,由于区域较大以及区域间的行政壁垒导致金融要素流动受到了一定的限制,但是安徽省面积相对较小,各地市之间的距离较近,要素之间交流相对较方便些,导致金融要素极易离开本地,从而不能促进当地科技创新的发展;第二,安徽省处在中国中部,处在产业转移的中心地带,这几年正是一个快速发展的阶段,在经济社会的多方面都落后于其他发达地区,由于资金的趋利性,更愿意流入见效明显的行业,甚至粗放式、高耗能、高污染行业,导致科技创新缺乏资金的支持。这不能够从理论上否定金融发展对科技创新的正向作用,只是行业结构和发展阶段导致这样的负向效应。

针对实证结论和相关分析,立足于安徽省的省情本文提出以下政策建议。

首先,促进不同区域金融联动发展。金融作为生产性服务行业的高端生产要素,能够促进汇集科技创新所需的各类生产要素,促进科技创新成果的落地。但是基于金融要素流动性较强的特点,安徽省各地市应加强联系,注重错位发展,积极引导金融要素的跨区域合理配置,实现科技创新全过程的金融支持。并从全局性的角度提升金融发展对科技创新的促进作用,避免地方保护主义,减少要素流动区域壁垒,实现区域金融良性联动,促进科技创新成果的落地。

其次,提升金融发展质量。金融作为高端生产要素,不能"摊大饼"式发展,通过建设各层级金融服务平台,打造各区域金融集聚区,实现人才、资源的集聚效应。推进金融体制改革,打造商业性金融、政策性金融以及合作性金融新模式,构建了多层次、广覆盖、互为补充的金融体系,创新金融担保方式,实现高质量的金融发展,为推进科技创新提供支持。

最后,引导金融要素落地科技创新。政府应抑制金融对高污染、高耗能等粗放式产业的支持,积极深入推进安徽"调转促"战略,通过政策引导和产业结构升级,促进金融发展对科技创新领域的支持,尤其对未来科技创新的前沿技术的支持。进一步推进重点科技创新项目的融资保障,引导资金流入科技创新的投入、转化和市场化的全过程。通过这些政策实施,将进一步实现金融发展对科技创新的支持,促进安徽经济社会可持续健康发展。

以长三角一体化发展为动力
促进安徽制造业高质量发展

陈启涛

摘　要:安徽制造业有基础、有优势更有短板和潜力。基础和优势主要表现在安徽产业门类比较齐全、加工资源比较丰富、要素成本相对较低、市场开拓潜力较大;突出短板在于制造业的规模不大、结构不优、品牌不响、效益不高。由于安徽发展相对滞后于长三角其他省市,新的背景下实际上既是相互合作,也是同台竞争,安徽面临的挑战和巨大压力不可小视。就加快制造业发展来说,必须审时度势、奋发图强,借力发展、借智发展,力争在一体化高质量发展总体格局中乘势而为、迎头赶上、多做贡献。要推动高端、高质量、高效益智能化制造业发展,建议安徽采取更有力措施,主要包括:强力优化环境、再造发展新优势;推动技术创新、增添企业新活力;支持科研开发、培育壮大新产业;承接产业转移、引进优质新企业;打造名企名品、培育知名新品牌。

关键词:长三角一体化;制造业;高质量发展

推动长江三角洲地区一体化高质量发展已经上升为国家发展战略。如何实现党中央赋予沪苏浙皖四省市的这一重大政治任务,应当成为社会科学界重要研究课题。研究一体化高质量发展的关键是要研究如何促进实体经济一体化高质量发展,其中重点之一是要研究如何促进工业特别是制造业一体化高质量发展。制造业是指对物料、能源、设备、工具、资金、技术、信息和人力等制造资源,按照市场要求,通过制造过程,转化为可供人们使用和利用的大型工具、工业品与生活消费产品的行业。制造业体现一个国家、一个地区生产力水平,制造业在世界发达经济体的国民经济中占有重要份额。安徽制造业有基础、有优势更有短板和潜力,我们必须以长三角区域一体化为背景、

作者简介:陈启涛,男,63岁,安徽省泛长三角区域经济合作研究会代会长、安徽省人大工作研究会副会长兼秘书长、高级经济师。

为机遇、为动力,深刻分析制造业的现状和发展前景,为安徽制造业持续高质量发展提出新的对策建议。

一、安徽制造业优势

解放前安徽省制造业基础极其薄弱,1952 年全省第二产业就业人口仅占全部就业人口的 2.8%,新中国成立以来,在中央政府的关心支持和上海等城市的帮助下才开始起步。经过几十年奋斗,安徽制造业发展取得长足进步,2018 年第二产业就业人口占比达到 28.8%。世界第一台 VCD、我国第一台微型电脑诞生在安徽,目前冰箱、洗衣机、彩电、空调四大智能家电产量约占全国五分之一,笔记本电脑产量占全球的八分之一。工业化不断推进和提升形成了安徽科学发展的重要基础,制造业也形成了一定优势。

一是产业门类比较齐全。安徽在农副食品加工业、食品制造业、酒和饮料及精制茶制造业、烟草制品业、纺织业、纺织服装和服饰业、制鞋业、木材加工和木、竹、藤、棕、草制品业、家具制造业、造纸和纸制品业、文教、工美、体育和娱乐用品制造业、石油加工、炼焦工业、化学原料和化学制品制造业、医药制造业、化学纤维制造业、橡胶和塑料制品业、非金属矿物制品业、黑色金属冶炼和压延加工业、有色金属冶炼和压延加工业、金属制品业、通用设备制造业、专用设备制造业、汽车制造业、铁路、船舶、航空航天和其他交通运输设备制造业、电气机械和器材制造业、计算机、通信和其他电子设备制造业、仪器仪表制造业、废弃资源综合利用业、金属制品、机械和设备修理业等方面都有企业,涉及产品制造、设计、原料采购、设备组装、仓储运输、订单处理、批发经营、零售等多个环节。在制造业发展过程中,全省培育出铜陵有色金属公司、马鞍山钢铁公司、海螺水泥集团、安庆石化公司、江淮汽车集团等知名企业,一批企业还成为上市公司,安徽家电制造业位居全国前列。这些门类齐全的制造业是我们继续发展的坚实基础。

二是加工资源比较丰富。安徽矿产资源种类多、分布广、品位较高,在长三角地区首屈一指,铜、铁等金属矿和煤炭、石灰石、白云石、石英砂等非金属矿是重要的制造业所需资源。安徽优质地表水、地下水和温泉资源丰富,以水为原料的加工制造业潜力很大。安徽农产品资源充裕,粮食、油料、棉花、茶叶、木竹等是天然的制造加工业原料。安徽劳动力资源丰富、质量较高,直到目前每年在外打工人员也在 1000 万人以上,制造业进一步发展所需用工能够满足,这是长三角其他地区难以相比的优势。

三是要素成本相对较低。安徽电力不仅可以满足省内市场需求,而且有部分剩余电力供应长三角地区,电力降低成本的空间比较大。"两淮"煤炭年产量超过亿吨,面向长三角市场的运输成本较低,价格相对稳定,在市场供销发生波动时调控手段也比较多。安徽土地资源相对比较充裕,耕地占补平衡有余地有潜力,土地出让价格相对上海市等地要低得多,全省开发园区规划面积能够承载更多制造业企业落户和现有企业扩大规模。一般劳动力的工资报酬较长三角其他地区同类劳动力要低,用工成本比较低廉。这方面优势更适宜于发展劳动密集型企业、用电用能相对较多企业、占地规模较大企业等,有利于进一步发展加工制造业。

四是市场开拓潜力较大。安徽户籍人口7000多万,超过上海、浙江等地,社会购买力日益提升,适宜就近供应的生活类制造业产品市场逐年扩大。安徽公共基础设施项目建设仍然在补短板的上升阶段,水泥、钢材和其他大宗建筑材料等需求旺盛,有利于带动制造业企业发展。安徽现代制造业、现代农业等加快发展,本身也对智能机器人和其他装备制造产品提出了新的需求。安徽地处中西部接合部,在安徽发展的企业可以利用区位优势,低成本拓展西部市场。随着内陆开放扩大,一批直接对外开放的内陆无水港和中欧班列开通使用,这为安徽扩大国际市场提供了新的条件。

二、安徽制造业短板

安徽制造业虽然取得巨大成就,已经具有一定的特色和比较优势,但是与苏浙沪相比差距明显,自身短板和不足明显。

一是制造业规模不大。相比较长三角地区其他省市,安徽工业总量小、企业规模小、龙头企业少、拳头产品少、上市公司数量不多。一般认为,上市公司的数量和质量,能够反映区域经济发展水平,体现区域经济发展能力。截至2018年底,安徽上市公司总数达到112家(其中在A股上市103家、制造业企业69家),总市值达9364.51亿元,占同年全省GDP的31.2%;2018年共实现营业总收入8810.64亿元,同比增长21.11%。这些数据看起来比较乐观,但是对比其他省市有差距。在A股上市的公司浙江省431家、江苏省400家、上海市283家,安徽上市公司数量还比不上苏州上市公司数量。在上市公司市值第一名中,上汽集团市值3115.98亿元,江苏省恒瑞制药1942.3亿元,浙江海康威视2376.94亿元,安徽最大上市公司海螺水泥市值1551.64亿元,而其他公司市值都在600亿元以下,排名前十的上市公司是海螺水泥、古井贡酒、口子窖、金禾实业、淮北矿业、欧普康视、设计总院、志邦家居、中公教育、开润股份，此中属先进制造业的企业并不占多数。

二是制造业结构不优。安徽制造业整体层次相对较低，初级加工制造业产品占比较高、零部件占比较高、技术含量比较低，高新技术企业和产品相对较少。即使有一定技术含量的汽车制造业，由于国内汽车市场日渐饱和，由于品牌影响力不足等原因，无论是单个汽车企业规模还是企业经营业绩等都显得竞争力不足，有待继续创新提升。制造业企业所有制结构也不尽合理，民营制造业企业数量少、规模小，缺乏像吉利汽车那样的知名制造业企业，安徽总体上制造业活力不强。制造业企业的空间布局不优，皖北地区制造业企业明显少于皖江地区，县域工业中先进制造业企业少之又少。2018年底合肥市上市公司45家，超过全省A股上市公司总数40%，反映出制造业发展布局不平衡的现状。

三是制造业品牌不响。制造业企业创名牌意识较差、基础工作落后，安徽制造业产品中叫得响的品牌较少，不少企业多年来依靠贴别人品牌进入市场，缺乏竞争优势和效益。中国驰名商标等国字号产品少于苏浙沪。安徽几乎没有知名服装品牌，没有波司登、报喜鸟这样的大牌。安徽白酒生产厂家较多，但是除古井、口子窖等品牌之外，缺少行业整合，与江苏洋河相比差距不小。2018年洋河酒厂股份有限公司实现营业收入241.6亿元、净利润81.15亿元。

四是制造业行业效益不高。制造业企业整体上全员劳动生产率水平低，不少企业物流成本比上海等地还要高，提高企业经济效益难度较大。安徽上市公司2018年实现净利润642亿元，虽然同比增长31.23%，但是海螺集团等少数企业的利润达到400亿元左右，占了大头，白酒制造业4家上市公司业绩突出，而多数制造业上市企业效益一般，有的企业效益水平呈现逐年降低的趋势。制造业企业的社会生态效益也不尽如人意，部分技术水平不高的制造业企业在经营中造成大气污染、水污染、重金属污染等，给保护自然环境带来很大压力和风险。

三、加快发展制造业对策建议

安徽多年梦想着进入以上海为龙头的长三角经济圈和城市群，曾经要求作为"泛长三角"成员参与区域合作和发展。现在梦想成真，安徽整体进入长江经济带、进入长三角区域一体化高质量发展战略实施区、进入淮河生态经济带,这为安徽制造业和各项事业发展提供了难得机遇。但是由于安徽发展相对滞后于长三角其他省市,新的背景下实际上既是相互合作,也是同台竞争,安徽面临的挑战和巨大压力不可小视。就加快制造业发展来说,必须审时度势、奋发图强,借力发展、借智发展,力争在一体化高质量发展总体格局中乘势而为、迎头赶上、多做贡献。

一是要强力优化环境,再造发展新优势。要以苏浙沪为标杆等高对接,继续解放思想、大胆创新,始终坚持以发展为第一要务不动摇,坚持以经济建设为中心不动摇,坚持五大新发展理念不动摇,坚持实施工业强省战略不动摇。要紧密结合实际创造性贯彻宏观经济政策,充分调动国有及国有控股企业、集体企业、股份制企业、外商及中国港澳台商投资企业、私营企业等各类主体发展制造业积极性,鼓励更多民营企业家向发展高端制造业的六安应流集团等省内外企业学习,立志于投资发展制造业,以表彰奖励等方式激发全社会创业、创新、创优、创牌活力。要继续真抓实干,全面落实政府主管部门和中介机构服务企业责任,树立"妈妈式服务"新理念,尊重企业创造和企业家地位,保护企业和经营者合法权益,兑现政府承诺和合作协议,帮助企业谋划制造业骨干项目,解决重点项目建设用地、用工和投资融资等难题,为企业发展营造良好环境和氛围。要继续优化各类优惠政策,该给和能给企业的支持要尽量给足,降低制造业企业经营成本。与苏浙沪相比,安徽在制造业发展环境方面差距不小,"一体化"发展必须首先在优化发展环境上向他们看齐,借鉴学习他们的先进做法和经验。

二是要改造传统产业,增添企业新活力。企业是实现一体化高质量发展的主体,现有传统优势企业是参与市场竞争最现实的骨干力量,必须继续做大搞好。安徽既有的制造业企业,特别是传统产业,不能松懈更不能抛弃,必须借力长三角地区和其他地区区块链等先进技术加以改造提升,以适应市场新需求和科技发展新趋势。即使具有明显优势的家电制造业,也要积极向智能化、节能化等方向发展,开发新产品新工艺,保持市场领先地位,否则就会滑坡甚至被消费者淘汰。钢铁、电解铜等传统产品产业既有技术提升空间,也有继续延长产品链和产业链的潜力,必须主动拓展,不能固步自封。煤炭、电力等行业同样需要与时俱进,应用新技术深挖资源综合利用、经营成本控制、拉长产业链条、减少污染排放等方面潜力。食品、烟酒、服装、建材等传统优势产业和企业,必须推动组织整合和技术创新,在产品开发、质量提升、规模扩大、方式转变等方面形成市场竞争新优势。

三是要支持科研开发,培育壮大新产业。在改造提升传统制造业的同时,大力支持科技研发和成果转化,培育壮大一批又一批高新技术企业,发展战略性新兴产业,促进发展智能制造业。要实施更加积极的人才优惠政策,让创新类人才加快集聚、充满激情,在安徽研发出更多新成果。要创立新的成果交易机制,让科研成果加快转化、落地开花。要敢于实施腾笼换鸟措施,为科技成果转化和高新产业的放手放量发展留出足够空间。要做到有所为有所不为,选择适合发展的重点领域和重点项目加快突破,在新一代信息技术产业、高端装备制造产业、新材料产业、生物产业、新能源汽车产业、新能源产业、节能环保产业、数字创意产业等战略性新兴产业中寻求可以支持发展的重点,特别是要继续放大电子显示面板、集成电路、高端玻璃、语音产业、机器人制造等有基础的产业和产品,让更多的"盆景"尽快形成新产业风景。

四是要承接产业转移,引进优质新企业。长三角地区一般性制造业向外转移是大趋势,安徽处在该区域内最有条件承接产业转移。要以最优惠政策鼓励企业投资安徽,让转移进来的产业提升改造为先进制造业、智能化产业。要以最优质服务吸引投资者,大力开展招商引资、招才引智活动,划清"亲、清"界限,理直气壮地为企业和企业家提供合规服务。要划出足够空间保证项目落地,在现有园区已经发展充分的基础上,适时选择新的空间,开辟承接苏浙沪产业转移的新的专业园区。要借助于世界制造业大会平台,引进世界级制造业项目和企业落户安徽。

五是要打造名企名品,培育知名新品牌。先进制造业的发展不能总是零零碎碎、星星点点、重重叠叠,要坚持政府主导、企业主办的原则,研究实施企业重组和品牌打造战略。要借助国有企业和民营骨干企业优势,吸纳长三角地区优质资源,大力推动股权整合、企业重组,真正形成一批具有核心竞争力的制造业龙头企业,形成安徽制造业"航空母舰",提高行业集中度,带动先进制造业集群化、集约化、智能化发展。要鼓励和支持企业培育自主品牌、形成自主知识产权,通过创建中国驰名商标、地理标志产品和原产地产品商标等提高企业品牌效应,大力提升企业在国内外市场竞争中的地位和能力,提高企业综合经济效益。要用好多层次资本市场和省级股权投资基金体系加快培养上市皖企预备梯队,完善支持企业在主板、中小板、创业板、科创板、新三板、四板和境外市场挂牌上市的新政策,有规划地培育更多知名皖企。

国家实施长三角一体化高质量发展战略给发展中的安徽带来了新的机遇,为安徽高端、高质量、高效益智能制造业发展带来了新的压力和动力。我们要以习近平新时代中国特色社会主义思想为指导,抢抓新机遇、实施新举措,在推进长三角区域经济技术合作中促进制造业升级提速再发展,促进安徽迈上科学发展富民强省新台阶。

环境规制、技术创新与制造业结构升级

——基于动态空间杜宾模型和门槛效应的检验

江小国 张婷婷

摘　要:采用2005—2016年中国30个省份的面板数据,运用动态空间杜宾模型从全国和区域两个层面上考察环境规制、技术创新对制造业结构升级的影响,结果显示,在全国层面上,环境规制、技术创新对制造业结构升级均具有正向直接影响,同时技术创新对制造业结构升级具有正向空间溢出效应,而环境规制对制造业结构升级则具有负向空间溢出效应;在区域层面上,环境规制、技术创新对东部、中部和西部地区制造业结构升级的直接影响与空间溢出效应总体上呈现出"东强西弱"的差异化特征。考虑到不同强度环境规制对技术创新可能产生差异化影响,进一步设定面板门槛模型考察环境规制通过技术创新路径对制造业结构升级的影响特征,结果表明,随着环境规制强度由弱到强,其会对技术创新进而对制造业结构升级产生"较强抑制—较弱抑制—交互促进"的双重门槛效应。据此,围绕"因地制宜"实施环境规制、加强环境规制的区域间联动机制、优化环境规制与技术创新互动机制、培育绿色技术创新能力等方面,提出政策建议。

关键词:环境规制;技术创新;制造业结构升级;空间效应;门槛效应

一、引言与文献综述

党的十九大报告提出,我国经济已由高速增长阶段转向高质量阶段发展。经济要实现高质量发展,必须构建现代化经济体系,为此要大力发展实

作者简介:江小国(1973—),男,安徽安庆人,博士后,安徽工业大学商学院副教授、安徽创新驱动发展研究院特约研究员,主要研究方向为产业经济与区域经济,张婷婷(1994—),女,安徽马鞍山人,安徽工业大学商学院硕士研究生,主要研究方向为产业经济。

基金项目:本文为安徽省社科规划重点项目"多维度推进安徽制造业高质量发展研究"阶段性成果之一。

体经济,而制造业正是实体经济的根基和命脉所在,只有制造业得以高质量发展,我国经济才能实现高质量发展。我国制造业长期以来依靠资源投入和规模扩张的粗放型发展模式已不能满足于经济发展新阶段的高质量发展要求,需要从供给侧发力加快推动制造业结构升级,提升供给体系质量。推动制造业结构升级,既要加大技术创新力度,更要控制好对环境造成的污染问题,从而走绿色环保、创新发展之路。从逻辑机理上看,技术创新是推动制造业结构升级的内在动力,而环境规制则能通过对制造业发展形成外力约束而倒逼企业加大技术创新力度,改进生产技术、提高生产效率、降低能耗与减少污染排放,以及加速新旧动能转换,从而使外在约束力转化为内在推动力,倒逼制造业结构升级。

本文将探讨环境规制、技术创新对制造业结构升级的影响,鉴于专门研究环境规制、技术创新与制造业结构升级之间关系的文献较为鲜见,为此将文献综述扩展到环境规制、技术创新与产业结构升级之间关系的研究。

(一)环境规制与技术创新

学者们的研究可分为两种相反的观点。一部分学者通过实证分析发现,环境规制对技术创新会产生抑制效应,即环境规制的创新"抵消效应"。在外在消费需求、市场容量短期内不变的情况下,企业本着成本最小化原则,不愿意将加大技术创新投入以改进生产技术作为首要选择,这就使得企业宁愿增加排污成本也不加大技术创新投入(Kneller R,Manderson E,2012)[1],同时由于增加排污成本,还挤压了企业进行正常技术创新的投入(叶琴等,2018)[2]。另外一部分学者研究认为,"抵消效应"是从静态角度出发的,而市场资本是一个动态循环的过程,从动态视角看,环境规制对技术创新会存在正向促进效应,即环境规制的创新"补偿效应"。Porter 和 Linde(1995)[3]研究认为,合理的环境规制对企业技术创新起到了显著的激励作用,从而极大地增强了企业核心竞争力,这一结论也被称为"波特假说"。

随后学者们又进一步将"波特假说"按照环境规制不同强度分为强、中、弱三种不同程度状态,并认为只有"强波特假说"中的环境规制能倒逼企业从生产源头加大技术投入,同时革新其设计、管理、销售方式,所获得的收益不仅补偿了企业多负担的排污成本(Jaffe A B,Palmer K,1997)[4],还有助于企业长远发展和实现利润最大化(Ramanathan R,2017)[5]。当然,在制定环境规制政策时不能够一刀切(余东华、胡亚男,2016)[6],只有合理的环境规制才能够最大化发挥其对技术创新的倒逼作用,企业才能由此更有效率地获得补偿效应(Jiménez-Parra Beatrizet al.,2018)[7]。

(二)环境规制、技术创新与产业结构升级

相关研究可分为三种观点。第一观点认为环境规制对产业结构升级具有正向影响。从微观角度来说,环境规制对技术创新的"补偿效应"大于"抵消效应"时,企业能实现利润最大化(蒋伏心等,2013;Klemetsen M Eet al.,2018)[8][9],从而带动整个行业资源要素的合理配置和生产结构的改善(童健等,2016)[10];从宏观层面看,能增强产业竞争力(Asici A A,Acar S,2018)[11],倒逼产业结构转型升级(时乐乐、赵军,2018)[12]。第二种观点则认为环境规制对产业结构升级具有负向影响,聚焦于对"污染避难所"假说的检验。我国现阶段的环境规制可以显著促进产业转移,却不能促进产业结构升级(钟茂初等,2015)[13],甚至显著抑制产业结构升级(胡建辉,2016)[14],而在创新能力较弱的地区更是如此(卫平、余奕杉,2017)[15]。第三种观点则是综合以上两种观点,认为环境规制对产业结构升级的影响效应并非是简单线性关系,可能会因为时间、空间的差异存在不同的结论。技术创新作为推动产业结构升级的内在驱动力,在环境规制倒逼产业结构升级中发挥传导路径的作用(江小国、张婷婷,2019)[16],而区域创新能力却因为区域经济发展水平的不同呈现出东高西低的总体态势,环境规制对产业结构调整的影响会因为区域差异性和行业异质性而存在不同的空间溢出效应(范玉波、刘小鸽,2017)[17]和非线性的门槛效应(韩国高,2018;李虹、邹庆,2019)[18][19]。

综上所述,首先,现有文献中对环境规制、技术创新和产业结构升级的关系研究并未得出一致结论,尚需进一步探讨;其次,绝大部分学者从微观企业角度或从宏观三大产业角度来进行研究,较少研究某一类产业,针对性不强;再次,较多学者都采取分区域的方法来研究环境规制、技术创新对产业结构升级的影响,但却不够重视各个区域内也存在不容忽视的差异。有鉴于此,本文将研究对象聚焦于制造业,将全国、区域间与区域内三个层面同时纳入考虑范围,采用空间计量和门槛回归的方法,揭示环境规制、技术创新对制造业结构升级的直接影响、空间溢出效应及门槛效应,力图为科学制定实施环境规制、技术创新政策进而推动制造业结构升级,提供更有效的参考作用。

二、指标选取与模型构建

综上文献分析可知,环境规制、技术创新不仅对本区域制造业结构升级具有直接影响作用,同时不同区域的制造业结构发展可能存在空间依赖性即空间溢出效应。为此,本文采用空间计量方法,着重考察环境规制、技术创新对制造业结构升级的空间效应。在此基础上,为进一步揭示其中的影响特征,设立面板门槛回归模型,考察环境规制通过技术创新路径对制造业结构升级影响的门槛效应。

（一）指标选取

1. 被解释变量

本文以制造业结构升级（IND）作为被解释变量。制造业结构升级是指制造业结构由低级向中高级演化的过程，体现在产业总体上向高附加值产业升级，产业内各行业在生产效率上和核心技术价值上由低级向高级进化（唐晓华、刘相锋，2016）[20]。本文从制造业产业内技术水平角度出发，同时参照韩国李贤珠（2010）[21] 的分类方法，采用制造业结构高级化指数即高端技术制造业产值占全部制造业产值比重，来衡量制造业结构升级水平。

2. 核心解释变量

（1）环境规制强度（ER）。从现有研究文献来看，关于环境规制强度的直接测度指标比较难获取，绝大多数学者采用不同的替代指标进行测度。考虑到数据的可获取性和连续性，本文通过测算各省市的单位产值的污染排放强度作为环境规制的替代指标。主要通过综合区域制造业各行业的废水、废气以及固体废弃物的污染排放总量和工业产值，进行加权平均以及线性标准化计算整理，最后得出各省市的环境规制强度。

（2）技术创新（$INNO$）。技术创新是推动制造业结构由低级向高级演化的内生动力。本文从要素投入视角出发，$R\&D$ 资源投入是推动产业技术进步、培育自主创新能力的主要因素，为此采用各地区生产总值每千元中 $R\&D$ 经费支出占比来衡量区域技术创新水平。

3. 控制变量

考虑到地区经济发展的共性和特性，本文选取以下五个指标作为控制变量。

（1）贸易开放程度（$TRADE$）：根据国家统计局公布的当年人民币兑美元的平均汇率，采用各地区的进出口总额占地区生产总值比重衡量。

（2）外资参与度（FDI）：根据国家统计局公布的当年人民币兑美元的平均汇率，采用实际利用外商投资额占地区生产总值比重衡量。

（3）市场化程度（$MARKET$）：采用地区非国有工业总产值占比衡量。

（4）人力资本水平（HUM）：采用地区高等学校在校人数占年末常住人口数比重衡量。

（5）城镇化水平（$URBAN$）：采用地区城镇常住人口占年末总常住人口的比重衡量。

（二）计量模型构建

1. 空间相关性检验

为检验数据是否适用于空间计量模型分析，需要对核心变量是否存在空间自相关性进行检验,如果核心变量存在空间相关性的特征,那么则可使用空间计量方法。"空间自相关"可以理解为位置相近的区域具有相似的变量取值,在度量空间自相关的众多方法中,莫兰指数$I(Moran's\ I)$是最为普遍的方法,其计算方法如式(1)所示。

$$I = \frac{\sum_{i=1}^{n} \sum_{j=1}^{n} W_{ij}(Y_i - \bar{Y})(Y_j - \bar{Y})}{S^2 \sum_{i=1}^{n} \sum_{j=1}^{n} W_{ij}}$$ 式(1)

式(1)中,$S^2 = \dfrac{\sum_{i=1}^{n} Y_i - \bar{Y}}{n}$为样本方差,$W_{ij}$为空间权重矩阵,$Y_i$和$Y_j$分别为地区$i$和地区$j$的观测值。莫兰指数$I$的取值一般介于$-1$到1之间,若$I$值大于0,则为正空间自相关;若$I$值小于0,则为负空间自相关;若$I$值等于0,则表明变量的空间分布是随机的,不存在空间自相关。

2. 空间计量模型设定

由于空间杜宾模型(Spatial Durbin Model)同时考虑了因变量和自变量的空间滞后项,相比空间误差模型(SEM)和空间滞后模型(SLM)能够更全面反映出一些复杂的空间关系,也能够更有效地分析核心变量的空间外部效应和溢出效应。为此,本文采用空间杜宾模型(SDM)对变量进行回归分析,同时考虑到制造业结构变化会存在时间惯性效应,前期的结构调整会对后期结构发展产生一定影响,所以在模型中加入被解释变量的一阶滞后项,构建动态空间面板杜宾模型,如式(2)所示。

$$IND_{it} = \alpha_0 + \tau IND_{i,t-1} + \rho \sum_{j=1}^{n} W_{ij}IND_{jt} + \alpha_1 ER_{it} + \alpha_2 INNO_{it}$$

$$+ \beta_1 TRADE_{it} + \beta_2 FDI_{it} + \beta_3 MARKET_{it} + \beta_4 HUM_{it} + \beta_5 URBAN_{it}$$

$$+ \delta_1 \sum_{j=1}^{n} W_{ij}ER_{jt} + \delta_2 \sum_{j=1}^{n} W_{ij}INNO_{jt} + \mu_i + \lambda_t + \varepsilon_{it}$$

式(2)

式(2)中,i表示不同省市区域,t表示不同年份,W_{ij}表示空间权重矩阵,α_0为常数项,μ_i为地区效应,λ_t为时间效应,ε_{it}为随机扰动项。

3. 空间权重矩阵设定

为了全面考察环境规制、技术创新对制造业结构升级影响的空间效应,同时考虑到检验结果的稳健性,本文选取地理距离、经济距离两种权重矩阵,并分别对两种权重矩阵进行矩阵行标准化处理。

(1)地理距离权重矩阵:$W^g = \dfrac{1/D_{ij}}{\sum_{j=1}^{n}(1/D_{ij})}$,其中$i$和$j$代表不同的区域,

D_{ij} 表示省份 i 和 j 的各自省会通过经纬度坐标计算的地理距离。

（2）经济距离权重矩阵：$W^e = \dfrac{1}{D_{ij}} \cdot \dfrac{\overline{Y_i}}{1/n\left(\sum\limits_{i=1}^{n}\overline{Y_i}\right)}$，即运用区域省会间地

理距离的倒数与地区人均 GDP 占所有地区人均 GDP 均值比重的乘积来表示，其中 $\overline{Y_i}$ 表示第 i 个省份在 2005—2016 年间人均 GDP 均值。

4. 面板门槛回归模型设定

为了进一步考察检验环境规制通过技术创新路径对制造业结构升级影响的非线性关系和门槛效应，本文基于 Hansen（1999）[22] 提出的面板门槛回归模型进行回归分析，具体模型如式（3）所示。

$$IND_{it} = \alpha_0 + \alpha_1 ER_{it} + \alpha_{21} INNO_{it} \cdot I(q_{it} \leq \lambda_1) + \alpha_{22} INNO_{it} \cdot I(\lambda_1 < q_{it} \leq \lambda_2)$$
$$+ \alpha_{23} INNO_{it} \cdot I(q_{it} > \lambda_2) + \beta_1 TRADE_{it} + \beta_2 FDI_{it} + \beta_3 MARKET_{it}$$
$$+ \beta_4 HUM_{it} + \beta_5 URBAN_{it} + \varepsilon_{it}$$

式（3）

式（3）中，q_{it} 为门槛变量，$I(\cdot)$ 为示性函数，λ_1 和 λ_2 为门槛变量的门槛值。

三、实证检验与结果分析

本文选取的数据样本区间为 2005—2016 年，基于数据统计口径的一致性、连续性及可获取性，选择中国 30 个省份（不包括西藏、香港、澳门和台湾地区）作为考察对象。数据主要来源于历年《中国统计年鉴》《中国工业统计年鉴》《中国环境统计年鉴》与国家统计局、国研网、搜数网等统计数据库，部分指标在个别年份的缺失值均采用插值法进行补充完善。各省市所选取的制造业均为规模以上工业企业。由于国民经济行业分类标准在 2012 年之后具有较大变动，所以为保持制造业行业数据有效性，本文将制造业一些细分行业进行必要的拆分和合并，最终形成 29 个制造业细分行业①。运用

---

① （1）高端技术制造业：通用设备制造业；专用设备制造业；交通运输设备制造业；电气机械及器材制造业；通信设备、计算机及其他电子设备制造业；仪器仪表制造业；医药制造业；化学原料及化学制品制造；化学纤维制造业。（2）中端技术制造业：石油加工、炼焦及核燃料加工业；橡胶和塑料制品业；非金属矿物制品业；黑色金属冶炼和压延加工业；有色金属冶炼和压延加工业；金属制品业；（3）低端技术制造业：农副食品加工业；食品制造业；饮料制造业；烟草制品业；纺织业；纺织服装、服饰业；皮革、毛皮、羽毛（绒）及其制品业；木材加工及木、竹、藤、棕、草制品业；家具制造业；造纸及纸制品业；印刷和记录媒介复制业；文教、工美、体育和娱乐用品制造业；废弃资源综合利用业；金属制品、机械和设备修理业及其他制造业。

Stata15.0 软件进行研究,首先,对核心变量进行空间相关性检验;其次,运用动态空间面板杜宾模型(SDM)从全国和区域两个层面分析环境规制、技术创新对制造业结构升级的直接影响和空间溢出效应;最后,利用面板门槛回归模型检验环境规制通过技术创新路径对制造业结构升级的影响特征。

（一）空间相关性检验

对 2005—2016 年间被解释变量(制造业结构升级)与核心解释变量(环境规制、技术创新)的空间相关性检验结果如表 1 所示。可见,在地理距离权重矩阵 W^g 和经济距离权重矩阵 W^e 两种不同的空间权重矩阵度量下,制造业结构升级、环境规制、技术创新的全局 Moran'I 基本上所有年份均显著为正值,说明该三个变量在考察期内存在显著的空间自相关,此时运用普通面板计量方法得出的结果会存在较大偏差,所以需要运用空间计量方法分析和揭示环境规制、技术创新对制造业结构升级的影响效应。

表1　2005—2016 年环境规制、技术创新及制造业结构升级的全局莫兰指数

年份	地理距离权重矩阵 W^g			经济距离权重矩阵 W^e		
	制造业结构升级	环境规制	技术创新	制造业结构升级	环境规制	技术创新
2005	0.0610**	0.0450**	0.0930***	0.0600***	0.0500**	0.0950***
2006	0.0550**	0.0240*	0.1010***	0.0570**	0.0270**	0.1020***
2007	0.0550**	0.0260*	0.1000***	0.0570**	0.0290**	0.1000***
2008	0.0520**	0.0360**	0.1070***	0.0550**	0.0380**	0.1090***
2009	0.0510**	0.0340**	0.1110***	0.0540**	0.0340**	0.1120***
2010	0.0620***	0.0300*	0.1100***	0.0660**	0.0300**	0.1110***
2011	0.0600**	0.0340**	0.1060***	0.0630**	0.0340**	0.108***
2012	0.0440**	0.0330**	0.1140***	0.0470**	0.0320**	0.1160***
2013	0.0370**	0.0410**	0.1140***	0.0410**	0.0380**	0.1150***
2014	0.0320*	0.0500***	0.1210***	0.0350*	0.0450**	0.1210***
2015	0.0340*	0.048***	0.1220***	0.0370**	0.0440**	0.1210***
2016	0.0230	0.0320**	0.1160***	0.0250*	0.0290**	0.1160***

注：*、**、***分别表示 10%、5% 和 1% 的显著性水平

（二）全国层面的影响效应分析

由于模型中包含被解释变量的一阶滞后项,若采用普通最小二乘法(OLS)进行回归则得到的估计结果是有偏的,所以本文采用极大似然法

（MLE）进行回归估计。在进行空间面板杜宾模型（SDM）回归估计之前，需要通过 Hausman 检验来确定随机效应和固定效应的选择，检验结果显示模型均在显著水平下拒绝随机效应的原假设，说明应选用固定效应进行空间计量分析。为保证估计结果的有效性，需要对参数估计结果进行 Wald 检验，来判定空间杜宾模型（SDM）是否可以简化为空间误差模型（SEM）或空间滞后模型（SLM）。从检验结果看，各模型中 Wald 检验值均显著拒绝原假设，从而验证了本文空间杜宾模型设定的合理性。为进一步检验估计结果的稳健性，本文同时运用地理距离权重矩阵 W^g 和经济距离权重矩阵 W^c 分别进行回归估计，估计结果如表 2 所示。

表 2　环境规制、技术创新对全国制造业结构升级的空间效应估计结果

变量	地理距离权重矩阵 W^g		经济距离权重矩阵 W^c	
	（1）	（2）	（3）	（4）
L. IND	1. 2250 ***	1. 2030 ***	0. 9580 ***	1. 0590 ***
	（0. 0328）	（0. 0338）	（0. 0330）	（0. 0339）
ER	0. 0018	0. 0009	0. 0037 ***	0. 0026 *
	（0. 0014）	（0. 0014）	（0. 0014）	（0. 0014）
W * ER	−0. 0191 ***	−0. 0335 ***	−0. 00966	−0. 0227 ***
	（0. 0062）	（0. 0065）	（0. 0070）	（0. 0074）
INNO	−	0. 0025 **	−	0. 0014
	−	（0. 0010）	−	（0. 0010）
W * INNO	−	0. 0206 ***	−	0. 0143 ***
	−	（0. 0022）	−	（0. 0021）
TRADE	−0. 0092 ***	−0. 0055 ***	−0. 0034 ***	−0. 0034 ***
	（0. 0010）	（0. 0010）	（0. 0010）	（0. 0010）
FDI	0. 3310 **	0. 0823	0. 1780	0. 2550
	（0. 1620）	（0. 1680）	（0. 1620）	（0. 1680）
MARKET	−0. 0309	−0. 0095	−0. 0236	−0. 0272
	（0. 0257）	（0. 0263）	（0. 0258）	（0. 0263）
HUM	13. 1900 ***	14. 5300 ***	11. 4100 ***	13. 0100 ***
	（1. 0600）	（1. 0820）	（1. 0640）	（1. 0850）
URBAN	−0. 0869	−0. 7090 ***	−0. 194 ***	−0. 5700 ***
	（0. 0655）	（0. 0867）	（0. 0666）	（0. 0870）

变量	地理距离权重矩阵 $\boldsymbol{W}^g$		经济距离权重矩阵 $\boldsymbol{W}^e$	
	（1）	（2）	（3）	（4）
Spatial rho	2.6110 ***	2.3250 ***	1.1960 ***	1.5890 ***
	（0.0751）	（0.0785）	（0.0746）	（0.0781）
Sigma2_e	0.0003 ***	0.0003 ***	0.0004 ***	0.0004 ***
	（0.0001）	（0.0001）	（0.0001）	（0.0001）
Wald 空间滞后检验值	9.5100 **	107.5600 ***	7.2100 **	51.4200 ***
Wald 空间误差检验值	4.3200 **	85.5500 ***	5.6300 **	47.0000 ***
N	330	330	330	330
R-squared	0.4390	0.5580	0.7730	0.7350
Log-L	840.6349	841.2829	839.7393	840.5095

注：括号中数值为稳健标准误，*、**、*** 分别表示10%、5%和1%的显著性水平

本文以模型（3）和模型（4）的回归估计结果为准，同时以模型（1）和模型（2）作为估计结果的稳健性参照，具体结果分析如下。

1. 环境规制对全国制造业结构升级的直接影响与空间溢出效应

直接影响：在模型（3）中，环境规制在未加入技术创新变量的条件下，在1%的显著水平下对制造业结构升级具有正向影响；在模型（4）中，环境规制在加入技术创新变量的条件下，在10%的显著水平下对制造业结构升级具有正向影响。这说明实施环境规制政策有利于制造业结构升级，在宏观上，环境规制能够倒逼制造业从生产源头进行技术革新、转变发展方式而推动制造业结构升级，这也验证了"波特假说"的合理性；在微观上，环境规制措施本身对污染企业的约束和控制，也会直接降低污染排放，促使高污染、高排放企业数量减少，低技术水平制造企业规模缩减，从而推动制造业结构向高级化发展。

空间溢出效应：在模型（4）中，环境规制的空间滞后项在1%的显著水平下对制造业结构升级具有负向影响，即存在负向空间溢出效应。这表明地理位置相邻或经济发展水平相近的区域增加环境规制强度会对目标区域的制造业结构升级具有抑制作用。因为地理位置相邻或经济发展水平相近的区域加强环境规制，一方面，会迫使一些不愿意转变发展方式的高污染制造企业就近搬迁到目标区域，导致目标区域环境污染增加，阻碍其制造业结构升级进程；另一方面，区域内愿意革新生产技术和工艺的制造企业会吸引目标

区域的技术人才,使得目标区域核心技术和人才资本流失,结果也会使其制造业结构升级受到抑制。

2. 技术创新对全国制造业结构升级的直接影响与空间溢出效应

直接影响:在模型(4)中,技术创新对制造业结构升级具有正向推动作用,但效果不显著。在模型(2)中,技术创新在5%的显著水平下对制造业结构升级具有正向影响。可见,从总体上看,作为驱动经济发展和生产率提升的引擎,技术创新能加速资源要素在各制造业行业间更合理、更高效率的流动配置,有利于实现高精尖技术的突破,提升中高技术制造业的产品附加值,实现我国制造业在全球价值链中由低端向中高端的攀升,推动制造业结构由低级向高级演化。

空间溢出效应:在模型(4)中,技术创新的空间滞后项在1%的显著水平下对制造业结构升级具有正向影响,即存在正向空间溢出效应。这表明地理位置相邻或经济发展水平相近的区域增加技术创新投入,会对目标区域的制造业结构升级具有显著促进作用。因为相邻或发展水平相近地区增加技术创新投入,一方面会促使本地区中高端技术制造业迅速成长,另一方面通过对外交流、学习和借鉴能够相互获得区域经济红利外溢效应,推动制造业结构升级。

(三)区域层面的影响效应分析

由于我国各区域地理位置、人文环境以及资源禀赋具有差异,区域间经济发展具有明显的不平衡性,各区域制造业发展状况也存在较大差异。因此,为进一步考察、比较各区域环境规制、技术创新对制造业结构升级影响的空间效应是否存在差异性,本文将30个省份分为东部、中部和西部地区,分别进行实证检验,回归结果如表3所示。

表3　环境规制、技术创新对区域制造业结构升级的空间效应估计结果

变量	地理距离权重矩阵 W^g			经济距离权重矩阵 W^e		
	(5)东部	(6)中部	(7)西部	(8)东部	(9)中部	(10)西部
L. IND	0.7230***	0.6740***	0.6440***	0.7080***	0.6790***	0.6440***
	(0.0526)	(0.0828)	(0.0619)	(0.0522)	(0.0823)	(0.0619)
ER	0.0582**	0.0064	0.0018	0.0580**	0.0061	0.0018
	(0.0268)	(0.00567)	(0.0023)	(0.0267)	(0.0056)	(0.0023)
W∗ER	0.1300**	0.0253**	−0.0066	0.1160*	0.0272**	−0.0066
	(0.0648)	(0.0127)	(0.0108)	(0.0611)	(0.0133)	(0.0108)
INNO	0.0038**	0.0006	0.0038*	0.0038**	0.0005	0.0038*
	(0.0017)	(0.0028)	(0.0023)	(0.0017)	(0.0028)	(0.0023)

变量	地理距离权重矩阵 W^g			经济距离权重矩阵 W^e		
	（5）东部	（6）中部	（7）西部	（8）东部	（9）中部	（10）西部
W∗INNO	0.0038	−0.0030	−0.0005	0.0037	−0.0025	−0.0005
	(0.0027)	(0.0046)	(0.0055)	(0.0027)	(0.0045)	(0.0055)
TRADE	0.0009	0.0261 ***	0.0024	0.0007	0.0258 ***	0.0024
	(0.0011)	(0.0093)	(0.0057)	(0.0012)	(0.0093)	(0.0057)
FDI	−0.1610	0.0689	0.2390	−0.1380	0.0771	0.2390
	(0.2550)	(0.6460)	(0.3190)	(0.2560)	(0.6440)	(0.3190)
MARKET	0.0320	−0.0771	0.0789 *	0.0318	−0.0817	0.0789 *
	(0.0769)	(0.0750)	(0.0425)	(0.0767)	(0.0745)	(0.0425)
HUM	0.4720	−0.5650	0.9430	0.1400	−0.4600	0.9430
	(2.4110)	(2.5810)	(2.5900)	(2.4040)	(2.5770)	(2.5900)
URBAN	−0.1450	0.2620	−0.1460	−0.1240	0.2580	−0.1460
	(0.1520)	(0.1710)	(0.1980)	(0.1510)	(0.1710)	(0.1980)
Spatial rho	0.3250 ***	0.1260 *	0.4940 ***	0.2900 ***	0.1440 *	0.4940 ***
	(0.1060)	(0.1160)	(0.1040)	(0.1060)	(0.1220)	(0.1040)
Sigma2_e	0.0004 ***	0.0004 ***	0.0002 ***	0.0004 ***	0.0004 ***	0.0002 ***
	(0.0001)	(0.0001)	(0.0001)	(0.0001)	(0.0001)	(0.0001)
Wald 空间滞后检验值	5.6700 *	4.9100 *	4.5200 *	4.920 *	4.850 *	5.1500 *
Wald 空间误差检验值	6.3800 **	5.5300 **	5.1300 **	5.540 *	5.430 *	5.8300 **
N	121	88	121	121	88	121
R−squared	0.8240	0.8790	0.9730	0.8250	0.8770	0.9730
Log−L	301.5160	227.0558	337.4573	301.1322	227.2577	337.4573

注：括号中数值为稳健标准误，*、**、*** 分别表示 10%、5% 和 1% 的显著性水平

本文以模型（8）—（10）的回归结果为准进行分析，同时以模型（5）—（7）作为估计结果的稳健性参照，具体结果分析如下。

1. 环境规制对各区域制造业结构升级的直接影响与空间溢出效应

直接影响：环境规制对东部、中部和西部地区制造业结构升级均具有正向影响，但只有东部地区通过了 5% 的显著性检验，说明东部地区实施环境规制可

以更有效地倒逼制造业结构升级,而中西部环境规制对制造业结构升级的推动作用有限。主要原因在于,东部经济发展水平高,实施环境规制可以倒逼厂商从生产源头加大排污设施改造升级和技术创新的投入,且东部地区中高端技术制造业具有更高的聚集效应,企业所取得的规模效益和技术改进后的超额利润可以弥补所增加的排污成本和技术改进成本,这就是环境规制的"创新补偿"效应所带来的正外部性;而中西部地区技术创新能力相对较弱,"创新补偿"效应较为不足,使得区域环境规制对制造业结构升级的倒逼作用比较有限。

空间溢出效应:环境规制的空间滞后项对东部和中部地区制造业结构升级具有显著的正向影响,即存在正向空间溢出效应;而在西部地区则为负向空间溢出效应但不显著。主要原因在于,东部、中部地区制造业发展存在集聚效应,地方政府更加注重经济和环境的可持续发展,环境规制实施会对周边区域产生空间正外部性;而西部地区由于本身经济发展水平较低,在环境规制方面存在"逐底竞争"现象,各区域纷纷通过弱化本地环境规制措施,来吸引周边区域制造业向本区域转移,以实现经济快速增长。

2. 技术创新对各区域制造业结构升级的直接影响与空间溢出效应

直接影响:技术创新对东部、中部和西部地区制造业结构升级均具有正向影响,且东部和西部地区通过了显著性检验,这也说明了技术创新是推动各区域制造业结构由低级向高级演化的重要动力。东部地区高技术人才和科研资源云集,为区域自主创新提供源源不断的动力支持,有效推动了制造业结构升级。西部地区虽然技术创新水平较低,但进步空间大,技术创新可以显著推动制造业结构升级。而中部地区由于过多承接东部地区产业转移,技术创新动力较为不足,使得技术创新对制造业结构升级的推动作用较为有限。

空间溢出效应:技术创新的空间滞后项对东部地区制造业结构升级具有正向影响但不显著,即存在一定的正向空间溢出效应;而在中西部地区则存在一定的负向空间溢出效应。这表明在东部区域内的某一地区加大技术创新投入所带来的效应会辐射到周边地区,主要是由于东部地区制造业整体发展水平较高,各地区对技术创新成果转化、吸收、应用能力强,使得各地区技术创新能够相互形成正外部性。而中西部地区技术创新水平普遍较弱,区域内的某一地区增加技术创新投入,会导致临近的目标地区技术人才和资金流出,使得目标地区技术创新能力下降,从而抑制制造业结构升级。

(四)门槛效应分析

由于环境规制倒逼制造业结构升级是以技术创新作为传导路径,而技术创新又同时存在"抵消效应"和"补偿效应",这说明了环境规制所发挥的作用可能存在"门槛效应",为此有必要探讨和揭示这种影响效应及其特征,从而为有针对性地制定实施环境规制政策提供参考。为了更全面地揭示环境规制对技术创新进而对制造业结构升级影响的门槛效应,本文采用高端技术制造业产值和中端技术制造业产值之比(IND1)、高端技术制造业产值和中低端技术制造业产值之比(IND2)两个指标来衡量被解释变量即制造业结构升级水平;门槛变量设两种备选变量,一种是模型中的解释变量即单位产值的污染排放强度(ER),另一种是其他独立变量即单位工业污染物的治理投资额(ER1)。本文对以上两个备选门槛变量分别进行门槛效应检验,检验结果如表4所示。由表4可知,以IND2为被解释变量,ER1为门槛变量,双重门槛模型在5%的显著水平下拒绝原假设,因此本文选择双门槛模型分析环境规制通过技术创新路径对制造业结构升级的影响。面板门槛回归结果如表5所示,表中仅列出了需要着重分析的核心解释变量的回归结果。

表4　门槛效应检验结果

被解释变量	门槛变量	单一门槛		双重门槛		三重门槛	
		F 统计量	P 值	F 统计量	P 值	F 统计量	P 值
IND1	ER	62.1600**	0.0233	13.3500	0.3067	8.6500	0.6767
	ER1	11.6500	0.1933	5.1500	0.4800	3.1300	0.8233
IND2	ER	33.2500*	0.0833	22.9900	0.0967	8.8400	0.6833
	ER1	7.9000	0.4467	16.1500**	0.0500	14.5800	0.3100

注:*、**、*** 分别表示 10%、5% 和 1% 的显著性水平

表5　门槛效应回归估计结果

解释变量	门槛变量 ER1
	(11)
INNO(ER1≤0.0002)	−0.0310***
	(0.0058)
INNO(0.0002<ER1≤0.0081)	−0.0238***
	(0.0088)
INNO(ER1>0.0081)	0.0002
	(0.0094)
N	360
R-squared	0.4260
F 统计量	112.4300

注:括号中数值为稳健标准误,*、**、*** 分别表示 10%、5% 和 1% 的显著性水平

以上门槛回归结果表明,环境规制通过技术创新路径对制造业结构升级的影响并不是简单的线性关系,存在双重门槛效应,即随着环境规制强度由弱到强,会对技术创新产生"较强抑制—较弱抑制—交互促进"的影响(见图1),进而对制造业结构升级也会产生先抑制、后促进的影响效果。

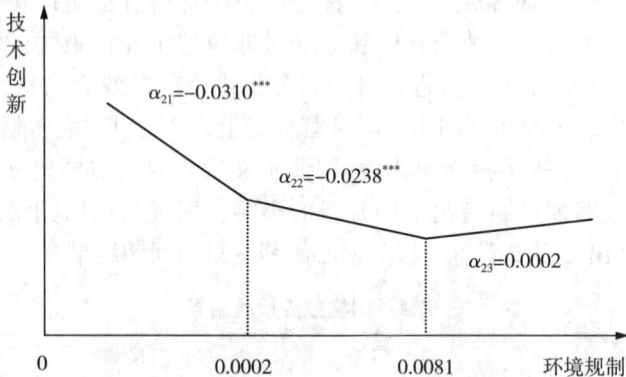

图1 环境规制倒逼技术创新的双重门槛效应

当环境规制强度小于门槛值 0.0002 时,由于环境规制给制造企业带来的排污成本增加相对较小,企业可以通过其他环节的成本压缩和提高生产效率来弥补排污成本,因此不足以倒逼企业加大技术创新力度,反而因增加了一定的排污成本而会抑制技术创新投入,此时企业将不会改进生产技术,而是继续保持原有生产模式,从而抑制了制造业结构升级。当环境规制强度大于门槛值 0.0002 而小于门槛值 0.0081 时,环境规制对技术创新和制造业结构升级依然是抑制作用,但抑制程度有所下降。当环境规制强度大于门槛值 0.0081 时,环境规制对技术创新具有正向作用但不显著,表明二者存在交互促进作用。主要是因为,此时环境规制给制造企业带来的排污成本增加较大,企业将会通过技术创新来提高生产效率和盈利能力,以弥补排污成本。也就是说,此时环境规制的技术创新"补偿效应"大于"抵消效应",制造企业将会积极革新生产技术和工艺,以获得技术创新所带来的超额收益,最终从整体上推动制造业结构升级。

四、结论与启示

(一)结论

其一,环境规制对制造业结构升级的直接影响和空间溢出效应。直接影响:在全国层面上,环境规制对制造业结构升级具有正向影响;在区域层面上,东部地区环境规制显著地倒逼制造业结构升级,而中西部地区环境规制对制造业结构升级的推动作用有限。空间溢出效应:在全国层面上,环境规制对制造业结构升级具有负向空间溢出效应;在区域层面上,环境规制对东部和中部地区制造业结构升级具有正向空间溢出效应,而对西部地区具有负向空间溢出效应。

其二,技术创新对制造业结构升级的直接影响和空间溢出效应。直接影响:在全国层面上,技术创新对制造业结构升级具有正向作用;在区域层面上,技术创新对东部、中部和西部地区制造业结构升级均具有正向影响,但影响效应存在区域差异,东部和西部大体相当,中部较小。空间溢出效应:在全国层面上,技术创新对制造业结构升级具有正向空间溢出效应;在区域层面上,技术创新对东部地区制造业结构升级具有正向空间溢出效应,而对中部和西部地区具有负向空间溢出效应。

其三,环境规制通过技术创新路径对制造业结构升级影响的门槛效应。环境规制能够通过倒逼企业进行技术创新,进而推动制造业结构升级,但这种倒逼机制不是简单的线性关系,其中存在双重门槛效应,即随着环境规制强度由弱到强,会对技术创新进而对制造业结构升级产生"较强抑制—较弱抑制—交互促进"的影响作用。

(二)几点启示

1. "因地制宜"实施环境规制政策

东部和中部地区环境规制具有正向空间溢出效应,鉴于这些地区尤其是东部地区经济发展水平、技术创新能力、中高端技术制造业集聚程度等相对较高,为此应进一步规范环境规制措施,创新环境规制手段,更多地依靠市场型环境规制政策,充分激发市场活力推动制造业结构升级。西部地区环境规制具有负向空间溢出效应,由于西部地区经济欠发达,技术创新能力弱,中低端技术制造业占大部分,为此要适当放松环境规制,充分发挥政府在保护环境、减少污染方面的作用,同时加大对制造企业的节能减排和技术改造等方面的补贴,来扭转区域"逐底竞争"的现象,以促进制造业结构逐步升级。

2. 强化环境规制的区域间联动机制

面对环境污染的治理问题,各地区不能各自为政、独立行动,联防联治和协同减排是地区间环境协同治理的关键。首先,地方政府应全面考量本地及邻近地区的环境规制水平和方向,建立区域协同治理体系,提高环境规制的协同性和有效性。其次,针对不同产业生产污染属性,以及区域间环境规制引致污染就近转移的作用范围,制定差异化规制政策和完善协同监管机制,以减弱污染产业跨区域就近转移强度。第三，鼓励清洁行业技术研发人员、研发资本以及清洁产品跨区域流动，强化地区间绿色技术交流与优势互补，共同推动制造业绿色化转型升级。

3. 优化环境规制与技术创新互动机制

各地政府要加强规范环境规制措施，鼓励制造企业通过革新生产工艺和技术、优化生产条件，提高生产效率，获得更高规模的收益，使环境规制对技术创新的补偿效应超过抵消效应。同时，由于环境规制对于促进技术创新的作用存在门槛效应，为此各地区要根据当地发展状况，确定符合自身发展阶段的最优环境规制强度，最大化发挥环境规制对技术创新促进作用。如果不顾当地发展情况，一味地加强环境规制，反而会对企业技术创新能力起到抑制作用，所以地方政府需要在准确评估区域发展水平的前提下，打好环境规制和技术创新的组合拳，才能有效推动制造业结构升级。

4. 加快培育绿色技术创新能力

东部地区中高端技术制造业实力雄厚，在引进国外高水平生产技术的同时，要更加注重自主创新能力的培养，在进行自主创新的同时，要更加注重绿色清洁生产技术的研发，最大化发挥区域正向空间溢出效应。中西部地区应加强与东部地区进行先进制造技术的交流和借鉴，地方政府之间要避免技术创新的"搭便车"行为，最大限度地激发当地创新活力和积极性。全国各地都要加强绿色制造技术研发突破，完善节能环保科技创新服务体系，并结合当地发展实际，努力培育具有区域特色的绿色环保产业，重点推进本地区中低端技术制造业绿色化转型，以推动制造业实现整体升级和可持续发展。

参考文献：

［1］Kneller R，Manderson E. Environmental regulations and innovation activity in UK manufacturing industries［J］. Resource and Energy Economics，2012，(34)：211-235.

［2］叶琴，曾刚，戴劭勋，王丰龙. 不同环境规制工具对中国节能减排技术创新的影响——基于285个地级市面板数据［J］. 中国人口·资源与环境，2018，28(2)：115-122.

［3］Porter M E，Linde V D. Toward a new conception of the environment competitiveness relationship［J］. Journal of Economic Perspectives，1995，9(4)：97-118.

［4］Jaffe A B，Palmer K. Environment regulation and innovation：A panel data study［J］. The Review of Economics and Statistics，1997，79(4)：610-619.

［5］RamanathanR，HeQ，BlackA，Ghobadian A，Gallear D. Environmental regulations，innovation and firm performance：A revisit of the Porter hypothesis［J］. Journal of Cleaner Production，2017，155：79-92.

[6] 余东华,胡亚男.环境规制趋紧阻碍中国制造业创新能力提升吗?——基于"波特假说"的再检验[J].产业经济研究,2016(2):11-20.

[7] Jiménez-Parra Beatriz,Alonso-Martínez Daniel,Godos-Díez. The influence of corporate social responsibility on air pollution:Analysis of environmental regulation and eco-innovation effects[J]. Corporate Social Responsibility and Environmental Management. 2018,25(6):1363-1375.

[8] 蒋伏心,王竹君,白俊红.环境规制对技术创新影响的双重效应——基于江苏制造业动态面板数据的实证研究[J].中国工业经济,2013(7):44-55.

[9] Klemetsen M E,Bye B,Raknerud A. Can Direct Regulations Spur Innovations in Environmental Technologies? A Study on Firm-Level Patenting[J]. The Scandinavian Journal of Economics,2018,120:338-371.

[10] 童健,刘伟,薛景.环境规制、要素投入结构与工业行业转型升级[J].经济研究,2016,51(07):43-57.

[11] Asici A A,Acar S. How does environmental regulation affect production location of non-carbon ecological footprint? [J]. Journal of Cleaner Production,2018,178:927-936.

[12] 时乐乐,赵军.环境规制、技术创新与产业结构升级[J].科研管理,2018,39(1):119-125.

[13] 钟茂初,李梦洁,杜威剑.环境规制能否倒逼产业结构调整——基于中国省际面板数据的实证检验[J].中国人口·资源与环境,2015,25(8):107-115.

[14] 胡建辉.高强度环境规制能促进产业结构升级吗?——基于环境规制分类视角的研究[J].环境经济研究,2016(2):76-92.

[15] 卫平,余奕杉.环境规制对制造业产业结构升级的影响——基于省级动态面板数据的系统GMM分析[J].经济问题探索,2017(9):144-152.

[16] 江小国,张婷婷.环境规制对中国制造业结构优化的影响——技术创新的中介效应[J].科技进步与对策,2019,36(7):68-77.

[17] 范玉波,刘小鸽.基于空间替代的环境规制产业结构效应研究[J].中国人口·资源与环境,2017,27(10):30-38.

[18] 韩国高.环境规制、技术创新与产能利用率——兼论"环保硬约束"如何有效治理产能过剩[J].当代经济科学,2018,40(1):84-93+127.

[19] 李虹,邹庆.环境规制、资源禀赋与城市产业转型研究——基于资源型城市与非资源型城市的对比分析[J].经济研究,2018,53(11):182-198.

[20] 唐晓华,刘相锋.能源强度与中国制造业产业结构优化实证[J].中国人口·资源与环境,2016,26(10):78-85.

[21] 李贤珠.中韩产业结构高度化的比较分析——以两国制造业为例[J].世界经济研究,2010(10):81-86+89.

[22] Hansen,Bruce E. Threshold effects in non-dynamic panel:estimation,testing and inference[J]. Journal of econometrics,1999,93(2):345-368.

基于农户信用风险视角的
农业价值链融资风险控制分析

汤祥凤

摘　要:农户属于农业价值链的最基层,是整个价值链的主要参与者,而农户的信用风险却切实存在且是影响资金风险的重要因素之一,因此有效的农户信用风险评估是农业价值链融资中一个重要的风险控制手段。

关键词:价值链;融资;信用风险;风险评估

一、引　言

农业价值链融资相较于传统的融资模式来说,是一种新的融资模式,它可以有效地将价值链参与主体与金融机构连接起来,并依托价值链内部的业务关系提供金融服务,其根本是在融资工程中倡导一种新型的组织模式。

农业生产的传统融资模式存在较多的问题,比如银行等金融机构对于资金需求者审批要求严格,门槛较高,而农户由于信用记录缺乏,缺乏良好的抵押品等问题,使得资金无法流向真正需要的地方。农业价值链融资模式作为一种新的融资模式,可以有效解决缺乏抵押品和信息不对称等问题,但是农户的信用问题以及一些过于依赖某个龙头企业的运作模式所带来的系统性风险等问题,使得农业价值链融资模式存在一定的风险,只有很好地解决这些风险,才能够使得农业价值链融资模式更好地为农户提供资金支持。在对个人的信用风险评估的基础上,刘敏祥(2004)首先将行业因子引入到了个人的信用评估研究。杨宏玲等(2011)通过价值链运用 Balanced Scoreboard 模型,研究了农户偿还能力的相关指标,并建立了一个能够应用于评估农户信

作者简介:汤祥凤,男,1990 年 6 月出生,硕士研究生,就职于农业银行蚌埠新城支行,客户经理。

用的指标体系,但是由于没有选取样本数据,因此未能完成完整的信用评估研究。

二、农业价值链融资风险的识别

(一)农业价值链融资风险识别

农业价值链融资是在经济运行的实践中逐渐产生和发展起来的,整条价值链中包含了众多不同类型的经营主体,涉及的领域较广,因此在运行过程中也蕴藏着很多风险因素,了解并识别这些因素,并据此构建参与主体的风险指标体系,对判断价值链金融中各参与者的风险承担程度很重要。以"银行+公司+农户"这一具体融资组合为例,下表对比了该融资组合模式下,农业价值链参与主体前后的风险与收益。

表1 参与主体风险与收益对比

参与主体	收益	承担风险	
		合作前	合作后
农业龙头企业	销售规模扩大、资金流动率提升、生产成本降低、利润提高	无风险、利润少	风险小、利润增加
农户	资金融通便捷、生产规模扩大、生产效益提高	风险大、资金少	风险大、资金充足、获得少量收益
银行	客户渠道增加、获得贷款利息收益、放贷成本减少	无风险、无利润	风险增加、获得固定收益

由于农业价值链融资的细分模式众多,难以一概而论,这里以"银行+公司+农户"这一具体融资组合为例,对该模式下的农户、农业龙头企业以及银行这三者在价值链运行过程中所面临的风险进行识别与划分。借鉴相关学者的研究思路,将价值链参与主体面临的风险因素划分为环境风险、价值链系统风险、信用风险、技术风险、法律及声誉风险共五大类,具体分析如下。

1. 环境风险

是指价值链参与主体所处的自然环境、经济环境、政治环境等的不确定性所产生的风险,具体包括自然环境风险、宏观政策风险、区域经济风险、行业市场风险。

2. 价值链系统风险

作为农业价值链融资业务里一种特殊的风险,价值链系统风险可以具体分为:①价值链竞争风险,这主要由所在行业内存在的多个具有竞争关系的供应链导致的,由于农业价值链系统实力强弱不同而产生竞争风险,会对参与主体的经营活动产生影响。故应时刻关注融资参与主体所在的价值链的行业竞争地位,对其变化要及时感知并立即反应。②价值链协调风险,这主要由价值链系统中各方参与主体间不和谐的合作关系所引起的,会阻碍整条价值链内各方参与主体间的顺利连接,更严重者会对整个价值链的持续运作产生影响。③价值链管控风险,关注点则在于核心企业的控制力是否有利于价值链的发展和稳定,是否有利于提高供应链的竞争能力。信息不对称、利益分配不均衡等因素会影响供应链的发展与稳定。

3. 信用风险

由于中小企业管理不规范、技术力量薄弱、资产规模小,以及大部分农户缺乏对自身信用的管理和资信不足,产生了信用缺失,虽然在价值链融资业务中,涉及到了企业多为农业龙头企业,并且与农户之间存在长期稳定的合作关系,再加上整个价值链条的约束等,有效缓解了传统农业融资的信息不对称问题,解决了上述信用缺失的难题。但信用风险仍是融资业务中必须关注的一类风险,主要包括借款企业的道德风险、财务风险、经营风险和产品质量风险。

4. 法律及声誉风险

主要包括交易合同风险、法律法规缺位风险、主体资格风险、声誉风险。当前我国与存货质押相关的法律条款并不完善,现行的法律法规及监管体制并不能有效适应这一新生金融业态的需求。同时,互联网金融企业并未得到证监会的正式认同和批准,其经营主体资格在法律上是否合法仍存在很大的争议。不同区域的法律执行效率也存在差异,也有可能导致交易合同出现法律纠纷问题。

(二)农户的信用风险

1. 信用风险的定义

信用风险最早出现于对银行业存在的风险问题的研究中,Editor(1998)等人将它视为银行业人士需要研究的重大命题之一。根据相关文献描述,对于信用风险的定义,大致可以分为三种观点。第一种观点认为信用风险其实就是借款人由于款项的逾期未还而给贷款人造成的违约风险。第二种观点认为信用风险是在现代金融市场中,债务人由于各种原因未能履行合约,从而影响到信用评级或金融工具的价格,最终是使债务产生经济损失的风险。第三种观点将信用风险这一概念分为了狭义与广义两个部分。狭义概念即存在于银行业中的借贷风险,而广义的概念则超出了银行乃至金融业的范畴,涵盖了整个经济社会所有参与者。农业价值链融资的信用风险是农业价值链融资风险的核心,也是风险管理的主要目标。风险是依靠价值链中的贸易和资金往来在不同主体之间进行传递,而信用风险是其他风险的助推剂,它的发生将导致企业独自的风险传导到其他参与主体当中,使风险进一步的恶化,破坏价值链关系的稳定。

2. 农户信用风险的特征

农户的信用风险又具有其特殊性,存在市场风险、自然风险以及其他风险。

(1)市场风险。市场风险是指由于外在市场变动所形成的风险。如市场上对某种农作物的偏好下降从而导致均衡价格的下降、国家降低了对某种农产品扶持力度、对国外相同或相似作物进口的增加等,都会引起农民收入的下降,从而影响到农户的还款能力。

(2)自然风险。农作物生长需要一个良好的自然生长环境。沙尘暴、过多或过少的降雨量等天气的变动会影响到作物的收成,虫灾等也都会使农户的收入遭受损失。另外,农户所处的社会环境也会影响到农户主观还款意愿。

(3)其他风险。要素市场的变动使农作物成本升高、新作物的种植或新技术的运用所缴的"学费"等都可能给农户的收入带来影响,从而影响农户信用。

其中市场风险是指通过市场行情的变化对农产品产生影响,进而对农户收入产生影响,自然风险是指自然环境风险的变化对农作物的影响,进而会对农户的收入产生影响,这些特殊性使得农户在借贷资金的使用和归还上具有其特殊性。自然风险和农产品市场风险是通过直接作用于农业生产和农产品销售环节,由于农业价值链生产环节的层层递进,相互影响,进而对各参与主体造成损失。

三、基于农业价值链农户信用风险评估影响的案例分析

农户信用风险评估是农业价值链融资中的一个重要风险控制手段,因此,本文将根据安徽省××县的100位农户的实际数据作为研究样本来分析农户的信用风险对农业价值链融资风险的影响。

(一)农业价值链融资中农户信用风险评估指标体系的构建

农户信用风险的影响因素中,有许多指标可以通过定量的方式表示,如农户的年龄、收入状况、农作物种植面积等,也有许多的定性指标,如农户的

家庭地位、影响力、征信记录等。这些指标在选取后要经过后期的标准化处理才能进入模型。这些指标既具有独立性,同时也具有相互的关联性。因此,将这些指标完全加以区分是不大可能实现的。为了便于对指标体系的理解与分析,本文所选的指标为农户的家庭状况、经营状况、贷款状况、偿债状况、信用状况五个方面,每个方面包含相应的指标。指标体系的构成对整个信用评估系统的运行起着至关重要的作用,因此,本文根据农户在农业价值链融资中的信用风险所具有的不同特点,依照指标体系构建的原则,从全面性、重点性、科学性等方面进行综合考虑,采取定性与定量相结合的方法,选取了以下指标,并对其做出解释说明。

1. 农户的信用特征指标

(1)农户的家庭状况

① 农户的年龄状况。根据收入理论,当农民年龄普遍较小时,可能存在生产或耕作中操作不熟练等问题,从而使收入偏低。随着年龄的增加,农民的操作手法会越来越娴熟,收入也会越来越高,这时,农民在满足自己生活条件的情况下,手头很可能会有结余。因此,一个农户的年龄层次会影响到农户的收支,进而影响到农户的信用。

② 农户家庭劳动力状况。一般而言,一个家庭中的劳动力数量所占的比例越大,家庭的收入越多;所占比例越小,家庭支出越多。本文中选择的劳动力是指年龄范围在 18 岁到 60 岁且具有劳动行为能力的人。

③ 农户家庭的受教育状况。农户的信用水平与其家庭的受教育程度有关。整体而言,受教育水平较高的人,个人素质和修养也相对较高,主观还款能力更强。

④ 农户家庭的收入来源状况。农户家庭的收入来源状况也影响了农户的信用水平。农户的家庭如果有在政府机关工作的成员,则信用度较高。

(2)农户的经营状况

① 农户种植面积。种植面积越大的农户,信用水平相对越高。

② 农户经营收入的稳定性。一个家庭如果能够分业化经营,则不但可以为农户增收,也可以很好地规避市场风险,从而减少出现资金短缺的可能性,增加收入的稳定性。

(3)农户的贷款状况

① 农户借款资金的来源。金融机构对放款的严格条件,通常使农户难以达到借款要求,并且烦琐的放款要求也降低了农户借款热情。农业价值链上的核心企业基于信息完全对称的优势对农户放款,企业放款后又对农户的融资项目进行指导,不但可以增加农户的收成,也在接触中加深对农户的了解

程度,从而有利于提升农户的信用水平。

② 农户贷款的金额。如果贷款金额较小,在还款期,即使农户资金紧张,也可以通过其他多种途径筹资还款。

③ 农户贷款的用途。农户贷到资金后的用途是影响农户信用风险的一个重要原因。款项若是用于生产经营方面,则有利于扩大农户的再生产,增加农户的未来收入,这将有利于款项的按时归还,也有利于农户信用水平的进一步提高。而如果农户将款项用于提高自身生活水平,如买房、装修等不能增加收入的消费性项目,农户的违约风险则相对较大。

(4)农户的偿债状况

① 农户的家庭收入水平。农户的家庭收入水平是农户是否能够如期还款的重要影响因素。

② 农户的家庭支出水平。农户的支出主要分为生产性支出和生活性支出两种。

③ 农户的家庭财富状况。农户的家庭财富状况是衡量一个农户家庭富裕程度的标准。原始财富越多,说明农户的基础条件越好,财富积累得越快,代表农户的生产经营能力越强,这些都是农户将来还款的有力保障。因此,家庭财富状况较优异的农户,信用风险也就相对较低。

(5)农户的信用状况

① 农户的品德状况。对德行操守的考察不但存在于农户的信用评价过程中,也是银行及其他金融机构对申请贷款的企业或个人进行评估时需要参考的重要指标。

② 农户的征信记录。农户的征信记录是对农户过去存在的信贷行为最综合和最直接的体现。贷款方可通过金融机构或农户的亲朋邻居来调查农户以往的信用记录,来综合衡量农户的信用状况。

(二)农业价值链融资中农户信用风险的实证评估

样本的数据分为两类:第一类是诸如农户的个人品德、信用记录等定性指标,这类指标的数据采用四级量的方法,打分标准为四分制:其中优秀为 4 分,良好为 3 分,一般为 2 分,较差为 1 分。第二类是定量数据,如农户的收入水平、支出水平、贷款金额等。农户信用风险评估的定量指标有正向的指标,也有逆向的指标。因此,为了便于分析研究,也为了消除在数据处理过程中可能发生的信息流失现象,有必要对输入的数据进行归一化处理,将所得到的数据转化在区间[0,1]当中。常用的数据归一化处理方法有线性函数转换法、对数函数转换法、反正切函数转换法等。本文采取的是线性函数转换法。该方法将与决策相关的因子分解成决策目标、中间要素、备选方案等层次,并运用一定的准则进行定性和定量分析,可以使得决策过程更加具有条理性与逻辑性。

运用层次分析模型的步骤是:首先,建立递阶层次结构。通过对农户在农业价值链融资中所具有的特征进行分析,得到影响农户信用风险的重要因子,并对这个因子进行归纳、分层,形成一个具有决策目标、中间要素、备选方案的层次结构。其次,构造判断矩阵。根据相关准则、经验或客观事实,对各因子之间的重要性进行比较判断,并赋予一定的权重。在对指标权重进行量化处理的过程中,通常将两两因子的重要性关系分为绝对重要、十分重要、比较重要等9个不同的程度。再依据因子两两之间的重要性,对因子权重进行赋值。比如两个因子同样重要,则赋值为1。这些指标的权重被量化处理以后,就形成了判断矩阵。再次,层次排序。层次排序包括层次单排序和层次总排序。层次单排序指针对上一层因子而言,与之有关联的本层因子重要性次序的权值,它由对判断矩阵的特征向量和特征值的计算得出。本层所有因子重要性的权值就是层次总排序。最后,一致性检验,用来测试判断矩阵是否为一致判断矩阵。当检验系数小于0.1时,可以判断该判断矩阵通过了一致性检验。在判断矩阵的形成过程中,由于矩阵所依据的客观事物具有多样性和复杂性,很可能导致判断矩阵出现不一致性的情况。当出现这种情形时,应对所选因子进行排查,并重新考察赋权所依据的标准以及权值的判定。

1. 模型的实证研究

(1)中间要素判断矩阵的构建

依据专家意见法和金融机构通常使用的信用评估赋权方式来构建层次分析法的比较判断矩阵。在运用 AHP 模型对农业价值链融资的农户信用风险进行研究中,中间要素包含农户的家庭状况(F_1)、农户的经营状况(F_2)、农户的贷款状况(F_3)、农户的偿债状况(F_4)、农户的信用状况(F_5)五个一级指标。根据赋权标准,运用 yaahp 软件,中间要素判断矩阵的构建得到的结果见图1及表2。

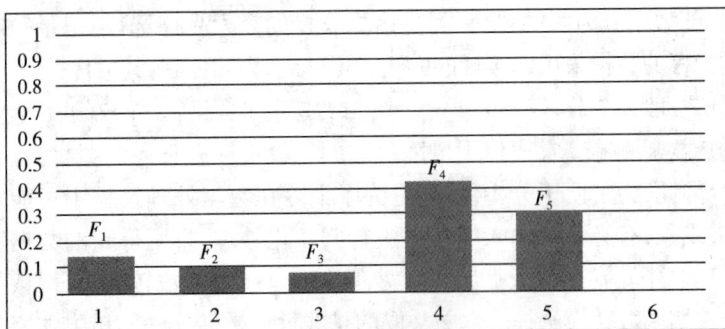

图1　中间要素权重分布图

表2 中间要素权重

农户信用风险一致性比例：0.0868 对农户信用风险权重：1.0000					
农户信用风险	F_1	F_2	F_3	F_4	F_5
F_1	1.0000	3.0000	2.0000	0.1667	0.3333
F_2	0.3333	1.0000	2.0000	0.1250	0.1429
F_3	0.5000	0.5000	1.0000	0.1111	0.1667
F_4	6.0000	8.0000	9.0000	1.0000	3.0000
F_5	3.0000	7.0000	6.0000	3.0000	1.0000

检验系数为0.0868，小于0.1，通过一致性检验。

（2）备选方案判断矩阵的构建

第一，选取农户的年龄状况、农户家庭劳动力状况、农户家庭的受教育状况、农户家庭的收入来源状况作为中间要素农户的家庭状况的备选方案，构建判断矩阵表3。

表3 农户的家庭备选方案

农户的家庭状况一致性比例：0.0154 "对农户的家庭状况"的权重：1.0000					
农户的家庭状况	农户的年龄状况	家庭劳动力状况	家庭成员受教育状况	家庭收入来源状况	W_i
农户的年龄状况	1.0000	0.3333	0.5000	1.0000	0.1450
家庭劳动力状况	3.0000	1.0000	1.0000	2.0000	0.3550
家庭成员受教育状况	2.0000	1.0000	1.0000	3.0000	0.3550
家庭收入来源状况	1.0000	0.5000	0.3333	1.0000	0.1450

检验系数为0.0868，小于0.1，通过一致性检验。

第二，选取农户种植面积、农户经营收入的稳定性作为中间要素农户的经营状况的备选方案,构建判断矩阵表4。

表4 农户的经营状况备选方案

农户的家庭状况一致性比例:0.0154 "对农户的家庭状况"的权重:1.0000			
农户的经营状况	农户种植面积	农户经营收入的稳定性	W_i
农户种植面积	1.0000	2.0000	0.6667
农户经营收入的稳定性	0.5000	1.0000	0.3330

检验系数为0.0000,小于0.1,通过一致性检验。

分析方法如同表2和表3,农户的贷款状况备选方案、农户的偿债状况备选方案以及农户的信用状况备选方案在此便不再赘述。

2. 实证结果

根据100个农户及其所在农业价值链上相关企业各个指标的分数以及指标权重计算出每个农户的信用得分,将各个指标经过标准化处理后,农户最后的信用得分是在0分至1分。本文将农户的信用得分划分成五个部分,并以信用水平得分区间在0.6以上农户作为信用水平合格用户,具体见表5。

表5 农户信用风险状况得分表

分值	1~0.80	0.79~0.70	0.69~0.60	0.59~0.30	0.29~0.01
农户数	7	32	59	19	0
百分比	5.98	27.35	50.43	16.24	0

农户信用风险状况得分结果表明,在所选取的100份农户样本中,信用得分超过0.8的农户数量为7个,占所选样本的比例为5.98%,这些农户的综合信用度很好,各项指标得分都居于前列,发生信用风险的概率很低。农户在有融资需求时,可以顺利地得到融资。信用得分在0.7到0.79的农户数量为32个,占了样本27.35%的比例,这些农户有些指标可能不尽如人意,但整体信用水平良好,出现违约风险的概率较低。0.6至0.69分段的农户数量占据了样本的一半之多,是五个分段中占比最大的部分,这些农户的信用水平达到了合格线,但信用度并不是很好,价值链上的企业在向他们贷款时会承担一定的风险,企业可以在贷款合约执行以后,加大对农户的监督与管理,做好风险控制。得分在0.3到0.59分段的农户有19个,这些农户即使通过农业价值链进行融资,信用状况依然堪忧,信用风险依然很大。得分在0.3以下的农户数为0,说明最近这些年,我国对农业和农村的扶持政策取得了一定的成效。

为了更好地研究价值链内融资与农户信用风险的关系，剔除指标体系中有关价值链上企业的相关因子，如企业的效益状况、信息流动速度等，只保留农户的信用指标，这与金融机构对农户的信用评估方法相似，评估结果见表6。

表6　优化后农户信用风险状况得分表

分值	1～0.80	0.79～0.70	0.69～0.60	0.59～0.30	0.29～0.01
农户数	5	24	51	37	0
百分比	4.27	20.51	43.59	31.62	0

从表6中可以看到，农户的整体信用得分降低，高于及格线的各分段的农户数量均有不同程度的减少。出现这样的结果说明没有依托价值链的农户信用风险明显升高。这表明农户通过农业价值链进行融资的行为降低了农户的信用风险，明显提了农户的信用等级。根据以上结果，并依据所选样本的实际情形，可以将造成农业价值链融资中农户信用风险降低的原因归结于以下几个方面。

第一，农户通过农业价值链进行融资解决了农户社会资源不足的问题。在以前自足式生产使得农户的社会资源十分匮乏。如果没有在村、镇等政府机关任职，农户的交际圈除了亲戚朋友就只有为数不多的街坊邻居。社会资源的不足使得农户的借款来源相对较少，也使得放贷机构无法有效对农户进行信用评估。而随着我国市场经济的发展，各式各样的农作物加工企业逐渐走向农村，在与涉农企业的接触中，农户的社会资源愈加丰富。

第二，通过农业价值链融资的抵押品具有多样性。在向企业或金融机构贷款时，有无抵押物是决定农户能否顺利融资的重要因素。在我国，农户对赖以生存的土地只有使用权，没有所有权，因此，土地无法作为抵押品。虽然各级政府积极推进农村承包土地经营权和农民住房财产权抵押贷款试点业务，但由于缺乏相应的交易平台，贷款规模极为有限，农户融资依然困难。但是，通过农业价值链上企业对农户融资的抵押物要求则相对多样、宽松。比如农户希望融资购买原材料，企业可以将农户未来作物收成的所有权作为抵押，等到作物收获并交还企业销售后，再将差价返还给农户。通过调研发现，这种抵押方式在实际的价值链融资行为中所占的比例约为60%以上。

第三，农户通过农业价值链融资提高了还款率。由于金融机构缺乏制裁违约农户的良好措施，农户从金融机构贷到款项后，甚至会将事先承诺用于生产用途的资金用来改善自身生活条件，进一步加大了偿还风险。但通过农业价值链融资则可以规避这一风险，农户处于价值链上最低端的环节，融资主要用于生产,企业完全熟悉生产流程并能控制销售、加工等环节,因此,能清楚生产所需资金如何使用,从而能有效识别并控制风险。并且,价值链上的企业所在地一般离村庄较近,与农户交往较多,彼此认识,农户在借款后如果不能履约,则会承担更多的心理压力,从而加强了农户的信用观念,提高了还款率。

参考文献:

[1] 任常青. 价值链融资及其对农村信用社扩展金融服务的启示[J]. 中国农村信用合作,2009(7):28-36;

[2] 宋雅楠,赵文,于茂民. 农业产业链成长与供应链金融服务创新:机理和案例[J]. 农村金融研究,2012(5):11-18;

[3] 满明俊. 农业产业链融资模式比较与金融服务创新. 农村金融研究[J]. 2011(5):7-15;

[4] 王婷睿. 供应链金融解决农民贷款难问题新途径探析[J]. 金融发展研究,2010(4):60-62;

[5] 任常青. 价值链融资及其对农村信用社扩展金融服务的启示[J]. 中国农村信用合作,2009(7):29-31。

长三角区域绿色技术创新离一体化还有多远？

基于2007—2018年区域绿色技术数据的实证分析

姚王信　周　宇　刘雄飞

摘　要：绿色技术是发展绿色经济的核心生产要素。绿色技术创新差距是区域一体化程度不高的表现，不利于区域内部协同发展绿色经济。本文主要运用区域41个地市相应年度的数据，分别通过泰尔指数、空间分析和回归分析，考察长三角绿色技术创新差距的主要表现与内在成因。结果表明长三角区域绿色技术创新的一体化任重道远：绿色技术创新能力差异显著且仍处于扩大之中；绿色技术创新的空间集聚的特征多元化；部分绿色创新要素不利于传统经济增长。据此，提出重视核算环境代价、破除要素扭曲等四个方面的政策建议。

关键词：长三角；绿色专利；绿色技术创新差距；绿色增长

一、引　言

人类活动对气候变化、大气、水资源、土壤、生物病虫害等环境产生了深刻的影响[1]，绿色技术及其知识产权制度是应对人类活动的不利环境影响的有力手段[2]。全球应对气候变化和保护环境，越来越依靠不断进步的绿色技术的关键性推动作用。

长三角城市经济协调会成立于1997年，包括上海等15个城市。经历了

作者简介：姚王信，男，45岁，安徽大学副教授。

基金项目：国家社会科学基金项目"创新要素投资有效性评价及其与知识产权融资绩效的关系研究"（项目编号16BGL056）。

2003 年(台州)、2010 年(合肥等 6 市)、2013 年(徐州等 8 市)、2018 年(铜陵等 4 市)和 2019 年(淮北等 7 市)数次扩容后,长三角三省一市 41 个地级市全部加入。2018 年 11 月,长三角一体化上升为国家战略带来了 2018 年和 2019 年的扩容。长三角区域经济一体化能够扭转资本、劳动力等资源的错配,提高区域内部资源配置效率,但对区域成员的作用存在差异[3],尤其是对环境约束下的创新要素的效率[4]。

当前中国大力践行绿色发展理念,但是绿色发展水平存在显著的区域差异[5]。在长三角地区,绿色技术创新推动了区域内工业绿色生产率的增长,但存在明显的省际差异[6]。长三角区域有发展绿色经济的气候、土地、人口、交通和产业等基础优势,通过重视绿色技术的研发、转化与应用,有利于巩固和进一步提高其在全国绿色经济增长中的地位[7],全面增进区域人民的福祉,更好地实现绿色发展和高质量发展目标。

问题在于,长三角区域经济一体化是否一定意味着该区域绿色技术创新的一体化? 换言之,该区域绿色技术创新是否存在显著差异? 为此,我们通过计算泰尔指数来考察长三角区域绿色技术创新是否存在差异,并借助空间分析进一步考察区域绿色技术创新一体化的集聚情况,进而分析绿色技术创新与经济增长之间的关系以揭示阻碍区域绿色技术创新一体化的内在原因。在此过程中,我们还对绿色 GDP 核算做了有益的尝试。我们的研究提供了关注长三角区域绿色技术创新及其差距的空间分布与内在原因的首篇学术论文成果,同时也可能为中国重启绿色 GDP 核算做出新的和有益的探索(王金南院士主持的《中国绿色国民经济核算研究报告 2004》[8]的部分内容发布后阻力很大,随后中止发布后续年度研究报告[9])。我们的研究为长三角区域通过区域协同制定提升绿色技术创新能力的解决方案和相关的资源配置政策提供了经验证据或决策依据,并供国内外类似区域制定相关政策提供参考。

二、主要概念界定与数据来源

绿色技术是充分、节约地利用自然资源,并在生产和使用时对环境无害的技术的统称,具有溢出效应和协同效应[10]。绿色技术主要包括回收、水的净化与处理、环境治理、固体废弃物管理、节能技术、可再生能源与减排技术等[11]。绿色技术以专利技术和非专利技术秘密等形式存在。绿色专利以发明为主,还包括实用新型技术,是对绿色技术方案的法律保护形式。我们结合世界知识产权组织《国际专利分类绿色清单(IPC Green Inventory)》等分类标准和相关文献研究成果[12]，对中国的绿色技术进行分类（参见表1）。绿色技术数据则手工统计于《中国专利公布公告》系统。其中，把"发明公布"视为非专利技术，把"发明授权"和"实用新型"视为专利技术。考虑到世界知识产权组织在1999—2005年对国际专利分类表进行了改革，为使分类口径一致，我们只统计2007—2018年的绿色技术数据。

表1 绿色专利技术分类体系

序号	技术领域总称	末级领域描述	IPC代码举例
1	可再生能源生产	风能、太阳能、地热能、海洋热能转换、水能、燃料电池、生物燃料、余热、肌肉能量转换、一体化气化联合循环、自然热等其他非燃烧产生或使用的热量	F03D
2	运输	一般车辆、轨道以外的车辆、铁路车辆、船舶推进、太阳能宇宙飞船等	B61
3	节能	电能储存、电源电路、电耗计量、热能储存、低能耗照明、一般建筑保温、机械能回收等	H02J
4	废弃物管理与利用	废弃物处理、废弃物焚烧、废弃物再利用、污染控制等	B09B
5	农业与林业领域	林业技术、替代灌溉技术、农药替代品、土壤改良等	A10G23/00
6	减排与设计	高载客率车辆、远程工作等通勤技术，碳排放交易、静态结构设计等	G06Q
7	核能	核工程、核能发电等	G21

绿色技术创新差距（或差异）用于描述区域内部绿色技术创新能力的差异，并通过专门技术手段考察内部成员之间绿色技术创新能力的内在联系，可用人口、面积、投资等指标直接或间接反映绿色技术创新差距。这里借助持续变化的人口数据反映绿色技术创新差距，人口数据来自相关的《统计年鉴》或《统计公报》。

区域增长效率可分为绝对效率和相对效率。我们分别用GDP和绿色GDP（绝对效率指标）反映增长效率，GDP数据来自相关的《统计年鉴》或《统计公报》，绿色GDP数据来自2007—2012年度的《世界经济年鉴》，其他年度的绿色GDP数据按照类似计算方法、依据相关的《中国城市统计年鉴》《中国环境统计年鉴》等分地区统计数据自行计算。

三、研究设计与主要方法

(一)区域绿色技术创新差距分析

我们运用泰尔指数分析长三角的绿色技术创新差距。基于信息理论的泰尔指数(Theil index)被广泛用于收入、增长、技术和资源配置等指标项的区域整体差异以及区域间差异的实证研究[13]。泰尔指数值越大,表明被观测指标项之间的差异越大,反之则表明该指标项发展得越均衡。模型表达式为:

$$T = \frac{1}{n} \sum_{i=1}^{n} \frac{y_i}{\bar{y}} \log(\frac{\bar{y}}{y_i}) \qquad 式(1)$$

这里,y_i 表示 i 地区人均绿色专利拥有量,$\bar{y}$ 为其均值,j 是人口或绿色技术按地区的分组数量(这里将长三角区域分为安徽省等 4 组)。

(二)区域绿色技术创新差距的空间分析

探索性空间数据分析主要包括全局自相关和局部自相关分析[14]。我们运用探索性空间数据分析技术分别对长三角区域绿色技术创新差距进行全局自相关和局部自相关分析,以检验其在空间分布上是否具有相关性并据以考察其差距或差异性。表达式均省略。

(三)区域绿色技术创新差距与经济增长的回归分析

运用最小二乘法模型(表达式省略)分别对长三角区域绿色技术创新差距与 GDP、绿色 GDP 进行回归分析,以粗略地分别考察前者对后者的影响,以寻找影响长三角区域绿色技术创新一体化程度的内因。

四、实证结果与讨论

(一)描述性统计分析

按申请日统计,2007—2018 年长三角区域共产生了经登记的绿色技术 271884 件,其分布情况参见图 1。不难看出,江苏省绿色技术总量在长三角区域中居于首位,与浙江省和安徽省均显示出数量持续增长的趋势。

从地市分布情况看,除上海市外,南京、苏州和杭州位于前三位,绿色技术数量都超过了 2 万件,后三位的则是亳州、六安和黄山,都不足 500 件。这些说明长三角区域的省际和地市之间的绿色技术创新均存在显著差距。

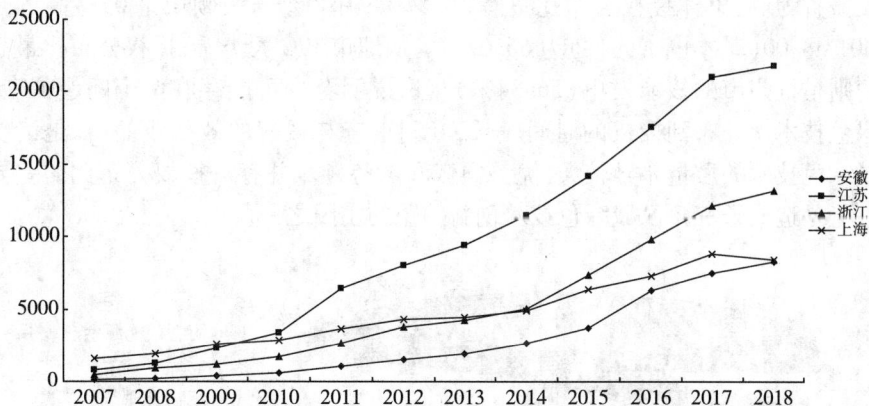

图 1　长三角区域绿色技术分布情况

长三角区域绿色技术的具体技术构成情况参见图 2 和图 3。从技术类型看,不难发现发明技术占比(61%)大于实用新型技术(39%)。这与本区域存在交叉的淮河流域(图 2 的右图)相比,绿色技术类型结构明显占优,说明本区域绿色技术创新的质量高于淮河流域。从 IPC 分类看,节能技术占比最高(47%),核能技术(1%)和农业与林业技术(1%)占比较低。这也说明,长三角区域绿色技术的发展不平衡,优势领域与劣势领域并存。同时还存在与经济基本面脱节的一面,例如绿色农业技术创新明显不能满足农业发展转型的需要,与江南"鱼米之乡"的地位不相符。

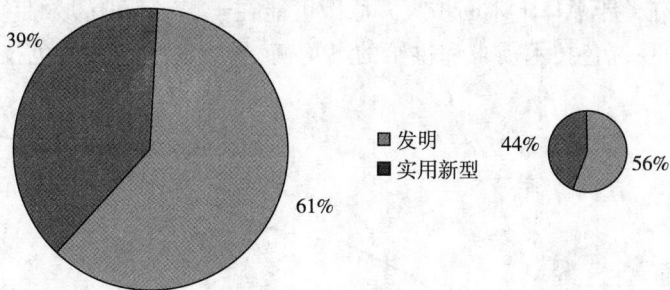

图 2　长三角区域绿色技术的专利类型构成(右图对比淮河流域)

进一步分析,全国绿色技术"授权公布比"(指发明授权占发明公布的比例)平均为 26.03%,低于全部技术的 31.69%。长三角区域绿色技术授权公布比平均为 21.51%。其中,可替代能源生产、运输、农林技术和核能发电的授权公布比高于全国平均水平。B60W10/26(用于电能,如电池或电容器)的授权公布比为 61.67%,在绿色技术诸末级领域中最高。以后加入长三角的安徽省为例,整体授权公布比只有 16.27%,有 8 个末级领域是 0,最高的是 H01M8/00(基本电气元件)为 66.67%。从地市 IPC 大类看,授权公布比最高的则是杭州市的核能发电(56.34%)。这说明至少可能存在两个问题:一是绿色技术从公布到授权的时间较长,专利审查与授权的效率较低;二是诸领域绿色技术的质量差异较大,优势领域和劣势领域并存。授权公布比的差异可能是造成长三角区域绿色技术创新差距的主因之一。

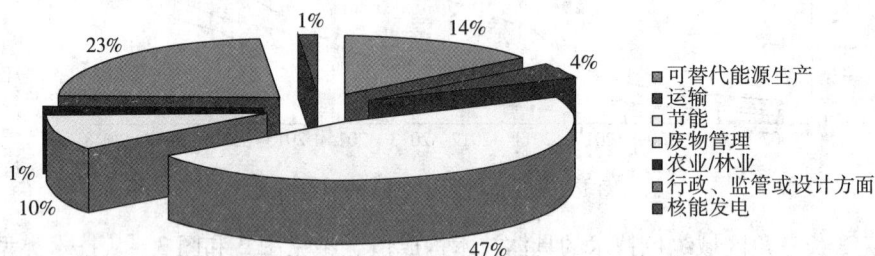

图3 长三角区域绿色技术的 IPC 构成情况

(二)空间分布分析

1. 长三角区域绿色技术创新差距的总体分布

运用长三角区域 41 个地市的绿色专利技术和相应的人口数据,根据公式(1)计算以地市为单元的本区域整体绿色技术创新泰尔指数,计算结果参见图4。该指数从 2007 年的 0.0379 上升到 2018 年的 0.2307,说明区域内部绿色技术创新差距总体上不断扩大。原因可能在于:长三角区域绿色创新一体化水平较低;绿色技术需求和供给的不均衡,导致区域内部绿色技术创新的

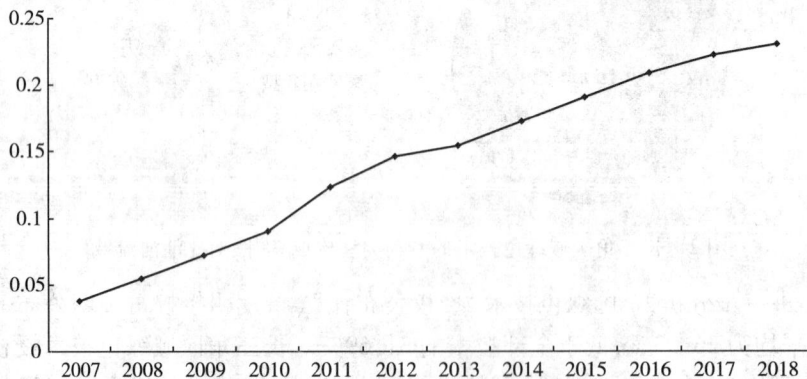

图4 长三角区域绿色技术创新的泰尔指数(2007—2018 年)

能力和水平存在差距。总结起来,长三角区域绿色技术创新差距的影响因素主要有:人力资本,2011 年起本区域人口稳定在 2 亿人以上,但是人口结构差异较大,能够胜任绿色技术创新的人口主要分布在都市区;工业化水平,就占地面积而言,长三角区域主要以主要集中在大中城市的工业生产为主,城乡之间工业化水平的差距(产业布局)对绿色技术创新能力构成制约;财政投入,研究表明[15],以节能环保支出为标志的财政投入显著促进绿色技术创新效率较低的区域提高创新效率,从而缩小区域内部绿色技术创新差距。此外,财政收入、固定资产投资、外商直接投资、城镇化水平、邮电业务量、劳动人口占比等也会影响区域绿色技术创新。

2. 长三角区域绿色技术创新的全局空间分布

运用 GeoDa 软件对公式(1)计算的结果如图 5 所示。全部年度的 Moran' I 指数值为正,表明长三角区域绿色技术创新水平存在空间正相关,具有空间集聚分布的特征;同时除 2008 年外,Moran' I 指数值呈较快的上升趋势,说明区域绿色技术创新的集聚能力不断增强,但 41 个地市之间绿色技术创新仍然存在差异。

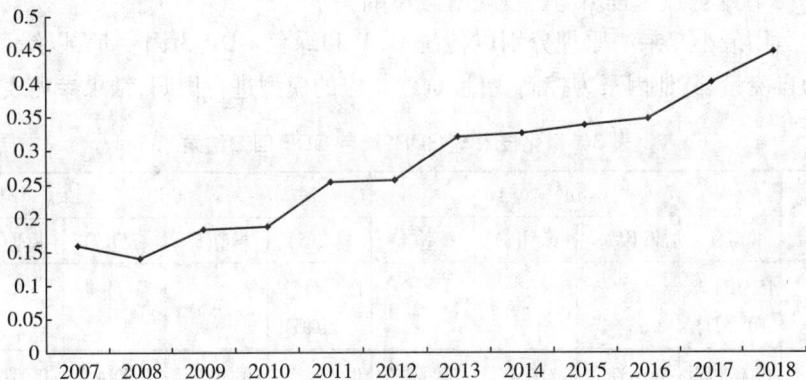

图 5　长三角区域 41 个地市绿色技术创新的 Moran' I 指数(2007—2018 年)

3. 长三角区域绿色技术创新的局部空间分布

长三角区域绿色技术创新差距的局部相关性分析结果参见表 2。总体来看,集聚类型多样化。说明本区域绿色技术创新既呈现高水平的集聚,同时也存在低水平的集聚。而较高水平的集聚发生在上海、南京、苏州等传统强市和合肥、杭州等新兴创新型城市。同时传统农业区域的集聚水平较低,表明长三角区域的绿色技术创新主要依托传统工业和新兴工业的发展,而非传统农业的发展。

表2 部分年度长三角区域 41 个地市绿色技术创新的 LISA 聚类结果

象限	2009	2011	2013	2015	2017
象限1：H-H	上海,南京	上海,苏州,南京	上海,苏州,南京,杭州	上海,苏州,南京,杭州	上海,苏州,南京,杭州,合肥
象限2：L-H	苏州,杭州,无锡	杭州,无锡,合肥	无锡,合肥,温州,南通	无锡,合肥,温州,南通,宁波,安庆	无锡,温州,南通,宁波
象限3：L-L	亳州,宿州,池州,阜阳,黄山	六安,黄山,亳州,安庆,池州	六安,黄山,亳州,安庆,池州	六安,黄山,亳州,铜陵,池州	六安,黄山,淮北,铜陵,池州
象限4：H-L	徐州,蚌埠	蚌埠,淮安,宿迁	蚌埠,淮安,宿迁,盐城	蚌埠,淮安,宿迁,盐城	蚌埠,宿州,舟山,丽水
不显著	其他	其他	其他	其他	其他

（三）绿色技术创新与区域增长效率的关系分析

运用最小二乘法原理分别以传统 GDP 和绿色 GDP 为因变量,以绿色技术为自变量、其他因素为控制变量,构建相应的模型进行回归,结果参见表3。

表3 绿化技术与 GDP、绿色 GDP 回归结果

变量或统计量	GDP				GGD			
	模型(1)	模型(2)	模型(3)	模型(4)	模型(5)	模型(6)	模型(7)	模型(8)
常数项	15.9034 *** (0.1523)	–	–	–	15.9011 *** (0.1605)	–	–	–
GP	0.0098 *** (0.0003)	−0.0037 *** (0.0002)	−0.0011 *** (9E+36−5)	−0.0022 *** (0.0004)	0.0099 *** (0.0003)	−0.0037 *** (0.0002)	−0.0014 *** (7.80E−05)	−0.0022 *** (0.0004)
WP		−0.9419 *** (0.0939)				−0.9569 *** (0.0939)		
NA			−0.4318 *** (0.0205)					
FAI		0.1004 (0.0727)	−0.0129 (0.0190)			0.0368 (0.0678)		
FDI		0.2718 *** (0.0730)	0.0459 ** (0.0179)			0.3005 *** (0.0681)		

变量或统计量	GDP				GGD			
	模型（1）	模型（2）	模型（3）	模型（4）	模型（5）	模型（6）	模型（7）	模型（8）
PR		1.1078 *** (0.0523)	0.8564 *** (0.0152)			1.1646 *** (0.0488)		
NU			-0.0017 (0.0141)	0.5171 *** (0.0398)			0.5977 *** (0.0082)	0.5029 *** (0.0394)
IDW			-0.0341 *** (0.0046)	0.0473 ** (0.0186)			0.2261 *** (0.0052)	0.0394 ** (0.0169)
WW							0.2602 *** (0.0045)	
WG							0.5490 *** (0.0068)	
WS							-0.3531 *** (0.0090)	
GR			1.8748 *** (0.0405)	3.4992 *** (0.0629)			2.0355 *** (0.0142)	3.4381 *** (0.0616)
R 方	0.7614	0.9446	0.9962	0.9224	0.7542	0.9542	0.9979	0.9280
调整后 R 方	0.7438	0.9441	0.9961	0.9216	0.7295	0.9538	0.9979	0.9273
F 统计量	32.8560	-	-	-	30.5977	-	-	-
D-W 统计量	1.2535	1.8059	2.2847	1.4061	1.2130	1.7785	2.9474	1.4193
总样本量	451							

*** 、** 分别表示在 1%、5% 水平上显著。

模型（1）和（5）（经似然率与霍斯曼检验，两个模型运用固定效应或随机效应无差异，这里运用固定效应模型）的回归结果显示，在不考虑控制变量的情况下，绿色技术与传统 GDP、绿色 GDP 均呈较低程度的正相关性且结果显著，其中对绿色 GDP 的相关程度略高。该结果为长三角区域发展绿色技术创新、转变经济增长方式提供了经验证据上的支持。

模型（2）和（6）的回归结果显示，在只考虑传统经济增长因素的情况下，绿色技术与传统 GDP、绿色 GDP 呈相同的、较低程度的负相关性且结果显著。结果同时还表明：长三角区域工作人口的堆积对绿色 GDP 增长的负作用强于对传统 GDP 的负作用；通过固定资产投资推动经济增长的作用已经不再具有显著性;外商直接投资对绿色 GDP 增长的推动作用强于对传统 GDP 的推动作用;财政收入对绿色 GDP 增长的推动作用也强于对传统 GDP 的推动作用。该结果说明,目前长三角区域实现绿色技术创新等转型发展短期内会降低传统 GDP 和绿色 GDP,因此绿色转型发展在长三角区域可能会面临来自 GDP、财政收入等因素的阻力,也是短期内难以实现区域绿色创新一体化的主要内在原因之一。但是,传统投资推动式的发展路径在长三角区域已经越来越显现出劣势。

模型(3)进一步考虑了工业三废以外的主要控制变量,结果表明,降低了绿色技术对传统经济增长的负作用,并且较大程度地提高了城市绿化率对传统经济增长的推动作用。结果还表明,城镇人口堆积、互联网用户和三废利用均不利于长三角区域的经济增长,而财政收入和城市绿化率对传统经济增长均具有重要的作用。模型(7)进一步考虑了包括工业三废在内绿色经济增长因素的主要控制变量,结果表明,绿色技术对绿色经济增长的负作用也得到降低,但是互联网用户、三废利用和城市绿化率对绿色经济增长均具有重要的作用。其中,工业三废中只有工业烟尘不利于绿色经济增长。模型(3)和(7)的比较研究表明,长三角区域绿色经济增长机理较为复杂,增长路径也很多元,分别以不同方式、不同路径和不同程度阻碍或促进区域绿色创新一体化,需要通过可持续发展、深化改革等进行摸索和加以解决。

模型(4)和(8)的回归结果显示,在只考虑绿色经济增长因素的情况下,绿色技术与 GDP、绿色 GDP 也呈相同的、较低程度的负相关性且结果显著。结果同时还表明:互联网用户、三废利用对经济增长分别有显著的较强推动作用和显著的较弱的推动作用,城市绿化率也对经济增长有显著的较强的推动作用,但它们都对传统经济增长的推动作用更强。该结果说明传统经济增长方式对长三角区域具有深刻的影响,即存在路径依赖问题,绿色增长方式的转变和绿色技术创新一体化都还任重道远。

五、主要结论与政策建议

(一)研究结论

我们通过理论分析与实证研究,得出如下主要结论。

一是描述性统计表明,无论是绝对数量、技术类型、产业结构,还是在专利审查效率与技术质量,长三角区域绿色技术创新在区域内部和全国平均水平上都存在差异。

二是泰尔指数进一步表明,长三角区域绿色技术创新差距持续扩大,区域总体一体化水平不高。

三是全局和局部空间分析结果说明,长三角区域绿色技术创新的空间集聚水平也不高。Moran'I指数说明了其总体特征即集聚能力增加,而LISA聚类结果则揭示了其内在构成特征即集聚类型多标准化,一体化水平不高。

四是绿色技术创新与增长效率的关系分析,揭示了阻碍前者一体化的部分内在原因,说明长三角区域的绿色转型仍然任重道远。通过构建相应的模型分别对GDP和绿色GDP进行回归,结果表明受传统生产要素的影响,在有的模型中、部分绿色生产因素对GDP甚至绿色GDP产生显著负的影响。

(二)政策建议

在经济转型和产业升级的背景下,根据我们的理论分析与实证经验依据,对长三角区域绿色技术创新及其一体化提供如下政策建议。

一是更新发展观念,在长三角区域经济增长的过程中,各地要更加重视核算环境代价,破除GDP迷信。包括集聚水平较高的江苏省在内,长三角区域对传统经济发展方式存在一定程度的路径依赖,在GDP指挥棒下,绿色转型存在较大的阻力。只有更新观念,坚持绿色、可持续发展理念,以及有效核算环境损失,才能破除绿色生产因素在模型(2)-(4)和(6)-(8)中所遭受的扭曲。

二是解决好长三角区域绿色发展过程中的利益冲突与制度协调问题。长三角区域的利益冲突具有阶段性的多样化特征,但同时也由于一体化国家战略,存在制度协调方面的优势。应立足区域知识产权事务统一管理、科学配置绿色技术创新资源,发挥上海市的原始创新策源地优势,在优化产业布局的基础上,建立合理的绿色成本分担机制,通过完善财政转移支付和税收调节作用[16]、深化分配制度改革等一系列的措施,进行科学的制度协调,推动区域的绿色转型和可持续发展。

三是逐步推进长三角区域一体化发展进程,缩小各地绿色技术创新差距。借鉴国内外的发展经验,在国家的统筹发展目标下,开拓和巩固绿色产品与服务的需求,充分利用好流域的绿色发展优势,做好相应的供给,通过发展绿色产业逐步消除区域内部绿色创新的产业差距。通过在一体化进程中发展绿色经济,促进绿色技术创新能力的提高,构建良性发展轨道并逐步全面缩小绿色技术创新差距。

四是完善知识产权行政管理,改进技术论证和专利审批工作,从而提高绿色技术的授权公布比。应建立和完善绿色技术论证专家库等支持系统,大力发展知识产权中介服务机构,提高绿色技术的论证效率和审批效率,促进绿色技术的创新与全面运用。

受数据来源限制,我们目前只能运用地市级的相关数据进行分析,总体样本数量较少,导致回归分析时只能在模型(1)和(5)中运用固定效应模型。今后我们将创造条件,利用县级数据和公司层面的数据开展更深入的研究。

参考文献:

[1] Trenberth K E. Recent Observed Interdecadal Climate Changes in the Northern Hemisphere[J]. Bulletin of the American Meteorological Society,1990,71(7):377-390.

[2] Kim H E. The Role of the Patent System in Stimulating Innovation and Technology Transfer for Climate Change[J]. Social Science Electronic Publishing,2011,5(11):639 – 643.

[3] 刘瑞翔. 区域经济一体化对资源配置效率的影响研究——来自长三角26个城市的证据[J]. 南京社会科学,2019(10):27-34.

[4] 袁宝龙,李琛. 环境规制政策下创新驱动中国工业绿色全要素生产率研究[J]. 产业经济研究,2018(05):101-113.

[5] 王勇,李海英,俞海. 中国省域绿色发展的空间格局及其演变特征[J]. 中国人口·资源与环境,2018,28(10):96-104.

[6] 周五七. 长三角工业绿色全要素生产率增长及其驱动力研究[J]. 经济与管理,2019,33(1):36-42.

[7] 陈晓,车治辂. 中国区域经济增长的绿色化进程研究[J]. 上海经济研究,2018(07):43-53.

[8] 王金南,於方,曹东. 中国绿色国民经济核算研究报告2004[J]. 中国人口·资源与环境,2006(6):11-17.

[9] 秦昌波,苏洁琼,王倩,等. "绿水青山就是金山银山"理论实践政策机制研究[J]. 环境科学研究,2018,31(6):17-22.

[10] 牛桂敏. 健全京津冀城市群协同绿色发展保障机制[J]. 经济与管理,2017,31(04):17-19.

[11] 马志云,刘云. 应对气候变化关键技术创新差异的时空格局——以"一带一路"沿线国家为例[J]. 中国人口·资源与环境,2017(9):102-111.

[12] 何隽. 从绿色技术到绿色专利——是否需要一套因应气候变化的特殊专利制度?[J]. 知识产权,2010,20(1):37-41.

[13] Combes PP,Mayer T,Thisse JF. Economic Geography:The Integration of Regions and Nations[M]. Princeton:Princeton University Press,2008:263-265.

[14] 姚王信,朱玲,韩晓宇. 创新要素区位分布对省域专利质押融资能力的影响[J]. 科技进步与对策,2016(22):28-35.

[15] 高萍,王小红. 财政投入、环境规制与绿色技术创新效率——基于2008—2015年规模以上工业企业数据的实证[J]. 生态经济,2018,34(4):93-99.

[16] 卢洪友,刘啟明,祁毓. 中国环境保护税的污染减排效应再研究——基于排污费征收标准变化的视角[J]. 中国地质大学学报(社会科学版),2018,18(05):72-87.

长三角城市群绿色发展效率评价

丁　涛　万清远

摘　要:当前,城市群建设已经成为区域高质量发展的重要推动力。本文基于非径向的 Meta-frontier DEA 模型测算了我国长三角城市群 26 个城市 2006—2015 年的绿色发展效率,并进一步分析了群组前沿面和共同前沿面之间的技术差距、分解了各个城市的无效性来源。结果表明:长三角城市群在 2006—2015 年的绿色发展效率整体呈上升趋势,但城市群内部各城市发展存在不平衡性;从技术差距比来看,四个群组中上海在 10 年间始终处于领先地位,江苏和浙江的绿色发展比较稳定,而安徽表现出较好的绿色发展潜力,逐步追赶并超越了江苏与浙江;不同城市的绿色无效性的主要来源各不相同,有管理无效性,技术无效性或两者兼而有之。最后,根据各个城市的绿色发展效率评价结果,对长三角城市群经济结构转型、加快产业升级,实现绿色发展提供了可行建议。

关键词:绿色发展效率;共同前沿;DEA;非径向模型;技术异质性

一、引　言

城市群作为工业化和城市化进程中区域空间形态的最高组织形式,其产业协同集聚对于经济发展有显著的协同作用[1]。根据《国家新型城镇化规划(2014—2020 年)》,我国的传统省域经济正在向中心城市群经济转变,城市群建设已成为中国城市化进程的必然趋势。长三角城市群作为我国经济规模

作者简介:丁涛(1992—),男,讲师,管理学博士,研究方向:能源与环境经济学,生产力评价等。
基金项目:安徽省哲学社会科学规划项目(AHSKQ2018D93)。

最大、人口最为密集的区域,近年来在经济和科技创新等方面取得了瞩目成绩。其2018年的GDP达到21万亿元,约占全国的23%,在11个国家级城市群中居于首位。2018年11月18日,中共中央、国务院发布的《中共中央国务院关于建立更加有效的区域协调发展新机制的意见》使长三角一体化正式上升为国家级发展战略。由于区位优势、政策红利、创新集聚等因素,长三角城市群引领中国城市的经济发展。然而,快速的经济发展也伴随着环境问题较为突出、能耗过高等问题。由于城市群生态问题频发,城市群内部调节机制若不健全,环境污染可能面临叠加效应[2]。因此,对长三角城市群绿色发展的研究显得尤为重要和迫切。

"绿色经济"是"绿色发展"的前身,出现在1989年David Pierce所著的《绿色经济的蓝图》一书中。早期概念局限于环境保护,但随着可持续发展理念的深入,"绿色经济"的核心开始向经济与环境协调发展过渡。而"绿色发展"相关概念由联合国开发计划署(UNDP)在《2002年中国人类发展报告:让绿色发展成为一种选择》中首次提出,其核心是在资源和环境的双重约束下,发展绿色产业以推动经济结构调整,将环境保护作为实现可持续发展重要支柱的一种新型发展模式。由此,绿色发展逐步形成了经济、生态协调发展的综合理论体系。在全球生态环境日益恶化的背景下,绿色发展已经成为衡量城市群综合竞争力的一个重要指标。中国长期以来的粗放式发展带来了高污染、高能耗等一系列问题。为此,2017年中央经济工作会议上习总书记指出"我国经济已由高速增长阶段转向高质量发展阶段,推动高质量发展,是保持经济持续健康发展的必然要求";随后又在全国生态环境保护大会上习总书记再次强调:"绿色发展是构建高质量现代化经济体系的必然要求,是解决污染问题的根本之策。"显然,如何在生态边界的约束条件下开发经济发展的新模式,是长三角一体化过程中不可忽视的问题。对长三角城市群绿色发展效率的评价,对于作为全国高质量发展样板区的长三角城市群至关重要。

二、文献综述

目前,绿色发展已成为学界的热点问题,大量文献对这一问题进行了深入研究。针对绿色发展的评价,现有文献已呈现出概念的相似性,如"绿色效率""能源效率"和"环境效率"。三个概念有相似之处,却不能混淆使用。事实上,绿色效率是能源效率和环境效率的继承和发展。能源效率考虑生产要素投入不变的条件下最大化经济产出,思维局限于生产领域;环境效率侧重于环境污染的最小化,强调废弃物产出的减少和循环再利用,指标选择局限在经济环境系统。而绿色效率不仅强调经济产出的最大化和非期望产出的最小化,还把社会发展水平纳入测度,实现了"经济-环境-社会"三个领域的统一,这更符合当代社会绿色、均衡发展的要求[2]。

能源效率方面,Hu 和 Wang 最先提出了全要素能源效率,即在单要素框架中加入劳动力、资本、能源等多个生产要素,从而合理评估能源效率[3]。然而,忽略如废气、废水等环境污染会导致能源效率的测度偏差[4]。Zhang、Wu、Bi、Wang 等学者进而同时考虑非期望产出,构建全新的全要素能源效率框架,这使得度量更加合理,研究对象的深度、广度也得到了进一步发展[5-8]。Wang 等把中国经济分为五大行业,分析了各行业间的差异[9],Chen 等从地区和细分行业的双重视角考察了中国制造业的能源效率[10]。环境效率方面,Gan 等针对性分析了长三角 24 个城市的环境治理效率并度量其动态变化[11],Wang 等运用 SBM 方向距离函数和卢恩伯格生产率指标测度了考虑资源环境因素下中国 30 个省份 1998—2007 年的环境效率[12],Tu 等运用两阶段的网络DEA 模型分析了工业领域的环境治理效率[13]。

绿色效率的研究方法上,学界主要存在两种方法:随机前沿分析(SFA)和数据包络分析(DEA)。Aigner、Lovell 和 Schmidt 开发了随机前沿分析,运用回归分析的手段,通过预定义生产函数来分析输入量和输出量之间的关系[14]。Ghosh 和 Kathuria 发展了 SFA,较好地在多输入、输出的条件下评估效率[15]。由 Charnes 等人提出的 DEA 非参数方法,能够在不指定生产函数的情况下评估多输入、输出的决策单元(DMU)的相对效率[16]。Thijssen 等人的研究充分显示了 DEA 作为非参数方法的优越性[17]。在绿色效率的问题上,早期研究多假定被研究对象具有相同的技术水平。然而,这一假设并不现实。例如:中国东部沿海地区已进入城市化的中期阶段,西部偏远地区却仍处于城市化的起步阶段。采用上述假设会带来生产前沿面的评估偏差,Chen 和 Song 验证了这一点[18]。为了将技术异质性纳入考虑,O'Donnell 等提出 Meta-frontier 的概念,其使用 DEA 来研究属于不同群体的技术效率[19]。Li 和 Ma 基于 Meta-frontier 模型考察了中国 30 个省区在资源与环境双重约束下的工业用水效率[20]。Zhang 等开发了基于 Meta-frontier 的非径向方向距离函数来评估技术异质性和非期望产出对环境效率测量的影响[21]。Munisa 和 Arabi 使用基于 Meta-frontier 的 Malmquist-Luenberger 生产力指数测度了发电站在一定时长内的环境效率[22]。Alem 等提出了一个随机的 Meta-frontier 模型来衡量挪威奶牛场技术效率和技术差距的区域差异[23]。

综上所述,对能源效率和环境效率的研究虽然已得到较深入的发展,但考察绿色效率无疑更符合可持续发展战略的要求。由于长三角城市群三省一市之间的城镇化和工业化水平并不一致,在考虑省际、省内城市间技术异质性的情况下研究其绿色效率将为中国城市群经济的发展提供更合理的现实依据。实际上,绿色发展理念就是同时考虑期望产出和非期望产出两个改进方向的非径向模型,而以往的径向模型则没有把绿色发展的理念纳入考量。本文基于现有研究成果及不足,提出了考虑非期望产出和技术异质性的非径向 Meta-frontier 模型,用于评价长三角城市群 26 个城市 2006—2015 年的绿色发展效率。我们进一步分析了群组前沿面和共同前沿面之间的技术差距、分解了各个城市的无效性来源。此外,我们还分析了这些实证结果的含义,并为政府相关部门提供了具体的对策建议。

三、研究方法

(一)非径向 Meta-frontier DEA 模型

使用 DEA 方法评价城市发展效率时,其潜在假设认为被评价单元的生产技术处于相同或相似水平,从而分析单元的无效性和寻找单元效率改进的标杆。但是,我国不同省份的城市化程度差距较大,产业结构和工业化水平也不一致,不同省份的生产技术水平并不相同。此时,若不考虑这些省份的生产技术水平的差异性,继续在统一的生产前沿面下评价城市的发展效率,将无法准确地衡量各地区的真实发展水平,也将难以发现无效性的来源。考虑生产技术异质性,基于 O'Donnell 等提出的处理办法,本文构建了同时考虑期望产出和非期望产出的非径向 Meta-frontier DEA 方法。

假设有 N 个经济决策单元(DMU),每个单元都有 m 个投入,s 个期望产出和 t 个非期望产出,令 $x_{ij}(i=1,\cdots,m)$,$y_{rj}(r=1,\cdots,s)$ 和 $b_{fj}(f=1,\cdots,t)$ 分别表示 $DMU_n(n=1,\cdots,N)$ 的第 i 个投入、第 r 个期望产出和第 f 个非期望产出。考虑到技术异质性,我们将 N 个 DMU 分为 k 个独立的群组,群组 k 内的 DMU 分别由 $N_k(\sum_{k=1}^{K} N_k = N)$ 表示。

基于 O'Donnell 等人的共同前沿模型,在规模报酬可变的假设条件下,则所有单元的共同生产可能集为

$$T^{meta} = \left\{ \begin{array}{l} (x_i^k, y_r^k, b_f^k): \displaystyle\sum_{k=1}^{K}\sum_{n=1}^{N_k}\mu_n^k x_{in}^k \leqslant x_i^k, \ \sum_{k=1}^{K}\sum_{n=1}^{N_k}\mu_n^k y_{rn}^k \geqslant y_{ro}^k, \\[3mm] \displaystyle\sum_{k=1}^{K}\sum_{n=1}^{N_k}\mu_n^k b_{fn}^k = b_{fo}^k, \mu_n^k \geqslant 0, \\[3mm] \displaystyle\sum_{k=1}^{K}\sum_{n=1}^{N_k}\mu_{in}^k = 1, \ i=1,\cdots,m; r=1,\cdots,s; f=1,\cdots, \\[3mm] t; n=1,\cdots,N_k; k=1,\cdots,K \end{array} \right\} \qquad 式(1)$$

根据不同省份城市发展水平的不同划分上海、江苏、浙江和安徽四个群组($k = 1,2,3,4$),其群组生产可能集为

$$T^k = \left\{ \begin{array}{l} (x_i^k, y_r^k, b_f^k): \displaystyle\sum_{n=1}^{N_k}\lambda_n^k x_{in}^k \leqslant x_i^k, \ \sum_{n=1}^{N_k}\lambda_n^k y_{rn}^k \geqslant y_{ro}^k, \ \sum_{n=1}^{N_k}\lambda_n^k b_{fn}^k = b_{fo}^k, \\[3mm] \lambda_n^k \geqslant 0, \ \displaystyle\sum_{n=1}^{N_k}\lambda_n^k = 1 \ , i=1,\cdots,m; r=1,\cdots,s; f=1,\cdots,t; n=1,\cdots,N_k \end{array} \right\}$$

$$式(2)$$

由于共同前沿技术是群组前沿技术的包络曲线,其满足:

(1) 对于任何 k,若 $x_i, y_r, b_f \in T^k$,则 $x_i, y_r, b_f \in T^{meta}$;

(2) 若 $x_i, y_r, b_f \in T^{meta}$,则 $x_i, y_r, b_f \in T^k$;

(3) $T^{meta} = \{ T^1 \cup T^2 \cup \cdots \cup T^k \}$。

考虑传统的径向共同前沿模型可能会忽视不同类型产出的改进潜力不相同的问题,本文提出了非径向的同时考虑非期望产出的共同前沿和群组前沿 *DEA* 模型,如(3)和(4)所示。

$$Max \ \sum_{r=1}^{s} w_r \beta_r^{meta} + \sum_{f=1}^{t} w_f \beta_f^{meta}$$

$$s.t. \ \sum_{k=1}^{K}\sum_{n=1}^{N_k}\mu_n^k x_{in}^k \leqslant x_{in}^k, \ i=1,\cdots,m,$$

$$\sum_{k=1}^{K}\sum_{n=1}^{N_k}\mu_n^k y_{rn}^k \geqslant (1+\beta_r^{meta})y_{rn}^k, \ r=1,\cdots,s, \qquad 式(3)$$

$$\sum_{k=1}^{K}\sum_{n=1}^{N_k}\mu_n^k b_{fn}^k = (1-\beta_f^{meta})b_{fn}^k, \ f=1,\cdots,t,$$

$$\sum_{k=1}^{K} \sum_{n=1}^{N_k} \mu_n^k = 1, \mu_n^k \geqslant 0, \ n = 1, \cdots, N_k$$

$$Max \ \sum_{r=1}^{s} w_r \beta_r^k + \sum_{f=1}^{t} w_f \beta_f^k$$

$$s.t. \ \sum_{n=1}^{N_k} \lambda_n^k x_{in}^k \leqslant x_{in}^k, \ i = 1, \cdots, m,$$

$$\sum_{n=1}^{N_k} \lambda_n^k y_{rn}^k \geqslant (1 + \beta_r^k) y_{rn}^k, \ r = 1, \cdots, s, \qquad \text{式(4)}$$

$$\sum_{n=1}^{N_k} \lambda_n^k b_{fn}^k = (1 - \beta_f^k) b_{fn}^k, \ f = 1, \cdots, t,$$

$$\sum_{n=1}^{N_k} \lambda_n^k = 1, \lambda_n^k \geqslant 0, \ n = 1, \cdots, N_k$$

其中,w_r 和 w_f 分别表示给定的期望产出和非期望产出的权重,满足 $\sum_{r=1}^{s} w_r + \sum_{f=1}^{t} w_f = 1$。两个模型的目标函数分别表示 DMU_n 在共同前沿面和群组前沿面下的无效程度。从而,我们分别得到了 DMU_n 的共同前沿环境效率 $MEE = 1 - (\sum_{r=1}^{s} w_r \beta_r^{meta} + \sum_{f=1}^{t} w_f \beta_f^{meta})$ 和群组前沿环境效率 $GEE = 1 - (\sum_{r=1}^{s} w_r \beta_r^k + \sum_{f=1}^{t} w_f \beta_f^k)$。

(二) 技术差异分析

为了评估群组前沿面和共同前沿面之间的差距,DMU_n 环境效率的技术差距比 TGR_n^k 定义为

$$TGR_n^k = \frac{MEE_n^k}{GEE_n^k} \qquad \text{式(5)}$$

此外,第 k 组的平均技术差距比为

$$TGR^k = \frac{\sum_{n=1}^{N_k} TGR_n^k}{N_k} \qquad \text{式(6)}$$

由于共同前沿由群组前沿包络而成,故 $MEE \leqslant GEE$ 恒成立。因此,技术差距比在0到1之间。TGR 越趋近于1则技术异质性越小,群组的绿色效率越趋近于共同前沿的绿色效率。反之,TGR 越趋近于0则技术异质性越大,群组的绿色效率越远离共同前沿的绿色效率。

尽管共同前沿和特定的群组前沿之间的技术异质性可以通过 TGR 区分，却无法识别共同前沿的低效来源。因此，共同前沿的无效性被分别分解为技术无效（TGI）和管理无效（GMI），如下所示：

$$TGI_n^k = GEE_n^k(1 - TGR_n^k) = \beta_n^{meta} - \beta_n^k \qquad 式（7）$$

$$GMI_n^k = 1 - GEE_n^k = \beta_n^k \qquad 式（8）$$

其中，TGI 表示由技术差异引起的共同前沿面与特定群组前沿面之间的技术差距。GMI 表示由于投入和非期望产出过剩导致的无效性，这主要是由管理不善导致的。第 k 组中的平均 TGI 和 GMI 由等式（9）和（10）分别表示。

$$TGI^k = \frac{\sum_{n=1}^{N_k} TGI_n^k}{N_k} \qquad 式（9）$$

$$GMI^k = \frac{\sum_{n=1}^{N_k} GMI_n^k}{N_k} \qquad 式（10）$$

四、实证分析

（一）变量和数据

根据 2016 年通过的《长江三角洲城市群发展规划》，长三角城市群包括上海、南京、无锡、常州、苏州、南通、盐城、扬州、镇江、泰州、杭州、宁波、湖州、绍兴、金华、舟山、台州、合肥、芜湖、马鞍山、铜陵、安庆、滁州、池州、宣城、六安 26 座城市。据此，本文对长三角城市群的 26 个地级市 2006—2015 年的数据进行分析，依据城市所属行政区域划分为四个群组：上海、江苏（南京、无锡、常州、苏州、南通、盐城、扬州、镇江、泰州 9 座城市）、浙江（杭州、宁波、湖州、绍兴、金华、舟山、台州 7 座城市）和安徽（合肥、芜湖、马鞍山、铜陵、安庆、滁州、池州、宣城、六安 9 座城市），将这 26 个地级市设置为决策单元（DMU）。

变量选择上，基于以往的研究成果，我们将绿色效率的输入设定为年末单位从业人员数、资本存量和城市建设用地面积，期望产出为地区生产总值，非期望产出为工业二氧化硫排放量和工业烟尘排放量，数据来源为《中国统计年鉴 2016》和《中国城市统计年鉴 2016》。值得一提的是，虽然两项非期望产出表面上仅与大气污染有关，但环境污染的各项指标通常具有正相关性，因此本文非期望产出的选择仍具有较强的代表性。

表1 数据的描述性统计分析

群组	年末单位从业人员数（万人）	资本存量（亿元）	城市建设用地面积（平方公里）	地区生产总值（GDP）（亿元）	工业二氧化硫排放量（万吨）	工业烟尘排放量（万吨）
上海	498.06	21380.19	2780.30	150948.56	22.25	6.88
江苏	87.83397	8234.24	219.57	3577.75	7.93	3.64
浙江	98.44	5427.04	165.71	2652.14	6.25	2.25
安徽	36.23	3760.93	97.40	1204.84	2.85	2.60
总计	88.17	6367.85	261.27	2896.70	6.27	3.03

从表1可以看出，四个群组的三个输入量和期望产出从大到小基本都呈现上海、江苏、浙江和安徽的排列顺序，这与四个群组的城市化程度是吻合的。而非期望产出也呈现出相似的特征，表明经济发展与环境污染间的强正相关关系。上海的所有输入、输出量都是最高的，安徽的除工业烟尘排放量外都是最低的。

（二）效率分析

通过求解模型（3）和（4），我们可以分别得到每个DMU群组前沿和共同前沿的绿色不效率程度 β^k 和 β^{meta}，进而根据公式 $GEE = 1 - \beta^k$ 和 $MEE = 1 - \beta^{meta}$ 得到每个DMU群组前沿和共同前沿的绿色效率程度。附录中的表2列出了26个城市2006—2015年的GEE和MEE值。图1给出了这四个群组2006—2015年的平均MEE和GEE值。

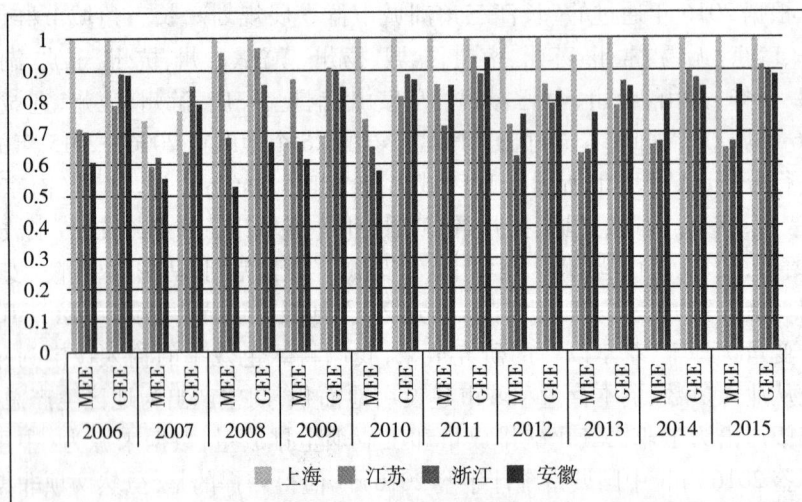

图1 2006—2015年四群组的平均MEE和GEE值

图 1 中我们可以直观看出四个群组绿色效率的平均表现,其中上海无论是 MEE 还是 GEE,几乎在所有年份中都达到了前沿面,而其他三个群组均与其存在较大的差距,多数 MEE、GEE 位于 0.6 到 0.9 之间。因此,这一结果说明了长三角城市群绿色发展的不平衡和技术异质性,同时说明了使用 Meta-frontier 模型的合理性:将上海与其他省份直接比较显然是不公平的。

以安徽省合肥市为例。根据表 2,其 GEE 值在 2006—2011 年恒为 1,表明其群组技术的有效性。然而考虑到安徽在四个群组间偏低的表现,合肥市很有可能达不到共同前沿面。数据印证了这一推测:2006 年合肥市 MEE 值仅为 0.395,虽然此后合肥市的绿色发展工作取得一定成效,但 2011 年 MEE 值仍只有 0.836。

安徽省的 MEE 值在大多数年份中都低于其他三个群组,均值上约为三个群组 MEE 的 76%,反映了其群组技术与沿海省份的较大差距。不过 10 年间 GEE 值全为 1 的六安市,其 MEE 值有 7 年达到 1,这显然值得安徽省内其他地级市政府的学习。江苏省的城市化进程总体快于浙江,但其 MEE 值却与浙江省的数据十分接近,在一些年份中甚至被反超,我们有理由认为这是因为江苏对绿色发展仍缺乏足够的重视。

从整体上继续对长三角城市群的绿色效率进行分析。图 2 反映了长三角城市群 10 年间绿色效率的均值走势。

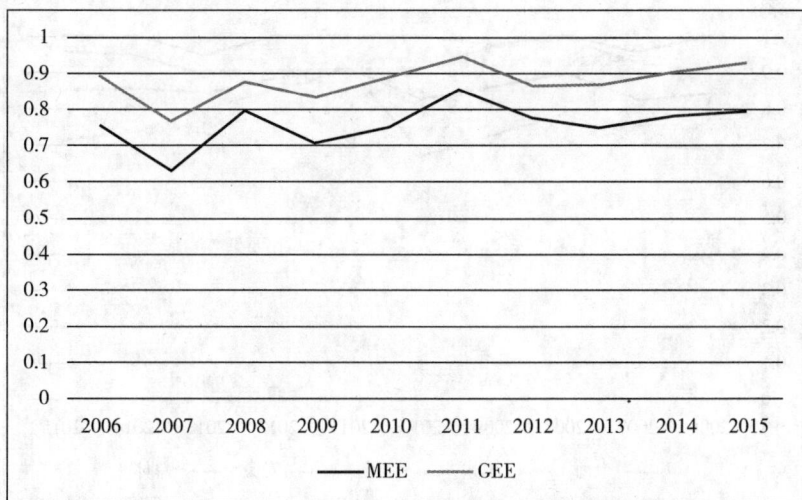

图 2   2006—2015 年长三角城市群绿色效率变化趋势

可以直观看出,长三角城市群 10 年间绿色效率呈现上升趋势,MEE、GEE 值分别达到 0.8、0.9,10 年内 MEE 均值为 0.711,GEE 均值为 0.857。我们可以得出一些启示:首先,长三角地区 10 年的生态治理逐步取得成果。考虑到国家于 2007 年提出节约资源、保护环境的基本国策,自 2007 年起,长三角地区各城市 MEE、GEE 值虽然在 2009 和 2012 年出现了小幅下降,但分别从 0.627、0.763 上升到 0.794 和 0.924,增幅分别达到 26.63% 和 21.10%,总体上有着明显的提升,说明城市群的绿色效率治理取得了一定的进展。其次,长三角城市群绿色效率仍有较大的提升空间。10 年间绿色效率的提升幅度有限,总体均值离 1 有一定差距,由于一些城市已达到绿色有效状态,说明仍有一批城市没有达到绿色效率的前沿面。两项数据 10 年里 MEE 均小于 GEE,说明一些地区的城市绿色效率在群组内的表现要优于在共同群组中的表现,这也反映出城市群内部的不均衡发展。

总而言之,长三角城市群的绿色发展效率整体呈上升态势。城市群内部发展不均衡,表现在组成单元的群组表现优于共同群组表现,对它们的研究不能一概而论,而应区别对待。长三角地区仍有较多城市是技术无效的。好在绿色发展的理念已被越来越多的地方政府接受并贯彻执行,这些城市越来越接近技术有效前沿面。

(三)技术差距分析

技术差距比可由等式(5)和(6)得到,附录中的表 2 列出了计算结果,图 3 描绘了四个群组平均 TGR 的变化趋势。

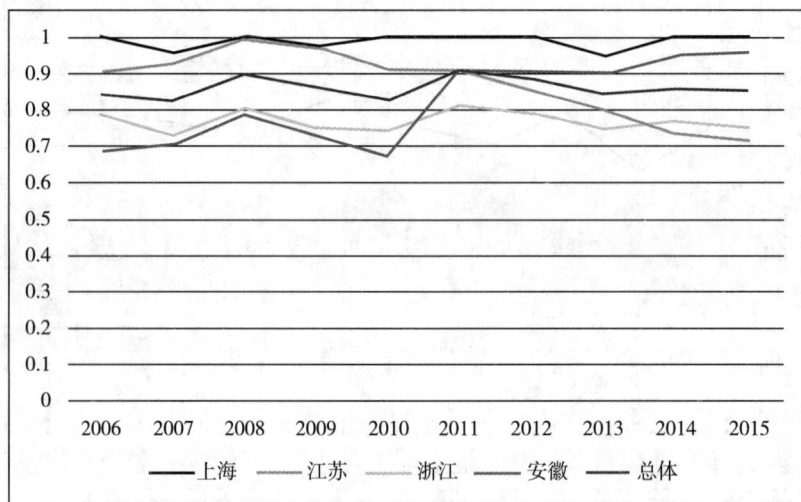

图 3 2006—2015 年四群组的 TGR 值变化趋势

从图 3 可以看出,上海的技术差距比在多数年份都达到 1,研究时期内 TGR 均高于 0.93,在长三角城市群内处于领先地位。值得关注的是江苏省和安徽省,2010 年以前江苏省 TGR 维持在 0.9 以上,而同时期安徽省 TGR 低于

0.8。然而自2011年起,安徽省TGR达到0.9,10年间增幅为40.58%,并逐渐接近上海TGR值,江苏省TGR却出现了效率下降的情况,2014年起开始在长三角城市群中居末位。浙江省TGR则在研究时期内连年低于0.81。考虑到上一部分中江苏与浙江MEE值不相上下甚至反超的情况,江苏TGR下降的具体原因值得更深入的研究。不过毋庸置疑的是,江苏省应当学习安徽省近年来对绿色技术的大力支持,尽快改进其技术水平。浙江省则应当缩小技术差距,尽快呈现出TGR的上升态势。

图中红线代表长三角城市群的整体技术差距变动情况。相关绿色政策实施以来,长三角地区总体技术差距比变化不大。作为经济较发达的沿海省份,江苏省拉低了城市群的整体表现。而与之相比经济欠发达的安徽省却有着优异表现。安徽省近年来大力推广绿色经济,如淮南的800MW全球单体最大的漂浮电站工程和全省农业绿色发展机制;同时改变传统的资源型产业结构和粗放型经济增长方式,铜陵市的环境治理是一个很好的例子:作为典型的工业城市,铜陵市长期依赖第二产业,GDP占比高达70%,但由于近年来对绿色技术的投入,环境治理设施利用率高,产业集群发展,污染物的排放与处理都更为集中,实现了高效率的环境治理,表2数据显示该市TGR值自2011年以来一直为1。因此,经济发达并不完全等同于技术先进,政策制定者应当做好统筹协调工作,对技术发展引起足够的重视。

(四)低效率来源分析和效率改进方向

绿色无效性主要由技术效率(TGI)低下和管理效率低下(GMI)组成,其可由公式(9)和(10)计算,具体结果在附录表2中。图4描绘了四个群组绿色无效性的构成。

从图4中我们可以看出,上海仅有的三个绿色无效年(2007、2009和2013)中,组成多为管理效率低下,即管理不当。对于江苏而言,自2011年起该省TGR连年下跌,而绿色无效性的主要原因由管理不力转变为技术差距,这应当引起江苏省政府的高度重视。浙江绿色无效的主因也是技术差距,表明其虽优于江苏,但技术水平仍有很大的提升空间。安徽绿色无效性的分解结果较为均衡,考虑到其TGR值近年来的显著增长,安徽省人民政府应当继续推动绿色发展,提高管理水平,促进高质量发展。

不可忽略的是,对于管理效率低下,增加技术投入只会带来更多的冗余,其可在较短的时间内通过优化管理制度、合理分配经济投入量等方式得到改善。而技术差距则需要较长的时间来弥补,江苏、浙江的绿色效率仍有提高空间,政策制定者必须正视差距。上海作为长三角城市群绿色发展的标杆城市,也应改善管理,在资金投入不变的情况下,统筹规划,增加单位资金投入

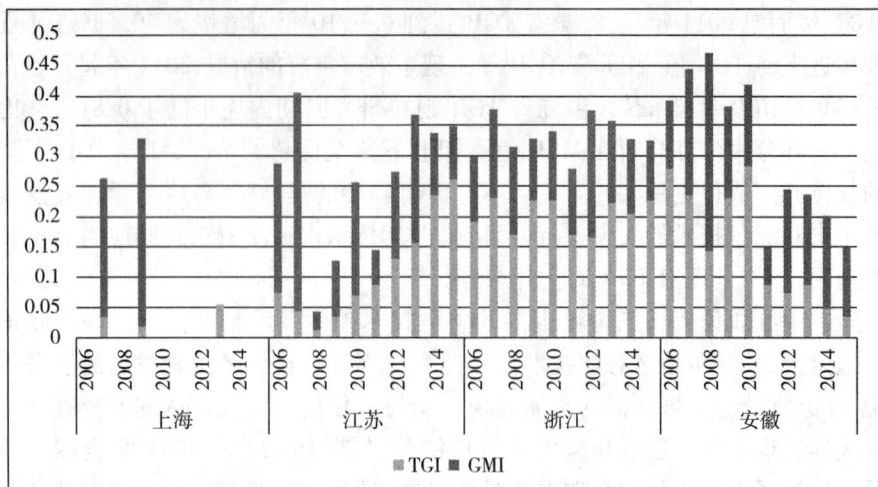

图4　四群组绿色无效程度的分解

的产出效率,同时还应将第一产业中的剩余劳动力向第二产业和第三产业转移,提高从业人员素质,维持既有优势。

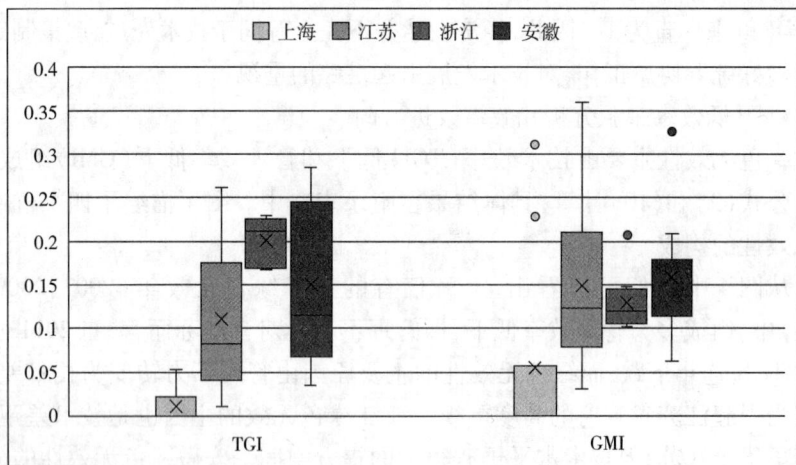

图5　四群组 TGI、GMI 箱型图

进一步观测城市群内各个组成单元——城市,我们发现各个城市的绿色效率是存在差异的,而群内差异程度反映城市群绿色效率的均衡特性。如果一个城市群的绿色效率很高,但是其内部城市的绿色效率水平差异巨大,则该城市群在统筹协调、产业转移等方面或存在问题,即没有形成绿色发展的良性循环模式,而是单纯地将高污染、高能耗的产业在城市群内部进行简单的迁移。从图 5 中我们看到浙江无论是 TGI 还是 GMI,省内各城市的数据都较为趋近,说明其内部差距较小,发展较为均衡。而江苏则恰恰相反,表明其 TGR 值下降与技术低下的趋势是由省内发展不均衡导致的,有必要进行内部分析,找出低效城市。

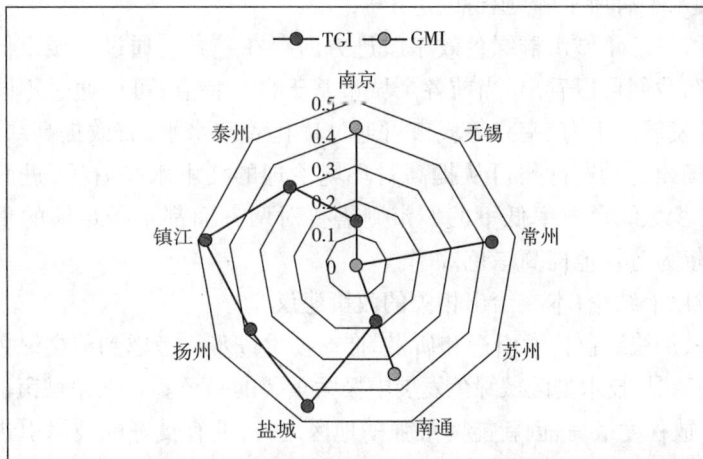

图 6   2015 年江苏省 9 城市 TGI、GMI 雷达图

考虑到江苏省各项数据的发展趋势,以及距今更近的数据更具政策启示性, 选取最具代表性的 2015 年数据进行分析。由图 6 易知,无锡和苏州在技术和管理上都领先于江苏省内其他城市。镇江、扬州、盐城、常州的 TGI 均高于 0.4,4 个城市的市政府需要正视这一数据,通过加大资金投入、引进高技术人才等方式弥补其技术差距。而省会城市南京的情况与上海类似,应当以改善管理水平为主。

五、结论及政策启示

本文基于 2006—2015 年长三角城市群 26 个地级市的面板数据,构建了非径向的考虑非期望产出和技术异质性的 Meta-frontier DEA 模型评价该区域的绿色发展效率,为长三角城市群经济结构转型、加快产业升级,实现绿色发展可行建议,得出结论如下。

首先,长三角城市群绿色效率整体较高。长三角城市 10 年内 MEE 均值为 0.711,GEE 均值为 0.857。观察期内有许多城市达到了绿色有效状态,但各城市的绿色效率之间存在差距。

其次,长三角城市群绿色效率整体呈上升趋势。可以直观看出,10 年间长三角地区 MEE、GEE 均值分别能够达到 0.8、0.9。从总体上看,MEE、GEE、TGR 都存在波动,但在观察期内都稳步增长。TGI 和 GMI 则逐年下降。城市群对现有治理技术的运用水平有所提高,治理技术也不断进步。但仍有一些城市治理水平有所下降,亟待改进。

最后,长三角城市群绿色效率改进方向存在差异。通过各城市低效率来源的分解,我们可以看出,当前各个城市基于自身特点,可以通过不同的路径实现绿色发展。上海、南京等城市可通过优化管理水平,有效提高绿色效率。而镇江、扬州、盐城、常州可从提高对环境治理的技术水平着手,进而提高绿色效率。少数绿色效率低下的城市则需要对两方面都给予足够的重视和投入,才能较为有效地提高绿色效率。

针对以上结论,本文给出相关的政策建议。

第一,加快绿色技术引进和研发,推动技术进步。考虑到前文绿色无效程度分解的情况,技术是区域绿色发展中极为重要的一环。长三角城市群作为中国对外开放程度最高、创新能力最强的地区之一,拥有良好的技术引进政策环境,充足的资金,众多的科研机构,高素质的人才,设备齐全,技术引进和研发条件优越。因此,长三角地区各城市应充分利用区位优势,积极整合资源,大力推进碳捕捉、碳封存等绿色技术的研发以及废弃物的清洁处理和综合利用,控制城市的末端输出,实现污染物减排,规模利用可再生能源,同时推动以改进、运用绿色生产技术为导向的技术创新,提高各产业的绿色发展效率,发挥城市群绿色发展的协同效应。对于金属和化工等能源效率较低的产业,政府要给予相关企业技术支持,培育绿色生产的技术优势。而沿海地区能源效率较高的高新技术产业也能够通过产业转移带动城市群西部行业的技术进步。

第二,统筹协调绿色发展,加快长三角地区产业结构调整。由于长三角城市群内部的技术异质性,城市群应以绿色发展的规划总领全局,而城市群绿色发展现行政策实施效果的保证和后续动力的挖掘,是各城市绿色发展所面临的共同问题。各级政府要做好协调与指导工作,制定科学的城市绿色发展规划,完善长三角地区环境污染的防治协作机制,加强城市群内的经验和技术交流,共享环境治理经验,探索科学的发展路径,通过绿色规划引导绿色增长,积累绿色财富。充分发挥地区比较优势是一个理想的途径,具体而言,上海、南京、杭州要继续保持自己的人才与技术资源优势,毗邻的苏南和浙北地区要利用自己的地域优势,引进先进的绿色技术和高水平人才,苏北地区和安徽要增强自主创新能力,积极探索绿色科技,利用政府扶持政策,依靠城市的主体功能定位,调整产业生产布局,并挖掘自身优势,打造绿色旅游等环保产业,加快经济转型产业升级。即在城市群内部培育绿色产业集群,加快知识、信息、人才、技术的流动和融合,共同打造绿色创新、协同发展的平台,发挥长三角城市群一体化的作用。同时,转变经济发展方式,大力发展新能源行业、新兴产业和第三产业,掌握创新发展的核心竞争力,形成高质量发展的绿色工业体系和以第三产业为主导的经济增长模式。源头上,减少工业污染物的排放,严格控制高耗能、高排放和高污染行业的发展并通过新能源及可再生能源的合理开发利用,把控好能源的输入,加快碳基能源向氢基能源的转变,推广清洁资源的使用,实现能源利用的清洁化和生产方式的绿色化,促进绿色低碳循环发展产业体系的形成。

第三,完善环境政策,加大监督力度。对高能耗、高污染的企业要实施多元化的惩罚机制,完善排污权、碳交易的市场交易体制。对强化绿色研发的企业实施奖励,鼓励节能环保企业进入绿色技术创新的薄弱环节。同时引导市民的绿色消费行为,如推广绿色低碳出行,购买和使用绿色标志产品等,降低居民生活方式在末端输出上的压力。然后通过提升节能环保和减排控污等相关技术指标的约束改变能源消费结构,促进构建绿色产业体系,落实开发、生产和销售等各个环节的环保要求,提高生产过程中对生态的保护力度,实现产业的绿色发展。长三角地区应当根据自身情况,建立适应性强、有针对性的环境绩效评价体系,定期进行考核评价,建立严格的监督机制,规范监督流程,并鼓励新闻媒体和公众参与监督,惩处违法违规行为。

参考文献:

[1] Ciccone A. Agglomeration effects in Europe[J]. Social Science Electronic Publishing, 2000,46(2):213-227.

[2] 刘阳,秦曼. 中国东部沿海四大城市群绿色效率的综合测度与比较[J]. 中国人口・资源与环境,2019,29(03):11-20.

[3] Hu J L, Wang S C. Total-factor energy efficiency of regions in China[J]. Energy Policy,2006,34(17):3206-3217.

[4] Wu F, Fan L W, Zhou P, Zhou D Q. Industrial energy efficiency with CO2 emissions in China:A nonparametric analysis[J]. Energy Policy,2012,49:164-172.

[5] Zhang N, Zhou P, Choi Y. Energy efficiency, CO2 emission performance and technology gaps in fossil fuel electricity generation in Korea:A meta-frontier non-radial directional distance function analysis[J]. Energy Policy, 2013, 56:653-662. [6] Wu J, Zhu Q, Liang L. CO2 emissions and energy intensity reduction allocation over provincial industrial sectors in China[J]. Applied Energy,2016,166:282-291.

[7] Bi G B, Song W, Zhou P, Liang L. Does environmental regulation affect energy

efficiency in China's thermal power generation? Empirical evidence from a slacks-based DEA model[J]. Energy Policy,2014,66:537-546.

[8] Feng C,Wang M,Zhang Y,Liu G C. Decomposition of energy efficiency and energy-saving potential in China:A three-hierarchy meta-frontier approach[J]. Journal of Cleaner Production,2017,176:1054-1064.

[9] Wang H,Ang B W,Wang Q W,Zhou P. Measuring energy performance with sectoral heterogeneity:A non-parametric frontier approach[J]. Energy Economics,2017,62:70-78.

[10] 陈亚,张志强,周志翔,梁樑. 中国制造业全要素能源效率分析——基于地区和细分行业双重视角[J]. 北京理工大学学报(社会科学版),2019,21(02):48-58.

[11] 甘甜,王子龙. 长三角城市环境治理效率测度[J]. 城市问题,2018(01):81-88.

[12] 王兵,吴延瑞,颜鹏飞. 中国区域环境效率与环境全要素生产率增长[J]. 经济研究,2010(5):95-109.

[13] 涂正革,谌仁俊. 传统方法测度的环境技术效率低估了环境治理效率?——来自基于网络DEA的方向性环境距离函数方法分析中国工业省级面板数据的证据[J]. 经济评论,2013(5):89-99.

[14] Aigner D,Lovell C A K,Schmidt P. Formulation and estimation of stochastic frontier production function models[J]. Journal of Econometrics,1977,6(1):21-37.

[15] Ghosh R,Kathuria V. The effect of regulatory governance on efficiency of thermal power generation in India:A stochastic frontier analysis[J]. Energy Policy,2016,89:11-24.

[16] Charnes A,Cooper W W,Rhodes E. Measuring the efficiency of decision making units [J]. European Journal of Operational Research,1978,2(6):429-444.

[17] Reinhard,S. Nitrogen efficiency of Dutch dairy farms:a shadow cost system approach [J]. European Review of Agriculture Economics,2000,27(2):167-186.

[18] Chen Z,Song S. Efficiency and technology gap in China's agriculture:A regional meta-frontier analysis[J]. China Economic Review,2008,19(2):287-296.

[19] O'Donnell,C. J. ,D. S. P. Rao,and G. E. Battese. 2008. Metafrontier frameworks for the study of firm-level efficiencies and technology ratios. Empirical Economics. 34:231-255.

[20] 李静,马潇璨. 资源与环境双重约束下的工业用水效率——基于SBM-Undesirable和Meta-frontier模型的实证研究[J]. 自然资源学报,2014,29(06):920-933.

[21] Zhang,N. ,P. Zhou,and Y. Choi. 2013. Energy efficiency,CO2,emission performance and technology gaps in fossil fuel electricity generation in Korea:A meta-frontier non-radial directional distance function analysis. Energy Policy. 56(2):653-662.

[22] Munisamy,S. ,B. Arabi. 2015. Eco-efficiency change in power plants:using a slacks-based measure for the meta-frontier Malmquist-Luenberger productivity index. Journal of Cleaner Production. 105:218-232.

[23] Alem,Lien,Hardaker,Guttormsen. Regional differences in technical efficiency and technological gap of Norwegian dairy farms:a stochastic meta-frontier model[J]. Applied Economics,2019,51(4):218-232.

附录

表2 2006—2015年间长三角城市群绿色效率

群组	城市	年份	MEE	GEE	TGR	TGI	GMI	群组	城市	年份	MEE	GEE	TGR	TGI	GMI
上海	上海	2006	1.000	1.000	1.000	0.000	0.000		绍兴	2006	0.538	0.683	0.788	0.145	0.317
		2007	0.737	0.772	0.955	0.035	0.228			2007	0.500	0.641	0.780	0.141	0.359
		2008	1.000	1.000	1.000	0.000	0.000			2008	0.555	0.685	0.810	0.130	0.315
		2009	0.671	0.689	0.974	0.018	0.311			2009	0.678	1.000	0.678	0.322	0.000
		2010	1.000	1.000	1.000	0.000	0.000			2010	0.580	1.000	0.580	0.420	0.000
		2011	1.000	1.000	1.000	0.000	0.000			2011	0.590	0.865	0.682	0.275	0.135
		2012	1.000	1.000	1.000	0.000	0.000			2012	0.532	0.766	0.695	0.234	0.234
		2013	0.946	1.000	0.946	0.054	0.000			2013	0.548	0.788	0.695	0.240	0.212
		2014	1.000	1.000	1.000	0.000	0.000			2014	0.547	0.691	0.792	0.144	0.309
		2015	1.000	1.000	1.000	0.000	0.000			2015	0.522	0.848	0.616	0.326	0.152
江苏	南京	2006	0.522	0.549	0.951	0.027	0.451	浙江	金华	2006	0.517	1.000	0.517	0.483	0.000
		2007	0.457	0.479	0.954	0.022	0.521			2007	0.516	0.516	0.484	0.000
		2008	0.744	0.807	0.922	0.063	0.193			2008	0.508	1.000	0.508	0.492	0.000
		2009	0.647	0.676	0.957	0.029	0.324			2009	0.526	1.000	0.526	0.474	0.000
		2010	0.553	0.576	0.960	0.023	0.424			2010	0.721	1.000	0.721	0.279	0.000
		2011	0.604	0.647	0.934	0.043	0.353			2011	0.959	1.000	0.959	0.041	0.000
		2012	0.559	0.631	0.886	0.072	0.369			2012	0.729	0.810	0.900	0.081	0.190
		2013	0.521	0.607	0.858	0.086	0.393			2013	0.794	1.000	0.794	0.206	0.000
		2014	0.492	0.602	0.817	0.110	0.398			2014	0.719	0.841	0.855	0.122	0.159
		2015	0.441	0.579	0.762	0.138	0.421			2015	0.637	1.000	0.637	0.363	0.000
	无锡	2006	0.703	0.704	0.999	0.001	0.296		舟山	2006	1.000	1.000	1.000	0.000	0.000
		2007	0.563	0.563	1.000	0.000	0.437			2007	0.842	1.000	0.842	0.158	0.000
		2008	1.000	1.000	1.000	0.000	0.000			2008	1.000	1.000	1.000	0.000	0.000
		2009	1.000	1.000	1.000	0.000	0.000			2009	1.000	1.000	1.000	0.000	0.000
		2010	0.826	0.833	0.992	0.007	0.167			2010	0.940	1.000	0.940	0.060	0.000
		2011	0.880	0.908	0.969	0.028	0.092			2011	0.592	0.763	0.776	0.171	0.237
		2012	0.853	1.000	0.853	0.147	0.000			2012	0.582	0.833	0.699	0.251	0.167
		2013	0.773	0.846	0.914	0.073	0.154			2013	0.625	0.912	0.685	0.287	0.088
		2014	0.845	1.000	0.845	0.155	0.000			2014	0.874	1.000	0.874	0.126	0.000
		2015	1.000	1.000	1.000	0.000	0.000			2015	1.000	1.000	1.000	0.000	0.000

（续表）

群组	城市	年份	MEE	GEE	TGR	TGI	GMI	群组	城市	年份	MEE	GEE	TGR	TGI	GMI
江苏	常州	2006	0.729	0.729	1.000	0.000	0.271	浙江	台州	2006	0.673	1.000	0.673	0.327	0.000
		2007	0.575	0.575	1.000	0.000	0.425			2007	0.709	0.929	0.763	0.220	0.071
		2008	1.000	1.000	1.000	0.000	0.000			2008	0.635	0.777	0.817	0.142	0.223
		2009	1.000	1.000	1.000	0.000	0.000			2009	0.607	0.732	0.829	0.125	0.268
		2010	0.781	0.781	1.000	0.000	0.219			2010	0.598	0.670	0.893	0.072	0.330
		2011	1.000	1.000	1.000	0.000	0.000			2011	1.000	1.000	1.000	0.000	0.000
		2012	0.747	0.814	0.918	0.067	0.186			2012	0.824	0.894	0.922	0.070	0.106
		2013	0.648	0.764	0.848	0.116	0.236			2013	0.766	0.869	0.881	0.103	0.131
		2014	0.604	1.000	0.604	0.396	0.000			2014	0.795	0.863	0.921	0.068	0.137
		2015	0.571	1.000	0.571	0.429	0.000			2015	1.000	1.000	1.000	0.000	0.000
	苏州	2006	1.000	1.000	1.000	0.000	0.000	安徽	合肥	2006	0.395	1.000	0.395	0.605	0.000
		2007	0.827	0.827	1.000	0.000	0.173			2007	0.316	1.000	0.316	0.684	0.000
		2008	1.000	1.000	1.000	0.000	0.000			2008	0.645	1.000	0.645	0.355	0.000
		2009	1.000	1.000	1.000	0.000	0.000			2009	0.488	1.000	0.488	0.512	0.000
		2010	1.000	1.000	1.000	0.000	0.000			2010	0.482	1.000	0.482	0.518	0.000
		2011	1.000	1.000	1.000	0.000	0.000			2011	0.836	1.000	0.836	0.164	0.000
		2012	1.000	1.000	1.000	0.000	0.000			2012	0.739	0.838	0.882	0.099	0.162
		2013	0.784	0.879	0.892	0.095	0.121			2013	0.668	0.750	0.891	0.082	0.250
		2014	0.809	0.904	0.895	0.095	0.096			2014	0.650	0.697	0.933	0.047	0.303
		2015	1.000	1.000	1.000	0.000	0.000			2015	0.590	0.605	0.975	0.015	0.395
	南通	2006	0.665	0.692	0.961	0.027	0.308		芜湖	2006	0.507	1.000	0.507	0.493	0.000
		2007	0.568	0.587	0.968	0.019	0.413			2007	0.436	0.840	0.519	0.404	0.160
		2008	0.903	0.910	0.992	0.007	0.090			2008	0.443	0.778	0.569	0.335	0.222
		2009	0.696	0.696	1.000	0.000	0.304			2009	0.463	1.000	0.463	0.537	0.000
		2010	0.585	0.585	1.000	0.000	0.415			2010	0.430	1.000	0.430	0.570	0.000
		2011	1.000	1.000	1.000	0.000	0.000			2011	0.586	0.674	0.869	0.088	0.326
		2012	0.539	0.628	0.858	0.089	0.372			2012	0.577	0.654	0.882	0.077	0.346
		2013	0.512	0.626	0.818	0.114	0.374			2013	0.539	0.583	0.925	0.044	0.417
		2014	0.636	1.000	0.636	0.364	0.000			2014	0.596	0.607	0.982	0.011	0.393
		2015	0.478	0.656	0.729	0.178	0.344			2015	0.653	0.653	1.000	0.000	0.347

群组	城市	年份	MEE	GEE	TGR	TGI	GMI	群组	城市	年份	MEE	GEE	TGR	TGI	GMI
江苏	盐城	2006	0.577	0.632	0.913	0.055	0.368	安徽	马鞍山	2006	0.442	0.704	0.628	0.262	0.296
		2007	0.508	0.609	0.834	0.101	0.391			2007	0.404	0.612	0.660	0.208	0.388
		2008	1.000	1.000	1.000	0.000	0.000			2008	0.381	0.552	0.690	0.171	0.448
		2009	0.981	1.000	0.981	0.019	0.000			2009	0.519	1.000	0.519	0.481	0.000
		2010	0.849	0.987	0.860	0.138	0.013			2010	0.516	1.000	0.516	0.484	0.000
		2011	0.715	0.985	0.726	0.270	0.015			2011	0.727	1.000	0.727	0.273	0.000
		2012	0.695	1.000	0.695	0.305	0.000			2012	0.655	0.906	0.723	0.251	0.094
		2013	0.637	1.000	0.637	0.363	0.000			2013	0.634	1.000	0.634	0.366	0.000
		2014	0.623	1.000	0.623	0.377	0.000			2014	0.687	1.000	0.687	0.313	0.000
		2015	0.551	1.000	0.551	0.449	0.000			2015	0.708	1.000	0.708	0.292	0.000
	扬州	2006	0.743	1.000	0.743	0.257	0.000		铜陵	2006	0.551	0.665	0.829	0.114	0.335
		2007	0.663	0.847	0.783	0.184	0.153			2007	0.467	0.505	0.925	0.038	0.495
		2008	1.000	1.000	1.000	0.000	0.000			2008	0.454	0.492	0.923	0.038	0.508
		2009	1.000	1.000	1.000	0.000	0.000			2009	0.587	0.715	0.821	0.128	0.285
		2010	0.863	0.947	0.911	0.084	0.053			2010	0.659	1.000	0.659	0.341	0.000
		2011	1.000	1.000	1.000	0.000	0.000			2011	1.000	1.000	1.000	0.000	0.000
		2012	0.758	0.857	0.884	0.099	0.143			2012	0.611	0.624	0.979	0.013	0.376
		2013	0.628	0.780	0.805	0.152	0.220			2013	0.854	0.947	0.902	0.093	0.053
		2014	0.615	0.798	0.771	0.183	0.202			2014	1.000	1.000	1.000	0.000	0.000
		2015	0.618	1.000	0.618	0.382	0.000			2015	1.000	1.000	1.000	0.000	0.000
	镇江	2006	0.764	0.799	0.956	0.035	0.201		安庆	2006	0.558	0.727	0.768	0.169	0.273
		2007	0.658	0.672	0.979	0.014	0.328			2007	0.558	0.743	0.751	0.185	0.257
		2008	1.000	1.000	1.000	0.000	0.000			2008	0.534	0.680	0.785	0.146	0.320
		2009	0.713	0.777	0.918	0.064	0.223			2009	0.821	1.000	0.821	0.179	0.000
		2010	0.534	0.618	0.864	0.084	0.382			2010	0.660	1.000	0.660	0.340	0.000
		2011	0.766	0.938	0.817	0.172	0.062			2011	0.828	1.000	0.828	0.172	0.000
		2012	0.716	0.908	0.789	0.192	0.092			2012	0.756	0.827	0.914	0.071	0.173
		2013	0.609	0.815	0.747	0.206	0.185			2013	0.717	0.846	0.848	0.129	0.154
		2014	0.601	0.795	0.756	0.194	0.205			2014	0.657	0.701	0.937	0.044	0.299
		2015	0.523	1.000	0.523	0.477	0.000			2015	0.718	0.718	1.000	0.000	0.282

（续表）

群组	城市	年份	MEE	GEE	TGR	TGI	GMI	群组	城市	年份	MEE	GEE	TGR	TGI	GMI
江苏	泰州	2006	0.708	1.000	0.708	0.292	0.000		滁州	2006	0.571	1.000	0.571	0.429	0.000
		2007	0.543	0.602	0.902	0.059	0.398			2007	0.527	0.719	0.733	0.192	0.281
		2008	0.969	1.000	0.969	0.031	0.000			2008	0.516	0.645	0.800	0.129	0.355
		2009	0.819	1.000	0.819	0.181	0.000			2009	0.571	0.759	0.752	0.188	0.241
		2010	0.695	1.000	0.695	0.305	0.000			2010	0.558	0.650	0.858	0.092	0.350
		2011	0.730	1.000	0.730	0.270	0.000			2011	0.675	0.760	0.888	0.085	0.240
		2012	0.662	0.850	0.779	0.188	0.150			2012	0.617	0.666	0.926	0.049	0.334
		2013	0.574	0.765	0.750	0.191	0.235			2013	0.610	0.667	0.915	0.057	0.333
		2014	0.738	1.000	0.738	0.262	0.000			2014	0.611	0.611	1.000	0.000	0.389
		2015	0.685	1.000	0.685	0.315	0.000			2015	1.000	1.000	1.000	0.000	0.000
浙江	杭州	2006	0.705	1.000	0.705	0.295	0.000	安徽	池州	2006	0.798	0.870	0.917	0.072	0.130
		2007	0.569	0.829	0.686	0.260	0.171			2007	0.696	0.696	1.000	0.000	0.304
		2008	0.687	0.948	0.725	0.261	0.052			2008	0.730	0.730	1.000	0.000	0.270
		2009	0.746	1.000	0.746	0.254	0.000			2009	1.000	1.000	1.000	0.000	0.000
		2010	0.645	1.000	0.645	0.355	0.000			2010	1.000	1.000	1.000	0.000	0.000
		2011	0.663	1.000	0.663	0.337	0.000			2011	1.000	1.000	1.000	0.000	0.000
		2012	0.583	0.899	0.648	0.316	0.101			2012	0.882	1.000	0.882	0.118	0.000
		2013	0.575	1.000	0.575	0.425	0.000			2013	0.846	0.846	1.000	0.000	0.154
		2014	0.608	1.000	0.608	0.392	0.000			2014	1.000	1.000	1.000	0.000	0.000
		2015	0.533	1.000	0.533	0.467	0.000			2015	1.000	1.000	1.000	0.000	0.000
	宁波	2006	1.000	1.000	1.000	0.000	0.000		宣城	2006	0.655	1.000	0.655	0.345	0.000
		2007	0.747	1.000	0.747	0.253	0.000			2007	0.607	1.000	0.607	0.393	0.000
		2008	0.873	1.000	0.873	0.127	0.000			2008	0.158	0.181	0.873	0.023	0.819
		2009	0.644	1.000	0.644	0.356	0.000			2009	0.127	0.147	0.864	0.020	0.853
		2010	0.631	1.000	0.631	0.369	0.000			2010	0.068	0.151	0.450	0.083	0.849
		2011	0.652	1.000	0.652	0.348	0.000			2011	1.000	1.000	1.000	0.000	0.000
		2012	0.576	0.755	0.763	0.179	0.245			2012	0.959	0.959	1.000	0.000	0.041
		2013	0.620	0.800	0.775	0.180	0.200			2013	1.000	1.000	1.000	0.000	0.000
		2014	0.608	1.000	0.608	0.392	0.000			2014	1.000	1.000	1.000	0.000	0.000
		2015	0.501	0.694	0.722	0.193	0.306			2015	1.000	1.000	1.000	0.000	0.000

群组	城市	年份	MEE	GEE	TGR	TGI	GMI	群组	城市	年份	MEE	GEE	TGR	TGI	GMI
浙江	湖州	2006	0.480	0.579	0.829	0.099	0.421	安徽	六安	2006	1.000	1.000	1.000	0.000	0.000
		2007	0.467	0.563	0.829	0.096	0.437			2007	1.000	1.000	1.000	0.000	0.000
		2008	0.534	0.571	0.935	0.037	0.429			2008	0.905	1.000	0.905	0.095	0.000
		2009	0.497	0.551	0.902	0.054	0.449			2009	0.972	1.000	0.972	0.028	0.000
		2010	0.497	0.527	0.943	0.030	0.473			2010	0.864	1.000	0.864	0.136	0.000
		2011	0.592	0.593	0.998	0.001	0.407			2011	1.000	1.000	1.000	0.000	0.000
		2012	0.546	0.583	0.937	0.037	0.417			2012	1.000	1.000	1.000	0.000	0.000
		2013	0.566	0.675	0.839	0.109	0.325			2013	1.000	1.000	1.000	0.000	0.000
		2014	0.553	0.730	0.758	0.177	0.270			2014	1.000	1.000	1.000	0.000	0.000
		2015	0.521	0.734	0.710	0.213	0.266			2015	1.000	1.000	1.000	0.000	0.000

助推生态文明建设的税收政策研究

——以安徽省为例

陈昌龙

摘　要:生态环境成为制约国家经济发展的重要因素,税收政策则是协调经济利益与生态环境的重要工具。2018 年 1 月 1 日正式实施的《环境保护税法》是我国第一部体现生态税收政策的税法。本文在分析安徽省生态税收政策现状的基础上,以安徽省为例探讨当前生态税收政策的实施效应,提出助推生态文明建设的税收政策建议。

关键词:生态文明;税收政策;建议

煤炭、石油等主要化石能源虽然为我国经济的飞速发展做出了巨大贡献,但同时也造成了资源短缺、生态环境恶劣等问题。为了助推生态文明建设,除了现有的生态税收政策外,还必须建立全面、完善、协调的生态税制体系。

一、安徽省助推生态文明建设的税收政策现状

(一)基于资源保护视角实施的生态税收现状

1. 基于资源税视角分析

安徽省资源税收入自 2012 年以来逐年增加,但资源税税收比重却趋于下降,2017 年资源税收入占税收总收入的比重仅为 1.09%(见表 1),说明随着经济的快速增长,资源税的征收范围需要进一步拓宽。

作者简介:陈昌龙,安徽工业大学商学院老师。

表1　安徽省2012—2017年资源税收入表

年份	2012	2013	2014	2015	2016	2017
资源税(万元)	179243	197366	208198	205961	178188	214518
全省税收收入(万元)	13050933	15202168	16925236	17998922	18575281	19706808
占全省税收收入比重	1.37%	1.30%	1.23%	1.14%	0.96%	1.09%
全省GDP总值(亿元)	17212.1	19229.3	20848.8	22005.6	24117.9	27018.0
占全省GDP比重	0.10%	0.10%	0.10%	0.09%	0.07%	0.08%

2. 基于耕地占用税和城镇土地使用税视角分析

耕地占用税和城镇土地使用税都是具有绿色性质的生态税收。通过表2、表3可知,尽管这两种税在安徽省税收总收入中所占比重逐年提高,但其比例只有10%左右,说明这两种税在限制滥用土地资源方面还不能发挥更大的作用。

表2　安徽省2012—2017年耕地占用税收入表

年份	2012	2013	2014	2015	2016	2017
耕地占用税(万元)	506106	389848	357629	451195	683823	521187
全省税收收入(万元)	13050933	15202168	16925236	17998922	18575281	19706808
占全省税收收入比重	3.88%	2.56%	2.11%	2.51%	3.68%	2.64%
全省GDP总值(亿元)	17212.1	19229.3	20848.8	22005.6	24117.9	27018.0
占全省GDP比重	0.29%	0.20%	0.17%	0.21%	0.28%	0.19%

表3　安徽省2012—2017年城镇土地使用税收入表

年份	2012	2013	2014	2015	2016	2017
城镇土地使用税(万元)	797056	881277	980024	1330471	1418690	1436173
全省税收收入(万元)	13050933	15202168	16925236	17998922	18575281	19706808
占全省税收收入比重	6.11%	5.80%	5.79%	7.39%	7.64%	7.29%
全省GDP总值(亿元)	17212.1	19229.3	20848.8	22005.6	24117.9	27018.0
占全省GDP比重	0.46%	0.46%	0.47%	0.60%	0.59%	0.53%

(二)基于环境保护视角实施的生态税收现状

1. 基于增值税视角分析

作为我国重要的商品税,增值税的适用范围非常广泛。充分利用增值税优惠政策,可以有力地推进生态文明建设。通过表4可以发现,安徽省增值税收入稳步增长,增值税收入出现了较大幅度的提高。

表4　安徽省2012—2017年增值税收入表

年份	2012	2013	2014	2015	2016	2017
增值税(万元)	1753345	2244996	2605482	2731085	5303404	8033600
全省税收收入(万元)	13050933	15202168	16925236	17998922	18575281	19706808
占全省税收收入比重	13.43%	14.77%	15.39%	15.17%	28.55%	40.77%
全省GDP总值(亿元)	17212.1	19229.3	20848.8	22005.6	24117.9	27018.0
占全省GDP比重	1.02%	1.17%	1.25%	1.24%	2.20%	2.97%

2. 基于消费税视角分析

消费税的征收目的是调节消费结构,引导消费方向,保证国家财政收入。为了科学地引导生产和消费,促进节能环保,消费税征收范围逐步扩大。从表5安徽省消费税收入表分析,消费税对政策变化较为敏感。

表5　安徽省2012—2017年消费税收入表

年份	2012	2013	2014	2015	2016	2017
消费税(万元)	1122191	1172880	1269175	1502152	1455820	1456973
全省税收收入(万元)	13050933	15202168	16925236	17998922	18575281	19706808
占全省税收收入比重	8.60%	7.72%	7.50%	8.35%	7.84%	7.39%
全省GDP总值(亿元)	17212.1	19229.3	20848.8	22005.6	24117.9	27018.0
占全省GDP比重	0.65%	0.61%	0.61%	0.68%	0.60%	0.54%

3. 基于企业所得税视角分析

通过表6分析可见,自2012年以来,企业所得税作为另一项主要生态税收,其在全省税收收入中所占比重呈下降趋势。随着减轻企业税负要求的提高,企业所得税税收优惠力度不断加大,针对小微企业的所得税优惠及研发费用加计扣除政策都作了进一步的完善。

表6　安徽省2012—2017年企业所得税收入表

年份	2012	2013	2014	2015	2016	2017
企业所得税(万元)	1844973	1904639	2183194	2355732	2332401	2747309
全省税收收入(万元)	13050933	15202168	16925236	17998922	18575281	19706808
占全省税收收入比重	14.14%	12.53%	12.90%	13.09%	12.56%	13.94%
全省GDP总值(亿元)	17212.1	19229.3	20848.8	22005.6	24117.9	27018.0
占全省GDP比重	1.07%	0.99%	1.05%	1.07%	0.97%	1.02%

4. 基于城市维护建设税视角分析

城市维护建设税属于增值税和消费税的附加税。根据表7可知,城市维护建设税收入占比并不低,且大部分都用于城市的基础公共工程项目的专项资金,从而使公共环境得到改善。

表7 安徽省 2012—2017 年城市维护建设税收入表

年份	2012	2013	2014	2015	2016	2017
城市维护建设税(万元)	797056	881217	980024	1060535	1133857	1212091
全省税收收入(万元)	13050933	15202168	16925236	17998922	18575281	19706808
占全省税收收入比重	6.11%	5.80%	5.79%	5.89%	6.10%	6.15%
全省 GDP 总值(亿元)	17212.1	19229.3	20848.8	22005.6	24117.9	27018.0
占全省 GDP 比重	0.46%	0.46%	0.47%	0.48%	0.47%	0.45%

5. 基于车辆购置税和车船税视角分析

通过表8、表9可知,自2012年以来,安徽省车辆购置税和车船税收入均有所增加,这两项生态税收在全省税收收入中所占比重也略有提高。

表8 安徽省 2012—2017 年车辆购置税收入表

年份	2012	2013	2014	2015	2016	2017
车辆购置税(万元)	597347	695819	773209	748406	716674	879219
全省税收收入(万元)	13050933	15202168	16925236	17998922	18575281	19706808
占全省税收收入比重	4.58%	4.58%	4.57%	4.16%	3.86%	4.46%
全省 GDP 总值(亿元)	17212.1	19229.3	20848.8	22005.6	24117.9	27018.0
占全省 GDP 比重	0.35%	0.36%	0.37%	0.34%	0.30%	0.33%

表9 安徽省 2012—2017 年车船税收入表

年份	2012	2013	2014	2015	2016	2017
车船税(万元)	91360	106991	128294	148497	168328	207675
全省税收收入(万元)	13050933	15202168	16925236	17998922	18575281	19706808
占全省税收收入比重	0.70%	0.70%	0.76%	0.83%	0.91%	1.05%
全省 GDP 总值(亿元)	17212.1	19229.3	20848.8	22005.6	24117.9	27018.0
占全省 GDP 比重	0.05%	0.06%	0.06%	0.07%	0.07%	0.08%

二、安徽省助推生态文明建设的税收政策效应分析

(一)助推生态文明建设的税收政策经济效应分析

税收政策作为一种有效的经济杠杆,将直接影响社会经济活动,这种影响主要体现在生产、消费等方面。在生产阶段,助推生态文明的税收政策可以通过税收直接影响消费品价格,使与环境污染相关的生产要素税收支出增加,从而影响企业的投入成本。企业为了实现利润最大化,将会逐步进行生产工艺改进与新技术研发,增加环保投资、降低能耗,实现生产环节生态化。在消费阶段,税收与人们的日常生活紧密相连,因此它能够利用正确的政策导向来引导人们树立绿色生态的消费理念,进而发挥其促进生态文明建设的作用。

根据最新的环境统计年度报告和统计年鉴,安徽省 2015 年环境节能环保支出总额为 1986403 万元,占全省国内生产总值的 0.74%,占全省固定资产投资总额的 0.68%。从理论上讲,政府加大对环境保护的支持,可能会对以工业为主的第二产业的国内生产总值产生更大的影响。从表 10 的数据分析可以看出,虽然安徽省第二产业的 GDP 从 2012 年到 2017 年在逐年攀升,但是第二产业 GDP 的增长率明显高于全省 GDP 的增长率,呈下降的趋势。这表明安徽省产业结构调整已步入正轨。

表10 安徽省 2012—2017 年第二产业占比情况 单位:亿元

年份	2012	2013	2014	2015	2016	2017
第二产业生产总值	9404.84	10390.04	11077.67	10946.83	11590.25	12838.28
全省 GDP 总值	17212.1	19229.3	20848.8	22005.6	24117.9	27018.0
占全省 GDP 比重	54.64%	54.03%	53.13%	49.75%	48.06%	47.52%

(二)助推生态文明建设的税收政策财政效应分析

在助推生态文明建设的税收政策下,税收收入既满足了政府购买性支出活动的基本需要,又为政府的环境保护活动提供了充足的财政支持。虽然短期内,助推生态文明建设的税收政策可能会使大量排放污染物的企业经营活动受到一定影响,一定程度上会影响地方财政收入,但是在用新兴环保产业取代传统工业的过程中,这些新税源对地方财政收入起到了新的、可持续的补充作用,同时减少政府在治理污染方面的大量支出。通过图 1 可以看出,安徽省节能环保财政支出自 2012 年以来逐年增长,到 2017 年实现了较快的增

长速度。一方面,由于生态税收收入逐年上升,政府可以获得更多的财政收入,以保持对生态文明建设的支持;另一方面,随着生态税收观念的不断深化,地方绩效评价模式的转变,都为经济与环境发展实现双赢提供了新的突破点。

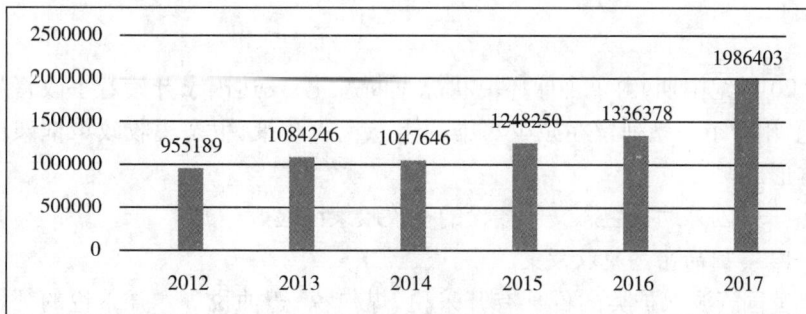

图1 安徽省2012—2017年节能环保财政支出情况(单位:万元)

三、安徽省助推生态文明建设的税收政策存在的问题

(一)生态税收收入所占比重较低

由于传统能源产业的垄断性质以及安徽省高新科技水平较为落后,安徽省新兴环保产业的增长速度比较缓慢。加上安徽省经济水平仍有待提升,目前政府工作的重点仍然是提高居民收入和刺激消费,驱动经济增长。因此,安徽省生态税收政策的实行必然会受到一定影响,推进生态税收政策进一步完善的阻力相对较大。

(二)生态税收政策执行效率不高

尽管中央政府积极地推行生态税收政策,但地方政府在落实结构性减税政策的同时,对于税收政策调整导致的财政收入减少问题缺乏相应的应对措施,这就导致了安徽省生态税收政策的执行效率不高,从而难以吸引新兴的环保产业进驻。同时,在促使企业进行产业转型的过程中,安徽省激励政策的缺失也是制约其生态税收政策推行的一个因素。

(三)生态税收政策效应缺失

近年来,地方税务局的工作重点一直是优化税收服务,加强税收管理,对于税收引导社会经济生活职能的认识还有所欠缺。在实际的税务征收和管理工作中,税务部门无法发挥生态税收政策的社会观念指引功能。在税收征收管理过程中,税务部门为了规避风险,依据现有政策规章灵活变通的能力较弱。因此,如何变被动为主动,积极深化税收制度改革,是一个需要从国家政策层面思考的问题。

四、国外助推生态文明建设的税收政策经验及启示

20世纪中期,由于全球环境状况不断恶化,发达国家开始着手改善生态问题,出台了一系列旨在减少污染的生态税收政策,生态税收政策框架已经基本形成。

(一)国外助推生态文明建设的税收政策经验

1. 美国的生态税收政策

美国资源保护类的税种有开采税、煤炭税、燃油税等。开采税的征税对象是石油、天然气等不可再生能源的开采行为。煤炭税是美国国内一种特别的资源税。同时,美国对燃油等各种燃料征收的燃油税实际上也是消费税的一种,这种税规定的应纳税行为较多,其纳税人包括进口商、炼油厂、油轮公司等,从而能够对从上游到下游一整条产业链进行征税。根据专款专用原则,燃油税的税收收入主要用于政府完善公共交通基础设施等。

美国环境保护类的税种有水污染税、固体废弃物处置税、环境收入税等。美国设置水污染税主要目的是为治理自来水和下水道污染提供财政资金支持。而环境收入税则为美国的环境保护基金提供资金支持,政府以企业的经营状况为标准进行征税,要求收益超过200万美元的法人企业对超出部分缴纳税款。固体废物处置税主要是把每个家庭产生的垃圾量作为固体废物进行征税,这种税收政策将有助于减少美国家庭随意投放废弃物的情况。

2. 日本的生态税收政策

日本征收的资源税税种有石油液化气税、车辆税等。石油液化气税作为石油消费税的补充,以石油液化气重量为计税标准,实行从量定额征收。车辆税主要在出厂时征收,征税对象的范围从摩托车到大型客车、火车,涵盖内容十分广泛,同时侧重于调节高档消费层面。

日本征收的环境税税种有环境税、二氧化硫税、机动车吨位税等。环境税类似于我国的资源税,其征税对象是石油、天然气等不可再生的能源资源。二氧化硫税则主要是针对一些不遵守规定的企业进行征收,税收收入主要用于治理二氧化硫排放量超标造成的大气污染以及对社会公众产生的不利影响。机动车吨位税是考虑到不同吨位的机动车对环境造成的污染程度不同,因而在注册登记时按照登记的吨位对机动车征收吨位税。

（二）国外助推生态文明建设的税收政策启示

1. 基于国情整体筹划

发达国家根据自身国情分别选择了不同的生态税制改革道路,归纳起来有两种模式。一是根据生态环境保护的现状和需求不断调整生态税收结构,逐步建立符合本国国情的生态税收体系;二是通过不断增加新税种和调整现有税收政策来弥补现有税收政策的不足。生态税制改革与经济发展的实际情况有着密切关系,发达国家在调整税收制度时,也会考虑到各国在不同时期面临的不同重大问题,更具针对性地协调税收等经济手段。当前,我国生态税收政策的改革和完善,需要综合各种因素,借鉴国外生态税收政策改革的成功经验,探索如何健全我国的生态税收政策体系。

2. 坚持税收中性原则

当实施生态税收政策改革时,如果新的税收政策负担较重,很可能面临政治压力以及社会力量障碍。因此,在制定生态税收政策时,为了使生态税收政策的可行性与社会公众接受程度进一步提升,大部分国家一般会采取税收中性的方法。比如西方国家在征收二氧化碳税的过程中,同时将征收的部分税款通过减少企业交纳的社保金或是为企业治理污染提供资金帮助的方式返还给企业,以减少纳税人的税收负担。我国企业目前的税收负担并不轻,因此在推行生态税制改革时,也应参考税收中性原则,使纳税人整体税负保持在一个稳定的水平,从而顺利推进生态税收政策的实施。

3. 税收约束与优惠措施并举

发达国家实行的生态税收政策范围涵盖经济活动与社会生活的各个方面,特别是对高污染和高排放的纳税人设计较高的税率,以限制污染物排放和保护环境,碳税、垃圾税的征收在发达国家极为普遍。当前,我国已成为世界上二氧化碳排放量最高的国家,目前仍未征收碳税;由于客观条件限制,也未开征垃圾税,这显然不利于生态环境保护。同时,为了减轻生态税收政策改革的障碍,发达国家也会实施税收减税、降低税率等优惠措施激励纳税人节能减排、研究开发新能源技术和投资环保产业。

五、完善助推生态文明建设的税收政策建议

在生态税收政策改革和体系构建中,要始终坚持生态发展理念,充分发挥税收在促进生态文明建设中的推动作用,充分利用现有高新技术手段,实现产业结构的升级和优化,助推生态文明建设和发展,助力中华民族伟大复

兴的"中国梦"。

(一)健全生态税收政策体系

目前许多具有"绿色"性质的税收政策仍分散在各个税种中,无法形成立体化的生态税收制度。健全生态税收政策体系,首先要扩大征管范围。我国的税收征收管理技术和水平有了很大的提高,继续实行当前生态税收政策、加深现有税制"绿色化"程度的同时,可以考虑引入新的生态税种,进一步扩大生态税收征管范围,增强税收对环境污染的调节力度,促进的经济可持续发展。其次,完整的生态税制体系不应仅包含几个独立的税种。虽然环境保护税在我国尚处于初步实施阶段,但我国已积累了近三十年资源税和消费税的征收经验。在构建生态税收政策体系的过程中,不仅要增强环保税、资源税、消费税等助推生态环境保护的重要税种的"绿化"程度,还需考虑在原有税种的基础上增加新的具有生态性质的税种,不断调整尚不完善的生态税收制度,健全生态税收政策体系。

(二)提高生态税收立法层次

从我国税收立法现状来看,我国关于生态税收的立法还很少。要使税收政策助推生态文明建设,只有独立的环境保护税法、车船税法、车辆购置税法、资源税法是难以发挥作用的。生态税收立法应是生态文明建设的第一步,应贯彻落实税收法定原则,加快增值税、消费税等税种的立法工作,依据法律法规明确相关税收的征收范围以及课税要素。

(三)加大资源税的调节力度

作为生态税收政策的重要组成部分,我国现行资源税为助推生态文明建设发挥了重要作用。然而,目前我国的资源税仍存在调整不足的问题,有待加强。首先,可以考虑将森林、草地、滩涂等自然资源纳入资源税征收范围,为不同类别的资源设置差别税率,按市场价从价计税,可以合理提高资源税总体税收水平。其次,对于煤炭、石油等不可再生的化石能源,应当根据矿产资源的稀缺性,使高度稀缺的资源适用较高的税率,同时建议将其开采量和销售额同时纳入计税标准,可以有效引导企业合理开采,节约资源。最后,可以借鉴国外经验,把水资源税的征收范围推广至全国,对生活用水征收自来水税,以便更好地保护水资源。

(四)强化消费税的绿化程度

根据环境友好程度的高低为消费品设定不同的税率,能够为消费者树立绿色消费观念,引导人们购买绿色环保产品。相比利用行政手段限制非绿色产品的消费,以税收方式引导社会大众的购买倾向则要更为平缓和有效。一是要逐步扩大消费税征收范围。把一次性塑料制品、私人飞机、有害肥料等严重污染环境的产品纳入消费税的征收范围。二是调整消费税税率。我国成品油税率虽已连续三次大幅提高，但仍低于发达国家，因此有必要再次提高成品油税率，并对税率加以区分，比如为无铅、含铅汽油这两种消费品设定不同的税率，给含铅汽油设定较高的税率，以促进资源的合理配置，达到节约能源的目的。三是针对消费税变价内税为价外税。使消费品价格和消费税税额有明确的标识，让税负转嫁一目了然，有助于引导消费者形成绿色环保的消费理念。

（五）加大环保税的征管力度

《环境保护税法》的实施，不但可以极大地助推我国的生态文明建设，而且也是对司法系统和税务系统相互协作进行税收征管的一次重大探索。加快了由行政指令向法制化转变的进程，为我国税收体系法制化进程开创了先河。鉴于环保税法实行近两年，相关的征收管理制度还不完善，应该进行更多的尝试积累经验，形成合理健全的征收措施。环境保护税替代了以往的排污费，征收单位由环保部门变成与税务单位共同协作，因此环保税法的执行效果与税务部门和环保部门的协同合作密切相关。因此，必须切实落实部门信息共享和工作配合机制要求，杜绝传统征管模式中存在的弊端，才能将环保税法的作用完全发挥出来。

合肥都市圈城市经济发展
质量的时空演变研究

廖信林　张棋飞

摘　要:本文以合肥都市圈作为研究对象,运用突变级数法测算了合肥都市圈各市的城市经济发展质量得分,并以地图的形式反映各市经济发展质量的时空演变情况。研究表明:合肥都市圈整体的经济发展质量呈现出稳中向好的态势,但各城市经济发展的整体性和协同性方面趋于下降;合肥都市圈内部分城市未来经济发展质量的提升仍存在较大的短板,其经济发展质量的内部结构发展较不均衡。因此要充分利用合肥都市圈的优质科教资源,提高圈内整体区域经济协调发展能力,借助区域战略发展规划来实现合肥都市圈整体经济的高质量发展。

关键词:高质量发展;合肥都市圈;时空演变

一、引　言

党的十九大报告和2017年中央经济工作会议指出,"我国经济已由高速增长阶段转向高质量发展阶段,推动高质量发展是当前和今后一个时期确定发展思路、制定经济政策、实施宏观调控的根本要求"。这意味着今后我国经济工作的重点将转移到经济发展的质量中去[1],"高质量发展"理念将是指导我国当前和今后一个时期经济工作的总方针[2]。

城市经济的高质量发展是实现我国经济整体高质量发展的重要一环。《合肥都市圈城镇体系规划(2015年—2030年)》明确提出要把合肥都市圈打造成

作者简介:廖信林,男,40岁,安徽财经大学经济学院副院长,教授;张棋飞,男,22岁,安徽财经大学经济学院研究生。

长三角重要增长极,而随着长三角一体化发展正式成为国家战略,合肥都市圈作为长三角地区的重要组成部分,其发展质量的好坏会直接影响长三角区域一体化的发展。本文采用突变级数法针对合肥都市圈中 6 个地级市(考虑城市层级差距故排除桐城市)2012—2017 年的经济发展质量进行测算,意图找到制约各市经济质量腾飞的痛点,助力合肥都市圈经济高质量发展。

二、文献综述

目前,学界关于高质量发展的概念界定大致可分为以下几个视角[2]。

第一个视角是基于我国社会主要矛盾的转变定义高质量发展。当前我国社会主要矛盾已经转化为人民日益增长的美好生活需要和不平衡不充分的发展之间的矛盾,其中不平衡不充分的发展又是主要矛盾的主要方面。社会主要矛盾的转变对新时代中国经济的发展提出了新要求[3],满足人民日益增长的美好生活需要,破解我国社会主要矛盾必须以经济的高质量发展为主要抓手[4-6]。

第二个视角是基于五大发展理念定义高质量发展。高质量发展的实现要求经济实现创新为其第一动力、协调为其内生特点、绿色为其普遍形态、开放为其必由之路、共享为其根本目的[4],实现创新驱动经济增长、社会经济协调发展、人与自然和谐共生[7],最终达到经济发展高质量、城乡协调高质量、生态文明高质量、开放深化高质量、人民生活高质量[8]。

第三个视角是基于现存问题的解决定义高质量发展。当前我国的经济发展仍旧存在核心科技受制于人、产品质量水平不高、高端需求难以满足、资源环境过度损耗等问题。只有当这些问题得到解决才可以说实现了经济的高质量发展[9]。

第四个视角是基于宏中微观三方面出发定义高质量发展[10]。高质量发展的微观方面主要指的是产出质量的提升,凭借微观产品服务质量支撑高质量发展[7];中观方面主要指的是产业价值链的升级,应注重提高研发、设计、品牌等高价值链区段的比重,尽快从中低端产业价值链的徘徊窘境中抽身[3];宏观层面主要指的是国民经济整体素质的提升,以期全面建成小康社会,顺利进入高收入国家行列,实现中华民族伟大复兴[3]。

第五个视角是从经济运行的过程出发定义高质量发展。生产、交换、分配、消费的循环构成了经济运行的流程,其中每一个环节都深刻影响着经济高质量发展的实现。生产的高质量、交换的高质量、分配的高质量、消费的高质量以及循环的高质量共同组成了高质量发展的深刻内涵,反映在实际中就是要素资源配置与投入的高质量化,产品产出、供给与需求的高质量化,国民经济循环的高质量化[11]。

2017 年的中央经济工作会议指出,"必须加快形成推动高质量发展的指标体系、政策体系、标准体系、统计体系、绩效评价、政绩考核,创建和完善制度环境,推动我国经济在实现高质量发展上不断取得新进展"。当前,建立科学合理的高质量发展评价指标体系是推动高质量发展的工作重点[12],目的是为了引领高质量发展[13]。但从现存评价体系的指标选取上看,存有"四多四少"的缺陷,表现为反映经济发展流量存量的指标多,体现经济发展质量的指标少;反映经济增长的宏观指标多,体现人民感受的微观指标少;反映经济成就方面的指标多,体现其他领域成果方面的指标少;反映传统发展路径的指标多,体现新发展理念的指标少,从而使得高质量发展测评指标体系的建立困难重重[13]。设计科学合理的高质量发展评价指标体系是一项富有挑战性、开创性的工作,一方面要紧扣高质量发展的理念根据现实情况设计动态评价指标体系,另一方面要使得评价指标体系的设计出台能够真正引领经济向高质量发展阶段的推进,同时可广泛参考利用现有较为成熟和被普遍接受的经济发展评价指标体系及最新研究成果[14]。

目前,学术界已经开始我国经济高质量发展的评价指标体系的设计工作,基本的做法是根据经济高质量发展的内涵,在考虑数据的可得性的基础上进行指标的层次分解,之后再由底层指标通过方法逐层进行综合,最后形成某地特定时点的高质量发展水平测度数值。在对高质量发展进行指标层次分解时,不同学者有不同标准,目前尚且难以统一。师博等(2018)借鉴Mlachila 等(2014)的研究成果从增长的基本面和社会成果两方面构建经济增长质量评价指标体系,不过该体系在构建的过程中主观性较强且结构较为简单,恐难以反映我国经济高质量发展的真实水平[6]。魏敏等(2018)在基于我国现有经济发展困境与高质量发展理念的基础上构建了包括 10 个子系统 53个测度指标的经济高质量发展测度体系,测度了 2016 年我国 30 个省份的高质量发展水平,但相关指标的选取可能不尽合理,还需要对指标进一步改进[15]。李金昌等(2019)、方大春等(2019)以及孟祥兰等(2019)在测度省域经济高质量发展的指标选取均以五大发展理念为参考或标准,这种构建方式目前有着较为广泛且坚实的理论基础[16-18]。鉴于此,本文也将以五大发展理念为参考,构建关于合肥都市圈内城市高质量发展评价指标体系。本文的创新之处在于将高质量发展的评价指标体系设计工作延伸到市域层面,目前的研究仅涉及省域层面,一方面可能因为这类研究处在刚刚起步的阶段,另一方面是因为市域层面数据的获取难度较大。

三、评价指标体系构建与研究方法

(一)评价指标体系的构建

本文评价指标体系的构建参照"五大发展理念",在参考大量相关的评价指标体系构建的成果之后,又限于突变级数法指标分离数不超过 4 个的性质分解出了城市创新能力、人民生活水平、城市环境改善和对外开放程度 4 个二级指标。而后基于 4 个二级指标的评价要求选取了 14 个三级指标,共同构成了合肥都市圈城市经济发展质量评价指标系统(见表1)。

表 1　合肥都市圈城市经济发展质量评价指标体系

一级指标	二级指标	三级指标(原始数据)
高质量发展	城市创新能力	平均教育年限
		R&D 经费占地区生产总值比
		专利申请数占 R&D 经费比重
		专利申请数占 R&D 人员数比重
	人民生活水平	农村居民收入占城市居民收入比重
		城镇登记失业率
		每百万元生产总值城镇居民平均每人全年可支配收入占比
		万人医疗卫生机构订位数
	城市环境改善	单位地区生产总值工业废气排放量
		单位地区生产总值工业烟(粉)尘排放量
		空气质量达到及优于二级的天数比例
		造林面积占全市面积比重
	对外开放程度	进出口额占 GDP 比重
		实际利用外资占 GDP 比重

(二)研究方法

1. 突变级数法

突变级数法是一种指标综合评价方法。其首先对核心评价指标进行层层分解,再运用指标间的相互关系及归一公式逐层计算突变级数值,直到计算出核心评价指标的突变级数值并对其进行分析。突变级数法的好处在于无须计算指标权重,避免了权重选择的主观性问题,不过其在计算同一系统内各指标的重要程度时需要通过其他方法进行测算。

2. 主成分分析法

在确定同一系统内各指标重要性程度的时候需要采用主成分分析法。主成分分析法通过降维处理原始数据将其综合成个数更少的涵盖原始数据大部分信息的综合数据指标,并对因子进行评分,依评分判断各指标的重要性程度。

3. 空间相关性分析

空间相关性分析是用来判断个体的某些变量在空间中是否相关,相关程度如何。空间相关性分析包括局部空间自相关分析与全局空间自相关分析,鉴于合肥都市圈涉及的区域范围及个体数较少,本文只进行全局空间自相关分析。

进行全局空间自相关分析的主流做法是利用全局莫兰指数 I(GMI),其公式为:

$$I = \frac{\sum_{i=1}^{n} \sum_{j=1}^{n} w_{ij}(x_i - \bar{x})(x_j - \bar{x})}{S^2 \sum_{i=1}^{n} \sum_{j=1}^{n} w_{ij}}$$

其中,w_{ij} 为空间权重矩阵,本文在分析时选取了邻接空间权重矩阵,两市相邻则权重取 1,不相邻则权重取 0。

全局莫兰指数的原假设为不存在空间相关性。若指数 I 大于 0,则表明指数测算区域存在正向空间自相关;小于 0,则表明测算区域存在负向空间自相关;接近于 0,则表明所选变量在测算区域内不存在空间相关性。

四、合肥都市圈城市经济发展质量时空演变分析

(一)城市经济发展质量的变化

通过突变级数法对 2012—2017 年合肥都市圈内各城市的原始数据进行计算,最终得到了各个城市的历年城市经济发展质量综合测评数值(见表2)。

表2　各市经济发展质量测算结果

城市	2013	2013	2014	2015	2016	2017
滁州市	0.8666	0.8955	0.9106	0.9006	0.8993	0.9042
合肥市	0.6069	0.8749	0.8914	0.9005	0.9028	0.9255
淮南市	0.0000	0.6551	0.6144	0.5927	0.5888	0.5272
六安市	0.7150	0.7763	0.7603	0.8177	0.8014	0.8463

城市	2013	2013	2014	2015	2016	2017
马鞍山市	0.8352	0.8987	0.8958	0.8849	0.8596	0.8806
芜湖市	0.8347	0.9392	0.9489	0.9577	0.9383	0.9484

根据各城市历年经济发展质量测评数值的变化趋势可将其归纳为三种变化类型。第一种是经济发展质量基本稳定，不存在明显的下降或上升趋势，属于这一类型的城市有芜湖、滁州和马鞍山；第二种是城市经济发展质量总体上呈现出稳中有升的态势，属于这一类型的城市有合肥与六安；第三种则是城市经济发展质量总体上呈现出下滑态势，属于这一类型的城市是淮南。整体上看，合肥都市圈的经济发展质量处在稳中有升的变化态势中。

在对各城市经济发展质量测评数值的具体数值进行分析时，本文使用了K-Means聚类分析法，根据评价得分将6个地级市的城市经济发展质量划分为4个等级以评判其质量优劣，并绘制成图（见图1）。之所以这样做是基于圈内城市的个数限制考虑，划分成4个等级既能够详细区分各个城市经济发展的质量差异又不会显得太过笼统。

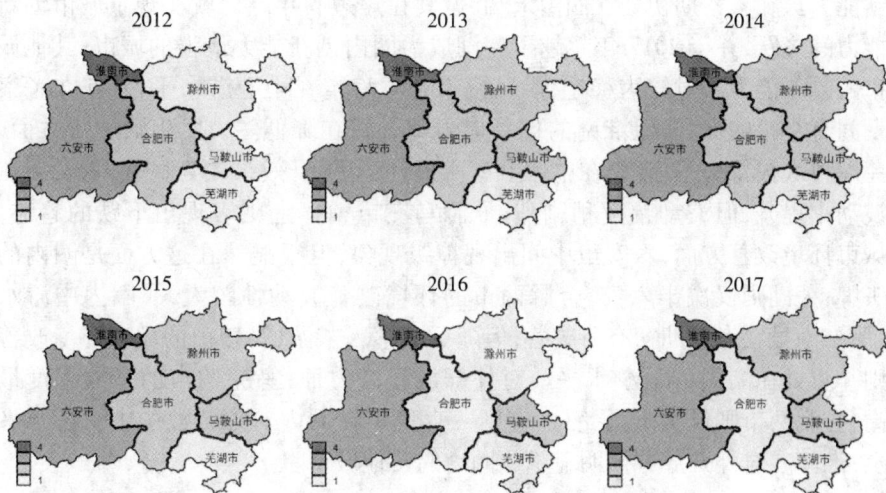

图1　合肥都市圈各市城市经济发展质量时空演变趋势图

图中，颜色的由浅到深代表了城市经济发展质量的从优到良。可以看出，芜湖在2012—2017年间其城市经济发展质量一直处在合肥都市圈内的最优水平，其经济发展质量的均测评数值达到0.928，标准差为0.046，说明芜湖一直以来都保持着极为稳定的高质量经济发展水平;滁州和马鞍山的城市经济发展质量起初仅次于芜湖位列圈内第一方阵,其均测评数值分别为 0.898 与 0.876,虽然随着进一步的发展,两市同芜湖的发展质量差异开始逐渐加大,但从发展的稳定性上来看,两市测评数值的标准差分别达到 0.016 与 0.024 的圈内最低水平,说明在圈内滁马两市经济发展的稳定程度最优;合肥在考察初期其发展质量虽稍逊于芜马滁三市,但随着其在经济发展与城市建设方面的发力,在 2016 年合肥进入了圈内城市经济发展质量的最优行列,且从测评数值上看,圈内仅有合肥一直处在经济发展质量的持续上升态势,所以其经济的高质量发展能力在圈内当属最优;六安和淮南从等级划分的方面上看从未有过变化,六安的经济发展质量一直处圈内中下游水平,而淮南则一直处在最低等级之中,从这两市的测评数值上看,六安的经济发展质量处在波动性上升的态势中,但波动幅度不大,其标准差也仅为 0.046,但淮南的经济发展质量一直处在下滑恶化的状态,测评数值持续走低,属合肥都市圈内经济发展质量最需要提升的城市。

图 2 到图 5 展示了各城市的城市创新能力、人民生活质量、城市环境改善以及对外开放程度四大方面的时空演变趋势,颜色由浅到深表示各指标的从优到劣。城市创新能力方面,芜湖一直处在整个圈内的首席地位;合肥的创新能力虽在考察期初处在圈内末端,但其在短短 6 年之内就实现了城市创新能力的飞跃,并于 2017 年超越了芜湖成为圈内创新能力最强的城市;其他城市的创新能力相对较为稳定,滁马两市基本稳定在中上游水平,六安在考察期间有小幅的提升,但淮南的创新能力却一直在降低。人民生活质量方面,芜湖再次拔得头筹;合肥在整体上有所提升,且提升效果较为显著;六安则在波动中提升,但波动幅度稍剧烈;淮滁马三市整体上则表现出下跌的趋势。城市环境改善方面,六安虽中间出现掉级现象,但很显然在这方面是圈内的头牌;芜湖则仅次于六安;合滁两市的环境改善波动性较大,属圈内中游水平;淮南虽在考察期初有所改善,但随后又落入末游;马鞍山的城市环境改善则一直处在圈内的下游水平。对外开放程度方面,马芜两市的开放程度最高;合滁两市则仅次于马芜;六安则一直稳定在圈内对外开放的中下游水平上;淮南在对外开放方面明显不如圈内的其他城市。

表3　各市经济发展质量测算结果的关键统计量

年份	2012	2013	2014	2015	2016	2017
标准差	0.3297	0.1057	0.1263	0.1311	0.1278	0.1566
差异系数	0.5128	0.1258	0.1509	0.1553	0.1537	0.1868

表3展示了2012—2017各年合肥都市圈各个城市的城市经济发展质量综合测评数值的标准差及差异系数。从表中可以看出,自2013年以来合肥都市圈内各城市的经济发展质量的差异性开始逐步扩大,标准差及差异系数分别由2013年的0.1057与0.1258增加至2017年的0.1566与0.1868。圈内各城市经济发展质量测评数值离散程度的上升说明目前圈内各城市经济发展的整体性与协调性在逐渐恶化。

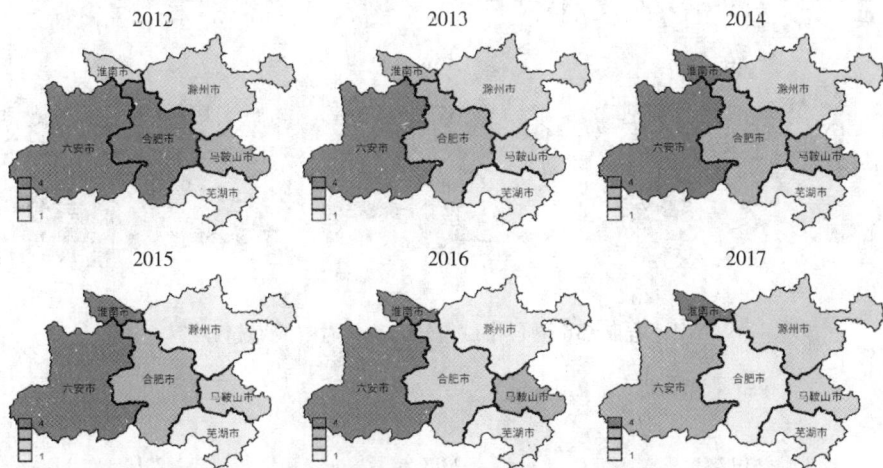

图2　合肥都市圈各市城市创新能力时空演变趋势图

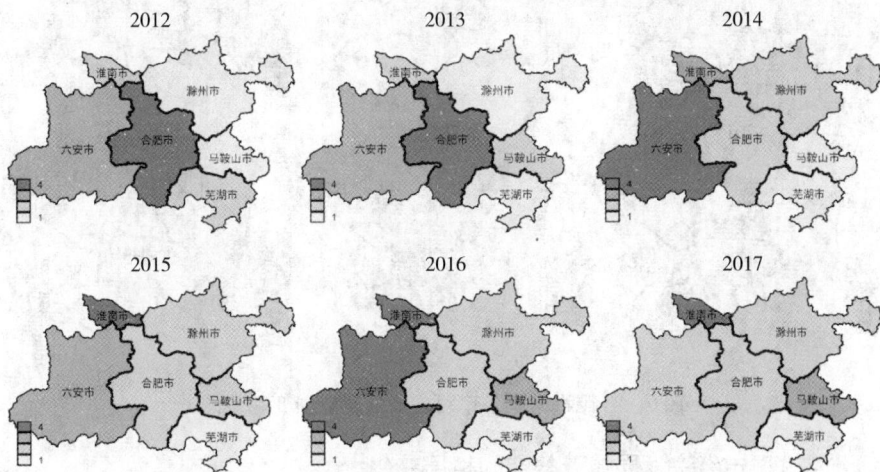

图3　合肥都市圈各市人民生活水平时空演变趋势图

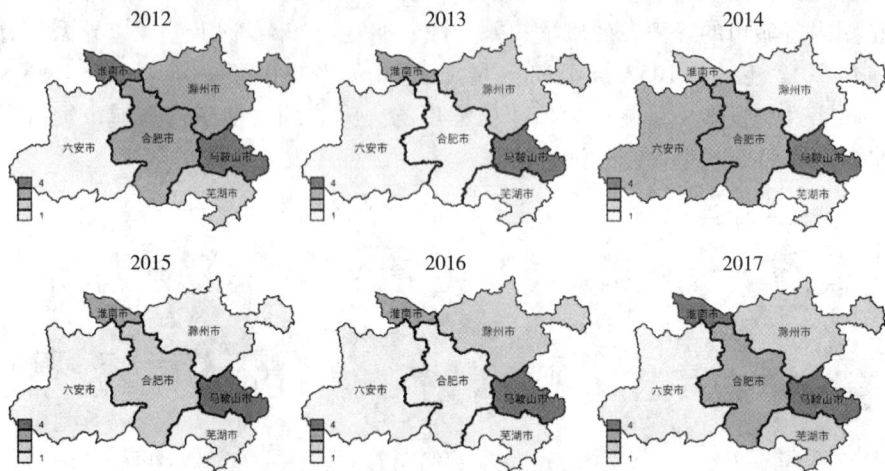

图4　合肥都市圈各市城市环境改善时空演变趋势图

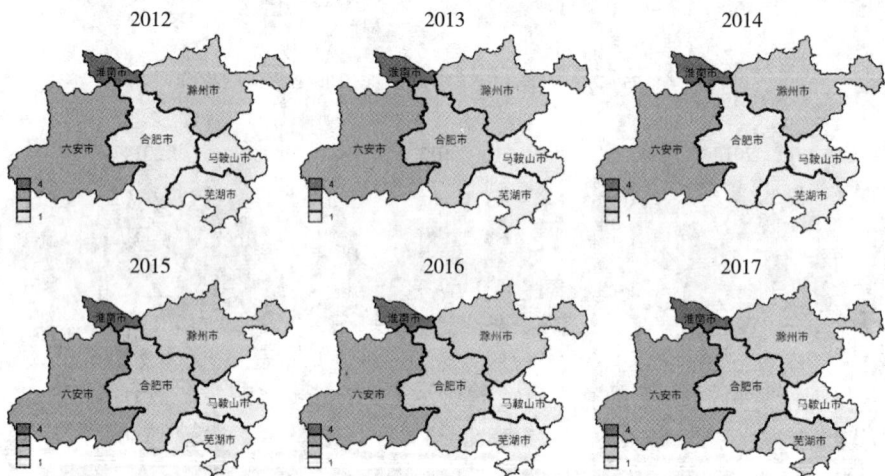

图5　合肥都市圈各市对外开放时空演变趋势图

（二）城市经济发展质量的空间格局变化

表4展示了2012—2017各年采用莫兰指数测度的合肥都市圈城市经济发展质量的全局空间自相关情况。

表4 合肥都市圈历年城市经济发展质量全局空间相关性测度结果

年份	2012	2013	2014	2015	2016	2017
I	0.167	0.125	0.125	0.125	−0.083	0.008
P-value	0.05	0.067	0.067	0.067	0.533	0.26

根据表4,合肥都市圈内各城市的发展质量在2012—2015年间呈现出显著的正全局空间自相关,说明在这段时期圈内各城市的经济发展的空间相关性较强。从图1中可看出,在2012年经济发展质量最好的芜马滁三市相邻在圈内东部,发展质量次优的合肥位于圈内中部,发展质量较低的六安与淮南则相邻与圈内的西部,这样高值同高值相邻与低值同低值相邻的城市经济发展布局提高了圈内整体经济发展的正全局空间自相关度,2013—2015的布局如上所述。但是到了2016年以后,圈内整体的全局空间自相关性不显著,说明此时合肥都市圈内各城市间的经济发展的相互影响在减弱,或是圈内城市间经济发展协同性不足。反映在图中就是发展质量最优的合肥与芜湖位于圈内中、东部,发展质量次优的滁州与马鞍山位于圈内的东部、发展质量较低的六安与淮南位于圈内的西部,构成了城市经济发展质量的高值与低值的相邻布局,显著降低了合肥都市圈整体的全局空间自相关性。

五、结论与建议

从上述的分析结果可以总结出目前合肥都市圈经济发展质量的几个特点。

第一,合肥都市圈的整体经济发展质量呈现出稳重向好的态势,都市圈整体的创新能力、环境改善、开放程度、人民生活均有不同程度的提升。但在都市圈城市经济发展的整体性和协同性方面有所下降,圈内经济发展质量测评数值的差异系数自2013年后不断提升,经济发展质量出现城间分化且规模逐渐加大。与此同时,圈内整体经济发展的全局空间自相关性在2016年后消失,说明目前合肥都市圈尚未形成城市经济发展质量高值集聚的优质都市圈经济发展格局。

第二,合肥都市圈内部分城市存在着经济发展质量的内部结构不均衡问题。马鞍山的环境水平一直以来没有得到明显提升,未来可能会严重制约马鞍山经济发展质量的提升。六安虽拥有环境的优势,但这更多是由其所处的地理环境决定的,在另外三方面相比圈内其他城市均存有较大的劣势与提升空间,未来应强化对当地自然资源及自身比较优势的利用,加大资源于环境方面的科学技术研发投入,以绿色健康理念为抓手进一步提高人民的生活质量水平。淮南则在各个方面均需要大范围高强度的提升,其当前不仅是圈内经济发展质量最低的城市也是经济发展速度最慢的城市,未来应着力提高城市的环境改善能力、创新能力与人民生活质量,促进淮南经济实现新腾飞。

根据以上对合肥都市圈城市经济发展质量的分析,本文对未来提升合肥都市圈整体的经济发展质量给出如下建议:

第一,充分利用合肥都市圈的科教资源。城市创新能力提高的关键在于人才。当一个城市拥有更多的优质人才资源且能够实现有效的利用,自然会显著提升该城市的创新能力。而对于优质人才资源地获取,教育是一种至关重要的方式。合肥是全国四大科教城市之一,拥有各类科研机构200多个,具有扎实深厚的科研基础,是除北京以外国家重大科学工程布点密度最大的城市。与此同时,以合肥为中心的合肥都市圈目前拥有着如中科大等优秀高校在内的共77所高校、159所中专院校,集中了安徽省绝大多数的优质教育资源。所以,合肥都市圈要充分利用好圈内优质的科教资源,加大对于人才的培养力度,制定好相关的人才落户优惠政策,实现所育之才为己用。与此同时,在人力资源的地区分配方面要注意协调方面的把控,避免资源在一地的过于集中,全面提高整个圈内的要素与全要素生产率,努力实现合肥都市圈的经济高质量发展。

第二,进一步提高区域经济协调发展能力。区域经济的协调发展是解决区域不平衡发展的关键,是实现高质量发展的重要保障。目前,合肥都市圈在区域经济的协调发展方面还存在着一定缺陷。一方面,圈内各城市经济发展的协作性不足。目前的合肥都市圈更多的只是在形式上把合肥周边的各市"圈"在一起,但其内部的发展并不和谐。另一方面,合肥周围各城市更多的只是加强同合肥的合作与联系,形成了以合肥为中心向其他城市辐射的发展模式[19-20],而合肥以外的其他城市之间的合作却不紧密,致使区域凝聚力不足。与此同时,圈内还存在着利益分配不协调的现象[21],各市更多考虑的是自己的利益,没有顾及整个合肥都市圈的整体利益,容易导致资源错配、资源浪费以及产业趋同现象的产生。所以,一方面要进一步深化圈内的城市之间的合作,由其是相邻城市间的合作,促进合作的"网状化"。芜马淮滁六五市应发挥和运用自身所具有的比较优势,通过优势产业加强同圈内其他城市的合作,通过与其他城市合作补足自身短板,努力促使圈内整体经济实现高质量发展。另一方面在合作实现高质量发展的同时要协调好整个圈内城市之间的利益分配机制。各市要通过沟通交流,根据发展的实际情况协调好圈内发展的成果分配,发展较好的地区应当主动协助发展较差的地区。同时也要建立圈内责任制度、明确时期内发展任务,防止责任推卸与利益争夺现象的发生。

第三,借助区域战略规划实现合肥都市圈经济高质量发展。合肥都市圈跨长江、淮河流域,大部地区位于长三角城市群范围之中。目前,长江三角洲区域一体化发展规划与淮河生态经济带发展规划都已经成为国家战略发展规划,再加上长江经济带发展规划,三大战略共同惠及合肥都市圈内的所有城市,未来圈内各市当以这些战略为依托提高自主创新能力,深化对外开放,加快生态文明建设,提高人民的幸福感与获得感,进一步提升城市经济发展质量。

参考文献:

[1] 张军扩. 高质量发展怎么看、怎么干?[N]. 经济日报,2018-02-01(014).

[2] 安淑新. 促进经济高质量发展的路径研究:一个文献综述[J]. 当代经济管理,2018,40(09):11-17.

[3] 段炳德. 深刻理解实现高质量发展的重要内涵[N]. 中国青年报,2018-02-12(002).

[4] 杨伟民. 贯彻中央经济工作会议精神 推动高质量发展[J]. 宏观经济管理,2018(02):13-17.

[5] 颜廷标. 深刻理解高质量发展的丰富内涵[N]. 河北日报,2018-01-05(007).

[6] 师博,任保平. 中国省际经济高质量发展的测度与分析[J]. 经济问题,2018(04):1-6.

[7] 程虹. 如何衡量高质量发展[N]. 第一财经日报,2018-03-14(A11).

[8] 任保平,李禹墨. 新时代我国高质量发展评判体系的构建及其转型路径[J]. 陕西师范大学学报(哲学社会科学版),2018,47(03):105-113.

[9] 余斌. 经济高质量发展阶段中的转型升级与挑战[J]. 中国经贸导刊,2018(03):20-21.

[10] 王芝清,艾亚. 王一鸣:推动经济高质量发展需做制度的顶层设计[J]. 国际融资,2018(10):16-18.

[11] 李伟. 高质量发展要处理好五个关系[N]. 经济日报,2018-02-22(014).

[12] 刘世锦. 推动高质量发展需要面对三大问题[N]. 中国经济时报,2017-12-26.

[13] 徐莹. 加快建立高质量发展指标体系[N]. 中国质量报,2018-03-20.

[14] 胡敏. 高质量发展要有高质量考评[N]. 中国经济时报,2018-01-18(005).

[15] 魏敏,李书昊. 新时代中国经济高质量发展水平的测度研究[J]. 数量经济技术经济研究,2018,35(11):3-20.

[16] 李金昌,史龙梅,徐蔼婷. 高质量发展评价指标体系探讨[J]. 统计研究,2019,

36(01):4-14.

　　[17]方大春,马为彪.中国省际高质量发展的测度及时空特征[J].区域经济评论,2019(02):61-70.

　　[18]孟祥兰,邢茂源.供给侧改革背景下湖北高质量发展综合评价研究——基于加权因子分析法的实证研究[J/OL].数理统计与管理:1-17[2019-05-28].https://doi.org/10.13860/j.cnki.sltj.20190226-003

　　[19]尹晴.合肥都市圈合作发展的现状及对策研究[J].现代经济信息,2017(07):481-482.

　　[20]郭浩,宋文艳.合肥都市圈发展现状及对策[J].城乡建设,2019(03):25-27.

　　[21]徐涛松.合肥都市圈市县协同发展路径研究[J].合肥工业大学学报(社会科学版),2015,29(01):17-22.

长三角一体化下的粮食安全问题

王荣森　陈　阳

第
二
专
题

经
济
与
生
态
文
明
专
题

摘　要:长江三角洲区域是我国重要的粮食产区,人口 2.73 亿人,长江三角洲区域粮食安全问题是关乎国计民生的大事,目前我国粮食安全主要存在粮食增产减缓、生产过程过度依赖化肥农药、供求结构不平衡、国民结构改变、社会居民储粮习惯改变、进口量大增等问题。放眼长远,长江三角洲区域粮食安全形势存在的隐忧。为了更好地应对这些问题,我们通过统计数据对粮食安全这几个方面进行分析研究,并且对未来粮食安全问题提出相应的对策和建议。

关键词:长江三角洲;粮食安全;供求关系;进口

一、引　言

长江三角洲区域作为我国最大的经济圈,其经济总量相当于全国 GDP 的 20%,面积为 52.6 万平方千米,人口 2.73 亿人(2014 年)。2018 年 11 月 5 日,长江三角洲区域一体化发展上升为国家战略,粮食安全是长江三角洲区域经济社会发展的重要基础。2019 年长江中下游地区,遭遇 40 年罕见的干旱。2019 年秋季粮食减产以至于严重影响明年夏季作物产量。

2019 年《中国的粮食安全》白皮书披露,我国粮食总产量 2015 年以来稳定在 6.5 亿吨以上;2018 年全国共有标准粮食仓房仓容 6.7 亿吨。因而近年来,国内外对我国粮食状况持乐观态度,但是作为拥有世界近五分之一人口的发展中国家,我们的耕地面积只占世界的 9%,人均占有的耕地面积只有

作者简介:王荣森,中国科学技术大学管理学院教授。

1.56 亩,不及世界平均水平的 43%,粮食生产资源极其匮乏,故而,我们主张在长三角一体化进程中,要高度重视粮食安全问题。

近些年来,我国城镇化进程不断加快。国家统计局数据显示,2018 年年末全国城镇常住人口 83137 万人,常住人口城镇化率为 59.58%,2010—2018 年我国城镇常住人口每年增加 2300 万人。城镇化的加快使得大量的耕地资源、水资源被非农部门所占用,农村劳动力也不断地往城市迁移,人们不愿务农,农业失去产业活力,现在务农的多是老人和妇女,许多村庄废弃农地抛荒,农产品质量下降,粮不香菜无味,地表水已不可饮用,长此以往,吃粮的人越来越多,而种粮的人将会越来越少,城市问题值得引起高度的注意。长三角区域,人们不愿务农的情形更为突出。

在这种情形下,研究我国粮食安全有着重要的意义。我们将从粮食安全的概念出发,剖析我国粮食问题,并且提出相关的对策和建议。

早在 1976 年,联合国粮农组织(FAO)在第一次粮食首脑会议首次提出"食物安全"问题。2012 年 FAO 对粮食安全的概念给出明确界定:"粮食安全系指所有人在任何时候都拥有获得充足、安全和富有营养的粮食来满足其积极和健康生活的膳食需要及食物喜好所需的物质和经济条件。"FAO 公布的 2018 年世界粮食安全报告中提出,2018 年世界上的 33 个国家有 9600 万人正遭受严重的粮食不安全困扰,经济衰退和失业率上升易引起粮食危机,我国 GDP 增速下行,会否引起我国的粮食安全问题呢?

我国近几年粮食增产的速度已放缓,而且随着二孩政策的放开,膳食结构的改变,未来我国粮食的需求量也会增加,对粮食品质的要求也会提高。然而,我国目前农业生态环境状况十分堪忧,水资源短缺,水土流失和污染加剧等一系列问题正成为威胁我国农业可持续发展的重要因素,保障我国粮食安全依然任重而道远。下面我们将根据统计数据来讨论我国的粮食安全问题。

二、我国粮食安全主要问题

(一)粮食供需不平衡

1. 粮食生产和城镇化进程

过去 15 年间,我国的粮食生产可以分为两个阶段。从 2003 年到 2015 年这 12 年间,粮食产量实现了粮食产量"十二连增",到 2015 年,粮食总产量达到年产 62143.5 万吨(12428.7 亿斤)。但是 2016 年比 2015 年减少了 0.8%。

2017年粮食总产量又大幅增加,升至66160万吨(13232亿斤)。2018年全国粮食总产量比2017年下降0.6%。为了更直观地反映近年情况,我们选取近些年来我国粮食产量数据做成折线图,见图1。

粮食总产量

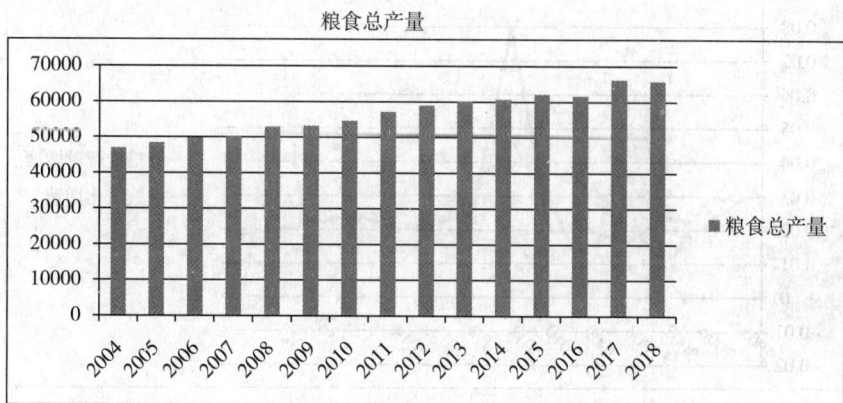

图1 粮食产量

结合图1,能看到我国粮食产量2014年跨越了6万亿吨大关,2018年的粮食产量更是10年前的1.24倍,标志着我国粮食综合产量达到的新的里程碑。不过目前粮食生产的良好势头不能保证未来粮食总是稳定增长,就像肯格林经济增长的减速原理一样,粮食也不可能一直高速增长。一方面科技发展在每个阶段都会遇到一个瓶颈期,而科技进步的放缓显然会影响未来粮食的增速,另一方面,我国城镇化进程的加快使得大量的耕地资源、水资源以及农业人口流向非农产业,粮食生产要素的减少也直接了影响了粮食的产量。

我们对比了城镇化增长率和粮食增长率,发现粮食增速的折线图一直都是起伏的状态(图2),甚至在2016年和2018年出现了负增长,而我国城镇化率增长大致保持平稳,近些年保持在2%的增速左右。国内学者对城镇化与粮食安全关系研究中认为城镇化会拉动粮食的增长,2004年到2018年,我国城镇化率由41.76%提升到59.58%,提升了17.82%,而粮食产量由46947万吨增产到65789万吨,增加了40.1%,这就相当于城镇化每提升一个百分点,粮食增产提高2.25%。按照这个假定,当我国城镇化实现70%的拐点目标时,城镇化率会提高10.42%,相应的粮食产量会提高23.4%到达81184万吨,达到这一数值才能保持我国城镇化率与粮食产量之间的长效均衡,才能保证粮食供给安全。但若按2018年我国粮食单产均值0.375吨/亩来算,则需要耕地21.6亿亩,超过我国努力保持的18亿亩的耕地红线。而城镇化的发展,城市的大幅扩张又使得一部分耕地转化为城市建设用地,可用耕地面积进一步减少。长此以往,城镇化会抑制粮食的增产,未来粮食产量增速不容乐观。

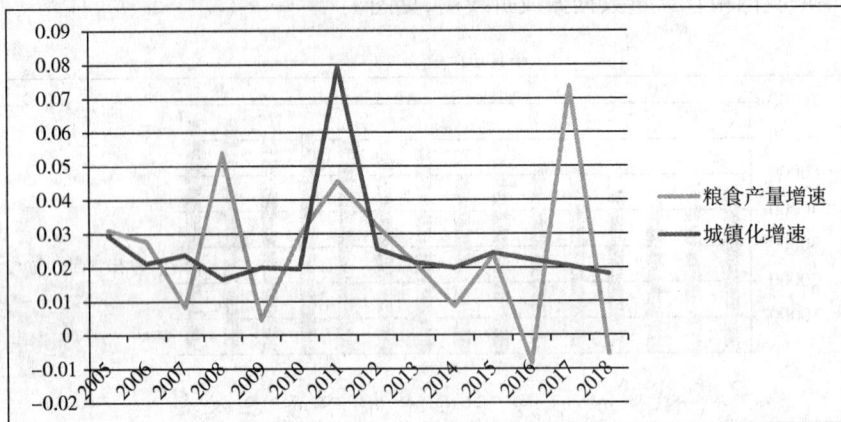

图2   粮食增速和城镇化增速对比

2. 粮食供需结构型矛盾

随着城镇人口的不断增长,人们的饮食结构发生变化,加之农产品加工、生物、医药、能源产业发展加速,这些因素使得我国包括口粮消费、饲料消费、工业消费在内的粮食需求持续增长,粮食需求缺口会随着城镇化的发展越来越大。国家统计局科学研究学公布的未来粮食消费需求预测数据见表1。

表1   2019—2020 年粮食消费需求预测   单位(万吨)

	2016	2017	2018	2019	2020
粮食	68565	71006	71877	72678	73411
谷物	55447	56242	57048	57867	58696
口粮消费	26159	26355	26552	26751	26952
饲料用粮	15647	15887	16131	16379	16631
工业用粮	12964	13789	14666	15599	16592

从表1的三大类粮食消费数据来看,工业用粮的消费需求迅速扩张,到2020 年,工业用粮比 2016 年消费量增加 3600 万吨。饲料用粮持续稳定增长。到2020 年,饲料用粮比 2016 年增加 1000 万吨。而口量消费增长基本保持稳定。预计到 2020 年,我国粮食的总消费量将达到 73411 万吨。而这时假设粮食产量和总消费量保持平衡,那么可以算得未来五年,粮食产量的平均增长率将要达到 3%,而最近 10 年,我国粮食产量平均增长率才只有 2.4%。换句话说,

要是维持目前产量增速不变的情况下,我国到 2020 年粮食缺口将达到 3600 万吨。从长远来看,我国未来人口将持续增长,特别是城镇人口的快速增长,肉蛋奶消费生产转化所需的粮食也会日益增多。同时,水资源、耕地面积、农业有效劳力、生态环境承受能力对粮食生产有很多约束。因此,我国粮食安全会长期面临消费刚性增长,生产硬性约束的双重挑战,粮食安全不容乐观。

（二）粮食粮食生产过程过度依赖于农药和化肥

在我国社会和经济发展过程中存在的诸多环境问题中,城乡环境污染中的水体富营养化和农业面源污染这两个问题比较突出。

其一,单方向的城乡物质流动是造成我国水体富营养化的根源。各式各样的农副产品每天"满车进城,空车出城",形成"单向的城乡物质流动",一方面,农村土地因缺少有机肥,必须依靠化肥,这就增加了农业成本和土壤环境污染。另一方面,城镇居民在消纳农副产品所产生的废物和排泄物积聚在城市内部和周边,经地面径流和城镇下水道排入河中,最终成为我国水体富营养化的根源。水体一旦富营养化就会产生大量藻类,死亡的藻体使水体丧失使用价值。特别是长三角区域的太湖巢湖的面源污染,都充分地说明了这个情况。

其二,农民对化肥和农药的不当使用,加重了我国农业面源污染。农业面源污染是指包括化肥、农药、除草剂和畜禽粪便等对水体和土壤造成的污染,畜禽粪便本应该作为有机肥,但养殖场主自己不使用,农民因嫌脏,加之使用成本高,也不愿使用,只好将其排入河中,这就构成了污染源。

由于化肥农药和除草剂的适用范围也越来越广,全国的农药和除草剂的总产量在逐年增加,化肥农药和除草剂不仅施用在农田作物上,而且在果树、蔬菜、花卉等生产中也广泛使用,但它们被植物直接吸收的只在 30% ~ 60%,其余的进入水体、大气,或残留在土壤中。值得注意的是,大别山区国家级自然保护区,公路管理局在公路两侧打除草剂,清除路边杂草。总之,农村的化肥、农药和除草剂的污染,不仅污染了土壤,而且导致沟渠中的鱼虾绝迹,再通过农田退水、地表径流进入河流和湖泊等水体,破坏了环境和影响人类健康。

（三）粮食进口增大

2009 年以前,中国的粮食自给率在 90% 以上。其后粮食进口数量逐渐增多,目前粮食自给率为 85% 左右,低于 90% 的安全红线。最近的中美贸易战披露中国每人每年约进口粮食 200 斤,还进口大量猪肉棉花等巨额农产品。

1. 主要作物的进口情况

根据国家统计局网站最近 10 年小麦、和大豆的进口数据,见表 2。近 10年来,中国粮食进口总量由 2007 年 3140.75 万吨增加到 2018 年 9773.1 万吨,涨幅超过 200%,也就是说中国粮食进口量以年均 20% 的速度在增加。特别是大豆的进口量呈现激增趋势,由 2007 年的 3081.66 万吨增加到 2017 年 9552.6 万吨,涨幅达到 210%,2018 年由于中美贸易战,进口数量有所减少,但仍然占粮食进口总量的 89%。粮食进口连年增长,小麦、玉米、大豆的缺口尤为明显。中国粮油网公布的 2030 年我国粮食主要品种的供给缺口数据图能让我们能更直观地看到供需的矛盾,见图 3。

表 2　主要粮食品种进口值

年份	进口量					粮食自给率
	小麦	玉米	大米	大豆	合计	
2007	8.34	3.52	47.23	3081.66	3140.75	93.74%
2008	3.19	4.92	29.56	3743.63	3781.3	92.85%
2009	89.37	8.36	33.75	4255.16	4386.64	91.74%
2010	121.87	157.24	36.62	5479.77	5795.5	89.39%
2011	124.88	175.28	57.84	5245.28	5603.28	90.19%
2012	368.86	520.71	234.46	5838.26	6962.29	88.19%
2013	550.67	326.49	224.43	6337.79	7439.38	87.64%
2014	297.12	259.85	255.65	7140.31	7952.93	86.90%
2015	297.18	472.86	335	8168.97	9274.01	85.08%
2016	337.43	316.66	353.39	8391.33	9398.81	84.75%
2017	442.2	282.7	402.6	9552.6	10680.1	82.30%
2018	309.9	352.4	307.7	8803.1	9773.1	85%

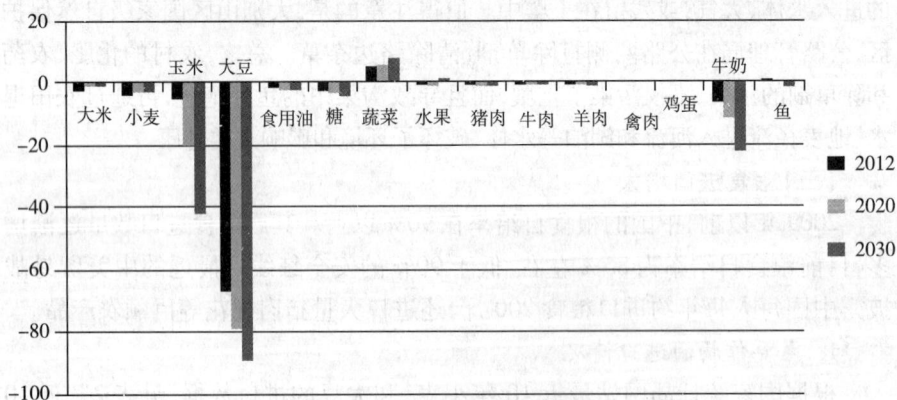

图 3　不同粮食品种预期供给缺口

2. 国内外粮食价差的影响

进入21世纪以来,全球粮食产量总体上保持了持续增长态势,并于2016年达26亿吨。近年来国际油价持续下跌,导致全球生物燃料发展速度明显放缓,加之粮食市场预期改变,全球粮食供需由紧变松,导致近五年来国际粮价持续走低,最大跌幅达到45%。由于国产粮食生产的高成本和政策性收储托市,国内粮价已成全球粮价高地。国内外的粮食巨大的价差直接导致进口量、库存量、产量"三高并存"的现象。而未来粮食生产效率的降低、价格直接补贴的政策以及大量的进口又会进一步影响市场,造成粮食价格的提高,未来粮食进口的压力又会进一步增大。我们要清楚地认识到中国粮食进口的潜力是有限的。目前全世界粮食国际贸易量仅有2.5亿吨,不足中国粮食消费量的一半;全世界大米国际市场贸易量仅有2500万吨,不足中国大米消费的1/5。在粮食问题上,我们不能太过于依赖于进口。

3. 中美贸易战对粮食进口影响

作为世界最大的粮食出口国,美国近几年粮食出口总量均超过了1亿吨,约占全球粮食贸易量的四分之一,其中主要以出口大豆和玉米为主。自2018年中美贸易摩擦发生后,中国从美国进口的小麦、玉米、大豆量开始减少。不可忽视的是,虽然2018年从美国进口的大豆量相比2017年减少了一半,但进口量折算成播种面积仍高达1.4亿亩,中美之间的大豆贸易量仍然比较大。从两国粮食历史贸易的结构来看,1992—2017年,中国从美国进口的玉米、小麦占相应品种的进口比重均较大,但与中国国内玉米、小麦的生产量和消费量相比仍较小,且进口量均未达到配额限制水平,不足以影响中国玉米、小麦、稻米的市场供需平衡。大豆自2005年开始,进口量占生产量的比重开始超过50%,2016年创下历史最高水平206%,2017年虽略有下降,也达到了178%。因此不管是从绝对量还是相对量来看,中美双方在农产品,特别是大豆领域的依存度较高,且美国始终处于净出口地位,对中国粮食消费市场的依赖性明显。倘若中国国内发生粮食危机,掌握粮食出售权的美国,将更有话语权。美国掌控了世界80%大豆贸易量,且世界上大宗农产品交易仍是以美元计价。在中美贸易规模继续扩大的情况下,美国在粮食领域有可能采取的手段是:一是像制裁华为一样,通过制裁中国的粮食龙头企业,削弱中国从其他渠道获取粮食特别是获取大豆的能力,从而为ADM、邦吉、嘉吉等企业消除强有力的竞争对手,维护美国对世界粮食市场的垄断能力。二是主动减少或对中国断供大豆,从而影响中国国内大豆产业链的崩塌。

三、粮食收储制度改革、储粮习惯改变

新中国曾经长期实行粮食统购统销体制;改革开放后,以 1993 年在全国取消粮票为标志,统销制度彻底退出历史舞台。我国粮食收储体制改革大致可以分为三个阶段。

第一个阶段:购销"双轨制"和指令性计划收购下的改革探索。

1985 年,国家取消了长达 30 余年的粮食统购制度,改为合同定购,三成按原统购价、七成按原超购价。但粮食购销价格倒挂,而国家财政难以承受。合同定购基本采取了强制性行政收购方式,实际上只是一次降低粮价的改革,虽然减轻了财政负担,但也导致后续几年的粮食减产徘徊问题。随后,国家较大幅度提高定购价格,其中粮价提高幅度较大的是 1989 年,达 18%(程国强等,2009),使粮食产量在 1989 年、1990 年得到恢复。

第二个阶段:打破购销"双轨制"和实行保护价收购制度下的改革探索。

20 世纪 90 年代,我国推进购销同价和在城镇取消"粮票",购销"双轨制"逐步打破。1990 年,针对粮食丰收后出现的"卖粮难"问题,国家确立了"国务院制定保护价基准价,省级政府按不低于中央下达的基准价水平,制定本地区的保护价,并按保护价收购"的组织模式;并实行"米袋子"省长负责制,构成了粮食收储的一套制度框架。

随着 1996—1998 年粮食产量连续达到 1 万亿斤,以及"卖粮难"、国有粮食企业亏损挂账激增等问题出现,1998 年国家提出"四分开、一完善"的粮食体制改革原则,即:政企分开、中央与地方责任分开、储备与经营分开、新老财务账目分开,完善粮食价格机制。

第三个阶段:全面放开粮食市场条件下的改革探索。

2004 年,国家总结"三项政策"改革经验教训,同时着眼于解决粮食连续5 年减产带来的问题,决定实行"放开市场+直补粮农+最低收购价政策(以及其后的临时收储政策)"改革。实行"国务院确定最低收购价,中储粮公司受国家委托作为政策执行主体、主要通过委托地方企业或租赁社会仓容收购,国家有关部门组织政策性粮食销售,中央财政承担费用利息和盈亏"体制。

连续十多年的最低收购价和临储收购政策的初衷是为了对粮食价格形成顶托作用,以避免谷贱伤农,但在实行过程中其重心却逐步转向了促进种粮农民的收入增长(陈锡文,2016)。由此,对市场机制逐步形成了抑制和干

扰,日益面临"政策市、库存积压、财政负担沉重"等问题。国家决定积极稳妥推进粮价形成机制和收储制度改革,采取分品种施策、渐进式推进的思路,先后于2014年取消大豆、油菜籽临储政策,2016年取消玉米临储政策,保留小麦、稻谷最低收购价政策框架并逐步调整最低收购价格水平。据国家粮食局2019年夏粮收购数据,主产区小麦累计收购6697.5万吨,同比增加2030.8万吨,粮食库存的节节升高必须得有足够的仓容与之对应。

60年饥荒使是国家认识到粮食储备的重要性,从1962年开始,中国的粮食储备制度逐步形成,到了1965年,约有60%的生产队建立了自己的粮食储备,地方粮食部门的粮食储备达到了20多亿公斤。同时,各级政府还鼓励社员个人储粮食。1962年到1965年,国家的粮食储备、备战粮食和社会粮食储备规模不断增加。1978年,农村实行了家庭联产承包责任制,农业生产再次得到恢复,国家和社会的粮食储备规模迅速扩大。1990年9月,国务院颁布《关于建设国家专项粮食储备制度的决定》,这标志着我国的粮食储备进入了一个新的阶段。国家专项粮食储备制度建立起来,形成中央、省级、地县三级储备体系,随后几年的积累,发展成为以中央储备为核心、地方储备为支柱、社会储备(企业储备、农民储备)为基础、多层次、全社会的储备体系。

但是目前这种储粮习惯正在发生变化,企业和农民的储粮数量越来越少,人们越来越习惯于去超市购买现粮,而不是选择在家中置放粮仓存储陈粮。现在的储粮制度已经越来越有商业化的色彩。我国应当从社会安全、社会公益性的角度对目前的粮食存储机制进行改革,建立更为完善的储粮制度。

四、未来粮食安全的对策和建议

本文分析了我国粮食安全的基本状况以及存在的各种问题,针对问题,我们对未来粮食安全提出以下相关的对策和建议。

(一)保障粮食生产能力

2018年,我国粮食产量达到65789万吨,这一产量已经远远超出《国家粮食安全中长期规划纲要(2008—2020年)》中提出的远期目标。粮食增长的背后是巨大的代价,包括各种经济成本和巨额财政投入,另外大量化肥的使用也使得资源和生态环境承受了巨大的压力。要保障粮食生产能力,必须继续坚持最严格的耕地保护制度和最严格的水资源保护制度,加快建设一批旱涝保收的高标准农田。同时,要积极培育新型农业经营主体,构建有效的农业社会化服务体系,维持农业特别是粮食生产的合理收益。不仅要"藏粮于地,藏粮于技",更要藏良于民。

(二)粮食生产须要遵循生态学基本原理

科学合理地使用化肥和农药是减轻我国农业面源污染的有效途径。施肥原则一般坚持少量多次。因为植物短期无法利用完化肥和农药,一则浪费,二则污染。双向的物质循环是治理长三角区城乡水体富营养化的根本出路。在传统农业社会,农业产品就地消费,消费后废物和排泄物产生的有机肥料直接返回农田,实现了物质的良性循环。而当下,农业产品多为异地消费,使得城乡物质双向循环中断,导致城市水体富营养化。我们可对城市生活垃圾简单分类后,将有机质垃圾和居民住宅小区的化粪池底泥,以及污水处理厂的底泥,返回田野,从而实现物质城市到农村的双向循环,减少城乡环境污染。

(三)重视需求管理,减少不合理消费和损耗

确保粮食安全,不仅要强调生产增长,还要重视消费控制和需求管理。首先,必须严格控制粮食的非食用加工转化,改进粮食收获、储藏、运输、加工方式,尽可能减少粮食产后损耗,提高粮食综合利用效率。其次,要进一步加强节粮宣传教育'倡导科学饮食和合理消费,减少餐饮浪费和限制奢侈消费。

调整粮食生产结构,降低粮食生产成本。粮食进口的增加,主要是由国内外粮食价差以及主要作物供需缺口造成的。所以,未来我国农业产业结构的调整应增加土地密集型产品,适当减少劳动密集型产品。为了降低粮食生产成本,另外要加快中低产田改造步伐,提高单位面积产量。大幅提高土地的使用效率。

(四)加大仓储设施建设投入,全面推进粮食流通能力现代化

据统计,我国1/6的粮食储存存在简易仓囤,易生霉变,因此要强化并推广智能通风、环流熏蒸、粮情测控和充氮气等科技储粮方法,实现常储常新。

(五)加强农业供给侧改革,优化粮食生产结构

除质量安全与数量安全以外,中国还需解决粮食的结构安全问题。粮食结构的不安全主要体现在大豆自给率过低问题上,要解决大豆供给的不安全问题。在大豆单产没有取得突破的情况下,暂时可以采取以下三条措施来缓解大豆供给风险:一是要把发展木本油料作物提高到粮食安全的角度,扩大以油茶为代表的木本油料油料作物种植面积;二是加大油菜籽、花生等油料作物的生产者补贴与种植推广力度,调动农民的生产积极性;三是提倡低油健康生活理念,形成以植物油为主、动物油为辅的消费习惯,减少植物油的消费比重,从而减轻大豆消费量与进口量。

五、总　结

　　如何在长三角经济一体化背景下,强化农业的基础地位、增强城乡互动联系、加快新农村建设步伐以及实现城乡共同繁荣,这是当前需要考虑的重要问题。只有使得农业由产业萧条到实现产业繁荣,农民由贫苦到生活富裕,农村由凋敝到令人神往,那么长此以往,我国的粮食安全状况才能高枕无忧,长三角区域的经济社会才会持续健康的发展。

参考文献:

　　[1]吕捷,余中华,赵阳.中国粮食需求总量与需求结构演变[J].农业经济问题,2013(05):15-19+110.

　　[2]张元红,刘长全,国鲁来.中国粮食安全状况评价与战略思考[J].中国农村观察,2015(01):2-14+29+93.

　　[3]姚成胜,滕毅,黄琳.中国粮食安全评价指标体系构建及实证分析[J].农业工程学报,2015(04):1-10.

　　[4]李国祥.2020年中国粮食生产能力及其国家粮食安全保障程度分析[J].中国农村经济,2014(05):4-12.

　　[5]姜长云.中国粮食安全的现状与前景[J].经济研究参考,2012(40):第12-35页.

　　[6]孙静芹,王立明.新形势下控制粮食生产成本的方略[J].会计之友(上旬刊),2009(11):50-51.

　　[7]钟甫宁,向晶.城镇化对粮食需求的影响——基于热量消费视角的分析[J].农业技术经济,2012(01):4-10.

　　[8]朱彬.我国粮食进口的中长期对策思路[J].宏观经济管理,2007(12):38-41.

　　[9]刘晓梅.我国粮食安全战略与粮食进口规模[J].宏观经济研究,2004(09):16-18+41.

　　[10]胡天石,马文峰.市场化措施有序化解粮食高库存,推动中国经济发展升级[J].粮食加工,2016(01):1-4.

　　[11]胡天石,马文峰.市场化措施有序化解粮食高库存,推动中国经济发展升级[J].粮食加工,2016(01):1-4.

　　[12]陈洁.粮食进口与我国的粮食安全[J].调研世界,2012(6):14-16.

　　[13]姜风,孙瑾.对当前我国粮食需求的中长期预测方法研究[J].经济与管理研究,2007(09):46-50.

　　[14]吕新业,冀县卿.关于中国粮食安全问题的再思考[J].农业经济问题,2013

（9）：15-24.

[15] 王川. 基于 VaR 的我国粮食期货市场基差风险度量与分析[J]. 农村经济与科技,2010(07):8-11.

[16] 刘春雨,王锐. 国际大宗粮食商品价格对我国粮食价格的传导机制研究——以大豆为例[J]. 价格月刊,2015(08):7-11.

[17] 刘健康. 高级水生生物学[M]. 科学出版社,1999.

长三角城市群科技金融资源配置效率测度及安徽省提升途径研究

郑兵云　李　邃

摘　要：创新和研发投资是高质量经济增长最为根本的源泉，我国科技资金的投入带来较为理想的产出，但创新效率仍较低。在当前"经济新常态"背景下，如何实现科技和金融资源深度融合与高效配置的研究显得尤为重要。本文对国内外关于科技金融资源配置效率测度的研究进行梳理，通过设计博弈交叉效率模型及 Tobit 模型，实证研究了长三角城市群金融资源配置效率状况，及其影响因素。研究发现长三角城市群科技金融资源配置效率整体不高，上海市到达了 DEA 有效，各地市依效率值分为三个梯队，江浙城市主要处于第一、第二梯队，安徽省城市主要处于第三梯队；科技孵化器孵化能力、创业风险投资投资强度、直接融资比例、企业研发投入力度都显著提升其科技金融资源配置效率，影响最大的因素是直接融资比例，与预期相反的是政府资金投入对科技金融资源配置效率有不显著的阻碍表现。基于实证研究结果，本文提出三条效率提升途径。

关键词：科技金融资源配置效率；博弈交叉效率模型；评价指标体系；提升途径

一、引　言

近年来，为了推进各地区科技与金融相互融合、相互促进，我国中央及各地方政府都出台了相应的政策和法律法规。2014 年 1 月，央行等六部门联合

作者简介：郑兵云(1977—)，男，河南信阳人，安徽财务大学管理科学与工程学院教授，博士，研究方向：数量分析方法、效率评价。

李邃(1980—)，女，河北秦皇岛人，安徽财务大学管理科学与工程学院副教授，博士，研究方向：科技金融、效率评价。

下发了《关于大力推进体制机制创新扎实做好科技金融服务的意见》,体现了我国政府对科技创新促进发展的重视。2016 年 7 月,国务院发布《"十三五"国家科技创新计划》第一次把"科技金融"列入国家规划当中,该计划引出了"促进科技金融产品和服务创新,建设国家科技创新中心"的新理念,由此可见,科技金融已成为国家创新战略的重要内容。

创新和研发投资是高质量经济增长最为根本的源泉。2018 年全国科技工作会议报告显示:五年来,我国科技创新水平有了明显的提高,对世界的科技进步贡献率也有了很大的提升,国家综合创新能力列世界第 17 位。进行科技创新的过程离不开资本的支持,科技创新始于技术成于资本,资本市场可以优化创新资源配置,金融具有分散创新风险的功能,这使得科技与金融深度融合发展迫在眉睫。在市场经济中,各种要素都要靠金融的连接,金融资源的配置效率决定了社会资源的配置效率。同时,金融业对经济增长贡献率越来越大,研究我国科技金融发展效率问题,是顺应时代需求和符合国家战略方针的,可推动要素市场合理配置。在当前"经济新常态"背景下,不仅要求金融与科技的结合,更要做到金融与科技的高效结合。金融投入的并不是越多越好,要注重效益驱动创新,又加之要素资源极为有限,如何实现科技和金融资源深度融合与高效配置的研究显得尤为重要。

根据 2016 年 5 月国务院批准的《长江三角洲城市群发展规划》,长三角城市群包括:上海,江苏省的南京、无锡、常州、苏州、南通、盐城、扬州、镇江、泰州,浙江省的杭州、宁波、嘉兴、湖州、绍兴、金华、舟山、台州,安徽省的合肥、芜湖、马鞍山、铜陵、安庆、滁州、池州、宣城等 26 市。长三角作为我国经济发展和技术创新最活跃的地区,成为国家布局创新驱动发展战略整体规划的重要区域。与长三角中浙江沪相比,安徽省科技金融的发展在资金与人力资源方面存在着一定的劣势,政府以及金融机构支持强度不够、科技型企业融资难以及技术人才短缺等问题致使安徽省科技金融发展效率较低。

本文将通过对长三角城市群科技金融发展现状进行分析,客观评价长三角城市群科技金融资源配置效率,找到科技金融效率影响因素及提高科技金融资源配置效率的途径,并借鉴江浙沪发展经验,提出驱动安徽省科技创新升级与经济加速发展的措施。

二、文献述评

（一）科技金融对科技创新的作用

赵昌文(2009)[1]首次明确了科技金融的定义,此后,房汉廷(2010)[2]从科技金融的理论、实践、政策的三个维度出发对科技金融资源进行分析。国外学者对于科技金融研究主要集中在经济发展对科技创新的促进作用。Ang (2014)[3]使用时间序列数据,证明金融对科技创新有促进作用。Doh S (2014)[4]发现政府金融支持对中小企业技术创新有正向促进作用。

国内学者对于科技金融对科技创新的促进作用也比较多,大部分作者发现有显著促进作用。和瑞亚(2014)[5]从科技金融资源的资金集中、风险管理、信息揭示及项目治理4个方面分析了科技金融资源对科技创新的作用。王宏起(2012)[6]构建协同度模型,认为要进一步认识科技金融对科技创新的助推作用及二者协同发展的重要性。此外,赵稚薇(2012)[7]、朱欢(2012)[8]、郭非寒(2013)[9]、马卫刚(2014)[10]、芦峰(2015)[11]等研究支持此观点。

部分研究认为科技金融对科技创新不是显著的线性促进作用,张玉喜和赵丽丽(2015)[12]通过动态面板模型对中国2004—2012年30个省(市、区)进行实证分析,发现短期内金融业可以促进科技创新产出,而从长期来看,科技金融投入对科技创新的促进作用效果并不明显。郑磊(2018)[13]实证研究发现,科技金融对科技创新的影响是一种U形非线性关系。

现有研究主要体现科技贷款对科技创新的支持作用,科技财力对科技创新的支持作用等。从政府、市场机制等科技金融资源投入方面来研究其对科技创新的配置问题较少。

(二)科技金融效率

科技金融效率测度主要是关于政策性科技金融资源配置效率的研究,如龚晓菊(2009)[14]、肖科(2009)[15]、沈蕾(2012)[16]、李雅丽(2013)[17],黄瑞芬(2016)[18]、戴志敏(2017)[19]等,而对于市场资源研究比较少,如李俊霞(2019)[20]。在科技金融效率评价领域,主要有参数统计和非参数统计两类分析方法。

朱有为(2006)[21]利用随机前沿生产函数,发现中国高技术产业的研发效率整体偏低,并探究企业规模等影响因素。陈敏和李建民(2012)[22]利用随机前沿距离函数模型对中国各省份区域科技创新绩效进行了测评,发现创新效率与区域金融中介对科技创新的支持强度呈现出正相关关系,与金融中介贷款规模呈现出负相关关系。柏玲等(2013)[23]通过构建动态面板模型对中国31个省份科技金融发展进行了分析,结果表明金融发展规模、金融发展效率和金融发展结构与该地区技术创新产出能力正相关。薛晔(2017)[24]对科技金融发展效率用贝叶斯随机前沿模型进行测算,发现政府财政科技经费投入、创业风险投资和科技资本对科技金融发展具有正向作用,而银行科技信贷有抑制效果。马卫刚和张红丽（2014）[25]利用 DEA 模型对 2007—2012 年中国科技与金融结合效益进行了实证研究,发现中国科技与金融结合效率呈现出负增长态势,其主要原因是金融资源配置效率的下降。刘立霞（2017）[26]采用 DEA-Malmquist 模型测度我国科技金融效率的变化特征。

在此基础上,学者们讨论了科技金融效率的影响因素,任亚军（2007）[27]区域经济结构与发展状况是造成金融资源配置差异的主要原因。杜金岷（2016）[28]研究发现中国不同地区科技金融投入产出效率受法律、政策环境因素影响差异大。李俊霞（2019）认为直接融资比例、风险投资强度和科技企业孵化器孵化能力均有正向显著促进作用,且直接融资比例影响最大。

已有文献在研究内容上主要是关于政策性科技金融资源配置效率的研究,而对于市场资源配置效率方面研究很少;在评价方法上,主要是 DEA 和 SFA 模型,未曾考虑到科技金融资源配置涉及不同行业、企业或区域之间存在竞争关系。本项目计划构建包含决策单元博弈的博弈交叉效率模型,讨论博弈交叉效率模型的运算流程及其合理性与实用性。

三、评价模型设计

(一)博弈交叉效率模型

尽管传统 DEA 模型有着指标无须量纲化处理、评价更为客观等优点,但得到的效率值通常建立在自评的基础上（孙钰等,2015）[29],并且忽视了各个决策单元间的竞争关系。由此得到的效率值往往被夸大,评价结果不易让所有决策主体信服,而吴杰提出的 DEA 博弈交叉效率模型（吴杰,2008）[30]可以很好解决这一问题。该模型将博弈理论与交叉效率模型相结合,在各个决策单元互评的前提下也充分考虑到彼此之间的竞争关系。模型中的每个被评价主体均被看作博弈中的参与人,每个参与人在使自身效率值最大的前提下不得降低其他参与人的效率值（李琳等,2016）[31]。具体步骤如下:

假设有 n 个决策单元,每个决策单元 $DMU_j(j=1,2,\cdots,n)$ 有 m 个不同的输入和 s 个不同的输出。DMU_j 的第 i 个输入和第 r 个输出分别记作 $x_{ij}(i=1,2,\cdots,m)$ 和 $y_{rj}(r=1,2,\cdots,s)$。DMU_j 的博弈交叉效率值可以通过下式求得:

$$\alpha_{dj} = \sum_{r=1}^{s} \mu_{rj}^d y_{rj} \Big/ \sum_{i=1}^{m} \omega_{ij}^d x_{ij}, d=1,2,\cdots,n \qquad \text{式}(1)$$

其中，μ_{rj}^d 和 ω_{ij}^d 是基于经典 DEA 模型的可行解。现在设定决策单元 DMU_d 的效率值为 α_d，α_{dj} 的下标 dj 表示 DMU_j 只会在 DMU_d 的效率值 α_d 不被降低的情况下选择一组权重，从而使自身效率值最大。为了求解式（1）中的 DEA 博弈交叉效率，分别对每个决策单元 DMU_j 建立以下线性规划：

$$\max \sum_{r=1}^{s} \mu_{rj}^d y_{rj}$$

$$\begin{cases} \sum_{i=1}^{m} \omega_{ij}^d x_{ij} - \sum_{r=1}^{s} \mu_{rj}^d y_{rj} \geqslant 0 \\[2mm] \sum_{i=1}^{m} \omega_{ij}^d x_{ij} = 1 \\[2mm] \alpha_d \sum_{i=1}^{m} \omega_{ij}^d x_{id} - \sum_{r=1}^{s} \mu_{rj}^d y_{rd} \leqslant 0 \\[2mm] \omega_{ij}^d \geqslant 0, i = 1, 2, \cdots, m \\[2mm] \mu_{rj}^d \geqslant 0, r = 1, 2, \cdots, s \end{cases} \qquad \text{式（2）}$$

假设 $\mu_{rj}^{d*}(\alpha_d)$ 是上述模型最优解，则 DMU_j 的平均博弈交叉效率的值可定义为：

$$\alpha_d = \frac{1}{n} \sum_{d=1}^{n} \sum_{r=1}^{s} \mu_{rj}^{d*}(\alpha_d) y_{rj} \qquad \text{式（3）}$$

将 DMU_d 的传统交叉效率值 $\overline{E_d}$ 作为 α_d 的初始值，DMU_j 的最优（平均）博弈交叉效率值的求解步骤如下：

第一，计算每个决策单元 $DMU_d (d = 1, 2, \cdots, n)$ 的交叉效率值 $\overline{E_d}$。

第二，将上述得到的 $\overline{E_d}$ 作为初始的 $\alpha_d (\alpha_d = \alpha_d^1 = \overline{E_d})$ 带入模型（2）求解，通过 n 次计算可求得目标函数均值 $\alpha_d^2 = \frac{1}{n} \sum_{d=1}^{n} \sum_{r=1}^{s} \mu_{rj}^{d*}(\alpha_d^1) y_{rj}$。

第三，将 α_d^2 作为新的 α_d 代入模型（2）求解，重复上述的计算步骤，当所有决策单元连续两次 α_d 的差值收敛于一个小的特定的正值 ε 时终止算法，得到的 α_d 就是所求效率值。

（二）Tobit 模型

DEA 博弈交叉效率模型考虑到了各个地区间的竞争关系，并且得到的效率值为帕累托最优，但是该模型无法对资源配置效率的影响因素作进一步分析[32]，故采用 Tobit 模型来分析资源配置效率的影响因素。Tobit 模型又称为受限因变量模型，适用于所研究对象中的因变量为范围取值的情形。DEA 博弈交叉效率模型测算得出的效率值是离散的，数据范围为[0,1]，正好符合这一条件。若采用常见的最小二乘法进行回归会导致参数估计值有偏且不一致，而 Tobit 模型可以有效避免这种情况的发生[33]。Tobit 模型的基本表达式如下：

$$Y_i = \alpha_1 + \alpha_2 X_i + \mu_i \qquad\qquad 式(4)$$

式中，Y_i 为潜在因变量向量；X_i 为自变量向量；α 为系数向量；μ_i 为误差项，$\mu_i \sim N(0, \sigma^2)$。

四、实证分析

（一）评价指标设计和数据说明

科技金融效率评价指标必须真实反映科技金融的投入与产出情况，本文借鉴相关学者的研究，结合实际，最终本文设计的投入指标是基于科技创新过程中必要的金融资源要素，包括市场投入（科技孵化器孵化能力 I_1、创业风险投资投资强度 I_2、直接融资比例 I_3）、政府科技投入占比 I_4 及企业研发投入力度 I_5，充分地保证了科技金融发展资本供给需求。本文设计衡量科技金融产出成果包含专利授权量 O_1、技术市场成交合同额 O_2 和高技术产业新产品销售收入 O_3 三方面因素，能够反映和实现对科技金融效率的准确评价。综上考虑科学性、合理性和创新性，设计出我国科技金融资源配置效率评价指标体系。

数据来源于 2007—2017 年《中国科技统计年鉴》、三省一市的《科技统计年鉴》《统计年鉴》《金融年鉴》等。

（二）科技金融资源配置效率测度结果

根据前文设计的博弈交叉效率模型，对长三角城市群中 26 个市 2007—2016 年的科技金融投入产出效率进行了测算，力求通过科技金融效率的对比分析，分析长三角城市群科技金融效率的整体现状。具体测度结果如表 1 所示。

表 1 长三角城市群科技金融效率值

省市	城市	2007	2008	2009	2010	2011	2012	2013	2014	2015	2016	均值	排名
上海	上海	1	1	1	1	1	1	1	1	1	1	1	1
江苏	南京	0.5541	0.6917	0.6433	0.5984	0.6254	0.5747	0.6318	0.6215	0.6384	0.7951	0.6374	9
	无锡	0.4603	0.5775	0.5983	0.6201	0.6283	0.6299	0.6459	0.5784	0.6817	0.7206	0.6141	14
	常州	0.6165	0.7109	0.7816	0.7422	0.7016	0.6126	0.7874	0.7609	0.7707	0.6123	0.7097	6
	苏州	0.8082	0.8765	0.8029	0.8009	0.8612	0.7975	0.8734	0.8154	0.9088	0.7912	0.8336	3
	南通	0.5669	0.6681	0.7527	0.7847	0.7336	0.6874	0.7884	0.8158	0.8855	0.5477	0.7231	5
	盐城	0.3894	0.5903	0.5370	0.6029	0.5521	0.3952	0.5071	0.4694	0.5333	0.4142	0.4991	23
	扬州	0.6944	0.6833	0.7688	0.7569	0.6357	0.5365	0.6710	0.6154	0.7665	0.5708	0.6699	7
	镇江	0.4386	0.6245	0.7143	0.6949	0.6131	0.4742	0.7592	0.7827	0.8738	0.3992	0.6374	8
	泰州	0.5598	0.6434	0.6805	0.7170	0.6390	0.4842	0.6316	0.5529	0.6560	0.5824	0.6147	13
浙江	杭州	0.8360	0.9721	0.8960	0.8760	0.8406	0.8171	0.8592	0.8503	0.8229	0.8666	0.8637	2
	宁波	0.8471	0.7982	0.8719	0.8607	0.8086	0.7828	0.8516	0.7846	0.8499	0.6626	0.8118	4
	嘉兴	0.5086	0.6367	0.6264	0.6245	0.6589	0.5524	0.6410	0.6034	0.6811	0.6305	0.6163	11
	湖州	0.5006	0.5617	0.5962	0.6749	0.6144	0.4984	0.5363	0.6155	0.5736	0.4861	0.5658	19

（续表）

省市	城市	2007	2008	2009	2010	2011	2012	2013	2014	2015	2016	均值	排名
浙江	绍兴	0.6069	0.6957	0.6167	0.5703	0.6160	0.5982	0.5323	0.5980	0.6712	0.7842	0.6290	10
	金华	0.4834	0.4779	0.5398	0.4638	0.5185	0.4734	0.4520	0.5722	0.5118	0.5952	0.5088	21
	舟山	0.5724	0.5442	0.6617	0.6764	0.6070	0.4665	0.5909	0.5473	0.6054	0.5294	0.5801	16
	台州	0.5747	0.6526	0.6993	0.6426	0.6579	0.4377	0.6514	0.5928	0.7009	0.5477	0.6158	12
安徽	合肥	0.5478	0.6071	0.5923	0.5439	0.5779	0.5422	0.5344	0.6087	0.5940	0.6818	0.5830	15
	芜湖	0.5660	0.5691	0.5820	0.6125	0.6154	0.5325	0.6178	0.5742	0.6065	0.5146	0.5791	17
	马鞍山	0.4334	0.5722	0.5456	0.5704	0.6039	0.5335	0.5890	0.5938	0.6289	0.6541	0.5725	18
	铜陵	0.4571	0.5978	0.5623	0.5895	0.5750	0.4113	0.5136	0.4682	0.5298	0.4529	0.5157	20
	安庆	0.4138	0.5226	0.4556	0.4730	0.5404	0.5089	0.4552	0.4924	0.5717	0.5895	0.5023	22
	滁州	0.3907	0.5830	0.5386	0.6005	0.4923	0.3977	0.5189	0.4398	0.5504	0.3944	0.4906	24
	池州	0.3894	0.4019	0.3979	0.4064	0.3920	0.4223	0.3579	0.4659	0.5095	0.5711	0.4314	26
	宣城	0.4078	0.4358	0.4286	0.4455	0.4359	0.3675	0.3595	0.4656	0.5412	0.5152	0.4403	25

表 2 显示,2007—2016 年长三角城市群中科技金融资源配置效率排名第一的是上海市,处于 DEA 有效状态。这结果与上海相对繁荣的金融和科技市场密不可分,上海作为全国金融中心和科技创新中心,拥有足够多的投资人群,吸引到大量的企业、金融产品与复合型科技金融人才。金融科技配置效率较好(大于 0.8)的还有杭州、苏州和宁波,与上海共 4 个城市属于第一梯队。南通、常州、扬州、镇江、南京、绍兴、嘉兴、台州、泰州和无锡 10 个城市金融科技配置效率一般(大于 0.6,小于 0.8),属于第二梯队。合肥、舟山、芜湖、马鞍山、湖州、铜陵、金华、安庆、盐城、滁州、宣城和池州 12 个城市属于第三梯队,整体科技金融资源配置效率较差。

(三)科技金融资源配置效率影响因素分析

将 DEA 博弈交叉效率模型求得的科技金融配置效率值作为被解释变量,选取的各个影响因素指标作为解释变量,运用 Tobit 模型对安徽省各地市科技金融配置效率的影响因素进行分析,并构建如下模型:

$$Eff_{it} = \beta_0 + \beta_1 I1_{it} + \beta_2 I2_{it} + \beta_3 I3_{it} + \beta_4 I4_{it} + \beta_5 I5_{it} + \mu_{it} \qquad 式(5)$$

式中,Eff 为 DEA 博弈交叉效率模型所测算的科技金融配置效率值;β 为各个影响因素的回归参数;i 为各个地市的编号,$i = 1,2,\cdots,n$,且 $n = 26$;t 代表年份,具体为 2007—2016 年;μ 为残差项。

为了选择合适的 Tobit 模型进行影响因素分析,先进行 LR 检验。得到检验统计量的值为 126.39,相应的伴随概率远小于 0.01,拒绝原假设,故应选择随机效应 Tobit 模型进行回归分析,分析结果见表 2。

表 2　Tobit 随机效应回归模型分析结果

变量	系数估计值	标准误差	T-统计量	显著性水平
科技孵化器孵化能力 I1	0.2817	0.0738	3.8188	0.0002 ***
创业风险投资投资强度 I2	0.3834	0.1716	2.2350	0.0263 **
直接融资比例 I3	0.9301	0.3605	2.5800	0.0104 *
政府科技投入占比 I4	−0.0176	0.1016	−0.1729	0.8629
企业研发投入力度 I5	0.1332	0.0317	4.2022	0.0000 ***

注:***、** 和 * 分别表示在 1%、5% 和 10% 的显著性水平下统计显著。

通过回归模型发现,市场金融资源投入的三个要素科技孵化器孵化能力 I1、创业风险投资投资强度 I2、直接融资比例 I3 都显著提升其科技金融资源配置效率,影响最大的因素是直接融资比例 I3,每增加 1 个单位的直接融资比例,其科技金融资源配置效率提高 0.93 个单位。与预期相反的是政府资金投入对科技金融资源配置效率有一定的阻碍,尽管这个影响在统计上不显著。企业研发投入力度越大,其科技金融资源配置效率提升越大。

科技创新始于技术成于资本,市场金融资源对配置效率起决定性作用,通过本文研究结果均得到证实,这一研究结论与李俊霞(2019)较为一致。

五、安徽省科技金融资源配置效率提升途径

安徽省科技金融资源配置效率在长三角城市群中处于第三梯队,效率较差。通过分析浙江沪城市科技金融发展快速的原因,以及上文实证分析中得到的科技金融资源配置效率的影响因素,下面从三个方面分析提升安徽省科技金融资源配置效率的途径。

(一)借力创新驱动发展战略,融入长三角发展规划

在创新驱动发展战略指引下,长三角城市群依托自身经济活力和创新优势,融入国家整体发展规划。安徽省现在已经列入泛长三角地区,充分利用国家在科技创新领域的政策倾斜和资源统筹,融入长三角整体发展规划,向高质量、高水平一体化发展。上海在全国的科技金融资源配置效率排名第1(李俊霞,2019),源于其科技与金融的紧密结合,截至2019年6月,上海市辖区已有服务科创企业的科技支行7家,科技特色支行90家,科技金融专营机构1家,服务科创企业的从业人员超过1000人(新浪网[34])。另外,浙江、江苏两省的科技金融资源配置效率也比较好,其科技银行及专营机构也较多。安徽省依托江浙沪在资源、人才、产业基础、管理效能等方面的龙头作用和辐射效应,通过学习江浙沪的科技金融发展模式,加速安徽省,特别是临近江浙沪的几个市区科技与金融的深度融合和协同发展,提高科技金融资金配置效率。

(二)深化资本市场改革,提升科技金融服务质效

本文实证研究市场金融资源3项投入都正向显著促进资源效率提升,且直接融资比例指标的提升效果在5项投入中最大,远远大于其他几项影响因素,可见,资本市场为科技创新发展提供了优良的资金支持。

目前情况下,安徽省资本市场的发展还远远不能满足科技企业的融资需求,特别是中小型科技企业。市场体系不健全,资本市场对科技创新的支持作用并没有完全显现。因此,为适应国家创新创业的时代要求,就要加快健全多层次资本市场体系,建立高效的资本市场机制,拓宽融资渠道,为技术创新提供全面系统的投融资服务。

未来,安徽省应继续优化金融资源结构,强化金融体制市场化改革,创新股权质押融资新模式;银行业金融机构应与科技主管部门建立合作关系,利用政府提供的科技创新服务平台,寻求高品质的科技企业为其服务;大力支持风险投资的发展,多方联动防控化解风险,充分发挥风险分担优势;政府适当放松对资本市场部分领域的管制,充分发挥资本市场在资源配置上的高效率。

(三)强化顶层设计,完善金融监管体系

本文实证研究市场金融资源3项投入都正向显著促进资源效率提升,而政府金融投入对资源配置效率的提升呈不显著的负相关。各地市进行技术创新发展时,政府要注重发挥顶层设计与引导功能,按照市场需求进行创新,为创新者建立满意均衡的制度环境。政府科技投入应以创新支持政策为主线,鼓励和调动金融中介机构和社会资本越来越多地参与到科技发展事业中,充分支持企业借助多种市场方式如小额信贷、科技贷款、风险投资等获取资金支持。政府部门应大力建设科技金共融共创新服务平台,搭建一体化科技金融平台,实现资源互补,不断探索以市场为主导的科技金融发展模式,让市场的力量发挥作用。同时,政府需要完善金融监管体系,防范系统性金融风险。

参考文献:

[1] 赵昌文,陈春发,唐英凯. 科技金融[M]. 北京:科学出版社,2009:23-26.

[2] 房汉廷. 关于科技金融理论、实践与政策的思考[J]. 中国科技论坛,2010(11):5-11.

[3] Ang J B. Innovation and financial liberalization [J]. Journal of Banking & Finance, 2014,47(47):214-229.

[4] Soogwan Doh. Byungkyu Kim. Government support for SME innovations in the regional industries:The case of government financial support program in South Korea [J]. Research Policy,2014,43(9):1557-1569.

[5] 和瑞亚. 科技金融资源配置机制与效率研究[D]. 哈尔滨:哈尔滨工程大学,2014.

[6] 王宏起,徐玉莲. 科技创新与科技金融协同度模型及其应用研究[J]. 中国软科学,2012(6):129-138.

[7] 赵稚薇. 科技金融的技术创新效应研究[D]. 杭州:浙江工商大学,2012.

[8] 朱欢. 中国金融发展对企业技术创新的效应研究[D]. 北京:中国矿业大学,2012.

[9] 郭非寒. 科技金融对产业技术创新影响的研究[D]. 杭州:浙江工商大学,2013.

[10]马卫刚,张红丽.我国科技与金融结合效益评价[J].科技管理研究,2014,34(20):43-47.

[11]芦锋,韩尚容,我国科技金融对科技创新的影响研究——基于面板模型的分析[J].中国软科学,2015(6):139-147.

[12]张玉喜,赵丽丽.中国科技金融投入对科技创新的作用效果——基于静态和动态面板数据模型的实证研究[J].科学学研究,2015,33(2):177-184+214.

[13]郑磊.科技金融对科技创新的非线性影响[J].软科学,2018(7):16-20.

[14]龚晓菊.基于中小企业技术自主创新的财政金融支持体系构建[J].商业时代,2009(4):61-62.

[15]肖科.政策性金融对我国自主创新成果转化的贡献研究[J].科技进步与对策,2009,26(24):106-110.

[16]沈蕾,肖科,王仁祥.中国政策性金融促进自主创新的结构效应分析[J].生产力研究,2012(9):55-57.

[17]李雅丽.基于DEA模型的科技金融投入产出效率研究[D].南昌:江西师范大学,2013.

[18]黄瑞芬,邱梦圆.基于Malmquist指数和SFA模型的我国科技金融效率评价[J].科技管理研究,2016(12):43-48.

[19]戴志敏.科技金融效率多尺度视角下的区域差异分析[J].科学学研究,2017(11):1226-1233.

[20]李俊霞,温小霓.中国科技金融资源配置效率与影响因素关系研究[J].中国软科学,2019(1):164-174.

[21]朱有为,徐康宁.中国高技术产业研发效率的实证研究[J].中国工业经济,2006(11):38-45.

[22]陈敏,李建民.金融中介对我国区域科技创新效率的影响研究——基于随机前沿的距离函数模型[J].中国科技论坛,2012(11):85-90.

[23]柏玲,姜磊,赵本福.金融发展体系、技术创新产出能力及转化——来自省域动态面板数据的实证[J].产经评论,2013(1):15-25.

[24]薛晔,蔺琦珠,高晓艳.中国科技金融发展效率测算及影响因素分析[J].科技进步与对策,2017,34(7):109-116.

[25]马卫刚,张红丽.我国科技与金融结合效益评价[J].科技管理研究,2014(20):43-47.

[26]刘立霞.我国科技金融效率研究[J].天津商业大学学报,2017(3):27-32.

[27]任亚军.区域金融资源配置差异性研究[J].上海金融,2007(3):79-81.

[28]杜金岷,梁岭,吕寒.中国区域科技金融效率研究——基于三阶段DEA模型分析[J].金融经济学研究,2016,31(6):84-93.

[29]孙钰,王坤岩,姚晓东.基于DEA交叉效率模型的城市公共基础设施经济效益评价[J].中国软科学,2015(1):172-183.

[30]吴杰.数据包络分析(DEA)的交叉效率研究——基于博弈理论的效率评估方

法[D]. 合肥:中国科学技术大学,2008.

[31] 李琳,黄海军,汪寿阳. 基于 DEA/AR 博弈交叉效率方法的学术期刊评价研究[J]. 管理科学学报,2016,19(4):118-126.

[32] 颜晓畅. 政府投入与不同地区医疗卫生机构静态和动态运营效率——基于 DEA-Tobit 方法的实证研究[J]. 南开经济研究,2018(6):93-111.

[33] 张浩,尤建新. 基于数据包络分析和托宾模型的城市轨道交通运输效率[J]. 同济大学学报:自然科学版,2018,46(9):1306-1311.

[34] 新浪网. 上海金融服务科创企业从业者超千人科技特色支行 90 家[EB/OL]. http://sh. sina. com. cn/news/economy/2019-08-07/detail-ihytcerm9036462. shtml? cre = tianyi&mod = pcpager_focus&loc = 5&r = 9&rfunc = 100&tj = none&tr = 9.

基于演化博弈理论的高新技术企业 R&D 合作联盟形成机理研究

李 停

摘 要:R&D 合作联盟是有限理性的企业创新过程中的竞合行为,是种群内成员策略互动、策略调整和策略稳定的动态演进过程。过往对 R&D 合作联盟的研究集中在模式选择、绩效评价和激励因素等方面,对 R&D 合作联盟的形成机理研究不足,且研究方法拘泥于新古典的静态分析,忽视了"过程"和"变化"在联盟演进过程中的重要性。论文依据企业 R&D 活动是否同质,分别建立单种群同质性和双种群异质性演化博弈模型,探求高新技术企业创新活动变动的演化生物学模式。研究发现,对于高新技术企业 R&D 合作联盟,ESS 与博弈类型密切相关。政府补贴有利于均衡演变越过临界值"门槛",有利于高新技术企业 R&D 合作联盟的形成。同质性行业转移支付不改变 R&D 合作联盟均衡时创新企业数,但对于报酬递减、弱异质性高新技术行业而言,小企业向大企业的转移支付能使稀缺社会 R&D 资源实现更优配置,其代价是行业内规模不等企业间收入分配恶化。

关键词:演化博弈模型;R&D 合作联盟;ESS;转移支付;异质性

一、引 言

创新是经济增长的发动机,长期里也是增进民众福利的源泉(Romer,

作者简介:李停(1972—),男,安徽池州人,铜陵学院经济学院教授,经济学博士,主要研究方向为产业组织和计量经济。

基金项目:安徽省科技创新战略与软科学研究专项项目"安徽高新技术企业研发能力生成及行业技术扩散机制研究"(1706a02020006)。

1990)[1]。高新技术行业的国际竞争决定着一个民族未来的兴衰荣辱,也是 R&D 活动最活跃的产业(刘志彪,2003)[2]。R&D 活动是规模报酬显著、外部性鲜明的市场行为,技术进步的溢出效应在高新技术行业尤为突出,因此对高新技术企业间 R&D 合作联盟的研究历来是学界热点问题。一是企业研发合作联盟的组织模式选择及影响因素的研究。Belderbo 等(2004)、陈永广等(2011)将合作模式分成股权合作和契约合作两种形式,影响因素包括知识因素(生命周期、黏滞性等)和非知识因素(企业规模、技术距离)[3-4]。杨梅英等(2009)认为企业规模、研发投入强度、企业信息获取和知识吸收能力是选择组织模式的重要影响因素[5]。二是企业间研发合作联盟与创新绩效关系的研究。李随成等(2007)分析了研发合作企业间社会化、外化、整合、内化的四个过程,提出了研发合作企业间知识共享与合作绩效关系模型[6]。杨冬梅等(2017)以高新技术企业为研究样本,采用层次调节回归法发现非竞争研发合作可以显著提高企业的创新绩效[7]。孙玉涛等(2017)认为无论区域内还是区域间的企业研发合作对创新绩效均有显著作用,其中区域内合作有利于创新规模,区域间合作更有利于创新质量[8]。三是补贴、创新激励与研发同盟的关系。杨仕辉等(2003)建立理论模型探究技术吸收能力、研发合作和最优补贴政策的逻辑关系[9]。孟卫军(2010)建立三阶段研发—补贴博弈模型,研究企业的减排研发合作行为,发现产业的技术溢出率决定补贴对企业研发合作行为的选择[10]。

对 R&D 合作联盟的过往研究主要集中在组织模式、绩效评价和创新激励等方面,方法应用以新古典经济学的静态均衡分析方法为主,忽视了"过程"和"变化"联盟演进过程中的重要性。从本质上看,R&D 合作联盟是有限理性的企业创新过程中的竞合行为,是种群内成员策略互动、策略调整和策略稳定的动态演进过程。大量文献利用演化博弈方法探讨企业创新行为而非 R&D 合作联盟,且完全忽视了行业内企业异质性的影响。实际经济中,无论是研发动力还是从研发能力上,高新技术行业内企业地位并不对等。企业规模、技术机会、创新频率甚至技术范式的差异,都会对企业从事创新行为产生不可忽视的影响。典型的,通常行业内大企业市场垄断势力强,其创新动力较弱,而创新能力较强;反之,小企业创新动力强但创新能力较弱。正如论文研究即将发现的那样,行业内企业是否存在异质性将对演化博弈均衡特征、稳定性以及背后的政策取向,都会产生不可忽视的影响。有鉴于此,本文将高新技术行业区分为同质性和异质性两种情形,分别建立单种群和双种群演化博弈分析模型,突出企业异质性对模型分析的重要性,以探求高新技术企业 R&D 合作联盟的运作与形成机理。

二、模型基本分析框架

（一）模型设定

行业中存有 n 个企业,每个企业 R&D 策略选择有创新和模仿两种。R&D 活动研究根据企业是否同质分同质性和异质性两种情形,分别对应单种群和双种群演化博弈模型。因为 R&D 活动的互补性和外部性,企业 i 的支付 π 由自身 R&D 投入量 r_i 和行业内其他竞争对手 R&D 总量 $R_{-i} = \sum_{j \neq i}^{n} R_j$ 之和共同决定。为分析简单化考虑,R&D 投入量选用二元离散形式,$r_i \in \{0,1\}$。这里,$r_i = 0$ 表示企业选择模仿策略,$r_i = 1$ 表示企业选择创新策略。企业选择创新和模仿的支付为:

$$\pi_R = b(R_{-i} + r_i) - cr_i \qquad\qquad 式(1)$$

$$\pi_I = a(R_{-i} + r_i) \qquad\qquad 式(2)$$

参数 c 表示企业从事 R&D 活动的边际成本,a 表示模仿企业从联盟新增成员 R&D 活动获得的边际收益,b 表示创新企业从自身或者联盟新增成员 R&D 活动获得的边际收益。受技术扩散速度、排他性难易程度、专利保护力度等诸多因素影响,种群内模仿企业和创新企业受 R&D 活动技术溢出效应的外部性影响也不同,a 和 b 的相对大小成为划分博弈对局的重要标准。再假定种群中选择创新和模仿的企业占比为 s 和 $1 - s$,企业选择创新和模仿的支付函数可改写为:

$$\pi_R = bsn - c \qquad\qquad 式(3)$$

$$\pi_I = asn \qquad\qquad 式(4)$$

（二）基本假设

演化博弈模型建模通常假设:种群内个体数量无限、有限理性与短视、随机配对和策略选择惯性,除此建模基本假设外,服务于本文研究需要,对模型新添以下三个假设:

假设1:企业 R&D 活动具有正的外部性,亦即 $a, b > 0$。这要求种群内有新增企业加入 R&D 联盟,对群内所有企业(包括自身)的收益都有正的影响,并且这种影响通常难以通过市场价格机制协调。于是有:$\partial \pi_R / \partial s = bn > 0$、$\partial \pi_I / \partial s = an > 0$,亦即 $a, b > 0$。

假设2:全部企业加入联盟参与 R&D 活动是帕累托社会最优结果,这说明行业 R&D 活动可能存在报酬递减,但通常不会为负数。

全部企业参与 R&D 总支付为 $\Pi = \pi_R sn + \pi_I(1-s)n$,带入式(3)、(4)后再对种群状态参数 s 微分可得:$\partial\Pi/\partial s = an^2 - cn + 2sn^2(b-a)$。全部企业参与 R&D 活动是帕累托社会最优结果要求总支付对状态的微分非负,$\partial\Pi/\partial s > 0$ 对所有 $s \in [0,1]$ 当且仅当式(5)成立。

$$2sn(b-a) + an > c \qquad\qquad 式(5)$$

假设 3:全部企业加入联盟参与 R&D 活动总支付为正。行业总支付也可表示为:$\Pi(1) = n[\pi_R(1) - \pi_I(0)] = n(bn - c)$,$\pi_R(1)$、$\pi_I(0)$ 表示种群内企业全部加入联盟后创新企业和模仿企业的收付。于是假设 3 成立要求式(6)成立:

$$c < bn \qquad\qquad 式(6)$$

(三) 企业 R&D 的三种博弈对局

企业 R&D 的规模报酬情况(a 和 b 的相对大小决定)和 R&D 成本 c 的符号可将群内 R&D 博弈划分为三种类型:合作博弈、鹰鸽博弈和囚徒困境。

1. 合作博弈型

合作博弈是 R&D 对局中最常见的情形,通常出现在 R&D 活动规模报酬递增型行业。这些行业 R&D 互补性极强,技术进步的溢出效应十分明显,创新企业从自身或者联盟新增成员 R&D 活动获得的边际收益大于模仿企业从联盟新增成员 R&D 活动获得的边际收益,亦即 b>a。给定其他对手选择创新,企业理性反应是创新;给定其他对手选择模仿,企业理性反应也是模仿。该静态博弈的 NE 包括两个纯策略均衡(创新、创新)、(模仿、模仿)和一个混合纳什均衡。

2. 鹰鸽博弈型

鹰鸽博弈通常出现在 R&D 活动规模报酬递减型行业,行业 R&D 互补性和技术进步溢出效应一般。创新企业从自身或者联盟新增成员 R&D 活动获得的边际收益小于模仿企业从联盟新增成员 R&D 活动获得的边际收益,亦即 b<a。给定其他对手选择创新,企业理性反应是模仿;给定其它对手选择模仿,企业理性反应也是创新。该静态博弈的 NE 包括两个纯策略均衡(创新、模仿)、(模仿、创新)和一个混合纳什均衡。

3. 囚徒困境型

囚徒困境通常出现在排他性困难和专利保护缺失的行业中,R&D 活动规模报酬可以是递增、不变或者递减。无论其他对手选择创新还是模仿策略,企业理性反应都是模仿。(模仿,模仿)是囚徒困境型唯一的 NE,同时也是占优均衡。

建立创新优势函数(payoff advantage function to innovation) $\Delta(s)$，衡量种群在任何状态下企业选择创新策略较模仿策略的支付差。注意到 $\partial\Delta(s)/\partial s = n(b-a)$，可见创新优势函数 $\Delta(s)$ 的斜率也体现了 R&D 活动的规模报酬状况。如果 R&D 活动报酬递增 $b > a$，$\Delta(s)$ 是正斜率，属于合作型博弈；如果 R&D 活动报酬递减 $b < a$，$\Delta(s)$ 是负斜率，属于鹰鸽型博弈；囚徒困境型 R&D 活动适用任何类型的规模报酬状况，但要求对 $\forall s \in [0,1]$，$\Delta(s) < 0$ 恒成立，以此保证模仿是企业在任何对局下的占优决策。

$$\Delta(s) = \pi_R - \pi_I = -c + sn(b-a) \qquad \text{式(7)}$$

由式(7)可计算得到 $\Delta(s)$ 的端点值分别是：$\Delta(1) = n(b-a) - c$，$\Delta(0) = -c$。注意到创新优势函数设定为线性形式，三种博弈对局可依据 R&D 的规模报酬情况(a 和 b 的相对大小决定)和 R&D 成本 c 的符号划分，如表1所示。

表1　规模报酬与企业 R&D 的三种博弈对局

博弈类型	左端点符号 $\Delta(0)=-c$	右端点符号 $\Delta(1)=n(b-a)-c$	$\Delta(s)$ 斜率 $\partial\Delta(s)/\partial s=n(b-a)$	规模报酬情况
合作型	$\Delta(0)<0$ $c>0$	$\Delta(1)>0$ $c/n<b-a$	正斜率 $\partial\Delta(s)/\partial s>0 \Leftrightarrow b>a$	递增
鹰鸽型	$\Delta(0)>0$ $c<0$	$\Delta(1)<0$ $c/n>b-a$	负斜率 $\partial\Delta(s)/\partial s<0 \Leftrightarrow b<a$	递减
囚徒困境型	$\Delta(0)<0$ $c>0$	$\Delta(1)<0$ $c/n>b-a$	正、负斜率	递增、递减

三、单种群演化博弈模型——同质性企业

单种群演化博弈模型也称为单维模型，一般适用于种群内个体在博弈对局中地位均等的情形。本文建模适用于高新技术行业内创新活动基本对等，企业从事 R&D 活动能力相近的同质性企业。

(一)复制动态

演化经济学借助生物进化"适应度高的基因比低适应度基因有更快的增长率"思想，通常用复制动态方程刻画。为准确刻画复制动态过程中的"高适

应度策略较低适应度策略获得更快增长"理念,学者们提出相对适应度概念,用来衡量个体选取纯策略适应度与平均适应度(以不同策略个体数加权)的差别程度,记作:

$$\bar{f}_i(s) = f(\varepsilon_i - s, s) = f(\varepsilon_i, s) - f(s, s) \qquad 式(8)$$

式(8)中ε_i表示局中人第i个纯策略,$f(s,s) = \sum_{i=1}^{N} s_i f(\varepsilon_i, s)$表示以群内不同策略个体数加权的平均适应度。复制动态方程刻画状态的变化率$\dot{s} = \mathrm{d}s/\mathrm{d}t$常见思路是与相对适用度有相同的排序,常见于单维模型。状态$s = (p, 1-p)$的变动方向完全决定于$\mathrm{d}s = f(\varepsilon_1, s) - f(\varepsilon_2, s)$的符号。如果$\mathrm{d}s > 0$,则$p$值上升,$\mathrm{d}s < 0$,则$p$值下降。建立 R&D 合作联盟演化博弈复制动态方程为:

$$\dot{s} = \mathrm{d}s/\mathrm{d}t = \Phi(s, v) \qquad v = v(a, b, c, n) \qquad 式(9)$$

式(9)中s表示种群所处状态,向量v是各种参数的函数。在单种群模型中 R&D 合作联盟博弈中,只要创新策略支付大于模仿策略,种群内创新企业比例s就会不断上升;反之,只要创新策略支付小于模仿策略,种群内创新企业比例s就会不断下降。种群内创新企业比例复制动态过程完全等价于创新优势函数式(7)的符号变化。

$$\dot{s} > 0 \Leftrightarrow \Delta(s) > 0 \quad \dot{s} < 0 \Leftrightarrow \Delta(s) < 0 \qquad 式(10)$$

(二) 均衡及稳定性

令式(7)$\Delta(s) = 0$可解得模型 NE 内点解:

$$s^* = \frac{c}{n(a-b)} \qquad 式(11)$$

显然,模型 NE 仅可能出现在$\Delta(s) = 0$或者$\Delta(s) \neq 0$时,$s = \{0, 1\}$。演化博弈均衡 ESS 可从 NE 中应用抗干扰性筛排。演化博弈中的 ESS 需对微小的扰动具有抗干扰性,一旦个体因有限理性错误判断偏离稳定点,动态复制系统必须具备某种机制重新收敛回到稳定点(李停,2015)[11]。图 1 至图 3 分别是合作型、鹰鸽型和囚徒困境型三种情形演化博弈模型的相位图,都由两部分组成,上图描述创新、模仿策略支付函数,下图描述对应的创新优势函数。

1. 合作博弈型

合作博弈情形下,R&D 活动具有规模经济性,创新支付优势函数$\Delta(s)$是正斜率,与横轴交于 $s^* = c/n(a-b)$。内点解 s^* 是 NE,但并非是 ESS。当初始状态 $\bar{s} < s^*$ 时,$\Delta(s) = ds/dt < 0$,群内创新企业比例 s 不断下降,直至达到 $s^* = 0$ 实现 ESS,均衡时无企业从事创新活动;当初始状态 $\bar{s} > s^*$ 时,$\Delta(s) = ds/dt > 0$,群内创新企业比例 s 不断上升,直至达到 $s^* = 1$ 实现 ESS,均衡时所有企业从事创新活动。因此,合作型 R&D 联盟演化博弈模型有两个 ESS,$s^* = 0$ 和 $s^* = 1$,均衡呈现出两极分化。

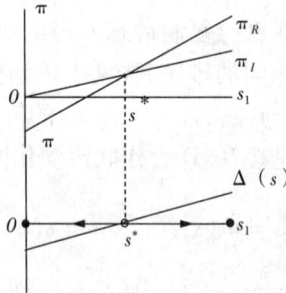

图 1   合作博弈型

2. 鹰鸽博弈型

鹰鸽博弈情形下,R&D 活动呈现报酬递减,创新支付优势函数 $\Delta(s)$ 是负斜率,内点解 $s^* = c/n(a-b)$ 是 NE,同时也是模型唯一的 ESS。当初始状态 $\bar{s} < s^*$ 时,$\Delta(s) = ds/dt > 0$,群内创新企业比例 s 不断上升,直至达到重新实现均衡;当初始状态 $\bar{s} > s^*$ 时,$\Delta(s) = ds/dt < 0$,群内创新企业比例 s 不断下降,直至达到重新实现均衡。因此,鹰鸽型 R&D 联盟演化博弈模型有唯一的 ESS,$s^* = c/n(a-b)$,均衡时企业的创新活动呈现分异状,企业参与和不参与 R&D 合作联盟各占一定比例。

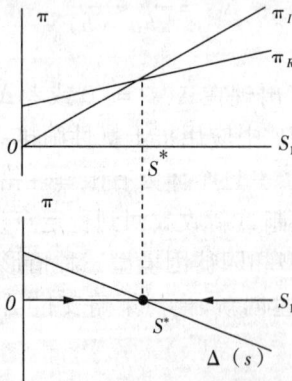

图 2   鹰鸽博弈型

与其他两类模型不同,如图 2 所见,鹰鸽型 R&D 联盟演化博弈模型相位图中创新企业支付函数 π_R 与纵轴交于正半轴,这意味着 R&D 成本 $c < 0$,可理解成政府对企业从事创新活动的补贴。

3. 囚徒困境型

囚徒困境型 R&D 联盟演化博弈模型适用于创新活动规模报酬任何情形。如图 3 所示,在任何水平上创新企业支付函数都处在模仿企业支付函数下方,相应的创新优势函数 $\Delta(s)$ 始终处在横轴下方。或许是 R&D 成本高导致创新支付函数位置低,也可能是因为专利保护力度不足、技术排他性难以实现导致模仿支付函数位置较高。不管出于何种原因,$s^* = 0$ 是囚徒困境型 R&D 联盟演化博弈模型唯一的 ESS,且均衡稳定性极强。不管博弈处在什么初始水平 s 都会不断萎缩直至归零。不改变博弈的基本结构(创新企业和模仿企业的支付函数),博弈均衡不可能走出囚徒困境。

表 2 单种群演化博弈模型均衡及稳定性

博弈类型	NE 端点解	NE 内点解	稳定性	ESS
合作型	$s^* = 0$ $s^* = 1$	$s^* = \dfrac{c}{n(a-b)}$	端点解稳定 内点解不稳定	$s^* = 0$ $s^* = 1$
鹰鸽型	无	$s^* = \dfrac{c}{n(a-b)}$	稳定	$s^* = \dfrac{c}{n(a-b)}$
囚徒困境型	$s^* = 0$	无	稳定	$s^* = 0$

表 2 是 R&D 联盟演化博弈模型的三种类型均衡及稳定性比较结果,可以得到论文以下结论。

命题 1:对于高新技术企业 R&D 联盟演化博弈,ESS 与博弈类型息息相关:合作型博弈均衡呈两极分化,全部参与 R&D 合作抑或全部不参与,取决于初始创新企业水平;鹰鸽型博弈均衡时 R&D 活动分异,部分企业参与合作;囚徒困境型均衡时没有企业参与 R&D 合作。

4. 转移支付对均衡的影响

考虑到政府补贴本身也是社会成本,加之政府的深度参与可能导致稀缺研发资源的错配,由此带来社会低效率。接下来的问题是,不考虑政府外生性补贴,仅仅考虑加入和不加入 R&D 合作联盟的企业间内生性转移支付,会不会模型均衡产生实质性影响。企业间这种转移支付一般表现为专利权使用费,通常由不加入合作联盟的企业向联盟企业支付。命题 2 揭示单种群 R&D 合作联盟中转移支付对均衡的影响结论。

命题 2:转移支付不改变单种群 R&D 合作联盟演化博弈均衡时的创新企

业数。

命题 2 的证明要分三种不同博弈类型进行。对于囚徒困境型,局中人 i 接受转移支付 tr 策略由模仿 $r_i = 0$ 转变为创新 $r_i = 1$ 当且仅当 $\Delta(s) + tr > 0$,于是策略改变最低转移支付额 $tr^{\min} = -tr = c - sn(b-a), \forall s \in [0,1]$。但这笔转移支付的允诺是不可置信的承诺,模仿企业支付这笔专利权使用费用后的支付 $\Delta(s + 1/n) - tr^{\min}/n(1-s) < 0$,因为囚徒困境型博弈任何状态水平上,创新优势函数 $\Delta(s)$ 恒小于零;对于合作博弈型存在 NE 内点解 $s^* = c/n(a-b)$,R&D 合作联盟新增成员后状态为 $s^* + 1/n$,带入式(7)可得此时创新优势函数值 $\Delta(s^* + 1/n) = b - a > 0$。当 ESS 向 $s^* = 1$ 收敛时,所有企业利益都得到帕累托增进,$s^* = 1$ 是群内所有成员一致通过的自然结果,没有转移支付的必要。当博弈向 $s^* = 0$ 收敛时,模仿企业转移支付的允诺并不可置信,因为 $\Delta(s^* + 1/n) - tr^{\min}/sn = -c/sn < 0$;对于鹰鸽博弈型,最低转移支付额 $tr^{\min} = -\Delta(s^* + 1/n) = a - b > 0$,转移支付后企业的支付 $\Delta(s^* + 1/n) - tr^{\min}/ns^* = b - a + (b-a)^2/c < 0$,同样是不可置信承诺。归纳起来,转移支付不改变单种群 R&D 合作联盟演化博弈均衡时的创新企业数,不论博弈归属什么类型。造成这一结果的原因也很简单,单维演化博弈模型均衡时所有企业获得相同收益,任何企业之间的转移支付不具有动态一致性,也是不可置信承诺。

四、双种群演化博弈模型 —— 异质性企业

(一) 模型设定和二维分类

双种群演化博弈模型的设定是建模关键,既要考虑到种群内不同策略企业受 R&D 活动技术溢出效应的外部性影响不同,又要体现出种群间企业 R&D 活动规模报酬差异。为行文方便,下标 1、2 分别表示高新技术行业内大企业群(或技术领先型企业群)和中小企业群(技术跟随型企业群),上标 R 和 I 表示企业选择创新策略和模仿策略。考虑到种群间企业 R&D 活动的异质性,双种群演化博弈模型的收益函数设定如下:

$$\pi_i^R = b_1 R_1 + b_2 R_2 - c_i r_i, i = 1,2 \qquad \text{式(12)}$$

$$\pi_i^I = a_i (R_1 + R_2), i = 1,2 \qquad \text{式(13)}$$

式(12)、(13) 的设定形式体现出 R&D 活动的外部性在合作联盟内部存在种群间差异,但对于联盟外企业不存在种群间的差异。假定种群 1 选择创新和模仿的企业占比为 s_1 和 $1 - s_1$,种群 1 选择创新和模仿的企业占比为 s_2 和 $1 - s_2$,衡量了种群 1、2 当前所处的状态。种群 1、2 企业数占行业比重设定为 λ,于

是 $n = n_1 + n_2$，其中 $n_1 = \lambda n$、$n_2 = (1 - \lambda) n$。R&D 投入量仍选用二元离散形式，$r_i \in \{0,1\}$，双种群演化博弈模型的收益函数可重新书写成：

$$\pi_i^I(s_1, s_2) = a_i(s_1 n_1 + s_2 n_2), i = 1, 2 \qquad 式(14)$$

$$\pi_i^R = b_1 s_1 n_1 + b_2 s_2 n_2 - c_i, i = 1, 2 \qquad 式(15)$$

式(16) 是整个行业从 R&D 活动中获得的边际收益总量。

$$\sum_i^n MB_i = a_1(1 - s_1) n_1 + a_2(1 - s_2) n_2 + b_1 s_1 n_1 + b_2 s_2 n_2 \qquad 式(16)$$

种群 1、2 增加 *R&D* 合作联盟新成员的边际收益依次是：$\dfrac{\partial \sum_i^n MB_i}{\partial s_1} = n_1(b_1 - a_1)$、$\dfrac{\partial \sum_i^n MB_i}{\partial s_2} = n_2(b_2 - a_2)$，$a$ 和 b 关系仍然影响种群 1、2 的 R&D 规模报酬情况，自然是划分双种群演化博弈模型类型的重要维度。行业创新活动异质性程度是模型划分的另一维度，可根据企业 R&D 能力和动力的不对等程度分成强异质性和弱异质性。具体而言，异质性区分在报酬递增时考虑两种群联盟外成员受技术溢出外部性差异（a_1 和 a_2 关系），重视研发动力；在报酬递减时考虑两种群联盟成员受技术溢出外部性差异（b_1 和 b_2 关系），重视研发能力。根据规模报酬和异质性程度两个维度，双种群演化博弈模型可划分为四种类型。

表3　双种群演化博弈模型的二维分类

规模报酬 / 异质性	报酬递增 $a_i < b_j, i, j = 1, 2$	报酬递减 $a_i > b_j, i, j = 1, 2$
弱异质性	$a_2 < a_1 < b_2 < b_1$	$b_2 < b_1 < a_2 < a_1$
强异质性	$a_1 < a_2 < b_2 < b_1$	$b_1 < b_2 < a_2 < a_1$

（二）均衡及稳定性

仿照单维情形，双种群演化博弈模型创新优势 函数 $\Delta_i = \pi_i^R(s_1, s_2) - \pi_i^I(s_1, s_2)$ 可形式化写成式(17)。

$$\Delta_i = s_1 n_1(b_1 - a_i) + s_2 n_2(b_2 - a_i) - c_i \quad i = 1, 2 \qquad 式(17)$$

令 $\Delta_i = 0$，可得到种群间状态 s_1、s_2 的动态关系式(18)。

$$s_2(s_1) = \frac{s_1 n_1(b_1 - a_i) - c_i}{n_2(b_i - a_2)} \qquad 式(18)$$

二维演化博弈模型的 *NE* 可能情形有内点解、边界解和角点解。内点解均衡出现时,各种群内企业创新活动呈分异状,联立 $\Delta_i = 0$ 可解得 NE 内点解 (s_1^*, s_2^*)。

$$s_1^* = \frac{c_1(b_2 - a_2) + c_2(a_1 - b_2)}{n_1(a_1 - a_2)(b_1 - b_2)} \qquad \text{式(19)}$$

$$s_2^* = \frac{c_1(a_2 - b_1) + c_2(b_1 - a_1)}{n_2(a_1 - a_2)(b_1 - b_2)} \qquad \text{式(20)}$$

将式(19)、(20)带入至式(14)、(15),均衡时群内不同策略企业支付相同,但群间支付存在差异。比较式(21)、(22),可知 NE 内点解上,均衡时各种群企业支付与 $R\&D$ 成本差成正比、与 $R\&D$ 活动外部性成反比,拥有更大外部性的种群得到更高的支付。

$$\pi_1^R(s_1^*, s_2^*) = \pi_1^I(s_1^*, s_2^*) = \frac{a_1(c_2 - c_1)}{a_1 - a_2} \qquad \text{式(21)}$$

$$\pi_2^R(s_1^*, s_2^*) = \pi_2^I(s_1^*, s_2^*) = \frac{a_2(c_2 - c_1)}{a_1 - a_2} \qquad \text{式(22)}$$

均衡时行业总支付 $\Pi(s_1^*, s_2^*) = n_1\pi_1(s_1^*, s_2^*) + n_2\pi_2(s_1^*, s_2^*)$,带入式(21)、(22):

$$\Pi(s_1^*, s_2^*) = \frac{(n_1a_1 + n_2a_2)(c_2 - c_1)}{a_1 - a_2} \qquad \text{式(23)}$$

双种群企业 R&D 策略的动态变化过程是单位情形的线性推广。种群 i 的 $R\&D$ 合作联盟演化博弈复制动态方程为:

$$\dot{s_i} = ds/dt = \Phi(s_1, s_2, v) \quad v = v(a_1, a_2, b_1, b_2, c_1, c_2, \lambda, n) \qquad \text{式(24)}$$

与单维情形一样,$\dot{s_i}$ 与 Δ_i 符号变动完全一致,种群复制动态方程仍可用创新优势函数 $\Delta_i(s_1, s_2)$ 刻画。对 Δ_i 的偏导数得到雅可比矩阵,二维演化博弈模型的 ESS 要考察其特征值。

$$J = \begin{bmatrix} \dfrac{\partial \Delta_1}{\partial s_1} & \dfrac{\partial \Delta_1}{\partial s_2} \\[2mm] \dfrac{\partial \Delta_2}{\partial s_1} & \dfrac{\partial \Delta_2}{\partial s_2} \end{bmatrix} = \begin{bmatrix} n_1({}_1^b - a_2) & n_2(b_2 - a_1) \\[2mm] n_1({}_{b1} & n_2(b_2 - a_2) \end{bmatrix} \qquad \text{式(25)}$$

雅可比矩阵的迹 $TrJ = n_1(b_1 - a_2) + n_2(b_2 - a_2)$,值 $|J| = n_1n_2(a_1 - a_2)(b_1 - b_2)$。表4是根据 R&D 规模报酬和异质性强弱划分的双种群演化博弈模型

均衡结果。

表4　双种群演化博弈模型均衡及稳定性

	报酬递增 $a_i < b_j, i, j = 1, 2$		报酬递减 $a_i > b_j, i, j = 1, 2$	
	强异质性 $a_1 < a_2 < b_2 < b_1$	弱异质性 $a_2 < a_1 < b_2 < b_1$	强异质性 $b_1 < b_2 < a_2 < a_1$	弱异质性 $b_2 < b_1 < a_2 < a_1$
TrJ	+	+	-	-
$\lvert J \rvert$	-	+	-	+
内点解稳定性	鞍点	鞍点	不稳定	稳定
ESS	角点解	角点解	边界解	内点解

图 3 至图 5 是双种群演化博弈各种情形下均衡形成的相位图。

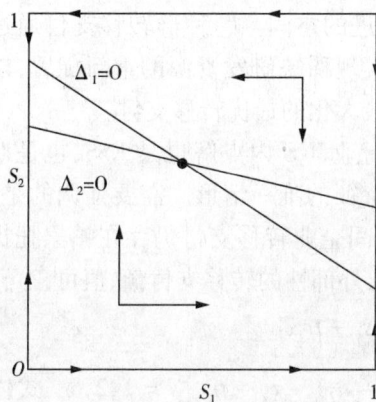

图 3　R&D 报酬递减、弱异质性行业

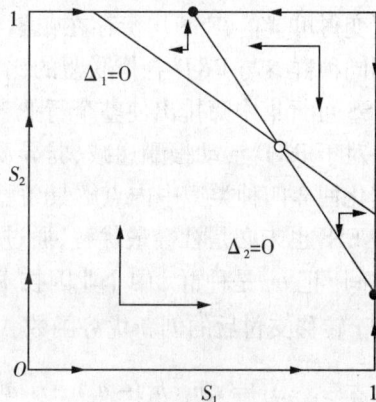

图 4　R&D 报酬递减、强异质性行业

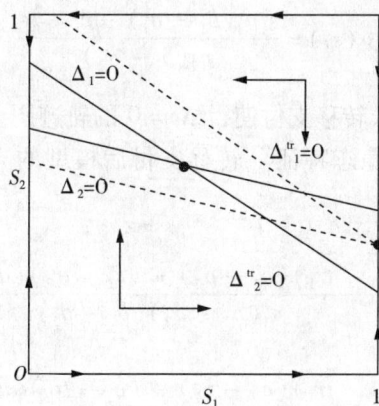

图 5　R&D 报酬递型行业

归纳起来，对于异质性高新技术企业 R&D 联盟演化博弈均衡有以下结论。

命题 3：异质性高新技术企业 R&D 联盟演化博弈，ESS 与博弈类型息息相关：报酬递减、弱异质性行业均衡时 R&D 活动分异，两种群都是部分企业参与合作；报酬递减、强异质性行业均衡时，一种群全部参与合作，另一种群部分参与合作；报酬递增型行业，不论异质性程度，均衡呈两极分化，全部参与 R&D 合作抑或全部不参与，取决于博弈初始状态。

（三）转移支付对均衡的影响

对于单维演化博弈模型，转移支付不改变 R&D 合作联盟演化博弈均衡时的创新企业数。因为单种群演化博弈均衡时不同 R&D 策略的企业支付相等，企业间任何转移支付承诺都是不可置信的。而对于双种群演化博弈模型，均衡时群内不同策略企业支付相同，但群间支付存在差异，种群间的转移支付因此变得可置信，ESS 均衡存在帕累托改进的空间。跨种群转移支付通过改变不同种群参与 R&D 合作联盟的比例，实现稀缺研发资源的重新配置，以此从 ESS 可行集中筛排出使整个行业支付最大化的最优转移支付。

对于 R&D 活动报酬递减、弱异质性行业，NE 内点解也是 ESS，也是双种群演化博弈四种类型中内点解具备稳定特征的唯一情形。需要强调的是，即便是 ESS 也未必是社会最优解，通过种群间企业转移支付仍存在帕累托提升的空间。记 tr_i 是种群 i 中企业因技术溢出外部性的转移支付额，值可正可负，种群 i 转移支付后的创新优势函数 $\Delta_i^{tr} = \Delta_i + tr_i$：

$$\Delta_i^{tr} = s_1 n_1 (b_1 - a_i) + s_2 n_2 (b_2 - a_i) - c_i + tr_i \quad i = 1,2 \qquad 式(26)$$

令 $\Delta_i^{tr} = 0$，种群间状态的动态关系式通过 s_1、s_2 的函数关系体现。

$$s_2(s_1) = \frac{s_1 n_1 (b_1 - a_i) - c_i + tr_i}{n_2 (b_i - a_2)} \qquad 式(27)$$

比较式（27）和式（18），转移支付使得 $\Delta_i = 0$ 的轨迹图上下平行移动，并不改变其斜率以及 ESS 的稳态特征。转移支付后模型的 NE 内点解是式（19）、（20）的形式化推广。

$$s_1^{tr*} = \frac{(c_1 - tr_1)(b_2 - a_2) + (c_2 - tr_2)(a_1 - b_2)}{n_1 (a_1 - a_2)(b_1 - b_2)} \qquad 式(28)$$

$$s_2^{tr*} = \frac{(c_1 - tr_1)(a_2 - b_1) + (c_2 - tr_2)(b_1 - a_1)}{n_2 (a_1 - a_2)(b_1 - b_2)} \qquad 式(29)$$

在内点解均衡时,转移支付后各种群企业的支付:

$$\pi_1^R(s_1^{tr*}, s_2^{tr*}) = \pi_1^I(s_1^{tr*}, s_2^{tr*}) = \frac{a_1(c_2 - c_1 + tr_1 - tr_2)}{a_1 - a_2} \qquad 式(30)$$

$$\pi_2^R(s_1^{tr*}, s_2^{tr*}) = \pi_2^I(s_1^{tr*}, s_2^{tr*}) = \frac{a_2(c_2 - c_1 + tr_1 - tr_2)}{a_1 - a_2} \qquad 式(31)$$

显然,种群间转移支付是零和过程,满足:

$$s_1^{tr*} n_1 tr_1 + s_2^{tr*} n_2 tr_2 = 0 \qquad 式(32)$$

转移支付后行业总支付为 $\Pi(s_1^{tr*}, s_2^{tr*}) = n_1 \pi_1(s_1^{tr*}, s_2^{tr*}) + n_2 \pi_2(s_1^{tr*}, s_2^{tr*})$,带入式(30)、(31) 亦即:

$$\Pi(s_1^{tr*}, s_2^{tr*}) = \frac{(n_1 a_1 + n_2 a_2)(c_2 - c_1 + tr_1 - tr_2)}{a_1 - a_2} \qquad 式(33)$$

R&D 活动报酬递减、弱异质性行业有 $a_2 < a_1$,于是 $\frac{d\Pi}{tr_1} > 0$、$\frac{d\Pi}{tr_2} < 0$。假定社会追求总利益最大化,种群 2 向种群 1 转移支付有助于提升行业总支付水平。在下文数值模拟中还将看到,转移支付是帕累托增进的过程,全部企业境况都会得到改善。但种群间支付差异扩大,注意到式(34) 中转移支付前种群间支付差异 $\pi_1(s_1^*, s_2^*) - \pi_2(s_1^*, s_2^*) = c_2 - c_1$ 以及 $tr_1 - tr_2 > 0$ 的事实。

$$\pi_1(s_1^{tr*}, s_2^{tr*}) - \pi_2(s_1^{tr*}, s_2^{tr*}) = c_2 - c_1 + tr_1 - tr_2 \qquad 式(34)$$

(四)数值模拟

种群间内生性转移支付可提高报酬递减、弱异质性行业参与 R&D 合作深度,企业追求利益最大化同时也提升了整个行业创新水平。现在的问题是假定社会追求创新水平最大化,社会最优水平的转移支付又如何确定？接下来以数值模拟的方式,揭示转移支付前后演化博弈均衡状况(参与 R&D 合作联盟比例)、企业支付和行业总支付水平,以及种群间支付差的变化。遵循社会福利分析的通行做法,将社会最优解——全部企业参与 R&D 合作联盟作为参照系,从中得到社会最优转移支付水平。数值模拟设定行业内企业总数 $n = 100$,种群 1 占比 $\lambda = 0.4$,参数设定为 $b_2 = 1$、$b_1 = 2$、$a_2 = 3$、$a_1 = 4$,满足报酬递减、弱异质性行业的参数要求。R&D 成本参数设定为 $c_1 = -160$、$c_2 = -100$,这也比较接近当前我国对高新技术行业创新活动补贴的事实。数值模拟能够使复杂问题简单化、清晰化,论文感兴趣的主要模拟计算结果如下。

表5 报酬递减、弱异质性行业转移支付前后均衡变化

比较内容	转移支付前	转移支付后
ESS	$s_1^* = 0.5$ $s_2^* = 0.67$	$s_1^* = 1$ $s_2^* = 0.46$
企业支付	$\pi_1^* = 240$ $\pi_2^* = 180$	$\pi_1^* = 271$ $\pi_2^* = 203$
行业总支付	$\Pi = 20400$	$\Pi = 23020$
群间企业支付差	$\pi_1^* - \pi_2^* = 60$	$\pi_1^* - \pi_2^* = 68$
R&D 合作企业数	20+40.2=60.2	40+27.6=67.6
最优社会福利占比	20400/26400=77%	23020/26400=87.2%

如何确定最优转移支付水平及对应的 ESS? 由 $\frac{d\Pi}{tr_1} > 0$、$\frac{d\Pi}{tr_2} < 0$ 易知,种群 2 向种群 1 为 R&D 外部性进行转移支付,行业总体支付水平提高。这一过程中,从式(27)得知转移支付使得种群1的 $\Delta_1 = 0$ 轨迹不断向右上方移动(s_1 不断增加),种群2的 $\Delta_2 = 0$ 轨迹不断向左下方移动(s_2 不断下降)。这一过程一直持续到转移支付后种群的创新支付函数 $\Delta_1^{tr} = 0$、$\Delta_2^{tr} = 0$ 轨迹(以虚线表示)相交于图7位图右边界,此时种群1内所有企业参与 R&D 联盟。在文中参数设定下,由式(19)~(23)可计算出转移支付前唯一的 ESS($s_1^* = 0.5$,$s_2^* = 0.67$)以及企业支付、行业总支付等其他均衡特征,创新资源更集中在种群2。联立式(28)、(29)和(32)并令 $s_1^* = 1$,三个独立方程可以解出三个内生变量 s_2^*、tr_1 和 tr_2。由此可计算出 $tr_1 = 3.16$、$tr_2 = -4.56$,转移支付后的 $ESS(s_1^* = 1, s_2^* = 0.46)$。

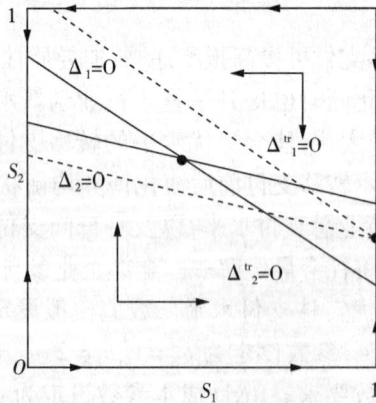

图6 转移支会对 R&D 报酬递减、弱异质性行业均衡的影响

表 5 对比了转移支付前后 ESS、企业支付、行业总支付等其他均衡特征，企业支付、行业总支付、R&D 合作企业数都得到改善，均衡结果也更接近于社会最优，但同时也扩大了种群间的支付差距。通过稀缺 R&D 资源在大小企业间的重新配置，所有企业境况都得到改善，其代价是企业间差距扩大。

命题 5：对于报酬递减、弱异质性高新技术行业而言，小企业向大企业的转移支付能使稀缺社会 R&D 资源实现更优配置。无论是企业收益还是行业内企业参与 R&D 活动都得到提升，转移支付对参与企业是帕累托增进的过程，其代价是企业间收入分配差距扩大。

五、主要结论及政策启示

过往对 R&D 合作联盟的研究集中在模式选择、绩效评价和激励因素等方面，对 R&D 合作联盟的形成机理研究不足，且研究方法拘泥于新古典的静态分析，忽视了"过程"和"变化"在联盟演进过程中的重要性。论文依据企业 R&D 活动是否同质，分别建立单种群同质性和双种群异质性演化博弈模型，探求高新技术企业创新活动变动的演化生物学模式。论文主要研究结论和政策启示如下：

第一，高新技术行业涉及范围广，规模报酬特征和异质性程度都有很大差异，会对 R&D 合作联盟演化均衡及其稳定特征产生不可忽视的影响。对于创新活动基本对等的高新技术行业，R&D 活动的规模报酬情况对均衡影响重大。合作型博弈均衡行业内企业 R&D 两极分化，鹰鸽型均衡呈现分异状，而因徒困境型均衡时没有企业参与。该研究结论完美地解释行业间 R&D 合作联盟发展的不平衡。观察到一个经验现象，在没有政府补贴时，行业内企业从事 R&D 活动显现出两种极端情形，要么 R&D 活动在行业内蔚然成风，要么模仿盛行没有企业从事创新。而在有政府补贴的行业中（ c<0 ），通常从事与不从事 R&D 活动的企业在一个相对稳定的比例上达到均衡。

第二，适宜的创新激励政策有利于均衡演变越过临界值"门槛"，使得均衡向社会合意的方向演进。与传统工业经济一般遵循生产中的规模报酬递减不同，R&D 支出对产出的影响存在报酬递增在很多高新技术行业是常态。合作型博弈 R&D 联盟演化博弈模型的两个均衡结果在现实中都能实现，但社会福利结果截然不同，均衡走向取决于群内初始创新企业比例 s^*。研究初始创新企业数比例的影响因素，促使均衡演变越过临界值"门槛"，使均衡向社会合意的方向演变成为政府制定创新激励政策的着力点。由式（11）可知，降低门槛值的方式有三个途径,分别是降低 R&D 成本、提高行业内企业数量和提高创新企业与模仿企业受技术进步溢出效应外部性影响的差异。从图 1 中也可以清晰看出,使内点解均衡向左移动,既可以降低,也可以提高。前者可通过加强专利保护的力度和强度来实现,后者最直接的方式就是政府对 R&D 活动的补贴。同时,适度降低高新技术企业市场准入标准、简化认证审批程序,有利于提高行业生存企业数。

第三,政府补贴在高新技术企业 R&D 合作联盟形成中具有十分重要的位置。毋庸置疑,政府对创新活动的补贴会激励企业加入联盟从事 R&D 合作,极端情形下都能"走出"囚徒困境。理解这一点并不难,政府高强度补贴会使图 3 中创新企业支付函数 π_R 向上方移动,与不变的模仿企业支付函数 π_I 相交。不难看出,政府补贴使得博弈类型由囚徒困境型转变成鹰鸽博弈型,均衡时有部分企业参与 R&D 合作。

第四,充分重视行业间企业转移支付对高新技术企业 R&D 合作联盟形成的作用。考虑到政府补贴本身也是社会成本,加之政府的深度参与可能导致稀缺研发资源的错配,由此带来社会低效率。论文研究表明,即便没有政府外生性补贴,仅考虑 R&D 合作联盟的企业间内生性转移支付,也对会均衡产生重大影响。基本结论是:同质性行业转移支付不改变 R&D 合作联盟均衡时创新企业数,但对于报酬递减、弱异质性高新技术行业而言,小企业向大企业的转移支付能使稀缺社会 R&D 资源实现更优配置,其代价是行业内规模不等企业间收入分配恶化。对于政策制定者来说,会面临平等和效率的权衡。

参考文献:

[1] Romer, P. M. Endogenous Technological Change [J]. Journal of Political Economy, 1990,98(5):71-102.

[2] 刘志彪. 现代产业经济学[M]. 北京:高等教育出版社,2003.

[3] Belderbo, R., Caree, M., Diederen, B. Heterogeneity in R&D Cooperation [J]. International Journal of Industrial Organization,2004,22(8):1237-1263.

[4] 陈永广,韩伯棠. 企业研发合作组织模式选择影响因素及决策机制研究[J]. 科学学与科学技术管理,2011(6):123-127.

[5] 杨梅英,王芳,周勇. 高新技术企业研发合作模式选择研究—基于北京市 38 家高新技术企业的实证分析[J]. 中国软科学,2009(6):172-177.

[6] 李随成,杨婷. 研发合作企业间知识共享与合作绩效的关系[J]. 科技进步与对策,2007(10):180-184.

[7] 杨冬梅,王琳,孟子禾. 科技研发合作对企业研发绩效的效应分析——来自高新技术企业的证据[J]. 经济与管理研究,2017(2):58-63.

［8］孙玉涛,臧帆.企业区域内/间研发合作与创新绩效——技术多元化的调节作用[J].科研管理,2017(3):52-60.

［9］杨仕辉,熊艳,王红玲.吸收能力、研发合作创新激励与补贴政策[J].中国管理科学,2003(11):95-100.

［10］孟卫军.溢出率、减排研发合作行为和最优补贴政策[J].科学学研究,2010(8):1160-1164.

［11］基于演化博弈模型的产业集群式转移条件及政策适配性研究[J].区域经济评论,2015(01):114-122.

长三角一体化格局下安徽
创新经济发展推进路径

林斐

摘　要：创新经济是建立在人才、技术、信息数据为创新要素重新组合之上新型分工格局，与传统分工格局有着明显不同。本文通过解读创新经济的要素配置、空间活动与区域关系的"3C"维度创新经济特征，以长三角为例，思考在要素集聚、空间布局与创新政策等方面重新构建长三角一体化下的分工地理格局。

关键词：创新经济；长三角一体化；安徽

一、问题提出

传统分工格局是建立在区位、要素资源禀赋比较优势之上。从要素禀赋比较优势出发，长三角地区一体化发展，消除行政分割的障碍，经济发展水平不同的地区进行产业梯度转移，促进要素自由流动，达到市场化最优配置。但是创新经济（Innovative economy）的兴起正在改变原有区域分工路径。正在突破传统产业要素结构，不是依赖劳动力、土地、综合成本、以及地理区位等，而是转为对人才、技术、信息、数据等要素空间集聚与环境改变。熊彼特（1912）关注创新的重要性。迈克·波特（1985）认为创新是国家竞争优势，是一个重要的经济、社会及政策重要变量。1996 年经合组织（OECD）首次提出

作者简介：林斐（1965—），女，浙江宁波人，省社科院研究员，主要从事区域经济研究。
基金项目：2018 年度安徽省哲学社会科学规划重大项目"安徽深度融入长三角更高质量一体化发展研究"（AHSKZD2018D05）。

了知识经济的概念。进入 21 世纪,我国实施创新驱动持续推进经济转型升级战略,创新经济的特质已经显现,2018 年在全球创新经济排名由第 22 位上升至第 17 位①,其中长三角创新经济发展处在全国领先,以知识、技术、数据、人才等要素为支撑,以新技术、新产业、新业态、新模式为核心,形成具有核心竞争力的产业集群,打造创新经济新高地。安徽加入长三角后,实现"从传统农业大省向新兴工业大省,向创新引领强省"的转变,创新经济发展再上新台阶,打破低端锁定传统分工路径,成为区域转型发展的样本值得深入探究。

近年来国内创新经济研究成果丰富。但形成鲜明对比是当下长三角创新经济活跃度的上升,对一体化格局下的创新经济研究薄弱。本文基于一体化格局下从要素集聚、分工空间格局与产业关联的三个"C"维度解读创新经济发展地理空间特征及趋势,分析长三角一体化格局下三省一市创新经济的地理格局,为安徽创新经济发展提供研究支撑。

二、一体化格局下的创新经济理论诠释

处在一个开放的一体化空间格局下,创新经济从要素配置、空间活动与区域关系三个"C"维度改变传统分工推进路径。

第一,一体化带来创新经济的要素"改变"(Change)。主要表现为:一是要素禀赋结构改变。创新成为经济发展的内生变量,意味着支撑区域发展的资源禀赋条件发生了重大变化,新一轮产业分工大变局,凸显了从成本要素向创新要素的转变。一些新兴经济发展快的地区,劳动力对 GDP 的贡献比重下降,人才、科技与知识的贡献度上升,反映出创新经济依赖知识和信息的无形要素的生产、扩散和应用,与资本、劳动力、物质资源等有形要素组合,更有效提高生产效率,竞争优势的差异不仅包括技术因素,而且还包括知识禀赋的因素(Florida,2002)。二是空间距离的改变。距离是影响一些企业选址的重要变量,对于上下游配套企业,供应链的布局受地理距离和范围的约束。随着跨省高铁高速,通达程度提高,通讯和移动技术更新呈指数级增长,迅速淡化距离,使之不再是决定公司业务、个人生活的首要因素。全球产业分布由"地域空间"转向"流动空间",出现了"实体空间"和"虚拟空间"的状况,"地理学的终结"和"距离的消失"。任何一地只要接入高速互联网,都可以变成科技枢纽(CairncrossF,2002)。知识转移的关键要素是企业的组织特性而

---

① 由世界知识产权组织(WIRO)与康奈尔大学联合发布。

非企业间地理接近性(Gallaud& Thridt,1994)。三是创新环境的改变。互联网、人工智能、量子等颠覆性技术,以强大的渗透力和扩张力改变着人们的生活方式与消费习惯,每个企业或生产商都竭尽全力提供更高质量的产品与服务,生产建立新的产业要素组合上。在市场充满竞争环境下新的组合意味着破旧立新,各类创新活动,促进新旧动能加快转换。

第二,一体化加快创新经济的"集聚"(Cluster)。新一轮科技革命与产业变革正在重构全球创新版图,创新经济正在从高度集聚化创新中心,到多点式分散集聚组合格局加快形成。一是创新活动空间的高度集聚。迈克.波特(1985)指出产业集群使创新的速率与能力提升,进而促进竞争优势的形成,产生一种自我加强机制,产业创新时时刻刻都在发生,产业集群的"正外部性"就是创新。由于创新活动参与者众多,包括科研机构、大学,还是资本方、金融机构,良好的创新氛围的城市与科学园区,多位于具有高品质生活的大城市周边,如硅谷在大学附近与高科技公司集中区,形成一定地域内企业、高校、研究机构、专业科技服务机构等组合。产业创新经济高密度的活动重要节点或重要枢纽城市,成为各种态势的创新中心。二是创新经济发展格局的差异。创新要素与活动的高度集中,导致创新能力区域差距加大。保罗·克鲁格曼(1991)用新经济地理学理论诠释经济活动"核心与边缘"格局的原因,突出了创新经济活动高度集中核心城市,使其成为科创中心、高端技术研发中心,次区域的中心城市低一层级的产业创新中心与产业研发基地,周边地区产业加工制造的功能分工。三是创新经济聚集后的扩散。创新经济发展高度集聚,也会向周边的地域产业转移和技术外溢,提升周边地区的创新活跃度,区域之间创新经济互动互补加强。互联网、云计算和大数据广泛应用,重大技术的突破带来连锁反应,一种产业引发另一种产业,持续性创新会连续性地增加价值,当技术创新出现扩散到生产领域的各个方面,生产要素、生产手段、生产条件与生产结果都会改变,新知识、新技术、新产品和新管理迅速持续产生,促成了创新型产业、高成长性的小企业的持续涌现。

第三,一体化加强创新经济的"联系"(Connection)。科技产业创新大都不是单一技术的发生与支撑,而是多项技术簇群的融合与集成,不是以一个人或一个集团为核心来完成全部工作,不再是一个城市的事情,而是一个群落的事情,依赖各地创新系统高效运作,称之为集成式创新,创新经济愈加复杂,从而需要塑造出一种开放的高效的经济运作系统。一项重大技术的创新成果出来,需要科技成果的转化,检测中试,企业不再是壁垒森严的个体,而是互相配合的产业生态,建立起协作关系。发达地区的技术外溢至后发地区,进而产生新的发展机会(Cooke,2014)。通过产业链分工带动整个区域的创新活动,推动产业链现代化,跨地域、跨区或组织的知识连接纽带,使得区域之间的创新关系变得越来越紧密,构建起"创新链",共同加速产业创新。创新经济的发展潜力与效率是通过区域合作、产业联动和企业协作共同发挥出集成式创新作用。

总之,从"3C"维度看,创新经济发展是一个完全不同传统分工的新路径。

三、长三角一体化格局下安徽创新经济发展现状与趋势

长三角区域大力推进一体化发展,并上升至国家战略,实质上是基于一体化构建由传统经济向创新经济转型的分工格局的重要的前置条件,从"中心-集聚与扩散-网络-联动"四个层次逻辑上的递进关系,可以清晰看出,长三角一体化格局下创新经济发展,安徽推进路径取得的进展,以及下一步的着力点。

(一)创新中心的构建

长三角地区是我国创新资源要素集聚、创新活动最活跃的区域,支撑长三角创新经济发展的轴心是创新中心。上海定位全球科创中心,整合全球创新资源,是跨国公司区域性的首选地,创新发展在全国和长三角走在最前面,当然也是长三角最重要的科技创新中心,引领长三角参与全球城市群的创新竞赛,地位是无法撼动的。其中综合性科学中心分量最重,地位最高,目前全国共4个,上海与合肥占据两席。上海是层级最高的创新中心,南京、杭州、合肥是长三角次区域创新创新中心,创新功能各有侧重,是分层级以及差异化的创新中心定位。杭州打造具有全球影响力的"互联网+"创新创业中心,政府与浙江大学合作共建国际科创中心、大湾区的科技创新中心。南京定位具有全球影响力的创新名城,具备很强的基础创新能力以及科教优势转化为产创优势,新型研发机构和科技型企业数量增长较快。合肥提出建设具有国际影响力的创新之都,近年来科技创新表现相当出色,拥有一流水平基础科研能力的城市,除北京外,集聚大科学装置和平台、重大技术科研院所和研发机构、一流的大科学设施群,加上快速增长的高科技企业,形成一个我省创新经济发展的重要增长极,在此之前仅是一个区域性中心城市。除此之外,长三角各城市争相创建各类产业与科技创新中心,集中某个产业或行业领域资源要素有积极的作用,但是过多创新中心,起到相反的作用。

(二)创新经济集聚与扩散

近十年来,长三角的产业分工格局有了很大改变,从发达沪苏浙转移出来技术低层次的劳动密集型产业,也有技术层次较高技术密集型产业。对2005—

2015年长三角四省(市)产业要素密集程度变化分析,安徽劳动密集型产业比重下降了5.6个百分点,知识密集型产业比重上升了7个百分点,上海资金密集型产业下降了6.7个百分点,知识密集型产业上升了6.9个百分点,表明长三角从制造经济向知识经济转变不可逆转产业分工升级趋势,以及创经济发展区际之间扩散,一体化加速各地发展创新经济空间可塑性大大增强。安徽作为承接沪苏浙产业转移重要地区,通过产业转移与生产要素重组,提升产业技术创新速度,创新能力连续七年进入全国第一方阵,不仅成为全国家电产业最重要的生产基地,而且不断向产业链上游延伸,发展起新型显示屏、人工智能、集成电路、新能源与新材料。合肥以新技术为支撑的新型显示产业达到800亿元,拉动整个上下游产业链,超过千亿产值。战略性新兴产业增加值年均增速与贡献率皆保持在全国省会城市前列。2018年,安徽战略性新兴产业占比提高至35%,高新技术企业总数5403家,居全国第8位。在长三角一体化发展格局下,发达地区通过技术、产业、空间外溢提升周边区域创新活跃程度,创新经济集聚与扩散空间格局显示出流动性特点,而并非完全固化状态。产业知识技术含量提高,产业链更趋完整,反映出沪苏浙的产业扩散带来的技术外溢,对后发地区经济转型升级的带动作用。然而,创新经济发展仍然存在较大的地区差距,并且难以短时间内的消除,人才资源要素向发达地区集聚化是趋势,扩散是不均衡的,由此带来各地创新产业分化格局明显。比如资源型城市面临转型的巨大挑战,2019年上半年,淮南"一煤独大"产业结构格局没有根本变化,战新产业占规上工业比重仅为8.8%。相比合肥这一比例在70%以上,从中看出,创新经济集聚后的扩散带来的区域差距较大。

(三)创新经济发展的多点式网络化布局

长三角科技创新网络从2008年开始发育,2012年以来参与城市越来越多,逐渐形成了以上海、南京、杭州为极点,后合肥加入,朝着四点多轴方向发展创新合作网络、多点式布局转变,形成了以上海为中心,上海-杭州为主轴的网络结构,网络趋于稠密化与复杂化,多个中心城市提高科技创新要素集聚度、科技研发能力与应用能力,创新特色鲜明,各具优势,区域创新优势特色显著。如上海生物医药产业增速最快,江苏新材料和智能装备制造领域形成优势,浙江信息服务行业发展迅猛,数字经济、软件与信息服务产业占全省GDP达到60%。安徽在装备制造、新能源等领域发力。另外,同类产业细分领域的差别较大,行业龙头强者恒强会更明显。2018年国内"独角兽"公司181家,其中上海41家,位列全国第二,杭州20家,南京8家[①]。长三角上海

---

① 根据《胡润》发布的大中华区独角兽排行榜。

机制器人侧重在平台企业搭载各种应用,合肥成为国家新一代人工智能创新发展试验区,芜湖活跃在机器人及智能领域,为国家级机器人产业发展集聚区,蚌埠市争取硅基新材料国家制造业创新中心,这种创新经济的差异化态势有利于长三角创新一体化。当然,尽管一体化发展的倡导,各地需要争取的是在要素的相对集聚,提升区域创新能力,但是由于存在地方利益,各地都在争抢发展新兴产业,创新上投入可能出现重复,但是这种重复投入低远于传统产业竞争争抢。从比较看,我省研发投入三分之二集中在煤、电、钢铁等传统产业,新兴产业仅占三分之一。除了合肥以外,其他各市研发投入用在新兴产业投入还是不足。"独角兽"公司合肥还没有一家。基础创新支出占全社会总研发支出的比重较大,科研经费投入向高校与科研单位,企业缺乏创新动力,科研成果转化率偏低,我省区域创新能力的分化较为严重,使得长三角创新经济发展多点式布局处在相对劣势,与沪苏浙不在同一层级上,需要追赶的压力较大。

(四)创新经济发展的区域联动

长三角推动与引导产业创新联动发展下了很大功夫,在国家战略的顶层设计下强化创新协作联盟与互动,重在构建网络化的"创新圈"。杭州数字经济崛起主要归功于互联网+大浪潮,除阿里巴巴、腾讯、百度、网易等相继入驻,汇集众多互联网上下游的中小企业,形成一个庞大的信息产业生态圈,成为全国最为成功的"创新圈"样本。跨区域、跨学科、跨领域的创新经济发展协同网络化系统是开放的。2017年G60科创走廊设立,覆盖了长三角城市群9个城市,作为产业与科技创新深度融合的试点,城市间、产业内或企业间各种创新合作正在形成跨区域科创走廊机器人、智能驾驶和网联汽车、新能源和新能源汽车等联盟,这些联盟在整合区域供应链体系发挥出重要的作用。比如长三角地区机器人联盟,提高对外采购的定价权,提高产业竞争力。当前从政府层面合作共建长三角创新经济生态圈或创新共同体,意在加强区域集成式创新协同,提升区域内创新关联度,形成城市间竞合共生共赢关系。实际上,产业协同走在前面。上海迄今为止最大的外资制造业项目——特斯拉超级工厂落户,以及国产大飞机制造批量生产,可以带动周边城市产业链上下游配套的生产基地建设。正在推进的5G产业商业化运用,加紧布局,长三角各中心城市在科技产业创新方面具有互补性,参与合作的城市数及城市间联系的强度逐渐加大,主动地加强合作,错位发展,安徽在新型制造、创新产业谋划对接,产业链延伸在我省的布局,更加关注大项目的引进。

综上,创新中心是创新经济发展网络化格局是最为重要的一环,通过一体化推进,创新经济要素的集聚与扩散,争取产业创新中心的布局,推动地方产业转移升级加强与长三角主要城市互联互动,提升产业链的融合度,也有着重要作用。

四、长三角一体化格局下安徽创新经济发展推进路径

安徽入长后,创新经济发展有着紧迫性,认识与确立长三角一体化格局下以创新中心引领创新经济发展推进路径的重要性,为此,提出四个方面的建议。

1. 加快创新要素集聚的创新中心建设

创新中心建设是发展创新经济的中枢。长三角的各类创新中心战略布局对全域创新型产业发展有引领作用,需要最大限度发挥这种作用。做强创新中心的关键是做强长三角核心区,不仅要突出上海全球创新中心核心的带动,还要有多个国家级、长三角创新中心规划建设,引导创新要素及创新活动区域集聚相对均衡布局,作为长三角创新经济发展的"风向标"。综合性国家科学中心担当核心技术、关键技术与共性技术重要职责,组建有国际竞争力的技术团队力量,提升自主创新能力,掌握核心技术为首要任务。充分利用一体化之力,促进创新要素向创新中心集聚,加快建设长三角的科技创新中心和产业创新中心,争取在合肥建设综合性国家科学中心,还应积极争取中央对于我省产业创新中心设立的支持。在全省区域中心城市创新功能进一步明确的前提下,促进创新要素资源集中集聚,引导地方创新重点差异化,有所侧重,形成竞争分工趋异,培育细分领域的行业优势与隐性冠军,鼓励地方共建产业创新中心,发挥创新中心集聚创新资源和整合资源的最大效率。

2. 建立多层次跨区域创新产业联动发展关系

在一体化格局下多层次跨区域创新产业联动基础之上,以技术创新突破为切入点,长三角区域产业链与创新链关联上,科技创新与产业创新协同发展率先突破,在空间上也可以分离,通过长三角地区一体化协约,从基础型创新,到改良创新,再到模式创新,必然是多样性、多元化的主体参与。由多个区域策略组成,凭借区域创新与学习能力,形成创新集群,保持长三角持续性创新的最大活力。顺应产业升级的需求,以数字经济、共享经济、互联网经济为重点的新兴产业创新协同领域,对产业链的关键环节控制确定创新网格核心节点,围绕产业链布局创新链,提升内部与外部资源重构产业生态系统的能力。我省应帮助资源型城市重构以创新要素为主的要素禀赋结构,制定对

地区人才的支持政策,构建协调科研网和科技组织、合理配置资源等科技合作计划运作机制,助力一些传统经济占主导的地区加入新兴产业分工格局中,提升长三角产业链分工水平。

3. 构筑开放式创新经济生态系统

通过更多城市参与,达到创新要素资源整合的目的。最近安徽7个地级市加入长三角城市经济协调会,全面"入长"成为一个好的开端。长三角的无地域界限的科技创新网络要向所有城市与所有企业开放,搭建三链(创新链、产业链与资本链)对接融合平台,覆盖全域,在科技联合一体化行动框架下共建长三角创新技术服务平台,不仅面向全国,而且在向全球,让长三角所有的城市,以及长三角以外的城市都可以加入开放式创新共同体。这个系统应对所有成员开放,使得后加入的地区,可以向先进地区学习,共享知识信息,共建统一的制度、标准和接口。最为突出的新能源汽车的充电柱,共建共享标准化、高水平的创新平台,共享数据信息,以及创新服务,减少重复性创新活动与投入,引导地方对技术的投入,生成创新群,而非政府主导下的企业集聚,将竞争趋异作为最优路径,从而保证在支持形式、投入侧重点、运作管理等方面分工合作,能够在一个共同的项目下进行运作。开展创新经济基础建设试点工作,围绕这样一个共同目标,建立长三角创新经济开放式的生态系统。

4. 强化一体化格局下的创新经济制度环境

创新经济并非偶然出现,而是精心设计的结果;不仅是基于创新文化浓厚积淀之上,更重要的是制度性建设保障。长三角一体化使居民产生统一的归属感,使得各级政府关注更灵活的战略实施,促进自主创新、知识经济发展、创业和发展新型公私合作的伙伴关系。要以建立具有国际竞争比较优势的制度优势和营商环境为目标,探索创新实践举措与创新机制。解决市场分割和碎片化问题和体制机制障碍,着力加强长三角产业链与创新链的融合制度顶层设计,以联盟与战略性合作关系,推进创新要素市场一体化建设,从创新制度环境加强区域创新协同,发挥一市三省各级政府在推动创新协同中的作用,掌握住"三新"经济的核心竞争力。安徽保持持续提升区域创新能力,要在人力资本方面做好长期规划,加强长三角区域内城市结对合作,加强人才资源流动和科研人员交流。长三角一体化发展示范区将创新性的制度进行复制与推广,加强现有政策制度与创新经济的适用性研究,用一体化思维探索跨省跨区创新协同地方实践,营造包容与宽容的科研生态,打造国际领先的科创环境;制定对重大技术与关键技术科研合作项目重点支持落地,以及实施要素保障优先制度。

参考文献:

［1］Krugman, P. R. , Increasing Returns and Economic Geography, Journal of Political Economy,1991:99:483-499.

［2］Karen R. Polenske,the Economic Geography of Innovation,2007.

［3］Fuchs. G, Shapira P, Rethinking Regional Innovation and Change, Springer Vertag,2004. 10.

［4］LoetLeydesdorff, The Knowledge——based Economy: Modeled, Measured, Simulated. Boca Raton,Florida:Universal Publishers,2006.

［5］吕拉昌,黄茹,廖倩. 创新地理学研究的几个理论问题［J］. 地理科学,2016(5).

［6］［德］克劳斯·施瓦布. 第四次工业革命转型的力量［M］. 北京:中信出版社,2018.

［7］［美］谢德荪. 重新定义创新［M］. 北京:中信出版社,2016.

［8］弗朗西兹. 凯恩克罗斯. 距离的消失:通信革命如何改变我们的生活［M］. 北京:机械工业出版社,2002.

［9］陆大道. 我国大城市发展应突出产业创新［N］. 经济参考报,2019-07-03.

［10］曾刚,王秋玉,曹贤忠. 创新经济地理研究述评与展望［J］. 经济地理,2018.

［11］托马斯·弗里德曼. 世界是平的:21世纪简史［M］. 长沙:湖南科技出版社,2008.

［12］林斐. 安徽加入长三角经济一体化区域分工差异化研究［J］. 江淮论坛,2019(5).

［13］洪银兴,吴俊. 长三角区域的多中心化趋势和一体化的新路径［J］. 学术月刊,2012(5).

［14］［德］富克斯,夏皮拉. 区域创新与变革:路径依赖抑或地区突破［M］. 北京:经济管理出版社,2014.

创新生态系统视角下的
传统产业集群升级研究

——以叶集木竹产业为例

马　骥　汤小银　吴梦君

摘　要：深化供给侧改革的重要举措之一，就是打造出若干世界级先进制造业集群，可见传统产业集群在推进高质量经济发展中至关重要。然而目前传统产业集群呈现衰败态势，亟待进行升级。本文以六安市叶集区木竹产业集群为例，运用复杂社会网络分析方法，在仿真模拟该集群价值网络的基础上，系统的分析出木竹产业集群发展演化中内生网络和外生网络的网络联结特征、网络位置特征，以及二者网络因果关系，达到产业集群升级的目标。结论显示：实现木竹产业集群升级，需要进一步完善创新生态系统中的组成成分，进一步加强内生型创新生态系统的建设，巩固核心企业网络，构建更为合理的开放型创新生态系统。

关键词：产业集群；创新生态系统；价值网络；网络结构；QAP 分析

　　作为推进高质量经济发展，深化供给侧改革的重要举措之一，就是要打造出若干世界级先进制造业集群，促使全球制造大国走向制造强国（刘志彪，2018）[1]。在这一趋势下，我国产业集群需要由生产型产业集群向创新型产业集群转型与升级，然而，我国传统产业集群普遍存在技术模仿特点，面临"路径依赖"和"创新锁定"的风险较大，转型与升级存在一定的挑战。同时，产业集群作为有效的空间组织形式，与产业自身息息相关，需要实现两者的

　　作者简介：马骥，男，安徽肥东人，安徽师范大学经济管理学院教授，博士，研究方向：空间经济学、产业经济学。汤小银，女，安徽芜湖人，安徽师范大学经济管理学院硕士研究生，研究方向产业经济学。吴梦君，男，安徽芜湖人，安徽师范大学经济管理学院硕士研究生，研究方向区域经济学。

　　基金项目：安徽高校人文社会科学重大研究项目"创新生态系统视角下的安徽省产业集群升级研究"（SK2019ZD25）。

联动发展(王晓霞,2013;孔庆洋,2018)[2,3]。因此,如何通过创新资源的引入和集聚,构建产业创新生态系统实现产品的高端化是产业集群升级的热门主题(刘刚,2019)[4]。木竹产业作为其中历史悠久、前景广阔的传统产业之一,也面临着重复布局、创新乏力的衰败态势,亟须调整产业组织结构的空间布局,提升产业集聚的水平和高度,进行木竹产业集群升级(王玮等,2007;柳州,2015)[5,6]。

一、文献综述

众多学者分别从外部性视角、产业结构视角、创新视角和全球价值链视角探讨了产业集群升级问题。外部性视角强调在特定区域集聚的企业,利用专业化的劳动分工市场,产生技术知识、制度和信任在区域、外部空间的溢出行为(Marshall,1890)[7]。产业结构视角以集群内部企业稳固正式的投入产出关系为基础,强调产业结构的合理化和高级化(段敏芳等,2013)[8]。静态上要求产业间及内部类型构成恰当、数量比例合理、投入产出均衡,动态上有不断复杂化、规模化、柔性化的演变趋势。创新视角下集群创新的行为簇状性、环境复杂性表明迈入了创新生态系统时代,需要依靠集群内部企业、政府单位、大学及科研院所等多方力量,优化内部价值链条、深化产业链条协同关系(Schumpeter,1932;颜永才,2015)[9,10]。全球价值链视角下的集群通过吸收外部信息、知识与技术转移,采用工艺流程升级、产品升级、功能升级和链条升级实现价值链附加值从低到高的动态攀升,实现集群升级(Gereffi,1999)[11]。

由此可见,产业集群升级的本质问题是企业和产业创新能力的提升(刘刚,2019)[4]。依据产业集群升级技术、产业和创新资金来源的视角,可将现有产业集群划分为内生型产业集群和外生型产业集群。内生型产业集群依托于国内或当地技术,而外生型产业集群中企业通过引进发达国家成熟产品和标准化生产技术从事加工制造活动。六安市叶集区木竹产业集群发源于当地市场,通过不断学习和引进先进设备,制造技术逐渐增强。但是仍然存在创新路径锁定,创新资源匮乏等问题,全区木竹产业仅有60余家规模以上企业,并且不存在跨国企业。因此,本文在基于内生型产业集群和外生型产业集群概念的基础上,对其适用范围进行改进,就技术、产业和创新资金来源问题,将内生型产业集群指定为当地市场,外生型产业集群指定为国内其余省份和安徽省其余市区。

从复杂适应系统理论来看,创新是多元创新主体适应环境变化条件的知识和技术创造,培育和构建产业创新生态系统就是知识和技术创造过程,是企业和产业创新能力提升的基础。产业集群视角下,创新生态系统更明确地是指产业集群内部各个组成成分之间,包括企业主体与当地政府、科研院所、中介组织等多元化主体,以及组成成分与环境之间,基于物质流、信息流、能量流的联结与传导,形成共生竞合、动态演化的开放复杂系统。各个组成成分间通过正式和非正式关系相互联系和作用构成了价值创造的网络,创新表现为价值网络的形成和演化过程。与内生型产业集群与外生型产业集群相对应,创新生态系统也可分为内生型创新生态系统和开放型创新生态系统,进一步将价值网络分为内生网络和外生网络。进行内生网络和外生网络网络联结特征、网络位置特征和网络因果分析分析,可以揭示科技创新和产业化的动力和机制,从而更加合理有效的分配集群当地及国内多元创新主体间的互动和协作关系(殷群等,2012,Ivana Raši Bakari,2017;Ahuja,2000,许冠南等,2016)[12-15]。

因此,本文以六安市叶集区木竹产业集群为例,运用复杂社会网络分析方法,在仿真模拟该集群价值网络的基础上,从价值网络的形成与演化入手,连接宏微观视角,超越地邻近性,将叶集木竹产业集群知识和技术创造中的内生网络和外生网络分别进行定量描述,系统的分析出叶集木竹产业集群发展演化中内生网络和外生网络的网络联结特征、网络位置特征,以及二者网络因果关系,明确产业集群升级中创新资源的引入、集聚和吸收的具体情况,识别集群创新和产业化的动力和机制,从而更加合理有效的分配叶集木竹产业集群的创新资源,协调集群内各组成成分的互动和协作关系,构建更为科学合理的开放型创新生态系统,以实现产品的高端化,达到叶集木竹产业集群升级的目标。

二、叶集木竹产业集群复杂社会网络模型构建

(一)创新生态系统与复杂社会网络内在耦合机理

复杂社会网络分析法包含了复杂网络的结构观以及动力学研究思想、社会网络的关系体系(方锦清等,2007;李金华,2009;汪小帆等,2012)[16-18]。在复杂社会网络中,复杂社会网络理论应用到产业集群网络可分为1-模网络、2-模网络和隶属网络,隶属网络是2-模网络的特殊存在①。本文中内生网络

---

① 复杂社会网络中节点的结合为模,节点集合类型的数目为模数,根据模数标准可区分网络类型。

为1-模网络、外生网络为2模网络。创新生态系统与复杂社会网络两者在属性和结构形态方面都具有一定的耦合性。其一,二者内部组成成分都具有多样性与异质性特征。复杂社会网络节点数量多、种类多,类似的,创新生态系统包括了产业集群中的当地企业、科研院所、中介组织等多元异质主体。其二,二者内部组成结构复杂。在复杂的社会网络中,个体在充当网络节点的基础上,具有自己的价值偏好和理性水平,节点具有以下特征:第一,网络节点本身具备对整个网络的预测能力以及对自身行为的决策能力;第二,网络节点的决策能力受到网络中节点间的亲疏关系和偏好影响。第三,节点对于其他节点甚至于整个网络都具有一定的影响,对网络中的信息传播也具有影响。类似的,创新生态系统等主体基于物质流、信息流、能量流的偏好联结与选择性传导,也会形成共生竞合、动态演化的开放复杂系统。此外,二者同样具有多层次和时空演化的特性,主体在其中所处的位置和互动频率产生变动,从而内部其他主体间的联系也会不断变化而增加或减少。

(二)复杂社会网络模型下产业集群升级机理图

如图1所示,在创新生态系统与复杂社会网络内在耦合机理的支撑下,输入节点、节点间关系、时间序列等数据信息,选择关系矩阵组成1-模网络、2-模网络,构建产业集群复杂社会网络模型,并进行创新生态系统下的产业集群价值网络仿真模拟。通过集群内生网络和外生网络网络联结特征和网络位置特征数值的测算,发现价值网络形成与演化的规律[①];继而进行相关分析与回归分析,得出集群内生网络与外生网络间的因果关系,识别集群创新和产业化的动力及机制。结合产业集群升级理论,进行产业集群升级,构建更为合理的开放型创新生态系统。

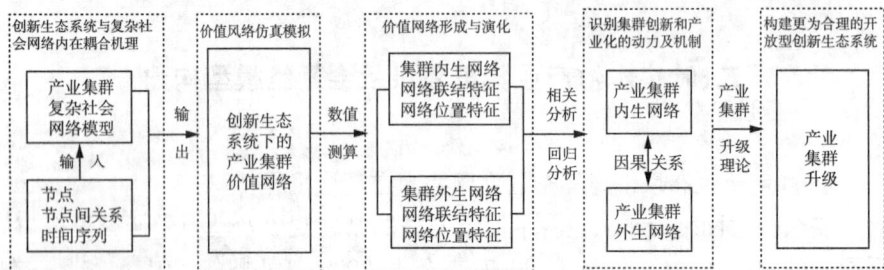

图1　复杂社会网络模型下产业集群升级机理图

---

① 各指标的详细解释及计算公式参见刘军《整体网分析:Ucinet软件实用指南》(第二版),汪小帆《网络科学导论》。

（三）数据采集与处理

1. 数据采集

本文数据采取的方式是调研访谈法,通过访谈企业带头人或者高层管理者、各单位负责人,被访谈企业通过随机抽取和重点企业选取相结合的方式,随机抽取了叶集木竹产业集群中主营业务范围分别是原材料、半成品加工、低端产品制造、高端产品制造以及配套服务的企业,尤其重点选取了集群中几家龙头支柱企业,共计60个企业节点。同时考虑到产业集群主体的多样性和异质性,选取了政府机构、行业协会、研发机构、金融机构等节点[1]。

在进行六安市叶集区木竹产业集群各单位之间的关系数据调查时,运用的方法是回忆法与档案资料法结合,鉴于本文建立的节点联结关系重点在于解释联结关系的广度视角对于集群升级的影响,而不是深度视角,所以未设置过高的测度标准。具体做法是:首先确定各单位正式投入运营的年份即确定模型的时间序列,然后确定各单位包含的各项业务的主要内容。关系维度设置了以下设问:①贵企业在2010—2018年的生产设备主要从集群内外哪里购买? 日常维修和设备升级问题怎么解决? ②贵企业在2010—2018年生产上遇到技术困难时,会请教集群内外哪些公司,或者集群内外哪些公司主动指导贵公司? 分别于哪一年开始请教或者交流? ③贵企业在2010—2018年同集群内外哪些企业或机构有过技术、知识、产品研发等方面的交流? 分别于哪一年开始交流? ④贵企业在2010—2018年与集群内哪些政府部门、行业协会、科研机构和金融机构有联系(交流)? 分别于哪一年开始交流?

基于设问下,请各单位负责人对问题进行回忆,为了避免主观访问调查所得关系数据的局限性,辅助于查找当地政府的公开网站、企业的账目纪要、企业官网与档案等方式进行数据填补。最后填写一份本次调研的问卷,问卷内容除了包括以上部分,还包括各单位的一些属性数据以及各单位近几年发展情况的开放式探讨。

2. 数据处理

对访谈信息进行仔细的整理后,依据集群企业正式投入运营的年份建立网络结构演化时间序列,依据企业与其他企业、政府部门、行业协会、研发机构、金融机构交流强度进行二值化处理。若该企业与集群内外部其他企业存在明确的技术委托、技术合作等合同关系,则将二者之间的关系矩阵数值视为1。若该企业与集群内外部其他企业存在技术合作商讨、技术指导、参观学

---

[1] 叶集木竹产业集群网络节点编号表格详见附录1。

习等行为,也判定二者之间的关系矩阵数值也为1。若企业与集群内外部单位存在设备购买、日常维修和升级等行为,判定二者之间的关系矩阵数值为1。从政府部门、行业协会、科研机构和金融机构来看,政府部门就企业技术创新问题、企业经营红利问题等进行规划和指导等则视为1,参加行业协会组织的技术交流、经营经验分享等主题会议、参加团队外出学习、考察市场等类似活动视为1,单位与研究所、高等院校存在合同关系或者学习行为、参与高等院校学习先进的经营管理经验等行为视为1,享受到金融机构用于技术创新的专项贷款优惠政策、日常经营、扩大规模的专项贷款优惠政策等视为1,反之则视为0。特别地,因为集群外生网络企业数量较多且发散,因此在建模过程中将其抽象为企业所属地区进行刻画。

三、叶集木竹产业集群网络结构特征

(一)集群内生网络结构特征

1. 集群内生网络联结特征

表1　集群内生网络结构特征数值表

指标	2010 年	2014 年	2018 年
集聚系数	0.285	0.32	0.371
网络密度	0.155	0.132	0.089
平均路径长度	2.166	2.305	2.713

如上表1数值变化所示,通过集聚系数、网络密度、平均路径长度指标可以定量的描述集群内生网络中知识与技术创造过程变化的特征。网络结构可视化仿真构图可以更加直观的刻画集群多主体之间基于能量传导和联结的复杂拓扑关系。故利用 Ucinet6.0 软件进行各指标值数值测算以及其中可视化工具 Net Draw 绘制了如图2所示的包括2010年、2014年和2018年的集群网络仿真拓扑图,并按照中心度大小排序导出,如图2(a)、如图2(b)、如图2(c)所示。

从集聚系数上看,2010年到2018年的集聚系数值逐年上升,产业集群的网络连通性逐年增强,即集群内企业与其他组织形成连通三点组的能力逐年增强,创新资源的引入、集聚情况日渐良好。相对应的在仿真构图上则表现为节点数目增多、节点类型趋于多元化、也产生孤立节点。从网络密度来看,整体上网络节点的联系紧密度逐渐下降,在仿真构图上表现为网络节点连线增多,但网络整体上变为稀疏,即虽然随着多主体的不断加入,能量传导与联结增多,知识和技术等创新资源日渐引入和集聚,但是集群对于创新资源的吸收状态有待提升。从平均路径长度来看,网络两个节点间达成连接的平均距离逐年上升,知识和技术等资源传递效率逐年递减。在仿真构图上表现为两节点间达成连线长度变长。

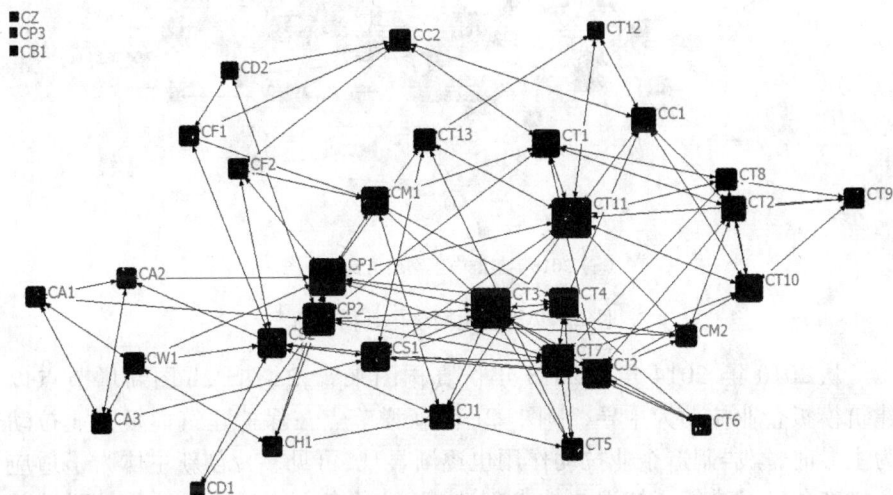

（a）2010年集群内生网络仿真拓扑图

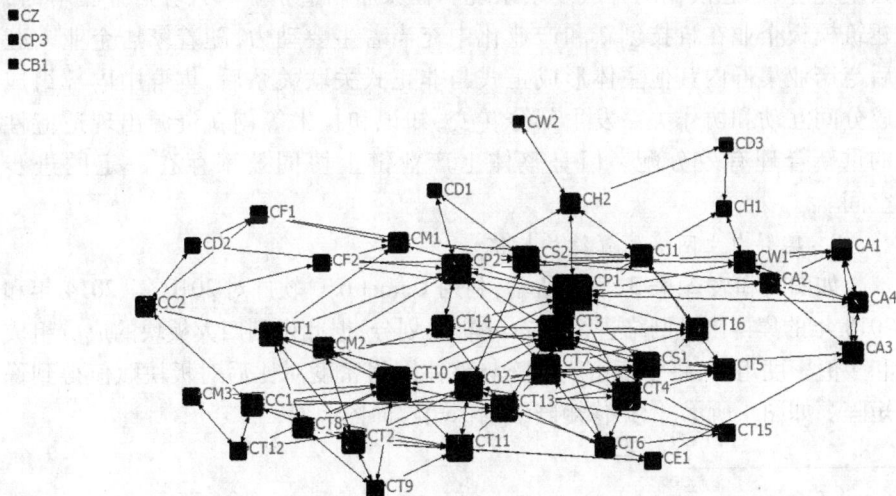

（b）2014年集群内生网络仿真拓扑

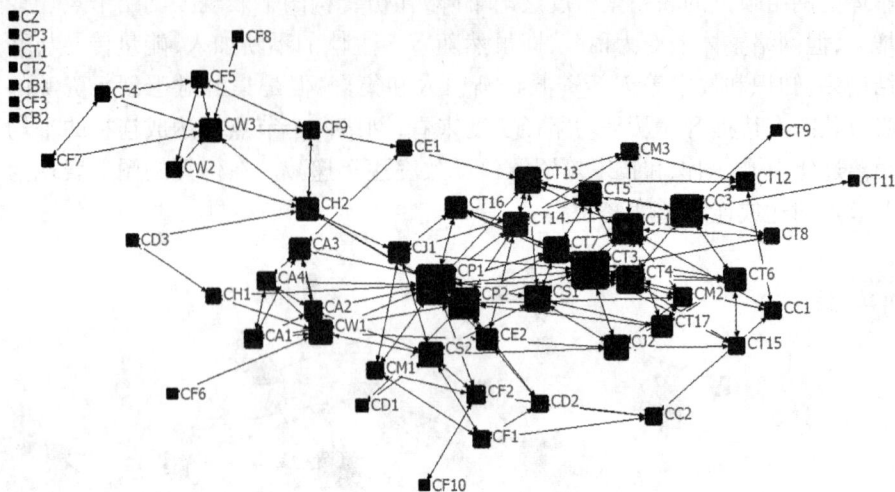

（c）2018年集群内生网络仿真拓扑图

图 2　集群内生网络仿真拓扑图

从 2010 年、2014 年和 2018 年仿真构图来看，2a 图-2b 图新增节点以建筑模板企业拉动为主导，2b 图-2c 图新增节点在保持建筑模板企业拉动为主导时，家居制造企业拉动作用也逐渐显现，可见多元创新主体为了适应环境变化已经进行了知识与技术创造，形成了多主体间能量传导与联结的共生竞合、动态演化的开放复杂系统。在家居制造企业未入驻产业集群时，建筑模板企业在科技创新和产业化中充当着主要动力，随着家居企业入驻后与产业集群内其他主体形成正式与非正式关联关系后，集群中内部组成成分间互动和协作关系发生部分转变，知识和技术等创新资源出现适应性的重新合理有效分配。但是整体上产业链上协同效率存在一定的进步空间。

2. 集群内生网络位置结构特征

如图 3 和表 2、表 3、表 4 所示，利用 Ucinet 6.0 软件对 2010 年、2014 年和 2018 年的集群内生网络进行 Concor 板块划分，据此得到四大板块的成员组成和多值密度矩阵，将多值密度矩阵与整体网络密度对比后对板块赋值得到像矩阵。如图 4 所示，依据像矩阵绘制像矩阵简图①。

----

① 以分割深度为 2、集中度为 0.2 的标准对整体网络进行块划分，得到四个板块。这里采用 α-密度指标标准进行板块赋值，α 是临界密度值，通常指的是整个网络的平均密度值。若在四个板块中任何一个板块的网络密度高于网络整体密度，则关联关系将更加集中于该板块，在高于的情形下，将板块值赋予 1，在低于的情形下，将板块值赋予 0。

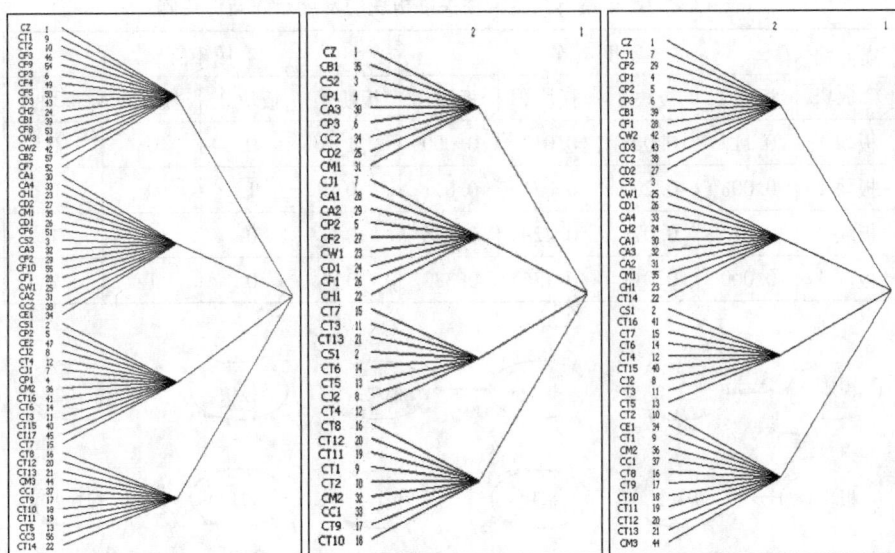

图3 2010 年、2014 年、2018 年集群内生网络 Concor 板块划分结果

表2 2010 年集群内生网络关联板块的密度矩阵与像矩阵

集群网络板块	密度矩阵				像矩阵			
	板块 1	板块 2	板块 3	板块 4	板块 1	板块 2	板块 3	板块 4
板块 1	0.042	0.247	0.125	0.049	0	1	0	0
板块 2	0.247	0.167	0.056	0.025	1	1	0	0
板块 3	0.097	0.056	0.607	0.167	0	0	1	1
板块 4	0.049	0.037	0.139	0.500	0	0	0	1

表3 2014 年集群内生网络关联板块的密度矩阵与像矩阵

集群网络板块	密度矩阵				像矩阵			
	板块 1	板块 2	板块 3	板块 4	板块 1	板块 2	板块 3	板块 4
板块 1	0.106	0.159	0.083	0.042	0	1	0	0
板块 2	0.159	0.236	0.051	0.030	1	1	0	0
板块 3	0.083	0.051	0.611	0.111	0	0	1	0
板块 4	0.042	0.030	0.111	0.394	0	0	0	1

表4 2018年集群内生网络关联板块的密度矩阵与像矩阵

集群网络板块	密度矩阵				像矩阵			
	板块1	板块2	板块3	板块4	板块1	板块2	板块3	板块4
板块1	0.117	0.008	0.013	0.000	1	0	0	0
板块2	0.008	0.200	0.071	0.011	0	1	0	0
板块3	0.013	0.071	0.429	0.136	0	0	1	1
板块4	0.000	0.011	0.136	0.382	0	0	1	1

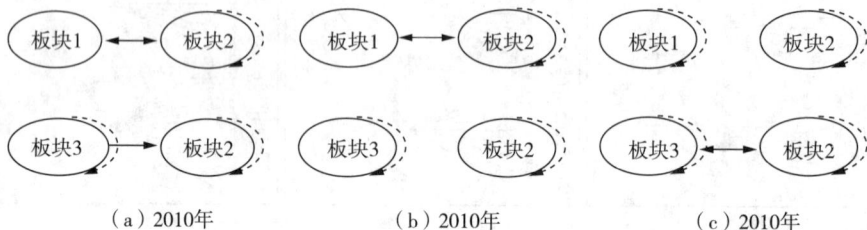

（a）2010年　　　　（b）2010年　　　　（c）2010年

图4 2010年、2014年、2018年集群内生网络关联板块的像矩阵简图

从网络位置特征（集群板块变化）来看,2010年集群建筑模板制造企业内部成熟度高,半成品加工板块和小型家居制造板块内部成熟度低,2014年集群建筑模板制造企业占据重要位置,木竹工艺品制造企业、小型家居制造企业也逐渐发展起来,2018年集群成熟地存在建筑模板制造、半成品加工与小型模板制造、小型家居制造企业、大型家居制造企业四类板块。由此可见,虽然集群内生网络仍处于发展期状态,但是总体上企业和产业创新能力已经有所增强,各个组成成分间形成的复杂适应系统呈现出共生竞合、动态演化的趋势,并且建筑模板企业所带来的科技创新和产业化独占优势有所缓解,资源分配日渐合理。

整体上,产业集群内部的建筑模板制造企业、半成品制造企业、大小型家居制造企业在数量上皆有所增加,规模有所扩大,集群多主体所蕴含的知识和技术等创新资源不断引入。板块内部的企业交流水平有所增进,板块逐渐呈现出规范化状态,由原先纷乱无章的板块群体,逐渐成熟为在规模、产品上具有一定识别度的板块群体。集群多主体间的能量传导和联结关系产生变化,集聚效应增强。板块之间的联系水平和溢出程度随着板块内部的成熟程度呈现出不断变化的状态,知识和技术等创新资源的溢出效应和吸收效应有待增强。

（二）集群外生网络结构特征

1. 集群外生网络的仿真拓扑图

利用Ucinet6.0软件可视化工具绘制了2010年、2014年和2018年的仿真拓扑图,并按照中心度大小排序导出,如图5(a)、如图5(b)、如图5(c)所示。由图5可以直观地发现,从整体上,集群外生网络随着时间演进也处于动态成长状态,随着企业节点的逐年增加,集群外生网络关联关系(节点线数)不断增多,网络联结状态逐渐由稀疏向紧密转变。由此可以得到,集群内多主体通过与外部企业建立学习和引入设备等传导和联结关系,加速知识与技术等创新资源不断引入与集聚到产业集群本土企业,本土企业吸收外部创新资源后产生成熟产品和标准化加工制造行为,促进集群企业和产业创新能力的产生。

进一步,由图5(a)可以看出,处于中心位置的企业类型主要是少量建筑模板企业,中心地区是山东、浙江、江苏、安徽、河南、上海、江西七大省份,并且存在诸如宁夏、吉林等未产生学习交流和引入设备等行为的地区,由此可见,2010年由建筑企业拉动集群网络引入、集聚和吸收外部企业创新资源行为效果不显著。由图5(b)可以看出,处于中心位置的企业类型几乎全是建筑模板企业,中心地区变动为上海、山东、湖北、河南、安徽、江苏、浙江七大省份,并且建筑模板企业日渐成熟,学习和引入设备等行为作用区域开始达至全国各地。由图5(c)可以看出,处于中心位置的企业类型变动为建筑模板企业和家居制造企业,二者在与外部企业建立学习交流和引入设备等关系中都发挥着重要作用。同时,集群网络与以四川、福建、湖南为代表的省份之间学习交互作用也逐渐显现。因此,2010—2018年集群网络在吸收外部创新资源,进行知识和技术转移行为逐渐深化。

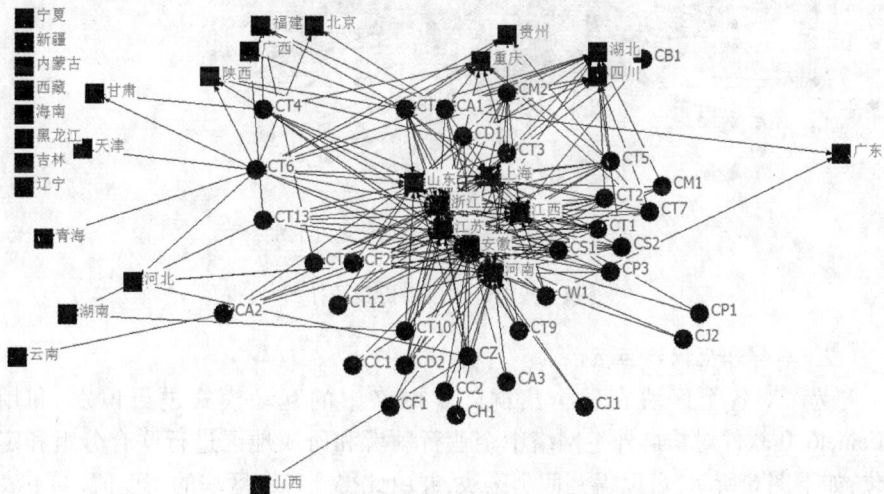

(a)2010年集群外生网络仿真拓扑图

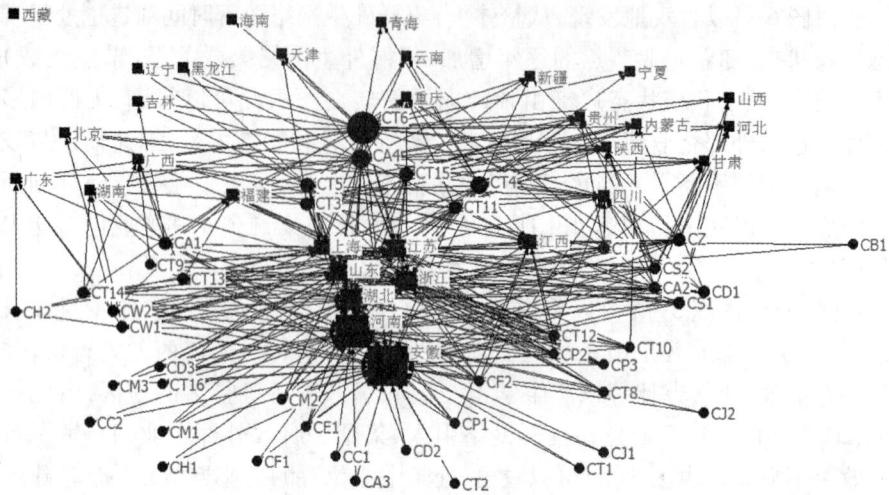

（b）2014年集群外生网络仿真拓扑图

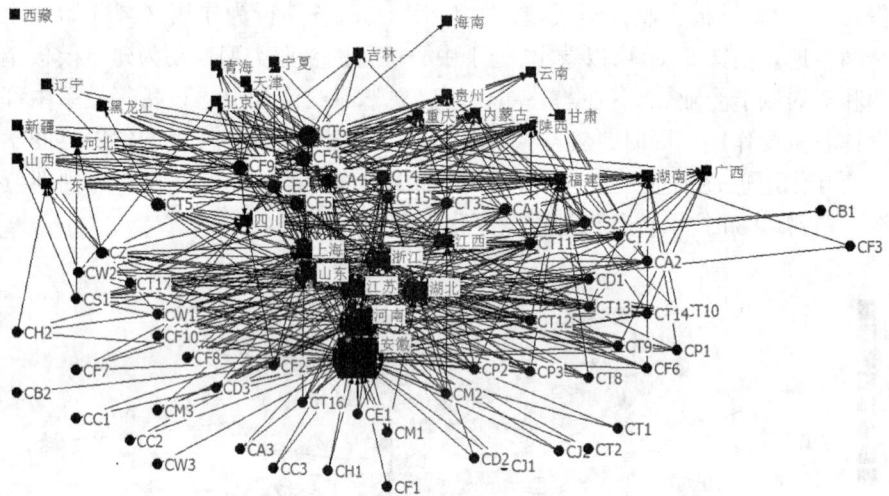

（c）2018年集群外生网络仿真拓扑图

图5　集群外生网络仿真拓扑图

2. 集群外生网络位置特征

为了对各个区块在整个集群外生网络中的互动模式进行识别，利用Ucinet6.0软件对集群外生网络中企业行动者和所属地区进行联合分组和定位，如下图6所示，可以得到四个区块，并由此得到各个区块的密度值，如下表5所示。

Column headers (a):

```
                1 1 2 2 2 3 1 2 2 2 2 2 3   1 1 1 1 1 1
      1 2 3 4 5 6 7 8 9 0 1 7 8 9 0 6 4 5 6 0 1 2 3 1   8 9 1 1 1 1 1
      A B C D E F G H I J K 1 2 3 4 P X Y Z T U V W 5   R S L M N O Q
```

		A B C D E F G H I J K	1 2 3 4 P X Y Z T U V W 5	R S L M N O Q
35	CB1			1
14	CT6	1 1 1 · · 1 1 · 1 1	· · · · · · · · 1 1 1	1 1 · 1
26	CF1			1 · · · · 1
4	CP1			1 1
3	CS2	· · · · · · 1 · · · · 1		1 1 1 1 1
2	CS1		· · 1	1 1 1 1 1 1
7	CJ1			1 · · 1
8	CJ2			1 · · 1
5	CP2			1 1 1 1 1 1
10	CT2		· · · · · · 1	1 1 1 1 1 1
11	CT3	1 · · · · · 1 1 · 1	· · · · · · · 1	1 1 1 1 1 1
12	CT4	1 1		1 1 1 1 1 1
13	CT5		· · 1	1 1 1 1 1
6	CP3			1 1 1 1 1
15	CT7	· · · · 1 1 · · · 1		1 1 1 1
16	CT8		· · · · · · 1	1 1 1 1
17	CT9			1 1 · 1 1
1	CZ		· · 1 1	1 1 · 1 1
19	CT11	· · · · 1 1 · 1	· · · · · · · · · · · · 1	1 1 1 1 1 1
20	CT12			1 1 1 1 1 1
21	CT13		· · · · · · · · 1 · 1	1 1 1 1 1 1
22	CH1			1 1 1 1
23	CW1		· · · · · · · · · · 1	1 1 1 1
24	CD1	· · · · 1 · · · · 1		1 · · 1 1
25	CD2			1 · · 1 1
9	CT1			1 1 1 1 1 1
27	CF2			1 1 1 1 1 1
28	CA1		· 1 · · · 1 1 · 1	1 · · 1
29	CA2	· · · 1	· · · · · · 1	1 1 1 1
30	CA3			1
31	CM1		· · · · · · 1	1 1
32	CM2		· · · · · · 1	1 1 · 1 1 1 1
33	CC1			1
34	CC2			1 · · 1 1
18	CT10		· · · · · · · · 1 1	1 · · 1 1

（a）2010年核心–边缘结构分析结果

Column headers (b):

```
                1 1 2 2 2 3 1 2 2 2 2 2 3   2 1 1 1 1 1
      1 2 3 4 5 6 7 8 9 0 1 7 8 9 0 6 4 5 6 0 1 2 3 1   0 9 2 8 4 5 3
      A B C D E F G H I J K 1 2 3 4 P Q Y Z W U V X 5   T S L R N O M
```

		A B C D E F G H I J K	1 2 3 4 P Q Y Z W U V X 5	T S L R N O M
11	CT3	1 · · · 1 1 1 · · · 1	· · · · · · 1 1 1	1 1 1 1 1 1 1
40	CT15	1 1 · · · 1 · · · · ·	· · · 1 · · · 1 1	1 1 1 1 1 1 1
14	CT6	1 1 1 1 1 1 1 1 1 1 1	1 1 1 1 1 1 1 1 1 1 1 1	1 1 1 1 1 1 1
4	CP1		· · · · 1 1	1 1 · 1 1
5	CP2		· · · · 1 1	1 1 1 1
1	CZ		· · · 1 1	1 1 1 1 1
2	CS1		· · · 1 1	1 1 1 1 1 1
8	CJ2			1 · · · 1
9	CT1			1 1 1 1
10	CT2		· · · · · · 1	1 1 1 1 1 1
6	CP3			1 1 1 1 1
12	CT4	1 1 1 1 1 1 1 1 · 1	· · · · · · 1 · 1	1 1 1 1 1 1 1
13	CT5	· · · 1 1 1 · · · 1	· · · · · 1 · · · 1	1 1 1 1 1 1 1
3	CS2	1 1 · · · 1 · 1	· · · 1	1 1 1 · 1 1
15	CT7	1 1 · · · 1 · 1		1 1 1 1 1
16	CT8		· · · · · · 1	1 1 1 1
17	CT9			1 1 · 1 1
7	CJ1			1 1 1 1
19	CT11	1 · · · 1 1 1	· · · · · 1 1	1 1 1 1 1 1
20	CT12		· · · · 1 1	1 1 1 1 1 1
21	CT13		· · · · · 1 1 1	1 1 1 1 1 1
22	CT14		· · · · · · · 1 1	1 1 1 1 1 1
23	CH1			1 1 1 1
24	CH2			1 1 1 1
25	CW1	· · · · 1 · ·	· · · · · · 1 1	1 1 1 1 1 1
26	CD1	· · · 1 1		1 1 1 1 1 1
27	CD2			1
28	CF1			1 1 1 1 1 1
29	CF2		· · · · · 1	1 1 1 1 1 1
30	CA1		· · · 1 1 1 · 1	1 1 1 1 1
31	CA2	1 1 · · 1	· · · · · · · · 1	1 1 1 1 1 1
32	CA3			1 1 1 1 1
33	CA4	1 1 · · 1 1 1 · 1 1 1 1 1 1 · 1 1	1 1 1 1 1 1 1
34	CE1			1 1 1 1 1
35	CM1			1 1 · 1 1
36	CM2		· · · · · 1	1 1 · 1 1
37	CC1			1 1 1 1
38	CC2			1 1 1 1
39	CB1			1
18	CT10	· · · · 1		1 1 1 1 1 1
41	CT16			1 1 1 1 1 1
42	CW2		· · · 1 1	1 1 1 1 1 1
43	CD3			1 1 1 1 1
44	CM3			1 1 1 1

（b）2014年核心–边缘结构分析结果

```
                              1 1 2 2 2 3 1 2 2 2 2 2 3   2 1 1 1 1 1 1
              1 2 3 4 5 6 7 8 9 0 1 7 8 9 0 6 4 5 6 3 1 2 1   0 8 9 2 3 4 5 7
              A B C D E F G H I J K 1 2 3 4 P X Y Z W U V 5 | T R S L M N O Q
15  CT7       1 1     1 1   1                         1     |     1 1 1 1
23  CH1                                                     |       1     1
46  CF3                                       1             | 1
19  CT11      1         1 1 1         1           1         | 1 1 1 1 1 1 1 1
14  CT6       1 1 1 1 1 1 1 1   1 1 1 1 1 1 1 1 1 1 1 1 1   | 1 1 1 1 1 1 1 1
 3  CS2       1 1         1 1         1                     |   1 1 1 1 1
 6  CP3                                   1                 | 1 1 1 1 1 1
 8  CJ2                                                     | 1 1 1 1 1 1
 2  CS1                         1 1                         | 1 1 1 1 1 1
10  CT2                                                     |   1 1 1 1 1
11  CT3       1         1 1 1   1               1 1   1     | 1 1 1 1 1 1
12  CT4       1 1 1 1 1 1 1 1                   1           | 1 1 1 1 1 1
13  CT5           1 1 1               1 1 1               1 | 1 1 1 1 1 1
 7  CJ1                                                     |   1 1 1 1 1
 1  CZ            1   1 1         1 1                       | 1 1 1   1 1 1
16  CT8                                                     |   1 1 1 1 1
17  CT9                                             1       |   1 1 1 1 1
 4  CP1                                             1       | 1 1 1   1 1
 5  CP2                                                     | 1 1 1 1 1 1
20  CT12                 1                     1           | 1 1 1 1 1 1
21  CT13                                       1     1 1   | 1 1 1 1 1 1
22  CT14                                       1     1 1   | 1 1 1 1 1 1
 9  CT1                                                     | 1 1 1 1 1 1
24  CH2                                               1     |     1 1 1
25  CW1               1                               1 1   | 1 1 1 1 1 1
26  CD1           1 1               1                       | 1 1 1 1 1 1
27  CD2                                                     |           1
28  CF1                                                     |
29  CF2               1                                     | 1 1 1 1 1 1 1 1
30  CA1                                 1 1   1 1           | 1 1   1 1 1 1
31  CA2       1 1         1 1                               | 1 1   1 1 1 1
32  CA3                                                     |
33  CA4       1             1   1 1 1 1 1 1     1 1   1 1   | 1 1 1 1 1 1
34  CE1                                                     |       1 1 1
35  CM1                                                     | 1 1 1
36  CM2                                                     | 1 1 1   1 1 1 1
37  CC1                                                     | 1 1       1
38  CC2                                                     | 1 1       1
39  CB1                                                     |         1   1
40  CT15      1 1     1 1 1 1                 1 1 1         | 1 1 1 1 1 1
41  CT16                                                   | 1   1 1 1 1
42  CW2                                 1   1           1   | 1 1   1 1 1
43  CD3                                                     | 1 1   1 1 1
44  CM3                                                     | 1 1 1
45  CT17      1               1   1                         | 1 1 1 1 1 1
18  CT10                   1                         1       | 1 1   1 1 1
47  CE2       1 1 1 1     1 1           1 1 1 1     1 1   1 1 | 1 1 1 1 1 1 1 1
48  CW3                                                     |
49  CF4       1 1 1 1     1 1 1 1       1 1 1 1   1 1     1 1 1 | 1 1 1 1 1 1 1 1
50  CF5       1 1 1 1     1 1           1 1 1 1   1   1 1 1 1   | 1 1 1 1 1 1 1 1
51  CF6                                             1       | 1       1
52  CF7                                                     |         1 1 1 1
53  CF8                                                     | 1 1 1 1 1 1 1 1
54  CF9           1 1     1 1 1 1       1 1 1 1     1 1   1 1 | 1 1 1 1 1 1 1 1
55  CF10                  1                                 | 1 1 1 1 1 1 1 1
56  CC3                                                     | 1         1
57  CB2                                                     |           1
```

（c）2018年核心-边缘结构分析结果

图6 2010年、2014年、2018年集群外生网络核心-边缘结构分析结果

表5　集群外生网络核心-边缘结构数值表

2010 年			2014 年			2018 年		
	1	2		1	2		1	2
1	0.593	0.087	1	0.746	0.140	1	0.647	0.047
2	0.962	0.667	2	1.000	0.602	2	0.700	0.229

由 2010 年各个区块网络密度可得,以建筑模板制造企业为主要类型的企业群和山东、河南、上海、江苏、浙江、安徽和江西(以下简称 RSLMNOQ)地区组成的区块密度最大,以建筑模板制造、小型家居制造企业类型与 RSLMNOQ 组成的区块密度位居第二,以建筑模板制造企业与除 RSLMNOQ 地区组成的密度低于前两个区块。从 2014 年各个区块密度可得,以建筑模板制造企业与湖北、山东、河南、上海、江苏、浙江、安徽和江西(以下简称 TRSLMNOQ)地区组成的区块密度最大。由 2018 年各个区块网络密度可得,除建筑模板制造企业,家居制造企业与湖北、山东、河南、上海、江苏、浙江、安徽和江西(以下简称 TRSLMNOQ)地区组成的区块密度最大。

说明在 2010 年时期,集群外生网络建筑模板制造企业要素需求高,并且主要从 RSLMNOQ 地区获取,与这些地区建立了良好的学习交流和引入设备等行为,促使知识和技术等创新资源在复杂系统内流动,形成集群外生价值网络。同 2010 年类似,2014 年集群外生网络主要依靠建筑模板制造企业建立多条链式结构,不断地引入和集聚创新资源到集群内部,吸取外部资源促进知识与技术转移、价值链攀升的程度增大,开放度水平有所增加。在 2018 年时期,集群外生网络中家居制造企业要素需求高,由此带动多条链式结构的生成,促进创新资源的合理分配与吸收,拉动集群嵌入 TRSLMNOQ 地区时价值链情况作用显现。

由 2010 年、2014 年和 2018 年的核心-边缘结构可以得出,集群外生网络节点间的连线逐渐增多,网络联结状态逐渐由稀疏向紧密转变,外生网络的网络联结特征和网络位置特征呈现出共生竞合、动态演化的系统变化特征。学习交流和引入设备等行为促进集群外生网络的知识与技术等创新资源在集群内不断流动与分配,家居制造企业在引领集群创新和产业化中逐渐发挥重要作用。

四、叶集木竹产业集群内外网络的因果关系分析

叶集木竹产业集群内外网络的因果关系分析是区域空间网络结构仿真模拟为基础的,而区域空间网络结构 D 是由建立在关系数据构成的关系矩阵上。

故在用叶集木竹产业集群对应各分类指标的绝对差异所形成差异矩阵,最后形成内生网络矩阵(En)和外生网络矩阵(Ex)。据此设立模型:D=f(En,Ex)。继而对内生网络矩阵(En)和外生网络矩阵(Ex)相关性分析和回归分析。

(一)集群内外网络相关性分析

表6　集群内外网络相关性数值表

年份	相关系数	显著性概率
2010 年	0.097	0.042
2014 年	0.088	0.030
2018 年	0.066	0.055

QAP 相关分析反应了集群内外网络矩阵之间的相似程度,这里用来检验不同年份内外网络之间的势差大小,即网络一致性程度。如表6结果所示,2010 年、2014 年和2018 年集群内外相关系数大小分别是0.097、0.088 和0.066,分别通过了5%、5%和10%的显著性概率检验。说明2010 年、2014 年和2018 年集群内外网络之间存在一致性,集群内外网络之间知识和技术等创新资源要素是具有关联关系的。将相关系数大小从高到低排列,所属年份分别是2010 年、2014 年和2018 年,表明集群内外网络的相关系数大小呈逐渐递减的趋势,说明集群内外网络不断成长的非线性反馈、涌现机制和自适应等特征导致集群内生网络与外生网络在时序动态演变中,势差程度不同,发展速度存在差异。

(二)集群内外网络因果关系分析

表7　集群内外网络回归结果数值表

变量	2010 年		2014 年		2018 年	
	回归系数	显著性概率	回归系数	显著性概率	回归系数	显著性概率
内网←外网	0.019	0.041	0.010	0.088	0.005	0.065
外网←内网	0.501	0.037	0.784	0.088	0.845	0.066

在集群内外网络存在相关性的基础上,进一步对集群内生网络和外生网络进行 QAP 因果关系分析。QAP 因果关系分析反映了集群内外网络彼此贡献的程度。如表7结果所示,2010 年、2014 年和2018 年外网对内网的贡献程度分别是0.019、0.010 和0.005,分别通过5%、10%和5%的显著性概率检验。2010 年、2014 年和2018 年内网对外网的贡献程度分别是0.501、0.784 和0.845,分别通过5%、10%和5%的显著性概率检验。集群外网对内网的

贡献程度在 2010 年达至最优,2018 年最小,集群内网对外网的贡献程度在 2018 年达至最优,2010 年最小。

通过集群内外网络相关性和因果关系分析结果可得,在 2010 年时期,集群内半成品加工等产业链低端企业主体通过积极与国内其余省份和安徽省其余市区进行学习交流和引入设备等行为,促使知识和技术等创新资源引入集群内部,多元创新主体在集群内少数企业发生企业升级行为后,纷纷进行行为模仿以积极适应环境变化,从而加速了集群内部建筑模板企业的发展,此时,在集群内外网络这个共生竞合、动态演化的复杂系统中,开放型创新生态系统拉动了内生型创新生态系统的完善。

在 2014 年时期,随着集群内半成品加工等产业链低端企业主体纷纷进行学习交流和引入设备等行为后,集群内创新主体迅速升级为产业链中端建筑模板制造类型企业。建筑模板企业在保持适度的开放型关系的基础上,积极与集群内其他企业、当地政府、科研院所、中介组织等多元化主体建立正式与非正式的相互联系和作用构成价值创造网络。这进一步激发了创新资源的开发,促进了集群内互动协作关系的分配,提升了集群内部的以建筑模板企业为主导的创新能力,拉动了集群的科技创新和产业化发展,形成了闻名全国的绿色板材之乡。在此过程中,内生型创新生态系统的成熟速度快于外生型创新生态系统。

2018 年,在国家政策的调控和指导下,当地政府打出打造中国中部家居制造之都的口号,并积极制定优惠政策加大招商引资力度,数家规模以上的处于产业链高端的家居制造企业入驻集群,从而内生型创新生态系统中稳固的协作关系被打破,产业链中的多元化主体进一步进入共生竞合、动态演化的状态。由此可知,集群内生型创新生态系统在主体和关联关系上进一步完善。而由于建筑模板企业的主导位置受限,新入驻的家居制造企业将短期发展目标放至内生网络中,导致集群外生网络的发展愈加滞后于内生网络,外生型创新生态系统有待完善。故在总体趋势上,内生网络对外生网络的贡献程度逐渐增大,外生网络对内生网络的贡献程度逐渐减小。

五、基本结论与启示

从网络联结特征和网络位置特征来看,集群内生网络和外生网络节点逐渐多元化、连线关系逐渐丰富化,呈现出共生竞合、动态演化的系统变化特征,学习交流和引入设备等行为都促进了创新资源要素在集群内的不断流动与分配,集群创新和产业化能力增强。但是集群内生网络和外生网络依然存在很多不足,集群内生网络在联系紧密程度和企业间传递效率方面,集群外生网络在中心度方面都存在很大的进步空间。从块模型特征方面,集群呈现出具有一定识别度的板块群体,大型家居制造板块群体是集群内外网络未来发展的骨干力量。

从集群内外网络的因果关系分析来看,集群内外网络存在一定的势差,集群发展模式是由主导企业在集群内部先进行要素采集,由此建立良好的知识和技术传递等联结方式组合,促进内部网络不断完善。内生网络完善以后促进企业在外部市场要素的采集,建立学习交流、引入设备等等多条链式结构,促使外生价值网络的生成。在这一过程中核心节点作用十分重要,然而在2010年、2014年和2018年中核心节点以及核心节点网络作用不显著。

因此,基于以上结论提出以下政策建议:

第一,进一步完善创新生态系统中的组成成分,尤其是大型家居制造类型企业,政府应做好集群大型家居制造为主导类型企业的发展规划,制定规章制度以及优惠政策,大力挖掘集群内外有发展潜力的企业成为核心企业节点,促进知识和技术等创新资源的引入和集聚,引导集群企业的合理化、高级化和有序化;允许几家有竞争性的核心企业同时存在,增强集群活力,促进集群技术外溢。

第二,进一步加强内生型创新生态系统的建设,巩固大型家居制造等产业链高端核心企业网络,引导核心企业网络的进一步市场细分,以大型家居制造企业充当集群创新和产业化的主要动力,完善集群企业的分工和专业化经营等机制;进一步分化产业链条,增强上下游企业之间的互补性、配套产业的规模水平以及其他多元化主体关系;进一步协调好集群内各组成成分间的互动和协作,促进知识和技术等创新资源在集群内的分配和吸收。

第三,在核心企业具备一定的实力基础上,构建更为合理的开放型创新生态系统,引导大型家居制造核心企业扩大与集群外部的联系,与各地区进行要素的引入和集聚,与各地区企业建立良好的学习交流、引入设备等各种形式的战略性行为,以此反向促使集群内部要素的集聚,打破集群内部企业要素的锁定,维持共生竞合、动态演化的系统变化状态,使内生网络和外生网络更好地相辅相成,增强集群企业和产业的创新产出,实现产业集群的升级。

参考文献：

［1］刘志彪．攀升全球价值链与培育世界级先进制造业集群——学习十九大报告关于加快建设制造强国的体会［J］．南京社会科学,2018(01):13-20.

［2］王晓霞．我国地方政府集群升级政策的问题探析［J］．科技管理研究,2013,33(05):30-34.

［3］孔庆洋,黄慧慧．服务业集聚、市场潜能与行业收入差距——基于空间回归模型的分析［J］．安徽师范大学学报(人文社会科学版),2018,46(2):69-81.

［4］刘刚,刘捷．开放型产业创新生态系统与传统产业集群升级——以安徽省无为县高沟镇特种电缆产业集群为例［J］．安徽师范大学学报(人文社会科学版),2019,47(02):39-50.

［5］王纬,梁嘉骅．基于产业集群演进的我国产业组织研究［J］．经济经纬,2007(05):33-36.

［6］柳州．"互联网+"与产业集群互联网化升级研究［J］．科学学与科学技术管理,2015,36(08):73-82.

［7］Marshall A. 1890. Principles of Economics. London:MacMillan.

［8］段敏芳,郭忠林．产业结构升级与就业［M］．武汉:武汉大学出版社,2013.

［9］Schumpeter J. 1932. The Theory of Economic Development. Cambridge, MA:Harvard University Press.

［10］颜永才．产业集群创新生态系统的构建及其治理研究［M］．北京:新华出版社,2015.

［11］Gereffi,G.,Humphrey,J.,Sturgeon,T. The Governance of Global Value Chains［J］. Journal of International Economics,1999,48.

［12］殷群,孔岚．产业技术创新联盟的社会资本贡献研究［J］．江苏社会科学,2012(05):98-103.

［13］I vana Raši Bakari. The impact of cluster networking on business performance of Croatian wood cluster members［J］. 2017(03):39-61.

［14］Ahuja G. Collaboration Networks, Structural Holes, and Innovation:A Longitudinal Study［J］. Administrative Science Quarterly,2000,45(3):425-455.

［15］许冠南,潘美娟,周源．基于QAP分析的国际知识流动影响要素研究——以光伏产业为例［J］．科学学与科学技术管理,2016,37(10):49-62.

［16］方锦清,汪小帆,郑志刚,毕桥,狄增如,李翔．一门崭新的交叉科学:网络科学(上)［J］．物理学进展,2007(03):239-343.

［17］李金华．网络研究三部曲:图论、社会网络分析与复杂网络理论［J］．华南师范大学学报(社会科学版),2009(02):136-138.

［18］汪小帆,李翔,陈关荣．网络科学导论［M］．北京:高等教育出版社,2012.

附录1　叶集木竹产业集群网络节点及编号

节点编号	节点名称	节点编号	节点名称	节点编号	节点名称
CZ	竹子工坊	CT13	六洲木业	CF8	和瑞家木
CS1	刘红春木材	CT14	恒坤木业	CF9	科凡家具
CS2	孙老国木材	CT15	中亚木业	CF10	8号家具厂
CP1	树久木业	CT16	伯仲木业	CA1	绿源工艺品
CP2	运祥木业	CT17	金江海木业	CA2	蓝图工艺品
CP3	木梯制造	CH1	森兰木业	CA3	丽明工艺品
CJ1	宜顺木业	CH2	丽人木业	CA4	木童玩具
CJ2	杨军木材加工	CW1	美之然木业	CE1	恒能生物质
CT1	安权木业	CW2	合和人造板	CE2	碳素科技
CT2	鑫成木业	CW3	轩赢木业	CM1	机械制造
CT3	金徽木业	CD1	鑫源木业	CM2	红太阳机械
CT4	金源木业	CD2	金山木业	CM3	裕泰胶辊厂
CT5	康运木业	CD3	欣佳门业	CC1	顾贻军化工
CT6	亚圣木业	CF1	云祥家具	CC2	张强油漆
CT7	管仲木业	CF2	志鹏家具	CC3	永润化工
CT8	福林木业	CF3	森美源木业	CB1	林之源木业
CT9	春森木业	CF4	中至信家具	CB2	信元商贸
CT10	黑牛木业	CF5	永鑫家居	CL1	汪大毛物流
CT11	昶达木业	CF6	德蒂家具	CL2	壹米滴答
CT12	金盾木业	CF7	言顺橱柜	CL3	运满满

附录2　省份和直辖市的简称对照表

A	B	C	D	E	F	G	H	I	J	K	L	M	N	O	P
陕西	甘肃	青海	宁夏	新疆	内蒙古	四川	贵州	云南	西藏	重庆	上海	江苏	浙江	安徽	福建
Q	R	S	T	U	V	W	X	Y	Z	1	2	3	4	5	
江西	山东	河南	湖北	湖南	广东	广西	海南	北京	天津	河北	山西	黑龙江	吉林	辽宁	

环境保护税对循环再生技术投资的影响

——基于环保消费偏好视角的分析

杨晓妹　王有兴

摘　要:环境保护税是一国发展循环经济、促进绿色发展的重要宏观手段。本文以固体废弃物为例,通过构建双寡头市场演化博弈模型,分析环保消费偏好、环境保护税对企业循环再生技术投资决策的影响。研究结果表明:再生品附加值与新产品附加值比例是影响企业进行循环再生技术投资决策的充分条件,该比值在征收环境保护税下范围更苛刻;环境保护税并不必然导致企业进行循环再生技术投资,只有当税率超过一定水平后,才能促进企业采纳循环再生技术;环保消费偏好能够强化环境保护税对企业循环再生技术投资的促进效应;而且环保消费偏好越强,促进效应越大,同时企业循环再生技术投资的可选策略也越多、灵活性愈大。研究结论意味着,较低的环保税税率无益于循环再生技术投资,只有突破最低税率,"波特假说"才成立,而且积极引导绿色环保消费,有助于扩大这种正效应。

关键词:环境保护税;环保消费偏好;循环再生技术;演化博弈模型

一、引言及文献述评

面对经济发展中如影随形的高消耗、高污染等问题,发展循环经济是实施可持续发展战略的重要途径(谢振华,2003)。十九大报告提出的"绿水青山就是金山银山"的工作理念,是对循环经济提出的更深层次的要求。循环

作者简介:杨晓妹(1983—),女,博士,副教授,安徽财经大学财政与公共管理学院;王有兴(1983—),男,博士,讲师,安徽财经大学国际经济贸易学院。

再生技术是发展循环经济的基本手段和有效动力。发展循环经济的核心是依靠技术集成实现从资源、产品、废弃物及其再生的循环系统。然而,循环经济并不是市场经济的必然选择,循环再生技术投资也并不是企业的自发选择(李兆前、齐建国,2004)。为了激励企业开展循环再生技术投资,促进循环经济发展,通过政策、法规构建激励与约束相容的政策环境尤为重要。

税收作为宏观调控的经济杠杆之一,在环境保护方面被各国政府广泛采用。作为市场性环境政策工具,环境税在降低企业排放、减少规制俘获方面具有显著的经济优势(Bovenberg & Mooij,1997;Baiardi & Menegattim,2011)。不光如此,恰当的环境税能够激励企业创新活动,技术创新的"补偿效应"进一步提升企业竞争能力(Porter,1995)。而且随着绿色发展理念逐步深化,消费者的消费行为偏好逐渐转向绿色环保产品,绿色再生品的市场需求日益扩大。通过循环再生技术变革进行绿色生产和环保营销,成为企业有效应对消费环境偏好与政府环境规制的重要举措。尽管环境税和循环再生技术投资,导致企业成本增加,但是两者是此消彼长关系,采纳循环再生技术,企业成本增加,但环境成本降低。而且在环保消费偏好下,再生品需求增加,加上回收利用行为的税收优惠,企业利润有上行的趋势。综合"波特假说"和生产理论,可以看到,环保消费偏好和环境税共同作用下,企业追求的目标与循环经济是一致的。异构的消费偏好一方面激发了企业在环保产品生产上的差异化投入,另一方面向政府传递信息,影响环境规制行为。因此,在当前经济条件下,如何结合消费环境,发挥环境保护税对循环经济的促进作用,对于深化财税体制,推动生态文明建设具有重要意义,同时也是建立现代税收制度、促进绿色、创新发展的重要一环。

随着我国经济规模的迅速膨胀,固体废弃物污染问题日益严重。学术界对如何通过财税工具降低固体废弃物排放、实现废弃物循环再生,展开了有益的探索。研究思路大致分为以下三个方面。

第一,从完善税制层面,提出推进循环经济发展的制度设计。Jacobs(1994)指出,经济增长需要克服经济增长模式对环境条件和社会凝聚力的不利影响。长期以来,经济增长对资源环境高度依赖,企业生产与消费行为向自然界排放了大量的废弃物。废旧回收行业对减少资源浪费起到了积极作用。然而由于行业偷逃税现象普遍,部分学者从加强废旧回收行业税收监管角度提出政策建议(魏强、杨自孝,2001)。除此之外,更多学者是从环境税制角度展开研究。

一些学者认为开征碳税有利于废旧物资回收、促进节能减排。如 Andrea(2009)等认为征收碳税是政府提供的一种碳减排的激励机制,有助于减少碳排放。樊纲(2010)认为企业是碳排放的主体,政府是减缓碳排放的第一责任人,要遏制高耗能、高排放行业的发展、淘汰落后生产能力,实施碳税是可行路径。曾剑锋(2015)等构建制造商主导的 Stackelberg 博弈模型,分析得出单位碳减排量、废旧产品的回收率均与碳税正相关。

还有一些学者研究环境税收与循环经济的关系。徐祥民、王郁(2006)以循环经济发展障碍入手,论证了环境税是循环经济发展的重要手段。邓子基、韩瑜(2008)和徐丰果(2008)将重点聚焦于环境税费制度改革。付健(2016)沿袭此思路,认为改革资源税、消费税、排污收费制度,完善税收优惠是推进循环经济发展的主要抓手。于佳曦(2017)实证分析了税收优惠政策对固体废弃物综合利用的影响,发现增值税与企业所得税税收优惠的资源综合利用效果显著,有效推动了循环经济发展。

第二,研究财政补贴和税收的搭配,促进废弃物的回收利用。Palmer & Walls(1997)从政府制度层面,分析了促进废旧物资回收的最佳税收和财政补贴问题。Hong(2011)等构建了政府主导的 Stackelberg 博弈模型,分析满足社会福利最大化下,财政补贴和税收对企业回收决策的影响。丁雪峰、孟丹等(2014)将企业利润最大化和社会福利最大化作为考察目标,分析了企业废弃物再回收决策问题,认为政府应根据废弃物边际生产率与生产规模弹性的大小关系,决定是征收产品税还是给予财政补贴。肖丹、尹春华(2015)研究了政府不同激励政策对企业废旧物资处理行为的影响,研究结果表明:政府的投资补贴或奖励,有利于提高企业的回收率,也有助于经济和社会效益提升。郭成恒(2014)和徐琪、范丹丹(2017)认为将碳税和废旧回收、技术革新补贴相结合能够提高废弃物回收率和利用率,促进节能减排。

第三,环境税、环境偏好对技术创新的影响研究。近年来,环境税成为研究热点,不少学者开始关注环境税与绿色技术创新的关系。杨朝均、呼若青(2017)提出环境税费对清洁生产技术创新和末端治理技术创新均具有正向效应,但该效应具有一定的滞后性。杨飞(2017)则认为环境税和环境补贴对清洁生产技术创新的影响与清洁能源和石化能源的替代弹性有关。若两者互补,环境税会抑制清洁生产技术创新。若两者互为替代,环境税则会促进清洁技术创新。随着研究的深入,有些学者开始研究消费者环境偏好与环境税共同作用对绿色技术创新的影响效果。张倩、刘丹等(2014)将消费者偏好、政府征税引入双寡头垄断博弈模型,分析环保偏好、环境税对企业技术决策的影响。结果表明,即使没有环境税,消费者环保消费偏好同样能促进企业采纳绿色技术创新;征税情况下,环保消费偏好能够扩大环境税对绿色技术创新的潜在效应。武晓利(2017)通过构建三部门动态随机一般均衡

（DSGE）模型，发现碳税和环保消费偏好降低了消费需求，导致产出规模降低，有利于改善生态环境质量。张焕勇、李宇航等（2018）研究了消费者的低碳消费、碳税与回收企业的最优定价策略的关系，发现低碳消费倾向增加环保低碳产品需求，政府的碳税政策激励企业生产更多的环保低碳产品，两者共同作用有利于引导企业回收生产再生品。

综上所述，国内外学者的研究主要侧重于分析环境税、碳税以及财政补贴与资源综合利用的关系；理论阐述促进循环经济发展的税制完善思路；实证分析环境税、消费偏好对技术创新的影响。这些研究为后续研究奠定了重要的理论和现实基础。本文的研究与以往研究可能的不同之处在于：①研究对象从绿色技术创新进一步细化至循环再生技术层面；②重点研究环境税与环保消费偏好对企业循环再生技术投资决策的综合影响效果。目前大部分文献集中关注碳税或低碳偏好在企业生产经营决策中的作用。将环境税与环保消费偏好纳入统一模型，分析其对循环再生技术投资的研究较为鲜见。随着我国环境保护税的实施及公众绿色、环保消费理念的深入，分析环保消费偏好、环境税对循环再生技术投资的影响具有重要的理论和实践意义。鉴于我国环境保护税开征不久，实证样本不足，本文选择有限理性和不完全信息下双寡头垄断市场的演化博弈分析方法。之所以选择双寡头垄断市场，是因为有能力开展循环再生技术投资的企业往往具有资金雄厚、生产规模可观、绿色创新需求高的特点，本文的研究对象一定程度上符合双寡头垄断市场特点，而且双寡头垄断市场中企业间依存关系明确，双方经营策略互相影响，能够较清晰地描绘微观企业间的博弈过程。因此，本文以固体废弃物为例，在环境保护税背景下，考虑消费者的环保消费偏好，构建双寡头市场的演化博弈模型，分析环保消费偏好、环境税作用下的企业循环再生技术投资的决策问题。

后文结构安排如下：构建双寡头市场演化博弈模型的情景模拟和模型假设；分析无环境保护税下，双寡头进入循环再生技术投资决策的演化博弈结果；研究环境保护税视角下，双寡头进入循环再生技术投资决策的演化博弈均衡解；在比较分析有税和无税情景下企业循环再生技术投资条件的基础上，运用数值算例方法，探讨环境保护税、环保消费偏好对企业循环再生技术投资的综合影响；得出相关结论和政策建议。

二、情景模拟和模型假设

循环经济亦称"资源循环型经济"，是以资源节约和循环利用为特征的促进环境和谐的经济发展模式。废弃物循环利用主要指企业根据生产实际情况,将消费者使用后的废弃物回收或经过技术处理为再生资源,以此作为生产的原材料,投入再生品的生产。在整个循环流程中(见图1),企业循环再生技术投资决策是循环经济得以实现的重要一环。循环再生技术能够改变传统的"资源—产品—废弃物"的线性经济流动模式,形成"资源—产品—再生资源"的物质闭环流动型增长模式,将人们生产和生活过程中产生的废弃物重新纳入人类生产、生活的循环利用过程,并转化为可使用的物质产品。对于企业的循环再生技术投资,环境税和消费偏好是来自于政府和市场的两种不同激励因素。为了更好地解析循环再生技术投资决策的影响因素和效果,本文构建双寡头市场演化博弈模型,深入分析环保消费偏好、环境税政策影响企业循环再生技术投资决策的博弈机理,并通过无税与有税情况对比、环保消费偏好与环境税综合作用分析,系统剖析循环再生技术投资决策的差异。

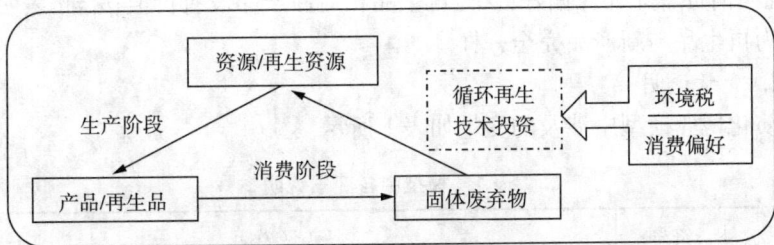

图1　消费偏好、环境税与循环再生技术生产流程图

(一)情景模拟

假设在寡头市场中存在两个无差异且具有竞争关系的企业,生产包括两个阶段。第一阶段:生产新产品。两个企业根据利润最大化原则作出生产和定价决策。第二阶段:生产新产品和再生品决策。在本环节两企业不仅生产新产品,而且第一阶段新产品售出后,企业还需要作出是否进行循环再生技术投资的决策,如果进行,则生产新产品的同时回收第一阶段的再生资源,生产出再生品;如果不进行,则仅生产新产品。因此,两个企业第二阶段的策略空间为{不循环再生投资,循环再生投资},简记为 $\{N, G\}$。

(二)模型假设

1. 模型假设

假设1:假设企业排放的废弃物可以转换为再生资源回收利用,且仅能回收利用一次。

假设2：企业两阶段的生产决策互不影响，是独立决策。

假设3：循环再生技术的产品回收率为ρ，且$0 \leq \rho \leq 1$，并假定回收的废弃物全部用于再生品的生产。

假设4：企业生产新产品的单位可变成本为C_n，再生品的单位可变成本为C_g，其中C_g包括循环再生技术设备的投资成本，并假设$C_n < C_g$，这一点符合在循环经济模式下，再生资源的价格高于原材料的价格，且不考虑固定成本。为便于分析，本文以C_g表示循环再生技术投资规模。

假设5：消费者对两企业品牌认知度相同，但对新产品与再生品的认知存在差异性。与新产品相比，再生品具有环保概念，即消费者对新产品与再生品的支付意愿（以下简称WTP）不同，令第一阶段新产品需求函数为$P_{in}^{\mathrm{I}} = 1 - \sum_i q_{in}^{\mathrm{I}}(i = 1,2)$。第二阶段，令新产品与再生品的WTP分别为1和$\mu$，消费者效用在$[0,1]$上均匀分布，两类产品的替代规律是：$P_n = 1 - q_n - \mu q_g$，$P_g = \mu(1 - q_n - q_g)$，其中，$\mu$值越大，说明消费者越偏好环保的再生品。特别地，$\mu = 0$说明消费者无环保偏好，认为再生品相对新产品没有价值；$\mu = 1$表明消费者认为再生品与新产品完全一样。

2. 变量说明

演化博弈模型中涉及的变量如表1所示。

表1　模型中各变量说明

序号	符号	变量说明
1	ρ	产品回收率
2	C_n	新产品单位可变成本
3	C_g	循环再生技术投资规模（再生品单位可变成本）
4	P_{in}^{I}	第一阶段企业i新产品价格（如果上标为II，则为第二阶段）
5	q_{in}^{I}	第一阶段企业i新产品数量（如果上标为II，则为第二阶段）
6	q_{ig}^{II}	第二阶段企业i再生品数量
7	P_{ig}^{II}	第二阶段企业i再生品价格
8	π_i^{I}	第一阶段企业i的均衡利润
9	π_i^{NG}	两企业策略组合为(N,G)时，企业i的均衡利润

其中，I、II表示企业的第一、二阶段，$i = 1,2$表示两个不同的企业。

三、无环境保护税的双寡头进入循环再生技术投资决策的演化博弈模型

本文首先考虑无环境保护税下,双寡头企业的博弈支付矩阵以及再生技术投资决策的演化博弈均衡情况。

(一)博弈支付矩阵分析

第一阶段,两企业仅进行新产品生产决策,构建古诺模型进行求解,双寡头决策问题如下:

$$\underset{\{q_{in}^I\}}{Max}\pi_i^I = (p_{in}^I - C_n)\, q_{in}^I, i = 1,2 \qquad \text{式(1)}$$

可求得:$q_{in}^I = \dfrac{1 - C_n}{2}, p_{in}^I = \dfrac{1 + C_n}{2}, \pi_i^I \dfrac{(1 - C_n)^2}{4}, i = 1,2$

在第二阶段中,由于两企业可分别选择不循环再生投资或选择循环再生投资的策略,因此需要考虑 4 种情形,分别对其决策及收益进行讨论,如下所示:

(1)当两企业的策略组合为 (N, N) 时,即两企业只进行新产品生产,不考虑循环再生技术投资决策,在此情形下与第一阶段完全相同,即 $q_{in}^I = \dfrac{1 - C_n}{2}$,

$p_{in}^I = \dfrac{1 + C_n}{2}, \pi_i^I \dfrac{(1 - C_n)^2}{4}, i = 1,2$。

(2)当两企业的策略组合为 (N, G) 时,即企业 1 不进行循环再生技术投资,只生产新产品,企业 2 在生产新产品的同时还进行了循环再生技术投资,生产出再生品。在此情形下企业 1 的决策问题如下:

$$\underset{\{q_{1n}^{II}\}}{Max}\pi_1^{NG} = \underset{\{q_{1n}^{II}\}}{Max}\{(p_{1n}^{II} - C_n)\, q_{1n}^{II}\} = \underset{\{q_{1n}^{II}\}}{Max}\{(1 - q_{1n}^{II} - q_{2n}^{II} - \mu q_{2g}^{II} - C_n)\, q_{1n}^{II}\}$$

$$\text{式(2)}$$

企业 2 的决策问题如下:

$$\underset{\{q_{2n}^{II}, q_{2g}^{II}\}}{Max}\ \pi_2^{NG} = \underset{\{q_{2n}^{II}, q_{2g}^{II}\}}{Max}\ \{(p_{2n}^{II} - C_n)\, q_{2n}^{II} + (p_{2g}^{II} - C_g)\, q_{2g}^{II}\}$$

$$= \underset{\{q_{2n}^{II}, q_{2g}^{II}\}}{Max}\{(1 - q_{1n}^{II} - q_{2n}^{II} - \mu q_{2g}^{II} - C_n)\, q_{2n}^{II} + [\mu(1 - q_{1n}^{II} - q_{2n}^{II} - \mu q_{2g}^{II}) - C_n]\, q_{2g}^{II}\}$$

$$s.\,t.\ q_{2g}^{II} = \rho(q_{1n}^I + q_{2n}^I) = \rho(1 - C_n) \qquad \text{式(3)}$$

利用式(2)的一阶条件,求解式(3)的最优解,可得到:

$$q_{1n}^{II} = \frac{1 - C_n}{3}, q_{2n}^{II} = \left(\frac{1}{3} - \mu\rho\right)(1 - C_n), q_{2g}^{II} = \rho(1 - C_n)$$

由 q_{2n}^{II} 的表达式可以看出,当企业1不进行循环再生技术投资,而企业2进行循环再生技术投资时,$\mu\rho$ 大小决定企业2新产品的产量。其经济含义是:当产品回收率 ρ 一定、消费者对再生品的WTP较低时,企业2同时生产再生品和新产品,随着消费者对再生品的WTP增加时(即 $\frac{1}{3} - \mu\rho \rightarrow 0$),企业2将逐渐缩减新产品数量,直至不再生产新产品,全部生产再生品。即在征收环境保护税前,回收率和消费者对再生品的支付意愿(环保偏好)会决定企业的生产决策。

(3)当两企业的策略组合为 (G, N) 时,即企业1进行循环再生技术投资决策,企业2仅生产新产品,不进行循环再生技术投资决策。此种情形与第二种类似,由情形2中的公式可得到:

$$\pi_1^{GN} = \frac{(1 - C_n)^2}{9} + \rho(\mu - C_g)(1 - C_n) - \mu\rho(1 + \rho - \mu\rho)(1 - C_n)^2 \qquad 式(4)$$

$$\pi_2^{GN} = \frac{(1 - C_n)^2}{9} \qquad 式(5)$$

从上式可以看出,当企业2不进行循环再生技术投资决策时,企业2的利润只与其产品的成本有关,当企业1进行循环再生技术投资决策时,企业1的利润取决于新产品的成本、再生品的成本、回收率、消费者WTP。

(4)当两企业的策略组合为 (G, G) 时,即两个企业均进行循环再生技术投资决策。由于两企业无差异,本文假设两企业的回收量相等。此种情形的决策问题如下:

$$\underset{\{q_{in}^{II}, q_{ig}^{II}\}}{\text{Max}} \pi_i^{GG} = \underset{\{q_{in}^{II}, q_{ig}^{II}\}}{\text{Max}} \{(p_{in}^{II} - C_n) q_{in}^{II} + (p_{ig}^{II} - C_g) q_{ig}^{II}\} \qquad 式(6)$$

$$s.t. \quad q_{ig}^{II} = \frac{1}{2}\rho(q_{1n}^{I} + q_{2n}^{I}) = \frac{1}{2}\rho(1 - C_n), i = 1, 2$$

将式(6)的约束条件带入其目标函数,并利用一阶条件,可以得到:

$$q_{in}^{II} = \left(\frac{1}{3} - \frac{1}{2}\mu\rho\right)(1 - C_n), q_{ig}^{II} = \frac{1}{2}\rho(1 - C_n)$$

$$\pi_i^{GG} = \frac{(1 - C_n)^2}{9} + \frac{1}{2}\rho(\mu - C_g)(1 - C_n) - \frac{1}{2}(1 + \rho - \mu\rho)(1 - C_n)^2, i = 1, 2 \qquad 式(7)$$

从上式可以看出,当两个企业同时进行循环再生技术投资决策时,两企业的利润取决于新产品成本、再生品成本、回收率、消费者 WTP。

综上所述,双寡头进入循环再生技术投资决策的演化博弈支付矩阵如表2所示。

表2 模型1的演化博弈支付矩阵

收 益		企业2	
		N	G
企业1	N	(π_1^{NN}, π_2^{NN})	(π_1^{NG}, π_2^{NG})
	G	(π_1^{GN}, π_2^{GN})	(π_1^{GG}, π_2^{GG})

(二)进入决策的演化博弈分析

根据演化博弈的决策均衡路径,本文对决策主体间的平衡点以及对平衡点的稳定性进行分析。

1. 演化过程的平衡点

假设两个企业能够在博弈中独立随机的选择策略 N 和 G,企业1选择策略 N 的概率为 P_1,选择策略 G 的概率 $1-P_1$;企业2选择策略 N 和 G 的概率分别为 P_2 和 $1-P_2$,期望收益用利润表示。

设企业1选择策略 N 的期望收益为 f_1^N,选择策略 G 的期望收益为 f_1^G,平均收益为 f_1,则:

$$f_1^N = P_2 \pi_1^{NN} + (1 - P_2) \pi_1^{NG} \qquad 式(8)$$

$$f_1^G = P_2 \pi_1^{GN} + (1 - P_2) \pi_1^{GG} \qquad 式(9)$$

$$f_1 = P_1 f_1^N + (1 - P_1) f_1^G \qquad 式(10)$$

由 Malthusian 动态方程可知,企业1选择策略 N 的概率增长率 $\dot{P}_1/P_1$ 是期望收益 f_1^N 与平均收益 f_1 的差,由此得到式(11):

$$\dot{P}_1/P_1 = (1 - P_1)[P_2(\pi_1^{NN} - \pi_1^{GN}) + (1 - P_2)(\pi_1^{NG} - \pi_1^{GG})]$$

$$式(11)$$

同理可得企业2有:

$$\dot{P}_2/P_2 = (1 - P_2)[P_1(\pi_2^{NN} - \pi_2^{NG}) + (1 - P_1)(\pi_2^{GN} - \pi_2^{GG})]$$

式（12）

联立式（11）和式（12）可得如下二维动力系统（Ⅰ）：

$$\begin{cases} \dot{P}_1/P_1 = (1 - P_1)[P_2(\pi_1^{NN} - \pi_1^{GN}) + (1 - P_2)(\pi_1^{NG} - \pi_1^{GG})] \\ \dot{P}_2/P_2 = (1 - P_2)[P_1(\pi_2^{NN} - \pi_2^{NG}) + (1 - P_1)(\pi_2^{GN} - \pi_2^{GG})] \end{cases}$$

式（13）

令式（13）中的 $\dot{P}_1 = 0, \dot{P}_2 = 0$，即可得到系统（Ⅰ）的平衡点，如命题1所示。

命题1：系统（Ⅰ）的平衡点为 $(0,0),(0,1),(1,0),(1,1)$；当

$$(\pi_1^{NN} - \pi_1^{GN})(\pi_1^{NG} - \pi_1^{GG}) < 0 \text{ 且 } (\pi_2^{NN} - \pi_2^{NG})(\pi_2^{GN} - \pi_2^{GG}) < 0$$

时，(P_1^*, P_2^*) 为平衡点。其中，$P_1^* = \dfrac{-\pi_2^{GN} + \pi_2^{GG}}{\pi_2^{NN} - \pi_2^{NG} - \pi_2^{GN} + \pi_2^{GG}}, P_2^*$

$= \dfrac{-\pi_1^{NG} + \pi_1^{GG}}{\pi_1^{NN} - \pi_1^{GN} - \pi_1^{NG} + \pi_1^{GG}}$。

2. 平衡点的稳定性分析

由二维动力系统（13）式可以得到雅可比矩阵，分析其局部稳定性即可得到演化稳定点（以下简称ESS）。系统（Ⅰ）的雅可比矩阵为：

$$J = [\partial \dot{P}_1/\partial P_1 \quad \partial \dot{P}_1/\partial P_2 \partial \dot{P}_2/\partial P]$$

$$= \begin{bmatrix} (1 - 2P_1)[P_2(\pi_1^{NN} - \pi_1^{GN}) + (1 - P_2)(\pi_1^{NG} - \pi_1^{GG})] \\ P_1(1 - P_1)(\pi_1^{NN} - \pi_1^{GN} - \pi_1^{NG} + \pi_1^{GG}) \\ P_2(1 - P_2)(\pi_2^{NN} - \pi_2^{NG} - \pi_2^{GN} + \pi_2^{GG}) \\ (1 - 2P_2)[P_1(\pi_2^{NN} - \pi_2^{NG}) + (1 - P_1)(\pi_2^{GN} - \pi_2^{GG})] \end{bmatrix}$$

式（14）

在雅克比矩阵中分析5个平衡点的行列式和迹的值及符号，从而找到系统（Ⅰ）的ESS。据此，可以得到命题2。

命题2：当 $\dfrac{\mu - C_g}{1 - C_n} < B$ 时，系统（Ⅰ）存在唯一的 ESS 为 $(1,1)$；当 $B <$

$\frac{\mu - C_g}{1 - C_n} < A$ 时，存在两个 ESS，分别为 $(0,1)$，$(1,0)$；当 $\frac{\mu - C_g}{1 - C_n} > A$ 时，存在惟

一的 ESS 为 $(0,0)$。其中，$A = \frac{1 + \rho(1 - \mu)}{\rho}$，$B = \frac{\frac{5}{36} + \mu\rho(1 + \rho - \mu\rho)}{\rho}$，$\mu - C_g$

和 $1 - C_n$ 分别表示再生品和新产品的附加值。

根据上述计算步骤可以得到在命题 2 中的三个条件下各个点的局部稳定性，如表 3 所示。

表 3　系统（Ⅰ）的平衡点及局部稳定性

点	$\frac{\mu - C_g}{1 - C_n} < B$			$B < \frac{\mu - C_g}{1 - C_n} < A$			$\frac{\mu - C_g}{1 - C_n} > A$		
	detJ	trJ	均衡结果	detJ	trJ	均衡结果	detJ	trJ	均衡结果
$(0,0)$	+	+	不稳定点	+	+	不稳定点	+	−	ESS
$(0,1)$	−	+	鞍点	+	−	ESS			鞍点
$(1,0)$	−	+	鞍点	+	−	ESS	−		鞍点
$(1,1)$	+	−	ESS	+	+	不稳定点	+	+	不稳定点
(P_1^*, P_2^*)	不是平衡点				0	鞍点	不是平衡点		

注：detJ 表示雅可比矩阵在各个点的行列式，trJ 表示雅可比矩阵在各个点的迹。

（三）演化结果分析

根据表 3 系统的结果可以得出以下三个结论。

（1）当 $\frac{\mu - C_g}{1 - C_n} < B$ 时，系统存在唯一的 ESS$(1,1)$、两个鞍点 $(0,1)$ 和 $(1,0)$、一个不稳点 $(0,0)$，即无论系统（Ⅰ）的初始状态如何，系统都在点 $(1,1)$ 处平衡。这个结论的含义是双寡头进入循环再生技术投资决策的演化均衡策略组合为（不循环再生投资，不循环再生投资），此时两个企业均不进入循环再生技术投资决策。在此种情形下，两个企业均不进行循环再生技术投资，即企业在没有环境保护税的引导下，不主动进行环境保护，此时的生态效益最低。

（2）当 $B < \frac{\mu - C_g}{1 - C_n} < A$ 时，系统存在两个 ESS 为 $(0,1)$ 和 $(1,0)$、两个不稳定点为 $(0,0)$ 和 $(1,1)$。可以发现，此种情形有两个平衡点，相对情形 1 来说较好。这个结论的含义是有一个企业进行了循环再生技术投资，进行循环再生技术投资的企业由系统（Ⅰ）的初始条件决定。说明再生品附加值与新产品附加值的比例上升在 B 和 A 之间时，即使没有环境保护税的引导，也有企

业愿意进行循环再生技术投资,此时的生态效益好于第一种情形的生态效益。

(3)当 $\frac{\mu - C_g}{1 - C_n} > A$ 时,系统存在唯一的 ESS 为(0,0)、两个鞍点为(0,1)、(1,0)、一个不稳定点(1,1),即无论系统(Ⅰ)的初始状态如何,系统都在点(0,0)处平衡。这个结论的含义是双寡头进入循环再生技术投资决策的演化均衡策略组合为(循环再生投资,循环再生投资)。说明再生品附加值与新产品附加值的比例超过 A 时,所有企业都会进行循环再生技术投资决策,此时的生态效益最好。也就是说,当企业生产的再生品收益达到一定水平后,两个企业都会自觉投入研发费用、采纳循环再生技术,引导消费者购买绿色环保的再生品。而且绿色环保技术的外溢性进一步强化了双寡头企业进行循环再生技术投资的积极性。

综上所述,在环境保护税开征前,只有再生品附加值与新产品附加值的比例超过 A 时,寡头市场内的所有企业才会进行循环再生技术投资,也就是说企业觉得再生品有利可图时才会进行循环再生技术投资

四、环境保护税视角下双寡头进入循环再生技术投资决策的演化博弈模型

假设政府通过税收手段引导企业进行循环再生技术投资,故本部分在上一部分研究的基础上加入环境保护税,分析征收环境保护税后企业循环再生技术投资决策的选择。假定企业排放的废弃物转化为再生资源仅能回收利用一次;每个新产品产生的废弃物为 λ,每单位废弃物的环境保护税税率为 θ,则每单位新产品需要缴纳的环境保护税 $t_1 = \lambda\theta$,每单位再生品需要缴纳的环境保护税为 $t_2 = (1 - \rho)\lambda\theta$,其中 $t_1 > t_2$。

(一)博弈支付矩阵分析

考虑环境保护税后,企业第一阶段的最优生产决策为:

$$\underset{\{q_{in}^{*\,\mathrm{I}}\}}{\mathrm{Max}}\ \pi_i^{*\,NN} = (p_{in}^{*\,\mathrm{I}} - C_n - \lambda\theta)\,q_{in}^{*\,\mathrm{I}},\ i = 1,2 \qquad 式(15)$$

求解得到: $q_{in}^{*\,\mathrm{I}} = \dfrac{1 - C_n - \lambda\theta}{2}$,$p_{in}^{*\,\mathrm{I}} = \dfrac{1 + C_n + \lambda\theta}{2}$,$\pi_i^{*\,\mathrm{I}} = \dfrac{(1 - C_n - \lambda\theta)^2}{4}$,$i = 1,2$

在第二阶段中,同样需要考虑4种情形,其决策及收益如下所示:

(1)当两企业的策略组合为 (N,N) 时,两企业的产量、价格和利润分

别为：

$$q_{in}^{*\,\mathrm{II}} = \frac{1 - C_n - \lambda\theta}{2}, p_{in}^{*\,\mathrm{II}} = \frac{1 + C_n + \lambda\theta}{2}, \pi_i^{*\,NN} = \frac{(1 - C_n - \lambda\theta)^2}{4}, i = 1,2$$

式(16)

（2）当两企业的策略组合为(N,G)时，企业的均衡解为：

$$q_{1n}^{*\,\mathrm{II}} = \frac{1}{3}(1 - C_n - \lambda\theta), q_{2n}^{*}\Pi = \left(\frac{1}{3} - \mu\rho\right)(1 - C_n - \lambda\theta), q_{2g}^{*\,\mathrm{II}}$$

$$= \rho[1 - C_n - \lambda\theta]$$

$$\pi_1^{*\,NG} = \frac{(1 - C_n - \lambda\theta)^2}{9}$$

式(17)

$$\pi_2^{*\,NG} = \frac{(1 - C_n - \lambda\theta)^2}{9} + \rho(\mu - C_g - (1 - \rho)\lambda\theta)(1 - C_n - \lambda\theta)$$

$$- \mu\rho(1 + \rho - \mu\rho)(1 - C_n - \lambda\theta)^2$$

式(18)

（3）当两企业的策略组合为(G,N)时，企业 1 的决策问题和第二种情形企业 2 的决策问题相同，企业 2 的决策问题与第二种情形企业 1 的相同，在此不再赘述。

（4）当两企业的策略组合为(G,G)时，由于两企业无差异，本文假设两企业的回收量相等。此种情形的决策如下：

$$\underset{\{q_{in}^{*\,\mathrm{II}}, q_{ig}^{*\,\mathrm{II}}\}}{\mathrm{Max}} \pi_i^{*\,GG} = \underset{\{q_{in}^{*\,\mathrm{II}}, q_{ig}^{*\,\mathrm{II}}\}}{\mathrm{Max}} \left\{ \begin{array}{l} (p_{in}^{*\,\mathrm{II}} - C_n - \lambda\theta) q_{in}^{*\,\mathrm{II}} \\ + (p_{ig}^{*\,\mathrm{II}} - C_g - (1 - \rho)\lambda\theta) q_{ig}^{*\,\mathrm{II}} \end{array} \right\}$$

$$s.t. \quad q_{ig}^{\mathrm{II}} = \frac{1}{2}\rho(q_{1n}^{*\,\mathrm{I}} + q_{2n}^{*\,\mathrm{I}}) = \frac{1}{2}\rho(1 - C_n - \lambda\theta), i = 1,2 \quad 式(19)$$

将(19)式的约束条件带入其目标函数，并利用一阶条件，可以得到：

$$q_{in}^{*\,\mathrm{II}} = \left(\frac{1}{3} - \frac{1}{2}\mu\rho\right)(1 - C_n - \lambda\theta), q_{ig}^{*\,\mathrm{II}} = \frac{1}{2}\rho(1 - C_n - \lambda\theta)$$

$$\pi_i^{*\,GG} = \frac{(1 - C_n - \lambda\theta)^2}{9} + \frac{1}{2}\rho[\mu - C_g - (1 - \rho)\lambda\theta](1 - C_n - \lambda\theta)$$

$$- \frac{1}{2}(1 + \rho - \mu\rho)(1 - C_n - \lambda\theta)^2, i = 1,2$$

式(20)

综上所述，模型2的演化博弈支付矩阵如表4所示。

表4　模型2的演化博弈支付矩阵

收　益		企业2	
		N	G
企业1	N	$(\pi_1^{*NN}, \pi_2^{*NN})$	$(\pi_1^{*NG}, \pi_2^{*NG})$
	G	$(\pi_1^{*GN}, \pi_2^{*GN})$	$(\pi_1^{*GG}, \pi_2^{*GG})$

(二)进入决策的演化分析

1. 演化过程的平衡点

此时系统(Ⅱ)的 Malthusian 动态方程为：

$$\begin{cases} \dot{P}_1^* / P_1^* = (1 - P_1^*)[P_2^*(\pi_1^{*NN} - \pi_1^{*GN}) + (1 - P_2^*)(\pi_1^{*NG} - \pi_1^{*GG})] \\ \dot{P}_2^* / P_2^* = (1 - P_2^*)[P_1^*(\pi_2^{*NN} - \pi_2^{*NG})) + (1 - P_1^*)(\pi_2^{*GN} - \pi_2^{*GG})] \end{cases} \quad 式(21)$$

根据模型1的原理，可以得到系统(Ⅱ)的雅可比矩阵为：

$$J^* = \begin{bmatrix} (1 - 2P_1^*)[P_2^*(\pi_1^{*NN} - \pi_1^{*GN}) + (1 - P_2^*)(\pi_1^{*NG} - \pi_1^{*GG})] \\ P_1^*(1 - P_1^*)(\pi_1^{*NN} - \pi_1^{*GN} - \pi_1^{*NG} + \pi_1^{*GG}) \\ P_2^*(1 - P_2^*)(\pi_2^{*NN} - \pi_2^{*NG} - \pi_2^{*GN} + \pi_2^{*GG}) \\ (1 - 2P_2^*)[P_1^*(\pi_2^{*NN} - \pi_2^{*NG}) + (1 - P_1^*)(\pi_2^{*GN} - \pi_2^{*GG})] \end{bmatrix}$$

$$式(22)$$

令式(21)中$\dot{P}_1^* = 0, \dot{P}_2^* = 0$，即可得到系统(Ⅱ)的平衡点，如命题3所示。

命题3：系统(Ⅰ)的平衡点为 $(0,0)$，$(0,1)$，$(1,0)$，$(1,1)$；当 $(\pi_1^{*NN} - \pi_1^{*GN})(\pi_1^{*NG} - \pi_1^{*GG}) < 0$ 且 $(\pi_2^{*NN} - \pi_2^{*NG})(\pi_2^{*GN} - \pi_2^{*GG}) < 0$ 时，(P_1^*, P_2^*) 为平衡点。其中，$P_1^* = \dfrac{-\pi_2^{*GN} + \pi_2^{*GG}}{\pi_2^{*NN} - \pi_2^{*NG} - \pi_2^{*GN} + \pi_2^{*GG}}$，$P_2^*$

$= \dfrac{-\pi_1^{*NG} + \pi_1^{*GG}}{\pi_1^{*NN} - \pi_1^{*GN} - \pi_1^{*NG} + \pi_1^{*GG}}$。

2. 平衡点的稳定性分析

本文研究的主要目的是结合消费者的环保消费偏好，通过合理设置环境保护税，寻求引导更多企业开展循环再生技术投资的稳态路径。因此，此部分主要分析当两个企业的策略组合(G,G)为系统(Ⅱ)的唯一 ESS 时需要满足的条件。平衡点$(0,0)$表示两个企业都进行循环再生技术投资,平衡点$(0,1)$、$(1,0)$表示只有一个企业进行循环再生技术投资,平衡点$(1,1)$表示两个企业都不进行循环再生技术投资,因此只要分析平衡点$(0,0)$成为系统唯一的ESS,且平衡点$(0,1)$、$(1,0)$、$(1,1)$不能成为系统唯一的ESS满足的条件,就可以分析出策略组合(G,G)为系统(Ⅱ)的唯一ESS的条件。

要使平衡点$(0,0)$成为唯一ESS,则需满足$detJ > 0$且$trJ < 0$,由此可算出$\pi_1^{*NG} < \pi_1^{*CC}$;在平衡点$(0,1)$、$(1,0)$处,要使其不能成为ESS,则需满足$trJ > 0$,可以计算出$\pi_1^{*GG} - \pi_1^{*NG} > \pi_1^{*GN} - \pi_1^{*NN}$;在平衡点$(1,1)$处,要使平衡点$(1,1)$不成为$ESS$,则需满足$trJ > 0$,可算出$\pi_1^{*NN} < \pi_1^{*GN}$。综上所述,可以得到命题4。

命题4:策略组合(G,G)为系统(Ⅱ)的唯一ESS充分条件是$\pi_1^{*NG} < \pi_1^{*GG}$,$\pi_1^{*NN} < \pi_1^{*GN}$且$\pi_1^{*GG} - \pi_1^{*NG} > \pi_1^{*GN} - \pi_1^{*NN}$。

下面分别对命题4所述的5个点进行讨论,进而论证命题4。要想使平衡点成为唯一ESS,则需满足$detJ > 0$且$trJ < 0$。在平衡点$(0,0)$处有,$detJ = (\pi_1^{*NG} - \pi_1^{*GG})(\pi_2^{*GN} - \pi_2^{*GG}) = (\pi_1^{*NG} - \pi_1^{*GG})^2$,$trJ = (\pi_1^{*NG} - \pi_1^{*GG}) + (\pi_2^{*GN} - \pi_2^{*GG}) = 2(\pi_1^{*NG} - \pi_1^{*GG})$,根据平衡点成为ESS的充分必要条件可得到$\pi_1^{*NG} < \pi_1^{*GG}$;在平衡点$(1,1)$处,$detJ = (\pi_1^{*NN} - \pi_1^{*GN})(\pi_2^{*NN} - \pi_2^{*NG}) = (\pi_1^{*NN} - \pi_1^{*GN})^2$,$trJ = -(\pi_1^{*NN} - \pi_1^{*GN}) - (\pi_2^{*NN} - \pi_2^{*NG}) = -2(\pi_1^{*NN} - \pi_1^{*GN})$,由$detJ$的表达式可得$detJ > 0$,因此要使平衡点$(1,1)$不成为ESS,只要$trJ > 0$,即可得到$\pi_1^{*NN} < \pi_1^{*GN}$;在平衡点$(0,1)$、$(1,0)$处,其雅可比矩阵的行列式和迹相等,故本文只讨论平衡点$(0,1)$,$detJ = (\pi_1^{*NN} - \pi_1^{*GN})(\pi_2^{*GG} - \pi_2^{*NG})$,$trJ = (\pi_1^{*NN} - \pi_1^{*GN}) + (\pi_2^{*GG} - \pi_2^{*NG})$,当平衡点$(0,1)$满足命题4中的结论时,有$trJ > 0$,因此平衡点$(0,1)$不可能为ESS,同理可得平衡点$(1,0)$;在平衡点$(P_1^*, P_2^*)$处,总有$detJ < 0$且$trJ = 0$,因此$(P_1^*, P_2^*)$不可能为$ESS$。由此命题4得证。

（三）演化结果分析

命题4的结论表明,环境保护税引导企业进行循环再生技术投资的条件是:在寡头市场中,进行循环再生技术投资的企业所获利润大于不进行循环再生技术投资的企业所获利润,并且在整个市场中,所有企业都进行循环再生技术投资与只有一个企业进行循环再生技术投资的利润差,大于只有一个企业进行循环再生技术投资与所有企业都不进行循环再生技术投资的利润差。即环境保护税通过增加不采纳循环再生技术企业的成本,提高循环再生技术投资企业与不进行循环再生技术投资企业间的利润差,激励企业开展循环再生技术投资。结合现实,环境保护税引导企业进行循环再生技术投资应是一个循序渐进的过程,即先引导市场中一部分有条件的企业进行循环再生技术投资,接着通过环境保护税税率的变化,引导更多企业采纳再生技术,进而促进循环经济发展,达到保护环境与发展经济的双重红利目标。

五、环境保护税、环保消费偏好对企业循环再生技术投资的影响

(一) 环境保护税的影响

为了更清晰地展现环境保护税税率对企业循环再生技术投资的影响,需要进一步分析其唯一 ESS 充分条件(即命题4)。

$$由 \pi_1^{*NG} < \pi_1^{*GG},可以得到:\frac{\mu - C_g - (1-\rho)\lambda\theta}{1 - C_n - \lambda\theta} > A \qquad 式(23)$$

$$由 \pi_1^{*NN} < \pi_1^{*GN},可以得到:\frac{\mu - C_g - (1-\rho)\lambda\theta}{1 - C_n - \lambda\theta} > B \qquad 式(24)$$

上式中,不等式左边表示征税后,再生品附加值与新产品附加值的比值。由于 $A > B$,故选择(23) 式作为结果。

将式(16)、式(17)、式(18)、式(20) 带入 $\pi_1^{*GG} - \pi_1^{*NG} > \pi_1^{*GN} - \pi_1^{*NN}$,整理得到:

$$\frac{\mu - C_g - (1-\rho)\lambda\theta}{1 - C_n - \lambda\theta} < (2\mu\rho - 1)A + \frac{5}{18\rho} \qquad 式(25)$$

由(23) 式和(25) 式得到:

$$A < \frac{\mu - C_g - (1-\rho)\lambda\theta}{1 - C_n - \lambda\theta} < (2\mu\rho - 1)A + \frac{5}{18\rho} \qquad (26)$$

式(26) 表明,企业1 和企业2 同时进行再生技术投资的充分条件是再生品附加值与新产品附加值的比值 $\in \left(A, (2\mu\rho - 1)A + \frac{5}{18\rho}\right)$。

与表3 中,无环境保护税情况下,两个企业同时进行再生技术投资的充分条件($\frac{\mu - C_g}{1 - C_n} > A$) 相比,征税后,再生品附加值与新产品附加值的比值限定范围更苛刻。说明在环境保护税下的寡头垄断市场中,要使两企业都进行再生技术投资决策,再生品和新产品的附加值之比并非是越大越好,而应当局限在一定的区间范围内。这是因为企业采纳循环再生技术不仅带来成本增加,而且若技

术的外溢性较大的话,竞争对手会从中获利,因此没有企业愿意主动选择再生技术投资。只有当再生品附加值较大时,企业采纳循环技术可获利时,才会有企业主动进行投资。而在征收环境保护税后,新产品与再生品的环境税税差也成为影响因素之一。企业回收率越高,两者的税差越大,生产再生品越有利。但是再生品附加值与新产品附加值的比值不可能无限增大,否则,市场主体只会生产再生品而不生产新产品,没有新产品,再生品也无从谈起。因此,合理的环境保护税必然是实现帕累托最优的新产品与再生品的生产规模。

下面进一步分析变量间的关系,要使式(28)成立,则需满足$(2\mu\rho - 1)A + \frac{5}{18\rho} - A > 0$,整理后,将$A = \frac{1 + \rho - \mu\rho}{\rho}$带入得到,$(\mu\rho - 1)^2 - (\mu\rho - 1)\rho - \frac{5}{36} < 0$,求解不等式得到:

$$\frac{1}{2} + \frac{1}{\rho} - \frac{\sqrt{36\rho^2 + 20}}{12} < \mu < \frac{1}{2} + \frac{1}{\rho} + \frac{\sqrt{36\rho^2 + 20}}{12} \qquad 式(27)$$

该式反映了环境保护税下,两企业同时进行再生技术投资时,消费者对新产品和再生品的消费偏好(μ)与回收率(ρ)间的关系,即图2中两条曲线所夹区域部分。将回收率$\rho \in [0,1]$带入式(27)得到:$\mu \geq 0.88$,说明消费者对再生品的支付意愿(消费偏好)必须大于0.88,两个企业才会同时选择循环再生技术投资。而且再生品的消费偏好与回收率呈反比,即回收率越高,再生品的消费偏好越低。这是因为物以稀为贵,当回收率较低时,再生品产量较低,在环保绿色概念的营销理念下,再生品消费偏好较高;当回收率达到100%时,再生品的产量较高,再生品支付意愿降低,市场需求萎缩。

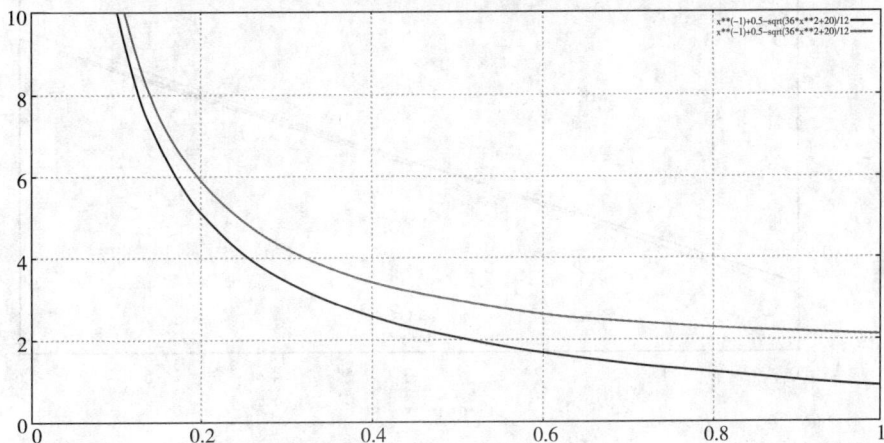

图2　环保消费偏好与回收率的关系

（二）环境保护税和环保消费偏好的综合影响

本部分运用数值算例,分析环保消费偏好与环境保护税对双寡头垄断市场循环再生技术投资的综合影响。

情况1:在环境保护税开征背景下,假设企业再生品支付意愿 $\mu = 1$,回收率 $\rho = 0.9$,新产品单位可变成本 $C_n = 0.4$,单位新产品产生的废弃物 $\lambda = 0.2$,根据(26)式计算企业循环再生技术投资额。计算结果如下:

$$0.334 + 0.202\theta < C_g < 0.286 + 0.218\theta \qquad \text{式}(28)$$

情况2:假设再生品支付意愿 $\mu = 1.5$,其他变量不变情况下,环境保护税与企业循环再生技术投资的关系如下:

$$1.133 + 0.102\theta < C_g < 0.692 + 0.249\theta \qquad \text{式}(29)$$

将式(28)和式(29)的结果绘制出图3和图4。由图可以看到,两条直线的交点均为环境保护税税率 $\theta = 3$ 处。当 $\theta < 3$ 时,不等式无解。当 $\theta > 3$ 时,两条直线所夹的区域表示环境保护税税率与企业循环再生技术投资的关系,很显然,两者正相关。这一结果说明:一方面,两企业同时进行循环再生技术投资必须满足环境保护税税率大于3;另一方面,在征税背景下,两企业同时进行循环再生技术投资决策的起始税率与环保消费偏好无关。

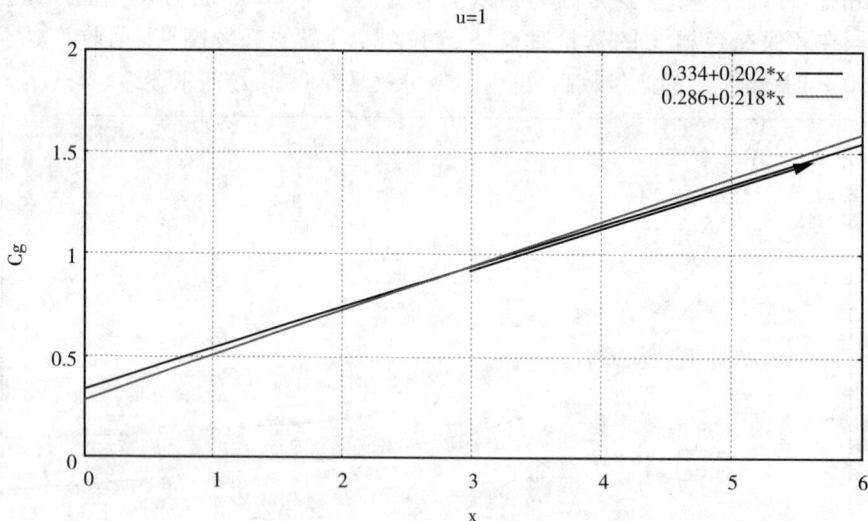

图3　环保消费偏好($\mu = 1$)、环境保护税与循环再生技术投资的关系

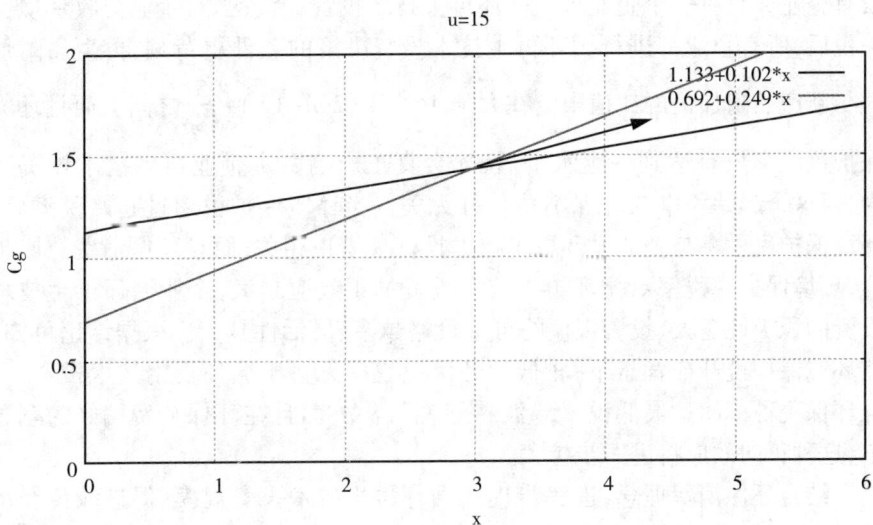

图4　环保消费偏好(μ=1.5)、环境保护税与循环再生技术投资的关系

　　通过比较图3和图4发现,图4的箭头所指斜率高于图3箭头,说明再生品支付意愿越高,环境保护税税率对循环再生技术投资的正效应越大。而且图3的所夹面积比图2所夹面积更大,说明随着再生品支付意愿的提高,企业循环再生技术投资规模的可选择策略更多。这也说明在环境保护税达到一定水平后,消费者的环保消费偏好程度越大,企业生产再生品获利越大,双寡头企业进行循环再生技术投资的积极性越高,而且同一税率下,企业的循环再生技术投资规模的灵活性也更大。

　　现实中,由于再生品技术投资和回收成本导致开展循环再生技术投资的企业先期成本较高。要想使循环再生技术投资企业的产品在市场中具有竞争力,就要加大不进行循环再生技术投资企业的成本,即增加新产品与再生产品间的环境税差,加大环保消费宣传力度,同时提高废旧回收利用的税收优惠幅度,促进企业采纳再生技术。

六、结论与建议

　　本文通过构建双寡头演化博弈模型,分析环保消费偏好、环境保护税对企业循环再生技术投资的影响。研究结果表明:在不征收环境保护税下,企业是否进行循环再生技术投资决策,取决于再生品附加值与新产品附加值的比例,当两者的比例超过A时,所有企业才进行循环再生技术投资决策,否则没有企业或只有一个企业进行循环再生技术投资决策；当对企业征收环境保护税后，所有企业都进行循环再生技术投资决策的条件更苛刻，再生品附加值与新产品附加值的比值限定在大于A、小于$(2\mu\rho-1)A+\dfrac{5}{18\rho}$之间。而且环境保护税税率只有达到一定水平后，才会真正影响两个企业再生技术投资行为，但这个起始税率与环保消费偏好无关。当环境保护税超过起始税率后，环境保护税税率与企业循环再生技术投资规模正相关；而且环保消费意愿越高，环境保护税税率对循环再生技术投资的正效应越大，企业循环再生技术投资的积极性越大、投资规模的可选策略越多、灵活性越大。根据结论可知，在环境保护税开征背景下，较低的环保税税率无益于循环再生技术投资，一旦环保税税率超过最低税率，"波特假说"成立，而且在环保消费偏好的刺激下，这种正向效应将进一步扩大。

结合环保消费理念，进一步提高循环再生技术投资规模、促进绿色经济发展，本文提出以下几点建议：

（1）积极引导消费者的环保消费偏好。研究结果表明，环保消费偏好能够强化环境保护税对企业循环再生技术投资的正效应，即在环境保护税政策不变的情况下，通过提高环保消费偏好，同样能达到扩大企业循环再生技术投资规模的作用。在当前经济形势下，通过引导社会环保消费偏好，可以达到既不增加企业税费负担又能促进企业绿色技术投资的效用。因此，一方面，技术投资企业和政府应加大绿色环保再生品宣传，引导消费者选择循环产品；另一方面，国家可以通过政府购买、市场监督及信息披露等方式，强化消费者的环保消费理念。

（2）根据不同发展阶段设定差别税率。在循环再生技术不成熟阶段，环保投资成本较高，大部分生产企业没有能力采纳环保技术，环境保护税税率应设定的低一些，降低过高税负对企业生产经营的不利影响。此时环境保护税的主要目的是培养环保经营理念和促进实力雄厚、追求环保比较优势的大型企业进行技术革新。随着循环再生技术日益成熟，环保投资成本降低，企业承担环保技术投资的能力逐步增强，此时环境保护税可以适度提高，条件成熟时，可以增加至合意水平以引导更多企业开展循环再生技术投资。

（3）完善再生品财政补贴和税收优惠政策。加大政府对企业循环绿色技术投资和技术创新的财政投入，设立专项补助基金，提高研发和设备购置的税收优惠力度，完善中小企业创新技术基金支持，强化财政补贴和税收优惠的结果导向；提高废旧回收利用的税收优惠支持力度，引导企业提高资源再利用率、再循环率；细化环境保护税减税等级，将减税档次由两档扩充至四至五档，加大环境保护税减免优惠力度，提升企业循环再生技术投资的积极性，进而推进绿色经济发展。

参考文献：

［1］谢振华．大力发展循环经济［J］．求是，2003(7)：53-55．

［2］李兆前，齐建国．循环经济理论与实践综述［J］．数量经济技术经济研究，2004(9)：145-154．

［3］Bovenberg A L, Mooij R A D. Environmental tax reforms and endogenous growth［J］. Magnetic Resonance in Medicine, 1997, 63(59)：1259-65．

［4］Baiardi D, Menegatti M. Pigouvian tax, abatement policies and uncertainty on the environment［J］. Journal of Economics, 2011, 103(3)：221-251．

［5］Porter M E, Linde C V D. Toward a New Conception of the Environment - Competitiveness Relationship［J］. Journal of Economic Perspectives, 1995, 9(4)：97-118．

［6］Jacobs. M. Green Jobs. The Employment Implications of Environmental Policy［J］. WWF: Brussels. 1994, 33(1)：193-206．

［7］魏强，杨自孝．关于废旧物资回收企业涉税问题的调研［J］．税务研究，2001(6)：46-48．

［8］Andrea B, Jose G, Stefan S. A future for carbon taxes.［J］. Ecological Economics, 2009(32)：395-412．

［9］樊纲．走向低碳发展：中国与世界——中国经济学家的建议［A］．见 Toward a Low-Carbon Development: China and the World［C］．北京：中国财政出版社，2010：7-10．

［10］曾剑锋，柳键．碳减排背景下闭环供应链生产与回收策略研究［J］．江西师范大学学报(自然科学版)，2015(05)：536-544．

［11］徐祥民，王郁．环境税：循环经济的重要手段［J］．上海政法学院学报，2006(4)：97-100．

［12］邓子基，韩瑜．促进循环经济发展的税收制度设计［J］．税务研究，2008(3)：7-12．

［13］徐丰果．循环经济与环境税费制度改革［J］．求索，2008(2)：35-37．

［14］付健．论促进我国循环经济发展的环境税制度［J］．社会科学家，2016(12)：94-98．

［15］于佳曦．税收优惠政策对资源综合利用影响的实证研究［J］．税收经济研究，2017(6)：20-24．

［16］Palmer K, Walls M. Optimal policies for solid waste disposal taxes, subsidies, and standards［J］. Journal of Public Economic, 1997, 65(2)：193-205．

［17］Hong I, Ke J S. Determining Advanced Recycling Fees and Subsidies in "E-scrap" reverse Supply Chains［J］. Journal of Environmental Management, 2011, 92(06)：1495-1502．

［18］丁雪峰，孟丹，魏芳芳．废弃物再利用的最优税收与补贴政策［J］．物流技术，2014(03)：214-216．

［19］肖丹，尹春华．基于EPR效益最大化的电子产品回收激励模型［J］．北京信息科技大学学报(自然科学版)，2015(1)：75-84．

［20］郭成恒，丁雪峰．考虑碳排放差异的闭环供应链奖惩机制与减排策略［J］．统计

与决策,2014(13):54-57.

　　[21] 徐琪,范丹丹. 碳税约束下基于回购与低碳补贴策略的供应链优化决策[J]. 软科学,2017(9):53-58.

　　[22] 杨朝均,呼若青. 环境管制工具对工业绿色工艺创新影响的实证研究——基于省级面板数据[J]. 现代经济探讨,2017(8):79-86.

　　[23] 杨飞. 环境税、环境补贴与清洁技术创新:理论与经验[J]. 财经论丛,2017(8):19-27.

　　[24] 张倩,刘丹,章金霞. 环境偏好和环境税视角下企业技术决策博弈分析[J]. 技术经济,2014(9):66-73.

　　[25] 武晓利. 环保政策、治污努力程度与生态环境质量——基于三部门 DSGE 模型的数值分析[J]. 财经论丛,2017(4):101-112.

　　[26] 张焕勇,李宇航,韩云霞. 基于碳税和低碳偏好的制造商回收/再制造定价决策研究[J]. 工业技术经济,2018(1):130-136.

　　[27] 王克强,赵凯,刘红梅. 资源与环境经济学[M]. 上海:复旦大学出版社,2015.

古村落居民参与乡村旅游影响因素研究

——以黄山市徽州区为例

姚国荣　范银苹　伍文卿

摘　要:乡村旅游的发展离不开当地居民的支持与参与,但从何处实现居民参与成为研究的热点和难点之一。文章以安徽省徽州区古村落为案例地,基于问卷调查和结构方程分析,构建古村落居民参与乡村旅游影响因素模型。研究表明:①社会资本、旅游影响感知均显著正向影响参与态度和参与行为;②参与态度和参与能力均显著正向影响参与行为;③参与态度在社会资本、旅游影响感知对参与行为影响中起部分中介作用。社区居民参与度提升,需要注重对社会资本、旅游影响感知、参与能力和参与态度的培养。

关键词:乡村旅游;社会资本;参与能力;参与行为

乡村旅游发展呼声日益高涨,得到了众多关注。发展乡村旅游一方面为乡村地区带来经济利益,改善乡村居民的生活条件,便于更多居民参与到旅游发展中来;另一方面,可以提升乡村当地的知名度,加强乡村地区与外部环境的交流,促进相关资源流动,提升文化资源的传播力度。近年来,关于乡村旅游发展,国家给予高度重视,全国各地不断涌现出打造"特色小镇、美丽乡村"的口号,而这些口号也正是乡村旅游发展的目标。然而乡村旅游发展是一个动态的过程,旅游景点从无到有需要乡村各方主体的参与和支持。社区是构成乡村主体之一,社区参与作为乡村旅游发展过程中最重要也是最难解决的问题。发展乡村旅游必须要将社区放在首位,充分考虑社区居民需求,

作者简介:姚国荣(1971—),男,安徽芜湖人,教授,博士,博士生导师。研究方向为旅游管理、企业管理。

基金项目:国家自然科学基金重点项目(41230631);世界银行贷款项目(HSS/C30)。

以在发展旅游业的条件下实现社区的全面发展。但在发展乡村旅游过程中，地方政府为了吸引外来资本，通常会对旅游企业给予相应的优惠政策，从而使得旅游企业在当地旅游发展过程中占主导地位，社区居民无法自由选择他们真正需要的政策，以至于增加居民和旅游企业乃至地方政府之间的矛盾。尤其是居民在参与过程中，一旦自身的利益受损就会失去参与的热情，甚至会为了维护自己的利益而发生违法行为。因此，了解何种因素影响了居民乡村旅游参与度显得尤为重要。

鉴于此，本文以安徽省黄山市徽州区古村落为案例地，对当地居民进行问卷调查，结合案例地的实际状况，实证分析古村落居民参与乡村旅游影响因素模型，以期为徽州区旅游地和中国乡村旅游产业提供相应的发展智力支持。

一、研究回顾、研究假设和模型构建

(一)研究回顾

乡村旅游研究起源于 19 世纪法国，乡村在自然、历史及区位等方面存在差异，具有独特性、但规模较小等特征。乡村旅游活动与当地居民家庭紧密联系(Lane,1994)，游客追求差异化成为乡村旅游发展的主要动力(Fleischer,2000)。乡村居民是乡村旅游供给子系统的一部分(张树民,2012)，享有参与旅游决策制定和获取发展收益的权利(Tosun,2000)，居民参与也是诸多利益相关者互动的要求(Fagerberg,2004)。

学术界对居民参与乡村旅游的研究从居民感知角度,居民参与乡村旅游发展态度、利益分配及参与模式等角度进行研究。发展乡村旅游能够降低贫困率，吸纳农村地区低技能劳动者，缓解就业压力，能够有效促进旅游地的经济发展(Deller S,2010；彭顺生,2016；李烨,2017)。旅游产业发展促进文化产业发展(A. M. Ogahoh Agha,2010)，文化发展带动了旅游地的公平分配，在协调当地社区相关利益、环境可持续发展等方面做出重大贡献(Saarinen,2014)。由于旅游利益分配不公容易导致旅游区居民与企业产生冲突，进而增加居民对旅游企业的憎恶感(Davis,2004)。为了团结旅游地居民，提升其参与积极性，"政府＋居民"(Jenkins,1982)、"个人＋组织"(Simpson,2000)、"政府主导＋社区主体＋企业经营＋第三方力量介入＋法制规范"(孙九霞,2010)等发展模式应运而生。在总结前人成果的基础上，Huang G(2015)基于利益相关者视角提出旅游扶贫创新模型:参与前,政府制定政策;参与中,旅游企业提供工作、提供原材料和当地基础设施，游客消费、宣传和捐赠，当地居民参与管理、利益分配、环境保护;参与后,实现区域旅游可持续发展。

居民参与乡村旅游的影响因素方面,Ryan(2002)研究了旅游景区利益相关者的"权力和利益"关系,认为居民权力和利益的获取是制约其参与旅游的主要原因,也有一部分学者认为动机、机会和居民能力是影响居民参与旅游开发的主要原因(Mostafa Rasoolimanesh,2017;王兆峰,2017;冯伟林,2017),政策支持对参与行为产生重要影响(路幸福,2011;张建荣,2016)。从研究理论方面,较为常见是社会交换理论,该理论于 20 世纪 80 年代被有关学者运用到旅游领域的相关研究中来。AP(1992)应用社会交换理论对居民态度进行了解释,结果发现应用该理论非常契合这一主题的研究,他指出居民的行为很大程度上是从自身利益角度出发的,若居民认为他将会从旅游业中获利,那么相对那些没有获利的人的来说,这种感知利益将会在很大程度上影响着居民对旅游业的整体态度。国内学者李有根于 1997 年首先将 AP 的社会交换过程模型引入旅游研究领域。陆林(2005)等学者对该理论进行了深入研究。乡村旅游地受到地理空间的影响,社区居民会受到规范认同与价值观、信任、人际关系等因素影响(Narayan,2001;桂勇,2008;胡涤非,2011),学者们通过对社会资本理论的研究发现,社会资本的内涵具有社会参与性(Buns,2000),社会规范、信任及人际关系与当地社区经济、文化及福利息息相关,在社区参与乡村旅游中起到了一定的凝聚作用,降低乡村旅游发展中的阻力,能够引导乡村旅游良性发展。

综上所述,相关研究者认为社区居民在旅游发展中占据重要地位,强调了应把社区参与作为旅游发展的主要途径。但是,关于社区如何参与以及社区居民是否有能力参与的研究还缺乏充分的实证分析(姚国荣等,2010、2019)。社区居民参与态度对参与行为起到了直接的决定作用。因此,鼓励居民参与乡村旅游发展需要将居民态度,将其作为一个重要的因素予以考虑。在参与模式上,当前相应的解决措施大多从政府和企业角度考虑。社区内部的居民无法自由选择他们真正需要的政策和措施,关于如何增强乡村社区居民的参与度,提升社区话语权的研究需要进一步研究。就利益分配而言,一直是社区与利益组织之间冲突来源,平衡从哪些方面缓解居民与旅游企业等组织之间的矛盾,需要进一步深入研究。明确具体原因,才能有效采取措施予以解决。但由于研究地域不同,得到的结论也存在着差异,如何提高居民参与乡村旅游行为,依旧是重点,应当事先明确何种因素对居民参与行为产生影响,从而采取有效措施加以提升居民参与行为。

(二)假设提出和模型构建

1. 社会资本与参与态度

社会资本具有三个重要维度:即信任、规范与社会网络对个体的态度与行为具有重大影响。在旅游发展过程中,社会资本主要以社区凝聚力为表现形式,连接着社区成员间的情感,并且增强了成员间的信任感(Brume,2010),将成员团结起来,增强成员间协作与配合,提高居民参与旅游态度(张方圆,2013)。规范认同影响社区居民对旅游的看法,从而直接影响社区参与态度(董茜,2014)。因此,提出以下假设:

H1:社会资本对参与态度具有正向影响。

2. 居民旅游影响感知与参与态度

居民旅游影响感知和居民对旅游发展态度之间的关系,学者认为居民旅游经济感知对其旅游支持态度具有显著的正向影响,居民对旅游发展带来的经济收益感知越高,会导致居民更加支持旅游业的发展(Keogh,1990)。Garcia(2016)较为全面地阐述了居民旅游影响感知及其态度关系,认为居民对经济及环境影响的正负面态度易于达成共识。通常在经济效益的作用下,社区居民把发展旅游视为摆脱贫困的重要途径,而导致居民高估旅游发展带来的正面影响而低估旅游发展所带来的负面影响(卢小丽,2012)。因此,提出以下假设:

H2:居民旅游影响感知对参与态度具有正向影响。

3. 社会资本与参与行为

Park(2013)认为社会资本在旅游经济中是以相互信任、规范、社会关系网络形成的形式表现出来的。人际关系能够促进社区居民加强与其他家庭间的交流沟通,以便在某种行动上达成合作状态。发展乡村旅游是一个漫长而艰巨的任务,一旦处理不好社区居民问题,就会严重影响发展进程,而社会资本中的规范认同可以对个体的不当行为起到一定的约束作用。良好的信任感能够降低社区居民与其他商户之间交易成本,增强居民对地方政府及旅游企业的认可,提升社区居民参与乡村旅游的程度。因此,提出以下假设:

H3:社会资本对参与态度具有正向影响。

4. 居民旅游影响感知与参与行为

居民旅游影响正面感知对参与行为就有正向影响,反之亦然。就乡村旅游而言,由于农村地理位置和经济水平的限制,社区居民对当地旅游感知更多地倾向于正向影响,主要原因在于当地居民想通过发展旅游摆脱贫困,增加家庭收入,并未对旅游负面感知给予过多的关注。在实际发展乡村旅游中,为农村地区带来的负面效益并不显著甚至对有些居民并未产生明显负面影响。从整体而言,发展乡村旅游会为当地带来一定的经济和社会利益,故当地社区居民大多受到旅游感知的积极影响而主动参与当地旅游发展。因此,提出以下假设:

H4：居民旅游影响感知对参与行为具有正向影响。

5. 居民参与旅游态度与参与行为

态度是个体对客观事物的一种心理反应，由个体的认知、情感及意向构成。行为学及旅游学通常认为态度是决定行为选择的直接因素。在旅游领域，AP 使用阿贝尔模型，研究发现居民态度直接影响参与行为（AP，1993），居民旅游参与态度对居民参与旅游行为具有正向影响（时少华，2015）。居民满意度和居民乡村游接受度是影响社区参与乡村旅游发展的结果因素，也是关键因素（卢小丽，2012）。因此，提出以下假设：

H5：居民参与态度对参与行为具有正向影响。

6. 居民参与能力与参与行为

居民受到自身能力的限制影响参与乡村旅游发展，导致结果就是社区居民相较其他利益主体而言获得的收益较少，尽管社区居民参与旅游门槛较低且风险小。只有提高社区居民的参与能力，才能使他们从旅游发展中获得更多的收益，实现乡村旅游的可持续发展。因此，提出以下假设：

H6：居民参与能力对社区参与乡村旅游行为具有正向影响。

7. 模型构建

鉴于上述假设分析，基于感知-态度-行为这一逻辑思路，并考虑参与能力对参与行为的影响，从社区居民认知角度出发，构建居民参与乡村旅游的影响因素模型。在该模型中，"参与行为"是观测变量，"社会资本""旅游影响感知""参与态度"和"参与能力"是潜在变量，而"参与态度"又受到"社会资本"和"旅游影响感知"两个潜在变量的影响，并对观测变量产生影响，在模型中充当中介变量。具体概念模型，如下图 1 所示：

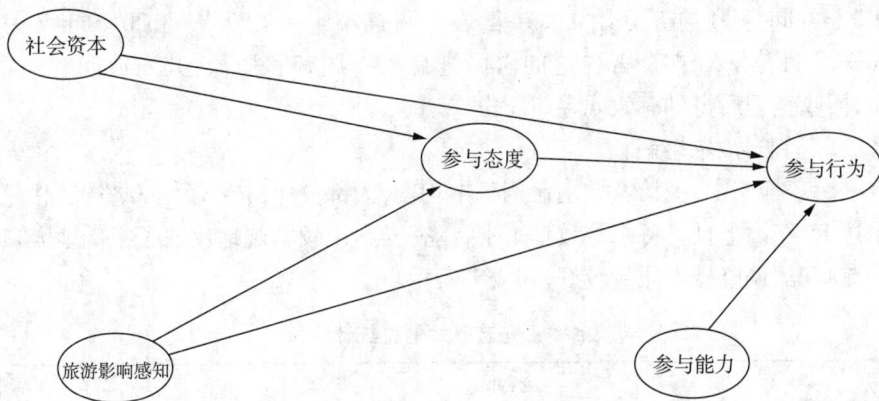

图1　社区参与乡村旅游影响因素模型

二、研究设计与调查

（一）徽州区古村落概况

徽州区地处皖南盆地中心，以山地丘陵为主，地势北高南低，是1987年黄山建市时成立的县级市辖区。全区面积423.65平方公里，是黄山市重要的工业基地、物流基地、休闲观光旅游接待基地、特色农产品生产加工基地和环境优良的城市新区。徽州区也是徽商的重要聚居地和徽文化主要发祥地之一，保存完好的徽派古建筑多达300余处，被誉为"徽派古建长廊"。2018年，全区旅游接待量588万人次，增长13%；旅游总收入39.8亿元，增长14.1%。徽州区古村落数量众多，风景优美、人文荟萃，作为古徽州域名唯一传承地，素有"黄山南大门""沪杭后花园"的美誉。本文选取了徽州区四个具有代表性的古村落："呈坎双贤里，江南第一村"呈坎村、"中国水口园林第一村"唐模村、"天上水街"灵山村、"华东养生第一村"蜀源村。以上四个案例地的选择考虑到徽州区乡村旅游发展的综合程度，既包括开发较为成熟的呈坎村和唐模村（5A景区），又包括开发较为落后的蜀源村和灵山村，这样使总体数据更具有统计意义和代表意义。

（二）问卷设计与调查

参考前人测量量表的方法，结合徽州区古村落实际调研状况和专家学者的相关意见，形成了研究主题的量表。问卷调查共分为两大部分，第一部分是对个人基本信息的提问，第二部分是关于社会资本、旅游影响感知、参与态度、参与能力及参与行为的题项量表，形成从1（代表"非常不同意"）到5（代表"非常同意"）的五分制Likert量表。调查小组一行7人于2018年7月20—27日分别对4个古村落的居民进行入户调查和访谈，共发放问卷400份，回收整理后得到有效问卷308份。

（三）样本描述统计

所获样本中，被访者性别比例基本均衡，大部分年龄在26~60岁，居住年限达15年以上且具备中等教育水平，调查样本比较客观地反映了案例地人口构成状况，调查样本质量较好，如表1所示。

表1　受访者基本信息统计分析

	类别	频数（人）	百分比（%）
性别	男	158	51.3
	女	150	48.7

	类别	频数（人）	百分比（%）
年龄	16～25 岁	27	8.8
	26～45 岁	140	45.5
	46～60 岁	104	33.8
	60 岁以上	37	11.9
居住年限	5 年以下	29	9.4
	5～10 年	39	12.7
	10～15 年	48	15.6
	15 年以上	192	62.3
职业	农民	114	37
	个体经营户	75	24.4
	景区人员	68	22.1
	其他	51	16.5
文化程度	小学及以下	82	26.6
	初中	148	48.1
	高中及中专	58	18.8
	大专及以上	20	6.5
家庭年收入	1 万元以下	4	1.2
	1 万～3 万元	20	6.5
	3 万～6 万元	111	36
	6 万～9 万元	108	35.1
	9 万元以上	65	21.2
家庭收入最主要来源	农业生产	97	31.5
	做点小生意	61	19.8
	景区内工作	47	15.3
	外出打工	70	22.7
	景区开发所带来的收入	14	4.5
	其他	19	6.2

三、结果分析

(一) 均值分析

使用的是五分制李克特量表,得分均值在 1～2.5 表示不同意,2.5～3.5 表示中立,3.5～5 表示同意。由表 2 可知社会资本(M=3.44)、旅游影响感知(M=3.47)和参与能力(M=3.06),均处于中等水平;参与态度(M=3.93),古村落居民表现出较高热情;但参与行为(M=3.06),居民整体参与程度不高,处于中低水平,这也反映出参与行为受到上述因素的综合影响。

表2　变量均值和标准差(N=308)

潜在变量及观测变量	均值	标准差	潜在变量及观测变量	均值	标准差
社会资本	3.44	0.65	B_9 促进传统文化的弘扬	3.42	1.163
A_1 认同乡村旅游规章	2.98	0.827	B_{10} 改善了基础设施	3.38	1.150
A_2 住在本地很自豪	3.61	0.981	B_{11} 加强了古建筑保护	3.75	1.229
A_3 愿意为本地做贡献	3.75	1.243	B_{12} 增强了政府保护意识	3.34	1.132
A_4 周围邻居有道德良好	3.44	1.098	B_{13} 环境卫生得到了改善	3.37	1.161
A_5 政府人员是可以信任的	2.97	1.246	B_{14} 增加了乡村景观建设	3.33	1.147
A_6 周围邻居是可以信任的	3.59	0.976	参与态度	3.93	1.03
A_7 对来本地游客是信任的	3.51	1.084	C_1 支持本地旅游发展	3.94	1.175
A_8 信任旅游企业	2.95	1.142	C_2 欢迎游客到本地旅游	4.17	1.117
A_9 我(邻居)会彼此帮助	3.75	0.975	C_3 有条件的家庭应参与本地旅游发展	3.68	1.182
A_{10} 能从邻居家借到需要物品	3.72	0.993	参与能力	3.06	0.91
A_{11} 有从事不同工作的朋友	3.52	1.157	D_1 旅游知识或技能良好	2.94	1.211
A_{12} 目前的工作受到家人(朋友)工作影响	3.48	1.029	D_2 有充裕的时间参与	2.99	1.146
旅游影响感知	3.47	0.69	D_3 有良好的地理位置	3.42	1.196
B_1 促进本地经济增长	3.44	1.110	D_4 资金充足	2.91	1.297

潜在变量及观测变量	均值	标准差	潜在变量及观测变量	均值	标准差
B_2 增加就业机会	3.43	1.452	参与行为	3.14	0.85
B_3 提高居民生活水平	3.48	1.099	Y_1 参与旅游日常管理	2.92	1.159
B_4 吸引了更多投资	3.37	1.068	Y_2 提旅游发展建议	2.95	1.188
B_5 使多数人受益	3.55	1.080	Y_3 关注本地旅游发展状况	3.38	1.102
B_6 旅游提高了本地知名度	3.49	1.126	Y_4 参与旅游接待工作	3.21	1.229
B_7 增加了本地的娱乐活动	3.65	1.155	Y_5 参与本地环境保护	3.48	1.123
B_8 促使本地交通更加畅通	3.60	1.263	Y_6 参与旅游决策制定或实施	2.88	1.250

（二）结构方程模型分析

1. 信度与效度

由于存在交负荷（因子载荷系数大于 0.5），删除 A_3 和 A_7 两题项后，社会资本经过正交旋转，得到清晰的因子结构，本文的社会资本由三个维度构成，根据专业知识，"A_1-A_4" 命名为"规范认同"，"A_5-A_8" 命名为"信任"，"A_9-A_{12}" 命名为"人际关系"。社会资本的克朗巴哈系数为 0.849，其中，规范认同、信任和人际关系分别为 0.841、0.692 和 0.779。因此，社会资本具有较高的信度和内部一致性。

删除 A_7、A_8 及 $B_1$1 三个题项后，旅游影响感知经过正交旋转，得到清晰的因子结构，本文的社会资本由三个维度构成，根据专业知识，"B_1-B_5" 命名为"经济感知"，"B_6-B_10" 命名为"社会感知"，"$B_1$1-$B_1$4" 命名为"环境感知"。旅游影响感知的克朗巴哈系数为 0.876，其中，经济感知、社会感知和环境感知分别为 0.861、0.889 和 0.875。旅游影响感知具有较高的信度和内部一致性。

经过正交旋转得到清晰的因子，其中参与态度、参与能力和参与行为的克朗巴哈系数分别为 0.861、0.746 和 0.813。参与态度、参与能力和参与行为具有较高的信度和内部一致性。

2. 模型检验

应用 AMOSS17.0 对整体模型进行分析，如图 2 所示，得到模型拟合情况：$\chi^2/df = 1.511$，$GFI = 0.878 > 0.8$，$CFI = 0.949 > 0.8$，$RMSEA = 0.041 < 0.08$，$PNFI = 0.791 > 0.5$，说明本文概念模型的整体模型适配度可以接受。模型检验结果如表 3 所示，检验统计量（t）的绝对值均大于 1.96，并在 p<0.05，p<0.01 和 p<0.001 的水平上具有统计显著性，即理论模型的假设全部成立。

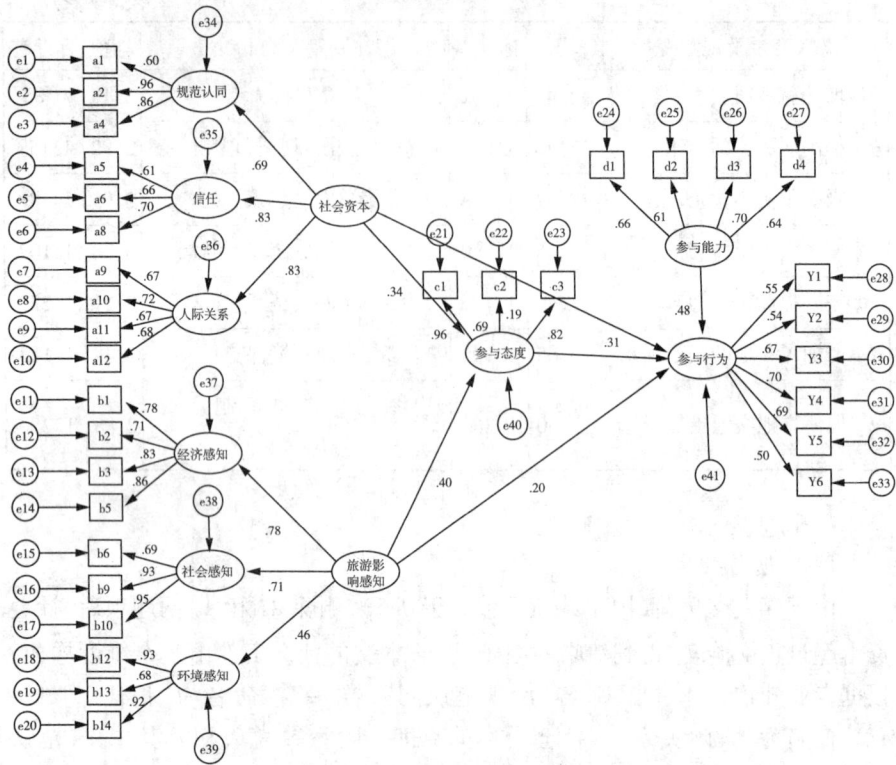

图2　社区参与乡村旅游影响因素结构方程模型

表3　结构方程模型验证分析结果

假设	变量之间的关系	标准化路径系数	T值	P值	检验结果
H1	社会资本→参与态度	0.345	4.774	0.000***	显著正
H2	旅游影响感知→参与态度	0.405	5.431	0.000***	显著正
H3	社会资本→参与行为	0.185	2.123	0.000***	显著正
H4	旅游影响感知→参与行为	0.202	2.591	0.01*	显著正
H5	参与态度→参与行为	0.311	4.070	0.001**	显著正
H6	参与能力→参与行为	0.481	5.742	0.000***	显著正

注:*表示在 0.05 的水平下显著,**表示在 0.01 的水平下显著,***表示在 0.001 的水平下显著

社会资本、旅游影响感知均对参与态度具有正向影响,H1 和 H2 得到验证。其中,旅游影响感知影响效应为 0.405,社会资本影响效应为 0.345。因

此,在培育社会资本的同时,更要注重对居民旅游影响感知的培养,增强居民参与乡村旅游的积极态度。

社会资本、旅游影响感知均对参与行为具有正向影响,H3 和 H4 得到验证。其中旅游影响感知影响效应为 0.185,社会资本影响效应为 0.202。相比之下,居民旅游影响感知对社区参与行为比社会资本的影响要大。因此,可以从居民旅游影响感知和社会资本两方面重点提高乡村旅游社区参与度。

居民乡村旅游参与态度、参与能力均对居民参与行为具有正向影响,H5 和 H6 得到验证。其中参与态度影响效应为 0.311,参与能力影响效应为 0.481。增强社区参与度,除了考虑社会资本和旅游影响感知之外,还应提高居民参与态度和参与能力。

居民参与态度在社会资本与参与行为、旅游影响感知与参与行为之间具有部分中介效应。研究表明在提升居民参与度方面,不仅可以直接从社会资本和旅游影响感知两方面提升参与度,还可以凭借参与态度对参与行为的影响,以此来培育社会资本,增强居民旅游影响感知、提高居民参与态度,从而提升居民参与度。

四、结论与建议

(一)结论

通过安徽省黄山市徽州区古村落居民参与乡村旅游行为结构模型验证,社会资本和旅游影响感知是居民参与态度的主要影响因素,路径系数分别为 0.345 和 0.405,参与旅游行为受居民社会资本、旅游影响感知、参与态度和参与能力的影响。居民参与能力是居民参与行为的主要影响因素,其路径系数为 0.481;社会资本影响一般,对其居民参与行为的路径系数为 0.185。为此,在提升古村落居民参与度时,应当综合考虑上述因素的影响。

(二)建议

第一,加强社会资本培育,创造良好的参与氛围。当地旅游公司在开发旅游项目时,应该与社区居民进行协商,加强彼此间的理解,降低彼此间的冲突,朝着"双赢"目标发展。地方政府应当给予政策和资金支持,推动社区居民参与乡村旅游项目开发。加大财政投入力度,推动乡村旅游产业升级。具体措施有:对"农家乐"产品进行升级发展,努力改变单一产品现状,积极打造以体验和度假为主的中高端休闲产品。徽州区地方政府和当地旅游企业应该根据市场定位加大宣传力度,通过各类旅游节庆赛事等多种形式扩大当地旅游知名度。

　　第二,引导居民参与态度,提升居民参与意向。就无参与意向或参与态度持反对意见的古村落居民来说,通过调研发现最重要的原因在于古村落居民担心自身的合法权益不能得到保障。为了消除古村落居民的顾虑,鼓励社区居民投身于当地旅游发展中,当地政府和旅游公司应当与社区居民签订合同,用法律的方式来规范各方行为,从而保障社区居民的合法利益。对参与态度持保留意见的古村落居民来说,应该通过电话和网络等方式主动建立与古村落社区居民之间的联系,使居民意见和建议能及时被古村落管理方了解和熟知,有助于提高社区居民参与乡村旅游发展的积极性。徽州区古村落社区应该开发更多的娱乐活动,鼓励游客与居民共同参与,以增强彼此间的信任感。

　　第三,培养居民参与能力,完善居民参与机制。针对徽州区古村落居民的文化程度明显偏低状况,需要对社区居民进行系统化培训,如开展技能培训班对传统手工艺等进行培训,通过加强与高等院校之间的合作,邀请经验丰富的专家、学者传授经验,不断提高古村落居民对当地历史文化的了解,努力将社区居民朝着乡村导游方向进行培养。

参考文献:

[1] Bernard Lane. Rural Tourism and Sustainable Rural Development[M]. UK:channel View Publications,1994.

[2] Fleischer A,Felsenstein D. Support for Rural Tourism:Does it Make Difference? [J]. Annals of Tourism Research,2000,27(4):1007-1024.

[3] 张树民,钟林生,王灵恩. 基于旅游系统理论的中国乡村旅游发展模式探讨[J]. 地理研究,2012,31(11):2004-2013.

[4] Tosun C. Limits to Community Participation in the Tourism Development Process in Developing Countries[J]. Tourism Management,2000,21(6):613-633.

[5] Deller S. Rural poverty, Tourism and Spatial Heterogeneity[J]. Annals of Tourism Research,2010,37(1):180-205.

[6] 彭顺生. 中国乡村旅游现状与发展对策[J]. 扬州大学学报(人文社会科学版),2016,20(1):94-98.

[7] 李烨. 中国乡村旅游业扶贫效率研究[J]. 农村经济,2017(5):72-78.

[8] A. M. Ogaboh Agba M V 1 A. Tourism Industry impact on Efik's Culture Nigeria [J]. International Journal of Culture,Tourism and Hospitality Research,2010,4(4):355-365.

[9] Jarkko Saarinen N M M J. Cultural Tourism:New Opportunities for Diversifying the Tourism Industry in Botswana [J]. Bulletin of Geography. Socioeconomic Series, 2014 (26):7-18.

〔10〕 Davis J S. Factions and Enclaves：Small Towns and Socially Unsustainable Tourism Development〔J〕. Journal of Travel Research,2004,43（1）:3-10.

〔12〕 Jenkins C. L, Henry B. M. Government involvement in Tourism in Developing Countries〔J〕. Annals of Tourism Research,1982,9（4）:499-521.

〔13〕 Simpson F, Roberts L. Help or Hindrances? Sustainable Approaches to Tourism Consultancy in Central and Eastern Europe〔J〕. Journal of Sustainable Tourism, 2000（6）: 491-509.

〔14〕孙九霞. 旅游人类学的社区旅游与社区参与〔M〕. 北京:商务印书馆出版,2010.

〔15〕 Huang G. Innovation of Tourism Poverty Alleviation Model：Stakeholder Perspective 〔J〕. Canadian Social Science,2015,11（8）:98-103.

〔16〕 Ryan C. Equity, Management, Power Sharing and Sustainability–issues of the New Tourism〔J〕. Tourism Management,2002,23（1）:17-26.

〔17〕 S. Mostafa Rasoolimanesh, Mastura Jaafar, etc. Community Participation in World Heritage Site Conservation and Tourism Development〔J〕. Tourism Management, 2017（58）: 142-153.

〔18〕王兆峰,向秋霜. 基于 MOA 模型的武陵山区社区居民参与旅游扶贫研究〔J〕. 中央民族大学学报（哲学社会科学版）,2017（44）:94-102.

〔19〕冯伟林,冉龙权. 基于社区参与的西南民族地区旅游扶贫机制构建——以重庆武陵山片区为例江苏〔J〕. 农业科学,2017,45（16）:304-307.

〔20〕路幸福,陆林. 乡村旅游发展的居民社区参与影响因素研究〔J〕. 资源开发与市场,2011,27（11）:1054-1056.

〔21〕张建荣,赵振斌. 国内乡村旅游社区研究综述〔J〕. 经济管理,2016（6）:166-175.

〔22〕 Ap J. Residents' Perceptions on Tourism Impacts〔J〕. Annals of tourism Research, 1992,19（4）:665-690.

〔23〕 Narayan, Deepa &Michael Cassidy. A Dimensional Approach to Measuring Social Capital：Development and Validation of a Social Capital Inventors〔J〕. Current Sociology, 2001:49.

〔24〕桂勇,黄荣贵. 社区社会资本测量:一项基于经验数据的研究〔J〕. 社会学研究,2008（3）:122-144.

〔25〕胡涤非. 农村社会资本的结构及其测量——对帕特南社会资本理论的经验研究〔J〕. 武汉大学学报（社会科学版）,2011,64（4）:62-68.

〔26〕 Brume. Meaningful Distinctions within a Concept：Relational, Collective, and Generized Social Capital〔J〕. Social Science Research,2010,38（2）:251-265.

〔27〕张方圆,赵雪雁,田亚彪,侯彩霞,张亮. 社会资本对农户生态补偿参与意愿的影响——以甘肃省张掖市、甘南藏族自治州、临夏回族自治州为例〔J〕. 资源科学,2013. 35（9）:1821-1827.

〔28〕董茜. 社会资本视角下地质公园社区参与研究〔D〕. 武汉:中国地质大学 2016.

[29] Keogh B. Resident and Recreationists' Perceptions and Attitudes with Respect to Tourism Development[J]. Journal of Applied Recreation Research,1990,15(2):71-83.

[30] Garcia F A. Residents' perceptions of Tourism Development in Benalmadena(Spain)[J]. Tourism management,2016,54(3):59-74.

[31] 卢小丽. 居民旅游影响感知、态度与参与行为研究[J]. 科研管理,2012,10(33):138-144.

[32] PARK D. B. Factors Influencing Social Capital in Rural Tourism Communities in Korean[J]. Tourism Management,2013(15):11-22.

[33] Ap J,Crompton J. Residents Strategies for Responding Tourism Impacts[J]. Journal of Travel Research,1993,32(1):47-50.

[34] 时少华. 社会资本、旅游参与意识对居民参与旅游的影响效应分析——以北京什刹海社区为例[J]. 地域研究与开发,2015,34(3):101-106.

[35] 姚国荣,范银苹. 乡村旅游背景下社区参与述评[J]. 安徽师范大学学报(自然科学版),2019,42(1):73-79.

[36] 王松茂,郭英之等. 世界遗产旅游地社区居民利益诉求空间分异——以天山大峡谷为例[J]. 经济地理,2018(9):215-221.

[37] 姚国荣,陆林. 基于利益相关者的居民利益要求实证研究——以安徽省九华山风景区为例[J]. 经济地理,2010(7):1217-1220.

NVC重构视角下长三角低附加值传统产业转移及发展思路
——以池州市承接服装加工业为例

殷贵林　项桂娥　张莉娜

摘　要:在国际市场环境恶化和国内竞争加剧的双重压力下,长三角地区纺织服装类低附加值传统产业为获取竞争优势,近年来基于国内市场的价值链(NVC)重构速度加快,这无疑将会给池州这样的中西部欠发达地区带来新的发展机遇,但也是一个重大挑战。文章通过对池州市参与长三角地区纺织服装业国内价值链重构进行实例分析,提出欠发达地区嵌入发达地区主导的国内价值链重构将面临一个两难困境——嵌入价值链可能被低端锁定,不嵌入可能会错失发展机遇。突破困境需要在长三角一体化高质量发展语境下,发挥政府和市场双重作用,协调区域经济关系,形成合理的区域分工利益机制。

关键词:NVC;重构;低端锁定;产业转移

一、问题提出

随着长三角一体化上升为国家战略,一方面为了打造区域竞争力,另一方面由于生产成本上升和政府对企业环保监管趋严,长三角地区低附加值传统产业按照梯度产业转移的规律正逐步向中西部欠发达地区转移。但这种

作者简介:殷贵林(1980—),男,重庆人,池州学院商学院讲师,主要研究方向为国际贸易和区域经济。项桂娥(1964—),女,安徽青阳人,池州学院商学院教授,主要研究方向为产业经济、农业经济。张莉娜(1979—),女,河南安阳人,池州学院马克思主义学院讲师,主要研究方向为劳动经济学。

转移并非产业链的全盘转移,而是企业基于国内价值链的产业空间重构,即把公司的研发设计、营销等高附加值环节仍留在原地,把其中低附加值的加工制造环节通过订单外包的形式向外转移。

池州市位于安徽省西南部,东连铜陵,南接黄山,西邻江西,北濒长江,是皖江城市带承接产业转移示范区之一。池州市常住人口 160 万,工业基础薄弱,池州市近年来的产业发展变化,给人最直观的感受就是在城区各生活小区内如雨后春笋般地出现了大量的小微型服装加工企业。这些服装加工企业规模很小,多租用小区内的一个车库,或一套住房,或一个沿街门面,内置十几台至几十台数量不等的服装加工设备,工人多来自池州本地。通过进一步调研发现,不仅在池州主城区存在大量的服装加工企业,在池州市东至县、青阳县、石台县以及贵池区所辖各乡镇都散布着大量的小微型服装加工企业。调查数据显示,这些企业主要成立于 2010 年至 2015 年,而在 2010 年国务院批复了安徽省建设"皖江城市带承接产业转移示范区"的申请。所以池州市服装加工企业于 2010 年后涌现不是偶然现象,也不是孤立事件,其背后有着种种的社会经济根源,与长三角地区的低附加值传统产业国内价值链重构(NVC)密不可分,是长三角地区低附加值传统产业链国内重构的一个缩影。

本文拟通过引入国内价值链相关理论,对池州市参与长三角传统纺织服装业国内价值链重构进行实例分析,探索低附加值传统产业国内价值链重构面临的困境,从而为传统产业国内价值链重构提供有价值的思路与建议,也为中西部其他经济落后地区融入低附加值传统产业国内价值链提供借鉴和参考。

二、研究的理论基础

Porter(1985)首次采用价值链分析法对企业竞争优势问题进行研究,其后 Gereffi(1999)提出全球价值链(GVC)概念。价值链理论是一个从微观层面审视产业升级的新兴理论,该理论认为企业经营活动可以分为研发、制造、销售等环节,各环节所蕴含的价值是不均衡的,其中位于价值链两端的上游研发与下游销售环节的利润最为丰厚,而处于中间的加工组装环节利润较薄[1]。价值链理论通过对价值环节的分解和产业的空间重构,拓展了经济学

---

① 赵西三. 国内价值链重构下区域产业升级的路径选择——基于河南省的实证分析[J]. 工业技术经济,2010(11):135–141.

的研究范围,为产业升级提供了更广阔的发展空间。我国改革开放以后充分利用自身的资源禀赋优势,积极融入全球价值链,快速推动了国内经济增长和产业结构升级,但是由于我国长期被压制在全球价值链的低端环节,参与全球价值链获取的收益非常有限,向高端产业升级出现被"俘获现象"。对于如何摆脱这种困境,刘志彪(2007)提出了国内价值链重构思路,为区域产业升级提供了一个新的分析框架,认为摆脱全球价值链中被低端锁定的出路在于国内价值链的培育。随着2018年党中央把长三角一体化上升为国家战略,如何实现长三角区域高质量协调发展成为广大学者研究的焦点[①]。刘志彪(2013)提出未来把基于出口导向的经济全球化,转变为基于扩大内需的经济全球化的过程中,"国内价值链"这个重要范畴将在协调区域发展中起到十分重要的作用[②]。随着长三角一体化的发展,根据价值链理论,位于长三角发达城市的传统产业会在区域内进行价值链重构,以形成自己的竞争优势,这个价值链重构的过程也是长三角地区实现区域一体化的重要途径。

综合目前广大学者的研究成果来看,目前国内学者对长三角传统产业国内价值链重构的研究主要是从宏观层面、理论角度展开研究,缺少对欠发达地区实际嵌入传统产业价值链重构的实例分析。

三、池州市嵌入长三角纺织服装业 NVC 重构的实例分析

(一)池州市嵌入长三角纺织服装业 NVC 重构的基本概况

1. 主要嵌入年份

通过调研发现,池州市服装加工企业成立年份集中在 2006—2010 和 2011—2015 两个年份段(见表1),其中 2011—2015 年成立企业数为 329 家,占目前池州市服装加工企业数量的 64.13%,2010—2015 年是长三角地区传统产业向外转移的重要年份,为了承接来自长三角地区的产业转移,安徽省在 2010 年成功申报了"皖江城市带承接产业转移示范区"。因此,池州市服装加工企业主要嵌入时间与长三角地区发达城市服装产业向外转移的主要时间是相吻合的。

---

① 赵西三. 国内价值链重构下区域产业升级的路径选择——基于河南省的实证分析[J]. 工业技术经济,2010(11):135–141.
② 刘志彪. 我国区域经济协调发展的基本路径与长效机制[J]. 中国地质大学学报(社会科学版),2013(13):4–10.

表1　池州市服装加工企业成立年份表

年份	数量(家)	所占比重(%)
2000 年前	1	0.2
2001—2005	16	3.1
2006—2010	147	28.7
2011—2015	329	64.0
2016—2018	20	4.0
合计	513	100

数据来源:根据收集资料整理(数据截至 2018 年 12 月底)

2. 嵌入企业规模

根据国家统计局印发的《统计上大中小微型企业划分办法(2017)》对工业企业的界定标准,池州市服装加工企业中:微型企业为 107 家,小型企业为 306 家,中型企业为 46 家(见表2)。从相关数据可以看出目前池州市服装加工企业以小微型企业为主,中型企业占比过小,缺少大型服装生产企业。

表2　池州市服装加工企业规模分类

规模	数量(家)	所占比重(%)
大	0	0
中	46	9
小	360	70.2
微型	107	20.8
合计	513	100

数据来源:根据收集资料整理(数据截至 2018 年 12 月底)

3. 嵌入企业主营业务分布情况

池州市目前的服装企业以服装加工制造、来料加工为主,占比达89.3%,兼营服装制造、销售的企业仅占 10.5%,专营服装设计的企业仅有 1 家(见表3)。也就是说目前池州市的服装加工企业主要承接来自江浙一带的来料加工业务和服装外发加工业务,自行开展设计、生产和销售的企业非常少。从整个工业生产产业链来看,产品的利润主要集中在产品的设计和营销上,单纯的生产环节获得的利润是非常少的。从池州市统计年鉴获得的数据显示,池州市服装加工业每年的利润总值在 1 亿元左右,平均到每家企业的利润不足 20 万元,由此可见,池州市服装加工企业目前的主营业务主要集中在低附加值的加工环节。

表3　池州市服装加工企业主营业务分布

主营业务	数量(家)	所占比重(%)
服装加工制造、来料加工	458	89.3
服装制造、销售	54	10.5
服装设计	1	0.2
合计	513	100

数据来源:根据收集资料整理(数据截至2018年12月底)

4. 嵌入企业在池州市的地域分布情况

池州市的行政地域主要包括三县一区,即青阳县、东至县、石台县和贵池区。根据相关资料统计,这513家服装加工企业主要分布于贵池区和东至县(具体数据见表4),其中又以贵池区为主。通过进一步的调研,发现贵池区的服装加工企业中只有不到30家规模以上企业集中在池州市的几个工业园区——池州市经济技术开发区、江南集中产业区、梅里工业园区,其余的服装加工企业(主要是小、微型企业)散布于乌沙、马衙、梅龙、驻驾、晏塘等贵池区下辖的各个镇,甚至还有60余家企业散布于池州市主城区的各个生活小区内。

表4　池州市服装加工企业地域分布

地域	数量(家)	所占比重(%)
贵池区	304	59.3
东至县	165	32.2
青阳县	32	6.2
石台县	12	2.3
合计	513	100

数据来源:根据收集资料整理(数据截至2018年12月底)

5. 池州市近年来服装类生产产量

根据池州市历年统计年鉴公布数据,对2013—2018年池州市服装类产量进行统计,可以看出从2013年至2016年,池州市服装产量呈现出快速增长趋势,但从2017年开始下滑,2018年服装产量相比于2017年大幅下滑(见表5)。根据实地调研获得的信息显示,2018年池州市服装类产量大幅下滑主要是受中美贸易战影响,导致来自江浙一带的服装外发加工订单大幅下降。

表5　2013—2018 近 6 年池州市服装类产量数据

年份	2013	2014	2015	2016	2017	2018
产量/万件	1886	2884	3838	4856.5	4336.3	2718.5

数据来源：池州市历年统计年鉴

（二）池州市服装加工企业嵌入长三角 NVC 重构发展面临的困境

1. 缺少政府政策支持，企业布局分散，不能形成产业集群

从池州市嵌入长三角纺织服装业国内价值链的低端生产环节到现在，已经经过了近 10 年的发展，但无论是规模还是质量都没有得到较大改善。这样的局面与池州市地方政府对嵌入长三角纺织服装业国内价值链低端生产环节所持的消极态度是有很大关系的。池州市政府几乎没有针对本市服装加工业的发展出台过相关的支持性政策，也没有采取过相关措施对本市服装加工业发展进行规范和培育。池州市服装加工企业缺乏统一布局规划，除少量规模企业集中于工业园区等产业聚集区外，其他小微型企业散布于各个乡镇和城区生活小区。这样的布局增加了企业间相关资源获取和信息沟通的难度，增加了企业经营成本，很难形成高效的产业集群。

2. 生产经营方式落后，效益低下，缺乏长远发展机制

在池州市众多服装加工企业中，绝大部分企业属于小微私营独资企业，这些企业生产场地简陋，生产设备落后，甚至很多企业采用发达地区企业淘汰下来的二手设备。虽然称为企业，但从生产组织形式看，将其归为加工作坊更为合适。这些企业的企业主在当地被俗称为"小老板"，本研究随机选取了 30 家该类型的企业，通过电话访谈的形式进行调研，获取的数据显示，这些"小老板"文化程度普遍不高，多为初高中学历，几乎没有接受过大学教育。这些企业主极度缺乏现代企业管理知识和营销理念，缺少企业家精神，对企业的长远发展没有规划。其日常工作主要是利用之前在外地从业时积累的社会资源获取订单，然后组织工人生产。这些企业的收入几乎全部来自为客户提供服装加工服务收取的加工费，而每件服装加工获得的平均纯利润不足 5 元，对于服装产业中利润较高的设计、营销环节少有涉足。这样的生产经营模式在现代激烈的市场竞争中显得非常落后，极易因市场环境的变化而被淘汰。

四、引发的思考及政策建议

（一）引发的思考

1. 池州市为什么对嵌入长三角纺织服装业 NVC 持消极态度

池州市对嵌入长三角地区纺织服装业加工制造环节持消极态度主要是

基于两个方面的原因。

一是服装加工业与池州市地方经济发展关联度不大。一个地区在经济发展中，各个产业之间都具有一定的关联性，通常一个产业的发展能在一定程度上带动其他产业的发展。但是池州市的服装加工业在池州市经济发展中如同一座孤岛，与池州市地方经济发展关联度不大。因为池州市服装加工企业以开展简单的加工贸易为主，服装生产所需原材料、辅料多由委托方提供，加工后的成品交付给委托方运到外地销售，形成了一种"两头在外"的加工生产模式。这种现象不仅在本地企业中很普遍，外地转移来的企业也是如此。例如，从 2017 年开始，迫于环保的压力，嘉兴部分服装企业迁往池州江南产业集中区，但是这些外迁企业仅仅是把企业的生产部门迁往池州，企业的总部、设计、品牌等仍然留在嘉兴，形成总部—基地生态体系。所以池州市的服装企业除了能在一定程度上促进本地就业之外，与池州市其他产业的发展并无太大关联，对池州市经济发展的促进作用并不明显。

二是地方政府对嵌入 NVC 低端制造环节存在顾虑。对于池州市这样一些相对落后的被转移地区来说，并不甘心按照这样的价值链分工模式被动接受这些相对落后的传统产业。因为，一方面从众多发展中国家参与国际分工的实例来看，嵌入国际价值链（GVC）低端生产制造环节的广大发展中国家依靠自身廉价的自然资源、劳动力资源和环境资源只能获得微博的利润，被发达国家压制在全球价值链的低端环节，向高端升级的压力很大。在长三角地区产业分工和价值链重构中，欠发达地区同样存在被低端锁定的担忧。另一方面，为了谋求自主发展和自身的利益，欠发达地区政府在产业规划时往往以高新技术产业为发展目标，这些低附加值传统产业往往与被转移地方政府的产业发展规划不符。

2. 落后地区要不要积极嵌入长三角低附加值传统产业国内价值链重构

通过上述分析我们可以看出，对于嵌入发达地区主导的国内价值链重构，欠发达地区将面临一个两难困境——积极嵌入可能被低端锁定，消极嵌入又可能错失发展机遇。对于这个问题我们可以采用博弈论的基本方法来进行分析。

假设一国只存在两个区域，一个是发达地区 A，另一个是欠发达地区 B。根据梯度理论，A 地区的传统产业发展到一定阶段以后，就有了向 B 地区转移以获取廉价生产要素的需要。因为产业转移主要是市场力量决定的，所以 A 地区的传统产业有转移和不转移两种选择。对于 B 地区来讲，在市场和服从国家整体经济利益安排的双重作用力下，B 地区无权拒绝这些转移产业的进入，但是 B 地区作为一个独立的行政区域，其对待转移产业的态度可以有积极主动接受和消极被动接受两种。这两种态度对发达地区 A 和自身带来的收益是有很大影响的,因为如果 B 地区积极主动,为转移产业营造良好的发展环境,使转移产业在本地能够快速发展壮大,并形成规模效应,A、B 都能从价值链重构中获取较大收益(假设为 A 为 10、B 为 5 单位)。如果 B 地区对转移产业的发展持消极态度,则转移产业在当地的发展就缓慢,A、B 地区的收益就要大打折扣(假设为 A 为 5、B 为 2.5 单位)。如果 A 地区的产业仍留在原地,不进行价值链重构,则 A、B 地区的收益均为 0。A、B 地区价值链重构博弈模型如下:

A\B	积极嵌入	消极嵌入
转移	10,5	5,2.5
不转移	0,0	0,0

从上述博弈分析可以看出,在 A 向 B 转移产业时,B 地区积极承接产业转移,A、B 地区能获得最大收益。虽然这些传统产业的附加值低,但是产业转移是个中介,它很可能将发展机会传播给落后地区。因此,积极融入国内价值链重构体系,落后地区可以培育与自身要素相匹配的工业生产体系,并能够进一步利用通过嵌入 NVC 获得的学习功能,把在某一价值链中学习到的东西,运用到另外一条价值链的升级活动中,从而实现低成本的产业升级[①]。因此,对于池州这样的落后地区说,应该抓住长三角一体化的历史机遇,积极嵌入传统产业价值链重构。

(二)政策建议

1. 长三角低附加值传统产业国内价值链重构中要处理好区域利益协调问题

价值链中各环节所蕴含的价值是不同的,产业国内价值链重构也是一个利益在不同地区间重新分配的过程。从微观层面来看,企业国内价值链的重构往往是企业从自身获取最大利益角度出发,把本企业的生产环节分解,然后根据市场筛选,在国内结合不同地区的资源禀赋和区位差异进行重新整合的过程。在这个价值链重构过程中,广大欠发达地区由于缺乏市场、缺乏高级生产要素,所以在价值链中往往被定位于低端的生产环节,而这个环节蕴含的价值是最低的。也就是说通过参与国内价值链重组,落后地区在这个分工过程中获取的预期收益是比较小的。

---

① 刘志彪. 重构国家价值链:转变中国制造业发展方式的思考[J]. 世界经济与政治论坛,2011(4):1-14.

在区域经济发展中,区域也被视为一个利益主体,它也存在强烈的逐利动机,区域与区域间也存在激烈的利益争夺。当一个地区的政府认为嵌入某个产业的低端环节并不能给本地区带来预期的收益,甚至可能因为转移产业会对本地区的环境造成破坏从而给本地区带来负收益时,那么该地区的政府对参与该价值链的构建的积极性就会大打折扣。具体表现为漠视本地区参与该价值链构建(池州市服装加工业发展即是一个典型的例子),甚至通过行政手段的方式阻碍木地区企业参与该价值链的构建。因此,经济发达地区低附加值传统产业在国内价值链重构时,不能只单方面顾及自己的利益,也要兼顾欠发达地区的利益。一方面,企业可以通过增加对当地原材料、服务的购买,提高转移产业与当地产业的关联度;另一方面,发达地区可以为欠发达地区的基础设施建设、劳动力培训等提供资金和技术支持。以此把区域协调由行政协调转变为利益协调,充分调动欠发达地区政府的积极性。

2. 长三角低附加值传统产业国内价值链重构要充分尊重市场

长三角低附加值传统产业国内价值链重构本质上就是企业充分利用市场在一个较大的空间范围内进行要素优化配置的过程,在这个重构过程中必然会引起各种要素的跨区域流动。由于行政区划的广泛存在,地方政府为了争夺利益,常常会利用行政权力干预市场,造成市场扭曲,从而阻碍生产要素的自由流动,这样必然不利于长三角低附加值传统产业国内价值链重构。所以,区域内各地方政府在传统产业国内价值链重构中,要充分尊重市场,转变职能,向服务型政府转变,并通过制度建设确保政府与市场利益脱钩,以此弱化地方政府对市场行政干预的动机。具体来说,可以从两个方面着手:一方面,长三角地区要建立起一个有利于跨区投资、生产的统一、开放的市场,消除生产要素在区域内流动的障碍,降低价值链重构的成本;另一方面,要在长三角地区内创造一个平等竞争的市场环境,尽量确保各类型的企业在长三角区域内能受到同等对待、平等参与竞争。这样,可以让那些最具有竞争优势的企业通过充分竞争胜出,由此确保价值链重构的质量,从而提高长三角地区区域经济的整体发展质量。

3. 欠发达地区应积极培育参与传统产业 NVC 重构的制度和文化环境

中西部地区相对于东部地区来说,经济发展长期落后,究其深层次的原因,除了区位劣势之外,缺乏适宜市场经济发展的制度和文化环境是一个重要原因。

传统产业的国内价值链重构是基于市场机制的重构,价值环节的空间匹配是市场选择的结果。在一块制度与文化贫瘠的土地上,民间投资者出于安全的考虑,往往缺乏投资的信心;出于盈利的考虑,往往缺乏投资的热情①。经济学家斯蒂格利茨曾说过:"一个有效的政府就是一个好的公共产品,政府所提供的法律秩序和社会环境,可以使每个人,每个企业受惠其中。"因此,中西部欠发达地区地方政府需要对自身进行约束和规范,积极培育良好的适宜市场经济发展的制度和文化环境,降低长三角地区传统产业国内价值链重构的制度成本。

五、主要结论

区域作为经济行为的主体,其行为无异于理性经济人的行为,他们追求的是利益最大化,获取区域利益是一个区域参与区域分工的根本动力。通过对池州市参与长三角地区纺织服装业国内价值链重构的考察与分析表明,由于欠发达地区嵌入价值链时,承接转移功能大部分集中在低端生产制造环节,能获得的区域利益较小,所以缺乏嵌入价值链的积极性与主动性。从宏观层面看,低附加值传统产业的国内价值链重构是增强长三角地区区域整体竞争力的一个重要途径,但是,现实的市场是不完全竞争市场,各个区域间存在着行政分割,各个地区的制度存在着较大差异。企业在重构价值链过程中,其低端生产环节向欠发达地区延伸,主要是要获取当地廉价的土地、劳动力等生产要素,而地方政府则期望在这个过程中能够获得本地经济效益的提升,这对双方来讲是一个共赢的机会。因此,长三角地区的低附加值传统产业国内价值链重构要顺利推进,就必须建立合理的区域分工利益机制,保证区域利益主体有充分的自利激励,激发其嵌入产业国内价值链的积极性与主动性。

---

① 殷贵林. 从制度与文化层面看皖江城市带核心竞争力构建[J]. 对外经贸,2013(5):100 - 101.

基于主成分分析的长三角
城市群经济发展评价

于 娜 程 蕾

摘 要:长三角城市群在经济快速发展格局中发挥了引领作用。通过查阅 26 个样本城市统计公报和年鉴,搭建长三角城市群经济发展评价指标体系,运用主成分分析法对长三角城市群的经济发展做出评价。鉴于分析结果,合肥市要打造长三角副中心城市,从构建"引进来"与"走出去"思路、聚焦推动战略性新兴产业的发展以及推动交通枢纽建设等方面对合肥市经济发展提出了对策建议,这对促进城市经济协同发展具有重要的理论研究价值和实践探索意义。

关键词:长三角城市群;主成分分析;经济发展评价

2016 年,国务院批准《长江三角洲城市群发展规划》,它是促进经济发展一体化、提高国际竞争力的重要途径。此次规划意味着长三角的范围从原来的江浙沪"两省一市"扩展到目前的江浙皖沪"三省一市"[1]。本文通过构建长三角城市群经济发展指标,查找样本城市统计公报和统计年鉴,利用主成分分析法做出发展评价,找出合肥作为长三角副中心城市的差距,提出相应的对策建议,这对促进城市经济协同发展具有重要的理论研究价值和实践探索意义[2]。

一、研究对象、数据来源与指标体系构建

(一)研究对象与数据来源

2016 年国务院印发了长江三角洲城市群发展规划,规划范围得到了扩大,具体包括上海和江苏 9 市、浙江 8 市、安徽 8 市,具体如图 1 所示。

作者简介:于娜(1985—),女,合肥学院经济与管理学院讲师,博士。

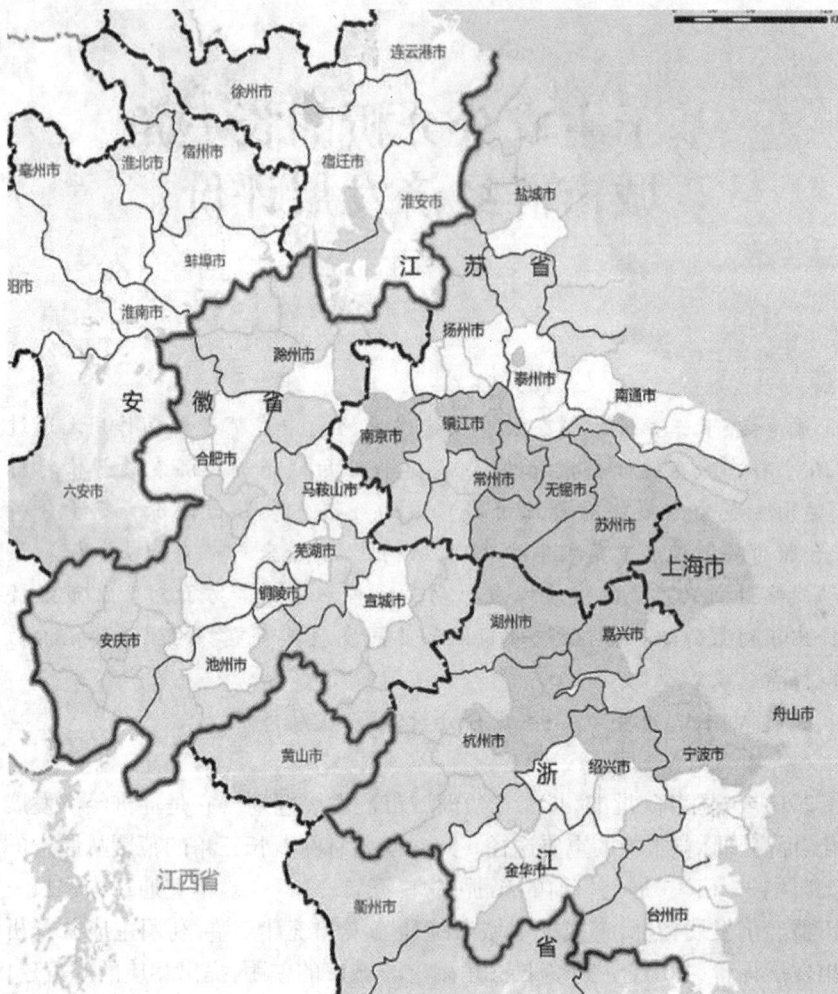

图1　长三角城市群范围图

研究数据来源于长三角26市统计公报(2016)、各市统计年鉴(2016)等,首先对搜集到的数据进行描述性分析,见表1。

表1　描述性统计量

	极小值	极大值	均值	标准差	N
地区生产总值(亿元)	544.74	25123.45	5212.80	5294.39	26
人均地区生产总值(元)	29840.00	149307.00	84601.85	31770.45	26
地区生产总值增速(%)	5.40	10.50	8.37	1.38	26

	极小值	极大值	均值	标准差	N
第一产业（亿元）	47.24	516.50	189.75	100.58	26
第二产业（亿元）	251.33	7991.00	2324.23	1933.12	26
第三产业（亿元）	222.84	17022.63	2698.57	3452.21	26
一般公共预算收入（亿元）	95.80	5519.50	664.64	1057.12	26
一般公共预算支出（亿元）	110.82	6191.56	758.03	1166.64	26
固定资产投资（亿元）	600.54	6352.70	3070.94	1763.43	26
社会消费品零售总额（亿元）	197.98	10131.50	2025.64	2123.36	26
城镇居民人均可支配收入（元）	23966.00	50390.21	38338.74	8516.09	26
农村居民人均可支配收入（元）	9985.00	264.00	19152.15	5460.48	26
市区居民消费价格指数	100.70	102.40	101.47	0.38	26

（二）指标体系的构建

借鉴国内外有关城市发展水平的评价指标[3]，本文构建了长三角城市群经济发展评价体系，该体系分为3个层次，第一层次为目标层，即城市群经济发展水平；第二层次为业务层层，是由经济增长、公共预算、社会效益、生活质量4个指标组成；第三层次为指标层，具体细化为13个子指标，具体见表2。

表2　长三角城市群经济发展能力评价体系

目标层	业务层	指标层
长三角城市群经济发展能力	经济增长（F_1）	地区生产总值（F_{11}）
		人均地区生产总值（F_{12}）
		地区生产总值增速（F_{13}）
		第一产业（F_{14}）
		第二产业（F_{15}）
		第三产业（F_{16}）
	公共预算（F_2）	一般公共预算收入（F_{21}）
		一般公共预算支出（F_{22}）
	社会效益（F_3）	固定资产投资（F_{31}）
		社会消费品零售总额（F_{32}）
	生活质量（F_4）	城镇居民人均可支配收入（F_{41}）
		农村居民人均可支配收入（F_{42}）
		市区居民消费价格指数（F_{43}）

二、长三角城市群经济发展评价方法的确定

本文采用主成分分析法对长三角 26 市经济发展能力展开研究。主成分分析最初是由皮尔逊引入,霍特林对其进行了持续改进。主成分分析方法的原理是利用投影对数据降低维度,在尽量减少原始数据和信息损失的前提下把多个指标转化为少数几个有代表性的综合指标,利用转化后的指标来反映原始信息[4]。

(一)评价指标的标准化

假设共有 j 个研究对象,每个对象各具有 i 个特性,矩阵 X 代表搜集到的数据 x_{ij}。原始变量之间如果出现方差过大、量纲差异则会带来严重影响,在此应该对原始变量进行标准化,即

$x_{ij}^* = (x_{ij} - \bar{x}_i)/s_j$,其中 $\bar{x}_j$、s_j 分别为 x_j 的均值和方差。

(二)构建协方差矩阵

在标准化矩阵 X 基础上构建协方差矩阵 R,它反映出数据进行标准化之后指标数据之间的关系,如果数值较小认为进行主成分分析的必要性就低,反之则需要进行主成分分析。其计算公式为:

$$R = X^{*T}X^*/(N-1)$$

其中 X^* 为标准化后的数据矩阵,求得相关矩阵 R 的特征值 $\lambda_1 \geq \lambda_2 \geq \cdots \geq \lambda_m$ 及相应的特征向量 $\mu_1, \mu_2, \cdots, \mu_m$。

(三)主成分与因子荷载矩阵的确定

首先,展开对方差贡献率的计算:$\eta_i = \lambda_i / \sum_i^p \lambda_i (i = 1, 2, \cdots, p)$

然后,展开对累计方差贡献率的计算,即 $\sum_{i=1}^m \lambda_i / \sum_{i=1}^p \lambda_i (i = 1, 2, \cdots, m, \cdots, p)$。

上述计算的累积方差贡献率决定了主成分的个数,累积方差贡献率取高于 75% – 95% 时对应的前 m 个主成分,它涵盖了 p 个原始数据所能包含的多数信息,其中 m 为主成分个数。利用所求得的数据建立因子荷载矩阵,主成分与原始指标之间的相关程度 $R(Z_i, X_i)$ 是由因子荷载量来表示的。

(四)综合评价得分

首先,计算长三角 26 市经济发展综合评分函数 F_m,为

$$F_m = W_1 Z_1 + W_2 Z_2 + \cdots + W_i Z_i$$

然后,计算长三角 26 市综合评分 G,同时对其进行降序处理,为:

$$G = W_1 Z_1 + W_2 Z_2 + \cdots + W_i Z_i$$

三、长三角城市群经济发展实证分析

(一)数据相关分析

本文利用 SPSS 软件进行长三角城市群经济发展的主成分分析,在做主成分分析时需要了解各个变量之间的相关关系,可以直观地由相关系数矩阵得到,见表3。

表3 相关系数矩阵

	地区生产总值	人均地区生产总值	地区生产总值增速	第一产业	第二产业	第三产业	一般公共预算收入	一般公共预算支出	固定资产投资	社会消费品零售总额	城镇居民人均可支配收入	农村居民人均可支配收入
地区生产总值	1.000	0.573	-0.340	0.142	0.967	0.988	0.938	0.920	0.837	0.982	0.601	0.466
人均地区生产总值	0.573	1.000	-0.120	0.017	0.667	0.510	0.352	0.312	0.677	0.550	0.779	0.671
地区生产总值增速	-0.340	-0.120	1.000	0.162	-0.362	-0.318	-0.290	-0.282	-0.091	-0.306	-0.428	-0.387
第一产业	0.142	0.017	0.162	1.000	0.215	0.064	-0.004	0.014	0.415	0.143	-0.012	0.045
第二产业	0.967	0.667	-0.362	0.215	1.000	0.916	0.829	0.801	0.906	0.923	0.648	0.528
第三产业	0.988	0.510	-0.318	0.064	0.916	1.000	0.975	0.961	0.763	0.985	0.561	0.419
一般公共预算收入	0.938	0.352	-0.290	-0.004	0.829	0.975	1.000	0.996	0.646	0.938	0.436	0.308
一般公共预算支出	0.920	0.312	-0.282	0.014	0.801	0.961	0.996	1.000	0.610	0.923	0.416	0.298
固定资产投资	0.837	0.677	-0.091	0.415	0.906	0.763	0.646	0.610	1.000	0.814	0.547	0.448
社会消费品零售总额	0.982	0.550	-0.306	0.143	0.923	0.985	0.938	0.923	0.814	1.000	0.618	0.469

（续表）

	地区生产总值	人均地区生产总值	地区生产总值增速	第一产业	第二产业	第三产业	一般公共预算收入	一般公共预算支出	固定资产投资	社会消费品零售总额	城镇居民人均可支配收入	农村居民人均可支配收入
城镇居民人均可支配收入	0.601	0.779	-0.428	-0.012	0.648	0.561	0.436	0.416	0.547	0.618	1.000	0.936
农村居民人均可支配收入	0.466	0.671	-0.387	0.045	0.528	0.419	0.308	0.298	0.448	0.469	0.936	1.000
市区居民消费价格指数	0.711	0.437	0.068	0.295	0.686	0.696	0.654	0.640	0.711	0.698	0.193	0.075

由表 3 可知,原始变量间大部分相关系数大于 0.3,表明变量间存在较强的相关关系,足以进行主成分分析。

（二）实证分析

利用 SPSS 软件进行主成分分析时,利用 26 样本城市的 13 个经济发展指标,取得公因子方差,如表 4 所示。表 4 表明主成分分析从每个原始变量中提取了多少信息。

表4　公因子方差

	初始	提取
地区生产总值	1.000	0.993
人均地区生产总值	1.000	0.775
地区生产总值增速	1.000	0.578
第一产业	1.000	0.620
第二产业	1.000	0.945
第三产业	1.000	0.991
一般公共预算收入	1.000	0.974
一般公共预算支出	1.000	0.954
固定资产投资	1.000	0.906
社会消费品零售总额	1.000	0.974
城镇居民人均可支配收入	1.000	0.956
农村居民人均可支配收入	1.000	0.894
市区居民消费价格指数	1.000	0.786

由表 4 可知,这 13 个变量的共性方差均大于 0.5,且大部分都分布在 0.8 左右,这意味着提取的公因子能够代表原始数据信息。

表 5 为解释的总方差,包含 13 个变量初始特征值、方差贡献率以及提取三个公共因子后的特征值和方差贡献率。第一成分的初始特征值为 8.0274,远远大于 1;第二成分的初始特征值为 1.904,大于 1;第三成分的初始特征值为 1.417,大于 1,因此选择三个公共因子便可以解释 87.284% 的累计贡献率,这表示这三个公共因子可以解释 87.284% 的总方差。

表 5　解释的总方差

成分	初始特征值			提取平方和载入		
	合计	方差百分比	累计百分比	合计	方差百分比	累计百分比
1	8.027	61.742	61.742	8.027	61.742	61.742
2	1.904	14.645	76.388	1.904	14.645	76.388
3	1.417	10.897	87.284	1.417	10.897	87.284
4	0.811	6.240	93.524			
5	0.430	3.311	96.835			
6	0.218	1.676	98.512			
7	0.102	0.788	99.300			
8	0.053	0.411	99.710			
9	0.023	0.178	99.889			
10	0.011	0.084	99.973			
11	0.003	0.022	99.995			
12	0.001	0.005	100.000			
13	2.737E-5	0.000	100.000			

表 6 为成分矩阵,表明第一、二、三成分与原始变量的关系。

表 6　成分矩阵

	成分		
	1	2	3
地区生产总值	0.987	0.112	−0.085
人均地区生产总值	0.669	−0.427	0.382
地区生产总值增速	−0.343	0.461	0.498
第一产业	0.156	0.310	0.707

（续表）

	成分		
	1	2	3
第二产业	0.970	0.012	0.066
第三产业	0.966	0.154	−0.187
一般公共预算收入	0.896	0.254	−0.326
一般公共预算支出	0.876	0.269	−0.338
固定资产投资	0.860	0.107	0.393
社会消费品零售总额	0.976	0.114	−0.088
城镇居民人均可支配收入	0.702	−0.669	0.121
农村居民人均可支配收入	0.577	−0.727	0.180
市区居民消费价格指数	0.708	0.489	0.215

提取方法：主成分分析法,表中已提取 3 个成分。

（三）结果分析

由表 5 可知,第一、二、三主成分的特征根分别为 8.027、1.904、1.417,用平方根除以成分矩阵各主成分可以得到三个主成分的表达式,进一步可求得各城市因子得分及综合得分,见表 7。

表 7　长三角城市因子得分及综合得分

城市	F_1	F_2	F_3	综合得分
上海	93.49	534.07	−76.96	127.55
南京	37.49	147.36	9.23	45.73
无锡	26.7	131.51	23.4	38.29
常州	5.89	3.88	15.07	5.85
苏州	72.17	343.67	19.44	97.01
南通	33.46	64.04	9.86	31.11
盐城	37.69	−5.57	−3.15	22.11
扬州	−9.16	−23.04	7.57	−8.20
镇江	−9.69	−61.31	9.07	−13.97
泰州	−14.96	−39.04	7.55	−14.13
杭州	49.48	153.14	10.26	54.10

城市	F_1	F_2	F_3	综合得分
宁波	48.17	125.79	24.29	50.81
嘉兴	-0.64	-59.77	14.55	-7.56
湖州	-24.47	-119.88	7.78	-31.82
绍兴	12.58	-25.83	18.47	6.00
金华	-14.14	-72.6	0.72	-19.28
舟山	-27.13	-163.63	20.75	-38.45
台州	4.65	-71.14	-7.68	-8.38
合肥	0.49	71.07	5.06	11.26
芜湖	-46.35	-76.07	-6.61	-40.48
马鞍山	-51.05	-132.31	-5.36	-51.48
铜陵	-64.24	-153.18	-7.98	-62.97
安庆	-28.83	-126.22	-27.88	-39.32
滁州	-28.11	-129.73	-28.3	-39.44
池州	-61.06	-169.39	-24.07	-65.13
宣城	-42.44	-145.81	-15.09	-49.20

对长三角26市经济发展综合得分进行排序如图2所示。

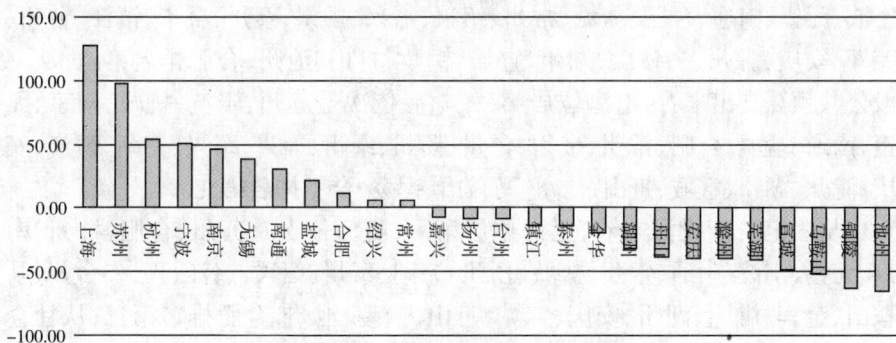

图2 长三角26市发展能力综合排名

由图2可知，上海发展能力综合排名第一，上海的地区生产总值、第二产业、第三产业、一般公共预算收入、一般公共预算支出、固定资产、社会消费品零售总额等指标都位列榜首，优势非常明显，这决定了最终的排名。

合肥在长三角城市群中的排名位于中上游,具体从地区生产总值排名来看,上海排名第一,随后依次是苏州、杭州、南京、无锡、宁波、南通、合肥、常州、绍兴、盐城、扬州、泰州、台州、嘉兴、镇江、金华、芜湖、湖州、安庆、马鞍山、滁州、舟山、宣城、铜陵、池州,合肥的地区生产总值排名第八;从人均地区生产总值来看,南京发展能力排名第一,接着为苏州、无锡、杭州、常州、镇江、上海、宁波、嘉兴、铜陵、舟山、绍兴、扬州、南通、泰州、合肥、金华、湖州、芜湖、马鞍山、台州、盐城、池州、宣城、滁州、安庆,合肥排名十六;从地区生产总值增速来看,合肥排名第一,随后依次是扬州、芜湖、泰州、铜陵、盐城、南京、杭州、舟山、马鞍山、南通、池州、湖州、宣城、宁波、金华、镇江、常州、滁州、无锡、绍兴、安庆、嘉兴、上海、台州、苏州,合肥在地区生产总值增速方面位居长三角城市群之首。

从第一产业产值排名来看,盐城排名第一,随后依次是南通、杭州、宁波、合肥、扬州、南京、台州、滁州、泰州、苏州、绍兴、安庆、常州、金华、嘉兴、无锡、镇江、湖州、宣城、芜湖、舟山、上海、马鞍山、池州、铜陵,合肥排名第五;从第二产业产值排名来看,上海排名第一,随后依次是苏州、无锡、宁波、南京、杭州、南通、合肥、常州、绍兴、扬州、盐城、嘉兴、泰州、镇江、台州、金华、芜湖、湖州、马鞍山、安庆、滁州、铜陵、宣城、舟山、池州,合肥排名第八;从第三产业产值排名来看,上海位居第一,随后依次是苏州、杭州、南京、无锡、宁波、南通、常州、合肥、绍兴、盐城、扬州、台州、金华、泰州、镇江、嘉兴、湖州、芜湖、安庆、舟山、马鞍山、滁州、宣城、铜陵、池州,合肥排名第九。

从一般公共预算收入来看,上海位居第一,随后依次是苏州、杭州、南京、宁波、无锡、南通、合肥、盐城、常州、绍兴、嘉兴、扬州、泰州、金华、镇江、台州、芜湖、安庆、滁州、马鞍山、湖州、宣城、铜陵、舟山、池州,合肥排名第八;从一般公共预算支出来看,上海位居第一,随后依次是苏州、宁波、杭州、南京、无锡、南通、盐城、合肥、常州、金华、台州、扬州、泰州、嘉兴、绍兴、芜湖、镇江、安庆、滁州、湖州、宣城、舟山、池州、马鞍山、铜陵,合肥排名第九。

从固定资产投资来看,上海位居第一,随后依次是苏州、合肥、杭州、南京、无锡、宁波、南通、常州、盐城、扬州、芜湖、泰州、绍兴、镇江、嘉兴、台州、马鞍山、金华、滁州、湖州、安庆、宣城、舟山、铜陵、池州,合肥排名第三;从社会消费品零售额来看,上海排名第一,接着是杭州、南京、苏州、宁波、无锡、南通、合肥、常州、台州、金华、绍兴、嘉兴、盐城、扬州、镇江、泰州、湖州、芜湖、安庆、滁州、宣城、马鞍山、舟山、铜陵、池州,合肥排名第八。

从城镇居民人均可支配收入来看,苏州位居第一,随后依次是上海、杭州、宁波、绍兴、南京、嘉兴、无锡、舟山、台州、金华、常州、湖州、南通、镇江、马鞍山、泰州、扬州、合肥、铜陵、芜湖、宣城、盐城、池州、滁州、安庆,合肥排名十九;从农村居民人均可支配收入来看,宁波位居第一,随后依次是舟山、嘉兴、杭州、绍兴、苏州、湖州、无锡、上海、常州、台州、金华、南京、镇江、南通、扬州、泰州、马鞍山、芜湖、盐城、合肥、宣城、池州、铜陵、滁州、安庆,合肥排名二十一。

由此看出,合肥在地区生产总值增速与固定资产投资方面位于长三角城市群前茅,合肥在地区生产总值、第一产业、第二产业、第三产业、一般公共预算收入、一般公共预算支出、社会消费品零售额等方面位居中上游名次,而在人均地区生产总值、城镇和农村的人均可支配收入方面则比较落后,位于长三角城市群的下游。

四、合肥建设长三角副中心的对策建议

鉴于长三角城市群经济发展状况,合肥要瞄准打造长三角世界级城市群副中心城市,加快建设"大湖名城、创新高地",从以下三点提出了对策建议。

(一)构建"引进来"与"走出去"发展思路

合肥构建长三角城市群副中心,距离南京、杭州的发展差距较大,需要引进先进国家与地区经验,积极实施长三角城市群制度创新,实施"引进来"和"走出去"齐头并进[5],对拥有高端知识、先进经验与技术的高层次人才重点引进,对高端研发机构、制造机构和营销机构等重点引进。鼓励企业、机构全球化经营,积极对接国际化市场,构建"走出去"创新机制,推动企业参与国际化市场竞争,加强与"一带一路"的衔接互动,打造合肥高水平的开放新平台[6]。

(二)聚焦推进战略性新兴产业的发展

在信息技术领域,合肥的新型显示、智能语音、量子通信等技术已经处于国际领先地位,合肥应在"互联网+"等发展机遇下,打造一批具有国际竞争力的新一代信息技术产业集群,同时要不断开拓信息经济新兴领域,如对大数据、云计算、电子商务、互联网金融等加大培育发展力度。在新能源汽车领域,加大对节能环保汽车的研发生产投入力度,以"一带一路"沿线国家为重点,支持优势产品走出国门,加强国际产能合作,培育一批本地的跨国公司[7]。以战略性新兴产业为平台,打造先进制造业、高端服务业与绿色农业联动发展的一体化产业发展体系[8]。

(三)继续推动合肥交通枢纽建设

在市内交通方面,强化地铁、公交优先理念,合肥地铁1、2号线的运行,标

志着合肥市正式迈入地铁时代,合肥将陆续开通 3 至 7 号线,地铁的运行在提升合肥交通设施条件的同时,也为城市提供了投资机遇,对合肥市经济发展带来了经济效益。在省内城际轨道交通方面,谋划以合肥为中心的米字形交通网,实现合肥与长三角城市群的时间实现 1~2 小时通达。在城际轨道交通方面,打造直通全国重要城市发展群的交通网络。此外,合肥要统筹推进高速公路网络、航空运输枢纽、航运交通中心等的建设,多种交通方式有机衔接,形成水陆空有序衔接、联动发展的国际化立体交通枢纽。

参考文献:

[1] 中华人民共和国国家发展和改革委员会.国家发展改革委住房城乡建设部关于印发长江三角洲城市群发展规划的通知[EB/OL].http://www.ndrc.gov.cn/zcfb/zcfbghwb/201606/t20160603_806390.html,2018-12.

[2] 柴攀峰,黄中伟.基于协同发展的长三角城市群空间格局研究[J].经济地理,2014,34(6):75-79.

[3] 何叶荣,孟祥瑞,罗文科.皖江城市群经济发展能力优势比较研究[J].安徽理工大学学报(社会科学版),2015,17(6):34-41.

[4] 李卉妍,王浩.统计学:原理与 SPSS 应用[M].北京:机械工业出版社,2015:234.

[5] 李雪松,张雨迪,孙博文.区域经济一体化促进了经济增长效率吗[J].中国人口·资源与环境,2017,27(1):10-19.

[6] 陈明华,刘华军,孙亚男.中国五大城市群金融发展的空间差异及分布态:2003-2013[J].数量经济技术经济研究,2016,(7):130-144.

[7] 权衡,张鹏飞.亚洲地区"一带一路"建设与企业投资环境分析[J].上海财经大学学报,2017,19(1):88-102.

[8] 方创琳,周成虎,王振波.长江经济带城市群可持续发展战略问题与分级梯度发展重点[J].地理科学进展,2015,34(11):1398-1408.

第三专题

文化融合与创新专题

基于 Citespace 的淮河文化文献计量分析

魏 遥 武雪婷

摘 要：本文运用可视化分析工具 Citespace，对中国基础设施工程（CNKI）中收录的 313 篇以淮河文化为主题的相关文献进行计量分析，通过关键词共现图谱和关键词共现时区视图，可以展示淮河文化研究趋势、研究主题和研究热点，梳理发展脉络，构建淮河文化研究的知识图谱，较为客观地反映了淮河文化研究的基本状况，希望能为此领域的研究者提供参考。

关键词：CiteSpace；淮河文化；可视化分析

淮河文化隶属于区域文化，是祖祖辈辈居住在淮河流域的劳动人民通过社会实践创造的物质财富和精神财富[1]。研究淮河文化的文献肇始于 1952 年，历经了约 70 年的发展历程，呈现出研究领域愈发精细，研究视角不断拓展的局面。历经这么久远的研究历程，淮河文化研究成果如何？学者们关注的主题主要有哪些？哪些学者和机构为淮河文化的发展做出了重大贡献？哪些文献对淮河文化的发展有着深远的影响力？淮河文化研究的未来方向是什么？厘清这些问题有助于对淮河文化的发展历程、研究主题和研究趋势有着更清晰的认知，更有利于进一步深化淮河文化的研究。本文以 1952—2019 年 CNKI 数据库中以淮河文化为主题的文献为对象，采用文献计量分析方法，梳理淮河文化研究发表文献增长趋势，通过勾绘关键词共现图谱、关键词共现时区图谱、作者和机构共现图谱以及高频次被引文献表等，探析淮河文化研究的主题，把握研究热点、研究趋势，力求构建 70 年来淮河文化研究的知识图谱。

一、研究方法和数据来源

（一）研究方法

CiteSpace 是目前文献信息分析中极具影响力的软件，是一款在科学计量

作者简介：魏遥（1973.08—），男，安徽阜阳人，管理学博士，阜阳师范学院教授，硕士生导师。研究方向：工商管理。武雪婷（1996.08—），阜阳师范学院商学院 2018 级工商管理专业硕士研究生。

基金项目：安徽省级重大教研项目（项目编号：2017jyxm0280）

学、数据可视化这两个背景下发展起来的引文可视化分析软件,主要用来分析科学分析中所蕴含的潜在知识。把科学知识的结构、规律和分布情况通过可视化的手段进行呈现,生成各种类型的知识图谱,为研究者提供文献的可视化引证"景观"[2]。本文借助 CiteSpace 软件中的发文作者(Author)、发文机构(Instiution)、发文国家(Country)、文献共被引分析(Cited Reference)、关键词(Keyword)等分析功能,选用 Pathfinder、Pruning sliced networks、Pruning the merged network 算法,绘制淮河文化研究的知识图谱,可视化呈现淮河文化研究 70 年来的演进历程和研究热点,便于更客观的认识和挖掘淮河文化研究态势,为淮河文化后续研究提供借鉴和参考。

(二)数据来源

文献数据来源于 CNKI 数据库,检索时间为 2019 年 9 月 6 号,选用高级检索,设置主题为"淮河文化",由于获得的文献篇幅较少,因此并未重新设置时间跨度,共获得 366 条检索结果。为保证数据的精确性,手动剔除报纸、会议报告等,最终整理得到 313 篇相关文献。

二、淮河文化研究的可视化分析

(一)研究文献发表趋势分析

为了综合把握产融结合研究的文献数量和时序变化,本文将 313 篇淮河文化相关文献的发表年度和发表数量综合体现在图 1 中。

—— 文献量

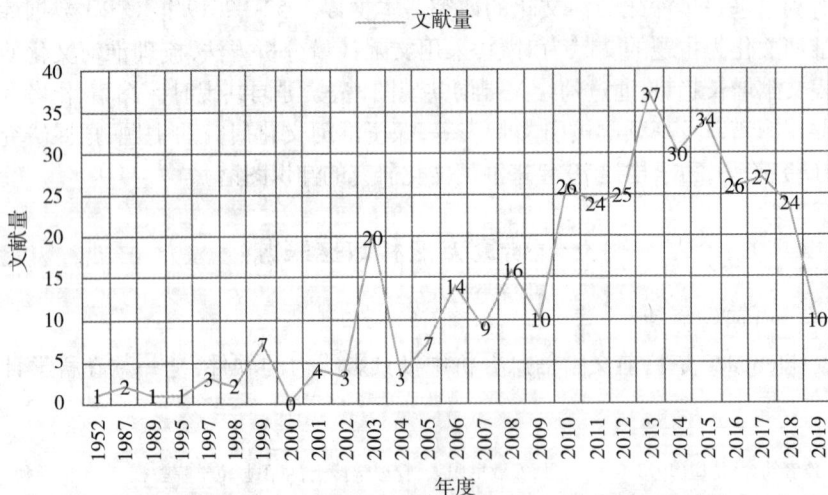

图 1 淮河文化研究文献量走势图

从整体上来看,淮河文化研究的文献量逐年曲折上升。从时序上来看,淮河文化研究可划分为两个阶段:1952—2002 年这一阶段,学者对淮河文化研究关注较少,发表文献数量持续走低;2003—2009 年为第二阶段,发文量相较第一阶段有着明显增长。2003 年是淮河文化研究的重要节点,淮河文化研究蓬勃发展,发文量达到了第一个小峰值。2010—2019 年为第三阶段,发文量相较前两个阶段呈指数增长的趋势。

（二）关键词分析

运行 citespace,载入数据,Time Slicing 设置为 1952—2019,Year Per Slice 设置为 1,Node Types 选择 Keyword,连线选择 Cosine,范围选择 Within slices,每段时间切片选择 Top50,网络裁剪方法为 Pathfinder、Pruning sliced networks、Pruning the merged network,其他设置保持默认状态。点击 GO 之后,绘制出淮河文化研究的关键词共现图谱(图 2)并输出关键词词频分布表(表 1)。

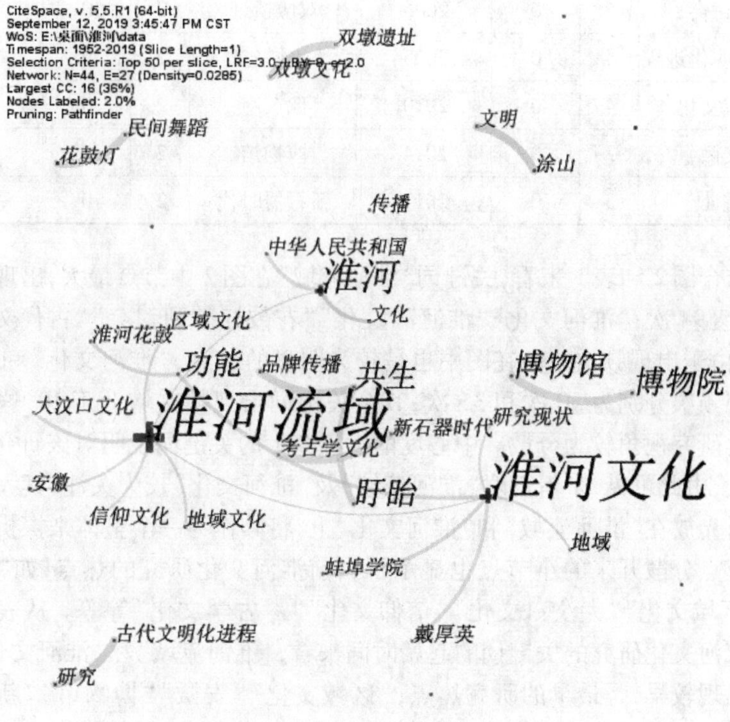

图 2　淮河文化研究关键词共现图谱

淮河文化研究关键词共现图谱连线数量为 27 条,节点数量为 44 个,网络密度为 0.0285。其中,在图谱上各个节点表示关键词,关键词出现的频次越高,表现在图中为节点面积越大。节点之间的连线代表各关键词共现的状态,网络链接越密切说明关键词之间的关联越大。一般来说,出现频次较高和中心性较强的关键词是学者们研究的热点[3]。由于淮河文化研究篇幅较少,关键词出现的频次离散程度较大,因此本文仅仅截取了词频出现前二十的关键词,如表1所示。

表1　淮河文化研究关键词词频表

关键词	词频	中心度	起始年份	关键词	词频	中心度	年份
淮河流域	94	0.18	1999	盱眙	3	0	2013
淮河文化	50	0.16	2003	大汶口文化	2	0	2018
淮河	35	0.05	1997	区域文化	2	0	2013
文化	9	0	1999	淮河花鼓	2	0	2013
花鼓灯	6	0	2007	地域	2	0	2012
研讨会	5	0	2006	双墩遗址	2	0	2006
古代文明化进程	4	0	2005	安徽省	2	0	2011
地域文化	4	0	2010	豫东南	2	0	2011
安徽	3	0	2014	博物馆	2	0	2014
皖北	3	0	2011	新石器时代	2	0	2018

结合图2和表1来看,关键词"淮河流域"在图2中节点最大,出现频次最多,高达94次;"淮河文化""淮河""文化""花鼓灯""研讨会""古代文明化进程"等由于出现频次较高在图中也是较为明显的节点,"淮河文化"和"文化"的出现频次分别为50次和35次,其余关键词出现频次均低于10,这说明淮河文化研究视角较为分散。中心度的大于0.1的关键词说明对该研究领域贡献较大,由此可见,学者们对"淮河流域"及"淮河文化"较为关注,其大部分文献将目光放在"淮河流域"和"淮河文化"上,将其作为一个整体来探析。但图中大节点分散开来的小节点也显示了当前淮河文化研究的热点,如"淮河花鼓""区域文化""大汶口文化""信仰文化""考古学文化"等等。从表1中列出的淮河文化研究的关键词的起始时间来看,"淮河流域"和"淮河文化"等关键词出现较早,是最早的研究热点;"区域文化""安徽""博物馆""新石器时代"和"大汶口文化"等关键词出现时间较晚,其中"大汶口文化"和"新石器时代"的起始年份是2018年,距今最近,因此这两个是淮河文化最新的研究热点。

综合上述研究结果,可以发现淮河文化的研究热点主要可以分为以下方面。

（1）淮河文化的概念探析及发展模式探寻。学者们对淮河文化的研究已历经几十年,尽管不同学者对淮河文化的内涵有着不同的界定,但是淮河文化该如何传播发展依然是学者们热衷讨论的问题。

（2）淮河文化中所包含的地域文化。部分学者不再着眼于整体淮河文化,尝试着从地域文化的视角来探寻淮河文化广袤的一隅,通过探析地域文化特色,发掘地域文化的应用价值,达到弘扬淮河文化的目的。

（3）淮河文化中的特色文化,如民间音乐舞蹈、花鼓灯等。通过剖析淮河文化中艺术瑰宝中蕴含的特殊意义和象征性,彰显淮河文化的魅力,探析淮河文化的发展趋势。这在一定程度上有助于淮河文化的发展模式选择并加速了淮河文化的长远发展。

（三）研究者与研究机构分布

使用 Citespace 软件点选 Author,选择研究对象主题为淮河文化的相关文献,就可以得到在此领域高频发文量的作者图谱,如图 3 所示,图中共有 27 个节点,7 条连线,网络密度为 0.0199。

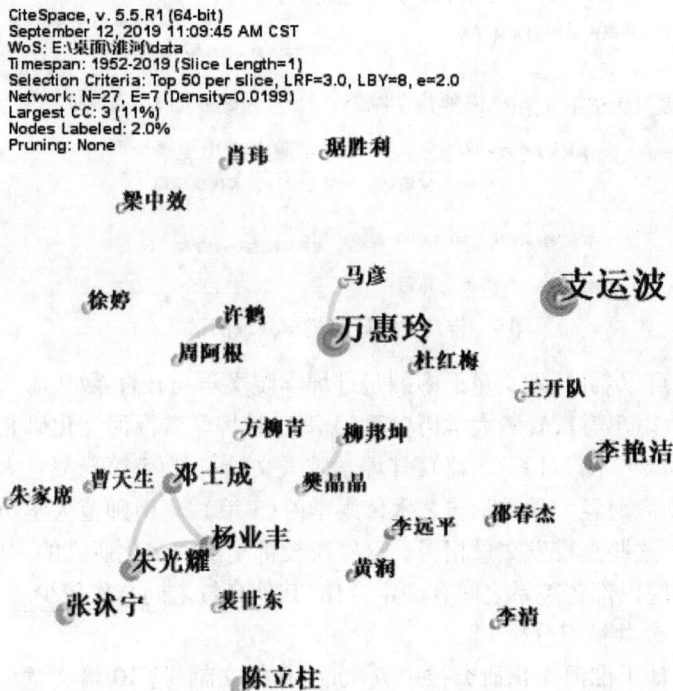

图 3　淮河文化研究作者共现图谱

图 3 中的学者均对淮河文化领域有一定影响,其中不乏一些领军人物。

从图4我们可以看到,出现节点最大的是支运波,发文量6篇;其次是万惠玲发文量5篇,朱光耀、陈立柱、张沭宁、李艳洁等发文量3篇;发文量三篇及以上共有8人。从整体上来看,中心密度为0.0199,7条连线,网络密度较低,连线较少,说明该领域学者之间合作较少、组成的团队规模较小,研究较为分散。

从淮河文化研究的发文机构来看,可以得到图4所示的淮河文化研究机构共现图谱。

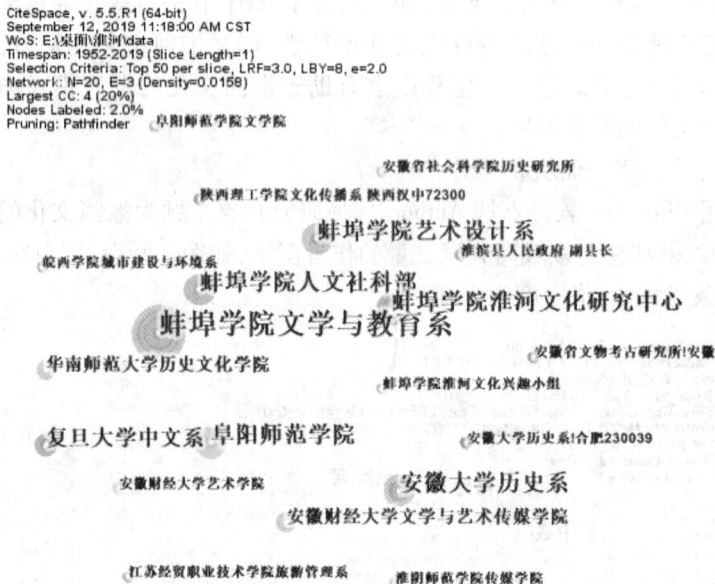

图4 淮河文化研究机构共现图谱

从图4可以看出,发文量最多的是蚌埠学院文学与教育系(9篇),其次是阜阳师范大学(5篇),安徽大学历史系(5篇),蚌埠学院淮河文化研究中心(5篇),蚌埠学院艺术设计系(5篇),蚌埠学院人文社科部(5篇),复旦大学中文系(4篇),安徽财经大学文学与艺术传媒学院(3篇),华南师范大学历史文化学院(3篇),这些高校发文量相当。这些院校都是淮河文化研究的主要力量,其中蚌埠学院内部各院系之间有一定合作,其他高校之间合作较少。

(四)文献共被引分析

表2统计了淮河文化研究被引频次前10的文献,这10篇文章可以看作淮河文化研究历程中出现的重要知识基础。其中,被引频次最高的是王资峰的《中国流域水环境管理体制研究》(73次)。这些高频被引文献涉及淮河文化的多个主题,如建筑、文化传承、历史文化、地理文化等,多方面延展和拓宽

了淮河文化研究的广度和深度。

表2　淮河文化研究文献被引频次表

序号	文献名	作者	来源	年份	被引数
1	中国流域水环境管理体制研究	王资峰	中国人民大学	2010	73
2	地域文化与城市特色的传承——以安徽为例	周晓燕	合肥工业大学	2010	38
3	苏皖历史文化地理研究	周运中	复旦大学	2010	37
4	南京都市圈文化旅游空间整合研究	侯兵	南京师范大学	2011	26
5	皖江文化的特点——与淮河文化、徽州文化比较	朱洪	学术界	2008	24
6	开发区的治理与变迁——对皖北蚌埠经济开发区的实证研究	张志胜	华中师范大学	2010	24
7	创意产业园的建筑设计研究	吕梦妮	合肥工业大学	1999	21
8	安徽淮河流域西周时期文化试析	宫希成	东南文化	2008	20
9	淮河文化概念之界说	陈立柱 洪永平	安徽史学	2009	20
10	从意境角度探索当代纪念性建筑表情	谢列场	合肥工业大学	2006	19

（五）淮河文化研究的演进分析

运行得到 Keyword 共现图谱之后,在 Citespace 控制面板界面选择 Layout 界面,点选 Timezone,调整得到关键词共生时区图谱。图5表明,我国淮河文化研究经历了一个由粗及细、由浅入深的发展过程。

通过研读相关文献和淮河文化研究关键词共现时区图谱,可将淮河文化研究分为三个阶段。

第一阶段,淮河文化研究的早期萌芽阶段(1952—2002年)。热点关键词主要是"淮河流域""淮河文化""淮河""文化"和"文明"等。1952—1998年的研究成果较少且多是对会议的总结,主要集中在对淮河文化的水文化和历史经济文化研究上。赵武京指出,同长江流域、黄河流域一样,淮河流域也是华夏文明的起源地之一,对水文化的初探也是最早的,淮河同社会一样需要水文化[4]。在随后的四年中,尽管发文量稍有增加,但学者们的目光依旧放在对文化的探讨上。周崇云通过研究考古发现的资料,探寻淮河流域历史原始经济状况,发现淮河流域在新石器时代原始农业已经发展的比较成熟[5]。前川孝昭、宋豫秦和程必定等通过研究淮河流域的社会、经济、环境和资源的系统分析,提出了大河流域可持续发展的思路和基本框架[6]。

第二阶段,淮河文化研究的迅速发展阶段(2003—2009 年)。热点关键词主要是"花鼓灯""研讨会""古代文明进程""双墩遗址"和"民间舞蹈"等。接连三届淮河文化研讨会和中国水文化研讨会议使得学者们开始重视淮河文化的传承与发展,这一阶段主题为淮河文化的文献量迅速增加。这一阶段,学者们的研究视角开始扩大,不再拘泥于对淮河文化的整体性研究。于立刚比较研究了淮河流域民歌和长江、黄河流域民歌的异同,揭示了淮河流域民歌独具一格的魅力[7]。周冠艺详尽介绍了被誉为"东方芭蕾"的花鼓灯的起源、音乐、服装、舞姿、韵律、灯歌创作,强调了花鼓灯是淮河流域文明的珍宝[8]。方成军指出,淮河流域是汉代墓葬的主要集中地,对这些王侯墓的研究有着重要的历史价值,有助于我们研究西汉随葬礼俗及其背后蕴含的社会阶级和等级关系[9]。

第三阶段,淮河文化研究的突破发展阶段(2010—2019 年)。热点关键词主要是"地域文化""皖北""盱眙""大汶口文化""区域文化""非物质文化遗产""旅游纪念品""花鼓灯"和"考古学文化"等,主要探讨了淮河文化中包含的地域文化,民俗瑰宝以及历史地理经济文化,同前两个阶段相比,这一阶段研究的内容更为广泛,研究切入的视角更为细致。宋春燕介绍了淮河文化的新代表——双墩文化,指出淮河文化的包容性和独立性,打破了学术界对淮河文化以往的刻板认知,将淮河文化推向了新的历史舞台[10]。淮河流域的人文地理特征和自然地理特征都反映在淮河两岸的地名上,陈珂、高瑜和胡吉超通过对沿淮地名的探寻,挖掘出其中蕴含的丰富的文化内涵[11]。

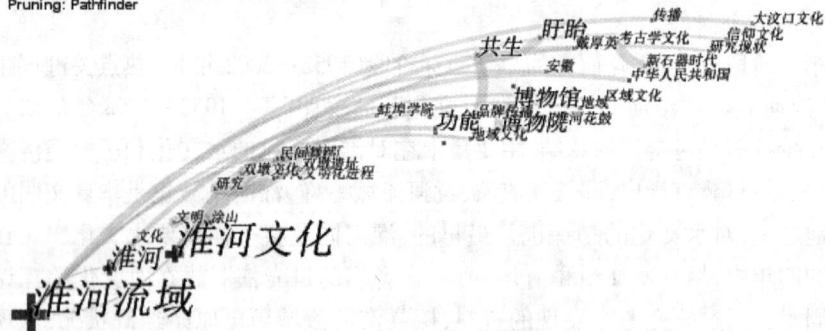

图5 淮河文化研究关键词共现时区图谱

三、讨论与展望

本文选择的分析对象是淮河文化相关研究文献,运用 Citespace 软件绘制知识图谱,对淮河文化相关研究文献进行计量分析,梳理淮河文化研究发表文献增长趋势、绘制关键词共现图谱、关键词共现时区图谱、作者共现图谱、机构共现图谱以及高频次被引文献,分析了淮河文化的研究热点和研究趋势。几十年来,淮河文化研究的相关成果不断增长,淮河文化的后续研究可着眼于以下三个方面。

(一)把握新兴研究视角和可能的研究热点

2010—2019 年以来,淮河文化的研究趋于地域化、区域化,研究热点从"花鼓灯""民间舞蹈"转变到"区域文化"和"地域文化"。学者们对淮河文化的研究应该重点关注此类方向,向此类方向转变。当前最紧要的问题是弘扬淮河文化,因此,像"花鼓灯""民间舞蹈"等作为淮河文化中亮眼的瑰宝是不会过时的,学者们也要把握住此类研究热点。

(二)加强学者和机构之间的学术交流与合作

从图 3 淮河文化研究作者共现图谱和图 4 淮河文化研究机构共现图谱可以看出,学者们之间合作较少,机构之间的合作也较少,分散的研究现状对淮河文化后续的研究发展是不利的。可以通过举办相关的学术会议来增加学者和机构之间的合作与交流。另外,从图 4 可以看出,发文机构较为集中,可以加大培养专门研究淮河文化人员的力度,存储科研后备力量,以寻求淮河文化的长足发展。

(三)加快专门期刊的组织与创建

与长江流域和黄河流域一样,淮河流域也是华夏文明的发源地之一,对淮河文化的研究是不可忽视的重要领域。仅仅有《治淮》这类水利类期刊远远不够,缺乏专门的期刊使得淮河文化相关研究成果没有得到应有的重视,严重限制了淮河文化的研究发展。专门的学术期刊,能够更快速传递最新的研究成果。因此,为了淮河文化研究的长足发展,组织创建专门期刊是十分必要的。

参考文献:

[1] 房正宏,淮河文化内涵与特征探讨[J]. 阜阳师范学院学报(社会科学版),2015(04):12-16.

［2］陈悦,陈超美,刘则渊,et al. CiteSpace 知识图谱的方法论功能［J］. 科学学研究,2015,33(02):242-53.

［3］谢伶,王金伟,吕杰华. 国际黑色旅游研究的知识图谱——基于 CiteSpace 的计量分析［J］. 资源科学,2019,41(03):454-66.

［4］赵武京,淮河呼唤水文化社会呼唤水文化［J］. 治淮,1995(03):47-49.

［5］周崇云,淮河流域史前文化形成和发展的基础——关于淮河流域原始经济的探讨［J］. 安徽大学学报,1999(05):8-14.

［6］前川孝昭,宋豫秦,程必定. 淮河流域可持续发展研究的重点问题［J］. 中国人口·资源与环境,2002(04):79-82.

［7］于立刚,略论淮河流域民歌之音乐特征［J］. 中国音乐,2003(03):93-5+104.

［8］周冠艺. 淮河瑰宝花鼓灯［J］. 上海戏剧,2006(05):36-37.

［9］方成军. 先秦淮河流域货币文化初探［J］. 钱币文论特辑,2006(02):49-58.

［10］许丹桂,宋春艳. 蚌埠双墩遗址地域性文化考［J］. 传奇·传记文学选刊(理论研究),2010(06):43-4+37.

［11］陈珂,高瑜,胡吉超,等. 沿淮地名的文化意义阐释［J］. 合肥工业大学学报(社会科学版),2012,26(03):54-8.

乡村基层公共文化建设中的三个理论问题

——基于长三角一体化视阈的实践调研案例

汪盛玉

摘　要: 要把"人民主体地位"落实到治国理政全部历史活动之中,搞好新时代乡村基层公共文化建设就必须认真思考和回答乡村基层实践主体结构的差异性、主体需要的层次性、主体利益的发展性。同时,深入把握乡村基层公共文化建设的针对性,既要避免"全面开花""一刀切"等机械做法,又要克服"蜻蜓点水""不着边"等敷衍态度,努力做到精深思考、精准施策、精致造就。此外,增强公共文化服务功能,是建构新时代公正和谐社会背景下的文化自觉,有利于提升基层民众的文化自信,深化理解乡村基层公共文化建设的实效性,需要从教育引导、实践养成、制度保障等方面切入。

关键词: 乡村基层;公共文化建设;主体性;针对性;实效性

随着我国社会文明建设"五位一体"战略的提出,理论界将文化建设视为社会整体建设的重要内容之一,这在马克思主义系统论看来是没有问题的。之所以如此,是因为经济、政治、文化、生态、社会是相互依存相互联系的要素,它们彼此贯通作用从而构成社会有机整体。然而,理论上的共识需要结合现实中的实践而具体化才能真正起到思想引领、智慧启迪进而达到改造现实世界的作用。本文立足于长江三角洲区域一体化视阈下的实践调研案例,阐明乡村基层公共文化建设需要深入思考"主体性、针对性、实效性"这样三个基础理论问题,以期为安徽提升乡村基层文化服务品格、满足乡村基层群众美好生活期盼提供有益参照。

作者简介: 汪盛玉(1970—),女,安徽师范大学马克思主义学院副院长,教授,博士生导师,从事马克思主义理论研究。

基金项目: 安徽省哲学社会科学规划项目"人学语境中的安徽农村公共文化服务路径创新研究"(AHSKY2016D49)。

一、乡村基层公共文化建设的主体性

主体是思想和行为的发出者、实施者,是对活动对象产生作用和影响的个人或集体。社会历史的主体是人,这里的"人"不是抽象的、虚幻的甚至超验的存在,而是无数辛勤劳作因而创造社会发展赖以存在的物质财富、精神财富以及社会变革的广大劳动群众,这是马克思主义学说的基本思想,也是中国特色社会主义社会建设的核心内涵之一。正因为如此,习近平总书记在党的十九大报告中指出:"坚持以人民为中心。人民是历史的创造者,是决定党和国家前途命运的根本力量。必须坚持人民主体地位,坚持立党为公、执政为民,践行全心全意为人民服务的根本宗旨,把党的群众路线贯彻到治国理政全部活动之中,把人民对美好生活的向往作为奋斗目标,依靠人民创造历史伟业。"既然要把"人民主体地位"落实到治国理政全部历史活动之中,那么,我们搞好新时代乡村基层公共文化建设就必须认真思考和回答主体结构的差异性、主体需要的层次性、主体利益的发展性,不能落入"主体缺位"的旧套路中去。①

第一,主体结构的差异性。事物的结构与事物的功能密切相关,一方面,事物的结构制约着事物的功能,因而不断优化结构是提升功效的常态工作;另一方面,事物的功能映射着事物的结构,因而根据需要及时转换功能就得促进结构的改造。乡村基层文化建设的主体结构,存在着"一"与"多"的差异性。"一",即基层政府的主体责任担当与集中统筹,"多",即众多基层群众的积极参与奋发有为。改革开放以来,基层普通群众在各种机制体制的激发下表现出干事创业的主体性不断涌现出来,这是绝对利好的事情。但由于各种利益关系未能得到与时俱进的理顺,往往出现基层群众"眼前利益"与基层政府"长远利益"之间的冲突。这反映在公共文化建设上,体现出"闯、钻、干"的积极主体与"等、靠、要"消极主体的格格不入。调研显示,公共基础性设施成为乡村基层公共文化建设的前提性条件,在基层政府不能改善道路交通、居住环境的情况下,基层群众情愿远赴大城市务工也不愿意留守村头共同开发和发展传统文化产业。比如,在井冈山茅坪乡坝上村滩头组,很多村民是在基层政府帮助修路建房、兴办红色教育和红色旅游到户后,才纷纷回乡扎根

---

① 习近平. 决胜全面建成小康社会　夺取新时代中国特色社会主义伟大胜利——在中国共产党第十九次全国代表大会上的讲话[M]. 北京:人民出版社,2017:21.

守护"乡愁"印记文化的。

第二,主体需求的层次性。公共文化建设定位在"公共",公共是区域的象征,也是交往的产物。基层群众彼此交互作用,基层政府相互密切联系。尽管基层处处具有关系共同体、利益共同体、命运共同体等存在样态,但是不同年龄、性别以及社会阅历的民众对公共文化建设的愿景是分层分类的。如何整合不同群众的需求和利益从而实现公共文化建设的发展目标,是目前乡村较为紧迫的事情。此外,我们在安徽的调研中发现,中老年基层群众更欢迎感性直观的艺术文化;知识青年喜欢理性抽象的文学作品;大多数中年人很喜欢新潮、时尚并具有竞技性的文化创作;互联网+、抖音等大数据微作品更受青年人的喜爱;古典戏曲、传统文化一直是夕阳红老年人的最爱。所以,因需设置、因人而异的文化事业和文化产业实现升级改版是时代课题。

第三,主体利益的发展性。利益即需要的满足,即人的获得感、安全感、幸福感的实现。随着衣食住行等基本生存需求得到满足后,人们就会更多地关注精神文化食粮的供给。物质丰裕、精神富足是新时代城乡居民的共同诉求。经济社会发展为文化建设提供了硬实力保证,而这里的"发展"本身是"相对性""具体性""实践性"的综合体。一方面,发展起来的物质条件是文化建设的基础,对很多基层村民而言,"富口袋"激活"富脑袋"是已经发生的现实。另一方面,文化建设促进物质生产转型升级,"干得好不如干得巧",聪明与财富共融、智慧与能手并论,这是已经得到许多基层村民认可的经验之谈。进一步而言,主体利益发展的"相对性""具体性""实践性",意味着城乡差别尽管在逐步缩小;但乡村居民的文化需求与城市居民的文化爱好还是有区别的,只不过二者都随着时代发展具有各自群体特征的新内涵和新质量要求而已;实践是催生新需求的动力也是满足新需求的路径。比如,目前留守乡村居民呈现出"3、6、9"情形("3"即"三八妇女节",表示"青壮年女性";"6"即"六一儿童节",表示"少年儿童";"9"即"九九重阳节",表示"老年人"),他们对新时代乡村公共文化建设中的妇女文化、青少年文化、老年文化等内容,提出了符合自身特点的具有多样化、丰富性、持续性发展的要求。

二、乡村基层公共文化建设的针对性

"针对"是主体的思想和行为聚焦活动目的而精准发力、对标落实。这在实质上是实践主体与实践客体之间的契合促进过程。诚如习近平总书记在纪念毛泽东同志120周年诞辰座谈上的讲话中所指出,我们"要透过现象看本质,从凌乱的现象中发现事物内部存在的必然联系,从客观事物存在和发展的规律出发,在实践中按照规律办事"①。主体契合客体的针对性,一般通过三个具体环节逐步展开来:其一,主体在充分调研客体的基础上形成活动方案;其二,主体把活动方案付诸实践从而作用于客体;其三,主体根据实践结果反思活动方案的是否具有科学合理性,并根据实践中所发现的客体内在约束机制去矫正方案和提升认识进而在改造客观世界的同时改造主观世界。在这一过程中,主体作用于客体的每一步都力图透过现象把握本质,达到按照客观事物的内在规律办事。在这个意义上,我们需要深入把握乡村基层公共文化建设的针对性,既要避免"全面开花""一刀切"等机械做法,又要克服"蜻蜓点水""不着边"等敷衍态度,努力做到精深思考、精准施策、精致造就。

第一,有针对性的精深思考。乡村基层公共文化建设,其主题词在于"建设",其关键词为"乡村基层""公共文化"。乡村基层不同于城镇社区。乡村基层既沿袭着中国传统农业文化的包容、朴实、团结、勤奋等精华思想,又显示出农耕社会留存的短视、守己、刻板、恋旧等片面取向。在这样的"乡村基层"土壤上构筑"公共文化",公共性与个体性之间的博弈、文明与落后之间的冲突不可避免地存在着。当然,城镇社区公共文化建设也有其内在的矛盾,但相比之下,乡村基层公共文化建设所面临的挑战要深刻得多。根本原因在于,乡村基层群众收入的非固定、公共设施经费投入的有限性等物质因素制约了基层村民的精神状态和心灵世界。乡村基层群众到底需要什么样的文化食粮? 如何发挥基层群众的聪明才智实现公共文化的"共建共治共享"? 公共文化建设如何达到内润美好心灵、外塑美丽形象的作用? 这些都是需要乡村基层政府细心考量的课题。调研显示,井冈山基层政府通过讲革命故事、诵革命歌谣等方式将"红米饭,南瓜汤,秋茄子,味好香,餐餐吃得精打光"等地方民谣所蕴含的坚定执着追理想、实事求是闯新路、艰苦奋斗攻难关、依靠群众求胜利等革命文化发扬光大,是一种很成功的精深思考和设计。

第二,有针对性的精准施策。乡村基层公共文化建设关键在于动员基层群众积极到建设事业中来。其中隐含着这样几个问题:基层群众愿不愿意参与建设? 基层群众能不能参与建设? 基层群众会不会参与建设?"愿不愿"既是情感问题又是信念问题;"能不能"既是标准问题又是原则问题;"会不会"既是能力问题又是知识问题。基层政府需要根据村民实际情况因地制宜、因人而异做好顶层设计和底线落实。因而,一方面,通过业务培训解决"懂"的问题。乡村基层公共文化建设是具有地方乡土气息、凝魂聚气而弘扬

---

① 习近平谈治国理政[M]. 北京:外文出版社,2014:25–26.

社会主义核心价值观的伟大工程。增强文化工作队伍的服务效能,就必须聚焦文化观念、文化管理、文化内容、文化形式、文化业态等方面进行专业辅导,邀请现代乡贤以及行业专家给予悉心指导。另一方面,通过素质培训解决"爱"的问题。搞好乡村基层公共文化建设是需要有艰苦奋斗精神、理性平和心态和精心细致功夫的高规格服务性工作,下得了决心、耐得住寂寞、吃得下苦头、受得住压力都是专业性挑战。这需要从价值观念、人文素养、审美品格以及创新精神等方面引导文化工作队伍热爱乡村、敬仰乡情,积极为青少年、中壮年、老年人等不同群体实施不同主题文化项目建设,提供更切实的服务。

第三,有针对性的精致造就。文化是孕育人、造化人的过程。环境改变人,同时人也改变环境。不良、不雅、不好的文化本身是对先进文化的破坏,既要坚决制止又要及时引导。用习近平总书记在党的十九大报告中话来说:"社会主义文艺是人民的文艺,必须坚持以人民为中心的创作导向,在深入生活、扎根人民中进行无愧于时代的文艺创造。……倡导讲品位、讲格调、讲责任,抵制低俗、庸俗、媚俗。"① 为此,需要破除区域壁垒束缚,实现城乡融合发展。其一,人员优势融合。城乡融合助力培育和挖掘本土人才。在项目实施过程中,借助文化下乡以及艺人讲坛等活动让城镇艺术精湛的专家和乡间民风淳朴的艺人相互交流,共同塑造雅俗共赏的浓郁文化氛围以滋养乡村文化人才。其二,管理经验融合。在推行参与式管理模式、建立居民评价与反馈机制,引导居民参与公共文化服务项目规划、建设、管理和监督方面,乡村与城镇值得相互取经和传宝。其三,服务艺术融合。在推动服务项目与居民需求有效对接、建立文化结对帮扶机制,推动文化工作者和志愿者等方面所具有的技巧和艺术,乡村需要走进城镇进行调研学习。其四,活动品牌融合。在发展特色文化产品和品牌,比如安徽在徽州目连戏、凤阳花鼓、巢湖民歌、蚌埠花鼓灯等传统艺术等方面,乡村为城镇提供样板。以城乡共建为目标,有比较才会有压力,有压力才会有动力,城乡之间的人员优势融合、管理经验融合、服务艺术融合、活动品牌融合分别为农村基层公共文化服务体系建设带来了人力动力、管理动力、服务动力以及品牌动力。

---

① 习近平. 决胜全面建成小康社会 夺取新时代中国特色社会主义伟大胜利——在中国共产党第十九次全国代表大会上的讲话[M]. 北京:人民出版社,2017:43.

三、乡村基层公共文化建设的实效性

"实效"是主体作用于客体后所表现出的实际效力与积极作用。这一价值判断建立在主体与客体相依存相贯通相契合的事实基础上,通常以这样三种方式为人们所认可:其一,主体所设置的预期目标得到了实现,并以一定的方式方法带来了积极影响;其二,主体与客体之间形成了较为稳定的效应链,主体通过客体完成自身的使命,客体通过主体实现自身的价值;其三,主体与客体之间的协调协同协作,既为主体能动性的展示提供了空间又为客体规律性的作用保证了条件。实践中主体目标的达成度、主体需求的满意度都成为检视主客体共同体质量之关键。乡村基层公共文化建设的实效性需要被人们所重视的真正原因在于,它是规定着人在内心深处的精神追求和行为准则,蕴含着人对自我价值和利益追求的现实诉求和真切维护。恩格斯强调:"文化上的每一个进步,都是迈向自由的一步。"① 这就是说,文化不但是人类追求真善美的表现和成果,而且也是人们争取自由的思想结晶和实践创作。推进乡村基层公共文化建设,增强公共文化服务功能,是建构新时代公正和谐社会背景下的文化自觉,有利于提升基层民众的文化自信。深化理解乡村基层公共文化建设的实效性,需要从教育引导、实践养成、制度保障等方面切入。

第一,有实效性的教育引导。教育引导的实效性主要体现为方式方法符合受众的身心规律、实施过程达到喜闻乐见。乡村基层公共文化建设有赖于中华优秀传统文化、革命文化和社会主义先进文化的涵育与滋养。面向全体乡村居民开展社会主义先进文化教育,大力传扬优良家风、家训、家教。比如,安徽乡村基层努力实现选树徽风皖韵、儒乡风韵、玄睿汉韵、徽州优良家风等蓝本和典型,进一步挖掘涵盖其间的文化元素和印记,引导乡村居民诚信友善、扶弱爱幼、孝亲敬老。教育引导的重点在于为青少年提供教育资源保障,激励青少年勤学、修德、明辨、笃实。这正如马克思恩格斯所指出的,社会主义社会的主要任务之一是:"对所有儿童实行公共的和免费的教育。取消现在这种形式的儿童的工厂劳动。把教育同物质生产结合起来,等等。"②

第二,有实效性的实践养成。实践养成的有效性在于实践环境的便捷便

---

① 马克思恩格斯文集(第9卷)[M]. 北京:人民出版社,2009:120.
② 马克思恩格斯文集(第2卷)[M]. 北京:人民出版社,2009:53.

利因而充分发挥环境育人的作用、实践过程受到基层群众的真心喜爱和积极融入。新时代需要文化品牌意识、浓郁乡村情怀融入基层群众日常读书看报、收听广播、观看电视、观赏电影、送地方戏、设施开放以及文体活动等基本文化服务形式之中。在公共图书馆、文化馆、博物馆、美术馆、纪念馆、乡镇综合文化站等场所大力推送地方文化品牌,定期宣传积极的具有地方特色的农民歌会、民间艺术、民间习俗、民间手艺。还可以发挥文化特色小镇示范作用,利用专项基金打造一批批文化特色小镇,集文创展示、艺创工坊、众创空间及小镇特色文创产品开发创造于一体,实现品牌文化育人。调研显示,近年安徽出台《关于加强农村公共文化服务体系建设的若干政策意见》,围绕财政支持、公益捐赠、民生服务、结对帮扶、给足编制、选聘人才等方面内容拿出了实招。目前全省农家书屋实现行政村全覆盖,共计 15442 个,拥有书籍4000 多万册;全省 96.8% 乡镇有图书馆、文化站;全省乡村 90% 以上区域实现广播电视无线数字化全覆盖。这些硬件设施和软件供给为基层公共文化的实践养成提供了有力保障。

第三,有实效性的制度保障。制度保障的有效性集中于制度建设为乡村基层公共文化育人提供了有力支持。乡村基层公共文化建设满足村民文化需求、发挥村民主体力量、增进村民文化民生幸福、促进村民全面发展的过程本身就是文化传承和发展过程,将其中好的做法和经验总结出来,使之得到推广和运用,就是行之有效的工作机制体系。制度工作需要得到加强,用邓小平同志的话来说:"制度好可以使坏人无法任意横行,制度不好可以使好人无法充分做好事,甚至走向反面。"①调研显示,无论苏州古巷二村,还是江阴市华西村,抑或徽州西递与宏村,都需要进一步加快制度体系建设,推进文化服务体制机制的现代化转型。其一,加强资金监管机制建设。覆盖乡村基层的公共文化服务设施网络建设费用,从预算到支付使用需要得到村委会和村民代表的监督,让每一笔经费用到该用之处并确实发挥实效,令乡村居民满意、让政府放心。其二,加强管理服务机制建设。牢固树立以人民为中心的工作导向,切实提高文化管理效能,实施基层文化服务分层分类模式,将老年人、未成年人、残疾人、农村进城务工人员、农村留守妇女儿童以及生活困难群众作为重点服务对象,积极带领乡村居民发展先进文化,创新传统文化,扶持通俗文化,引导流行文化,改造落后文化,抵制有害文化。其三,加强村民自治机制建设。通过选树典型、榜样激励等方式强化村民主体的责任担当意识,秉持"舍我其谁"的主人翁自信与踏实干劲,共同守护乡村的美丽灵魂与

---

① 邓小平文选(第 2 卷)[M]. 北京:人民出版社,1994:333.

和谐精神。其四,加强遗存保护机制建设。组织专家学者、艺术家、优秀运动员等社会知名人士以及非物质文化遗产传习机构和乡村文化研究院所等宣传和保护地方文化遗存,引导和支持各类文化企业针对传统文化遗存开发具有保护性、传承性的绿色环保型公共文化产品和服务。

以上所述,随着人民群众日益增长的美好生活需要不断提升,乡村基层公共文化建设逐步呈现为极其重要的民生工程。进一步思考乡村基层公共文化建设的主体性、针对性和实效性这样三个问题是为基层搞好社会治理提供咨询服务的积极表现。重视主体结构的差异性、主体需要的层次性、主体利益的发展性,不断努力做到精深思考、精准施策、精致造就,从教育引导、实践养成、制度保障等方面切实维护实效性,都充分表明搞好乡村基层公共文化建设的思路和举措一直在路上。愿中国最广大的乡村基层群众明天更美好!

阜阳市非遗活化保护调研报告

燕少红　李梓城　李利新

摘　要:非物质文化遗产是彰显地域特色的文化名片,其蕴含的集聚功能和文化品牌效应,是地区软实力的重要标志。本文在"非遗产业化发展"理论研究基础上提出"非遗活化保护"的概念,主要分析阜阳市近年来在非遗的保护与传承上所取得的成就及面临的问题,为解决非遗的保护和发展之间的矛盾提出了新的观点。安徽省是非遗资源大省,保护好、传承好、发展好非遗的任务十分重要。大力发展非遗事业是对五大发展理念的重要实践。阜阳非遗的"活化"经验研究和推广对于树立安徽在长三角区域的文化地位,保护安徽非遗的文化个性和艺术特色,扩大安徽非遗的影响力,实现非遗文化的市场价值具有积极的意义。

关键词:非遗;保护;活化;长三角;阜阳

中华优秀传统文化是中华民族的"根"和"魂"。习近平总书记高度重视中华优秀传统文化,并将其作为治国理政的重要思想文化资源。他多次强调,中华优秀传统文化是中华民族的突出优势,中华民族伟大复兴需要以中华文化发展繁荣为条件,必须结合新的时代条件传承和弘扬好中华优秀传统文化。作为传统文化中的杰出代表,非物质文化遗产凝结了中华民族的智慧与文明,其所蕴含的中华民族特有的精神价值、思维方式、想象力和文化意识,是维护我国文化身份和文化主权的基本依据,加强非物质文化遗产保护,不仅是国家和民族发展的需要,也是增强文化自觉和文化自信的必然要求。

近年来,阜阳市加大非遗活化保护工作,把非遗活化保护作为建设"文化

作者简介:燕少红,男,55岁,中共阜阳市委宣传部副部长、阜阳市社科联主席。李梓城,男,35岁,中共阜阳市委宣传部文化发展改革办公室副主任。李利新,女,34岁,中共阜阳市委讲师团理论教育室主任。

阜阳"战略任务放到重要位置来抓,依托深厚的历史文化资源,通过政府政策扶持,助推非遗"活态"传承,企业自主创新,推进非遗"活化"发展,使得一批非遗呈现出勃勃生机。阜阳市现有国家级非遗名录 9 项,传承人 8 人;省级非遗名录 28 项,传承人 38 人;市级非遗名录 35 项,传承人 102 人。阜南柳编、阜阳剪纸、界首彩陶等产品出口量在全市整个外贸出口份额逐年提升。其中,阜南柳编全年产值 90 亿,形成了百亿规模的产业集群;淮河琴书《十二生肖没有猫》曾代表中国,在法国巴黎"2013 巴黎中国曲艺节"上进行表演,赢得了世人的赞誉。琴书《买巴掌》《轧狗风波》先后获第十五届、第十七届群星奖并在全国巡演。

一、具体经验做法

(一)定政策、投资金,救活非遗文化

党的十八大以来,我市各级党委和政府更加自觉、更加主动推动中华优秀传统文化的传承与发展,开展了一系列富有创新、富有成效的工作,有力增强了中华优秀传统文化的凝聚力、影响力、创造力。为加快全市文化产业发展步伐,阜阳市委市政府相继出台了《关于加快建设文化强市的若干意见》、《关于加快文化产业发展的若干政策意见》等五个加快建设文化强市配套文件。决定每年拿出 2000 万元作为文化强市资金,300 万元作为农村文化建设专项资金,从财政、土地、税收、工商等方面给予强有力的政策支持。同时,为加强专项资金的管理使用和市一级的文化产业园区的评定工作,2013 年又出台了《阜阳市市级文化强市建设专项资金管理暂行办法》《阜阳市市级文化产业园区(基地)认定管理暂行办法》《阜阳市重点文化品牌建设扶持奖励暂行办法》以及《阜阳市农村文化建设专项资金管理暂行办法》等一批针对性、操作性较强的配套文件。这些政策的出台,大大激发了全市文化产业的活力,2018 年,全市文化产业增加值突破 70 亿元,占 GDP 比重 4.55%;民营文化法人单位数 7000 多家,规模以上文化企业 265 家,文化产品出口总额突破 3 亿美元,总量居全省前列。

在这样的背景下,为保护和传承非遗,阜阳市专门成立了市非物质文化遗产保护中心,先后编辑出版了《非物质文化遗产田野调查(阜阳卷)》《阜阳民间艺术》《阜阳市非物质文化遗产名录图典》等普及读本,并借助非遗传习基地的带动示范效应,全市形成了发掘、保护、发展非遗的良好环境。在产业扶持方面,阜阳市加大对非遗类文化企业的政策倾斜和资金投入,每年在文

化强市资金中拿出不少于200万元对非遗类文化企业进行扶持。通过扶持,阜南县目前柳编企业有310家,柳编从业人数为13万人,拥有出口经营权的柳编企业117家,出口超500万美元的企业11家。阜南已成为全国最大的柳编出口基地,产品畅销全国各地并远销北美、西欧、东亚、东南亚、日本东盟、南非及港、澳、台等120多个国家和地区。因此,2018年阜南也被认定为"国家外贸转型升级基地"。彩陶烧制技艺原产地界首市田营镇于2007年被安徽省文化厅命名为"安徽省民间艺术彩陶之乡"称号,同时卢群山、王京胜、卢莉华三位彩陶艺人也分别被评为国家和省级非物质义化遗产代表性传承人。如今,"艺术彩陶之乡"已成为界首市地域文化发展的品牌,正在建设的"界首彩陶村"和已经对外开放的"界首彩陶博物馆"已逐渐形成完整的彩陶生态文化区。现界首市年生产彩陶作品十万余件,生产总值近2000万元,产品出口波兰、捷克、保加利亚等十多个国家。2008年,阜阳剪纸被列入中国国家级非物质文化遗产名录。全市有国家级非物质文化遗产传承人一人,剪纸艺人近50人。阜阳剪纸研究会会员达108人。阜阳现有剪纸团体1000多家,参与艺人近万人,其中以程氏剪纸、开源剪纸、顺昌剪纸、青平坊、三艺堂、美晨公司等数家剪纸企业为代表,行业年产值突破1000万元。开源剪纸有限公司还是安徽省文化产业示范基地,该公司与阜阳特殊教育学校联合,建立了阜阳剪纸教学研基地。

(二)重改制、倡创新,激活非遗文化

"弘扬中华优秀传统文化,要处理好继承和创造性发展的关系,实现中华文化的创造性转化和创新性发展。"[1]阜阳市于2010年先后印发了《阜阳市文化体制改革工作方案》《阜阳市演艺有限公司组建方案》,整合现有文化广电系统艺术表演团体资源,以市梆剧团、市曲剧团、市话剧团、阜阳大戏院4家单位的资产为基础,组建了具有独立法人资格的阜阳市演艺公司。以演艺公司为母公司,设立了阜阳市梆曲剧团、阜阳市演出公司、阜阳市歌舞团(花鼓灯艺术团)三个分公司。淮北梆子戏、颍上花鼓灯作为国家级非物质文化遗产,由以前的文化事业单位管理转制成现代企业进行运作。颍上县、阜南县也分别对颍上县花鼓灯艺术团、阜南县梆剧团、嗨剧团实施转企改制,成立了颍上县鼓韵文化演艺有限公司和阜南县演艺中心。改制以来,国有演艺院团不断培育供给主体、深化企业改造、健全动力机制,创新生产模式,克服了演艺市场萎缩、演出内容陈旧、演艺人才不足、营销手段落后等种种困难,建立起一套充满活力、富有效率的现代企业制度,创作了一批叫好又叫座的文艺精品,

---

① 节选自习近平在中共中央政治局第十三次集体学习时的讲话。

培养了一批非遗传承人才,打开了非遗文化演艺市场的一片新天地。国有演艺院团收入逐年增长,不仅取得了较好的经济效益,更为地区公共文化服务建设填补了空白,实现了更大的社会效益。

"文艺要反映好人民心声,就要坚持为人民服务、为社会主义服务这个根本方向。"①作为国家级非遗项目梆子戏传习基地,阜阳市演艺公司创作的梆子戏《颖春妹》《白祸》《半边莲》《永远的大别山》,曲剧《琴声悠悠》,阜南县演艺中心创作的梆剧《大河惊涛》,嗨子戏《竞标》等大型戏曲作品在全国和省市屡获嘉奖,并被列入省、市委宣传部重点扶持的文艺作品,近年来在全市进行专场巡回演出达300余场,观众人数达10万人次。另一方面,政府加大公共文化产品购买力度,开展"送戏进万村"文化惠民活动,全年共演出近3000场。全市4个国有剧团和部分民营剧团纷纷参与,观众人数突破五十万。不仅像梆剧、曲剧、花鼓灯这样的大型剧种得到发展,太和清音、临泉抬歌肘歌等小型非遗剧种也频频登上各类舞台。自进行文化体制改革以来,阜阳市国有演艺院团深挖非遗资源潜力,带动增强非遗文化活力,总计新创各类剧目50个、复排剧目24个,累计演出节目近万场,年经营性收入提高到1000余万元。阜阳市演艺公司已成为全市演出市场龙头企业,以"大演艺、大市场、大品牌、大产业"的理念和多样化经营模式,构建和完善了以演艺业为核心的产业链。

(三)转方式、找市场,舞活非遗文化

"提高文化软实力,要使中华民族最基本的文化基因与当代文化相适应、与现代社会相协调,以人们喜闻乐见、具有广泛参与性的方式推广开来。"②2013年以来,中国民间文化艺术之乡阜阳市临泉县采取政府指导、产业运作的方式对全县杂技表演、创作团队等杂技产业资源进一步整合,鼓励成长性好、竞争力强的杂技演艺企业适应资本市场,打造临泉杂技龙头企业,引领更多的杂技企业快速发展,增强市场竞争力。将142个家庭小作坊式杂技表演团队组建成临泉宏扬杂技有限公司,实行现代企业化管理,平均年创收6000多万元,在安徽省乃至全国的杂技艺术界具有一定的声望。到目前,临泉拥有杂技团队936个,演职人员达两万多人,中国杂协会员15人,省杂协会员70人,已成功承办了四届安徽省民间杂技艺术节,并通过杂技比赛推出一批优秀杂技人才和节目,精彩亮相于国家和省级各类荧屏、舞台和赛场。杂技马戏受众占常住人口的80%以上,涌现出韦小庄、耿庄、王闫庄、韩杨寨、黄岭

---

① 节选自习近平在文艺工作座谈会上的讲话。
② 节选自习近平在中共中央政治局第十二次集体学习时的讲话。

镇彭寨、彭小庙等十几个专业村,各类演出年收入超过 5 亿元,占据全省民营艺术表演的半壁江山,杂技产业也成为临泉经济发展新的增长点。

2017 年,国家级非物质文化遗产、省级文化产业示范基地、省文化旅游商品示范基地阜阳开源剪纸、界首卢氏刻花彩陶和省级非物质文化遗产、市级文化产业示范基地临谭笔庄三家民营文化企业强强联合,成立了阜阳市三宝文化投资发展有限公司。该公司注册资金 1000 万,占地 28 亩,总投资约 6000 万元,将建设新厂房和产品展示大楼四栋共 50000 平方米。这是我市首次民营文化企业在各级政府的支持卜,通过组合方式成立建设文化产业园区。三宝文化投资发展有限公司引进先进的剪纸、毛笔、彩陶生产设备,生产能力将达到年产剪纸艺术品 40 万件、彩陶制品 3 万件、谭笔 20 万支,预计可实现年销售收入过亿元。通过企业联合,实现传统手工艺与现代工艺的有机融合,大中专院校与企业的相互合作可以全面提升阜阳剪纸、谭笔、彩陶产业文化和艺术内涵,切实提高产品附加值,对阜阳非遗文化产业的传承与发展起到了积极的推动作用。

阜南柳编、界首彩陶等非遗项目紧贴市场需求,加大产品研发力度,实现由"工艺品"向"消费品"的转变,让传统的非遗技艺转化为实实在在的经济效益。为适应现代流行趋势,黄岗镇的柳编企业纷纷派人赴国外考察,摸清市场产品需求。截至 2018 年,柳编企业获批高新技术企业 8 家,拥有专利 1033 件,省级企业技术中心 7 个,省级大师工作室 1 个,省两化融合示范企业 1 个,省专精特新企业 7 个,黄岗柳编年均新研发产品在千种以上,均取得良好的市场反响。界首彩陶研究所和界首市王京胜彩陶艺术有限公司近年来不断加大新产品研发,先后申报"彩陶(博古瓶)""彩陶(祥和瓶)""彩陶(莲花瓶)"等八项外观设计专利已被国家知识产权局登记专利权并颁发专利证书。另一方面界首彩陶加大对彩陶消费品的生产投资,彩陶产品由过去的观赏艺术品向茶具、餐具等日用消费品过渡,企业销售收入不断提升,行业年产值由过去的不足 100 万元增长至目前的突破千万元。

二、阜阳非遗发展存在的不足

我市非遗文化产业发展虽然取得了一定的成绩,但是与我市经济的快速发展不够协调一致,与现阶段人们的精神文化需求还有一定的差距,归纳起来有以下几个方面的不足。

(一)缺少活化新理念

尽管我市在文化产业发展上作了大量工作,但从目前全市的发展水平上看,还处于低水平低层次和低速度发展状态。一些非遗传承人的创新性不高、荣誉感不强;一些园区建设整体水平低下,发展理念不新,产业链不完善,管理上还不够科学规范。同时,各县市区出台文化产业发展的具体政策还不够健全,还没有体现出文化产业政策自身的前瞻性、优越性和针对性;一些从事宣传文化工作部门的领导还没有从思想上真正重视起来,没有把抓文化产业像抓经济建设那样真正抓起来抓到位,工作中还存在被动应付的思想,不能够认清当前发展形势和抓文化产业的重要性。

(二)缺少大项目支撑

就我市目前文化产业发展的实际情况来看,在全国全省有影响的文化产业项目少之又少,缺少具有特色的重大文化项目。文化与市场、科技、创意结合度不够,没有发挥文化产业巨大的经济效益。非遗类文化产业进入省重点项目库的项目总投资额远低于周边地市投资水平,规模以上非遗类文化企业较少,特色文化产业园区较少,引领性的文化产业不突出,还没有形成集聚效应。

(三)缺少新的增长点

我市文化产业发展不匀衡,有的县区没有特色的文化产业园,传统企业也呈现小而散的现状,一些文化企业管理上跟不上市场经济的发展,属于粗放型管理模式,企业管理家族式影响严重,不适应当前市场经济的发展,企业整体水平和实力缺乏活力和市场竞争力。全市规上文化企业主要集中在柳编、印刷、发艺等传统加工型企业,其他的非遗类项目较少,特别是非遗与文化创意、文化设计相结合的产业项目严重缺乏。另外,我市的文化企业普遍受限于地域影响,还没有形成全国知名品牌,真正的文化附加值没有开发出来。

三、下一步发展思路分析

当前,阜阳市已迈入"融入长三角,高铁全覆盖"的新阶段,贯彻五大发展理念,建设产业兴城、工业强市,推进文化阜阳建设,就必须进一步解放思想,更新观念,把非遗文化产业化放到国民经济和社会发展的重要位置来抓,对非物质文化遗产坚持生产性保护方式,在"五抓"上下功夫,着力培育非遗文化产业特色品牌,让真正的特色技艺活起来。

(一)要抓认识,用理念推动

"十四五"时期是我市迈入"融入长三角,高铁全覆盖"新时代后的第一个重要发展机遇期,也是全市文化发展的转型跨越期。市委市政府关于文化产业发展相关政策体系已初步建立,为文化产业发展提供了政策依据和强大动力。要把文化产业对经济增长的贡献率作为衡量一个地方科学发展水平、经济发展质量和综合实力的重要指标,列入政府目标考核体系。各级领导干部要抓住机遇、吃透精神,认真学习贯彻省委"1+6"文件,市委"1+5"文件及文化产业相关理论知识,进一步树立文化自觉和文化自信,树立危机意识、使命意识和进取精神,积极深化文化体制改革,加快推进文化强市建设,推进文化一体化建设。

(二)要抓招商,用项目驱动

发展手工艺文化产业,要解放思想、高点定位、做到差异化发展。要加大文化产业园区和项目建设力度,把抓文化产业发展摆在重要位置,特别是要在"十四五"时期,以建成一批有地域文化特色的重大文化产业项目和亮点为抓手,以此来推动当地的文化产业迅速发展。要加大文化产业园区招商力度,瞄准长三角区域知名文化品牌,按照打造国内一流水平文化产业园区开展规划设计;提升发展水平,有针对性地主动找资本实力强、产业发展成熟的运营管理企业;同时,要抓好"组织落实、规划落实、土地落实、政策落实、综合服务配套落实"五个落实,政府出优惠政策,扶优扶强特色文化产业项目和企业。

(三)要抓融合,用产品带动

做大总量仍是我市文化产业发展解决的首要问题。以阜阳为中心,直径200公里范围内还未形成中心城市,发展成为辐射更大范围的长三角西北门户城市和区域中心城市,对我市既是挑战,更是机遇。像芜湖方特、合肥中国非物质文化遗产园、太湖中华五千年文博园等省内文化产业项目都已形成,并且产生了良好的经济效益和社会效益。在缺乏新兴文化产业项目的情况下,我市要增强发展的紧迫感,增强文化的吸引力。结合本地实际,深入挖掘本地非遗文化资源,做好科技、旅游与文化相融合的项目,扩大品牌对外影响力。同时,还要做好非物质文化遗产的生产性保护工作,力争打造出一系列全国一流水准、既叫好又叫座的文化艺术精品。

(四)要抓机制,用政策撬动

要抓住当前"融入长三角,高铁全覆盖"带来的难得的发展机遇,不断强化主体责任,形成"文化发展,人人有责"的共识,变组织领导"一般性"地抓,为党委政府"一把手"亲自抓、分管部门领导具体抓,把文化建设纳入经济社会发展总体规划,列入各级领导班子考核内容,纳入全市宣传思想文化工作考核;市委市政府已经出台了支持文化产业发展的若干文件和政策,还需要各级文化发展主管部门做好服务、引导工作,搭建产业发展组织平台;各地各部门要制定配套文件,分解工作任务,制定工作目标,研究文化产业发展具体的落实意见,鼓励、支持、引导文化产业发展;各县市区要明确专职人员负责文化体制改革和文化产业发展工作。加强文化产业人才队伍建设,尤其是要加强文化产业项目政策、法规、相关业务知识培训、招商引资、项目建设等方面工作力度,完成好文化产业各项工作任务。

(五)要抓队伍,用人才助动

几年来,我市已分批选拔了 86 位"六个一批"拔尖人才。在积极实施人才工程的同时,也加大了对文化企业发展的支持力度。如:阜南县宣传部门与县第一职业高中联合办学,利用国家级和省级非物质文化遗产传承人的优势,开办"非物质文化遗产传承培训班",从全县孤儿和农村特困家庭中择优招收 50 名学生进行培养。界首市建立了非遗传承人定期走访制度,帮助解决他们生产生活中的实际问题。同时还在市文化活动中心开设彩陶、剪纸等非遗兴趣班。下一步要强化"三支队伍"队伍建设,提升文化人才队伍质量。一是文化企业家队伍建设,扶持资助优秀中青年文化人才,培养一批掌握现代科学技术的专门人才、懂经营善管理的复合型人才、善于开拓手工艺文化新领域的拔尖创新人才。二是专业文化工作队伍建设。创新人才培养模式,完善人才培养选拔机制,重视发现和培养社会文化人才。特别是在专、精、尖的人才队伍建设上要有中远期培养规划,形成阶梯式人才队伍格局。三是要注重加强基层文化人才队伍建设。重视发现和培养扎根基层的乡土文化能人、民间文化传承人特别是非物质文化遗产项目代表性传承人,鼓励和扶持各类文化人才和文化活动积极分子,壮大文化志愿者队伍,努力让非遗传承人成为体面的职业,受人尊重和羡慕。

淮河流域 A 级景区空间
分布特征挖掘研究

白如山 桂 震 吴 磊 江进德

摘 要：基于淮河流域 633 处 A 级旅游景区样本挖掘其空间分布特征。结果发现：淮河流域 A 级景区呈现下游多西上游少、南多北少空间分布不均衡性特征，空间分布类型趋于凝聚型且具有"X"字形结构形态；不同级别的 A 级景区分布特征各异，5A 级景区数量少且无明显集聚特征，4A 级景区数量多且呈"X"空间集聚形态，3A 级景区沿运河集聚分布。进一步分析发现淮河流域 A 级景区呈现显著的平原指向性、交通指向性、城区指向性以及"趋水性"的规律特征，说明地形地貌、河流水系、交通区位条件和市场需求等因素影响较明显。

关键词：A 级景区；空间分布；核密度估计；淮河流域

作为旅游核心吸引物及目的地的 A 级旅游景区，不仅是地方旅游业发展的物质基础，也是大众旅游与国民休闲的重要载体[1]，其空间分布特征深刻影响着区域旅游业的竞争格局和发展战略[2]，因而成为国内学者研究旅游空间结构和指导区域旅游战略规划的重要抓手。自国家旅游局 1999 年颁布实施《旅游景区质量等级的划分与评定》文件，进行 A 级景区评定以后，国内学者就 A 级景区开展了深入研究并取得了丰硕成果。如朱竑等研究发现中国 A 级旅游景区空间分布结构有其内在的空间分布规律性，并且与人口分布、地形地势间存在着密切的关联性和配比性[3]；毛小岗等对北京 2001—2011 年的 A 级旅游景区

作者简介：白如山（1981—），男，安徽临泉人，硕士，副教授（内聘），研究方向：GIS 与旅游地理。江进德（1985—），男，安徽安庆人，博士，讲师；研究方向：旅游地理与旅游行为
基金项目：国家级及安徽省大学生创新训练项目（201810371020；201810371062；201810371063）；安徽省高校人文社科重点项目（SK2017A0285；SK2019A0305）；阜阳市人文社会科学研究专项项目（FYSK17-18ZD04；FYSK2019QD07）等资助。

的空间结构演化规律进行分析后,发现资源本底、水系和公共绿地条件、交通与基础设施条件是旅游景区空间聚集的重要影响因素[4];吴丽敏等认为江苏省A级景区呈现出典型的核心—外围空间扩散特征,分布重心呈现由南向北迁移的趋势[5];袁俊等发现武汉城市圈A级景区规模呈现出纺锤形结构,空间上呈不均衡集群分布[6];齐欣等的研究发现成渝经济区旅游景区空间分布呈现集聚现象,并在规模等级结构上呈现出较为普遍的纺锤形结构[7]。但是,已有研究主要从国家级[3,8]、省级[9,10]、市级或城市群[11,12]的尺度出发,描述静态的景区空间格局,缺乏基于流域尺度的、对景区空间格局的研究。

淮河流经我国中东部地区,地处长江流域和黄河流域之间,全长约1000公里,是南北方的重要分界线。流域内自然景观独特,人文资源丰富,旅游业发展基础坚实且潜力巨大[13]。伴随着《淮河生态经济带发展规划》颁布,标志着推进淮河流域生态经济带建设进入加速期。淮河生态经济带发展的基本思路是生态优先、绿色发展。而旅游业作为资源节约、环境友好的低碳、绿色产业,成为搭建绿色生态廊道、建设生态文明先行示范带的典型产业之一。在此背景下,研究淮河流域A级旅游景区的空间格局,不仅有助于认识其旅游空间分布特征,也是指导流域旅游规划、开发和协作发展的基础。

本文选取淮河流域5省市所有A旅游景区为研究对象,综合运用平均最邻近分析、核密度分析、标准差椭圆及叠置分析等研究方法,深度分析淮河流域旅游景区的点位数据,挖掘淮河流域A级旅游景区空间分布特征,探究影响旅游景区空间分布规律的关键因素,研究结论对淮河生态经济带旅游开发、旅游合理布局有基础参考价值。

一、数据来源与研究方法

(一)研究方法

本文借鉴并引入白如山等[14-17]在文化遗产研究中所运用的最近邻指数、核密度估计、叠置分析等方法,挖掘淮河流域A级旅游景区分布特征。因研究方法较成熟,在此不再赘述。

(二)数据来源

研究数据主要来源于安徽、河南、江苏、山东和湖北共5个省旅游局等官方网站,截至2017年12月的633家A级旅游景区名单(表1)。

表 1　淮河流域各地市 A 级旅游景区统计表

地市名称	各级景区数量/个					总数/个	比重/%	累计/%
	5A	4A	3A	2A	1A			
安庆	0	1	0	0	0	1	0.16	0.16
蚌埠	0	4	11	20	0	35	5.53	5.69
亳州	0	6	11	13	0	30	4.74	10.43
滁州	0	2	8	4	0	14	2.21	12.64
阜阳	1	3	5	5	0	14	2.21	14.85
合肥	0	0	1	0	0	1	0.16	15.01
菏泽	0	0	0	1	0	1	0.16	15.17
淮安	1	12	11	17	0	41	6.48	21.64
淮北	0	2	3	4	0	9	1.42	23.06
淮南	1	8	16	13	0	37	5.85	28.91
济宁	1	1	2	2	0	6	0.95	29.86
开封	1	7	0	0	0	8	1.26	31.12
连云港	1	11	18	14	0	44	6.95	38.07
临沂	0	3	12	11	0	26	4.11	42.18
六安	1	17	6	1	0	25	3.95	46.13
洛阳	0	1	0	0	0	1	0.16	46.29
漯河	0	1	3	1	0	5	0.79	47.08
南通	0	3	8	9	0	20	3.16	50.24
平顶山	1	2	8	0	0	11	1.74	51.97
商丘	0	2	4	2	0	8	1.26	53.24
随州	0	1	0	0	0	1	0.16	53.40
泰州	1	6	8	9	0	24	3.79	57.19
信阳	0	4	12	2	0	18	2.84	60.03
宿迁	0	9	20	18	0	47	7.42	67.46
宿州	0	3	6	7	0	16	2.53	69.98
徐州	1	18	31	22	0	72	11.37	81.36
盐城	1	11	15	22	0	49	7.74	89.10
扬州	1	8	12	13	0	34	5.37	94.47
枣庄	0	0	3	3	1	7	1.11	95.58
郑州	1	4	5	3	0	13	2.05	97.63
周口	0	2	2	3	0	7	1.11	98.74
驻马店	0	3	0	0	0	6	0.95	99.68
淄博	0	0	1	0	0	2	0.32	100.00
总计	12	155	243	222	1	633	100.00	—

采用水利部淮河水利委员会发布的最新流域底图,使用 ArcGIS 进行相关坐标、投影设置,并矢量化后生成淮河流域的各行政等级的研究底图,最后叠加流域内 A 级旅游景区的点状数据(如图1)。

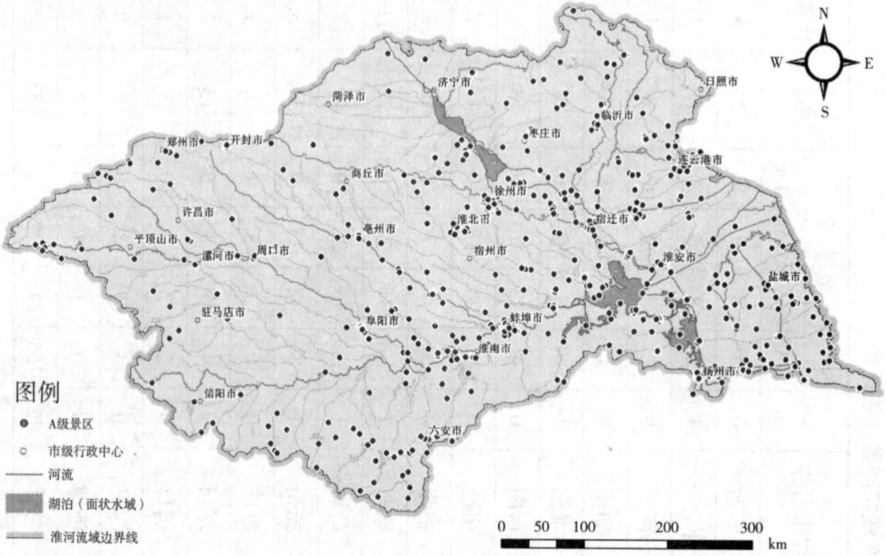

图1　淮河流域 A 级旅游景区分布图

二、研究过程与结果

(一)总体空间分布类型

1. 总体分布

借助 ArcGIS10.2 软件 Spatial Statistics Tools 中的最邻近指数进行计算,结果是实际最邻近距离值与理论最邻近距离值之比 R=0.647,小于1,说明淮河流域 A 级旅游景区空间分布趋于凝聚型,且聚集程度较高。

2. 均衡程度分析

利用 Excel 表统计淮河流域市域尺度上 A 级旅游景区不平衡指数 S≈0.63,说明空间分布不均衡较为明显。进一步绘制淮河流域 A 级旅游景区空间洛伦兹曲线(如图2),发现,淮河流域 A 级旅游景区主要分布在徐州、盐城、宿迁、连云港、淮安、淮南、蚌埠、扬州、黄山、亳州等地,其 A 级景区数量之和接近流域内 A 级旅游景区总和的 61.45%。

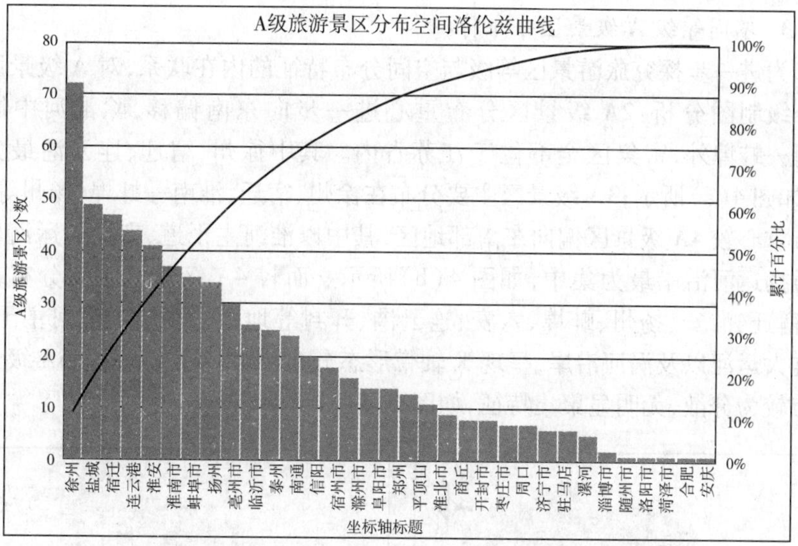

图2 A级旅游景区空间洛伦兹曲线图

随后,利用 ArcGIS10.2 进行可视化处理,绘制淮河流域 A 级旅游景区核密度图(图3),可以发现流域内各地市 A 级旅游景区分布也较为不均衡。其中,以徐州、淮南、蚌埠、连云港、淮安、扬州最为集中,此外,宿迁、盐城、亳州、南通等地也较为密集。

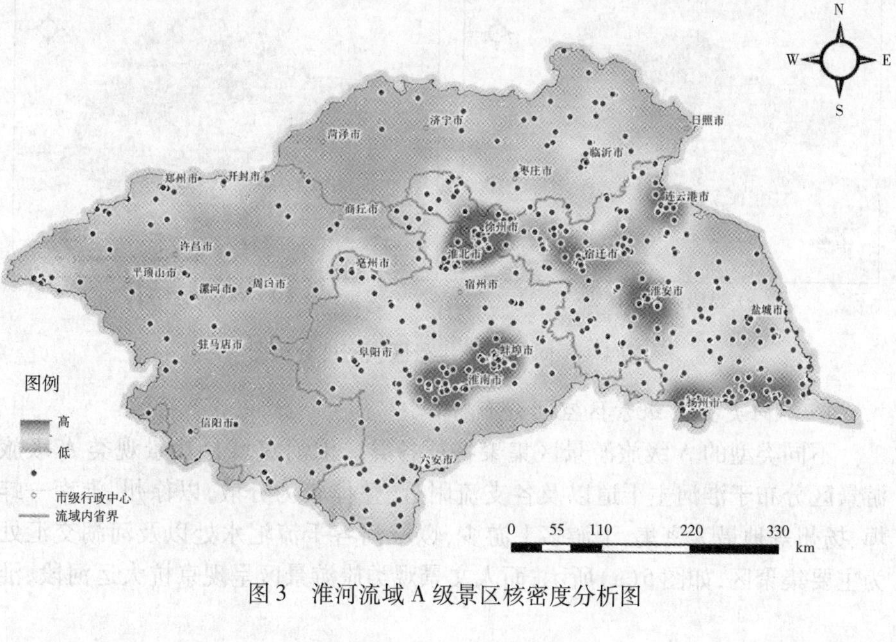

图3 淮河流域 A 级景区核密度分析图

3. 不同等级 A 级景区分布特征

为进一步探究旅游景区等级与空间分布特征的内在联系,对 A 级景区进行分级制图分析:2A 级景区分布重心进一步向东南偏移,除淮河中游的淮南—蚌埠外,密集区全部位于江苏省内。其中徐州、宿迁、连云港最为集中,如图 4(a)所示;3A 级景区主要分布在徐州、宿迁、淮南—蚌埠、扬州等地,分布重心较 4A 级景区偏向东南部地区,其中以淮河主干道、京杭大运河以及新通扬运河沿岸最为集中,如图 4(b)所示。而较 4A 级景区主要分布在徐州、宿迁、淮安、扬州、蚌埠、六安、连云港、开封等地区。多位于淮河主干道、京杭大运河以及涡河沿岸,呈现 X 轴带形态分布,如图 4(c)所示。5A 级景区分布较为分散,无明显聚集特征,如图 4(d)所示。

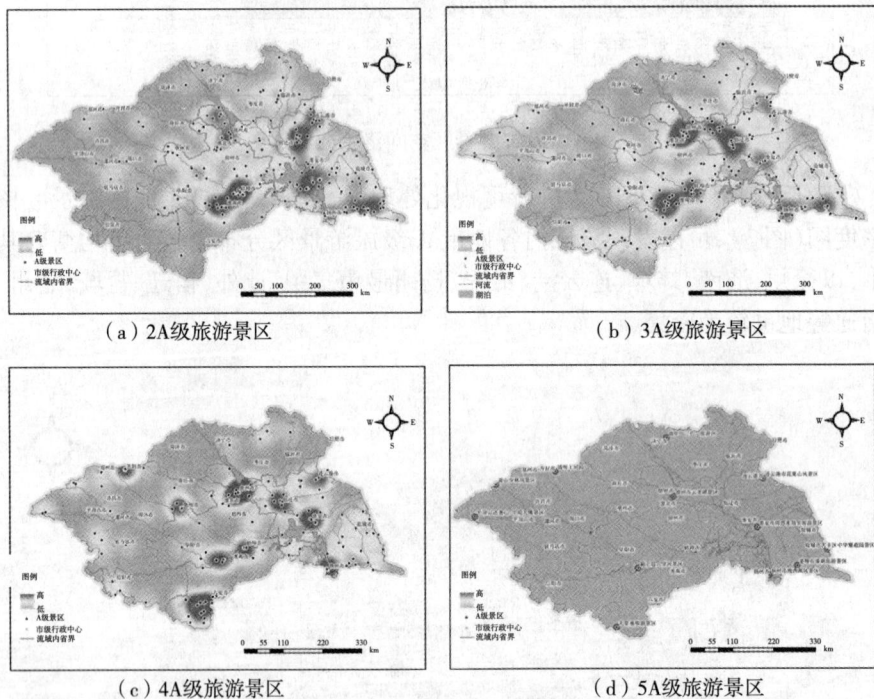

(a) 2A级旅游景区

(b) 3A级旅游景区

(c) 4A级旅游景区

(d) 5A级旅游景区

图4 不同等级 A 级景区核密度分析图

4. 不同类型 A 级景区空间分布特征

不同类型的 A 级旅游景区集聚特征各异。淮河流域自然景观类 A 级旅游景区分布于淮河主干道以及各支流附近,整体较为分散,以徐州、淮南—蚌埠、扬州等地最为密集,下游多上游少,以淮河各干流汇水处以及河湖交汇处为主要集聚区,如图 5(a)所示;而人文景观类旅游景区呈现京杭大运河段、淮南—蚌埠段两个相对密集分布区。此外连云港以其独有的海滨景观自成独立的集聚核心,如图5(b)所示。

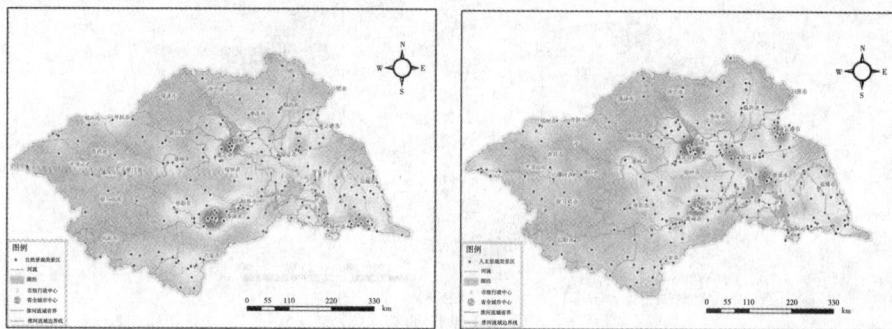

图5 不同类型旅游景区核密度分析图

三、影响因素

通过研读梳理相关文献发现,A级旅游景区空间分布是一个多因素综合作用的结果。既有地形地貌、河流水文等自然地理因素也有市场需求、政策制度、经济水平等人文因素。这里,我们从地理学多因素综合作用的视角重点研究地形地貌、河流水系和交通基础、市场需求等因素对淮河流域A景区空间分布影响的规律性特征。

(一)地形地貌因素

提取在-23～200m、200～500m、500～1000m、1000m以上四个海拔段的范围面,借助ArcGIS的统计分析工具进行统计,研究表明淮河流域A级旅游景区主要分布在0-200m高程范围内,海拔低于200m的文化遗产点有598处,占总数量的94.47%。海拔在200～500m范围内的A级景区仅有27处(占4.265%),海拔在500～1000m的A级景区有7处(占1.106%),1000m以上的A级景区仅有1处,如图6(a)所示。A级旅游景区数量与海拔高度呈幂指数递减趋势,拟合方程的相关系数为0.99,如图6(b)所示,说明淮河流域A级旅游景区具有典型的低海拔指向性特征。这主要源于淮河流域内地势低平,历史遗产丰富,市场需求较大,促进了A级旅游景区的供给和布局。

(二)河流因素

从河流水系两侧向外围分别作5km、10km、15km缓冲区分析,与A级旅游景区进行叠置后提取不同缓冲区宽带的样本数据,统计发现距离河流水系

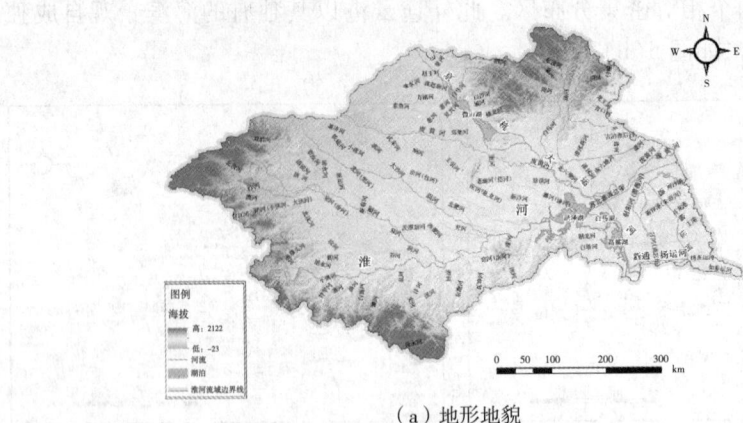

（a）地形地貌

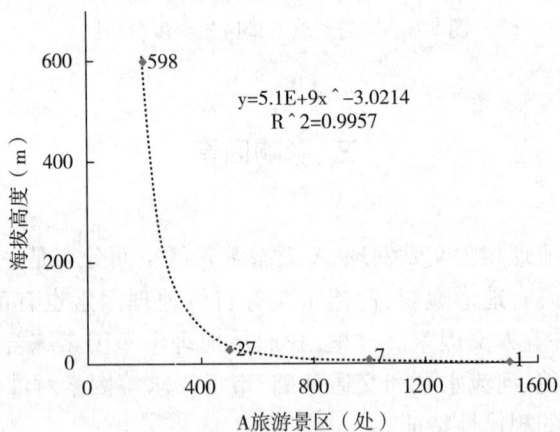

（b）拟合曲线

图6 淮河流域 A 级景区与地形地貌

5km 范围之内的 A 级景区有 454 处（占 71.722%）；在 5～10km 范围内有 120 处（占 18.957%）；而距离河流 10km 以外的不同缓冲区内，A 级景区数量总体上呈递减特征，如图7（a）所示。进一步对淮河流域 A 级景区数量与河流的距离远近关系进行拟合发现呈拟合曲线幂指数递减趋势，如图7（b）所示，A 级旅游景区的分布呈现"趋水性"特征。就自然景观类景区而言，淮河流域的地文景观类（地文景观）资源较少，水域风光类景区较多，且主要以淮河主干道及其支流的水域风光为主，呈现出明显的"趋水性"。就人文类景观而言，淮河是生活、生产、用水之源，临水而居、临河而筑是淮河文化的重要地理基础，故此，淮河沿岸的物质与文化遗产丰厚，形成今日众多的人文景观类景区。总的来看，淮河流域内 A 级旅游景区的分布呈现出较强的"趋水性"。

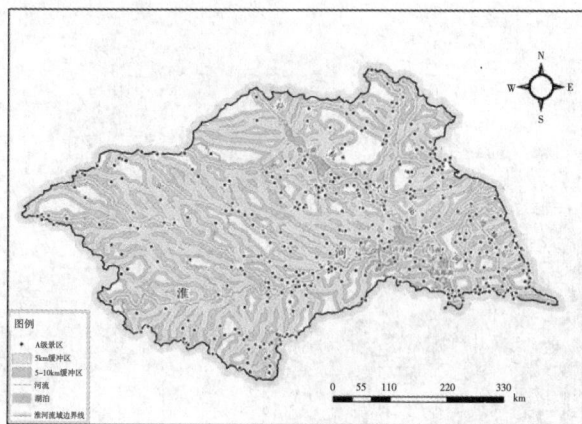

（a）河流水系

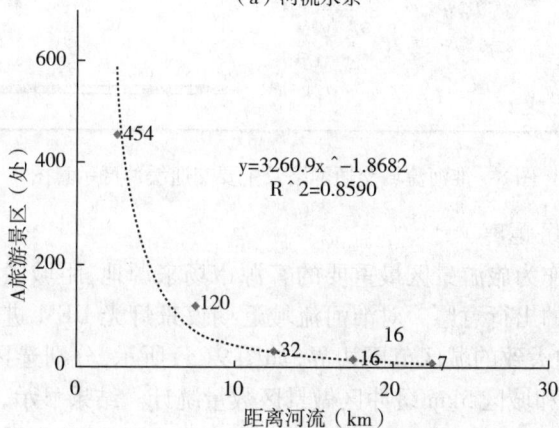

$y=3260.9x^{-1.8682}$
$R^2=0.8590$

（b）拟合曲线

图7　淮河流域河a级景区与河流水系

（三）交通因素

A 级景区与交通线的空间组合关系深刻影响着游客进出便捷程度和竞争优势空间范围。通过对淮河流域高速公路 5km 缓冲区、国道 3km、省道 2km 以及县道的 1km 等主要交通线路缓冲区分析，并与 A 级景区进行叠加，发现，省道 2km 范围内共有 570 个景区点位，占流域 A 级旅游景区数目的 90.05%，而距离 5km 缓冲区以外的区域，A 级旅游景区树林里总体上呈缓慢递减趋势。A 级旅游景区数目与主要交通线的距离远近关系整体上呈递减趋势，说明 A 级旅游景区呈现出较为显著的交通指向性特征（如图8）。

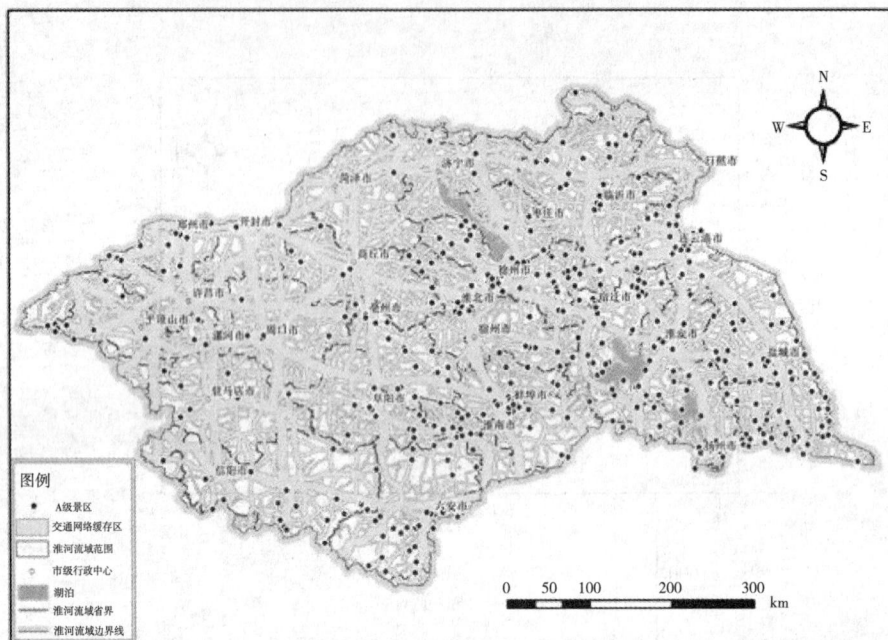

图8　淮河流域交通网络及主要交通缓冲区示意图

（四）距城区距离

城市居民作为旅游景区最重要的客源市场来源地，距城区的空间距离也直接影响游客的出行意愿。对淮河流域近期夜景灯光 DEM 进行光亮范围提取，得到流域内大致的城区范围边界，如图9(a)所示，分别选择城区范围、城区 3km 缓冲区和城区 5km 缓冲区做景区数量统计。结果显示，在主要城区范围内的 A 级景区有 411 处，占总数的 64.929%；在城区 3km 缓冲区内的景区为 478 处，占总数的 75.513%；在城区 6km 缓冲区内的景区为 509 处，占总数的 80.411%；在城区 9km 缓冲区内的景区为 543 处，占总数的 85.782%。主要原因是河流域的地文景观类（地文景观）资源较少，水域风光类景区、历史遗址类景区、建筑物景区、博物馆景区以及综合性旅游景区较多，这与临水而兴的城市在空间上相互交融，随历史演进而不断增多，加之城区内基础设施资源完善和客源充足，且易于开发，在政府重视旅游业开发的背景下，城区及近郊区旅游景点开发相对成熟，形成流域内 A 级景区显著的"城区指向性"。

（五）其他因素

以上探讨了淮河流域 A 级旅游景区分布与地形地貌、河流水系、交通要素、市场距离等要素的空间组合关系，实际上，A 级旅游景区既根植于生成的特定地理环境，也受地方旅游政策、经济发展水平等因素制约，其影响众多且作用机制较为复杂,限于篇幅,地方政策、经济规模等因素不再细述。

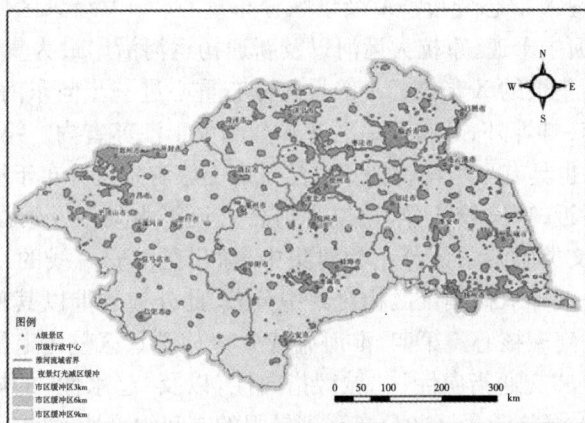

（a）大致的城区范围边界

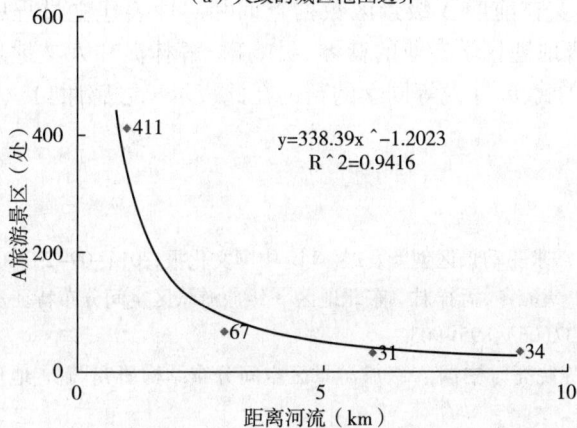

$y=338.39x^{-1.2023}$
$R^2=0.9416$

（b）拟合曲线

图9 淮河流域城区缓冲区示意图

四、结 论

本研究借助多维计量模型和 ArcGIS10.2 空间分析工具对淮河流域 633 处 A 级旅游景区空间分布特征进行挖掘,结果表明:首先,淮河流域 A 级旅游景区整体上呈现下游多上游少、南部多北部少空间分布不均衡特征,空间分布类型趋于凝聚型,且聚集的程度较高,空间形态上呈现"X"字形结构。其次,不同级别的 A 级旅游景区具有不同的集聚特征。5A 级景区数量少且较为分散,无明显聚集趋势;4A 级景区主要分布于淮河主干道、京杭大运河以及涡河沿岸,呈现 X 形态分布;3A 级景区分布重心较 4A 级景区偏向东南部地区,其中以淮河主干道、京杭大运河以及新通扬运河沿岸最为集中。较 4A 级景区呈现更为集聚的 X 形态;2A 级景区分布重心进一步向东南偏移,除淮河主干道的淮南-蚌埠外,分布聚集区基本全部位于江苏省内。第三,不同类型A 级旅游景区也具有不均衡特征。自然景观类旅游景区分布于淮河的主干道以及各支流附近,整体较为分散,以淮河各支流汇水处以及河湖交汇处为主要集聚区;人文类旅游景区分布相对集中,徐州至淮安一线的京杭大运河河段以及淮南—蚌埠双核集聚区相对集中分布,此外连云港以其独有的海滨景观自成独立的集聚核心。第四,淮河流域 A 级旅游景区整体上呈现出较为显著平原指向性、"交通指向性"、"城区指向性"以及"趋水性"的规律特征。在淮河流域内,A 级旅游景区的分布受到较强的空间约束性,集聚特征明显。

(致谢:本文在前期 A 级景区数据查询和属性表建立过程中得到阜阳师范大学 2016 级地理科学专业的蓝琴、吴响琳、解林枫和人文地理与城乡规划专业王华、徐文斌、苏守龙等同学的帮助在此表示衷心感谢!)

参考文献:

[1] 戴斌. 需求驱动景区创新发展[N]. 中国文化报,2014-09-27(001).

[2] 王洪桥,袁家冬,孟祥君. 东北地区 A 级旅游景区空间分布特征及影响因素[J]. 地理科学,2017,37(06):895-903.

[3] 朱竑,陈晓亮. 中国 A 级旅游景区空间分布结构研究[J]. 地理科学,2008,28(5):607-615.

[4] 毛小岗,宋金平,于伟. 北京市 A 级旅游景区空间结构及其演化[J]. 经济地理,2011,31(8):1381-1386.

[5] 吴丽敏,黄震方,周玮,等. 江苏省 A 级旅游景区时空演变特征及其动力机制[J]. 经济地理,2013,33(8):158-164.

[6] 袁俊,余瑞林,刘承良,等. 武汉城市圈国家 A 级旅游景区的空间结构[J]. 经济地理,2010,30(2):324-328.

[7] 齐欣,王昕. 成渝经济区旅游景区空间结构研究[J]. 地理与地理信息科学,2013,29(1):105-110.

[8] 李鹏,虞虎,王英杰. 中国3A 级以上旅游景区空间集聚特征研究[J]. 地理科学,2018,38(11):1883-1890.

[9] 吴清,李细归,吴黎,等. 湖南省 A 级旅游景区分布格局及空间相关性分析[J]. 经济地理,2017,37(2):193-200.

[11] 许志晖,戴学军,庄大昌,等. 南京市旅游景区景点系统空间结构分形研究[J].

地理研究,2007,26(1):132-140.

[12] 刘大均,谢双玉,陈君子,等.武汉城市圈旅游景区空间结构分形研究[J].长江流域资源与环境,2013,22(10):1276-1281.

[13] 林斐.淮河流域旅游业发展及战略构想[A]第二届淮河文化研讨会论文集[C].合肥:学术界杂志社,2003,125-130.

[14] 白如山,刘恺恺,张玥婷,等.安徽省文化遗产时空格局及影响因素[J].安徽师范大学学报(自然科学版),2018,41(4):378-384.

[15] 白如山,刘恺恺,刘岩.安徽淮河流域文物旅游资源时空格局研究[J].阜阳师范学院学报(人文社科版),2018,181(1):9-16。

[16] 白如山,陈鹏.安徽省非物质文化遗产时空演化特征及影响机制研究[J].阜阳师范学院学报(社会科学版),2016,173(5):26-32.

[17] 白如山,章君吉,韦玉秀.阜阳市农业龙头企业空间分布特征挖掘研究[J].阜阳师范学院(自然科学版),2019,36(2):95-100.

增强"地方"认知,助力区域协同：
中英文社交媒体中的"长三角"区域形象

刘　丽

摘　要：区域内较为一致的地方价值的认同有利于促进区域协同发展。本文试图以推特(Twitter)和新浪微博的"长三角"的舆论表达为个案,描述并分析自长三角一体化政策发布以来中英文社交媒体对这一空间的整体性认知。认为作为政策表述中的长三角概念主要是经济意义上的,作为地方的长三角则是呈现分离的趋势,区域协同试图融入长三角的措施包括：各级媒体在国内外媒体平台上增强安徽城市在科技、环境保护等硬实力方面的"曝光率"；本地媒体与企业合作通过多种形式挖掘和传播当代区域文化；政府宣传部门加大"长三角"区域认知的宣传力度,增强地方认同。

关键词：地方；区域协同；长三角一体化；区域形象

2019 年 5 月 13 日,中央政治局审议《长江三角洲区域一体化发展规划纲要》成为安徽区域发展史上的重要事件。5 月 22 日,首届长三角一体化发展高层论坛在安徽芜湖举办。"把长三角建设成为全国发展强劲活跃增长级、高质量发展样本区、率先基本实现现代化引领区、区域一体化发展示范区和新时代改革开放新高地"①成为长三角三省一市共同的奋斗目标。作为长三角规划中唯一的中部省份,安徽终于进入 2019 年 10 月的长三角一体化的国家战略发展的快车道。在区域经济日趋紧密融合的今天,关于区域认同和区域发展之间的关系成为日益受到各方关注的问题。

在区域形象促进区域经济发展方面主要存在两种"区域"的认知取向。一是从行政角度的"地方"出发研究行政区划的区域性(provincial)。研究者往往认定一个整体的存在,再探究整体之局部,研究全国版图之内偏于一隅,

---

作者简介：刘丽(1981—),女,安徽大学新闻传播学院讲师,复旦大学新闻学博士。
①　江浙沪皖齐聚芜湖　共商长三角打造经济高质量增长极[N].华夏时报.2019-05-23.

自给自足的各层级行政系统与整体的关系;二是从文化角度的"地方"出发研究地域形象(local),即在前面这一逻辑前提下,强调某区域内本地文化和本地意识的影响。对地方的人与事的界定标准是区域性的和非区域性的,本地的和外地的。由此形成整体性的全国和某地的分野。20世纪70年代以来,人文地理学开始对社会学、历史学和文化研究领域形成影响力。在此之前,"正如大多数区位研究未能将地理变化与更广大的社会关系联系起来一样,大多数的社会关系研究也无视地理学。"①近年来,国内学者也开始基于中国经验就地方性与空间的问题开展国际学术对话。在辨析格尔茨的"地方性知识"和段义孚的"地方"等概念后,孙玮等研究者认为,既有的地方性知识的研究具有人类学和人文地理学两种路径,但两种路径中的空间意义都是"暧昧不清的",他们以上海市民关于行政分区改造的舆论个案研究揭示出现代都市大众表达如何借助新兴媒体创造了介于真实和想象的"第三空间",并试图以这种空间能力和地方性知识造成的媒体实践引发进一步的学术讨论:"空间是否可能构成地方性知识的一部分?""空间是如何成为地方性知识的?"②

新的研究视角的引入提示我们重新思考地方发展问题,如果能够基于新的"地方"论题视角,区域与区域形象研究似乎还可以扩展至更深入的社会经验层面。现实中,文化、经济并不平衡的"长三角"区域将要依托国家战略形成事实上的一体化运行,将是观察认知与发展问题的合适案例。基于此,本文试图以"长三角"相关社会媒介的讨论作为个案进行探讨。选取的两家中英文社交媒体均是以文化类公共话题讨论为特点的社交媒体,均具有一定的舆论影响力和代表性。自2018年1月1日至2019年10月1日英文社交媒体Twitter和中文社交媒体新浪微博上包括关键词为"长三角"的报道共34235条(清洗重复信息和广告信息后,推特有效信息511条,微博有效信息共1169条)进行了全样本大数据分析。③ 选择2018至2019年的时间跨度是为了体现2019年10月出台的相关国家政策的热点事件前后舆论场域里的变化。在清理挖掘获取的数据后(剔除读者来信,广告和寻人启事等无关内容),将之导入按研究要求定制的计算机语义分析系统,并作进一步的统计分

---

① [英]多琳·马西著. 劳动的社会分工:社会结构与生产地理学[M]. 梁广严,译. 北京:北京师范大学出版社 2010:48.

② 孙玮. 潘霁. 从"空间"发现"地方":上海市静安闸北合并的个案分析——兼论空间作为地方性知识[G]. 第二届中外传播与文化比较学术研讨会论文集. (2016):192-207.

③ 搜索微博中"长三角"相关推文数量远远高于 Twitter(约141倍),点赞数大于1的有33724条,即有效信息,评论和转发数均大于等于10的有1770条(约占有效信息的5.25%),其中点赞+评论+转发均大于10的有1169条(约占有效信息的3.47%),这是本文进行分析的文本。

析。以"地方"知识形成的视角观察不同媒体空间呈现的关于"长三角"的社会认知,对关于"地方"的相关文化认知如何影响区域发展进行初步分析。

一、研究发现

1. 中文社交媒体中的长三角是"以上海为龙头的一体化的经济带"和"正在形成中的文化带"

社会过程是在空间中建构的。[①] 从经验感受和理性思考的两大经验层面来看,中英文社交媒体中的"长三角"区域呈现出不同的样貌。中文社交媒体新浪微博呈现的"长三角"是一个由国家相关政策背书,国家电力网络这样的大型国企支持、支付宝、淘宝等超级商业实体参与并日趋形成和完善的整体性市场。

长三角一体化作为重要的国家战略在主流媒体宣传中体现出不同的报道策略。新浪财经、中国青年报、央视新闻等中央级媒体和上海本地自媒体是"长三角区域一体化"政策的最为活跃的宣传者。政策出台前后不断报道长三角经济区域内的社会民生信息,政策出台后积极热点报道相关资讯。如"长三角两百余景点试行儿童免票规则"和"长三角首张地铁通票来了"均有极高的点赞和转发量;与此同时,以长三角命名的地区性商业和文化活动蓬勃兴起。如"淘宝造物节"和"上海电影节开幕"的帖文均以"长三角地区开启火箭的明星"和"长三角影迷"来指称明星和影迷,甚至长三角地区的天气预报也人为地形成了整体性的表达。在台风"利奇马"来袭期间,多个媒体官方账号以长三角作为主体进行报道,类似"长三角刚经历惊魂一夜"的表述在媒体中亦十分普遍。

相对来说,地方媒体更加强调以"长三角"为名来宣传"本地"的文旅活动。在本文筛选的 1169 条帖文中,转发量较大的是@ 安徽电视台(帖文位居446 位),发布的关于"长江流域十二省市国庆主题晚会"预告帖文,其中这样描述"搭配海派旗袍秀、江南水乡舞蹈,这首展现安徽好山好水的《山水之间》,又传递出'长三角'三省一市亲密协作的火热风景。"《安徽日报》没有搜索相关帖文,《新安晚报》官微发帖的#70 年 70 城##大湖名城新合肥#没有人

---

① [英]多琳·马西.劳动的社会分工:社会结构与生产地理学[M].梁广严,译.北京:北京师范大学出版社,2010:54.

榜,但获得明星陈晓的转发后迅速排名39位。江苏浙江两省本地官方媒体虽然没有发出"长三角"有效帖文。但在从个人用户来看,微博认证用户(通常为官微有关的自媒体)中,无锡、杭州、成都、重庆、深圳的相关资讯类头条发布均获得较大关注度,且均以摄影、旅游、文化为主题。

在媒体的积极建构之外,普通个人用户多从经济民生角度关注长三角政策的出台,在股票价格、就业生活等微观经济方面的影响作出一系列反应。这种关注具有极强的地域性,普通用户(非自媒体或官微)发布的转发量最高的前十帖子分别来自浙江、上海、安徽省、广东省,其中上海、南京和铜陵获得最高关注度。显示在民众认知中,与这三地相关的"长三角"问题受到最高关注,但这些发帖中的核心城市名称均是上海;山东、成都、广东三省的相关用户多从自身区域发展出发对长三角表示认同,但其中迫切的矛盾是一方面长三角地区外已经由于经济政策的出台和媒体宣传而逐渐开始形成"长三角特产"这样的整体性区域认知,在来自安徽和上海的本地用户那里则对于安徽的地位感到尴尬,帖文中常出现的是对于历来在经济文化上铁板一块的江浙沪地区中纳入安徽的"长三角"的文化上的质疑。

各类微博用户的认知中,"长三角"是一个以上海为核心和龙头的经济带,在上海带动周边省市过程中,有历史上较为紧密的江浙地方,也有在文化和认知方面需要进一步推动建构相关认同的安徽"地方"。这种认知往往以山东和湖北两地为经济发展的参照,以正面认知为主。

表1 新浪微博中转发、评论和点赞综合排名前十五的"长三角"话题①

用户账号	帖文摘要	提及城市	提及省份	用户类型②
新浪财经	2019中国城市群发展潜力排名:深北上广稳居前四;东部地区有32座城市进入前50名,长三角、珠三角地区表现尤其突出	成都,南京,武汉市,重庆,天津	四川,江苏,湖北省,重庆,天津	新闻媒体

① 本文筛选评论、点赞和转发数均大于等于10的有1770条(约占有效信息的5.25%),其中点赞+评论+转发均大于等于10的有1169条。(约占有效信息的3.47%)。将转发量视为传播广度指标,将评论作为传播效度指标,点赞视为态度指标,将转发大于100,评论大于500,点赞大于200的帖子视为在微博中进行了有效传播并获得大部分受众认同的内容。据此制作表1。
② 此处用户类型使用的是新浪微对于用户的分类,主要有:普通用户,认证用户、认证媒体、认证企业。达人等五类。下文的推特用户均是个人,无法以这种类型进行区分。

（续表）

用户账号	帖文摘要	提及城市	提及省份	用户类型②
澎湃新闻	超强#台风利奇马登陆#,长三角迎来狂风暴雨	台州	浙江	新闻媒体
LaSola Sola_索拉	下午茶时间到,朋友寄过来这个山竹对得起她长三角土特产爱好者交流协会荣誉会长的身份			普通个人
万能的淘宝	(王晨艺、高嘉朗等)"淘宝造物节火箭启动官",成为首批在长三角开启火箭的明星			企业
支付宝	今年内,上海、杭州和宁波三城市的地铁有望实现扫码过闸互通了噢,支付宝是背后的技术提供方,我们大家一起努力的长三角一体化有了阶段性成果啦,加油加油加油	温州,苏州,常州,南京,合肥,宁波市,无锡,上海,杭州	浙江,江苏,安徽,上海	企业
上海吃喝玩乐头条	上海电影节开幕!最长电影7个半小时,长三角影迷购票数占线上9成	上海	上海	认证个人
国网义乌市供电公司	《长三角一体化发展电力行动计划》在沪发布	上海	上海,江苏,浙江	企业
上海城事生活	长三角首张地铁"通票"来了!这七座城市可一码扫通	常州,无锡,温州,宁波,苏州,合肥,杭州,南京,上海	江苏,浙江,安徽,上海	认证个人
观察者网	临港新片区今日揭牌,上海面向未来发展重要战略空间正式打开	上海	上海	认证网站

用户账号	帖文摘要	提及城市	提及省份	用户类型②
人民日报	台风利奇马一路肆虐威力不减,长三角刚经历惊魂一夜,山东又迎大考	温州	浙江,山东	媒体
上海头条生活榜	转发上海发布的上海金山区航拍视频。"在这幅美好的图景中,可以聆听先进制造业蓬勃兴起的脉搏,感受融入长三角一体化发展的胸襟。"	上海市	上海市	普通个人
上海吃喝玩乐头条	上海互联网企业拼多多启动"上海老字号新电商计划",帮助老字号企业借助电商平台开拓市场	上海市	上海市	认证个人
QL宁宁	2019长三角高校跨国CP活动在浙江嘉善举办。	嘉兴市	浙江省	认证个人
天津股侠	热点看,长三角一体化昨天出台规划纲要,这个长三角的规格和定位很高,不同雄安的百年大计,短期几年就可能见效。这个题材虽然是目前弱势出台,但也可挖掘其中最受益股积极关注	雄安新区		

2. 英文社交媒体中的"长三角"是"与珠三角一样的中国经济指标地带"和"江浙沪文化一体的地带"

近年来英文社交媒体推特(Twitter)中呈现的长三角核心经济圈是一个与珠三角(香港)并称的并相互联系紧密的区域。与中文社交媒体最大的不同是,推特媒体账号仍以个人用户为注册形式也由此以个人化表达为特点。个人用户对于中国的观察采取的是更远距离的俯瞰方式,粗线条的观察与个体化表达相结合是推特帖文的重要话语特点。在长三角的话题中,西方媒体关注较少,在33篇长三角相关的媒体报道中,有12篇由新华社的对外官宣机构中国新闻社发布。其中"路透社中文"共发布了3篇相关报道,《工行未来五年将在长三角新增投入2万亿融资》的推文获得较高点赞;法国国际广播电视发布的《长三角青商高峰论坛合肥开幕》关注度仅为个位数,联合早报、华尔街电视分别发布1篇报道。发布报道的主要媒体是中国新闻社中文新闻、中评电讯、中国观察等中国媒体机构。

表2 推特帖文中转发、评论和点赞综合排名前十的"长三角"话题

用户昵称	帖文摘要	提及城市	提及省份/国家	用户类型
章献忠	有一点我觉得很奇怪。按道理来说,中国发展不均衡,区域梯度大,珠三角长三角产业升级了,中低端制造业可以向中西部转移。但是从我观察来看,并没有大规模发生,而是外资直接滚蛋了,民企直接关门了。这是怎么回事		珠三角,中国	个人
bradlee	目前,与大陆企业倒闭和外迁相伴而行的店铺歇业潮,不只是出现在3、4线城市和珠三角,连经济发达的长三角也陷入商城人去楼空的萧条之中	"三四线城市"	珠三角、上海、江苏、浙江、安徽	个人
0792z	世界最大的消费市场是欧美日,谁能对欧美日出口,谁就能被欧美日拉动经济。中国人多吧? 六个钱包填在了房子里。印度人多吧? 有效消费人群不如一个长三角		欧美日、中国、印度	个人
章献忠	网购的感觉是,除了农产品,全中国的生意被长三角和珠三角做完了		珠三角,长三角,中国	个人
Weiping Qin 秦伟平	2日至3日在京召开的2018年全国环境保护工作会议上,据环保部部长李干杰介绍,中国将制定实施打赢蓝天保卫战三年作战计划,还要出台京津冀及周边地区、长三角、汾渭平原等重点区域大气污染防治实施方案		中国,京津冀,汾渭平原	个人

用户昵称	帖文摘要	提及城市	提及省份/国家	用户类型
月光博客	9月4日消息,阿里巴巴菜鸟联合中通、韵达、圆通、申通、百世五大快递公司宣布,将启动"核心经济圈包裹大提速"。菜鸟与五大快递公司做出承诺:在长三角经济圈26个城市之间对发的快递实现次日必达,如果次日未能送达,消费者可以按照服务标准,获得优先处理及相关补偿			个人
New China中文	坐拥长江水,面向太平洋。中国东部的长三角区域,一个世界级的城市群冉冉升起	城市群	中国东部、世界	媒体
中国新闻社	#直播#浙江湖州洛舍镇是中国有名的"钢琴之乡",目前该镇共有93家钢琴制造及配件企业,是长三角地区规模最大的钢琴制造中心。一台钢琴有8000多个零部件,88个琴键,挂弦、组装部件、补漆、调音……跟随直播,见证钢琴的诞生	湖州	浙江,中国	媒体
中国新闻社	高铁已经成为享誉世界的中国名片,以其快速、安全、舒适广受赞誉。春运在即,中国即将迎来铁路运营高峰,这对高铁的保障运营工作提出了更高的要求。来跟随中新社记者一起走进上海虹桥动车运用所,中国长三角地区最大的高铁动车后勤保障中心,一起看看为旅客出行默默做出巨大奉献的高铁机械师们	上海	上海,中国	媒体

在中国媒体的推特帖文中,长三角参照的区域是京津冀这样的大的经济带。中国媒体推出过重多长三角知识产权公共服务加快一体化、长三角一体化发展路线图等严肃话题,但是获得较多点赞和转发的帖子多的是环境话题和网购话题。在中美贸易战的背景下,贸易战对珠三角和长三角所谓"出口依存度"高的地区的影响也成为转发和评论热议的热点。

在推特受众的认知前提中,长三角是珠三角一同作为"中国经济和文明发展最好的地区"出现的。在中国媒体宣传复兴号列车在长三角扩容、政府作出措施保护环境等内容时这种认知在推特上有时会以负面评价的形式出现,如有用户在政府出台防雾霾政策的推文下延伸评论:"长三角比珠三角的差距在哪里……主要还是文明的差距,广东在开放、包容、公民文化、法制意识等等上虽然近些年已经随着国家整体的形势在衰落,但还是要强于长三角,这是经济活力的根本。"总体上看,在长三角一体化政策出台前,推特用户的长三角认知中不包括安徽。有人质问长三角空气质量不佳时,质疑的范围是"南京的空气已经快爆表了……上海和杭州也在不断严重中。"甚至长三角只要把上海、南京、杭州走完,也就"转了个遍"。

因此,在"外网"上常有来自安徽用户流露出文化融合与经济相对落后的焦虑,"看我们安徽位置也不差,周边都是经济好的,上海,江苏,浙江,长三角唯独安徽最差,安徽贫穷不也被骂嘛,全国企业就那么多,就不认你这个地区有什么办法"但更多来自江浙沪的用户表达的则是更加自信的对于长三角区域的整体性认知,"长三角这边的方言听起来最大的区别是语调和咬字";"长三角多产院士,人杰地灵",由于这一个完整的长三角文化认知十分笃定,所以很多用户会从更加宏观的角度定位长三角区域文化:"中国的三大都市圈代表了三种人生需求,珠三角代表了挣钱与拼搏,京津冀更多意味着从政与为官,而长三角则象征着传统中国人的理想家国。"

二、如何塑造关于长三角的"地方"认知:
相对分离的安徽如何融入一体化的长三角

段义孚从经验层面将"地方"描述成为人们凭借直接经验感受或使用间接经验想象的社会性"空间"。认为基本的空间组织原理就是人类依据自己的身体与他人接触的经验来组织空间,以满足生物需要和社会关系需要。[①]同时文化经验会强烈地影响人们对环境的阐释,而这种文化空间可以作为一种社会特权甚至是精神属性存在。"波利尼西亚和密克罗尼西亚的航海者已经征服了空间,他们的办法就是把空间变成一个由路线和地方组成的熟悉的世界"。可以说,是关于地方的知识重新塑造了地方。[②] 人们在实际生活中形成的地方化的价值观发挥着部分宇宙观或世界观的作用,支配人们系统的社会实践。[③] 这种地方性的价值观被段义孚称为神话空间。"神话空间是一种知识建构,它是人们煞费苦心建构的。"[④]

---

① [美]段义孚. 空间与地方[G]. 王志标,译. 北京:中国人民大学出版社,2007:27.
② [美]段义孚. 空间与地方[G]. 王志标,译. 北京:中国人民大学出版社,2007:60.
③ [美]段义孚. 空间与地方[G]. 王志标,译. 北京:中国人民大学出版社,2007:71.
④ [美]段义孚. 空间与地方[G]. 王志标,译. 北京:中国人民大学出版社,2007:80.

"长三角区域一体化"相关政策的逐步推动已经为区域一体化带来了认知改变的客观基础。中英文社交媒体中的各类表达中呈现的往往是民众固有的常识性认知。在不同视角和媒体空间中，长三角如何能够从一种民众认同的地理"空间"转换成为人们赋予价值的"地方"？在上述社交媒体的内容分析中，我们已经看到对传媒尤其是安徽本地传媒来说，应当进一步思考的重要问题是如何在舆论引导中以报道事实来缓解自我焦虑，进而建构长三角语境下的安徽的"地方性价值"。主要举措可能包括以下几方面。

1. 在国内外媒体平台上增强安徽城市在科技、环境保护等硬实力方面的"曝光率"

如前文所述，在央媒从宏观角度宣传政策，民众从微观角度讨论民生问题时，地方媒体并没有完全找准自身的定位。地方媒体不应将宣传报道这类重大政策的"权力"完全交给自媒体，也不能仅仅以蹭热度和贴名词的方式进行相关报道。在准确定位的前提下，应当发挥自身特点和优势组织相关报道。对于安徽本地媒体来说，现有报道集中在文旅和区域活动方面是不够的，为了与"经济核心区域"名实相副，应当增强在旅游和文化活动等软实力之外，关于已经知名度较高城市（合肥、芜湖和铜陵）在科技实力、税收增幅、经济增长、环境保护等硬实力方面报道力度，进一步提升相对边缘城市在国内外媒体上的曝光度。将相关政策的认识落实在城市发展和文旅活动等微观层次上。努力发声，营造出良好的舆论环境。

2. 本地媒体与企业合作通过多种形式挖掘和传播当代区域文化

任何紧密结合的区域离不开历史文化的一致性，在相关政策出台背景下，经济社会方面紧密后会形成新的当代文化形式。交通出行、医疗、教育科研日益联系紧密的长三角，在饮食、服饰、文化活动、教育、娱乐等多种社会活动方面有了形成新传统，新特产的可能。本地媒体应当与大型企业合作，发掘这类"长三角特产""长三角天气""长三角生活方式"等当代新兴区域文化，并配合直播等新形式进行传播。创造营销收入的同时，做好区域文化传播。

3. 增强地方认同，加强"长三角"区域认知的宣传和研究力度

总体看来，现有的江浙沪的认知还是滞后于政策发布，作为"中国经济和文明发展最好的地区"的正面认知是安徽能够真正改变"落后地区"这一负面区域形象的重要时机。本地相关部门除了持续关注国内外媒体平台上的短期舆情之外，对于牵涉区域形象的长期观念变迁问题，也应当通过与高校科研院所合作，积极进行信息搜集和调研，形成应对机制。通过孵化科研成果，进行文化知识普及等方式，出台相关政策，增强安徽地方认同，提升民众的地方价值感。

从历代建置沿革
看长三角区域的历史性融合

诸伟奇

摘　要:历史文献记载证明,长三角区域不仅山水相连,文化传统相似,而且自秦汉至明清,其行政建置,或为一省,或同一州郡,且府县相沿不变;民众生活习惯大同小异,彼此认同感强、亲密度高,能合作成事;这个区域历史上都高度重视文化、重视教育,士人间交流尤为密切,他们在思想上或尊崇程朱,或服膺陆王,或朱王并用,但多以儒学为正宗;在践履上,他们匡世卫民,不避艰难;在成就上,名家辈出,著述如林,诞生了一大批历史伟人。凡此,都为新时代长三角区域的发展和创新提供了重要的历史借鉴。

关键词:长三角;历代行政区域;建置沿革;文化融合

秦朝建立后,全国设 36 郡(以后有调整),在这 36 郡中与现在上海、江苏、浙江、安徽(以下用简称)三省一市行政区划有关的有:九江、鄣、会稽三郡,其中九江郡辖今安徽淮河以南地区;鄣郡辖今安徽东南、江苏西南、浙江西南部地区,会稽郡辖今江苏东南、浙江东南部地区[①]。

汉初全国设 54 郡,汉武帝时全国置十三部州(刺史),十三部中与现在沪苏浙皖三省一市区划有关的有扬州、徐州、豫州三个刺史部,其中扬州刺史部中所辖庐江郡、九江郡、会稽郡、丹阳郡及六安国,相当于今江苏南部、安徽淮河以南地区、浙江及上海全境;徐州刺史部中所辖东海郡、临淮郡及泗水国、广陵国、楚国等,相当于今江苏北部地区;豫州刺史部中沛郡、梁县、鲁国等,

作者简介:诸伟奇,安徽大学徽学与中华传统文化研究院教授,安徽省文史研究馆馆员,安徽省朱子研究会会长,安徽省古籍整理出版基金会副理事长。

[①] 裴骃集解:《史记·秦始皇本纪》"分天下以为三十六郡"第 1 册卷 6。中华书局 1959 年版,第 239-240 页。

相当于今安徽北部和江苏西北部地区。① 东汉区划大致相同,也设置十三部州,其中豫州,治谯(今安徽省亳州市)②;扬州,治历阳(今安徽和县,汉末先后迁合肥、寿县),③所辖区域与西汉同。

三国时期,虽然相互争战不断,但各国的疆域变化不大,基本上仍承袭汉代的政区设置。不过由于各国占据的地域的变化,一些行政区划也随之增省。如魏国、吴国都有扬州,魏国的扬州治合肥,后迁寿春,所辖淮南、庐州、安丰3郡24县,相当于今安徽淮南至江北地区;吴国的扬州治建业(今江苏南京),所辖15郡及校(都)尉,其中丹阳郡、吴郡、庐江郡、会稽郡、临海郡、建业郡、吴兴郡、东阳郡等,相当于今江苏中部和南部,安徽中部地区和浙江全境。

两晋南北朝时期,社会极度动荡,地方行政设置也极为混乱,西晋首设置190个郡国,其中涉及今沪苏浙皖行政区划的有豫州(所辖包括今安徽北部、江苏北部的部分地区)④,徐州(所辖包括今江苏北部、安徽东部地区),扬州(所辖包括今安徽中部、江苏中部南部地区和浙江全境)⑤。东晋时版图减缩,如豫州永嘉后仅剩谯城(今亳州);徐州失陷后,在钟离(今安徽凤阳县临淮关)侨立徐州,刘裕北伐收复徐州,在彭城(今江苏徐州)改置北徐州;而扬州的建置较之前缩小,基本上退出江北地区。

北朝的北齐、北周辖区不小(尤其是北周),其所辖地有今安徽省、江苏省北部的一些地区。

南朝宋时,在其所设置的22州中,相当于今沪苏浙皖三省一市行政区划的有:扬州,治建业(今南京市)。孝建元年(454),曾分会稽、东扬、新安、永嘉、临海5郡新置东扬州,治会稽(今浙江绍兴)。南徐州,治京口(今江苏镇江)。徐州,初治彭城(今徐州),宋失淮北后,侨治钟离(今凤阳县临淮关),再移治朐山(今江苏连云港附近),后还治钟离。南兖州,治广陵州,治广陵(今江苏扬州),初寄治京口(江苏镇江),再移治盱眙(今江苏盱眙),后并入南徐州。兖州,初治滑台(今河南省滑县东),再改治邹山(今山东省邹县境内),后移治彭城(今徐州),再后侨治淮阴(今江苏淮阴境)。⑥ 南豫州,初治历阳(今安徽和县),后改治姑孰(今安徽当涂),再改治历阳。⑦

南朝齐的实际版图比刘宋要小,但其行政区划超过刘宋,虚增了一些郡

① 《汉书·地理志上》,中华书局1962年版,第6册卷28,第1568—1604页。
② 《后汉书·郡国志二》,中华书局1965年版,第12册《后汉书志》卷20,第3421—3431页。
③ 《后汉书·郡国志四》,中华书局1965年版,第12册《后汉书志》卷22,第3485—3491页。
④ 《晋书··地理志上》,中华书局1974年版,第2册卷14,第420—422页。
⑤ 《晋书··地理志下》,中华书局1974年版,第2册卷15,第451—464页。
⑥ 《宋书·州郡志一》,中华书局1974年版,第4册卷35,第1027—1070页。
⑦ 《宋书·州郡志二》,中华书局1974年版,第4册卷36,第1071—1086页。

县,其在晋时的扬州境内设有扬、南徐、北徐、豫、南豫、南兖、北兖7州,其中:扬州,治建业(今南京);南徐州,治京口(今镇江);北徐州,治钟离(今凤阳县临淮关);豫州,治寿春(今寿县);南豫州,治历阳(今和县);南兖州,治广陵(今扬州);北兖州,治盱眙(今盱眙)。①

南朝梁的疆域较萧齐有拓展,但侯景之乱后,其疆域很快退出长江北岸。陈朝初承梁末旧疆,后与北齐、北周及隋王朝对垒,多为守势,基本上只能划江为界。梁、陈所辖大致相当于今安徽、江苏的长江以南地区和浙江境内。

隋代全国分九州,九州中与现在沪苏浙皖三省一市区划有关的主要有扬州。这个"扬州"很大,所辖包括晋时扬、交、广三州的地域,其中彭城、东海、下邳、江都、钟离、淮南、庐江、历阳、丹阳、宣城、新安、毗陵、吴、会稽、余杭、东阳、永嘉等郡,相当于今之安徽、江苏淮北、淮南、江南地区和浙江全境及上海市。②

唐代全国设十道,与今之沪苏浙皖行政区划有关的有:河南道,其中相当于今之江苏、安徽北部地区的有徐州、泗州、亳州、颍州、宿州③;淮南道,其中相当于今江苏、安徽淮河以南地区的有扬州、楚州、滁州、和州、濠州、庐州、寿州、舒州;江南道,其中相当于江苏、安徽长江以南地区、浙江全境和上海市的有润州、常州、苏州、宣州、池州、歙州、湖州、杭州、越州、明州、台州、婺州、衢州、睦州、处州、温州等④。

北宋全国设二十六路,与今之沪苏浙皖区划有关的有:京东西路,治应天府(今河南商丘),其中所辖徐州、单州的部分地区相当于今江苏、安徽北部地区。京东东路,治青州(今山东益都),其中所辖淮阳军,相当于今江苏北部部分地区⑤。两浙路,治杭州(今杭州),领平江、镇江两府,杭、越、湖、婺、明、常、温、台、处、衢、严、秀12州,共设79县,相当于今浙江省、上海市全境及江苏南部地区⑥。淮南东路,治扬州(今扬州),领扬、亳、宿、楚、海、秦、泗、滁、真、通十州及高邮、涟水两军,共设38县,所辖相当于今江苏江北、安徽江北东部、东北部部分地区等⑦;淮南西路,治寿州(今安徽省淮南市境),领寿春府,所辖庐州、和州、舒州、濠州及六安、无为两军,相当于今安徽江北大部分地区⑧。江

---

① 《南齐书·州郡志上》,中华书局1972年版,第1册卷14,第245-259页。
② 《隋书·地理志下》,中华书局1972年版,第3册卷31,第869-879页。
③ 《旧唐书·地理志二》,中华书局1975年版,精装第3册卷38,第1437-1449页。
④ ⑥《旧唐书·地理志三》,中华书局1975年版,精装第3册卷40,第1583-1603页。
⑤ 《宋史·地理志一》,中华书局1977年版,精装第4册卷85,第2109-2111页。
⑥ 《宋史·地理志四》,中华书局1977年版,精装第4册卷85,第2173-2177页。
⑦ 《宋史·地理志四》,中华书局1977年版,精装第4册卷85,第2173-2178页。
⑧ 《宋史·地理志四》,中华书局1977年版,精装第4册卷85,第2182-2185页。

南东路,治江宁府(今南京),领江宁府,所辖宣州、徽州、江州、池州、太平州及广德军,相当于今江苏、安徽两省江南地区①。

南宋设十六路,与今之沪苏浙皖三省一市区划有关的有:浙西路,治临安府(今杭州),治临安府(今杭州市),领临安、平江、镇江、嘉兴4府,安吉、常、严3州,江阴一军,设39县1监,相当于今江苏省长江以南东南部、浙江北部及上海市;浙东路,治绍兴府(今绍兴市),领绍兴、庆元、瑞安3府,婺、合、衢、处4州,设42县,相当于今浙江南部地区②。江南东路,治建康府(今南京市),即北宋的江南东路,领江宁、宁国2府,徽、池、太平、饶、信5州,广德、南康2军,设43县2监,相当于今江苏长江以南西部、安徽江南及江西东部地区③。淮南东路,治扬州(今扬州市),原北宋淮南东路,但泗、海、亳、宿4州入金,领扬、楚、海、泰、滁、淮安、真、通8州,高邮、招信、淮安、清河4军,设24县1监,相当于今江苏省江淮之间地区和安徽东部地区④;淮南西路,治庐州(今合肥市),领安庆、寿春2府,庐、蕲、和、濠、光、黄6州,无为、六安、怀远3军,设32县1监,相当于今安徽省江淮之间地区及河南东南、湖北东北部分地区。⑤

元代疆域一度很大,其前期的行政区划是一种军政合一的管理方式,至元英宗时各级区划始渐趋稳定。当时全国设11行省,其中涉及今江苏、安徽江北地区的有河南江北行省⑥;涉及今浙江、上海全境和安徽、江苏的江南地区的有江浙行省⑦。

明代全国设南北两直隶和13个布政使司,其中南直隶,领应天、凤阳、淮安、扬州、苏州、松江、常州、镇江、庐江、安庆、太平、池州、宁国、徽州14府,徐、滁、和、广德4直隶州,相当于今江苏,安徽两省及上海市⑧。浙江布政使,治杭州府(今杭州市),领杭州、严州、嘉兴、湖州、绍兴、宁波、台州、金华、衢州、处州、温州11府,设45县,相当于今浙江省全境⑨。

清代在地方行政管理方面基本承袭明制,在内地设十八省,其中与今之沪苏浙皖三省一市区划有关的有:

① 《宋史·地理志四》,中华书局1977年版,精装第4册卷85,第2186—2188页。
② 《宋史·地理志四》,中华书局1977年版,精装第4册卷85,第2173—2177页。
③ 《宋史·地理志四》,中华书局1977年版,精装第4册卷85,第2186—2188页。
④ 《宋史·地理志四》,中华书局1977年版,精装第4册卷85,第2178—2182页。
⑤ 《宋史·地理志四》,中华书局1977年版,精装第4册卷85,第2182—2185页。
⑥ 《元史·地理志二》,中华书局1976年版,第5册卷59,第1401—1419页。
⑦ 《元史·地理志五》,中华书局1976年版,第5册卷62,第1491—1519页。
⑧ 《明史·地理志一》,中华书局1974年版,第4册卷40,第910—932页。
⑨ 《明史·地理志五》,中华书局1974年版,第4册卷44,第1101—1116页。

江苏省,治江宁府(今南京)。清顺治二年(1645)改明南京为江南省,含今江苏、安徽两省及上海市;十八年(1661)议分安徽。康熙元年(1662),安徽设巡抚;三年,分江北按察使往治;六年(1667)始名江苏省,改左布政使为安徽布政使,驻江宁;右布政使为江苏布政使,治苏州。清代的江苏辖江宁、苏州、常州、松江、镇江、扬州、淮安、徐州 8 府,太仓、海、通 3 直隶州,海门直隶厅,设 60 县,全境相当于今江苏省和上海市①。

安徽省,治安庆府(今安徽省安庆市)。原为江南省,清康熙元年分建安徽为省治,复置巡抚,驻安庆;六年改左布政为安徽布政使司。乾隆二十五年(1760),安徽布政使自江宁移治安庆,领安庆、庐州、凤阳、颍州、徽州、宁国、池州、太平 8 府,广德、滁州、和州、六安、泗州、直隶州,计 51 县,与今天的安徽省行政区域大致相当。②

民国时期的行政区划分为两个时期,前期是北洋政府时期(1911-1927),后期是国民政府时期(1927-1949)。

民国前期的江苏省,1912 年省市由苏州迁往江宁(南京),1914 年设金陵(治江宁,即南京)、沪海(治上海,领 12 县)、苏常(治吴县,即苏州,领 12 县)、淮海(治铜山,即徐州,领 12 县),共 60 县。后期省会初驻金陵,因定都金陵后改称南京,1928 年迁省会于丹徒县(改名镇江县),辖 61 县及徐州、连云港 2 个普通市。相当于今江苏全境(其中萧县、砀山后来划归安徽,安徽的盱眙、泗洪划入江苏)和上海市部分区县。

民国前期的安徽省,省会为怀宁(即安庆市),设安庆(领 16 县)、芜湖(领 23 县)、淮泗(领 21 县)3 道,共 60 县(其中含后来划入湖北省的英山县和划入江西省的婺源县)。抗战爆发后,省会先迁六安,后迁金寨;抗战胜利后迁合肥,辖 63 县及蚌埠普通市。范围基本相当于现在的安徽省。

民国前期的浙江省,省会为杭县(今杭州市)。1914 年设钱塘(治杭州,领 20 县)、会稽(治鄞县,领 20 县)、金华(先治兰溪,后治衢州,领 19 县)、瓯海(治永嘉,即温州,领 16 县)4 道,共 75 县,即今浙江省全境。后期辖 77 县,范围相当于现在的浙江省和上海市部分区县。

通过以上对沪苏浙皖三省一市历代行政区划形成、沿革情况的梳理,结合对现实状况的调查分析,我们可以得出这样几个结论:

(1)沪苏浙皖三省一市面积近 35 万平方公里(内有 6 个都市圈),彼此不仅山水相连,交通便捷,而且自秦汉至明清,数千年来其行政建置,或为一体,

① 《清史稿·地理志五》,中华书局 1976 年版,第 8 册卷 58,第 1983–2000 页。
② 《清史稿·地理志六》,中华书局 1976 年版,第 8 册卷 59,第 2001–2019 页。

或同一州郡,且府县相衍,历久而少变,彼此关系极为紧密;尤其是长三角区域,更是河同水密,融汇难分。

(2)沪苏浙皖三省一市民众生活习惯相近,自古至今,或为邻居,或为亲戚,认同感强、亲密度高,彼此好合作,能成事,这种历史上的亲缘关系也为新时代长三角区域的融合互动打下了良好的基础。

(3)长三角区域文化传统相似,历史上都高度重视文化、重视教育。重视人才,这个区域的知识分子(士人)在历史上尤其是明清时期交流最为密切,学术互动十分频繁,他们在思想上或尊崇程朱,或服膺陆王,或藏陆于朱,或朱王并用,但多以儒学为正宗;在践行上,他们匡世卫民,不避艰难,如明季的复社、清末的光复会;在成就上,这个区域名家辈出,著述如林,诞生了一大批历史伟人。凡此,都为新时代长三角区域的发展和创新提供了重要的历史借鉴。

(4)由于历史、自然条件的差异和前期发展的不平衡,沪苏浙皖三省一市之间特别安徽省与沪苏浙在经济文化发展的很多方面存在差异。重视这些差异,解决好存在的问题,努力实现包括安徽在内的长三角更高质量一体化发展,既是对历史的呼应,也是对新时代我国社会发展不平衡不充分难题的破解。这对发展短板明显的安徽更具有迫切意义。

安徽省旅游产业与区域发展耦合协调的演变特征及影响因素分析

吕　丽

　　摘　要：采用耦合协调度评价模型、回归分析法、GIS空间分析法，分析了安徽省2005—2017年旅游与区域发展子系统耦合协调演化特征、空间差异和影响因素。研究发现：①两子系统的有序度水平均得到很大程度的改善，旅游产业的发展步伐更快，其有序度水平从落后于区域发展子系统转变为超前于区域发展子系统，对区域发展的带动效应逐步逐渐发挥。②耦合协调状态呈现"平稳缓进"的特征，逐步从低质耦合向高质耦合演变，耦合协调类型从2005—2008年的严重失调逐步演变为2009—2013年的中度失调、2014—2017年的轻度失调。空间差异较大但逐渐缩小，南高北低的空间结构较为稳固，其中皖南国际文化旅游示范区和省会合肥率先步入初级协调和中级协调阶段。局部地区出现空间集聚态势，主要分布于"合—铜—黄"沿线。③影响因素在三个时期里进行着转换与变化，推动耦合协调水平的提升。其中，经济增长的影响较为稳定，社会进步、产品供给的影响程度逐渐加深，旅游需求的影响程度下降，环境保护的影响程度波动升高。在影响指标上，以政府财收入水平、区域经济水平、社会公共服务和设施、固废排放、星级酒店和旅游人次的影响更为典型。

　　关键词：耦合协调；旅游；协同论；安徽省

　　在全域旅游的背景下，城市不仅要为旅游产业的高质发展提供保障和支持，给游客带来良好的旅游体验，也需要通过旅游发展带来经济、社会、环境等多方面的提升，从而不断满足人民日益增长的美好生活需要。然而，高速发展的旅游业在驱动区域经济、社会、生态不断发展的过程中，也可能会对自然环境和传统文化造成破坏，带来交通拥堵、生态破坏、空间正义等社会问题，这又反过来增加治理成本并制约区域经济的可持续发展[1]。同时，不同城市旅游业的发展定位和水平,对区域发展提出的要求也有所不同,而不同城市的功能、性质也在左右着区域旅游业的发展方向[2]。因此,探讨旅游产业与区域发展在不同阶段的耦合协调发展特征,能更好地协调两者之间的关系,推动旅游与区域的可持续协调发展。

旅游与区域发展的互动耦合关系一直是学界持续关注的重要论题。国外关于旅游产业与区域发展的研究主要集中在城市与旅游经济、生态环境、交通设施等的关系上[3-7]。20世纪90年代以来,国内关于旅游系统内部,旅游与城市各子系统的耦合协调研究成果逐渐丰富[8-9]。内部系统研究对象包括旅游供需耦合、旅游流与旅游目的地耦合等[10-14],外部系统的耦合主要集中在旅游与城市化、经济发展、生态环境、交通发展、文化产业等方面[15-20]。主要的研究思路是在指标权重确定的基础上,计算各研究研究区域各子系统的综合发展水平,通过耦合协调度模型计算系统的耦合协调度,进而分析时序变化、空间格局、影响因素等内容。权重的确立以熵值法、主成分分析法、专家打分法为主[17,21],综合发展水平的计算有线性加权法、Topsis法[1,22],空间格局的分析运用了空间自相关、热点分析等空间分析方法[19-20],影响因素的确定采用相关分析、回归分析、灰色关联分析、地理探测器等方法[10,13,20,23]。总体上,关于耦合协调研究的范式比较成熟,但是学者多以耦合协调度空间格局的演化特征为主要分析内容,对影响因素和演变机理的探讨不足,理论基础也有待于进一步加深,因此,本文基于协同论和耦合协调理论,分析安徽省2005-2017年旅游与区域发展耦合协调系统的演化特征、空间差异及其影响因素,以期能够为安徽省旅游与区域协调发展提供一定的决策建议。

一、理论基础及研究方法

(一)旅游与区域耦合协调发展作用机理

耦合是指两个或两个以上的系统或运动形式通过各种相互作用而彼此影响的现象,体现系统或要素间的相关关系。子系统间良性相互作用的程度,被定义为耦合协调度。从协同论的角度看,子系统内部要素经过非线性的相互作用产生协同现象,实现系统从低级向高级、从无序向有序状态的演变,耦合协调度正是度量协同作用的定量指标[24-26]。系统在演变的过程中,序参量有序度水平是决定系统走向有序或是无序的重要影响因素[27]。

旅游产业与区域发展耦合系统是远离平衡态的复杂开放系统,当前的实践发展和理论研究均表明旅游产业子系统与区域发展子系统存在着天然的

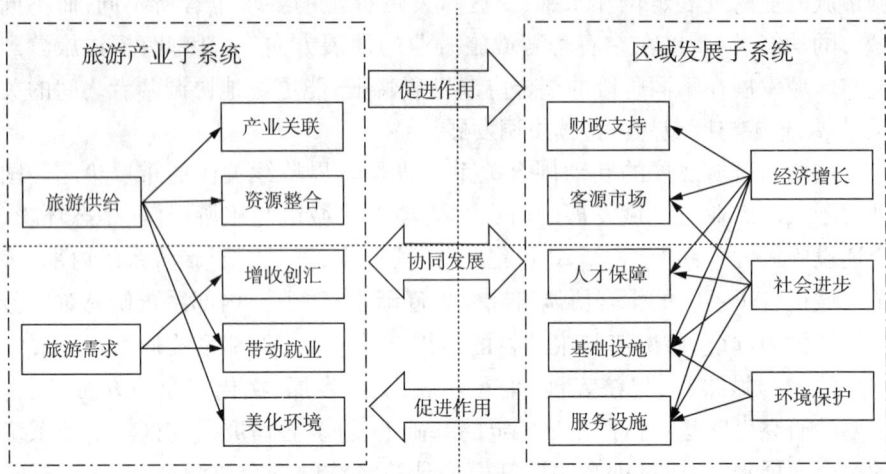

图1　旅游与区域耦合协调发展作用机理

共生效应和协同机制[28]。区域为旅游业的发展提供财政支持、客源市场、人才保障、基础设施与服务设施等(图1)。区域的经济进步一方面为旅游景区的开发及配套产业的升级提供了强大的财政支持,另一方面通过提高居民的生活水平和收入水平,极大地拉动了居民的旅游消费需求。区域公共基础设施与服务设施的优化升级对提升旅游业服务效率和游客的旅游体验发挥了重大作用。旅游产业所需大量高层次、高素质的后备人才队伍也源于区域的发展进步。反过来,旅游产业为区域经济发展提供了新的动能,旅游产业通过产业关联、资源整合、增收创汇、带动就业等方面加快城镇化进程、推动社会经济转型、助力乡村贫困地区脱贫、提升城市综合竞争力等[29]。总体而言,两子系统在经济、社会、环境等序参量的相互作用下不断的演化,实现时间、空间和功能上的有序结构。基于此,本文运用协同论的序参量原理,建立旅游与区域发展系统耦合协调度模型,对其演变过程、时空特征与影响因素进行剖析。

(二)研究方法

1. 子系统的有序度模型

在协同论中,序参量对子系统的有序方向的演变起着决定性的作用。设旅游与区域子系统 U_i 的序参量分量为 x_{ij},序参量分量对子系统的效用 x'_{ij} 表示,计算公式如下:

$$x'_{ij} = (x_{ij} - \beta_j)(\alpha_j - \beta_j) \quad x_{ij} \text{ 具有正功效} \qquad \text{式(1)}$$

$$x'_{ij} = (\alpha_j - x_{ij})(\alpha_j - \beta_j) \quad x_{ij} \text{ 具有负功效} \qquad \text{式(2)}$$

其中, α_j、β_j 为系统稳定临界点上的序参量的上限和下限,这里分别对应序参量分量的最大值和最小值[26]。序参量分量数值越大,其对子系统有序度的贡献就越大。

由于旅游产业与区域发展处于两个不同而又相互作用的子系统,各个序参量对子系统有序程度的"总贡献"用 U_i 来表示,反映了子系统的有序度,本文采用线性加权求和法处理[23]。

$$U_i = \sum_{j=1}^{n} w_j x'_{ij} \qquad \text{式(3)}$$

式中,w_j 表示第 j 项指标的权重,通过熵值法计算得出,反映了序参量分量 x'_{ij} 在旅游区域发展系统有序运行中所起的作用或所处的地位。U_1 为旅游产业发展有序度,U_2 为区域发展有序度。

由于旅游产业和区域发展的两个系统所包含的二级评价指标个数差异较大,因此为了确保两者耦合协调关系测度的精确,对数据进行二次标准化[28,30]。

$$U'_1 = U_1/\max(U_1), U'_2 = U_1/\max(U_2) \qquad \text{式(4)}$$

2. 耦合协调度模型

耦合度是对系统间关联程度的度量,反映各系统间相互作用的强弱程度。计算公式如下:

$$C = \sqrt{U'_1 \times U'_2}/(U'_1 + U'_2) \qquad (5)$$

式中,C 为耦合度,得分区间在 $[0,1]$ 之间,C 为 0 时关联最小,C 为 1 时达到最优质的耦合。

由于耦合度反映的是双方相互作用的强弱,不考虑利弊,无法区分低发展水平下的耦合与高发展水平下的耦合,因此引入耦合协调度模型,该模型能够反映子两系统间的良性互动态势[9,26]。

$$D = \sqrt{C \times T}, \text{其中}, T = aU'_1 + bU'_2 \qquad \text{式(6)}$$

式中,D 为耦合协调度,T 为综合评价指数,它反映旅游产业与区域发展的整体协同的效应或贡献。耦合协调度值 $D \in [0,1]$,当 $D = 0$ 时,耦合协调度极小,系统之间或系统内部要素之间处于无关状态,系统将向无序发展;当 $D = 1$ 时,耦合协调度最大,系统之间或系统内部要素之间达到良好共振耦合,系统将趋向新的有序结构[29]。另外,a 和 b 分别为待定系数。旅游业与区域发展之间相互作用的程度是不同的,区域发展受到多种要素和动力的综合作用得以发展,旅游业是其中的重要动力之一,因此参考大多数学者的系数设定,将 a、b 分别赋值为 0.4 和 0.6。

目前耦合协调度等级存在较多分级方法,如"十分法""七分法""四分法"等(表1)。级别的划分步骤首先要分开,其次是定级,分开是前提,定级是过程,实践是目的[31]。因此,从概括性与明确性看,七分法对分析城市旅游耦合现象更具优势,故采用七分法划分安徽省旅游与区域发展的耦合协调度[10,31]。

表1 耦合协调等级的划分方法

分类区间	十分法	七分法	四分法
[0,0.1)	极度失调	严重失调	低度协调耦合
[0.1,0.2)	严重失调		
[0.2,0.3)	中度失调		
[0.3,0.4)	轻度失调	中度失调	
[0.4,0.5)	濒临失调	轻度失调	中度协调耦合
[0.5,0.6)	基本协调	初级协调	
[0.6,0.7)	初级协调	中级协调	高度协调耦合
[0.7,0.8)	中级协调	良好协调	
[0.8,0.9)	良好协调	优质协调	极度协调耦合
[0.9,1]	优质协调		
参考文献	生延超,2009;丛小丽,2019	陈青松,2015;刘军胜,2017	吴玉鸣,2008;刘浩,2011

3. 序参量及序参量分量的确定

当前的研究成果对区域发展水平的评价维度表述较多,如人口、生态、市政、服务、绿化、经济等方面,但基本上可以划分为经济、社会、环境三类序参量。旅游业发展水平的评价指标体系比较统一,主要集中在收入、人次、花费、旅游资源、旅游企业等方面,可以将分别归类为旅游需求和旅游供给两个方面。在文旅融合的背景下,文化产业的旅游利用受到了进一步的重视。尽管A级旅游景区基本覆盖了多种类型的旅游吸引物,但依然是难以全面地反映文化类旅游吸引物的规模水平,因此在旅游产业发展水平的指标体系中加入文化类旅游吸引物的数量,选取国家级非物质文化遗产、全国重点文物保护单位、博物馆三种类型的文化类旅游吸引物(表2)。

基于相关文献指标体系的梳理,从前述旅游产业与区域发展之间的互动内涵的出发,可以看出旅游产业对区域发展的影响主要体现经济增长、社会进步、环境保护三个方面,区域发展对旅游产业的影响主要体现在旅游需求和旅游供给方面。因此,依据独立性、结果性和可操作性的原则,提取使用频率较高的评价指标,通过相关性分析,剔除或合并被选取的指标相关系数均大于0.95的指标以满足指标筛选的独立性[32]。经过相关分析的筛选后,合计选取29个评价指标,考虑到城市人口、国土面积等发展基底的差异,指标以人均水平为主(表2)。

评价指标数据来源于2006—2018年《安徽省统计年鉴》《中国城市统计年鉴》,部分缺失数据通过该年份的统计公报补齐。旅游吸引物、旅游产业数据来源于国家文旅部、安徽省文旅厅官方网站。

表2　旅游与区域协调发展序参量指标及其权重

子系统 U	序参量 P	序参量分量 x_{ij}	单位	权重 w_j	指标属性
区域发展水平	经济增长	城市化率	%	0.0124	正向
		第三产业产值比重	%	0.0103	正向
		人均 GDP	元/	0.0314	正向
		城镇居民人均可支配收入	元	0.0034	正向
		农村居民人均可支配收入	元	0.0064	正向
		人均地方财政收入	元	0.0326	正向
		人均社会消费品零售总额	元	0.0202	正向
	社会进步	人均道路面积	m^2	0.0106	正向
		第三产业就业人员比重	%	0.0125	正向
		万人公共交通运营数	辆	0.0347	正向
		万人医院床位数量	张/万人	0.0109	正向
		建成区占土地总面积的比例	%	0.0776	正向
		每万人拥有公共厕所	座/万人	0.0436	正向
		万人高等学校在校学生数	人	0.0774	正向
	环境保护	万元 GDP 工业废水排放量	t/万元	0.0009	负向
		亿元 GDP 工业废气排放量	亿标 m^3/亿元	0.0029	负向
		万元 GDP 工业固体废弃物排放量	t/万元	0.0074	负向
		人均公园绿地面积	平方米	0.0060	正向
		建成区绿化覆盖率	%	0.0014	正向

（续表）

子系统 U	序参量 P	序参量分量 x_{ij}	单位	权重 w_j	指标属性
旅游发展水平	旅游需求	旅游总人次	万人	0.0319	正向
		旅游总收入	亿元	0.0625	正向
		人均旅游消费	元	0.0186	正向
		旅游收入占 GDP 比重	%	0.1097	正向
	旅游供给	国家级非物质文化遗产	个	0.0708	正向
		全国重点文保单位	个	0.0805	正向
		博物馆数量	个	0.0587	正向
		4A 级以上景区数	个	0.0611	正向
		星级饭店数量	个	0.0534	正向
		旅行社数量	个	0.0503	正向

二、安徽省旅游产业与区域发展耦合协调的时空演变特征

（一）有序度水平演变特征

根据有序度模型和耦合协调度模型，计算安徽省各地市 2005—2017 年的平均值获得安徽省旅游产业与区域发展的有序度水平和耦合协调的演进过程。结果显示，2005 年以来，安徽省区域发展有序度水平呈缓慢波动上升的趋势，其中，经济增长有序度线性增长，增速较快，社会进步序参量有序度波动上升，环境保护序参量水平较低，且变化不大。总体上，经济增长、社会进步序参量对子系统有序度水平的效用最大（图 2）。旅游产业有序度水平近乎呈线性增长的态势，从低于区域发展水平逐步发展为超越区域发展水平。旅游需求和旅游供给序参量有序度均呈线性增长态势，旅游供给序参量对旅游产业子系统演变的效用较大（图 2）。

旅游产业与区域发展系统的耦合度缓慢升高，处于 0.4～0.5，说明两子系统的处于拮抗阶段，两子系统相互关联程度较为稳定，尽管关联程度较低，但呈现逐渐增加的趋势，两者之间的相关关系不断增强（图 3）。耦合协调度介于 0.12～0.64，平均值从 2005 年的 0.245 逐渐升至 2017 年 0.428，耦合协调度逐渐升高，但总体上处于一个较低的水平，互相抗衡特征比较明显，尚未达到理想状态下的耦合，在未来的发展中两系统的交互程度还需要进一步

加强[22,29]。

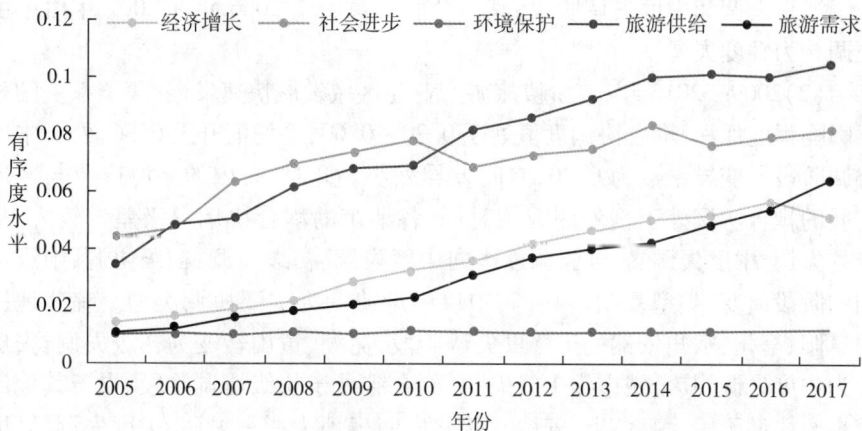

图 2　序参量有序度水平演化曲线

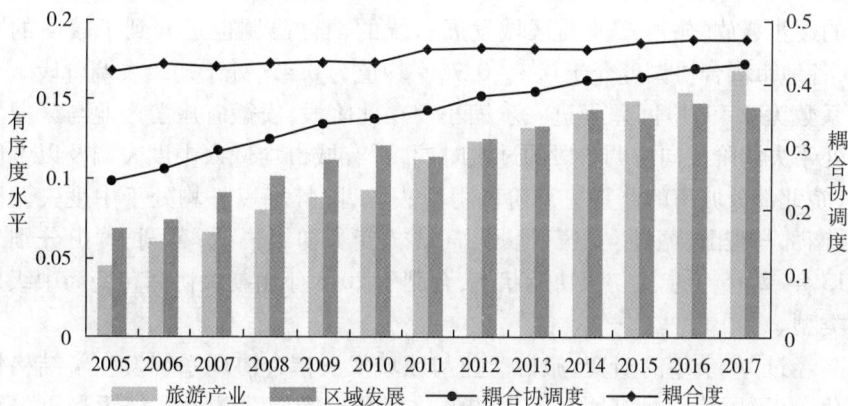

图 3　安徽省旅游产业与区域发展系统耦合协调度成长曲线

（二）空间分异特征

依据国务院 2009 年发布《关于加快发展旅游业的意见》、2014 年发布《关于促进旅游业改革发展的实施意见》的重大旅游产业发展政策,将安徽省旅游产业与区域发展的耦合协调历程划分为 2005—2008、2009—2013 年、2014—2017 年三个时期,耦合协调空间分异特征如下(表 3,图 4):

(1)2005—2008 年:旅游产业与区域发展系统均处于较低的发展水平,耦合协调度处于 0.10~0.45,平均值为 0.28,严重失调是该阶段的主导类型。变异系数为 0.25,空间差异较大。合肥市位于初级失调阶段,马鞍山、芜湖、铜陵、黄山处于中度协调阶段,其他地市均处于严重失调阶段。总体上,皖北地区基本上处于严重失调阶段,其中淮南于 2008 年转为中度失调,南部地区处于严重失调和中度失调阶段,其中合肥和黄山于 2006 年和 2007 年由中度失调转为轻度失调。

(2)2009—2013 年,该阶段旅游产业与区域发展快速发展,两子系统的相互影响程度加深,耦合协调度值处于 0.20~0.60,平均值升至 0.36,处于中度协调阶段。变异系数为 0.20,空间差异缩小。此时,省内的旅游产业与区域发展的耦合协调处于剧烈的震荡时期,各地市的耦合协调等级差异较大,从严重失调、中度失调、轻度失调逐步向中度失调、初级失调、初级协调、中级协调的阶段演变,类型复杂多样,其中以中度协调为主要协调类型。皖北地区的阜阳、亳州、宿州依然处于严重失调阶段,芜湖、黄山转变为初级失调,安庆转为中度失调,其余城市为中度失调,而合肥处于初级协调阶段,先于其他城市步入协调阶段。整体上,安徽省从北向南表现为严重失调、中度失调、轻度失调的空间分布特征。

(3)2014—2017 年,旅游产业的水平持续快速发展,对区域发展的带动效应的逐步释放,旅游产业与区域发展系统的耦合协调也提升到了较高的水平,各地市耦合协调度介于 0.3~0.7,平均值为 0.42,处于初级失调阶段。变异系数为 0.19,空间差异进一步缩小。在此阶段,安徽省旅游产业与区域发展处于失调阶段向协调阶段的过渡时期,所有城市均进入中度失调及以上阶段,皖北部分城市的严重失调阶段得以去除,除蚌埠以外均处于中度失调阶段,南部马鞍山、芜湖、安庆、池州、宣城转变为初级失调,芜湖、黄山分别于 2013 年、2016 年步入初级协调状态,合肥于 2015 年由初级协调转变为中级协调类型。

经过 10 余年的演变,旅游产业与区域发展耦合协调系统发生了结构性变化,在不同阶段具有明显不同的演化特征。安徽北部地区处于严重失调向中度失调、初级失调阶段过渡,安徽南部从中度失调向初级失调、初级协调方向转变,而且南部地区的演进速度要快于北部地区。但是各时期的耦合协调度的地市排序未发生较大变化,"南优北劣"的空间分布格局保持相对稳固,合肥、黄山、芜湖的耦合协调度在各阶段均处于前列。皖南地区高品位旅游资源丰富,旅游起步较早,旅游产业的地位也在逐年上升,部分城市将其列为经济发展的支柱性产业,因此在区域经济、文化、社会的不断发展中,旅游业所发挥的区域发展带动效应较为显著。皖北地区的产业结构是以农业为主,资源有限、经济薄弱等成为旅游业发展的重要瓶颈,同时,城市的工业、商业的原始积累较晚,造成了两者的耦合协调的步伐慢于安徽南部地区。

表 3 2005—2017 年安徽省各地市耦合协调等级的演变

城市	2005	2006	2007	2008	2009	2010	2011	2012	2013	2014	2015	2016	2017
合肥市	中度失调	轻度失调	轻度失调	轻度失调	轻度失调	初级协调	初级协调	初级协调	初级协调	初级协调	中级协调	中级协调	中级协调
淮北市	严重失调	严重失调	严重失调	严重失调	严重失调	严重失调	中度失调	中度失调	中度失调	中度失调	中度失调	中度失调	中度失调
亳州市	严重失调	严重失调	严重失调	严重失调	严重失调	严重失调	严重失调	中度失调	中度失调	中度失调	中度失调	中度失调	中度失调
宿州市	严重失调	严重失调	严重失调	严重失调	严重失调	严重失调	严重失调	严重失调	重度失调	中度失调	中度失调	中度失调	中度失调
蚌埠市	严重失调	严重失调	严重失调	严重失调	中度失调	中度失调	中度失调	中度失调	中度失调	中度失调	轻度失调	轻度失调	轻度失调
阜阳市	严重失调	严重失调	严重失调	严重失调	严重失调	严重失调	严重失调	严重失调	重度失调	中度失调	中度失调	中度失调	中度失调
淮南市	严重失调	严重失调	严重失调	中度失调	中度失调	中度失调	中度失调	中度失调	中度失调	轻度失调	中度失调	轻度失调	轻度失调
滁州市	严重失调	严重失调	严重失调	严重失调	重度失调	重度失调	中度失调	中度失调	中度失调	中度失调	中度失调	中度失调	中度失调
六安市	中度失调	中度失调	中度失调	中度失调	中度失调	中度失调	中度失调	中度失调	中度失调	中度失调	中度失调	中度失调	中度失调
马鞍山市	中度失调	中度失调	轻度失调	轻度失调	轻度失调	轻度失调	轻度失调	轻度失调	轻度失调	轻度失调	轻度失调	轻度失调	轻度失调
芜湖市	中度失调	中度失调	中度失调	中度失调	中度失调	中度失调	中度失调	中度失调	中度失调	中度失调	中度失调	初级协调	初级协调
宣城市	严重失调	严重失调	严重失调	中度失调	中度失调	中度失调	中度失调	轻度失调	轻度失调	轻度失调	中度失调	轻度失调	中度失调
铜陵市	严重失调	严重失调	严重失调	中度失调	中度失调	中度失调	中度失调	轻度失调	轻度失调	轻度失调	轻度失调	轻度失调	中度失调
池州市	严重失调	严重失调	严重失调	中度失调	中度失调	中度失调	中度失调	中度失调	中度失调	中度失调	轻度失调	中度失调	轻度失调
安庆市	严重失调	严重失调	重度失调	中度失调	中度失调	中度失调	轻度失调	轻度失调	轻度失调	初级协调	轻度失调	轻度失调	轻度失调
黄山市	中度失调	中度失调	轻度失调	轻度失调	轻度失调	轻度失调	轻度失调	轻度失调	初级协调	初级协调	初级协调	初级协调	初级协调

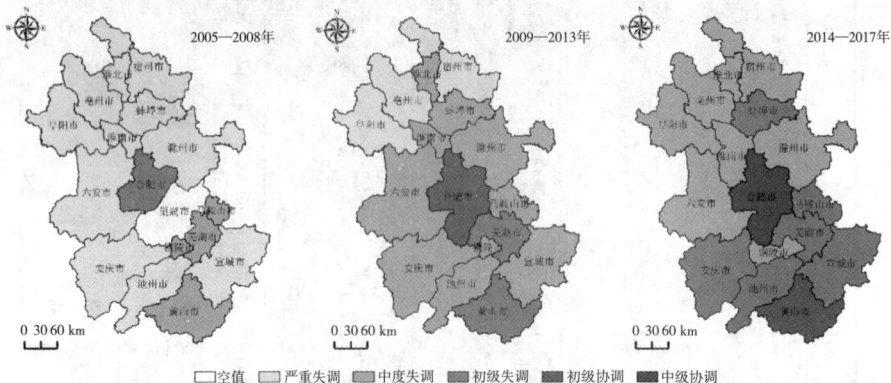

□空值	□严重失调	□中度失调	■初级失调	■初级协调	■中级协调

图 4　安徽省旅游与区域发展耦合协调系统等级空间分布格局

(三) 空间关联特征

为进一步探究安徽省各地市耦合协调性的空间关联性特征,通过 Arcgis 空间聚类分析模块,采用全局莫兰指数 Moran's I 和局部杰瑞指数 Gi 分别分析耦合协调度整体和局部的空间关联性特征。

全局莫兰指数检验研究区域中临近地域间是相似、相异或者相互独立,取值在$-1 \sim 1$, Moran's $I > 0$ 表示空间正相关,其值越大,空间相关性越明显; Moran's $I < 0$ 表示空间负相关,其值越小,空间差异越大; Moran's $I = 0$,空间呈随机性[36]。结果显示,安徽省 2005—2017 年耦合协调度的 Moran's I 指数处于 $0.3 \sim 0.7$,各年份数值均高于 0,且均通过显著性检验,表明耦合协调度空间自相关显著,整体表现出集聚分布特征(图 5)。Moran's I 表现为波动下降,说明了整体上空间集聚呈下降态势,随着各地区旅游产业和区域发展的良性联动,区域之间耦合协调度的空间差异在逐渐缩小。

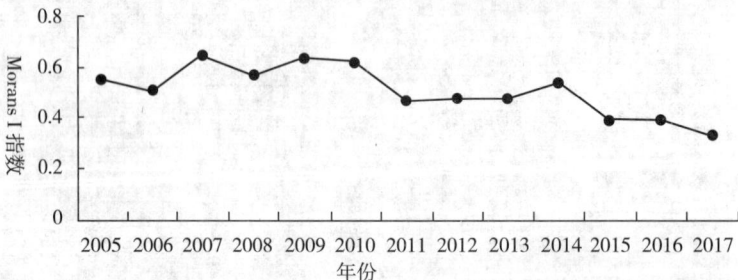

图 5　耦合协调度的 Moran's I 估计值

Moran's I 反映的是整体上的空间自相关特征,而局部杰瑞指数 G_i 则指示的是局部地区是否存在高值或低值在空间上的集聚态势,反映了局部集聚的具体位置及联系程度。高值 G_i 代表高值集聚地域，低值 G_i 则代表低值集聚地域。本文基于 G_i 指数划分为 4 类地域，即 $-3 \sim -1$、$-1 \sim 0$、$0 \sim 1$ 和 $1 \sim 3$，分别代表着低–低集聚、低–高集聚、高–低集聚、高–高集聚。结果显示，安徽省旅游产业与区域发展耦合协调系统的各地时间相对彼此独立，在空间上没有强极化效应，只在局部地区产生了比较强的空间自相关特征（图 6）。其中，低–低区域分布较为集中且稳定，分布于皖北的阜阳、亳州、淮北、蚌埠、宿州地区。高–高集聚区域表现为连续带状分布格局，且逐渐扩大，从早期的"合—芜"热点区域逐步发展为"合—铜—黄"沿线及周边区域为高值集聚区域。近年来，安徽省的"两山一湖""皖南国际文化旅游示范区""皖江城市带"等区域旅游发展战略陆续实施，不断地推动皖南地区的旅游合作与发展，使得热点区域进一步在安徽南部地区扩大，而北部地区一直处于安徽省旅游产业发展的冷点地区。

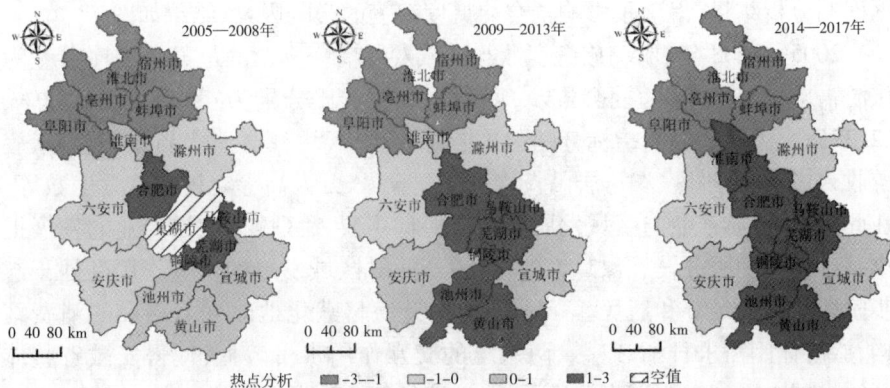

图 6　耦合协调度热点区分布图

三、安徽旅游产业与区域发展耦合协调演变的影响因素分析

为进一步探究形成旅游产业与区域发展耦合发展态势的驱动机制，在前文理论框架与相关研究的基础上，分析序参量及指标对耦合协调演变的影响机理。学者们多采用地理加权回归（GWR）、最小二乘线性回归模型（OLS）、灰色关联分析、地理探测器等分析方法识别主要影响因素，尤以 GWR 和 OLS 模型为主。文章分别以 2005—2008 年、2009—2013 年、2014—2017 年的耦合协调度的变化为因变量，以标准化后的指标为解释变量进行 OLS 模型和 GWR 模型检验。结果显示，OLS 模型使自变量对因变量的解释力更强，各自

变量对安徽省旅游产业与区域发展耦合协调度的影响空间差异不显著。此外,逐步回归分析较线性回归的优点在于每引入一个解释变量后都要进行 F 检验,并对已经选入的解释变量逐个进行 t 检验,当原来引入的解释变量由于后面解释变量的引入变得不再显著时,则将其删除,这样可以使得最后保留在模型中的解释变量既是重要的,又没有严重多重共线性。因此,本文选择多元逐步回归分析模型分析不同阶段耦合协调度演变的主要影响指标,并根据回归系数的占比,求和计算出各序参量的贡献率,确保各时期之间具有可比性。

(一)回归分析结果

结果显示,三个时间阶段的拟合优度分别为 0.981、0.991、0.994,整体均达到 95% 的显著水平,共线性检验统计量中容忍度均大于 0.1,方差膨胀因子均小于 5,表明解释变量之间不存在显著多重共线性,模型设定合理[33]。依据回归分析结果,得出了影响耦合协调度演变的影响因素,结果如图 7:

2005—2008 年,驱动旅游产业与区域发展耦合协调的最显著的序参量为旅游需求、经济增长和社会进步,回归系数的占比分别为 48.71%、31.82%、12.27%。主要的影响指标分别为旅游总人次、人均社会消费品零售总额、旅游收入占 GDP 比重、农村居民人均可支配收入、万人高等学校在校学生数等,在此阶段,旅游产业与区域发展的耦合协调主要以区域为旅游产业的发展提供基础设施和服务设施保障为主,旅游产业对区域发展的反哺作用尚处于起步阶段。国民经济和居民生活水平的提升潜移默化地改变着居民的消费结构,旅游休闲需求日渐旺盛。两系统的交互作用水平较低,使得安徽省整体区域发展水平高于旅游产业水平,两系统处于严重失调阶段。

2009—2013 年,影响旅游产业与区域发展系统耦合协调的显著序参量依次为经济增长、旅游需求、社会进步、环境保护和旅游供给。相较于上一时期,经济增长的影响程度较为稳定,影响程度轻微提升,旅游需求的影响程度降低,社会进步、环境保护和旅游供给的影响程度升高。主要的影响指标分别为农村居民人均可支配收入、星级饭店数量、人均公园绿地面积、人均 GDP、万人高等学校在校学生数等。2009 年,国务院、安徽省陆续发布了"加快旅游业发展意见"的政策和意见,旅游业被定位为国民经济的战略性支柱产业,其在国民经济行业的地位迅速攀升。旅游市场的供给丰富化、多元化,安徽省 A 级景区从 2009 年的 337 处增至 2018 年的 461 处。旅游消费市场的火爆推动着交通建设、人才教育、公厕改革、环境改善等水平"社会进步"序参量快速发展。在这一阶段,旅游产业水平得到了迅速的提升,持续追赶区域发展水平,并于 2011 年后在一定时期内保持同步发展,此时旅游产业与区域发展系统的耦合程度加深。

2014—2017年,在这一时期,经济增长、社会进步和旅游供给序参量的影响程度继续增加,环境保护和旅游需求的影响程度有所降低。主要的影响指标为非农业人口比重、万人高校在校学生数、建成区土地面积占比、第三产业就业人员比重、星级饭店数量、旅游总人次等。大众旅游的时代的到来,旅游消费需求日益多元化,而旅游产品的供给结构单一、特色不足等问题凸显,全域旅游和供给侧改革等政策的颁布与实施对旅游产品供给、旅游服务、公共设施、文化体验等旅游与区域发展的战略提出了新的要求。多元的旅游产品供给、完善的公共基础设施、稳定的经济财政支持,促使旅游产业与其他产业的融合深度和广度也得到加强,促进就业和带动城市化的效应也越来越突出,旅游产业与区域发展之间的关联愈发密切,耦合协调度得到了进一步的提升。

(二)影响因素分析

从以上的分析可以看出,安徽省旅游产业与区域发展两子系统的耦合协调演变的过程中,影响因素在三个时期里不断的转换和变化(图7),推动两大子系统逐渐从无序向有序迈进,最终实现系统由低质耦合向高质耦合的成长演化[24]。

1. 旅游需求因素影响程度逐步降低,旅游供给影响程度快速增加

在早期,生活水平的提升和闲暇时间的增多,使得居民主动地去寻求多样化的消费需求,享乐性的旅游休闲消费行为慢慢开始进入黄金时代,甚至逐渐变成了一种基本性消费。但随着产业政策的完善和旅游产业的地位的提升,在新兴营销媒体的营销宣传下,各类旅游产品供给对居民旅游休闲的"拉力"作用增强,影响旅游动机的"推力"作用减弱,使得旅游供给对旅游产业与区域发展耦合协调系统的影响逐渐的超过旅游需求,并且随着一段时间的发展,两者的影响程度逐渐相当。旅游供给与旅游需求的日渐完善,推动者旅游产业的成长,不断改善着区域经济的本底条件和区域产业结构,引导城市建设的重点和方向,两系统间的耦合协调度得以逐步上升。

2. 经济增长影响程度稳中有升

国内经济建设的加快以及政府财政收入的提高,不仅为区域社会、文化、环境的发展提供了经济基础,而且为旅游产业所需要的基础设施建设提供了重要的支撑。经济增长因素在不同的时期内均发生着重要作用,影响程度居影响因素之首,并且表现为稳中有升的态势。随着时间的演变,居民自身收入水平和消费能力的影响逐渐让位于区域经济水平、政府财政投入水平和区域产业结构状态,也说明出城市发展的资金支持和产业结构状态对两系统耦合协调的影响更明显。

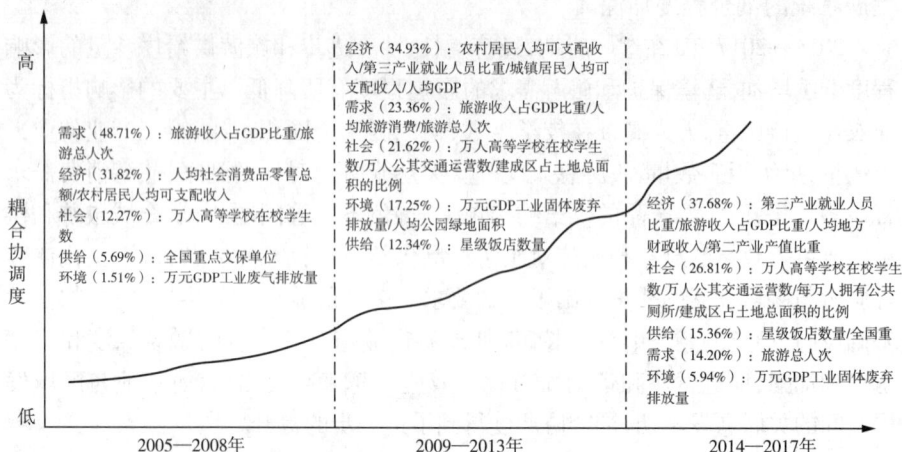

图 7 不同阶段耦合协调演变影响因素

3. 社会进步影响程度逐步提升

无论是区域发展还是旅游兴旺都离交通、教育、卫生等方面的支撑,尤其在全域旅游背景下,旅游服务设施及区域公共设施所发挥的效用更强。从表 4 可以看出,社会进步序参量所发挥的功效持续的快速增加,影响指标的数量也在增多,从单一的万人高校学生数指标演变为万人高校学生数、公共交通、公共厕所、建成区面积等共同影响着两子系统的耦合协调,说明了人才技术支持、基础与服务设施、城市空间拓展旅游与区域耦合协调发展过程发挥了重要作用。

4. 环境改善影响程度波动增加

生态环境保护是旅游业和区域可持续发展的先决条件,旅游对环境的依赖在一定程度上会抑制高污染产业的扩张,促进城乡环境的改善。2009 年以来,旅游产业进入到快速发展的黄金时期,对生态环境的也提出了更高的要求。人民日益增长的美好生活需求也在倒逼着区域加强环境整治和环境保护,2008 年环保部成立,2011 年国务院发布《关于加强环境保护重点工作的意见》,2012 年,党的十八大提出"美丽中国"建设。在这一时期,,生态环境因素对两子系统的耦合发展起到了很大的作用。随后,在环境友好型战略和生态文明战略的推动下,生态环境建设稳步推进,其对旅游与区域协调发展的影响逐步让位于其他因素。

此外,2005—2017 年,安徽省经历了两次行政区划的调整。2011 年,三分巢湖分别并入合肥、芜湖和马鞍山;2016 年,原安庆枞阳县并入铜陵、原六安寿县并入淮南。行政区划的变动使得区域旅游和经济的发展要素发生了一定的重组,带来旅游与区域发展有序度水平的变动。三分巢湖使得马鞍山、合肥和芜湖的旅游产业发展有序度水平迅速上升,而区域发展水平有了很大程度的下降。枞阳县和寿县因为行政单元较小,带来的影响不太明显。行政区划调整扩大了旅游规模,降低了资源和管理成本,从而提高了旅游产业的发展水平[34]。

四、结论与讨论

运用耦合协调度评价模型和 GIS 空间分析法,探讨了 2005 年以来安徽省旅游与区域发展耦合协调的时空格局和影响因素,主要结论如下:

(1)安徽省旅游产业与区域发展子系统有序度水平逐渐增加,区域发展系统有序度呈缓慢波动增长特征,而旅游产业子系统有序度呈线性增长态势,其有序度水平从落后于区域发展子系统转变为超前于区域发展子系统,对区域发展的带动效应逐步逐渐发挥。其中,经济增长和社会进步、旅游供给和旅游需求序参量分别对各子系统的发挥效用较大。

(2)两子系统耦合协调总体处于一个相对较低的水平,但呈现"平稳缓进"的特征,耦合协调系统由低质向高质耦合逐步发展演化,从 2005—2008 年的严重失调逐步演变为 2009—2013 年的中度失调、2014—2017 年的轻度失调,耦合协调度逐渐升高,失调程度逐步降低。耦合协调系统的空间差异较大,且变化较小。整体上安徽南部地区的耦合协调优于北部地区,并且随着时间的演变南高北低的空间结构稳固。空间关联特征安徽省的旅游与区域发展的耦合协调具有空间集聚特征,但是集聚趋势在减弱。区域整体极化效应不明显,只在局部地区产生了比较强的空间自相关特征,从早期的"合—芜"热点区域逐步发展为"合—铜—黄"沿线及周边区域为高值集聚区域。

(3)在旅游产业与区域发展耦合协调自组织发展的过程中,序参量在三个时期里不断进行着转换与变化。经济驱动的影响较为稳定,在不同时期都发挥着重要的主要的作用,社会进步、产品供给序参量的影响程度逐渐加深,旅游需求的影响程度在下降,环境保护的影响程度波动升高。在具体的影响指标上看,区域经济水平、政府财收入、A 级景区、旅游总人次、区域产业结构、人才教育、公共卫生、公共交通、工业固废排放量、星级饭店等对耦合协调程度的影响更突出。

本文分析了安徽省旅游产业与区域发展耦合协调演变的空间分异特征和空间关联特征,并分析了不同时期影响耦合协调发展的主要因素,虽尽力全面、深入分析,但也难避免有不足之处:①影响因素进行了不同时段的差异化分析,因篇幅限制,影响因素在不同耦合协调类型、不同地区间的差异化分析不足。②文中并未将巢湖市并纳入分析单元,而行政区划对区域旅游、经济发展的效应的是复杂的、多面的,在后续研究中会单独分析。③本研究数据均来自统计年鉴,指标的选择上主要从旅游产业和区域发展互动影响的角度出发,在分析过程中难免出现一定的局限性,如何选择更加科学合理的指标体系和计算模型,有待于进一步深入探析。

参考文献:

[1] 周成,冯学钢,唐睿. 区域经济—生态环境—旅游产业耦合协调发展分析与预测——以长江经济带沿线各省市为例[J]. 经济地理,2016,36(3):186–193.

[2] 翟佳羽,刘鲁. "2010 中国城市榜·旅游城市发展峰会"会议述要[J]. 旅游学刊,2010,25(11):95–96.

[3] Paolo R A. The"Vicious Circle"of Tourism Development in Heritage Cities[J]. Annals of Tourism Research,2002,29(1):165–182.

[4] Hui E. C. M,Wu Y. Z,Deng L. j,et al. Analysis on Coupling Relationship of Urban Scale and Intensive Use of Land in China[J]. Cities,2015,42:63–69.

[5] Zi T. An integrated approach to evaluating the coupling coordination between tourism and the environment[J]. Tourism Management,2015,46:11–19.

[6] Werner G,Andreas K. Key factors for successful leisure and tourism public transport provision[J]. Journal of Transport Geography,2007,15(2):0–135.

[7] Nikolaos A,Mina D,George F. How strong is the linkage between tourism and economic growth inEurope? [J]. Economic Modelling,2015,44:142–155.

[8] 廖重斌. 环境与经济协调发展的定量评判及其分类体系——以珠江三角洲城市群为例[J]. 热带地理,1999,(2):76–82.

[9] 马耀峰,张春晖,刘军胜,等. 旅游耦合:可持续发展研究新路径[J]. 旅游导刊,2018,2(3):1–19.

[10] 刘军胜,马耀峰. 基于发生学与系统论的旅游流与目的地供需耦合成长演化与驱动机制研究——以西安市为例[J]. 地理研究,2017,36(8):1583–1600.

[11] 张春晖,马耀峰,吴晶,等. 供需视角下西部入境旅游流与目的地耦合协调度及其时空分异研究[J]. 经济地理,2013,33(10):174–181.

[12] 郭向阳,穆学青,明庆忠,等. 旅游地快速交通优势度与旅游流强度的空间耦合分析[J]. 地理研究,2019,38(5):1119–1135.

[13] 张春晖,马耀峰,白凯. 旅游流与目的地系统耦合研究——以六大城市入境旅游为例[J]. 资源科学,2016,38(6):1013–1027.

[14] 于洪雁,刘继生. 供给侧改革背景下的黑龙江省旅游需求和旅游供给耦合协调发展[J]. 地理科学,2017,37(9):1374–1381.

[15] 王兆峰,石献. 武陵山片区旅游业与交通协同发展研究[J]. 经济地理,2016,36

（2）：202-208.

[16] 刘军胜，马耀峰，吴冰．入境旅游流与区域经济耦合协调度时空差异动态分析——基于全国 31 个省区 1993—2011 年面板数据[J]．经济管理，2015，37（3）：33-43.

[17] 方叶林，黄震方，段忠贤，等．中国旅游业发展与生态环境耦合协调研究[J]．经济地理，2013，33（12）：197-203.

[18] 王志民．江苏省区域旅游产业与科技创新协同度研究[J]．世界地理研究，2016，25（6）：158-165.

[19] 赵传松，任建兰，陈延斌，等．全域旅游背景下中国省域旅游产业与区域发展时空耦合及驱动力[J]．中国人口·资源与环境，2018，28（3）：149-159.

[20] 翁钢民，李凌雁．中国旅游与文化产业融合发展的耦合协调度及空间相关分析[J]．经济地理，2016，36（1）：178-185.

[21] 王兆峰，霍菲菲，徐赛．湘鄂渝黔旅游产业与旅游环境耦合协调度变化[J]．经济地理，2018，38（8）：204-213.

[22] 丛小丽，黄悦，刘继生．吉林省生态旅游与旅游环境耦合协调度的时空演化研究[J]．地理科学，2019，39（3）：496-505.

[23] 刘耀彬，李仁东，宋学锋．中国城市化与生态环境耦合度分析[J]．自然资源学报，2005，20（1）：105-112.

[24] 方创琳．京津冀城市群协同发展的理论基础与规律性分析[J]．地理科学进展，2017，36（1）：15-24.

[25] 王莹．基于协同理论的我国物联网产业发展研究[D]．无锡：江南大学，2015.

[26] 陈骏．区域旅游发展协调度的时空差异研究[J]．地理研究，2014，33（3）：558-568.

[27] 李晓钟，王莹．我国物联网产业协同发展机制及系统协同度评价研究[J]．软科学，2015，29（1）：42-46，59.

[28] 李维维，陈田，马晓龙．中国旅游化与城市化耦合协调关系的省际格局及形成机制分析[J]．旅游科学，2018，32（5）：14-29，80.

[29] 生延超，钟志平．旅游产业与区域经济的耦合协调度研究——以湖南省为例[J]．旅游学刊，2009，24（8）：24-30.

[30] 范辉，刘卫东，吴泽斌，等．浙江省人口城市化与土地城市化的耦合协调关系评价[J]．经济地理，2014，34（12）：21-28.

[31] 陈青松．城市旅游供需耦合协调度级别甄选评价研究[D]．西安：陕西师范大学，2015.

[32] 刘耀彬，李仁东，张守忠．城市化与生态环境协调标准及其评价模型研究[J]．中国软科学，2005，（5）：140-148.

[33] 吴一凡，刘彦随，李裕瑞．中国人口与土地城镇化时空耦合特征及驱动机制[J]．地理学报，2018，73（10）：1865-1879.

[34] 余凤龙，陆林，操文斌，等．行政区划调整的旅游效应研究——兼论江西井冈山市与安徽黄山市的比较[J]．地理科学，2006，26（1）：20-25.

皖北乡镇文化地名景观
空间分布特征研究

偶　春　姚侠妹　骆　美　王　淑

　　摘　要:乡镇地名文化蕴含着乡镇建设的历史文化背景与地域环境特征,对于挖掘并彰显地域特色文化景观具有非常重要的意义。以皖北六个地级市范围内的乡镇名作为研究对象,以点距离分析法和地名分布情况为依据,在一定地理区域范围内对皖北乡镇地名文化景观空间分布特征进行研究分析。通过研究发现,皖北的地名文化景观分为自然景观和人文景观两大类别。在自然景观构建上缺乏对自然资源与历史人文的合理利用,应在自然资源上进一步体现地理优势,通过多样化模式营造自然景观;在人文景观营造中应结合皖北古迹遗址、地域宗教特色建筑和民俗特产等景观文化,进一步体现系统性和差异性。

　　关键词:地名文化;景观空间;分布特征;皖北

引　言

　　地名文化蕴含着其地域范围内的历史文化背景以及发展前景,对于地名文化景观的研究可以了解一定地域范围内历史发展变化,从而进一步应用于

　　作者简介:偶春(1983—),男,安徽合肥人,阜阳师范大学生物与食品工程学院副教授,硕士生导师,研究方向为景观规划与城乡发展研究。

　　基金项目:教育部人文社会科学研究青年基金项目(18YJC760117);安徽高校人文社会科学重点项目(SK2018A0287)安徽省高校质量工程项目(2017jyxm1314);阜阳市人文社会科学研究专项项目(FYSK17-18ZD15);阜阳师范学院本科教学工程项目(2017CKJH02,2017WLKC34,2018JYXM25,2018JYXM17)。

自身特色文化景观的开发与建设。运用定性与定量分析方法有助于从理论上剖析各地地名来源与意义[1-3]。例如因水系和山体而命名,以及因文化活动而命名,均可启发于景观形成,如结合山系水体构建鸟瞰、滨河景观,或结合经济文化活动构建纪念广场景观[4-5]。而对于地名文化与景观空间分布特征的研究则为这些提供理论依据,分析出适应于地理环境与文化背景的景观建设,研究得出"适地适景"的发展方向。

由于皖北地区景观发展的相对滞后,对于其乡镇地名文化景观的研究则能够充分了解皖北地区乡镇地名起源、意义,为了充分推动与地理环境相适应的景观建设,对于皖北地区乡镇地名文化景观的研究就具有一定意义。地名文化中蕴含着其地域范围内的历史文化背景以及发展前景,所以对于地名文化的研究不仅可以帮助了解地域内历史发展变化,也可通过了解应用于景观的开发与建设[6-7]。本论文将对皖北地区六市各乡镇地名文化进行研究,目的在于挖掘皖北乡镇地名所映射出的地域景观文化特征,发掘乡镇地名文化的隐藏价值。根据各地不同历史文化与自然地理条件的研究分析,可营造出各乡镇独特的文化景观,使乡镇地名文化与景观空间特征更合理地联系起来,也避免"千镇一面"等乡镇环境景观发展趋势。

一、皖北地区概况

(一)皖北地区基本情况

皖北是安徽省北部的简称,位于长三角城市群,属于淮河流域,整体地势以平原为主,主要受黄河泛滥和淮河冲击形成,仅少量地区属丘陵地带,因此水资源比较丰富,境内河流均属淮河水系。由于皖北在地理位置上指的是安徽淮河以北地区,故皖北拥有以淮河地域特殊的地理位置和人文环境而形成的淮河文化,淮河文化是一种融合了中原文化和江淮文化的区域文化,不仅有兼容性,同时拥有过渡性。除淮河文化外,皖北还代表了楚汉文化与老庄文化。

皖北主要依靠农耕产业经济发展,结合工业经济建设来促进乡镇发展。故皖北大部分乡镇种植小麦,大豆,玉米和蔬菜等,一方面作为粮食产业,另一方面多年的种植形成各乡镇不同的农耕文化。除了各乡镇普遍种植的粮食作物,许多乡镇也形成了各自不同的特色产业。如反季节蔬菜,贡米,药材,无籽西瓜等。这是乡镇为获取更多经济利益的发展过程,在这过程中同时也为形成乡镇特色做出巨大贡献。

(二)皖北各市行政区划分布

自清顺治年间设安徽省以来,经历了许多的历史变迁和行政区划的变化。皖北起源于清康熙九年庐凤道,光绪年间更名皖北道,范围包括安徽长江以北的庐州府、凤阳府、颍州府、安庆府和亳州、泗州、六安州、滁州、和州。经变迁现指安徽淮河以北地区,包括宿州、淮北、蚌埠、阜阳、淮南、亳州6个省辖市。

其中宿州市下辖1个市辖区,4个县,2个功能区,共95个乡镇。蚌埠市下辖4个市辖区,3个县,共53个乡镇。淮北市下辖3个市辖区,1个县,共18个乡镇。亳州市下辖1个市辖区,3个县,共80个乡镇。阜阳市下辖3个市辖区,4个县,1个县级市,共149个乡镇。淮南市下辖5个市辖区,2个县,共68个乡镇。皖北六市经统计有463个乡镇。因此研究以这463个乡镇为对象展开。

二、研究方法、数据来源及研究思路

(一)研究方法

文献研究法:通过知网、地名网站等信息资源查询皖北乡镇地名起源、演变与各乡镇基本信息、景观资源的信息并进行整理,充分利用各类文献资料和信息资源,对相关的研究进行梳理和分析。调查分析法:对不同地区有关地名文化的景观进行调查,分析其建成背景、条件与特色,研究从皖北地区角度出发,应该做怎样的景观建设,既符合地名所反映的环境特征,又能适应发展需要。比较分析法:参照国内外乡镇地名文化在环境景观中应用的研究现状以及、乡镇的特色文化景观打造方式,进行比较分析有针对性地对皖北乡镇建设提出景观规划建议。

(二)数据来源

本研究通过运用 Internet 网络资源,如 Google Earth,百度百科等对皖北六市下辖的全部乡镇名进行查找统计,共有463个,通过历史地名百科和安徽省地名网站查询了解到各乡镇地名的来历、起源与历史变迁,同时搜集各个乡镇的地域分布、产业发展以及名胜古迹等基本情况。部分乡镇由于记载较少,无法查询到地名起源。由于国内研究资料缺乏对皖北地区的资料整理,地名起源来源于历史地名百科的搜索,其他经济数据等来源于部分皖北城市年鉴与网站查询。

(三)研究思路

首先,通过 Google Earth、百度地图等数据资源,查找到皖北地区所有乡镇地名,将地名作为离散点,并将地名记录在 Excel 电子表格中。然后,利用

Internet 网络资源以及图书馆资源等,得到所有相关的历史记录、民间传说等文献资料,查询所有乡镇地名的由来,把它们进行统计分类,并将其类别用代码的形式记录下来。根据皖北城市的总面积计算统计出的每一类地名的密度,即每平方公里有多少个地名离散点。然后通过计算得出平均多少平方公里面积上有一个地名离散点。在给定的搜索半径内计算各点之间的距离矩阵,对其中每个起点进行求和统计,即汇总并输出一个统计表。再将地名离散点数据连接到汇总表。通过软件的制图方法,获得皖北各类乡镇地名的点状符号分布图,进而从空间可视化与量化角度分析皖北地区乡镇地名文化景观的空间分布特征。最后,根据皖北乡镇地名的由来,对不同类型地名文化景观空间分布的形成原因进行分析探讨。

三、皖北地区乡镇地名统计分析

(一)皖北乡镇地名统计分类

根据皖北6个城市400多个乡镇的地名命名来源及其反映的自然与文化景观特征,发现皖北地区以山、水、桥、驻地名、军事活动、民俗特产、建筑庙宇、姓氏聚集、人物事迹、神仙传说和美好祈愿等命名的乡镇。其中以山、水、桥和以驻地命名的地名反映了地区自然景观特征;以军事活动、民俗特产、建筑庙宇、姓氏聚集、人物事迹、神仙传说、美好祈愿等命名的地名则体现了文化景观特征;还有6个少数民族乡分布在各市县,其中4个位于淮南市。整体反映出皖北的人口分布情况,山水地域现状以及地域文化背景等。

因此,本研究将以皖北地区的乡镇地名分为自然景观类和文化景观类两大类地名。自然景观类进一步分为山、水、桥和驻地名4类;文化景观类进一步分为军事活动、民俗特产、建筑庙宇、姓氏聚集、人物事迹、神仙传说、美好祈愿7类(表1)[8]。其中,反映自然景观的地名是人们对现有地域特征的认识的结果,而反映文化景观的地名则是人们在认识自然的基础上利用自然的结果。这两类均属于地名文化的范畴。

(二)皖北地区乡镇地名分类分析

1. 自然景观类

(1)山体地形类地名概况

以山形等地势命名的地名在字词上多表现为"山、岭、堌、山头、坡、石台、坪、岗、坟台、土陂、堆、石林、墩"等,这一类地名共有34个。其中,大多乡镇因位于皖北地区分布的山体附近,有的乡镇直接以山命名,如境内分布有栏杆山、燕山、荆山八公山等等。除了海拔有一定高度,分布区域有一定广度的山以外,境内主要为平原区域,分布有少量如"岭",即顶上可通过的小山脉;还有"坡",指的是地形有倾斜的地方。

(2)水文景观类地名概况

以水文景观类命名的地名出现"泽、沟、支河、泉、黄口、井、套圩、坝、湾、湖、淮、河口、河溜、泄南、溪、浍南、临涣、涧、江、清浅、塘、江口、堰口、青疃"等字词,总共76个。例如,支河是指该乡镇位于某河流水系分支处;黄口、泄南、临涣、浍南、江口等则表示该乡镇位于某一河流的方位,或作为一个河道口位置存在;如"泄南"指该乡镇位于泄河南岸,故命名为"泄南镇";"圩",指的是防水护田的堤岸;"河溜"即"河溜镇",因涡河在此由西转向东北,流势急溜,又以该镇何姓居多,取其谐音,得名河溜;"清浅",以境内茨河枯水期河水清浅见底,故名。

表1 皖北地区乡镇地名用字(词)分类

类型		主要用字(词)	数量	占百分比
自然景观类	山	山、符离、岭、堌、山头、石台、坪、岗、坎台、土陂、堆、石林、墩	34	7.34%
	水	泽、沟、支河、泉、黄口、井、套圩、坝、湾、湖、淮、河口、河溜、泄南、溪、浍南、临涣、涧、江、泉、清浅、塘、江口、堰口、青疃	76	16.41%
	路桥	桥、路、街	25	5.40%
	以驻地名	蓟县、永镇、铺、城关、城、里	50	10.80%
人文景观类	军事活动	营、屯	2	0.43%
	民俗特产	桃园、白土、良梨、蚌埠、榴、古井、上窑	7	1.51%
	建筑庙宇	店(大殿)、庵、楼、庙、禅堂、塔、园、铁佛堂、义门、牌坊、寺、篱笆、亭、观、台、甸、瓦埠、墙、坊、窑口	76	16.41%
	姓氏聚集	庄、寨、集、屯、坊、城、顶(岗顶)、疃、村、市、皮条孙	120	25.92%
	人物事迹	丁里、虞姬、万福、朔里、华佗、五马、坛城、岳坊、王人、永兴、插花、伍明、倪邱、长官、迎仙、舜耕、三和、山王、隐贤、三觉、灰古、高公、高炉	33	7.13%
	神仙传说	青龙、龙亢、立仓、乐土、凤凰、龙王、二郎	7	1.51%
	美好祈愿	永安、朝阳、向阳、长青、仲兴、古饶、百善、立德、大兴、寿春、众兴、安丰、保义、望疃、顺、丰	17	3.67%

类型	主要用字（词）	数量	占百分比
其他（未确定地名起源）	16		3.46%
总计		463	100%

（3）以桥路等命名类地名概况

以桥路等命名的乡镇即"路、桥、街"等字眼，这些乡镇一般都经过较为复杂的历史变迁，包括区域上的划分，以及不同时期的不同命名，最终采用今天的名字命名。如蚌埠市怀远县的"双桥集镇"，因清乾隆年间在此建桥两座，故命名；五河县的"武桥镇"，原名刘上庄，因清代有武姓在此建桥，改名武桥；亳州市谯城区的"赵桥乡"，相传宋太祖曾路过此地，因心疼白马欲走水路，命人挖河，即赵王河，河畔人家为一睹龙颜故修桥一座，起名赵桥，赵桥乡由此得名。因此，以桥命名的乡镇均包含一定历史及人物典故等来表现纪念意义。

（4）以驻地名命名类地名概况

还有一部分乡镇地名取自于下辖村落，群居集体名等，阜阳市临泉县"陈集镇""韦寨镇"，均因镇政府驻陈集，韦寨而得名；除此之外，"旧城镇""新集镇""城关镇"等乡镇地名不止一个，因其特殊地理位置或镇集新旧而命名，无特殊含义，也归类于以驻地特征命名类；另有如淮北市濉溪县"四铺镇"，因四铺距宿州城四十华里，是宿州向西设置的第四个堡垒，名西四十里铺，后称四铺。此类地名表示该乡镇距某相邻驻地几十华里而命名的地名同样归类于驻地名命名类乡镇地名。皖北的此类乡镇地名有50个。

这些一级分类为自然景观类的乡镇地名反映出皖北地区的一些自然特征，皖北地区主要为淮河水系切割变迁与黄河水系冲刷堆积而形成的平原地区，故地形起伏变化较少，且境内有大小河流、沟渠等水流网络分布；驻地类地名也从侧面反映了不同城镇之间地理位置上的关系等。

2. 文化景观类

皖北乡镇地名大部分经过历史变革，现在的地名主要形成于明清时期，后来随着部分地区的区域变化或为表示纪念意义等也有过小幅度改变。

（1）军事活动与民俗特产类地名概况

军事活动类文化景观地名所用字词有"屯、营"等，共2个，即"大营镇""关屯乡"。"屯"多指屯田养兵；"营"则为历史时期上军队安营扎寨之处。皖北地区曾是汉高祖刘邦与项羽的战争之地，其他也有一些不同时期大小战役，但以军事活动命名较少。

民俗特产多出现"桃、梨、榴、蚌"等字样,这类地名共有 7 个,以体现皖北地区的农耕特产为目的。在以特产命名的乡镇中,如"古井镇"过去称减店集,古名减王店,减冢店。后因其古井贡酒经济产业发展得很好,乡镇后改名为古井镇。

(2)建筑庙宇类地名概况

以建筑庙宇命名的乡镇则多出现"庙、祠、堂、塔、园、寺"等,共 76 个此类地名。其中还有如宿州市埇桥区"大店镇",自战国起作为官道、驿站,该镇有南阳寺,旧时多有烧香拜佛者,人们相互问候时谈话涉及如"从大殿来""到大殿去"等话语,积久成习,"大殿"名称代替之前的镇名,后经演变又称为"大店镇"。大多表现因信以宗教并进行宗教活动的场所。

(3)姓氏类地名概况

在以姓氏命名的乡镇中,多出现"集、庄、市、屯、坊"等字样,有 120 个此类地名。此类乡镇基本由居住群体中分布较多的姓氏和以上字词构成地名。还有姓氏和大多数人所从事的职业构成的地名,如"皮条孙"。

(4)人物事迹、神话传说与美好祈愿类地名概况

以人物事迹与神话传说命名的乡镇地名中则因具体事迹而不尽相同,多因该地著名人物的故里命名或为纪念名人事迹,以及因人们美好愿望而流传的传说而命名。除此之外,还有一些寄托人们美好祝福及心愿的乡镇地名,在皖北地区有 17 个此类乡镇。

在景观分类地名中的字词有同样的字词可能代表不同类别的景观。它们在不同时期,通过不同的字词组合可能强调的重点不一样。这些地名充分体现了不同时期皖北地区的社会经济活动,多元文化综合交融情况,以及各地特色文化等。

四、皖北乡镇地名文化景观空间分布特征及其成因

(一)自然景观类地名空间分布特征

1. 山体类自然景观地名

皖北地区地势以平原为主,皖北拥有广袤的淮北平原,处于中国版图上一个较为居中的战略要地。皖北北部地区与黄河相连接,南部地区则与江淮丘岗区共存,大部分地区均属于平原地貌,辽阔无垠。皖北地区整体地势表现为西北高而东南低。从山体类地名分布图(图 1)上也可看出山体类地名在

西北部分分布较多,符合皖北地区地势分布情况。由于皖北地区受淮河水系内支流的迁移以及黄河屡次泛滥的影响,境内因受冲击而不断堆积大量冲积物,从而形成平原之中岗、坡、洼地等相间分布,小部分地形跌宕起伏,具有"大平小不平"的地貌特征。山体类地名多分布在淮北市、宿州市萧县和淮南市境内,均因皖北主要山脉分布在这些地区。山体成为这些地区的代表印象,故乡镇大多命名与山体有关。

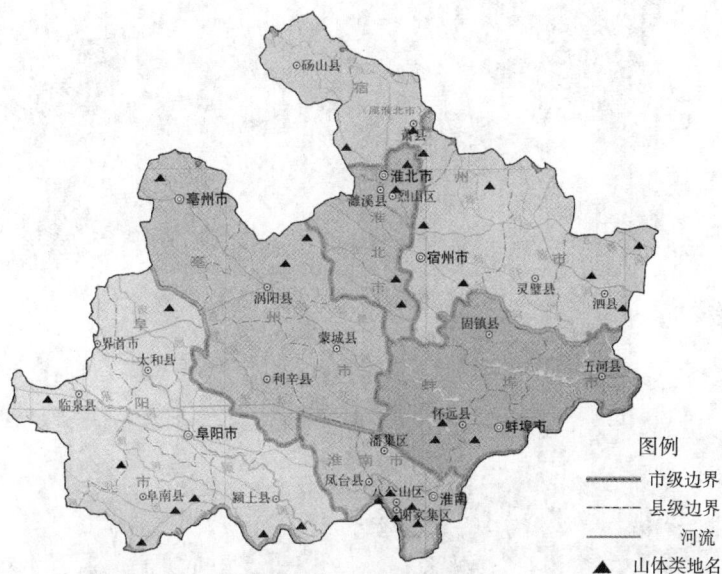

图1 山体类地名分布图

淮南市山体主要为八公山山脉和泉山、老龙眼、洞山、长山相连形成的山脉(图2),山体类地名围绕在山脉附近,如"八公山""八公山乡""山王镇""唐山镇""望峰岗镇"。传说曾有八仙人围棋会饮于此,故得名八公山。八公山附近还曾是淝水之战古战场,区域内自然资源与名声古迹均丰富,有八公仙阁、八公山风景区、淮南王墓、廉颇墓、珍珠泉、茅仙石洞等古迹景点,植被覆盖率较高。境内另一主要山脉因连续地形起伏形成四大水库。

蚌埠市境内山体较少,体量较大的有荆山、涂山山系与燕山山脉(图3),境内相关的地名有蚌山区"燕山乡"和怀远县"荆山镇"。荆、涂山境内流传有大禹治水、禹会诸侯和娶妻生子的历史故事,并因山系形成有荆涂山风景区,著名景点有禹王宫、白乳泉、圣泉、卞和洞、凤凰池、圣泉等数十处景点。

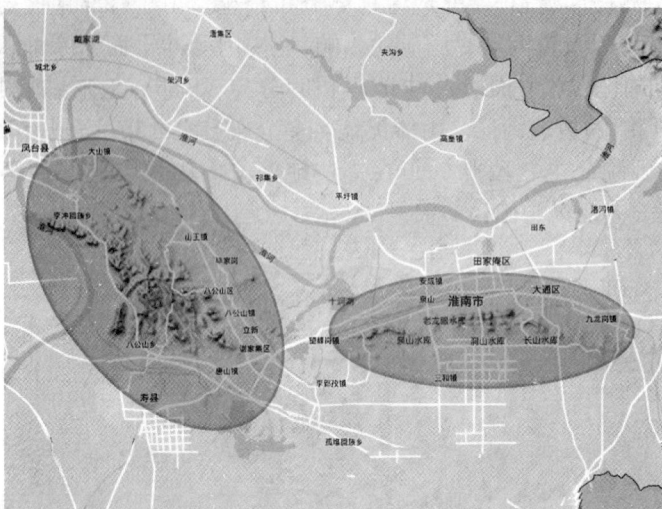

图2 淮南市主要山脉分布图

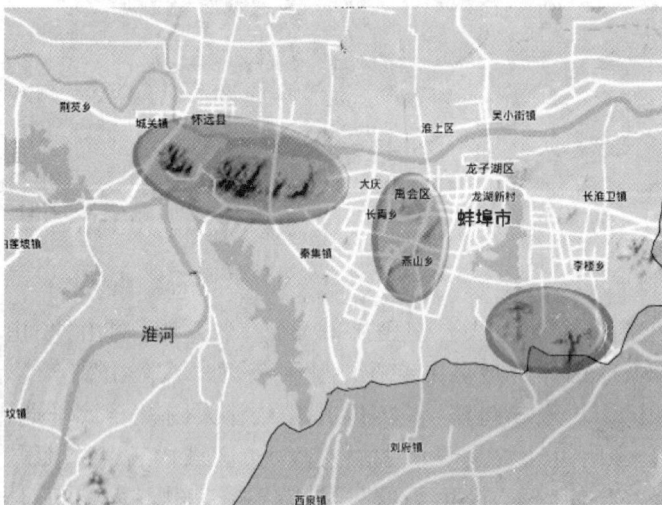

图3 蚌埠市主要山脉分布图

宿州市境内山体分布较广泛,山脉由大大小小的山岭形成(图4),如栏杆山、离山、龙山、虎山、凤山、铙钹山、灵山、屏山、芦岭等,境内山体类地名有"栏杆镇""符离镇"(因离山地产苻草而得名)"芦岭镇""龙城镇""永堌镇""山头镇""屏山镇"等,均分布在山系附近。境内有皇藏峪国家森林公园,位于山脉中间,为石灰岩山地,多溶洞、山岩景观,是山东古老丘陵向南的延伸,统称为"龙岗山"。

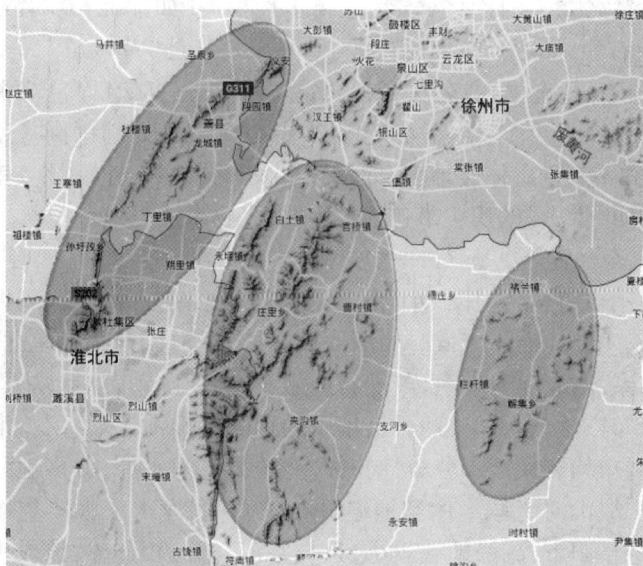

图 4　宿州市主要山脉分布图

　　淮北市有相山山脉和烈山山脉分布(图 5),山体类地名有烈山区的"烈山镇"。皖北其余两个城市阜阳市和亳州市均为平原地块,无明显山脉分布,在 Google 地图上显示并不明显。但亳州市有"石弓镇""龙山镇"因境内石弓山和龙山得名。

图 5　淮北市主要山脉分布图

有些乡镇名并不因山体命名,但属于地形类,如淮北市濉溪县"双堆集镇",因境内有尖、平两个谷堆而得名,阜阳市临泉县"黄岭镇"因集北河岸有一高领曾挖出黄色金牛,故名黄牛领,简称黄岭。另有如阜南县"中岗镇",因谷河沿岸有九岗十八洼,中岗居中得名"中心岗",后简称中岗。还有地名中有"山",但并不属于山体类地名,即阜阳市太和县"洪山镇",该乡镇地名源于东汉时一名叫"洪山"的历史事迹而得名,属人物事迹类地名。

2. 水体类自然景观地名

数据显示乡镇地名中以"水"命名的地名在东南部分布较多,即水系分布较多的地域,主要为淮河流域。如图6所示,大小河流分布在皖北各个区域,包括淮河水系,新老濉河水系,茨淮新河水系,泗河水系,颍河水系等,故水体类地名也分布广泛。水体类地名最集中的地方是淮河流域,因为淮河水系在淮南市、蚌埠市均有大范围分布,同时皖北地处淮河平原,许多地形因河流冲刷堆积形成,故淮河流域水体类地名分布较多;润河水系水体类地名分布较少,主要流经阜阳市,流经地域较小,且与谷河、濛河相连,故该段水系周围水体类地名较少。由于境内河流分布区域广泛,故水体类地名周围均有河流分布,或有乡镇因支流、溪涧,以及堤坝类水利设施而得名。

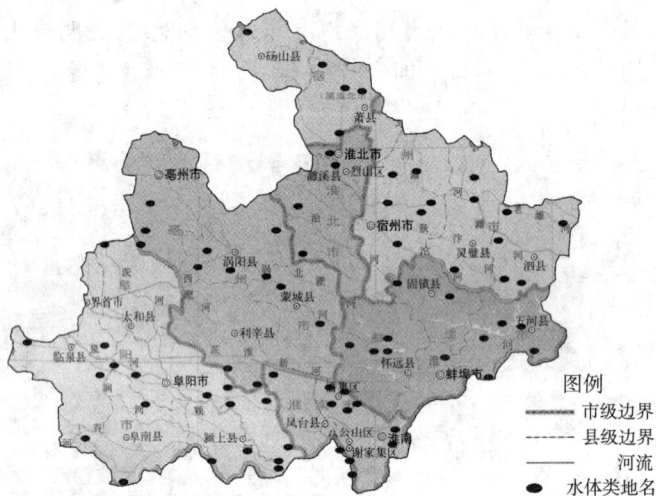

图6　水体类地名分布图

3. 桥路类地名与以驻地命名类地名

以"桥"命名的地名也与水系地名分布区域大致契合,因为桥多建于水体上,与水系大多同时出现。而以驻地名命名的乡镇则分散在各个地区,大多为平原地区,即适宜人类居住的地方。

（二）人文景观类地名景观空间分布特征

1. 姓氏类文化景观地名

文化景观是因为人类活动而产生的反映在一定地域范围内的人类文明现象,是人们在生产生活中利用自然、改造自然的结果,也受到来自自然环境、经济、社会活动等的影响。皖北地区以姓氏命名的地名在全部乡镇地名中占比最大,有 123 个,占比 26.75%,其分布较为分散,在皖北地区的各市县几乎成均匀分布,但西南部较为集中（图 7）,这是由皖北的地形分布所决定的,皖北大部地区为适宜人类居住的平原地区,而山体又主要分布在西北部,水系则分布在东南部,同时符合人类生存对水资源的需求,且阜阳市地域范围大,人口多,姓氏分布也相应较多。同时,皖北乡镇地名的姓氏多样化也是皖北人口迁移流动与多种文化融合的体现。

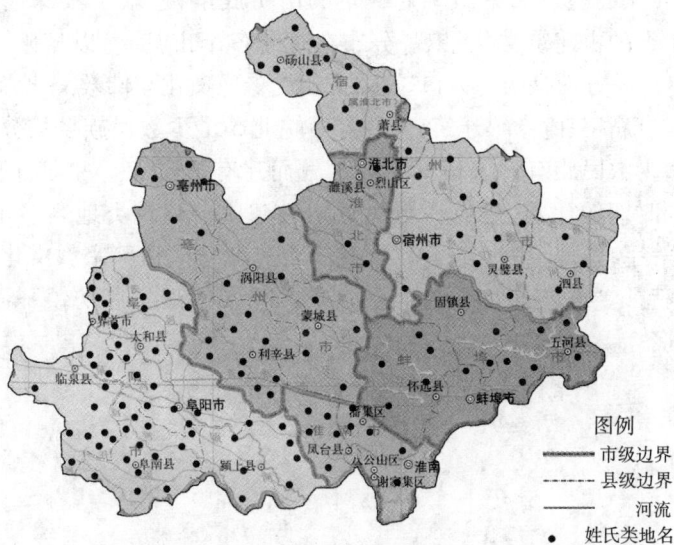

图 7 姓氏类地名分布图

图例
—— 市级边界
---- 县级边界
—— 河流
• 姓氏类地名

2. 军事活动类文化景观地名

安徽省蚌埠市的固镇县史称"垓下",固镇县濠城镇流传着"四面楚歌""十面埋伏""霸王别姬"等故事,为濠城镇奠定了深厚的历史文化底蕴。古战场的遗址仍存在。"垓下之战"古战场遗址与大泽乡遗址、虞姬墓、凤阳皇陵、禹王庙、汤河墓等旅游景点形成了皖北文化旅游一条线。军事活动命名的地名分布在这条旅游路线上。

3. 民俗特产类文化景观地名

皖北的农耕文化较为突出,因为人们过着自给自足的农业生活,在以前很多人都是务农的农民,种植着小麦、玉米、蔬菜、大豆等,这不仅决定了皖北地区面食为主的生活,也使皖北沿袭历史产业发展农业种植。但随着经济与社会发展,这种生活方式会限制地区发展,所以各地都在挖掘特色产业与特色民俗文化等以适应新时期产业模式。一些乡镇地名就因其乡镇特色产业而命名,如"桃园镇""良梨镇""小蚌埠镇",有些乡镇原本就以特产命名,还因此举办桃花节、梨花节等吸引游客,带动产业发展;另一些乡镇后来因特色产业逐渐壮大具有代表性而改名。如亳州古井镇原名为"减店集",后因古井酒产业发展而更名"古井镇",并铺垫古井酒历史背景建立古井酒博物馆等来吸引游客参观同时进一步发展酒业经济,还有许多乡镇经营第二、三产业来促进区域发展,如淮南市史院乡的养殖业、濉溪县临涣镇的茶馆文化。

4. 建筑庙宇类文化景观地名

数千年文明的发展带给皖北一定的历史底蕴,造就了其深邃的文化内涵,留下丰富的古建筑文化景观,分布在皖北各个市县,尤以阜阳、淮南较为集中(图8),一方面是因为人口较多,人们受老庄文化与佛教文化影响而信奉宗教,并建有庙宇、庵堂等建筑,另一方面皖北5个少数民族乡均分布在阜阳和淮南市,少数民族有许多信仰伊斯兰教而建有清真寺。古寺庙汇集了宋、明、清不同时期的建筑,还有少数民族宗教建筑。建筑类地名多出现堂、寺庙、塔、庵等字,体现了皖北古建筑文化景观和儒、释、道等宗教文化相融合的地域文化特征。建筑庙宇类地名还包括有如"义门镇""牌坊镇"等特殊建筑小品类地名。

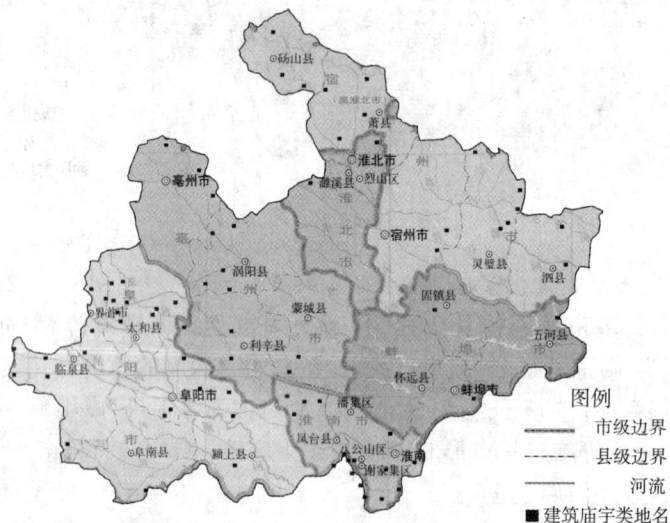

图8　建筑庙宇类地名分布图

5. 人物事迹类文化景观地名

由统计结果可知,人物事迹类有与刘邦项羽相关事迹的地名,因名人故里而命名的地名,和其他为纪念当地名人事迹等的地名,如"丁里镇",为纪念刘邦的救命恩人丁公,也因丁公曾居住此地而成为丁公故里得名;还有"虞姬乡""朔里镇"(东方朔故里)、"丹城镇"(周朝太子曾炼丹于此故名)等等。这些乡镇地名文化可与垓下古战场遗址和名人故里等古迹合理结合加以利用。

6. 神仙传说与美好祈愿类文化景观地名

运用点距离法统计每个地名周围的同类地名个数时,呈现出皖北地区神仙传说和美好祈愿类文化类地名空间分布状况,在皖北各市县均有分布。此类地名分布情况较为均匀,集中程度不高,反映各地均有不同名人事迹与对美好愿望的追求。

五、结论与建议

(一)结论

1. 皖北乡镇地名文化景观空间特征分析

本研究借助地名数量统计分类与分析,以及点距离法运算等,客观准确地反映皖北各乡镇的自然与文化特征,也反映了不同历史时期文化特征的交流融合。首先,分别从自然景观类与文化景观类将皖北乡镇地名分为共11个二级类别,其中文化景观类占主导,即皖北的地形并不复杂,大部分为冲积平原,所以形成的自然景观并不十分丰富,但因周边黄河、淮河水系分布而与水有关的地名数量较大;相反,因军事、经济、姓氏、名人事迹传说的形成的文化景观地名较多,且姓氏地名分布最为广泛,数量最大,其次是建筑庙宇,反映出多姓氏与宗教的文化融合在皖北地区的丰富程度。故皖北是人文景观为主导,自然景观为辅的地域。于是对于皖北地区的景观建设可以更多地挖掘背后的人文特色,适当结合自然条件合理分布。

其次,地名类型的空间分布特征具有典型的地理单元依赖性。山体类地名主要分布在西北部山地丘陵区,水类地名多分布在东南部黄、淮河流域。地名景观既是人类对自然环境的认知,同时也是对自然环境的记录和表达。人文景观类型地名的空间分布总体上属于河流与平原地域,同时与皖北的区位分布有紧密联系。姓氏地名受人口分布的影响,分布于全部适宜居住和农耕的平原区,建筑庙宇类则主要分布于河流边缘流域,因为人类文明起源与水源息息相关。

2. 皖北乡镇地名文化与景观空间分布所体现的问题

(1)皖北乡镇景观与区域自然特征结合缺乏多样性

皖北境内山脉较少,有山区风景区和森林风景区等,在这一点上合理利用境内地形景观;但皖北境内水系丰富,分布广泛却并没有得到充分利用。而且,皖北境内自然环境质量应得到提高与改善,可通过合理改善过去的废旧工厂,治理水系营造水系景观等,使自然景观建设不局限于现有的地形水体,而是结合能源、资源等展现多样性乡镇自然景观。

(2)皖北乡镇对于历史古迹等文化景观利用缺乏力度

据前述分析皖北军事文化类乡镇地名极少,但其实皖北境内有许多古战场、古城等历史遗址,且具有一定相应的文化背景。从乡镇地名数量与实际现状可看出遗址不太受重视,利用率也不高。皖北乡镇无论是从文化探索角度还是从景观营造角度都应大力发掘这些遗址遗迹加以保护和利用。

(3)皖北人文景观类乡镇在景观营造中缺乏系统性和差异性

从皖北各类人文景观类地名的分布情况来看,它们较分散和普遍。撇开乡镇区划级别,皖北整个区域分布大同小异。这些人文景观在各乡镇得不到一个系统性的认知与利用,同时在各乡镇不具有差异性和足够的特色性。只有更加系统化、特色化地进行人文景观的营造,才会为皖北各乡镇的发展推波助力。

(4)皖北乡镇地名文化景观研究与应用不受重视

首先,皖北在经济实力上不敌其他省市,在地理位置上又不占优势;其次,皖北文化景观建设受到政府的关注度不高;此外,皖北人民对于乡镇地名文化与景观营造的认知与积极性不高,这些原因导致各界人士对皖北乡镇文化景观的研究与建设不够感兴趣。只有在现有的地理劣势上充分探寻自然资源优势,各界人士共同关注和努力才能营造良好的乡镇景观,打造优美的景观环境。

(二)建议

1. 自然景观营造应与各乡镇自然资源环境有效结合

从自然资源的角度来说,自然风光是城市形象的灵魂,应当充分利用和不断挖掘地域内自然风光如山、水等地形变化在园林景观和旅游环境建设方面的潜力,而不是任由其在工业化和快速化的城市发展中埋没,更不应由其自然变化甚至消失[9]。相反,应充分开发自然资源营造景观环境,同时需考虑到资源的可持续利用,利用科学的手段在做到利用资源的同时保护资源,如营造废弃工业场地景观,利用二次能源器械构成自然和谐的景观环境等等。

皖北各乡镇水体丰富,那么在维护好水源环境的基础上,可在水系周边种植水生植物,建造堤岸等营造滨水景观增加水体表现形式。

2. 皖北乡镇景观应大力发掘古迹遗址加以利用

数据显示,皖北有很好的军事文化背景可以利用,而从乡镇地名的数量可反映出这些文化并不受重视,因此可从尚缺失的这个方面来结合历史遗迹运用到景观建设中去。在皖北境内,可以充分挖掘垓下战役古战场遗址、霸王城遗址、名人墓葬等遗迹,不要任由它们消失,而是结合历史典籍、人物典故进行景观建设,并且在各乡镇结合当地历史人文背景进行特色化景观构建。

3. 皖北乡镇景观营造应结合各类别地名文化体现差异性和系统性

从人文角度来看,皖北地区农耕文化、淮河文化、楚汉文化、姓氏文化以及宗教文化均在景观现状上有一定反映。但为提升景观建设的意义与实际美景度,需充分放大和凸显特色优势[10],即为防止"千镇一面"的趋势,乡镇建设应在尊重民俗文化、传承地域文化的基础上,以市场为导向,走差异化发展道路[11]。

皖北各乡镇均种植有小麦、水稻、大豆、花生、玉米等粮食作物,也有一些乡镇发展出自己的特色产业,如种植桃林、梨林等,并且成功举办了乡镇桃花节、梨花节等活动,不仅可带动乡镇旅游业发展,还可带动经济发展。还有一些乡镇在普遍种植粮食作物的基础上往有机作物的方向发展,或将某一种粮食作物发展为自己的特色产业,在规模或质量上做到独一无二,形成农业产业基地,可供民众游赏或采摘等。这些都是很好的发展途径,值得借鉴。在皖北大规模农田的景观基底上,通过营造林带、增加农田边缘绿化与规整作物种植等合理发展不同特色产业的景观表现形式对于皖北乡镇经济文化发展是必不可少的。

佛道教在古代皖北的传播使皖北分布有大量庙宇类建筑,同时宗教信仰也承载着地域的神话传说和美好愿望。这些建筑均较分散,无系统性和发展的前景,且与民间传统文化习俗没有更好的结合。若将它们结合宗教文化与民众愿景进行宗教类庙宇建筑的营造和寺庙园林的景观建设,则能在现有基础更好地发挥他们的作用。而姓氏类地名可结合不同姓氏流传下来的故事与文化建设如姓氏祠堂等景观空间的营造。

4. 各界社会人士应共同努力营造地名文化景观环境

正是由于相关部门与人员不够重视乡镇地名文化景观规划的研究,才使皖北的乡镇地名文化景观发展落后。社会各界人士应重视将乡镇地名文化景观理论运用于皖北乃至更多乡镇景观的建设中去,关于乡镇景观文化的研究也应引起更多学者的注意,从而更好地为全国的特色景观服务。相信有了政府的有力支持,人们的积极参与,皖北一定能建设成为宜居、宜赏、宜业的美好乡镇。

参考文献:

[1] 孙百生,郭翠恩,杨依天,等. 基于 GIS 的承德乡村地名文化景观空间分布特征 [J]. 地理科学,2017,37(02):244-251.

[2] 孙百生,葛伟,杨依天,等. 基于定量计算的承德地貌与乡村聚落地名相关分析 [J]. 干旱区资源与环境,2017,31(11):69-74.

[3] 张小军,卢松,邢丽红. 基于 GIS 的黄山市地名景观空间分布特征及其成因研究 [J]. 安徽师范大学学报(自然科学版),2017,40(05):491-498.

[4] 朱竑,周军,王彬. 城市演进视角下的地名文化景观——以广州市荔湾区为例 [J]. 地理研究,2009,28(03):829-837.

[5] 陈晨,修春亮,陈伟,等. 基于 GIS 的北京地名文化景观空间分布特征及其成因 [J]. 地理科学,2014,34(04):420-429.

[6] 亢娜,贾文毓. 基于 GIS 的上海市地名文化景观特征及其成因分析[J]. 山西师范大学学报(自然科学版),2016,30(03):123-128.

[7] 宋晓英,李文娟,傅学庆,等. 基于 GIS 的蔚县地名文化景观分析[J]. 干旱区资源与环境,2015,29(12):63-68.

[8] 姚晓洁,郭贴鸣. 皖北乡村景观要素构成与提升路径研究[J]. 安徽科技学院学报,2018,32(03):87-92.

[9] 叶岱夫. 惠州的地名特色及其园林文化意义[J]. 现代城市研究,2001(03):65-67.

[10] 纪文静. 中国乡土景观共有要素与特有要素系统探索[J]. 贵州社会科学,2018(02):31-35.

[11] 吴克燕. 特色小镇建设要打好"民俗文化牌"[J]. 人民论坛,2017(35):138-139.

徽文化与江南文化的关系再认识

汪效驷

摘　要:徽文化即徽州文化,是安徽文化的代称。徽文化与江南文化不是并列关系,而是江南文化的有机组成部分。在历史地理的演进过程中,皖南与江南在大多数历史时期是浑然一体的,偶有分割也不妨碍二者在经济文化意义上的同质性。皖南是江南的一部分,这是理解江南文化与徽文化关系的逻辑起点。江南作为一个学术概念,带有明显的人为建构的痕迹。学者们对江南的"四至"各执一词,人言人殊。但他们笔下的"江南"大多指称某个特殊历史时期的社会经济,而非文化概念。在江南的文化版图上,徽文化作为江南文化的一支,与吴文化、越文化以及海派文化交汇融合,从而形成江南文化开放包容、崇文重教、义利并举的核心内涵。

关键词:安徽;徽文化;江南文化;江南;徽州

文化是长三角一体化发展的源头活水。政策导向下的长三角一体化发展过程中,文化层面的融合和创新成为一个重要的课题。在现实语境中,"融入长三角"成为安徽省因应这一发展潮流的战略选择、政策语言和宣传口径。然而,笔者认为,这一将安徽省置于"长三角(江南)"之"外"的做法不仅与江南历史与文化不符,也不利于体现我省在长三角一体化发展中应有的地位和作用。如果说,从行政区划的角度而言,安徽与长三角确实存在"彼"与"此"的关系,但在文化意义上,二者无论是从"江南"概念的学术史角度、皖南与江南的行政区划变迁,还是江南文化的地区性特征看,徽文化与江南文化并非并列关系,而是江南文化的有机组成部分。鉴于此,理论界应重新定位和明晰徽文化与江南文化的关系,以为长三角三省一市的文化融合提供智力支持,也为安徽省的准确定位提供参考。

作者简介:汪效驷,女,安徽桐城人,安徽师范大学历史与社会学院教授,博士生导师。

一、江南历史地理中的皖南

安徽得名于"安庆""徽州"。安庆作为近代安徽的省会,无疑是安徽文化的重镇,生长于斯的桐城文派、黄梅戏等非物质文化声名远播。但就文化影响力而言,长江以南的徽州则孕育了发达的徽商(商业文化)、徽派建筑(建筑文化)、徽菜(美食文化)等物质文化,同时在伦理、教育、艺术等领域也有独特建树。更重要的是,徽文化在明清时期不断向长三角地区播迁,成为江南地区有广泛影响力的文化流派,也构成江南文化的核心内涵。正是在这个意义上,徽州文化成为安徽文化的代称,徽文化即徽州文化。我们首先要从历史地理的角度厘清皖南和江南的关系,这是理解徽文化与江南文化关系的关键。

在中国漫长的历史进程中,行政区划是区域划分的重要依据,也是形成区域共同体的强劲动力。在政治和行政主导的角度看,历史上的江南和皖南实在难分彼此,司马迁《史记·货殖列传》中有"衡山、九江、江南、长沙是南楚也"。按照唐代张守节的注解,江南是汉代的丹阳郡治,即今安徽宣城一带。与此同时,在一些史书典籍或诗词歌赋中频繁出现江南一词。唐宋以后,江南由区域泛称而逐渐演变为行政建置。贞观年间,太宗皇帝以"山河形便",即依照河流山脉走向,将全国分为 10 道,始有江南道。江南道下辖 44 州,涵盖当今的浙江、福建、江西、湖南、江苏等省,其中皖南的宣州、歙州即属于江南道的管辖范围。

宋朝实行行路制,全国分 15 路,至道年间设江南路。今天的安徽地区一分为三,属"淮南路、江南路和京西路",其中江南路又分为东西两路。江南东路治江宁,辖一府七州二军四十三县。① 其区域位置相当于镇江、大茅山、长荡湖一线以西、长江以南及江西鄱阳湖以东地区。今天安徽省长江以南的市级行政单位均涵盖在内。

元朝初创行省制度,全国分为岭北、辽阳、四川、甘肃、江浙等十一个行省,其中江浙行省所辖区域与宋朝之江南路相当。江浙行省由江淮行省改置,治杭州路(今浙江杭州),辖境相当于今浙江、上海、福建及江西省鄱阳湖以东、江苏与安徽的长江以南地区。江浙行省下设的江南诸道行御史台,辖集庆路(治今江苏南京)、太平路(治今安徽当涂)、池州路(治今安徽贵池)、

---

① 府一:江宁;州七:宣、徽、江、池、饶、信、太平;军二:南康、广德;县四十三。

信州路(治今江西上饶)、广德路(治今安徽广德)、铅山州(治今江西铅山东南)。

1356 年,朱元璋设立江南行中书省,治所为应天府(今南京),下辖今上海市、江苏、安徽及江西婺源县。1368 年,朱元璋为加强皇权,对地方行政区域的划分进行改革,罢江南行中书省。江南由唐宋以来的行政建置又演变成一个地域范围的泛称。

虽然明朝江南省不复存在,但江南作为约定俗成的地域概念已成为共识。明末长洲县廪生卢泾才在《上史大司马东南权议四策》中提议:"联苏、松、常、镇并浙之嘉、湖、杭、严八府,属一督抚,以保江南腹心……联徽、宁、池、太四府,广德一州,设一督抚,以保江南上游。徽、宁在万山之中,其在江南形势,如人之有背脊也。"[①]归有光在《敕赠翰林院检讨许府君墓表》中言:"许氏自唐睢阳太守之孙,儒避朱梁之乱,以来江南,故其子孙多在宣、歙之间。"[②]学界指出:"直至清初,江南主要是指长江以南地区的观点仍然得到许多人的赞同。"[③]

清朝初年,清政府正式设立江南省,江南的范围具体化。清顺治二年(1645 年),清政府谕令"南京著改为江南省",以江宁为省会,设立江南左右布政使和提刑按察使,主持日常工作。左布政使仍驻江宁,管辖安庆、徽州、宁、池、太、庐、凤、淮、扬九府;徐、滁、和、广德四州;右布政使移驻苏州,辖江、苏、松、常、镇五府。随后清朝又在江南省设立 3 个巡抚辖地。江宁巡抚辖江宁、苏州、松江、常州、镇江五府;凤阳巡抚辖庐州、凤阳、淮安、扬州 4 府和滁州、和州、徐州 3 州;安庐池太巡抚辖安庆、池州、太平、徽州、宁国 5 府和广德 1 州。康熙六年(1667 年),左、右布政使司改名为江南安徽、江南江苏布政使司。不少学者都认为在康熙六年江苏和安徽完成了分省的过程[④],但在清朝中后期,历史文献和坊间仍习惯于用"江南省"指称安徽、江苏两地。

以上充分说明,在历史地理的演进过程中,皖南与江南在大多数历史时期是浑然一体的,偶有分割也不妨碍二者在经济文化意义上的同质性。皖南是江南的一部分,这是理解江南文化与徽文化关系的逻辑起点。在当代语境中,我们更应该突破特定历史概念的边界,准确界定文化江南的范围。

---

① 冯梦龙著,张树天,王槐茂主编:《冯梦龙全集(甲申纪事 隐语 马吊脚例)》,远方出版社 2005 年版,第 191 页。

② (明)归有光著,周本淳校点:《震川先生集》,上海古籍出版社 1981 年版,第 550 页。

③ 《历史地理》编辑委员会编:《历史地理》第 23 辑,上海人民出版社 2008 年版,第 76 页。

④ 参见傅林祥:《江南、湖广、陕西分省过程与清初省制的变化》,《中国历史地理论丛》2008 年第 2 期;王社教:《安徽称省时间与建省标志》,《中国历史地理论丛》1991 年第 1 期。

二、"江南"概念史视角下的皖南

论及徽文化与江南文化的关系,还应该从"江南"的概念史入手,以便溯其源,穷其流。江南,是一个富有张力和充满人文气息的地域名称,顾名思义是指长江中下游以南。这是宽泛意义上的江南概念,在学术史上,江南并非一处固定的所在,作为概念,带有明显的人为建构的痕迹。由于历史上无论是在官方文书当中,还是在文人学者的笔下,江南的地理范畴始终处于变动不居的状态;再加上当代学者基于自己研究课题的思考,学界对"江南"的认识难免产生分歧。

江南地域历史研究一直是学界的一大热点,对江南概念的界定几与此同步。学者们对此讨论之热烈成为令人瞩目的现象。对于不同的历史时期或同一个历史时期,在不同学者看来,江南的"四至"存在很大的出入。早在1950年代,唐长孺在探讨三至六世纪江南大土地所有制问题时,开篇就言明:"所谓江南的范围可以非常广大,这里讨论所及的实际只限于建康和吴会区域。"①当代学界对"江南"范围作出界定概始于此。李伯重的"八府一州"说②为学界所周知,但仅指明清时期,是为了论述明清江南区域的历史而锁定的地域范围。此概念将江南限定在太湖流域,对于社会经济史而言,或许具备区域典型性,但就区域经济的一体性而言,显然存在探讨的空间。鉴于此,有学者将"江南"扩充为"十府",即"以明清时期的杭州、嘉兴、湖州、宁波、绍兴、苏州、松江、常州、镇江、江宁(明朝称应天)'十府'为核心区域,相当于今上海市、江苏南部及浙江一带"。③ 这仍然是一个经济概念,是为了突出这一时期太湖流域的经济中心地位。学界以此为旨归追溯江南概念的源流,多少都带有"明清江南的一种话语霸权"④。这是值得我们反思的现象。

至于其他历史时期,江南的范围与以上出入甚大。有学者通过辨析先秦秦汉文献,指出春秋战国时期的"江南"其范围可从汉水西岸直至长江中下游南岸或更南的地区;秦汉时期的"江南",其所指则可从具体的某郡扩大到整

---

① 唐长孺:《三至六世纪江南大土地所有制的发展》,上海人民出版社1957年版,第1页。
② 指苏州、松江、常州、镇江、江宁(应天)、杭州、嘉兴、湖州八府和从苏州府划出来的太仓州。参见李伯重:《兼论"江南"地区的界定》,《中国社会经济史研究》1991年第1期;李伯重:《多视角看江南经济史(1250—1850)》,三联书店2003年版,附录"'江南'地区之界定",第447-462页。
③ 马学强:《近代上海成长中的"江南因素"》,《史林》2003年第3期。
④ 陈志坚:《江东还是江南——六朝隋唐的"江南"研究及反思》,《求是学刊》2018年第2期。

个南方,存在相当的伸缩性。① 关于近代江南,"主要指长江下游段的以南的区域,相当于江苏省的南部、浙江省的北部和安徽省的东南地区,这就是其狭义的概念"②。为了论述的方便,学界在当下语境中提出了"江南"的广义和狭义之分:"广义的江南,指今天赣、浙、沪两省一市全境,以及苏、皖、鄂三省长江以南地区,及闽北地区,这可称之为'大江南',在人文地理里特指长江中下游以南。狭义的江南,多指长江中下游平原的下游与东部地区,主要是江苏南部的苏州、常州、无锡等地区,浙江的湖州、杭州、绍兴、宁波、嘉兴、金华等地区,以及上海共同组成的长江三角洲部分地区。还包括安徽东南部、南部的芜湖、宣城、黄山、马鞍山、池州、铜陵、安庆等地区;江西北部、东北部的九江、上饶、景德镇等地区。"③

　　在以上论述中,皖南时而归属江南,时而被排除在外,除了明清时期特指外,绝大多数情况下都是取前者,带有一定程度的"主观"性。撇开江南作为明清太湖流域的经济中心所特指外,皖南归于江南也为学界所认可。对于江南的地域范围,学者们各执一词,可谓人言人殊,江南范围的"不确定性"在学术界成为不争的"共识"。有学者撰文言道:"在历史上,'江南'一直是个不断变化、富有伸缩性的地域概念,在今天有关'江南'的所有研究论著中,它也从未有统一的定义和标准。"④还有学者认为:"'江南'是一个变动的历史概念,从春秋到明清,无论其指称的是自然地理范围,还是行政区域,都有一个由西到东、由大到小、由泛指到特指的变化趋势,这一变化过程与'江南'经济开发、文化发展的历史完全合拍。"⑤

　　概念史的人为建构性,将皖南视为江南的一部分也大体与学术界对江南范围的认识不相矛盾。从文化意义而言,地域范围较之其行政区划和社会经济史角度,显然更大、更宽泛。与区域经济相比,区域文化的边界更加模糊,大多呈现分散和辐射状。将徽文化置于江南文化之外,既然并非江南这一特定概念带来的必然结果,那么,作为徽文化属地的我们就不应该妄自菲薄,自外于江南。

　　① 于凯:《先秦秦汉时期"江南"概念的考察》,《史林》2013 年第 2 期。
　　② 景遐东:《唐前江南概念的演变与江南文化的形成》,《沙洋师范高等专科学校学报》2008 年第 1 期。
　　③ 丁贤勇:《日常生活中的江南:交通史视野下的一个解读》,《浙江社会科学》2019 年第 1 期。
　　④ 冯贤亮:《明清江南地区的环境变动与社会控制》,上海人民出版社 2002 年版,绪论第 1 页。
　　⑤ 徐茂明:《江南的历史内涵与区域变迁》,《史林》2002 年第 3 期。

三、江南文化版图上的徽文化

在长江中下游以南的广大江南区域,文化可以细分成很多地方流派,但吴越文化、海派文化、徽文化等无疑是江南文化最主要的成分。当然,文化是一个极其复杂的概念,江南文化也并非各种地方文化的相加之和。江南文化的本质和魅力也不是单一的地方文化所能承载的。正是多元地方文化的交汇融合,才形成了开放、创新、秀美、灵动等别具一格的江南文化底色。从地方文化入手来品味江南文化,是理解作为整体的江南文化与作为其组成部分的地方文化的关系的可行路径。

将吴越文化视为江南文化的核心板块,大概在学术界不会引起什么争议。文化根植于该地的历史和地理,具有相对的稳定性。春秋战国时期,在太湖、钱塘江流域先后崛起吴、越二霸,以及随后的发展播迁,奠定了吴越文化的基础。有学者为了强调吴越文化的地位和影响力,甚至将"海派文化""皖南的徽州文化"等都视为"吴越文化的地方类型"[①],这未免有夸大之嫌。归因于明清江南社会经济史研究中对太湖流域的聚焦,吴越文化被重点着墨也就成为顺理成章的事。江南文化的柔美、细腻、雅致大都源于吴越文化。

如果说吴越文化代表了江南文化的传统,那么海派文化则是在此基础上,对西方文化的吸纳和创新,不讳言带有殖民地文化的色彩。"精明求实的商人观念、宽容趋新的文化观念,独立自主的国民人格和自觉的参与意识"[②]是海派文化的基本特质。海派文化本质上是近代城市文化,是江南文化在新的历史条件下的发展和创新。作为扎根于吴地的海派文化无疑带有吴越文化的基因,但它和吴越文化又有明显区隔。二者都是江南文化的地方形态。

徽文化也是江南文化的组成部分。徽商及其代表的商业文化是江南文化的重要元素。徽商既植根于徽州宗族社会的沃土,又行走于大江南北,执商界之牛耳近 500 年。徽商重义轻利,严格遵循传统商业伦理,秉持所谓"贾道商德"。"以诚待人,以信接物,以义为利,仁心为重"是徽商坚守的经商之道。徽商因商播迁,落地生根,以江南为基地,将商业版图扩充到极致,从而成就了徽商与江南经济的共同繁荣,也使商业文化成为江南文化的一大特色。"无徽不成镇"即是徽商在长三角地区影响力的具体写照。明清江南市

① 董楚平:《吴越文化概述》,《杭州师范学院学报》2000 年第 2 期。
② 李灿:《专家论吴文化与海派文化的形成》,《新华日报》2002 年 8 月 9 日。

镇曾经盛极一时。殊不知,其背后的推手就是徽商。关于徽商与长三角的关系,徽学学者王世华作过专题论述。他考察了明清以来长三角地区的经济文化发展脉络,认为徽商是长三角兴起的重要力量。① 义利并举、崇文重教的江南文化内涵不能不说是徽商所带来的文化基因。

除此之外,徽派建筑以其灵动的设计、极富画面感的美学意蕴而成为江南建筑文化的代表。粉墙黛瓦马头墙、林木盆景、小桥流水,这些景观和谐组合,构成了徽州民居建筑形态的基调。徽派建筑颜色以青色和白色为主,把大自然装扮得更为秀美、充满了诗情画意,远观既有山林野趣,又有园林意境。明清以来,徽派建筑已遍及江南各地。青瓦白墙、庭院花园、楼台亭榭与江南各地独有的自然风光相映成趣,形成江南建筑文化的独特意境。

徽菜是江南美食文化的结晶。明清以来,徽菜馆在江南各地广为兴建,为广大民众所喜爱。上海记者曹聚仁对于徽菜大加赞赏。他在《上海春秋》中有言:"本来独霸上海吃食业的,既不是北方馆,也不是苏锡馆子,更不是四川馆子,而是徽菜馆子,人们且看近百年笔记小说,就会明白长江流域的市场,包括苏杭、扬、宁、汉、赣在内,茶叶、漆、典当都是徽州人天下,所谓徽州人识宝,因此,饮食买卖,也是徽馆独霸天下。"② 不仅在上海,在全国范围内徽菜都具有很高的知名度。徽菜因而成为江南菜系的代表,体现了江南文化的特色。

商业、建筑、美食只是徽州物质文化的代表,也是江南区域内徽文化与其他地方文化融合发展的鲜明例证。栾成显指出:"明清时代的徽州文化光辉灿烂,万紫千红。如徽州教育、新安理学、徽派朴学、新安画派、徽派篆刻、徽州版画、徽州刻书、徽州三雕、徽派建筑、徽州园林、新安医学,以及自然科学、数学、徽剧、徽菜等等,几乎在各个文化领域都取得了辉煌成就,有的领域臻于极致,后世难以企及。"③ 足见作为江南地方文化的徽文化的分量。按照王振忠的最新论述,"徽学"是"江南地域文化版图上的学术之花"④,为徽文化与江南文化的关系作了最好的注脚。朱庆葆先生将江南文化的内涵归纳为开放包容,敢为人先;崇文重教,精益求精;尚德务实,义利并举。⑤ 不难看出,这些与徽文化的意蕴是十分契合的。正是地方文化的多元与开放才使江南文化得以形成,并使后者生发出超越地方文化的魅力。

① 王世华:《明清徽商是长三角兴起的重要力量》,《学术界》2009 年第 5 期。
② 曹聚仁:《上海春秋》,生活·读书·新知三联书店 2016 年版,第 311 页。
③ 栾成显:《徽州文化的形成与演变历程》,《安徽史学》2014 年第 2 期。
④ 王振忠:《徽学:江南地域文化版图上的学术之花》,上海《文汇报》2019 年 5 月 9 日,第 10 版。
⑤ 朱庆葆:《三维度透视江南文化核心内涵》,《光明日报》2018 年 12 月 4 日,第 7 版。

　　作为江南文化的组成部分,徽文化在历史上和现实中都为长三角地区的融合发展发挥了举足轻重的作用。现如今,长三角一体化作为国家决策正在有条不紊地推进中。就战略实施层面而言,历史文化则是区域一体化的内在黏合剂,需要引起足够的重视。2018 年 6 月 20 日,上海、江苏、浙江、安徽四地携手打造"长三角文艺发展联盟",对江南的特色文化进行深入挖掘,整合文化资源,以期在三省一市中实现文化共享,推动文化共荣,提升长三角地区国际影响力。同年 11 月底,首届长三角国际文化产业博览会在上海展览中心举行。这些都是主打"文化牌"的实际举措。在此过程中,如何正确认识我省在长三角中的定位、如何发挥徽文化的作用、如何将江南文化发扬光大仍是一个个重要的课题。

充分发挥商标品牌作用
助推安徽经济高质量发展

李建中

摘　要:习近平总书记在党的十九大报告中指出"我国经济已由高速增长阶段转向高质量发展阶段",强调"加快建设创新型国家""强化知识产权创造、保护、运用"。当今世界,商标品牌已成为国家发展的战略性资源和国际竞争力的核心要素。一个国家商标品牌的规模总量、结构分布,反映一个国家经济发达程度,是国家经济高质量发展的重要标志。商标品牌对于推动我国经济高质量发展具有重要作用。我国商标数量虽多,但市场主体规模效益不高,商标产生经济效益的能力有待提高。我们要从国际视野、现实视角深入分析商标品牌属性作用,找准、抓住更好发挥商标品牌作用的着力点,加大商标品牌建设力度,更大程度、更广范围助推安徽经济高质量发展。

关键词:商标品牌;安徽;高质量发展

习近平总书记在党的十九大报告中指出"我国经济已由高速增长阶段转向高质量发展阶段",强调"加快建设创新型国家""强化知识产权创造、保护、运用"。2017年12月召开的中央经济工作会议,深入阐明"推动高质量发展是当前和今后一个时期确定发展思路、制定经济政策、实施宏观调控的根本要求"。商标品牌对于推动我国经济高质量发展具有重要作用。我们要从国际视野、现实视角深入分析商标品牌属性作用,找准、抓住更好发挥商标品牌作用的着力点,有力促进安徽经济高质量发展。

作者简介:李建中,男,74岁,国家工商总局原副局长、中华商标协会会长、安徽省泛长三角区域经济合作研究会高级顾问。

一、商标品牌是国家经济高质量发展的重要标志

商标和品牌天然不可分割,商标和品牌一般意义上是同义词。一个国家商标品牌的规模总量、结构分布,反映一个国家经济发达程度,是国家经济高质量发展的重要标志。

(一)商标品牌是国家经济发展现状的重要指标

一是有效商标品牌总量与国家经济规模正相关。从一个国家有效商标品牌总量的多少基本可以判断这个国家的经济规模。有效商标排名前16名的国家均为G20国家,中国、美国、日本、印度、德国、墨西哥、韩国等国家排名靠前,有效商标品牌排名与国家GDP排名高度吻合。截至2017年底,我国有效注册商标量1492.0万件,连续17年位居世界第一。

二是商标品牌类别分布反映国家的经济结构。商标品牌的类别分布显示一个国家的经济结构和产业分布,是判断一个国家产能分布情况、市场活跃情况和行业未来发展趋势的重要指标。经济发达国家服务行业占经济活动总量的60%至70%,服务类别商标品牌占比较大,我国服务类别商标品牌比例低于全球平均水平,更是明显低于美国、德国、英国等国家。我国商标申请类别最多的三大行业分别是农业、服装、研发和技术类,美国商标申请量最多的三大行业分别是健康、休闲与教育、研发和技术,德国是商业、休闲和教育、研发和技术,日本是农业、休闲与教育、研发和技术。近年来,我国服务类商标的增长多于商品类商标的增长,体现了我国第三产业加快发展的趋势。

三是商标品牌强度相对数反映国家的市场主体规模效益。每千亿美元GDP,美国是由2175件商标创造出来的,而我国是由12071件商标创造出来的。这说明我国商标数量虽多,但市场主体规模效益不高,商标产生经济效益的能力有待提高。2017年底我国每万户市场主体的平均有效商标拥有量为1520件,与2011年的1074件相比有了显著提高,但横向与其他国家比较,我国的排名并不靠前。我国每百万人口商标申请量也明显低于瑞士、韩国、澳大利亚、德国等国家。

(二)商标品牌是国家经济增长活力的重要体现

商标通常为新的产品、服务和企业申请使用,是反映创新发展和经济内在活力的重要指标。商标品牌特别是商标申请总量是经济发展的晴雨表,经济发展有活力、增速快则商标申请总量增长快,反之则慢。全球的商标申请量2007年停滞;2008年和2009年微降;2015年商标申请量增长较快,全球商

标增长 15.3%。近年来,我国商标注册申请量快速增长,持续居世界首位。2017 年,我国商标注册申请量 574.8 万件,同比增长 55.7%,申请量和增速均创历史新高。这充分体现近年来我国经济实力不断迈上新台阶,经济更具活力和韧性。

(三)商标品牌是国际市场竞争力的重要表现

世界名牌在全球品牌中不到 3%,而产品占全球市场的 40% 以上,销售额占到了全球 50% 的份额,个别行业甚至超过 90%。著名品牌咨询机构国际品牌集团发布的《2016 年全球最佳品牌》,美国有 52 个品牌上榜,中国仅有 2 个品牌。2016 年我国共有 36 个品牌进入世界品牌实验室发布的《世界品牌 500 强》排行榜,但与美国 227 个、法国 41 个等相比仍存在一定差距。2017 年度《世界品牌 500 强》排行榜中有我国的品牌 37 个,与 2013 年相比增长了 1.5 倍。这表明,我国政府部门和市场主体品牌意识逐步提升,中国商标品牌在世界的影响力逐步提高。同时,我国商标品牌引领经济发展作用日益突出。《2016 年沪深上市公司商标品牌价值排行榜》数据显示,100 家上榜企业的商标品牌价值达 3.22 万亿元,占其市场总值比例达 16.93%。表明商标品牌已成为企业赢得市场的有力武器,是企业发展不可或缺的核心资产。根据世界知识产权组织统计,2017 年我国申请人提交马德里商标国际注册申请 4810 件,同比增长 59.6%,在马德里联盟中排名第三。申请较多的类别与我国主要出口产品趋势相一致,表明我国企业海外商标知识产权的意识提高,"走出去"步伐加快。

二、发挥商标品牌作用是实现国家经济高质量发展的重要途径

在当今日益激烈的国际竞争中,一个国家的经济发展水平与商标品牌息息相关。商标品牌对于提升企业核心竞争力、促进经济发展具有举足轻重的作用。实现国家经济高质量发展,必须重视和发挥商标品牌作用。

(一)商标品牌是整合资源的有效手段

市场配置资源决定性作用,就是通过有效的市场竞争,使资源在行业上实现均衡配置,各行业市场主体按照市场规则最优化使用资源。在经济全球化的今天,薄利多销在国际贸易中不是好事,必须重视商标品牌的资源整合作用,提高资源使用效率。国内外商标品牌发展的实践证明,资源随着商标品牌集中而聚集,资源效益随着商标品牌知名而放大,投入产出和投资收益呈几何级数扩大。美国国民生产总值的 60% 来自品牌创造,90% 的出口额来

自品牌经济。我国经济总量已全球第二,但我国品牌经济在我国 GDP 的占比很低,这说明我国商标品牌经济发育程度不够,资源整合有很大的空间。

(二)商标品牌是社会财富转移的重要载体

当今世界,商标品牌已成为国家发展的战略性资源和国际竞争力的核心要素。经济发达国家尤其是大型跨国公司进行全球布局,通过强势品牌等手段控制发展中国家的市场,在世界财富分配格局中占据主导地位,其雄厚的资本特别是强大的品牌竞争力,不断开放的市场,使财富由发展中国家向发达国家大量转移。商标品牌在全球生产网络和国家贸易中越来越重要。在全球价值链中,不同国家的生产过程被分解并被分散。有品牌的企业、零售商在信息来源中发挥主导作用,控制高附加值活动,捕获最大利润。商品的实际物质生产常常留给全球运营的总承包供应商,利润率低,产量大。

(三)商标品牌是产品价值的放大器

在现代市场营销中,成本加成定价方式已很少采用,取脂定价法越来越多地被广泛采用,当今世界奢侈品市场、世界知名产品都是采用取脂定价法,成本几百元的商品动辄以万元甚至数万元的价格销售。我国 200 多种产品产量居世界第一,但大部分缺少品牌优势。事实上我国制造业水平居世界前列,60% 的国际奢侈品品牌在中国代工生产,有的在中国完成大部分工序再运到国外完成最后工序。我国出口商品自主品牌出口比重仅略高于 10%,赚的是"血汗钱"。中国工厂制造、中国人购买,商标品牌却是外国的,外国企业仅靠一个商标品牌就赚取大量利润。另外,调查表明受地理标志保护的产品经济效益普遍提高 20% 左右,地理标志商标注册前后产品价格平均提高了 50% 左右。

(四)商标品牌是引领消费潮流的旗帜

根据国际经验,一个国家人均国内生产总值达到 3000 美元时,就进入品牌消费时代。全球 125 名以前的经济体人均国内生产总值都超过了 3000 美元,步入了品牌消费时代。从消费需求看,过去我国消费具有明显的模仿型排浪式特征,现在模仿型排浪式消费阶段基本结束,个性化、多样化消费渐成主流,品牌消费潜力巨大,商标品牌的内涵日益从强调品质和功能转向强调价值观和个性体验,品牌消费进入了快速增长阶段。消费者对中国品牌关注度持续提高,自 2014 年以来,主流中文搜索引擎上国内品牌搜索占比稳步提升,从 2014 年的 45.06% 提高到 2017 年的 55.17%。表明国产品牌的影响不断增强,这对于推动消费经济和品牌经济发展具有重要作用。

(五)商标品牌是企业开拓市场的有力武器

产品、价格、渠道、促销是企业开拓市场要考虑的基本因素。随着科学技术的发展,在当今日趋激烈的市场竞争中,同类产品在性能、价格、质量等方面的差异越来越不明显,产品的竞争越来越表现为商标品牌的竞争,品牌竞争已经成为当今世界市场经济竞争的主要形式。随着国内市场的国际化,我国企业要做大做强,必然面对来自国外品牌企业的竞争,必须有和外国企业对等或超越外国企业的商标品牌,拥有世界知名品牌,才能在品牌竞争中获得全球市场份额和全球消费者认可。

（六）商标品牌建设是国家经济行为的重要内容

商标品牌不仅是企业的事,世界各国政府越来越多地开展品牌推广。商标品牌是国家经济和软实力的象征,很多国家都重视国家品牌的杠杆效果,实行国家品牌战略。20世纪90年代,许多国家创立了原产地国家标志,目的是确立国家品牌、质量一流的国家形象,打造国家名片,一个国家或地区经济崛起的背后往往是一批品牌的强势崛起。近年来,党中央、国务院高度重视商标品牌工作,在《国家创新驱动发展战略纲要》《中国制造2025》《国务院关于新形势下加快知识产权强国建设的若干意见》《国务院办公厅关于发挥品牌引领作用推动供需结构升级的意见》《中共中央国务院关于完善产权保护制度依法保护产权的意见》等文件中,对商标品牌建设作出了一系列重大部署。2009年,国家工商总局部署实施商标战略。2017年印发《工商总局关于深入实施商标品牌战略推进中国品牌建设的意见》,在以往工作成绩的基础上继续深入推进商标品牌建设。

三、以有力的商标品牌建设助推安徽经济高质量发展

近年来,安徽按照数质并举、以质取胜的指导方针加强商标品牌建设,大力实施质量品牌升级工程,实现品牌发展质的飞越。持续加大品牌培育、推广和保护力度,强化质量品牌意识,先后认定了一批专业商标品牌基地。安徽商标申请数量持续增长,由2013年的4.72万件增长至2017年的16.32万件。2017年底安徽有效注册商标量30.19万件,在全国31个省（自治区、直辖市）中排名第13。

中国特色社会主义进入新时代,我国社会主要矛盾已经转化为人民日益增长的美好生活需要和不平衡不充分的发展之间的矛盾。认真学习贯彻习近平新时代中国特色社会主义思想,坚持把国家经济高质量发展的普遍要求同安徽的实际结合起来,把推进中国制造向中国创造转变、中国速度向中国质量转变、制造大国向制造强国转变与安徽市场主体发育程度结合起来,加大商标品牌建设力度,更大程度、更广范围助推安徽经济高质量发展。

（一）尊重市场的决定作用

商标品牌价值形成于市场、体现在市场。一个商标品牌是否著名是市场竞争的结果和消费者选择的结果。没有市场占有率，就谈不上商标品牌的发展。没有消费者的信赖，就没有商标品牌的购买力和价值力，拥有市场比拥有工厂重要得多。任何一个知名商标品牌都经历产生、竞争、发展、壮大的过程，每一个过程都离不开市场，都要以自己独有的品牌进入市场参与竞争，摆脱同质化竞争、价格竞争的传统老路，迈向品牌竞争的高级阶段。企业在始终诚信经营、不断提高产品质量的同时，还要重视市场营销的运用，加强品牌的包装、策划、建设、管理、经营，扩大商标品牌在市场上的影响力。特别要克服短期行为，我国一些一度知名度很高的企业、所谓的标王企业等现在销声匿迹，很大程度上在于企业市场营销策略存在短期行为，铁打的市场流水的品牌，市场优胜劣汰是铁的规律，不尊重市场规律，必然遭到市场的惩罚。

（二）明确企业的主体作用

企业利润最大化某种意义上是商标品牌建设的原动力，商标品牌建设的主体是企业自身。企业商标品牌建设涉及众多因素，但创新是商标品牌建设的第一动力。商标品牌创新包括产品创新、技术创新、商业模式创新等实质性创新，目的是提升品牌竞争力。企业只有不断研发、创新，才能创造领先的商标品牌，提升商标品牌价值，扩大商标品牌市场占有率。企业只有提升自主创新能力，通过技术创新获得自主知识产权，使产品体现高度的差异化，才能具备超凡的竞争力。企业只有舍得在科研创新上花本钱，并善于将科技成果转化为产品，才能打造知名商标品牌。企业只有重视商标品牌文化建设，形成本企业独特的文化内涵，才能赢得消费者的长期忠诚，赢得市场的稳定。

（三）发挥政府的推动作用

一是加强宣传和引导，促进企业增强商标品牌意识，积极为企业商标注册提供便捷高效服务，扩大安徽商标总量，做好商标品牌培育工作。二是分类指导企业实施商标品牌战略。支持鼓励企业制定符合自身发展特点的商标品牌战略，健全商标品牌管理体系，发挥商标品牌引领作用，带动技术创新能力、产品和服务质量、市场营销水平、企业文化等全面协调发展，提升安徽品牌在国内国际市场的知名度。三是加强商标品牌保护力度。商标品牌具有侵权成本低、维权成本高的特点。商标品牌保护不力，必然损伤企业商标品牌建设的积极性。政府要加强市场监管，严厉打击商标品牌侵权行为，加快建立侵权惩罚性赔偿制度，在优势产业聚集地区创新知识产权保护机制，拓宽快捷、低成本的维权渠道，用有力有效的商标品牌保护制度增强市场主体投资创业信心，更好地推动安徽经济高质量发展。

茅盾"淮南子学"研究及得失

——兼析其"贬淮"之根由

高 旭

摘 要:现代著名作家茅盾在民国时期与汉代道家经典《淮南子》有一段特殊的文化因缘,曾选注过一部普及性的《淮南子》读本,较早为该书的现代传播做出了积极贡献。虽然茅盾并非专门研究《淮南子》的学者,但其对后者的学术认识具有一定的价值。茅盾从思想矛盾性视角出发对《淮南子》内容"驳杂"的批评,在民国时期"淮南子学史"上颇有代表性。茅盾这种思想上"贬淮"的态度与认识,既受到传统学术观点的深刻影响,也源于其主要身为文学家,缺少对《淮南子》思想进行更为系统研究的学术内因。茅盾的《淮南子》研究,尽管得失兼有,但在民国时期"淮南子学史"上理应占有一席之地,为现今学者所重视。

关键词:茅盾;《淮南子》;淮南子学;淮南子学史;道家;杂家

茅盾(1896—1981)是现代著名作家、文学评论家与社会活动家,原名沈德鸿,字雁冰,浙江省嘉兴市桐乡市人。在其而立之年前,曾为商务印书馆"学生国学丛书"(王云五、朱经农主编)选注过一本普及性质的《淮南子》,该书最早出版于1926年3月,后又被商务印书馆收入"万有文库(第一集一千种)"中,于1931年4月再次出版(王云五主编)。茅盾此书实际只是《淮南

作者简介:高旭(1979—),男,陕西延安人,安徽理工大学楚淮文化研究中心副教授,《淮南子》与道家道教研究所所长,南开大学历史学博士,主要从事淮南子学、淮河文化史、中国政治思想史研究。该书收入"学生国学丛书"时,选注者题名为"沈雁冰",而收入"万有文库"时,题名则更改为"沈德鸿"。

基金项目:2019年度安徽省高校人文社会科学研究重点项目"西汉汉学视域中的《淮南子》英译研究"(项目编号:SK2019A0086);2018年度安徽省高校优秀青年人才支持计划重点项目"《淮南子》黄老思想义涵及历史价值研究"(项目编号:gxyqZD2018035)。

子》的节选注释本①，其中仅选注了《淮南子》全书中的八篇(《俶真》《览冥》《精神》《齐俗》《道应》《诠言》《人间》《要略》)。虽然其书内容有限，难以反映《淮南子》一书的思想全貌，但作为普及性质的通俗注释读本，为民国时期青年学生了解和阅读这部被胡适称为"历年久远，文义变迁，传写讹夺，此书遂更难读"的"绝代奇书"②，提供了较为便利的条件。特别是在当时尚无现代注释本《淮南子》的情况下，此书成为最早面向社会大众的《淮南子》普及性读物，茅盾为这部汉代道家经典的现代传播做出了积极有益的贡献。

茅盾选注的《淮南子》，虽然"盖为学生入门之书，非主考订"③，其价值主要体现在社会普及方面，但也并非没有自己的独到认识，这在书中的"绪言"④"凡例"里便有着较为充分的反映。茅盾对《淮南子》的认识与评价，主要体现为文学家的视角，其间得失兼有，特别是他着眼于思想的矛盾性对《淮南子》学术价值所做出的"低评"，在民国时期文化界中具有一定的代表性。茅盾这种思想上"贬淮"的态度和主张，有其复杂的学术文化原因，对此，拙文试图进行具体的剖析与揭示，以深化学界关于民国时期"淮南子学"⑤发展情况的学术认识。

一、对《淮南子》作者的认识

茅盾在其选注《淮南子》一书的"绪言"中，对后者的基本情况进行了概要

---

① 茅盾此书所依据的版本是商务印书馆 1923 年出版的刘文典的《淮南子集解》，书中注释也多依后者。

② 刘文典：《淮南鸿烈集解》，北京：中华书局，1989 年，《淮南鸿烈集解序》(胡适)，第 2 页。

③ 于大成：《淮南鸿烈论文集》，台北：里仁书局，2005 年版，第 1546 页。

④ 中华人民共和国成立后，此篇《绪言》曾以《〈淮南子(选注本)〉绪言》为题，先后收入唐金海等人编：《茅盾专集》第 1 卷，福建：福建人民出版社，1983 年，第 773–780 页；《茅盾全集》编辑委员会编辑：《茅盾全集》第 19 卷《中国文论二集》，北京：人民文学出版社，1991 年，第 93–101 页。茅盾选注《淮南子》一书则先后收入《茅盾全集》编辑委员会编辑：《茅盾全集·补遗》，北京：人民文学出版社，2006 年；钟桂松主编《茅盾全集》第 34 册"古诗文注解"，合肥：黄山书社，2014 年版。本文使用的版本为崇文书局所出"民国国学文库"中的单行本(沈雁冰选注，卢福咸校订：《淮南子》，武汉：崇文书局，2014 年版)。

⑤ 本文所使用的"淮南子学"与"淮南子学史"的学术史概念，其具体内涵及实际运用，参见拙文：《晚清时期曾国藩"淮南子学"研究述论》，《汕头大学学报(人文社会科学版)》2016 年第 2 期，第 39–46 页；《明末清初王船山"淮南子学"研究述评——以〈读通鉴论〉为中心》，《广州大学学报(社会科学版)》2017 年第 3 期，第 90–96 页；《回顾、反思与前瞻——二千年"淮南子学史"纲要》，《山东师范大学学报(社会科学版)》2017 年第 3 期，第 65–86 页。

式的评述,关于《淮南子》的作者问题,是其首先关注和阐明的内容。这主要包括两个方面。

一是有关淮南王刘安与《淮南子》的关系。茅盾受《汉书》里淮南王刘安传记的影响,一方面认同刘安"谋反说",另一方面也主张《淮南子》一书"实系刘安所召的宾客合作,而归名于刘安"①。茅盾这种看法,属于传统的学术认识,从东汉班固、高诱之后,长期为一般学者所持有,既是主流化的意见,但也是缺乏新意的见解。需要一提的是,在"淮南子学史"上,长期以来"关于刘安其人其事的研究一直很少,直到进入20世纪,尤其是80年代以后,这种状况才有所改观"②,特别是对其"谋反"一事,真正展开系统深入的研讨,并开始明确产生"翻案性"的学术认识,也是在20世纪七八十年代后③。

二是有关淮南宾客与《淮南子》的关系。茅盾接受传统学者的主流看法,认为《淮南子》"本非一人撰著"④,而是淮南王刘安与门下宾客进行学术合作的结果,只是在最终署名上"归名于安"而已。但其也指出,以往个别学者(如明代胡应麟)认为《淮南子》"实出刘安之手",虽看似"亦自有理"⑤,但如从《淮南子》一书思想矛盾性的情况看,却难以成立。根据《汉书》记载,茅盾还认为刘安所谓的"谋反",与其门下宾客的消极影响相关,"淮南宾客又多江淮间轻薄不逞之徒,以厉王迁死道中感激安。安由是蓄逆谋"⑥,终致身死国亡。茅盾结合东汉学者高诱注《淮南子》时所写的"序",着重对"淮南八公"的问题进行了初步探讨。他指出,"淮南宾客中当日有八人极尊",但此八人"史传不见,惟高诱记之",且"八人中仅三人名见《汉书》,而中一人又疑非贤者",最后得出结论说:"高诱虽然确举八个人名,说是《淮南子》的撰述者,我们却不能无疑"⑦。茅盾进一步结合南朝梁代昭明太子萧统编《文选》、南宋高似孙

---

① 沈雁冰选注,卢福咸校订:《淮南子》,绪言,第1页。

② 马庆州:《淮南子考论》,北京:北京大学出版社,2009年版,第42页。

③ 朱东润20世纪50年代初曾在《淮南王安及其作品——楚辞探故之三》一文中论及淮南王刘安的冤案(《光明日报》1951年4月28日"学术"第35期,后收入作家出版社编辑部编:《楚辞研究论文集》,北京:作家出版社,1957年,第372—382页),但过于简略。徐复观70年代在《两汉思想史》中也极力反驳刘安谋反论,认为其案是"诬构成一大冤狱"(《两汉思想史(一)》,北京:九州出版社,2014年版,第165页)。徐复观所论,已比朱东润更为深入。学界着力为刘安"冤狱"翻案的专题论文以80年代雍国泰《论淮南王刘安之死》(《文史知识》1980年第1期,第52—57页)、陈广忠《〈淮南子〉的倾向性合淮南王之死》(《江淮论坛》1981年第1期,第82—88页)为代表。此后刘安谋反为"冤案"说成为一种颇有影响力的新观点,与传统"谋反"说相对立,逐渐为不少学者程度不等的接受。

④ 沈雁冰选注,卢福咸校订:《淮南子》,绪言,第8页。

⑤ 沈雁冰选注,卢福咸校订:《淮南子》,绪言,第5—6页。

⑥ 沈雁冰选注,卢福咸校订:《淮南子》,绪言,第2页。

⑦ 沈雁冰选注,卢福咸校订:《淮南子》,绪言,第4页。

《子略》、明代方以智《通雅》等文献资料,对淮南宾客中"大山""小山"之徒的情况有所论及,指出从高诱以来,"大山""小山"究竟为谁,就已成历史疑问,难以搞清。茅盾对"淮南八公"中左吴、雷被、伍被三人,从《汉书》记载着眼简要剖析,提出"左吴是淮南宾客之与闻密谋者","雷被大约是个武士,不是个治学问的人",而"伍被竟是淮南宾客的领袖",并在对比《汉书》所载伍被言论与《淮南子》中《览冥》《齐俗》《诠言》等篇内容后,明确认同高诱所说"伍被是本书的一个撰述者"①的看法。茅盾对淮南宾客与《淮南子》关系的认识,既有承袭传统观点的一面,但也有自己独到的见解,尤其是关于"淮南八公"的探讨,尽管较为简略,但却颇具启发性,是民国时期较早关注与研究该问题的学者,值得肯定。

对《淮南子》作者的认识,反映出茅盾早年的确对《淮南子》一书下过较大的功夫,有着熟读深思的过程,因此能要言不烦,有针对性地初步解答这一"淮南子学"研究领域的基础性问题。虽然茅盾对淮南王刘安、淮南宾客与《淮南子》之间成书关系的认识,仍然较为简略,且受传统学术观点影响很深,但从中也可清楚地看到,他对前人观点并不是简单接受、人云亦云,而是力求结合各种文献史料,尽可能有所深化,提出自己的一得之见,这显示出茅盾具有突出的学术思维,其对《淮南子》的文化认识也体现出显著的学术性,并非单纯作家视角的产物。

二、对《淮南子》文献文辞的认识

茅盾对《淮南子》文本也有自己的独到认识,这主要表现在文献与文辞两个方面。就前者来说,茅盾重点考察与辨析了《淮南子》书名的演变情况,以及许、高《淮南子》注本的差异问题;就后者而言,茅盾对《淮南子》一书的文采及文学性较为推崇,给予了积极的肯定。特别是在文献方面的探讨,进一步显示出茅盾具有扎实深厚的传统文化根底,作为民国时期的学者与作家,受清代乾嘉"朴学"的影响较大,治学注重文本基础,考证思维突出。

其一,对《淮南子》书名演变的考察。茅盾从《汉书》记载出发,对淮南王刘安及其宾客的著述情况有所简要探讨,认为《淮南子》"今所存二十一篇,当即《汉书》所说的《淮南内》,又曰《内书》",又指出高诱所言《淮南外篇》十九篇,"大概就是《汉书》所谓《淮南外》三十三篇的残篇罢。但后世

---

① 沈雁冰选注,卢福咸校订:《淮南子》,绪言,第5页。

目录皆不载,似乎早已亡了"①。基于此,茅盾结合晁公武《郡斋读书志》对《淮南子》许慎注本题名的记载,进一步分析《淮南子》书名的演变情况,一反高诱的看法,主张"'鸿烈'非《淮南子》原名"说。他认为高诱所说《淮南子》原名"鸿烈","刘向始改题为《淮南子》",这种看法并不可靠,因为"然本书第二十一篇《要略》虽有'此鸿烈之泰族'一语,而玩其文义,似为诠释《泰族》篇,未必即指全书。高诱云云,似属误会"②。茅盾明确提出,《淮南子》在刘安献书给武帝时,"单名曰《内》,或曰《内书》",而"刘向校录时乃冠以淮南二字。至后汉时,复取《要略》篇中'鸿烈'二字,称《淮南鸿烈》","许高皆后汉人,疑当时固通称'淮南鸿烈'"③。除质疑《鸿烈》为《淮南子》原书名外,茅盾还对《宋书·艺文志》中《淮南鸿烈解》的书名表示否定,认为"'解'者注解之义,本甚显明","后人不察,遂谓'鸿烈解'乃是书名,那就错得更厉害了"④。

茅盾对《淮南子》书名的考察,从实际情况来看,有得有失。"得"的方面在于:一则他注意到了《淮南子》版本流传情况的复杂性,认同南宋学者晁公武的看法,认为"此书在宋时已少完本",且"今本亦多脱误,则早非本来面目了"⑤,而这种历史流传的复杂造成了《淮南子》书名的多变;二则茅盾没有简单接受前人的看法,而是结合相关史料,对"鸿烈"与"淮南鸿烈解"两个书名都表示质疑和否定。以上二者,都反映出茅盾好学深思,不轻从旧说的学术品质,给现今治"淮南子学"者以有益启示。"失"的方面在于:虽然茅盾对《淮南子》版本流传复杂性的认识以及对"淮南鸿烈解"书名的否定,都符合学术实际,言之成立,但其"'鸿烈'非《淮南子》原名"说,却稍显立论单薄,缺少更为深入的剖析与阐明。将"鸿烈"仅仅视为《泰族》一篇的篇名,实际上窄化了"鸿烈"二字"大明道之言也"⑥的理论蕴涵,也未能从《要略》全篇及《淮南子》全书的思想整体出发,真正透彻理解和把握淮南王刘安等人对撰著《淮南子》一书所具有的宏大深远的政治抱负与理想。因此,茅盾所言"'鸿烈'非《淮南子》原名"说,论据并不坚实,值得商榷。但其对该问题的提出,有助于后来的学者重新审思《淮南子》原书的命名意图以及书名的演变过程,具有一定的启发性。

其二,对许、高《淮南子》注本差异的辨析。茅盾通过比较道藏本与通行

---

① 沈雁冰选注,卢福咸校订:《淮南子》,绪言,第3页。
② 沈雁冰选注,卢福咸校订:《淮南子》,绪言,第3页。
③ 沈雁冰选注,卢福咸校订:《淮南子》,绪言,第3页。
④ 沈雁冰选注,卢福咸校订:《淮南子》,绪言,第3页。
⑤ 沈雁冰选注,卢福咸校订:《淮南子》,绪言,第3页。
⑥ 何宁:《淮南子集释》,北京:中华书局,1998年版,叙目,第5页。

本的《淮南子》，并结合《隋唐志》、陆德明《庄子释文》注、李善《文选》注、殷敬顺《列子释文》注等相关材料，推断认为"《淮南子》原有许、高二家的注"①。茅盾又对《宋史·艺文志》中所载许、高二注本的情况进行考察，指出"高诱注在宋世已亡若干了"，"但《宋史》载许慎注二十一卷，竟完全无阙，亦甚可疑"②。茅盾最后根据宋代苏颂《校淮南子题叙》以及清代陶方琦《淮南许注异同诂》，得出结论："《宋志》所谓许慎注二十一卷，实许氏残注，杂参高注，而冒称了许注"，"高、许二注，在宋时都已残缺了"③。为进一步验证此看法，茅盾对现存十三篇高注与八篇许注进行了"互相比较"，指出许、高二注在历史流传中相互羼杂的情况十分复杂，事实上出现了"高中有许，许中有高"的现象，因为"现在考证《原道》等十三篇注文所举异说，'一曰……'云云，十八九正是他处复见的许慎注。由此，又可知《原道》以下十三篇虽云高注，而实在是杂附许注了（苏颂所谓二注相参），绝非高注本来面目"④。茅盾随后结合多种文献史料，指出"《文选》注等书所引许注而为今本《淮南》所无者，实亦不少"，故而后世所传许注八篇"实多脱漏，亦绝非许注的本来面目了"⑤。除以上对许、高二注本差异的比较辨析外，更为可贵的是，茅盾还注意到高注十三篇与许注八篇所依据的《淮南子》"本文，也有相异的"，并提出了"许高注书的时候，《淮南子》有两种传本，文字相异的很多"⑥的正确看法。

其三，茅盾对《淮南子》许、高二注本的比较研究，言之有据，论之有理，充分显示出其所具有的文献考据的良好学养，而对清代陶方琦、王念孙、卢文弨、俞樾等前人学术成果的重视与利用，也反映出他作为民国时期的学者，与清代"朴学"所代表的传统学术之间有着紧密的内在继承关系，这也是茅盾以后能够成为文学大家所依赖的深厚的传统文化底蕴。

其三，对《淮南子》文辞及文学性的肯定。茅盾是民国时期的著名作家，《淮南子》是其一生较为爱读的一部中国古代经典著作⑦。茅盾对《淮南子》的欣赏，很大程度源自后者文辞文采的华美瑰丽。他很赞同胡应麟的说法，认为《淮南子》在文辞上"奇丽宏放，瑰目璨心，谓挟风霜之气，良自不诬"⑧。茅盾还提及西汉著名辞赋家扬雄的看法，同样认为"淮南王与司马

---

① 沈雁冰选注，卢福咸校订：《淮南子》，绪言，第6页。
② 沈雁冰选注，卢福咸校订：《淮南子》，绪言，第6页。
③ 沈雁冰选注，卢福咸校订：《淮南子》，绪言，第7页。
④ 沈雁冰选注，卢福咸校订：《淮南子》，绪言，第7页。
⑤ 沈雁冰选注，卢福咸校订：《淮南子》，绪言，第7页。
⑥ 沈雁冰选注，卢福咸校订：《淮南子》，绪言，第8页。
⑦ 王芳编著：《茅盾与读书》，济南：明天出版社，1999年版，第240页。
⑧ 沈雁冰选注，卢福咸校订：《淮南子》，绪言，第10页。

迁并称,可说是汉世的杰作",并继而说"古来文人很多爱读此书,大概就取它的材料诡异和文辞奇丽吧"①。茅盾所说其实也是夫子自道。《淮南子》在中国文化史上继楚辞与《庄子》之后所表现出的"铺张华丽,气势磅礴""事理兼备""妙语连珠""绚烂多姿"②的文学特色与风格,对主要以文学为毕生志业的茅盾来说,无疑具有强烈的感染力、吸引力,成为其积极取法,有所借鉴的重要对象。淮南王刘安及其宾客所构成的"淮南学派",本身就是有汉一代作"赋"最多,文学性极其突出的著名文学集团③,而刘安在当时就颇负才名,因"辩博善为文辞"④,为朝野上下所瞩目。茅盾对刘安等人在古代文学史上的成就是熟知的⑤,经由选注《淮南子》一书,更是感受到后者极为丰富深厚的文学底蕴,所以由衷赞同前人对《淮南子》文学性的高度肯定与评价,也认为这是一部可与有着"无韵之离骚"美誉的《史记》相媲美的古典文学杰作。茅盾从文学家视角出发对《淮南子》文辞文采的推重,在一定程度上,也显示出这部中国古代道家"绝代奇书"具有非同一般的文学魅力,其能从汉武帝之后"黯而不明,幽而不著,隐而不显"⑥的极为不利的历史境遇中侥幸流传至现代,确非无因。

对《淮南子》文献与文辞的认识,反映出茅盾对此书较为精熟,不仅有着来自文学视角的审美考量,而且更有着源自学术思维的深刻认识。由表及里,由里而外,这让茅盾对《淮南子》的理解与把握要远比一般文学家准确深透,其观点主张皆能持之有故,自得其理,对专治"淮南子学"者也颇有启发之益。

---

① 沈雁冰选注,卢福咸校订:《淮南子》,绪言,第 10 页。

② 许匡一:《淮南子全译》,贵阳:贵州人民出版社,1993 年版,第 18 页。

③ 高旭:《中国古代学派史上的绝代奇峰——淮南王刘安与汉代"淮南学派"综论》,《华侨大学学报(哲学社会科学版)》2017 年第 2 期,第 127–142 页。

④ 班固:《汉书》卷四十四《淮南衡山济北王传第十四》,北京:中华书局,1956 年版,第 2145 页。

⑤ 茅盾除在选注《淮南子》的"绪言"中对淮南王刘安等人的文学著述有过简略介绍外,还曾在1926 年 11 月《中国文学不能健全发展之原因》、1931 年 9 月《关于"创作"》两文中,均提及刘安"叙《离骚》传"的内容:"《国风》好色而不淫,《小雅》怨诽而不乱,若《离骚》者,可谓兼之矣"(《茅盾全集》编辑委员会编辑:《茅盾全集》第 19 卷《中国文论二集》,北京:人民文学出版社,1991 年版,第 103 页、第 263 页)。可见,茅盾对刘安在汉代文学史上的成就是比较熟悉的。

⑥ 李增:《淮南子哲学思想研究》,台北:洪叶文化事业有限公司,1997 年版,自序,第 1 页。

三、对《淮南子》思想的认识及低评

与文学上肯定《淮南子》相反，茅盾对后者的思想史价值与意义的评价较低，甚至表现出一定的"贬淮"①的态度与倾向。茅盾对《淮南子》思想的低评，主要是基于其对后者的思想矛盾性的学术认识。在茅盾看来，这种思想的矛盾性表现在两个方面。

一是内容的极为驳杂。茅盾指出，《淮南子》"本非一人撰著，立一家之言"，所以"虽大意是归宗于老子道德之旨，然通观全书，则驳杂殊甚"②。茅盾以《天文》《地形》《时则》《道应》《兵略》《说林》《说山》《人间》等篇为例，认为《淮南子》与先秦众多古籍具有渊源关系，其资料来源极为广泛，这是造成其内容"驳杂"的重要原因。

二是观点的相互冲突。茅盾结合文本，认为《淮南子》"书中议论自相矛盾之处，不止一二"③。具体来看，此种情况又分为两类：一类为篇与篇之间的冲突，如《精神》与《本经》对道、儒思想的阐述，《览冥》《主术》与《氾论》三篇对法家思想既批判又兼用的认识，都是"数篇之间互有矛盾"④，缺乏理论一致性的表现；另一类为同篇之中的冲突，如《修务》，先"道"后"儒"，首尾不一致，"前后的议论，也是显然矛盾的了"⑤。茅盾认为，虽然《淮南子》中也有始终较为如一的观点主张，如《诠言》中所阐扬老子的"柔弱"思想，《齐俗》中所坚持的"因时制宜"的治国理念，但由于"这种议论并非是怎样根本的原理，故虽一贯，并不能减轻了本书的驳杂矛盾的程度"⑥。正是出于对《淮南子》思想

---

① 在"淮南子学史"上，长期以来存在"贬淮"的学术现象，不少学者（民国时期知名者如熊十力、范文澜、冯友兰等）囿于班固《汉书·艺文志》中的"杂家"说，将《淮南子》思想表现形式上的"驳杂"定性为理论实质的"杂家"，殊不知，这是两个既有联系又有根本区别的问题。理论内容的"多源"与"多元"，在一定程度上造成了《淮南子》的"驳杂"，但如深细来看，淮南王刘安等人对此有着明确的自觉认识，他们试图站在道家的根本立场上，对先秦诸子百家学说进行最大可能的理论改造、会通与熔铸，以此为西汉统治阶层创造性地提出一种更适合大一统王朝发展的新黄老政治学说，因此《淮南子》实则是泛而不杂、博而有要的道家思想体系。（参见拙文《中国道家的汉代黄老新形态——〈淮南子〉为"淮南黄老道家"新论》，《广西社会科学》2018 年第 1 期，第 121–131 页）
② 沈雁冰选注，卢福咸校订：《淮南子》，绪言，第 8–9 页。
③ 沈雁冰选注，卢福咸校订：《淮南子》，绪言，第 9 页。
④ 沈雁冰选注，卢福咸校订：《淮南子》，绪言，第 9 页。
⑤ 沈雁冰选注，卢福咸校订：《淮南子》，绪言，第 9 页。
⑥ 沈雁冰选注，卢福咸校订：《淮南子》，绪言，第 9 页。

矛盾性的强烈感受与深刻认识,茅盾最终得出"全书无所谓'中心思想'"①的基本结论。可以说,茅盾对《淮南子》实际上采取了思想上整体否定的态度,从而也就对后者的思想史价值与意义持有显而易见的低评认识。

茅盾对《淮南子》思想的认识和评价,客观地看,具有一定的道理,但根本上还是偏离了《淮南子》的思想实际,并没有把握住关键所在。一方面,茅盾对《淮南子》思想矛盾性问题的关注、重视与突出,体现出学术上的敏锐性,抓住了真正理解和进入《淮南子》思想世界的要害;另一方面,茅盾仍未能透过这种思想表面的矛盾现象,透彻认识到《淮南子》在思想体系上所始终坚守的"纪纲道德"②"穷道通意"③"穷道德之意"④(《要略》)的道家本位立场及根本原则,更没有看到《淮南子》在思想上存在着道家化诸子学说以为己用的深层的理论意图与实践。因此,茅盾对《淮南子》思想矛盾性的认识,本身便是利弊俱存,并不完全准确。就此而论,茅盾实际上对《淮南子》的道家思想特质缺少更为系统深入的探讨与把握,这不能不说是其《淮南子》研究的严重不足。

四、茅盾认识《淮南子》的双重性及其"贬淮"根由

茅盾对《淮南子》的学术认识,总体上而言,表现出双重性的特点:文学方面的肯定性与思想方面的否定性。这种肯定、否定兼具的认识特点在民国时期"淮南子学史"上具有一定的代表性。由于茅盾主要从事于文学创作,是"五四"运动以后的著名作家,因此他关于《淮南子》的认识与评价,伴随其选注《淮南子》一书的出版传播,比一般学界中人更易于产生文化影响、社会影响。这也让其低评低估《淮南子》思想价值与意义的看法,容易被一般民众所接受,形成一种较为普遍的社会认识。茅盾此种认识《淮南子》的双重性,看似对后者是有所推重与肯定的,并非轻视和完全否定,但实际上对《淮南子》的历史价值来说,却是"买椟还珠"式的认识。因为他所肯定《淮南子》的"材料诡异和文词奇丽",与后者"观天地之象,通古今之事"⑤"经古今之道,治伦理之序"⑥(《要略》)的博大精深的思想内涵相比,根本上是次要的,也不符合

---

① 沈雁冰选注,卢福咸校订:《淮南子》,凡例。
② 何宁:《淮南子集释》,第1437页。
③ 何宁:《淮南子集释》,第1455页。
④ 何宁:《淮南子集释》,第1454页。
⑤ 何宁:《淮南子集释》,第1462页。
⑥ 何宁:《淮南子集释》,第1452页。

淮南王刘安等人撰著《淮南子》的理论意图和政治目的①。也正是在此意义上，茅盾认识《淮南子》的双重性，实则成为一种总体上"贬淮"②的学术观点，无法真正揭示出《淮南子》思想的特殊性及历史价值，最终必然导致其对后者采取"杂家"说的学术定位与认识立场，认为"全书无所谓'中心思想'"，彻底否定《淮南子》"以道家思想为主轴，去贯穿调和各家"③的道家本位主义的理论实质。历史地看，茅盾这种思想上"贬淮"的学术认识，其形成具有自身的复杂根由，也表现出不同于专业学者的个体特点。

首先，对《淮南子》思想缺乏系统深入的研究，是茅盾"贬淮"认识形成的学术内因。茅盾对《淮南子》的研究，整体上来说，仍是初步的，而且比较侧重于文献方面的探讨，对《淮南子》思想体系尚未展开更为系统深入的研究。在其选注《淮南子》一书的"绪言"中，关于《淮南子》思想的篇幅十分有限，无法更充分地揭示出后者思想的实际内涵及特点。虽然茅盾对《淮南子》思想存在矛盾性的问题有着突出的学术敏感，抓住了这一进一步认识和理解《淮南子》思想特殊性的要害，但可惜的是，他并没有紧紧围绕此关键之处，深入剖析《淮南子》的思想矛盾性现象背后所隐藏的理论实质，难以更深入地看到这种矛盾性所产生的理论根源及其表象化意义。得于此，也失于此。正因为茅盾没有对《淮南子》思想展开专门系统的研究，以至于他对后者思想矛盾性的认识只是停留在了理论表层，仅仅局限于触及"要害"而已。与同时代的胡适相比，茅盾无法得出《淮南子》"是道家思想的总汇"④，实则"集道家的大成"⑤的结论。这让茅盾在《淮南子》思想研究上的深度，要比胡适逊色不少⑥。

其次，受班固《汉书·艺文志》所代表的传统"杂家"说及清代学者的深刻影响，是茅盾"贬淮"认识形成的学理基础。茅盾研究《淮南子》的一个特点就

---

① 高旭：《汉代黄老新"道治"的历史阐说——论〈淮南子〉著述意图、文本结构、思想体系及其政治理想》，《南昌大学学报（人文社会科学版）》，2017 年第 5 期，第 83—91 页。

② 笔者所言"'贬淮'现象"，并不具有贬义内涵，只是针对西汉至今的"淮南子学史"上，不少学者因《淮南子》思想内容具有较大的驳杂性，而将其定性为"杂家"，以致对《淮南子》思想体系及历史价值无法准确认识与评价，所产生的明显低估低评的学术倾向。因此，笔者在相关"淮南子学史"专题论文中使用"'贬淮'现象"这一概念时，均为中性化的学术内涵。

③ 陈丽桂：《〈淮南鸿烈〉思想研究》，新北：花木兰文化出版社，2013 年版，第 42 页。

④ 陈新雄，于大成主编：《淮南子论文集》，台北：西南书局，1979 年版，第 194 页。

⑤ 胡适：《淮南王书》，长沙：岳麓书社，2011 年版，第 9 页。

⑥ 茅盾对《淮南子》的关注和研究，比胡适要早。其选注《淮南子》一书在 1926 年 3 月即由商务印书馆出版，而胡适《淮南王书》则是在 1931 年 12 月由新月书店出版。二者相距有时。可以想见，如果茅盾能对《淮南子》一书进行更为专门系统的学术研究，如能更为注重和突出思想体系的探讨，或许他能比胡适更有条件成为中国现代学术史上开《淮南子》哲学思想研究风气之先的学者，在民国时期"淮南子学史"上产生更重要的学术影响。

是注重对前人成果的汲取和借鉴。在这方面，崇尚乾嘉"朴学"之风的清代学者成为其积极效法的先贤①，其中又以高邮王念孙、德清俞樾为著。茅盾称赞此二人考订《淮南子》是"用力颇勤，发明甚多"②。清代学者对《淮南子》的文献研究，贡献巨大，"把有关《淮南子》的考据问题，处理到了相当详密的程度，这为以后《淮南子》的研究，打下了良好的基础"③。但是，清代学者对《淮南子》思想的关注与研究很不够，而且惯于认同班固《汉书·艺文志》中对《淮南子》所做的"杂家"的学术定位，这让清代学者普遍对《淮南子》思想的真正价值所在缺少应有的深层阐发与揭示，往往流于从内容的广博性与文辞的文学性出发来评价《淮南子》的历史价值，事实上造成思想上"贬淮"的学术倾向，低估低评了《淮南子》一书思想体系的理论意义与历史地位。茅盾在学术上紧跟清代学者的步伐，其研究《淮南子》同样也是突出文献考订的内容，而对其思想内涵及价值有所轻视和低估④。由此可知，茅盾在《淮南子》研究上，受传统学术影响甚深，在一定程度上为后者所束缚，未能在《淮南子》哲学思想上有更大的突破。

再次，主要基于文学家视角的关注与研究，是茅盾"贬淮"认识形成的现实缘由。茅盾在中国现代史上主要以文学创作著称，是"五四"以后最具知名度的作家之一，其所著《子夜》更是成为现代文学经典。茅盾一生虽然与《淮南子》有着特殊的因缘，让后者在自己毕生的读书生活与文化事业中占据了重要的一页，也让选注《淮南子》一书成为其众多著作中为数较少的国学研究专书之一⑤，但是他对《淮南子》的关注与研究仍是较为有限的，并非其平生志业的重心所在，而且茅盾之所以重视《淮南子》，在很大程度上是对其"文词奇丽"的文学欣赏所致。在他看来，《淮南子》的文采，可与《史记》相媲美，都是现代作家需要认真学习、借鉴与汲取的语言文字的"宝典"。《淮南子》想象的

---

① 茅盾年轻时曾受到乾嘉"朴学"较大的影响，他曾在 1936 年所写《晚明文学》一文中说："又有一个时期，清朝的'朴学'大红而特红，并且还试要义洋法治朴学。这个，我也佩服"。茅盾对《庄子》《淮南子》《楚辞》等传统文化经典的选注，实际上始终坚持了乾嘉"朴学"注重文献考订的治学理念及路径。(《茅盾全集》编辑委员会编辑：《茅盾全集》第 21 卷《中国文论四集》，北京：人民文学出版社，1991 年版，第 67 页)

② 沈雁冰选注，卢福咸校订：《淮南子》，凡例。

③ 杨有礼：《新道鸿烈——〈淮南子〉与中国文化》，开封：河南大学出版社，2001 年版，第 41 页。

④ 与茅盾在 1926 年 1 月由商务印书馆出版的《庄子（选注本）》的"绪言"相比较，明显可知，茅盾对《庄子》思想的研究要比《淮南子》深入得多，不仅指出"庄子的根本思想是虚无主义"，而且将其政治思想与"近代的无治主义（即无政府主义）"相对比。这反映出茅盾对《庄子》思想有着远比《淮南子》更深透的学术理解与把握。(《茅盾全集》编辑委员会编辑：《茅盾全集》第 19 卷《中国文论二集》，北京：人民文学出版社，1991 年版，第 89—90 页)

⑤ 李标晶，王嘉良主编：《简明茅盾词典》，兰州：甘肃教育出版社，1998 年版，第 112 页。

驰骋奇特,材料的广博"诡异",也让茅盾印象深刻,这都成为他从事文学创作的重要文化资源。因此,从文学家的视角出发,关注与研究《淮南子》,这是茅盾在民国时期"淮南子学史"上的个体特点所在,使其与专业学者的研究有所不同。尽管茅盾自身具备良好的学术研究素养,文献考订功夫扎实,很适合从事《淮南子》为代表的传统文化经典的研究工作,但他最终还是选择了文学道路,而非学术道路。这在很大程度上既局限了茅盾《淮南子》研究的系统性和深度,也局限了其相关研究成果的实际的学术影响①。

最后,中国知识分子受儒家文化理念及精神的影响,对茅盾"贬淮"认识的形成也有一定的潜在作用。茅盾出生于十九世纪末期,属于跨越新、旧世纪的一代人,生活在传统中国向现代中国剧烈变动的大时代中。茅盾少年时代所受教育带有显著的新、旧融合的特点,因此传统的儒家文化理念及精神在其身上有着潜在的深刻影响②。《淮南子》一书在历史流传中,从东汉班固以来出现被低评的"贬淮"现象,这与儒家"独尊"的政治现实密不可分。《淮南子》在思想体系上坚持"持以道德,辅以仁义"(《览冥》)③的根本立场,重在阐发汉代黄老道家的治国学说,这与儒家"独尊"后的大一统的皇权政治发展需求极不吻合,因此其流传命运十分坎坷,实际上长期沦落于中国文化的边缘境地。历代学者与文士研治《淮南子》,大多不是从其思想内涵出发,而是着眼于文辞材料。这让《淮南子》一书真正最有价值的思想学说被历史所遮蔽,也与淮南王刘安等人当年对《淮南子》所寄予的政治厚望天壤相悬。可以说,如果无法从儒家"独尊"的文化意识中解脱出来,仍用带着儒家色彩的理论眼镜来审视《淮南子》,就难以真正理解和把握《淮南子》思想的价值所在。茅盾对《淮南子》思想的低估低评,与其所受传统儒家文化理念及精神的潜在影响具有一定的内在关联。在此点上,茅盾实则与清代学者有着某种程度的一致性。

---

① 中华人民共和国成立以后学界的"淮南子学"研究,仍能有意识提及茅盾《淮南子》研究及其成果者,极为少见。学者们似乎忘记了茅盾实际上是民国时期最早从事《淮南子》研究的学者之一。尽管茅盾研究《淮南子》的专题论文主要体现为选注《淮南子》的"绪言",且较为简要,但不可否认,他对《淮南子》的学术认识具有一定价值,一些观点对现今学者仍有启发之益。因此,在民国时期"淮南子学史"上,不应忽略茅盾的学术研究与贡献,而应给予客观的评价和积极的肯定。

② 茅盾在1936年所写《茅盾小传》中曾说自己"最初的教育是在家塾里受的,完全是旧式的"。他的祖父、父亲先后都参加过乡试。茅盾八岁时,进入了家乡新办的新式小学,从此接受新式教育。(《茅盾全集》编辑委员会编:《茅盾全集》第21卷《中国文论四集》,北京:人民文学出版社,1991年版,第69-70页)相关情况亦可见茅盾1932年所写《我的小传》。(《茅盾全集》编辑委员会编:《茅盾全集》第19卷《中国文论二集》,北京:人民文学出版社,1991年版,第316-318页)

③ 何宁:《淮南子集释》,第497页。

茅盾对《淮南子》采取文学肯定、思想否定的双重性认识,并不偶然,而是有着深刻复杂的学术文化根由。民国时期与茅盾一样,总体上持有"贬淮"认识与态度的学者和文化人不在少数,但茅盾的"贬淮"具有较为充实的学术内涵,并非一般性的肤浅看法,而是持之有故,自得其理。因此,茅盾的"贬淮",在民国时期"淮南子学史"上有着特殊的学术意义,对现今学者重新审视和评价《淮南子》的思想价值与地位能够发挥出积极有益的启示作用。

余 论

茅盾是民国时期成就卓著的文学家,其"五四"以后为商务印书馆编注的《淮南子》以及《中国寓言初编》《节本〈庄子〉》《"楚辞"读本》等书,"不仅证明了茅盾古典文学渊博的修养","也从特定角度弥补了茅盾古代文学研究著述相对较少的不足",显示出其作为民国时期著名作家所具有的"广博的知识与视野"。[①] 对《淮南子》的关注和研究,虽然不是茅盾一生主要从事的方向,却在其文化事业发展中占据着特殊的一页,甚至成为其传统文化研究的亮点所在。因为茅盾在选注《淮南子》之后,还曾重点使用《淮南子》的材料撰著出《中国神话研究初探》一书(即 1928 年上海世界书局出版的《中国神话研究ABC》,使用笔名"玄珠",此书中华人民共和国成立后再版时更用现名)。这部书既让茅盾成为现代学术史上较早从神话学视角深入研究《淮南子》的学者[②],也让其最终能"为我国近代神话学的建立奠下了第一块基石,在我国近代的神话研究史中写下了可贵的第一页"[③]。可见,茅盾与《淮南子》之间的确有着较深的学术因缘,无怪乎《淮南子》能得其青睐,成为他一生颇为欣赏与爱读的传统文化经典之一!

---

① 丁尔纲:《〈茅盾全集·补遗〉的价值》,《新文学史料》2006 年第 4 期,第 195~199 页。

② 茅盾在《中国神话研究初探》一书中,对《淮南子》所包含的神话学因素进行了较为充分的发掘和利用,如关于昆仑山、西王母、女娲、共工、羿、嫦娥、四方之神、禹等神话传说。茅盾认为《淮南子》"多采旧说,又杂有神仙方士派的话头,然保存中国神话之处,不亚于《列子》"。(茅盾:《中国神话研究初探》,上海:上海古籍出版社,2011 年版,附录《中国神话研究参考用书》,第 94 页)

③ 茅盾:《中国神话研究初探》,前言,第 17 页。

安徽与长三角文旅融合发展研究

殷书林　王仕源

　　摘　要:本文在阐述安徽与长三角融合发展的历史渊源与现实条件的基础上,进一步研究安徽与长三角的地缘文化特征与旅游资源条件。探讨如何促进安徽与长三角文旅融合发展创新模式,通过空间串联、文化复兴、非遗+旅游、文旅组合等方法,初步给出安徽与长三角的"文旅融合"四大发展构想,建设"两江一河"文旅发展带、建设"徽杭古道"文旅复兴带、做大做强"皖风徽韵"文旅品牌,打造"牵手系列"文旅融合产品等,构建安徽与长三角文旅融合发展建设体系建议。

　　关键词:安徽;长三角;文旅融合;两江一河;徽杭古道;皖风徽韵

一、安徽与长三角历史渊源研究

　　历史上安徽与长三角在行政区划上同为一体,安徽两府(安庆与徽州)分别凭借得天独厚的区位条件与活跃的徽商群体,与长三角地区始终保持经济文化交流,而新安江、大运河徽杭古道更是安徽与长三角的沪、杭地区紧密联系的重要见证,因此,无论从行政区划、经济发展还是空间关联的角度分析,安徽与长三角的文旅融合发展都具备理论基础,二者一脉相通,渊源深厚。

　　(一)行政区划关联:安徽与长三角曾同属"江南省"

　　安徽与长三角自古以来就有着密切的关系,包括频繁的经济往来与文化交流。明清时期,安徽与上海、江苏、浙江北部等地区曾同属江南省(明朝为

　　作者简介:殷书林,男,58岁,现为安徽省赵朴初研究会副会长兼秘书长。王仕源,男,现为安徽省赵朴初研究会研究员。

"南直隶")(如图 1 所示),在更早期的路、府、州行政区设置中,安徽的很多地区与长三角的一些县、市相互交叉,成为一体①。

图 1 　原江南省行政区划图

（二）经济发展渊源:徽商的发展与长三角的市场资源息息相关

历史上的徽商作为长三角经济区的活跃群体足迹遍布江、浙,二者息息相关,徽商的发展离不开长三角的市场与资源,而长三角的繁盛得益于徽商的运营,徽商甚至对长三角一些城市的发展起关键作用。如陈去病在《五石斋》中所言:"扬州之盛,实徽商开之,扬盖徽商殖民地也。"意指扬州是凭靠徽商力量发展起来的。

（三）空间紧密联系:"徽杭古道"实现安徽与长三角的串接

徽杭古道始建于唐,是继"丝绸之路""茶马古道"之后的第三条著名古道,同新安江、大运河一并为徽商文化线路,见证了古时皖南的徽商从故里走出,缔造起扬州的鼎盛商业经济②。这条线路使安徽与长三角地区产生空间

---

① 施建军. 对安徽参与泛长三角分工与合作的思考[J]. 江淮论坛,2010(01):8-9+24.

② 冬冰,张益,谢青桐. 文明的空间联系:大运河、新安江和徽杭古道构建的徽商文化线路[J]. 中国名城,2009(09):16-20.

联系,徽商和浙商借此互通贸易,徽商胡雪岩由此走出,成就辉煌的事业。徽杭古道是两地之间的经济、文化互动的重要途径,兵部尚书、七省总督胡宗宪曾在杭州为官,经徽杭古道往返于家乡;胡适也曾多次通过徽杭古道前往杭州、上海讲学。

二、安徽与长三角文旅发展现状研究

(一)安徽与长三角地缘文化分析

地方文化特色是地域文旅融合的重要基础,研究文旅融合背景下不同的地方文化差异、互补或认同,对促进高质量区域文旅融合发展具有重要意义。安徽与长三角因地域相近,长期以来孕育的文化呈现出明显的协同性,既有精致典雅的人文气质、经世致用的商业精神、融于自然的建筑风格,更有包容开放的文化特质,二者在意识形态上基本一致,仅在具体表现上略有差异,如宗教文化、戏剧文化等方面各有千秋。二者在文旅融合的发展中可以借助这种地缘文化的协同性与差异性,充分实现资源互补,协同发展。

1. 安徽地缘文化分析

安徽境内的淮河与长江自西向东横贯省境,将全省分割为三个自然区域,在漫长的历史发展中,逐渐形成了以淮河文化、皖江文化和徽州文化为核心的地域文化格局。因地域分布与自然环境的差异,淮河文化、皖江文化和徽州文化分别对应着平原文化、水文化和山文化特征;而淮河文化尚武重义,皖江文化兴学重智,徽州文化崇理重信则是精神气质层面的差别①。安徽的三大文化圈层显示出差异性与认同感,共同构成了广博深邃的皖文化。

(1)淮河文化

淮河流域是中华文明的发源地之一,也是中国南北分界线,中原文化、吴楚文化等不同的文化在此交融、碰撞出了包容兼并的淮河文化。淮河文化底蕴深厚,可追溯至旧石器时代,儒、墨、法家学派在此创立,"三曹父子""建安七子""竹林七贤"等文学艺术家多出生于淮河流域。

(2)皖江文化

有关皖江文化的定义学界莫衷一是,但基本认同其分布以安庆、桐城为中心,涵盖皖江流域。皖江文化在文学、政治、书画与戏剧等方面亮点颇多,其中古皖文化是皖江文化的重要标识,历史悠久,大量的人类文明古遗址散

---

① 朱洪. 皖江文化的特点——与淮河文化、徽州文化比较[J]. 学术界,2008(05):278-282.

落在此;以桐城派为代表的古典文学流派的兴起是皖江地区文学乃至清代文学的最大成就。

（3）徽州文化

徽州文化是一府六县地域文明的总和,一府六县是地域概念,即徽州府与歙县、黟县、婺源县、休宁县、祁门县、绩溪县六县。"徽学"于20世纪80年代后成为中国走向世界的三大显学之一。徽州文化在精神文化、制度文化、器物文化等层面都有着杰出的创造成果。新安理学兴起于南宋时期,在新安（后称徽州）的传播和影响尤深,对中国思想史产生了重要影响,也奠定了徽州文化的理性主义传统,深刻影响着当地治学经商的风气。徽派建筑和谐流畅,俨然有序,造势依山傍水,是为"理学文章山水幽",民居、祠堂和牌坊为徽派古建三绝,享誉中外。历史上徽商与扬州、苏州等地往来密切,将徽派建筑风格植入当地建筑基因,受其影响的地域范围广阔。此外,新安画派、徽州篆刻、徽派版画、徽剧、新安医学等都是徽州文化的璀璨成果。

2. 长三角地域文化分析

（1）江南文化

江南文化是一种地域文化概念,在自然地理上大致相当于长三角地区。江南文化具有诗情画意、包容开放、崇文重教的典型特征。传统江南文化的核心区域包括现今江苏省内的苏州、无锡、常州、镇江、南京五市,浙江省的杭州、嘉兴、湖州三市,以及上海市。江苏是江南文化的核心与创造者,在经济上沟通南北,往来四方,促成了区域的商埠繁荣;在文教方面,追求审美,长于诗文,成为天下贤士避地。昆剧与苏州园林是江南文化的重要非物质与物质文化遗产代表。昆剧兴起于苏州,依靠江南文人的积极创作与传播,明万历年间以苏州为中心向长江南北广泛传播。苏州古典园林,是江南士大夫追求诗意栖居与文人品格的重要体现。苏州园林追求融于自然,造山水于市井之间,造园时为一种高雅艺术,与文学和绘画颇具渊源,在中外园林艺术史上都是璀璨的亮点。

（2）吴越文化

吴越文化是长三角地区的另一重要的典型文化,其范围涵盖今上海、江苏南部、浙江、安徽南部等。海纳百川的人文精神、精致典雅的文人气质、经世致用的商业精神是吴越文化的核心内涵。吴越文化的重要表征是吴侬软语、昆曲越剧、西湖、西塘、乌镇等自然、社会、经济、文化范畴的灿烂文明。

（3）海派文化

在江南文化、吴越文化的基础上,上海开埠之际又衍生出海派文化,继承了中华传统文化的古典与雅致,又吸收了西方工业文明的开放性,展现出包容多元的文化特质。

(二) 安徽与长三角旅游资源分析

安徽与长三角地区的旅游资源十分丰富,尤其是在淮河、长江、新安江三大水系流域,高等级景区分布广泛,资源品质较高,为开发设计文旅融合的旅游线路提供良好的资源基础,同时二者在旅游市场方面互通互融,存在一定的依赖性与便利性。

旅游资源是地方旅游发展的重要先决条件,在文旅融合背景下,旅游资源承担了文化载体与服务形式的重要角色,分析地方特色旅游资源,把握旅游资源分布规律,对创新文旅产品、推进区域文旅融合发展具有重要意义。

安徽与长江三角拥有丰富的水资源,在安徽境内由北向南分布着淮河、长江、新安江三条水系。其中淮河流经安徽与江苏,长江流经安徽、江苏与上海,新安江(钱塘江水系干流)发源于安徽并流经浙江西部。据统计,安徽、上海、江苏与浙江目前共有 54 家 AAAAA 级旅游景区,分布在三条水系附近的至少有 36 家(如图 2 所示),占总数的三分之二以上。而安徽目前的 11 家 AAAAA 级旅游景区中有 9 家均集中在三条水系流域,且依据国际通用的旅游资源丰度法测算,安徽省在泛长三角地区中和浙江省同处第 I 级①。

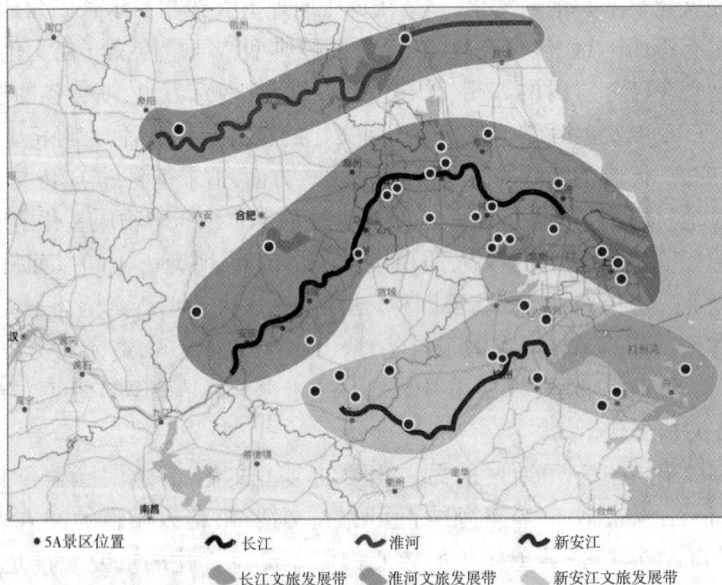

• 5A景区位置   〰 长江   〰 淮河   〰 新安江
  长江文旅发展带   淮河文旅发展带   新安江文旅发展带

图 2 "两江一河"文旅发展带示意图及重点 5A 景区位置图

① 吴克明. 安徽积极参与泛长三角区域发展分工的若干思考[J]. 江淮论坛,2009(01):16-21.

据统计,江苏、上海、浙江位列省外客源区域前三,说明安徽对长三角地区的游客具有较强的吸引力;而对于安徽本省而言,长三角也是最主要的旅游目的地。因此,安徽融入长三角地区共同谋求文旅融合发展有着得天独厚的优势资源与市场便利性。

三、安徽与长三角文旅融合发展模式构想

(一)建设"两江一河"文旅发展带——空间串联模式

长江、新安江、淮河有效串联安徽、浙江、江苏、上海四个省市,不仅串联四地的优秀旅游资源,也贯通皖、浙、苏、沪的地方文化。以文旅融合为发展契机,将"两江一河"水系视为文化纽带,串联三条流域上安徽、浙江、江苏、上海四地的旅游资源与文化符号,打造"两江一河"文旅发展带(如图2所示),形成具有整体性的文旅发展共同体。

可通过在安徽与长江三角洲地区开展深层次合作交流,以文旅为驱动因素,开设"两江一河"文旅发展带论坛、文化主题展与搭建智慧旅游平台等方式,在更大范围、更高水平、更深层次上不断谋求新的发展机遇,实现资源高效配置与深度融合,开启安徽与长江三角洲地区文旅融合发展的新篇章。具体建设建议如下。

1. 开设"两江一河"文旅发展带论坛

以"两江一河"三条流域及其周边的自然、人文资源作为母体,开展"两江一河"文旅发展带论坛系列活动,加强各地区民宿、文化艺术等形式元素的碰撞,增加各地政府、企业、人民等各个层面的文旅交流。共享先进发展经验,互通文旅发展资讯,从文化与旅游角度,梳理出四个地区更深层次的联系,发现更深层次的合作机遇。以论坛促交流,以文旅促发展,共商共建"两江一河"文旅发展带,为四地区的文旅发展寻找新的可能性。

2. 创设"两江一河"文化主题展

旅游需求变化的一大特点是人们对旅游有了更多的期待,旅游者更倾向于在旅途中追寻故事性,找寻景观背后的文化意义。在"两江一河"流域周边开展文化主题展,抛开地域限制,向游客们展现出"两江一河"流域清晰的文化脉络,如新安江畔的徽杭古道文化、淮河的竹林七贤、建安七子等。通过对各主题文化的集中串联与展示,一方面强化文化符号在旅游者心目中的地位,另一方面加强各地区的联系,为更深层次的发展提供起点。

3. 搭建"两江一河"智慧旅游平台

长江三角洲地区资源禀赋出众,是全国旅游发展的排头兵,尤其是科技

在旅游的应用方面更是首屈一指，是全国智慧旅游发展的先锋，云计算、AR、VR、MR、AI等新技术的应用举不胜举。在"两江一河"流域搭建起智慧旅游平台，一方面促进新技术的应用实践，吸引更多市场关注，另一方面活化文化展示的方式，促进"两江一河"流域更深层次的文旅融合。

（二）建设"徽杭古道"文旅复兴带——文化复兴模式

徽杭古道始建于唐，起于安徽伏岭镇，止于浙江清凉峰镇，长20余公里，是徽商与浙商贸易往来的一条重要捷径。它促进了古代徽商的崛起，是我国"丝绸之路""茶马古道"之后著名古道。古道两岸可见溪流、瀑布等，江南第一关自然景观优美丰富，自然风光优良，植被郁郁，并极具神秘色彩。徽杭古道于2011年创建为国家AAAA级旅游景区，2013年被列为全国重点文物保护单位。因此，徽杭古道同时拥有较高的自然资源与文化资源禀赋，文旅发展的潜力无穷。现代新修了徽杭高速公路，成了长三角向中西部地区扩散辐射的重要通道。自古至今，其重要意义不言而喻。继续以徽杭古代为基础，建设徽杭古道文旅复兴带，深度挖掘其背后的文化价值与经济价值，对安徽及长三角具有重大战略价值和现实意义。具体而言，一方面利用好徽杭古道本身的文化价值与旅游价值，吸引更多市场；另一方面，徽杭古道具有时空开放性，以此为基础和载体，探寻安徽与长三角地区更多的可能性，创设徽杭古道线性文旅空间，具体举措如下。

1. 保护修复徽杭古道线路

保护修复是古道遗址复兴的前提与基础。按照遗址保护原真性、完整性、科学性、可持续性等原则，重点修复包括徽杭古道本体以及景区内的文物古迹、古树、古桥等，修补缺损。组织文保与历史专家进行徽杭古道修复建设专题调研，做好古道修复以及历史文化展示。

2. 做好徽杭古道形象定位

徽杭古道旅游资源禀赋高，地处安徽东南部山地区域，山峰环绕，多山多水，生态环境良好，沿途风光优美，适宜徒步旅行；同时徽杭古道历史悠久，文化底蕴深厚，要突出"走商"文化，表现徽商由此走出安徽"闯天下"的精神气质，强调坚韧、开拓、诚信、崇文等宝贵品质。将徽杭古道定位为中国徽商文化核心旅游区，古道文化和徽商文化为并行主线，以徽杭古道之形为文旅载体，整合沿途文化与旅游资源，打造个性化的旅游产品体系，最终成为具有特色的文化旅游目的地。

3. 有序开拓徽杭古道文旅新价值

随着徽杭古道开发为AAAA级旅游景区，吸引力规模较大的自发旅游市场，古道旅游呈无序状态，产品形式单一。为有序开发利用徽杭古道，要充分挖掘徽杭古道文化内涵与当地流俗,树立鲜明的古代商道形象,突出古道今昔对比的时空浪漫色彩。遵循原真性保护与可持续的开发利用原则,迎合市场需求,通过挖掘古道在生态观光、文化体验、徒步旅行、健身疗养、自驾自助等方面的旅游价值,把古道文化内涵转化为受游客欢迎的旅游产品,打造古道深度旅游体验。

(三)做大做强"皖风徽韵"文旅 IP 品牌——非遗+旅游模式

无论对于文化产业还是旅游产业,打造优质的大流量 IP 品牌都是获取知名度与提升效益的最佳途径。皖风徽韵,即皖国风情,徽州韵味,形象地表达了安徽文化深邃壮丽的特点,黄山、皖江、徽商、徽派建筑等是为人们所熟知的"皖风徽韵"的重要表征。在文旅融合发展大背景下,"皖风徽韵"文旅 IP 打造要以旅游为载体,文化为灵魂,在深挖区域文脉与整合文旅资源的基础上,传承地方文化与创新文旅产品形式,针对市场需求,提供人民群众喜闻乐见的休闲娱乐产品和品质化的旅游服务。

安徽地方戏种黄梅戏与著名旅游景区黄山联合打造"两黄工程"是做大做强"皖风徽韵"文旅 IP 品牌的重头戏。黄梅戏是中国五大戏曲剧种之一,清末起于安徽黄梅民间小调,后在安徽安庆名扬天下。2016 年,黄梅戏被列于第一批国家级非物质文化遗产名录。黄梅戏虽然在海内外享有美誉,然而也面临着非物质文化遗产发展的普遍难题。首先,黄梅戏作为地方戏种原本就受众局限,而如今其流行区域更是进一步不断缩减;其次,黄梅戏传承主体,尤其是县级剧团缺少资金支持与充分的演出机会,生存日益艰难;最后,现场演绎是黄梅戏的主要表演形式,传播路径较窄,曝光频次不足,难以吸引大流量。黄山位于皖南黄山市境内,享有世界文化与自然双重遗产、世界地质公园、国家 5A 级旅游景区、中华十大名山等众多重量级头衔。黄山更是安徽旅游的标志,在世人心中有着"黄山归来不看岳"的盛名。然而近年来黄山似乎也遭遇了旅游发展的瓶颈。据统计,黄山风景区 2018 年的游客接待数量超过 330 万人次,但其增长率并不客观,并且客源结构以接待国内游客为主,对国际游客吸引力不强,这严重影响了黄山进一步发展为国际知名景区的可能性;黄山景区产品较为单调,以门票与索道为主要收入,缺乏体验式旅游产品,相比国内近年来因为旅游演艺作品突出的景区,如华清池的是实景历史舞剧《长恨歌》、桂林山水的实景演绎《印象·刘三姐》等,黄山出众的演艺产品不足。

打造"皖风徽韵"文旅 IP 品牌"两黄工程"的具体举措包括:①将黄梅戏演艺嫁接到黄山旅游景区,景区提供专场演出场地与售票平台,引进优秀的黄梅戏演员;②以黄山由来、猴子观海、蓬莱三岛、梦笔生花等黄山神话传说与黄山历史人文为蓝本,推出具有黄山特色的黄梅戏剧目;③以真山真水与高科技灯光音响及特效等表现手法创新黄梅戏演绎形式,带给游客全新的视听体验;④多平台推广,多渠道营销,突出黄山人文形象,以令人耳目一新的文旅融合形式吸引更多的关注。

在分析黄梅戏与黄山文化旅游特点的基础上,指出了当前的发展困境,创造性地提出了将两者进行联合打造文旅 IP 品牌,使各自发挥优势,解决对方难题,并创造共同的发展机遇。通过黄梅戏与黄山景区"皖风徽韵"新文旅 IP 的打造,能够充分发挥双方资源优势,依靠黄梅戏的演绎产品能够丰富黄山的产品体系,提升品牌形象与吸引力,延长消费者在景区的停留时间从而创造更好的收益。而黄山则为黄梅戏提供了演出推广平台与更多的潜在受众,突破了黄梅戏流行区域的局限性。对于安徽整体的文化与旅游发展而言,此举有望激活"皖风徽韵"文旅融合新的生命力,成为安徽文旅融合创意性龙头产品。

(四)打造"牵手系列"文旅融合产品——文旅组合模式

安徽与长三角资源禀赋优秀,文化内涵丰富,虽各具特色,但仍有千丝万缕的联系,"两江一河"、徽杭古道等成为两地文化共同的纽带。融合并利用各地区优势文旅资源与旅游景区,进行联合文旅品牌打造,开发"牵手系列"文旅融合产品将极大程度促进地区间文旅互动,共同发展。具体品牌打造举措如下。

1. 九华山牵手普陀山打造朝圣文旅品牌

安徽与长三角名山遍布,九华山地处皖南,北邻长江,南接黄山,东有太平湖,西有池州,自然风光绮丽,山间遍布古寺名刹,人文资源丰富。普陀山位于杭州,亦具有优秀的自然、人文旅游资源。九华山"牵手"普陀山,共同打造朝圣旅游品牌,推出佛教名山旅游热线,联名进行文创产品设计。两大名山共同发力,显现佛教文化魅力,呈现地方风俗,带动文旅融合发展。

2. 黄山牵手西湖打造名山胜水文旅品牌

依托"杭黄高铁",黄山牵手西湖,当名山遇上名水,会碰撞出不一样的火花。黄山自然风光与文化内涵兼备,是安徽的旅游发展的龙头;西湖则更是自然与人文混合的瑰宝,是浙江的名片之一。将二者强强联合,做好文旅融合、文创发展。打造黄山西湖山水一条线,以龙头景区带动地方发展,强化明星景区的品牌效应,通过"牵手"将二者影响力再次放大,推进区域文旅协同发展。

3. 黄梅戏牵手昆曲打造戏曲演艺文旅品牌

曲艺不仅极富地方风格,更是地方文化的凝练性表达。作为我国曲艺文化的两大重要代表,黄梅戏与昆剧虽各具特点,但其背后所代表的地方文化可在同一舞台上交相辉映。将二者打造为"牵手系列"产品,可极大丰富曲艺观赏性与文化多样表达性。昆剧的婉转悠扬携手黄梅戏的明快流畅,可共同推动安徽与长三角文旅融合的共同发展。

四、结　论

安徽与长三角地区接壤,在区位、交通、河流、经济、文化上存在天然的联系。文章通过对安徽与长三角的历史渊源分析、地缘文化分析和旅游资源现状的系统梳理,充分论证安徽与长三角地区文旅融合发展的理论基础和现实可行性,认为安徽与长三角地域文旅融合发展具有广阔前景。在此基础上提出安徽与长三角文旅融合发展的核心思路,并提出具体发展路径构想,做出探索"泛长三角"合作机制的有益尝试,建设"两江一河"文旅发展带、"徽杭古道"文旅复兴带、做大做强"皖风徽韵"IP 品牌以及打造"牵手系列"文旅融合产品等重要发展构思,来实现安徽与长三角区域"文化融合、文旅交融、经济共赢、协调发展"的良好发展局面。

安徽区域文化与江南文化融合及创新发展研究

——以淮河文化如何与江南文化融合及创新发展为例

袁帅锋

摘　要：党的十九大报告指出，文化兴国运兴，文化强国运强。要健全现代文化产业体系，创新生产经营机制，完善文化经济政策，培育新型文化业态。这为新时代文化事业和文化产业发展指明了方向。推动长三角一体化发展，必须文化先行，加快相互之间的融合与创新发展。本文立足安徽和阜阳实际，从淮河文化研究入手，对淮河文化的历史概况和主要特征、发展中存在的问题、淮河文化与江南文化融合和创新发展的必要性等方面进行分析，从而提出两种文化融合创新发展的基本路径，为推动长三角文化一体化发展提供借鉴。

关键词：淮河文化；江南文化；融合与创新发展

2019年10月，蚌埠、六安、淮北、宿州、亳州、阜阳等市，全票通过加入长三角城市经济协调会提案，正式加入长三角。淮河文化作为安徽区域文化的重要代表，与江南文化一样，是长三角文化的重要组成部分，淮河文化与江南文化能不能统筹协调、实现融合与创新发展，既关系到长三角各地市的转型跨越，也关系到整个长三角的文化繁荣。为此，本文结合《长江三角洲区域一体化发展规划纲要》，国家发改委《淮河生态经济带发展规划》和省文化厅《"十三五"时期文化改革发展规划》，对淮河文化以及淮河文化与江南文化彼此融合发展的必要性进行了较为深入的研究，为推动淮河文化与江南文化融合与创新发展提供参考。

一、淮河文化的历史概况和主要特征

淮河文化是淮河流域人民在生存发展过程中所形成的一系列反映他们生产方式、生活经验、思想观念的文化遗产,是安徽区域文化的重要组成部分。

(一)基本情况

淮河孕育出的淮河文化历史悠久、独具特色。思想文化百家争鸣,早在殷周时期,就诞生了儒法兵纵横家思想的奠基人姜尚;春秋战国时期,老子和庄子的道家思想等更是百花齐放、交相辉映。西汉时期著名文学家、思想家淮南王刘安及其宾客编写的《淮南子》,具有极高的文学和思想价值。政治文化悠久灿烂,管仲、曹操、朱元璋等均是其中的杰出代表。农耕文化勤劳朴实,淮河流域一直是全国粮食主产区之一,两岸居民始终奉行"不锄不耕、五谷不生"等朴实道理,造就了安土乐天、崇尚本分的生活情趣。民俗文化兼容并蓄,无论吃穿住行还是节庆习俗,都多姿多彩、丰富多样。艺术文化繁荣兴盛,有淮词、清音、琴书等 20 多种曲艺形式,花鼓灯被周恩来总理称为"东方芭蕾"[①],阜阳剪纸、黄岗柳编等均被列入国家级非物质文化遗产名录。军事文化影响深远,自商周以来,淮河流域便是兵家必争之地,著名的长勺、泓水、淝水之战等古代战役都在淮河大地上进行。红色文化光荣辉煌,土地革命战争时期,数万沿淮儿女为革命血洒战场;抗日战争期间,刘少奇、陈毅等老一辈无产阶级革命家转战淮河两岸;解放战争中,淮河人民踊跃参军、积极支前,在淮海战役双堆集、陈官庄、碾庄歼灭战中,一百多万人冒着枪林弹雨支援前线,为新中国的建立作出了巨大贡献。

(二)历史沿革

淮河文化发展过程跌宕起伏,历经数千年的发展和沉淀。新石器时代是淮河文化的萌芽期,人类在淮河沿岸定居繁衍,出现了音乐、记事符号和灵魂安置这三大早期文明的标志。新石器时代中期,大汶口文化占据并影响淮河中游地区,蒙城尉迟寺、固镇垓下等数十处遗址就是其中的代表;新时期时代后期,龙山文化覆盖了淮河流域所有区域,目前仅在皖北就有 60 余处遗址。先秦时期是淮河文化的孕育期,文化发展进入快车道,出现了淮夷"二十六邦"等支系和六(六安)、胡(阜阳)这样的小国,诞生了以管子、老子、庄子等为代表的中国文化创发性人物,形成了淮河文化的基本形态。汉唐至北宋时期

---

① 冯国佩:"东方芭蕾"舞翩跹[J]. 人民网,2005-07-12

是淮河文化的繁荣期,经济大发展促进了文化大繁荣,淮河文化的发展进入了鼎盛期。南宋至今是淮河文化的演变期,受经济文化中心南移、频繁战乱和黄河南泛的影响,淮河流域经济社会发展缓慢,但民间文化交流和融合步伐加快,沿淮群众创造了以凤阳花鼓为代表的"淮风"和凤阳花鼓、长淮花鼓、中都花落、怀远花鼓、城西花棍"五花艺术"。① 尤其是清朝以后,淮河流域水患不断,群众生活艰难,但沿淮群众在与水患天灾斗争过程中,孕育形成了红色文化、"王家坝精神"、好人文化等崭新时代文化。

(三)主要特征

总的来看,淮河文化有以下六个方面特征:一是具有鲜明独特的地域性。淮河流域承南接北,独特的地理位置和自然环境使得淮河文化具有明显的平原文化特征,民众尚武重义、仗义豪爽,素有"自古淮上多豪杰"的美称。② 二是具有海纳百川的包容性。淮河文化重视和合、兼容并蓄,不断与中原文化、荆楚文化、吴越文化等区域文化碰撞融合,比如楚郢都寿春出土的青铜器,就是吸收了吴越先进的冶炼技术。三是具有南北交汇的过渡性。淮河是我国南北自然分界线,淮河两岸在居住环境、生活方式、方言习俗等方面有南米北面、南茶北酒、南舟北车、南蛮北侉等差异。四是具有奋起抗争的斗争性。淮河人民面临频繁的战争威胁和自然灾害,形成了不畏困难、顽强不息、勇于斗争的精神。五是具有百花齐放的多样性。淮河流域是南北文化交流与融合的必经区域,使得淮河文化更加具有丰富性和多样性,孕育了道儒墨等不同思想流派,开创了建安文学、玄学等不同文学派别。六是具有稳中有变的传承性。虽然历经多次战乱、人口迁移,但淮河文化的基本面貌保存完好并传承至今。在此过程中,淮河文化没有固步自封,而是以积极开放的姿态,不断地借鉴外来、丰富自己,实现了在传承中的创新发展。

二、淮河文化繁荣发展过程中存在的主要问题

近年来,沿淮各地大力推进文化强市建设,文化事业呈现加速发展的良好态势。但由于起步较晚、协同机制仍需完善等问题,与发达地区相比仍有差距。

(一)文化精品力作缺乏

近年来,沿淮各地不断强化精品意识,加快打造文化旅游、文化艺术、文

---

① 淮河水文化民俗兼容多元[N]. 中安在线,2016-08-12.
② 陈立柱. 安徽淮河流域文化的形成、演变与省思[N]. 安徽日报,2014-09-15

化遗产等重点品牌,培育了凤阳花鼓、临泉杂技、亳州二夹弦等特色演艺品牌;阜阳剪纸、灵璧钟馗画、亳州五禽戏等民俗文化资源;中国玉器文化节、花鼓灯歌舞节、中医中药文化节等节庆会展品牌,创作了花鼓灯歌舞剧《凤还巢》、泗州戏《大河湾的姑娘》、音舞诗画剧《千年花鼓灯》等文化作品。[①] 但总的来看,文化产品质量依然不高,富有创意的文化产品仍然较少,缺乏一批喊得响、叫得亮、有影响力的代表作品。

(二)文化遗存转化利用不足

沿淮各地古迹遗址种类丰富、数量众多,已发现重要古迹遗址 400 余处,拥有特色民间文艺 7 大类 40 余种。近年来,虽然各地不断加大对各类遗存的开发力度,但总体来看,转化利用率仍显不足,没有充分挖掘文物的内涵,特别是在把遗存变成有灵魂的创新作品和旅游景点方面,做得还不到位;有时往往停留在挖掘和整理资料上,缺少发展意识、产业意识,资源利用效率低下、效益不高。开发手段亟待突破,大规模开发普遍存在融资难、融资贵和融不到资的问题。

(三)文化旅游资源开发不够

文化旅游景区建设明显低于全省平均水平。安徽省旅游局监测的全省 68 个景点,淮河流域仅有 9 家,其中 5A 级景区仅有颍上八里河 1 家。从门票收入来看,淮河流域门票收入亿元以上的景区为零;收入 5000 万元以上的仅有 1 家;收入 1000 万元以上的景区,淮北、蚌埠、亳州为零。从旅游收入来看,安徽沿淮地市的旅游收入仅占全省 16% 的份额,旅游收入占 GDP 的比重也偏低。[②] 特别是在农村,一些特色旅游资源没有得到有效开发,景点普遍处于"小打小闹"的状态。

(四)文化产业集聚程度不高

淮河文化产业既有以出版发行、影视制作为代表的传统产业,也有以数字出版、动漫游戏等新型文化业态;既涉及演艺娱乐、工艺美术等制造业领域,也包括文化旅游、文化创意文化等新型服务业发展模式,可谓种类繁多、琳琅满目。但目前没有最大限度地整合、开发和利用好特色文化资源,尚未形成文化资源集聚集群发展的良好效应,特别是文化产业示范园区和示范基地建设较为滞后。除了蚌埠拥有大禹文化产业园和光彩投资公司两家国家级文化产业示范基地,其他 5 市文化产业集聚效果不明显。

① 让徽派文艺绽放时代光芒[N]. 中国艺术报,2019-10-14.
② 安徽省旅游数据监测情况分析[N]. 安徽旅游在线,201-11-08.

三、淮河文化与江南文化融合和创新发展的必要性

2018年11月,国家发改委出台了《淮河生态经济带发展规划》,将淮河生态经济带发展上升为国家战略,并就淮河流域文化事业和产业发展和文化传承保护等方面作出部署,对推动淮河文化发展具有十分重要的意义和作用。2019年7月,由国家发改委牵头,会同国家有关部委和上海市、江苏省、浙江省、安徽省拟定的《长江三角洲区域一体化发展规划纲要》正式印发。在国家大力推动长三角一体化发展的大背景下,文化之间率先融合与发展是大势所趋,势在必行。虽然淮河文化与江南文化都有其各自的优势和特点,但在协同发展方面还存在不少困难和问题。

（一）组织协调性还不强

长期以来,受行政体制条块分割影响,沿淮、沿江地区之间文化发展各自为战,缺少科学有效的资源整合,大大制约了文化的融合创新、协同发展和整体提升。很多地方把文化事业发展作为一项重大战略,但部分地方依然是宣传文化部门唱"独角戏",扶持政策体系不完善,落实上存在"玻璃门""弹簧门"现象。在推动淮河文化与江南文化繁荣发展上,目前尚未成立跨区域的文化协调议事机构,负责文化事业和产业发展的组织、协调、指导等工作,跨区域的交流合作很少,没有做到抱团取暖、同步作战。比如一些景区分属不同地区、主题不一、各自为政,旅游资源得不到充分整合,严重阻碍了文化旅游区的协同发展。

（二）区域分工格局尚未形成

沿淮、沿江地区缺少差异化的文化事业和产业发展战略,存在传统文化产业比重较大、新兴文化产业比重偏小现象,尤其是沿淮地区在动漫游戏、创意设计、网络文化等新兴文化产业发展方面较为薄弱,文化+科技、+创意、+金融等产业结合的产品较少。同时,各地文化产业在深度融合、一体发展方面做得还不够,尚未形成分工明确、优势互补、布局合理的区域文化发展体系,民俗生态、田园风光、农耕文化等具有皖北特色的乡村旅游产品开发不够;地区间的文化产业链互补性不强,缺乏全产业链合作,合理高效的分工协作模式还没有建立。

（三）品牌同质化比较突出

沿江尤其是沿淮各地品牌建设相对滞后,多数还停留在以文化资源吸引旅游发展的阶段,品牌经营的整体性不强,很多文化品牌在消费者心中地位

不高、区分度不明显。在安徽特色旅游商品名录上,砀山酥梨、萧县葡萄、怀远石榴、阜南柳编等淮河流域必购品牌占三分之一,但因为知名度不高,市场占有率有限。部分文化产业园区层次较低、人才缺乏,特别是高层次领军人才偏少,代表文化发展方向的数字创意等高端文化服务业十分匮乏。另外,一些地方在文化资源挖掘上存有盲目性,没有充分发挥自身优势和特色,致使文化品牌同质化竞争严重。

四、淮河文化与江南文化融合和创新发展的基本路径

结合《长江三角洲区域一体化发展规划纲要》,国家发改委《淮河生态经济带发展规划》和省文化厅《"十三五"时期文化改革发展规划》明确的发展目标,综合考虑沿淮、沿江各地文化发展的基础条件和未来趋势,笔者认为,淮河文化与江南文化要想很好地实现融合与创新发展,沿淮、沿江各地需要把握好七大路径。

(一)围绕"高位"二字,坚持走战略化发展的路子

纵观世界各国,都非常重视文化事业和文化产业发展,并将其作为国家发展战略的重要组成部分,在美国、英国、日本等发达国家,文化产业早已成为支柱产业。沿淮、沿江各地要紧扣《长江三角洲区域一体化发展规划纲要》《淮河生态经济带发展规划》等国家战略,准确把握功能定位,将淮河文化与江南文化融合与创新发展摆上更加突出的位置,明确战略地位,强化战略举措,做到紧抓不放、强力推进。在优化政策环境上下更大功夫,积极对接中央和省里的支持政策,出台更多针对性强、含金量高的配套措施,着力培育新型文化业态和消费模式,坚定不移地鼓励支持文化事业和文化产业发展。不断强化要素支撑,进一步拓展投融资渠道,多举措解决用地难题,大力度培养引进人才,有效破解文化发展的瓶颈制约。统筹沿淮沿江各地文化、旅游、体育等部门,建立文化发展联席会议制度,协调解决重大困难和问题,共同推进淮河文化与江南文化融合创新发展。

(二)围绕"错位"二字,坚持走板块化发展的路子

近年来,沿江尤其是沿淮一些地方的文化发展较为盲目,没有充分利用地方特色文化资源,没有很好结合自身实际发展文化事业和文化产业,造成一些文化项目重复建设,存在大而全、缺少个性的问题。应充分考虑自身文化资源、产业基础、区域分工等因素,科学编制文化事业和文化产业发展规划,合理确定未来发展方向。坚持因地制宜、突出特色,发挥比较优势、明确

功能定位、突出工作重点,推动不同区域文化多样化、差异化发展,形成不同的文化发展板块,避免重复建设、低水平竞争。

(三)围绕"集聚"二字,坚持走规模化发展的路子

没有规模就没有效益,没有规模就没有竞争力。淮河文化与江南文化要想融合与创新发展,如果不注重规模、走集聚化之路,是万万不行的。沿江尤其是沿淮各地应加快建设文化事业和文化产业园区,按照"一园一主业、园园有特色"的发展思路,打造一批特色鲜明、集聚度高的优质文化产业园区,促进企业集中、要素集聚、产业集群、经营集约。立足主导优势文化产业,进一步完善配套、延伸链条,建设一批有核心竞争力的产业集群。积极运用新技术、培育新业态、拓展新模式,大力推动优质资源、要素向优势文化企业集中、向龙头文化企业集聚,通过资本运营、模式创新等方式,打造更多有影响力的文化企业。同时,各地要打破封闭思维,以更加包容的开放精神,推动抱团发展,实现规模效益、整体效益。

(四)围绕"加速"二字,坚持走项目化发展的路子

一个地方的发展,从某种意义来说,就是通过一个个具体项目,推动经济规模不断壮大、质量效益不断提升。就淮河文化与江南文化融合与创新发展而言,也要依靠具体项目来支撑。项目多,融合的动力就足、创新发展的步伐就快;项目少,融合的动力就弱、创新发展的步伐就慢。沿淮、沿江各地应认真研究上级政策,立足文化资源优势,主动谋划一批符合政策导向的文化事业和文化产业项目,为长远发展打下基础;坚持以项目建设为主抓手,明确方向、精准发力,多引进一些具有引领力、带动力的优质文化项目,助推文化事业和文化产业加快发展;充分发挥政府有为作用,精心做好项目后续培育工作,给予更多政策扶持,推动文化事业和文化产业项目产生更大效益。

(五)围绕"高端"二字,坚持走品牌化发展的路子

加快淮河文化与江南文化融合与创新发展,必须强化品牌意识,走品牌发展、高端发展之路。沿江尤其是沿淮各地应从地域文化的多样性出发,制定地域文化品牌发展规划,大力度培育各具特色的文化品牌,以品牌集聚人气、赢得未来。积极采取大集团带动战略,以大型文化企业为骨干,以资本资产为纽带,着力培育文化领域的战略投资者,逐步形成一批跨行业、跨领域、跨地区的品牌文化产业集团。在培育知名文化品牌的基础上,加大品牌宣传力度,积极对外推介本地优质文化品牌,有效提高淮河文化和江南文化的知名度。

(六)围绕"融合"二字,坚持走市场化发展的路子

充分发挥市场在资源配置中的决定性作用,注重文化事业和文化产业与

其他事业和产业的融合发展,追求效益最大化。沿淮、沿江各地应广泛利用国内外重要展会平台,多渠道展示淮河文化、江南文化,吸引战略投资者参与文化事业和文化产业的投资开发,加快优秀文化产品、服务和企业走出去步伐。坚持交融互鉴、创新发展,充分运用互联网思维和新科技手段,促进淮河文化与江南文化深度融合。大力推动文化事业和文化产业与相关事业和产业融合发展,使文化符号、理念、创意等向相关产业渗透,嵌入相关产业的研发、设计与品牌营销等高端价值链环节,有效满足人们的精神文化需求。

(七)围绕"共享"二字,坚持走合作化发展的路子

进一步扩大沿淮、沿江城市之间的对接协作,强化上海、江苏、浙江、安徽等省市间的文化交流,以淮河、长江干流的中心城市为重点,创新交流合作方式,拓展文化交流合作的途径、渠道,打造一批具有全局性的文化交流平台,推动文化事业发展规划有机衔接、产业分工合作互补、基础设施互联互通。特别是沿淮各地,要加强与沿江各地之间的交流合作,学习沿江各地文化发展方面的先进经验,开展多种形式的品牌文化活动,实现文化资讯、网上资源的互联互享,不断增强淮河文化的内涵。进一步完善长江三角城市经济协调会制度,定期召开高规格的交流座谈会议,共同协商长三角文化事业和文化产业合作发展,进一步放大淮河文化与江南文化的优势,彰显其独特的魅力。

现代化语境下安徽区域文化
与江南文化创新融合发展研究

赵甜甜

摘　要：现代化语境下文化创新融合发展，应与区域一体化、文旅深度融合发展等国家战略相匹配，积极发挥市场机制作用，谋划区域一体化"文化先行"战略与文化旅游一体化先行先试。长三角区域一体化发展推动区域文化向现代化转化，要求建设以上海为龙头的"新江南文化"。以"上海文化"建设模式为借鉴，基于现代意识与全球眼光对安徽传统区域文化体系进行打破与重构，从文化传承、文化创新、文化旅游三方面出发，强调江浙沪皖文化同源，以创新驱动和红色文化为安徽区域文化新元素，提炼出"锦绣安徽创新高地"的安徽文化品牌形象，探索实现安徽区域文化与江南文化的融合创新发展路径。

关键词：现代化；安徽文化；江南文化；创新融合发展；长三角区域一体化

一、"文化先行"战略：现代化语境下的文化创新融合发展

现代化分为两大阶段：第一次现代化是从农业社会向工业社会、农业经济向工业经济、农业文明向工业文明的转变；第二次现代化则是从工业社会向知识社会、工业经济向知识经济、工业文明向知识文明、物质文明向生态文明的转变。后者又被称为"后现代化"，以科技创新、工业化、信息化、城镇化为主要特点，现代化渗透到社会政治、文化、思想各个领域，推动社会变革与文化变迁。改革开放以来，中国的现代化进程一路狂飙突进，中国社会体现

作者简介：赵甜甜，女，32岁，安徽博物院，馆员。

为传统性、现代性和后现代性并置的压缩的现代化状态。与经济的飞速发展不同,文化受经济发展、历史积淀、传统演化等多种因素影响,文化变迁相对缓慢,呈现出相对滞后的态势。文化发展具有时代意义,先进文化会以价值理性和工具理性的方式为社会发展提供动力。

现代化语境下的文化创新融合发展,应首先与国家战略相匹配,广泛达成"文化先行"共识,推动促进"文化先行"战略,积极发挥先进文化在社会凝聚和创意经济中的重要作用。从国家战略层面来看,从"四大板块"(西部大开发、东北振兴、中部崛起、东部率先发展)到"二大战略"(一带一路、京津冀协同发展、长江经济带),再到 2018 年粤港澳大湾区建设和长三角一体化先后上升为国家战略,中国的现代化经济体系以区域协同发展和城市群建设为依托,在更高起点和更高层次上逐渐构建完善。在全球化背景下,区域一体化作为经济学追求资源配置效率最大化在区域层面的体现,成为中国未来区域布局的发展方向。区域一体化较之区域经济一体化,更强调包括经济、社会、文化等全面意义上的一体化。以交通、文化、制度三方面联合推进为前提,首要在关键的整合期打造有文化认同的包容性区域协调体制机制。这其中,"文化先行"在区域一体化进程中既处于基础性地位,又具有关键性、持久性作用:一方面,区域内各单体城市只有在区域文化和价值认同机制作用下才能真正凝聚成内在联系紧密、对外协调一致的共同体;另一方面,激发整体区域创新创造活力,有赖于文化创新这一知识经济时代以精神需求为中心的先进"生产力"。但进入实际操作层面则较有难度:文化的发展有自己相对独立的进程,要真正实现区域文化的创新融合发展,需要一个相对漫长的过程,"文化先行"有其紧迫性。

现代化语境下的文化创新融合发展,还要积极发挥市场机制的重要作用,在文化和旅游深度融合发展的战略机遇期,积极推动区域文化旅游一体化"先试先行"。文化旅游与区域一体化建设紧密相连,被认为是推动区域经济合作发展的润滑剂和新增长极。文化代表多元化的区域风貌,旅游代表高品质的服务配置,二者结合将大幅提升区域一体化除经济总量外的整体文化软实力。打造区域文化旅游品牌形象,一是要系统梳理整合区域内物质文化遗存与非物质文化遗产,利用信息化技术推动区域文化数据库的建立与共享;二是妥善处理文化资源的保护和利用关系,制定总体规划,明确基本原则和发展目标,传承好传统文化基因与内核;三是推动传统文化与区域功能、城市规划、经济发展、生态保护之间的创新融合发展,丰富区域文化服务的多样性与特色型;四是鼓励文化资源与特色小镇、动漫影视、旅游产品等有机融合,打造区域文化 IP,推动文化资源向文化生产力转化;五是引入或培育战略性文化企业,支持优质文化项目,打造集文化旅游、休闲娱乐、遗产保护等多功能一体的综合型文化功能区域。

二、区域文化的现代化转化:建设以上海为龙头的"新江南文化"

2018 年 11 月,长三角区域一体化发展上升为国家战略,江浙沪皖四省市随之迎来新的发展机遇。随着长三角一体化持续向纵深发展,江南文化作为长三角区域文化也引发各方高度重视。2018 年 6—11 月,解放日报·上观新闻先后推出"江南文化回望与前瞻"访谈录、"上海文化品牌建设之江南文化大家谈"系列访谈,追溯历史上四省市在江南文化孕育、丰富和发展过程中所做贡献与相互联动,提出在新时期建设以上海为龙头的"新江南"文化的学术设想①。12 月,江苏省委宣传部主办首届"江南文脉论坛",从多元文明、人文传统、精神家园、地域文化、共同记忆等角度,在世界文明与中华文明的大背景下探讨如何提升江南文化的品牌力、传播力和影响力。2019 年 5 月,上海社科院发布《上海文化发展系列蓝皮书》,率先谋划"长三角一体化文化先行战略",积极推进现代公共文化服务体系和国际文化创意产业中心建设,全力打造"上海文化"品牌②。

从历史发展视角来看,从"禹贡扬州""汉志三江""魏晋江东""唐宋江左"再到"明清江南",江南地域和文化经历了不断地重组和变迁。先秦吴越先民好勇轻生,楚汉江东子弟神勇豪放;至两晋时期,西晋"衣冠南渡"带来中原文化,东晋建都健康(今南京)促成江南第一次农业大开发;到了南北朝时期,江南已发展成为温润秀美、文教兴盛的代名词,江南文化的概念约肇始于此。隋唐时期京杭大运河贯通南北五大水系,滋生了柔和温婉的江南水乡性格;南宋建都临安(杭州),政治中心南移推动江南经济文化腾飞。至明清时期,徽商异军突起,在当时的江南中心苏州以及众多江南市镇造就了一个由坐贾、行商和海商构成的巨大商业网络,形成盛世江南"无徽不成镇"的历史格局,徽州山文化以简约朴素的平民风度深刻影响了江南水乡精雅绝伦的士大夫审美,促成了江南地区精英文化与通俗文化的同生共荣。近代上海崛起,以明清江南文化为底蕴,以移民人口为主体,吸纳众多地域文化,吸收近

---

① 唐力行. 超越地域的疆界,一个以上海为龙头的"新江南"正在崛起[EB/OL]. 上观新闻,2018-10-22.

② 2019 年上海文化发展系列蓝皮书发布[EB/OL]. 人民网,2019-5-30. http://sh.people. com.cn/n2/2019/0530/c134768-32995942.html.

代西方文化元素,孕育出了独特的海派文化,赋予了江南文化以"现代性"。总体而言,江南文化传承数千年,一方面,吴文化、越文化、徽文化、海派文化等分支在不同时期各领风骚,交相辉映,共同构成江南历史文化的底蕴;另一方面,在江南文化版图中,区别于核心区"水乡江南",地处皖南山区的徽文化以贾儒精神、山越民风独树一帜,而车水马龙的都市上海则因其日益现代化、国际化,与江南文化的经典形象渐去渐远,两者都需要直面自身的边缘处境,在现代化语境中积极推动与江南文化的创新融合发展。

从区域一体化视角来看,中心城市的辐射带动作用是基础,未来很长一段时间上海都是长三角唯一的首位城市,南京、杭州、合肥等副中心城市主动对接上海,降低上海虹吸效应,推动释放上海溢出效益仍是关键。随着长三角城市群成长为世界第六大城市群,一个以上海为龙头,长江为龙身的沪江浙皖"新江南"正加速崛起,江南文化共建要与之相匹配,在继承传统江南文化的基础上合理扬弃和超越,建设以上海为龙头,兼具中国特色和世界意义的"新江南文化",有其合理性与必要性。在文化理论层面,海派文化融合了西方工具理性、儒家实用理性和江南诗性文化,有利于推动现代文明生长、社会秩序建构和个体性人文启蒙,是"逻辑上完美的文化形态"①。但在实际操作层面,难点有三:第一,作为现代都市文明的"海派特色"过于鲜明,反而遮蔽了其"江南底蕴",较多认为海派文化仅是上海一地文化,如何加强与江南文化的纽带关系是当务之急;第二,海派文化其自身文化形态尚未完善,如何达成西方、儒家和江南文化三者的均衡状态,其文化建构任务艰巨;第三,海派文化要发挥龙头作用,扶持江南传统文化实现更新升级,将面临地域性文化和行政层面的双重阻力。

2018 年 5 月,上海市委市政府印发《关于全力打响"上海文化"品牌 加快建成国际文化大都市三年行动计划》,提出全面打响上海红色文化品牌、海派文化品牌、江南文化品牌三大重点任务。提出"上海文化"新定位,而将海派文化与江南文化并置,这就在战略层面上避开了上述难题,也赋予上海地域文化更广阔的包容空间。一方面,作为上海地域文化更加强调红色文化和海派文化的独特性,城市特质更加彰显;另一方面,江南文化底蕴受到同等重视,不再被海派文化所遮蔽,或因海派文化的独特性而引发分歧,文化归属感切实增强。打响江南文化品牌,重点实施优秀传统文化传承、江南文化研究发掘展示两大专项行动,对江南文化进行创新诠释和阐述,总结提炼江南文化中具有当代价值、世界意义的文化精髓。基于现代意识与全球眼光,以文

---

① 夏斌. 近代上海崛起,为什么没有"一家独大"[EB/OL]. 上观新闻,2018-06-13.

化的当代价值为指引,上海文化这一精准定位将推动建立以上海为龙头的"新江南文化",也有助于实现长三角区域一体化语境中的"长三角文化型城市群"。

三、打破与重构:安徽区域文化与江南文化融合创新发展路径探索

在现代化语境中去实现安徽区域文化与江南文化的融合创新发展,需要首先直面两大问题。在区域一体化发展层面上,一是安徽地理位置"不东不西",其自我定位随着战略演变历经数度变迁。从中部六省之一到沿江8市划属长三角城市群,再到全域成为长三角一体化发展四省市之一,安徽在迎来新的发展机遇的同时也面临着巨大挑战。作为中国经济最发达地区的长三角的后来者与外围成员,其自身经济发展远远落后于江浙沪,在区域一体化进程中处境艰难。二是安徽文化归属"非南非北",与江南文化联系相对较弱。即便是皖南徽文化,其山区村镇文化、徽商贾儒精神也迥异于传统江南水乡文化、士大夫诗性审美,经历了由江南文化"外来者"到"戏中人"的身份变迁。徽商横绝商界三百年,对江南文化的影响不可谓不深刻,但其影响依旧是外围的。

从自身发展情况来看,较之其他省份,安徽一直缺少历史和现实的区域文化认同。一是发展起步晚。历史上长期划属江南省,直到康熙六年(1667年)才独立建省,民众缺少从古至今一脉传承的"共同记忆"。建省之后,省会又经历了安庆、蚌埠、合肥等几度变迁,进一步加深区域分化。二是地理差异大。"中贯大江,北沿淮水"的地理构成将安徽文化天然划分为皖北淮河文化、皖中皖江文化和皖南徽州文化,随着合肥作为省会城市其文化辐射日渐强大,庐州文化也逐渐成为安徽区域文化组成部分,并称安徽四大文化圈。其中,淮河文化以老庄文化、建安文学为代表,其影响至北宋中叶之后就渐趋没落;皖江文化有黄梅戏和桐城派等亮点,但因未能形成统一的文化区且研究宣传持续散淡而存在感较弱;庐州文化以包拯、李鸿章等历史名人为宣传点,新近崛起底蕴不足,普遍认同度低;只有徽州文化,以其极其鲜明的地域特色与灿若星辰的历史文化遗存,几乎成了安徽文化的代名词,但其对安徽其他区域的文化辐射力弱。总体而言,安徽自建省之初就一直因各地文化风俗习惯各异而在整体上缺少文化向心力。这种内部分化状况一直延续至今。

也就是说,基于历史地理文化层面的分析,安徽不但与江南文化联系较弱,其自身文化都欠缺凝聚力。要实现安徽区域文化与江南文化的融合发

展,唯有打破现有对安徽的地理空间规划和区域文化研究逻辑,在现代化语境下,具体可从文化传承、文化创新、文化旅游三个层面进行创新性重构。

1. 厚植共性根基,打造特色亮点,推动新时代江南文化的创造性转化和创新性发展

在文化传承层面上,基于长三角一体化的新江南版图包含安徽全境,这就要求不仅徽州文化一枝独秀,一直惨淡经营的淮河文化、皖江文化也要应时而起。要尽力弱化地域分化,更多从不同角度上去强调基于文化同源。历史上,安徽虽被阻隔在以太湖流域为核心的"水乡江南"外,但江浙沪皖地缘相近、人缘相亲、商贸往来频繁,可就此深挖利用。从地缘文化上看,由于明清时期安徽江苏长期同属一省(明属南直隶,清属江南省),两省之间横向上的沟通认同大于各自省内纵向上的认同。淮河连接皖北和苏北,长江促进皖江沿线城市与南京、苏州频繁交流,新安江则推动皖南接受浙北吴文化的辐射。这些横向跨区域的文化联系,将以文化集群效应促成淮河文化、皖江文化加入江南文化版图,进而凸显自身文化特色提升话语权。其次,从人缘文化上看,永嘉之乱、安史之乱、靖康之难促成中原士民三次南迁,江浙沪皖在不同程度上受到中原文化的影响,尤其是北方士族散落各地聚居,受侨姓文化世族的影响,江南土著大族也逐步演变为文化士族,江南文化由"尚武"转为"崇文"。这一文化共性历时长,影响广泛,可通过江南文化研究学术共同体来在各地进行共时研究和成果分享,通过文化测绘点亮江南文化版图。再次,在商贸往来方面,以"无徽不成镇"为亮点,重点研究明清徽商活动线路对江南文化所产生的深远影响,尤其是江南市镇中留存的徽州建筑痕迹、明清江南文学、戏曲评弹中的徽商形象等,同时深挖徽商贾儒精神对今天商业文化的启发。

在地缘文化上,着重强调纵向上大运河文化带与江南文化的相互作用。历史上,通济渠北起洛阳,南入淮河,自西北向东南横贯安徽淮北区域,再流向江南核心区域。一方面,大运河作为贯通南北的交通大动脉,曾为齐鲁中原文化向江淮江南地区传播提供便利。从西晋永嘉南迁催生"江左风流",到宋室南渡底定"天上天堂,地下苏杭",再到明清盛世江南"无徽不成镇",江南文化的每一次高潮都离不开大运河承载的文化交融。另一方面,运河的开通加强了江南内部各城市之间的联系,也初步造就了江南地区对外开放的性格。再者,徽商的经营范围、活动区域以江南地区、长江、大运河沿岸为最。明清时期,没有运河中转连接起徽州与苏州,就不会出现盛世江南"无徽不成镇"的局面。运河文化与江南文化在安徽区域内相互联系,在纵向上连接其皖北、皖江、皖南三地文化,强化淮河文化、皖江文化和徽文化之间的历史关

联与交流互动。

进入现代社会,2019 年 2 月,《大运河文化保护传承利用规划纲要》印发,以"共抓大保护、不搞大开发"为基本理念,统筹考虑遗产资源分布,清晰构建大运河文化保护传承利用的空间布局和规划分区,通过共同开展文化遗产保护展示、河道水系资源条件改善、绿色生态廊道建设、文化旅游融合提升 4 项工程,以及精品线路和统一品牌、运河文化高地繁荣兴盛 2 项行动,全力打造大运河璀璨文化带、绿色生态带、缤纷旅游带。启动大运河文化带作为中华民族伟大复兴的标志性文化品牌的全面建设,为推动区域文化共建,促进文化旅游一体化成为区域共同发展新驱动力提供政策指导。以此为契机,积极参与江南文化版图内的运河文化共建,推动淮河文化的全面复兴。积极开发大运河安徽段(柳孜运河遗址和通济渠泗县段),通过挖掘利用淮北地区运河相关文化遗产,包括物质文化遗产(运河、古镇、遗址、沉船、瓷器碎片等)和非物质文化遗产(民俗、风物、曲艺、传说等),规划建设历史文化街区,重点扶持淮北花鼓戏、泗州戏等非遗项目传承;探索运河文化符号融入城市功能建设,打造运河名城;深化运河沿线合作,打造精品线路,主动融入运河缤纷旅游带等,突出文化、生态、旅游、民生等功能定位,彰显安徽特色。

2. 以创新驱动、红色文化促进安徽区域文化向现代化转化,打响"皖风徽韵"文化品牌

区域内"自我认同"是获得"他者认同"的基础。自我认同度越高,就越有利于协调区域发展和传递区域名片。已知安徽四大文化圈导致安徽难以形成文化凝聚力,这就需要借鉴上海做法,以文化品牌、文化改革、文化创新为关键词,通过区域文化品牌设计和文化传播活动,全力打响"皖风徽韵"文化品牌。首先,以文化传播理论为指导,在现代化的新语境下,寻找能够体现安徽区域文化的核心价值元素,建构具有安徽特色的标志性文化符号。应注重这一文化符号既能够平衡安徽现有南北文化差异,提升区域内居民的文化认同感,又可以为历史文化与现代文化搭建起融通的桥梁。以此为标准,曾经以拼搏、进取、自强、团结、开放、奉献为内涵的"黄山松精神"已经不再能满足安徽文化的现代化要求。当下,合肥作为省会城市,依托中国科技大学,是国内唯一一个国家高技术产业基地,也正加快建设综合型国家科学中心,打造具有国际影响力的"创新之都"。安徽省委省政府也坚定不移实施创新驱动发展战略和大开放战略,着力打造创新型省份。可以说,"创新高地"已成为安徽对外最响亮的宣传口号,是安徽全体民众引以为豪的文化元素。另一方面,要修复安徽区域文化内部分化,重构区域文化身份认同,首要唤起当代安徽人民亲身经历、刻骨铭心的"共同记忆"。以社会主义核心价值观为指导,

以红色基因传承与时代精神遥相呼应,2018年安徽博物院策划"向往——'我'与安徽改革开放四十年"展,尝试基于改革开放精神之上的安徽地域红色文化构建。该展由民生视角出发,从凤阳小岗村"大包干"掀开中国农村改革大幕说起,通过家常老物件、亲历者口述、场景复原等"微观历史",跨越时间和空间唤起一段由当代安徽人民亲身经历、刻骨铭心的"共同记忆",以浸入式体验深化民众参与历史的亲近感与自豪感,由此构建起"敢为天下先"的安徽精神,收获了社会热烈反响和公众高度肯定,获第十六届全国博物馆十大陈列展览精品推介"特别奖"。可见通过创新驱动战略和红色文化建构实践推动安徽区域文化向现代化转化,具有广泛的社会认同基础。而这一品牌形象也与开放、创新、包容的新江南文化整体形象一致,推动安徽区域文化加快与江南文化创新融合发展。

其次,引入RCIS(区域文化形象系统)构建机制,在区域文化的理念识别、行为识别、视觉识别、听觉识别、文化环境识别五个方面对"皖风徽韵"品牌进行全方位打造。以创新驱动和红色文化为安徽标志文化符号,通过实体历史文化景观,城市地标、文创产品等为展览、戏曲、音乐剧、话剧、出版、大众传等方式,系统性建构起文化叙事性解读和演绎模式,强化新形态的"皖风徽韵"品牌形象。要激活品牌文化的发展潜能,发挥文化带动效应,提升文化产品市场占有率。要既关注"树根型"文化所代表的历史积淀,以徽文化、宣纸文化、文房四宝,大别山红色文化,黄梅戏、傩戏、泗州戏、凤阳花鼓,桐城派、建安文学,九华山佛教文化、老庄道教文化,三国文化、包公文化等为支撑性文化资源;更要重视"未来型"文化所代表的引领效应,结合芜湖方特、中科大科学岛、合肥创新产业园、合肥国家级动漫和服务外包基地等文化新业态,以现代文化强劲动能推动传统文化向现代化转化,从而形成文化品牌集群效应,真正开启文创时代。

3. 以"锦绣安徽创新高地"为安徽品牌形象,推动新江南全域文化旅游共建与发展

立足自身丰厚的自然历史文化资源,充分发挥安徽地域文化特色和比较优势,推动新江南区域文化旅游共建发展。以"锦绣安徽,创新高地"为文化旅游品牌形象,以"创新高地"融入江南文化整体形象,以"锦绣安徽"彰显地域文化特色。以区域差异定位模式为指引,一方面,依托黄山、九华山,西递、宏村,芜湖方特、环巢湖休闲度假区、大别山四季彩色生态观光园等成熟的文化旅游产品,着力开发皖北大运河文化带旅游、大别山红色之旅、皖江文化旅游带等,告别"南强北弱"的文旅现状,打造集生态旅游、创意旅游、红色旅游、文化旅游、休闲娱乐、研学旅游于一体,种类多样、特色鲜明的安徽全域文

旅游宏观局面。另一方面,作为长三角四省市中相对落后的地区。较之十里洋场上海和杨柳桃花的南京、苏州、杭州等,安徽本身还有相当比例的农业文明成分,是城市文化与农村文化的混合体,生活方式仍以耕读为本、勤俭持家为主。安徽本身没有江南大都市文化形态,但可以立足自身富余的中小城市和乡镇资源,以江南文化为底色,着力打造不同地域特色的"人文城市"和"特色小镇",强调差异性,变劣势为优势,在区域一体化和新江南文化语境下实现与江浙沪的错位发展。对众多小城镇的文化旅游开发,也在微观层面上对安徽全域文化旅游种类进行了补充完善,最终形成覆盖安徽全域,产业链长、关联度高、带动性强的综合性产业发展局面。

应充分认识到基础设施建设对区域文化旅游的制约和促进作用。以皖南山区为例,在2018年杭黄高铁建成之前,山区交通不便,严重阻碍了以上海、杭州为代表的长三角客源市场,黄山甚至在G20峰会期间以对杭州人免费为由吸引杭州人到黄山度假。杭黄高铁的建成,不仅为黄山旅游区打开了长三角客源市场,也为皖中甚至皖北旅游提供了新契机。因此,应以江南区域文化旅游品牌路线为引领,加快打造长三角全域内的公共交通系统。另外,地方政府可以携手文化遗产保护机构、OTA(在线旅游运营商)共同致力于对区域文化遗产的测绘,形成全景式区域文化旅游资源版图,进而为区域旅游一体化规划提供参照;鼓励OTA平台在线发动OTA用户参与区域文化遗产点亮计划,有效提高区域文化遗产作为旅游资源的识别度。

总之,在现代化语境下,以长三角一体化发展为战略指引,认可传统江南文化积极向以上海为龙头的"新江南文化"转化,并以此为契机,借鉴上海文化发展模式,从文化传承、文化创新、文化旅游三方面着手,以"锦绣安徽 创新高地"为品牌形象,以更加积极开放的姿态,主动拥抱宏观政策和跨区域亲缘文化,最终在大江南板块内、在安徽行政区域内形成次区域文化之间的良性互动,在交流碰撞中共同更新升级,将推动"皖风徽韵"在真正意义上推动区域经济增长,提升安徽民众认同感自豪感幸福感,形成面向全球的文化品牌。

巢国文明散论

陈恩虎　王成胜

摘　要：通过对巢国文化遗址和相关资料的梳理，可以明确的是：巢国文明起源的始发地是在巢南巢山一带，巢国文明起源的中心地是在太湖山南麓的凌家滩，巢国文明形成和发展的中心地是在巢湖东畔的唐咀古城遗址。通过对凌家滩文化遗址和巢国都城及其历史的研究，可以发现：凌家滩文化时期的巢国文明水平在一些方面要高于中原文明，而尧舜禹时代之后这种关系发生了逆转。通过相关分析，可以确定的是：巢国文明是中华文明的重要组成部分，巢国文明是中华文明的一个重要源头，巢国文明史是中华民族早期文明史的有机组成部分。

关键词：巢国文明；中心地；中原文明；中华文明；历史地位

中华文明是由以中原文明为中心的众多地域文明在夏商周时期相互吸收和促进，并最终在战国秦汉间相互融合和发展而成的。可以这样说，三代时期的中华文明还不是一个经过高度整合的系统性的连贯性的整体，而是一个大中心与多个小中心并立共存发展的体系，即是在强大的中原文明四周存在着多个相对独立发展的地域文明中心，如古蜀文明、环太湖早期文明、辽河上游早期文明等等。巢国（有巢氏）文明即是这些众多地域文明中心之一。随着文献资料的日益整理和考古资料的不断丰富，从有巢氏发明房屋的种种传说到凌家滩聚落遗址的科学发掘再到古巢国史的相关文字记载，正日益向我们呈现出一个文化成就非凡、文化特征突出、发展脉络清晰的巢国（有巢氏）文明。本文将从巢国文明起源与发展的中心地、巢国文明与中原文明的

作者简介：陈恩虎（1962—），男，安徽无为人，巢湖学院旅游管理学院教授、理学博士，研究方向：区域文化史。王成胜（1983—），男，安徽巢湖人，巢湖博物馆助理馆员，历史学硕士，研究方向：区域文化史。

关系、巢国文明与中华文明的关系等三个方面着手,试图探讨巢国文明起源的地望和历史地位问题,敬请方家评阅,不吝赐教。

一、巢国文明起源与发展的中心地问题

古代文明的起源与形成经历了一个长期而复杂的过程,如果从那些划时代的文化创造行(诸如发明居室、生火煮食、制造石器等等)的发生时间计算,这一过程可追溯到新石器时代早期。在这漫长的过程中,自觉或不自觉地进行文化创造活动的各古族先民们并不总是生活在一个特定的地点,例如夏、商、周三族在建国之前就多次迁徙,而是根据每个具体阶段的技术条件、生产能力和地理环境的变化有所改变自己的生活地。因此,文明起源和发展的中心地也会因历史条件的变化而有所转移。于是这里我们就有了一种关于文明起源与发展的中心地的理解:早期文明起源和发展的历程可分为三个阶段,即文明因素缓慢发育阶段、文明因素较快成长阶段和文明因素成熟完善阶段,这三个阶段各有自己的中心地,它们可分别理解为文明起源的原点、文明起源的中心和早期国家形成之后的政治中心。从巢国文明史的发展过程来看,巢国文明起源的原点是在以坝镇巢山为中心的巢南山区,巢国文明起源的中心是在太湖山南麓的凌家滩,巢国建立之后的政治中心是在巢湖东岸唐咀的古巢城遗址。

(一)巢南巢山一带是巢国文明起源的始发地

人类起源和文明起源是两个不同的战略性研究课题,人类起源研究的起点是从猿猴或猿人研究开始的,而文明起源研究的起点则晚近得多。文明起源与文明因素的产生有关,理应从古人类最初的文化创造行为着手,寻找那些早期文明得以生成的文明因素。也就是说,文明起源的原点和发端应该是以建造巢居设施、制造使用石器和用火烧烤食物等这些文化行为的发生为标志。我们不能把原始社会与野蛮、愚昧画等号,因为原始社会的演进过程中孕育了许多文明因素,特别是新石器时代发生了许多开创性的文化创造活动。而这些文化创造活动是文明社会或早期国家得以形成的基础,也是文明社会或早期国家诞生的前奏和曙光,因此文明起源研究的原点理应追溯到新石器时代早期。

那么巢国文明起源的原点在哪里?这里就需要从新石器时代早期和最早的文明因素的产生等两方面说起。首先,从新石器时代的横贯时间来看,巢国文明起源的原点并不是在距今5300年至5800年的凌家滩文化遗址。虽然太湖山南麓凌家滩遗址的发掘表明那个地方曾经是一个辉煌的文明起源地,但是我们可以完全确定的是,凌家滩并不是巢国文明起源的始发地,因为在新石器时代早期凌家滩四周还处在一片汪洋之中,并不适合人类生存,"在一万年前的地质图上,长江的北岸位临于太湖山脚下,一万年后的今天,长江距太湖山北岸约 25 公里。"从巢南银山智人的发现情况来看,凌家滩先民理应是从巢南山区迁徙过去的。其次,巢国先民(有巢氏)构木为巢、发明巢居的文化发生行为表明巢国文明起源的原点的确是在巢南山区。这是由新石器时代早期古人的生存环境和生活方式所决定的。新石器时代早期巢湖湖域远远大于今天,自巢湖市区到东关一带的圩田区均为汪洋一片,而长江流域也抵近横向的巢南山区—太湖山区,因此山居是巢国先民的唯一选择,而巢南山区相较于太湖山而言,山区面积大,海拔层次多,野生资源比较丰富,适合巢国先民生活。另外,构木为巢、发明巢居的文化发生行为也是与山居生活密切相关,是远避禽兽虫蛇、抵御自然侵害的一种长期的能动性适应的结果。总而言之,巢国文明起源的原点是在巢南山区,否则我们就无法解释凌家滩遗址所展现的发达文明因何而来的问题。

也许有人会在心底里发出疑问:巢南山区那么大,见之于《庐州府志》《巢县志》的巢南名山不下于十种,那么为什么要把我们巢国文化的根系寄放在坝镇的巢山呢?我们的理解是,在将近万年的时间里,有巢氏先民的主居地的确不可能总是固定在巢南山区的某一个山体上,应该随着食物来源情况和生存环境的变化而在巢南山区有所迁徙,因此文明起源的始发地总体来说是一个有着特定地理范围的面,就如同古人所祭祀的名山大川的神祇,其所保护或降临之处并不完全固定在一个明确的地点,但是任何祭祀行为,无论是国家的还是民间的,终究还是要确定一个可操作性的具体场所,古代皇帝祭祀自己的祖先要在一个固定的地点修建宏伟的宗庙设施加以祭祀,古代国家祭祀五岳四渎也要在一些特定的地点修建一些必要的礼仪设施加以祭祀。我们都知道巢国(有巢氏)文明起源的发祥地是在巢南山区,但是这个巢南山区可大到自白湖、黄陂湖附近绵延至滁河中游附近的横向山地,也可小到我们巢湖市域与无为县、含山县接境的那一部分,因此我们的祭祀设施和场所总是要寄托在某个明确而固定的地点。说到这里,我们就要感谢唐玄宗了,是他于天宝六年发布诏命,敕改道人山(即今坝镇象山)为巢山。这实际上意味着唐朝中央政府以官方文件选定了坝镇的道人山作为当地官方祭祀有巢氏的场所,因为玄宗敕改名山,并非仅此一例,同期敕改的还有皖南的黄山。此种政治举措背后往往有着更深层次的意识形态考量,很可能与唐朝国家祭祀对象的重组有关,即从李氏道教信仰的立场和玄宗个人的政治偏好增减国家祭祀的人神并确定其祭祀的具体场所。毫无疑问的是,玄宗敕改巢山与其重视有巢氏及其德业事功密切相关。当然,我们更要感谢宁业高、黄鹏程两先生,是他们发现和揭开了这个被千年光阴遮蔽了的历史真相,廓清了千年以来巢山、相山、象山三者之间的历史演化关系。

(二)太湖山南麓凌家滩是巢国文明起源的中心地

学术界关于人类从原始社会进入文明社会的标准问题,一百多年来形成了大大小小不下百种的观点,然而从我国的考古实践出发,最具有辨识度和可操作性的标准还是文明三要素说或四要素说,"一种是物质性的指标,属于考古学范畴,这些要素有城址、宫殿、墓葬、祭坛、青铜器、玉器、空三足器、占卜甲骨与文字,强调城址、文字与青铜器被称为三要素说,强调城址、文字、青铜器和礼仪性建筑的被称为四要素说"。按照文明要素——祭坛、墓葬、宫殿和城址等具体性指标来比对凌家滩遗址的各种文化现象,我们会赞同那种认为凌家滩文化时代的有巢先民已进入古国的观点。下面我们就先对此作一比对。

(1)凌家滩祭祀性建筑设施:祭坛建筑遗迹"石子层"、3座祭祀坑(埋有4件陶器)和3个积石圈。

(2)凌家滩墓葬群:墓地发掘出44座墓葬,又可分为6个家族墓群,随葬品在同一家族内有多寡之分,表明了贫富分化的现象;随葬品在不同家族之间又有品类之分,玉石器居多的多为工匠家族,以陶器为主的多为农业家族;特别是其中的4座大墓出土了大批重玉礼器,表明墓主尊贵的酋长或祭司身份。

(3)疑似神庙和宫殿建筑遗存:墓地东偏南位置存在大片红陶块建筑遗迹区。

(4)初具城市护城河雏形的大型公共工程:凌家滩聚落遗址外围存在一条周长超过2千米、占地4万平方米的大型环形壕沟。

苏秉琦先生曾经把中国国家起源历程分为三个阶段:古国、方国和帝国。从苏先生的分析来看,古国和方国是早期国家的两个主要形态,古国应该是早期国家的初级形态,即出现了大型的中心聚落、祭祀设施、等级墓葬、定居建筑和多功能用途的玉器、陶器、石器等物化现象,大体上相对于中国历史上三皇五帝时期;而方国则是比较成熟发达的早期国家,即夏商周三代以城市、宫殿群、礼仪建筑和青铜制造为标志的文明国家。从上述文明要素比对的具体情况来看,巢国先民们在5300年前就已创造出一个相当发达的古国文明,阶级分化和社会分工以及统一性的管理机构等国家现象都已十分明显,正如朔知研究员所说:"凌家滩文化正处于5000多年前中华文明起源的关键节点上，其文化发展经历了几百年的历程，'众星拱月式'的生活组织结构和'环濠聚落'的发现，并结合业已发现的大型祭坛、高等级的大型贵族墓葬、大型红烧土建筑，及功能多样、精美绝伦的礼制性玉石器的出现，反映了当时凌家滩人口的繁盛，中心与周边等级分化已十分明显。凌家滩文化在社会组织、贫富分化、玉石器制造等方面都是同期文化中表现最突出的，凌家滩遗址中的祭坛、大型壕沟等一批大型公共建筑工程的发现，显示其强大的生活组织和动员能力，说明当时可能出现了集军事指挥、宗教祭祀和社会管理于一身、凌驾于全社会之上的王权和区域性政体——早期国家，进入了'古国'时代，迈入了文明社会的门槛。"

可见，凌家滩遗存诸文化现象向世人直观地展现了一个古国文明的繁荣景象，这有力地说明了巢国文明起源的中心是在太湖山南麓凌家滩。

（三）巢湖东畔唐咀古城遗址是巢国文明形成和发展的中心地

《尚书·旅巢命》、西周不同时期的多篇金文和《春秋左氏传》中十几处有关巢国的文字记载，表明三代时期的巢国的确是一个重要的方国，是一个拥有自己独特历史、创造出自己独特文化、连续发展而未中断的早期国家。而这个早期国家必定建造过自己的都城。传统的说法是，巢国的都城位于巢县旧城东北五里墩台地上，例如《读史方舆纪要·卷二十六·南直八》就说："居巢城，县治东北五里。古巢伯国，成汤放桀于南巢，即此。"《光绪续修庐州府志·卷十一·古迹志》也说："居巢故城，《一统志》在巢县东北五里。《康熙志》今台址犹存，高丈馀，邑人张氏据以为冢，下有听书港、洗砚池、回车街，两山夹峙，中通一线，相传孔子回车处。"但是随着21世纪初唐咀古城遗址的发现，这一结论恐怕要有所修正。这个发现过程大体上是这样的：2001年12月，巢湖沿湖滨大道唐家嘴处的湖滩地上，发现有大量陶片堆积。这个情况引起了巢湖市文管所的注意和警觉。2002年7月，巢湖市文物管理所从村民手中征集到陶器、铜器、玉器、银器共260件。通过对这批文物的初步研究，发现其中最早的是商周时代（或者新石器时代晚期）的玉斧、石锛，最晚是王莽时代的钱币。后来又经过科技考古专家们多方面的研究和判断，最终形成了一个有关唐咀古城遗址断代的结论，即唐咀古城存在于2200年前至1800年前之前，"通过唐家嘴遗址文化层含碳较高的中间层位14C测年，距今年代2090±130aBP。结合文化层考虑，大约终止在1800年前的这个遗址，似乎可以与历史记载赤乌二年（AD239年）发生的'陷巢州'相合。"但是从发现的商周时期的石锛、石钺来看，唐咀古城的建造和使用时间并不能仅断定在战国晚期之后，很可能要追溯到殷商时期。也就是说，这个唐咀古城遗址应该就是历史文献记载中那个有巢方国的都城。事实上，通过对唐咀古城遗址的规模和布局的考察,这座古城的确是按照方国都城的标准来建造的,"在唐家嘴湖滩地上,被胡浪冲上来的现埋藏在巢湖东湖底的遗物(如从战国时蚁鼻钱到秦半两和汉半两、汉五铢以及王莽时期的大布黄千、大泉五十等系列钱币)传递了一个重要信息:居巢城的平面布局形态似乎也是'西城东郭'之城郭并列形式,它先筑有小城(内城),后筑郭,即唐家嘴遗址可以看作是后人对居巢郭再向北、东的外延。"唐咀古城遗址的发现,表明巢国文明形成与发展的中心地是在巢湖东岸的唐咀。

综上所述,巢国文明的起源和发展是一个阶段分明、中心变迁的长期历史过程,巢国文明起源的始发地是在巢南巢山一带,巢国文明起源的中心地是在太湖山南麓的凌家滩,巢国文明形成和发展的中心地是在巢湖东畔的唐咀古城遗址。

二、巢国文明与中原文明的关系

凌家滩文化聚落遗址的发掘表明,以玉器文化及相关的宗教、哲学观念为核心的巢国文明在同期的诸多文明中心之中是处于领先地位的,这就意味着古国时代有巢氏族的文明水平并不低于甚至在某些方面要远高于中原文明。而从唐咀巢国都城的规模、布局和出土文物来看,自夏王朝建立之后方国时代的巢国文明则明显落后于中原文明,这表明迈入成熟文明阶段的巢国未能维持古国时代那样旺盛的文化创造力,或者其根本原因在于因无法实现对更大范围的地域进行有效的行政管理而缺乏像中原王朝那样进行大规模文明创造的资源和能力。我们认为,巢国文明和中原文明这一关系转变的关键期,即后者超越前者的转折期,就发生在尧舜禹时代,即公元前2100年前后几百年间。而这一转折期是与鲧、禹父子的治水活动密切相关的,因为治水活动促使炎黄部落联盟实现了对更大地域和其他氏族的资源的调度和使用,这就刺激了统一性的权力机构的产生和成长。中央管理机构的产生和超大地域的人口控制就能够为夏商周王朝的文化创造和文明建设提供了其他地域文明中心难以企及的强大的物质力量和智力资源。这是中原文明后来居上的主要原因。下面我们就巢国文明与中原文明的关系转变的历史原因作一较具体的探讨。

(一)鲧禹父子的治水活动是巢国文明与中原文明的关系转变的主要原因

尧舜禹时代实际上是一个大联盟时代,也就是说在尧舜禹时代黄河流域形成了一个超级的大联盟。这个大联盟的主干就是炎黄部落联盟,尧舜禹三帝均出自这个部落联盟。而当时服事三帝的皋陶、伯益并非出自炎黄部落联盟,而是来自东夷部落联盟;还有身处高位的四岳,恐怕不能仅仅理解为出自炎帝的太岳首领,而应该是以当时观念中的四座名山为生活地的四个部族集团首领;还有避让盟主之位的巢父,他是我们有巢氏族的仁祖,也非出自炎黄部落联盟。这些众多非炎黄系统的部族集团就构成了大联盟的基干。鲧禹父子的治水活动实质上就是一个大联盟中央权力(某种程度上可理解为出自炎黄集团的三帝权力)向各非炎黄部族系统内部扩展的过程。徐旭生先生认为大禹治水的主要地区是在黄河中下游地区兖州以及徐豫兖三州交接地带。当今不少学者都认同这种观点。而黄河中下游的这一地区正是东夷部族集团生活的传统地带。禹父鲧治水之地也应该主要集中在这一地区。鲧治水的失败实际上是没能得到东夷集团的有力配合的结果,因为当时的治水活动是一个大量消耗人力、物力的大型公共事业,没有东夷集团的配合是无法根治水患的,因此帝舜后来在选择大禹主治东方洪水之后,为他配置了两位重要的助手,其一是东夷集团首领皋陶之子伯益,其二是出自炎黄集团的周族先祖后稷。大禹治水的最终成功树立了大禹在这个大联盟中的政治威权,同时也促使炎黄集团主导的大联盟权力深入到淮、济、鸿沟地区东夷集团内部,正如李岩博士所指出:"大禹在治水的过程中,逐步形成了按照地域划分国民,形成了社会的组织管理机构,提高组织管理能力,建立了监狱,逐步完善了法律,同时,在这一系列的过程中,大禹本人的权力与威望大大增强了,促进了国家的形成。"因此可以说,鲧禹父子的治水活动促进了黄河流域统一管理机构的初步形成,这奠定了夏商周王朝在广大的政治版图中进行统治的基础,因而在人力资源和物质财富方面也就为中原文明的蓬勃发展提供了坚实、充足的支撑和保障。

(二)中原文明的地理区位优势是巢国文明与中原文明的关系转变的重要原因

中原文明赖以生存的黄河中下游地区处于中国先秦各大地域早期文明中心之中间位置,西南有古蜀文明,东南有环太湖早期文明和有巢古国文明,东方有海岱早期文明,北方有辽河早期文明,因此中原文明具有各大地域文明所无法比拟的地理区位优势。裴士京先生曾经概括了这一居中形胜的区位优势在中原华夏集团的崛起过程中所发挥的巨大作用:"在向文明社会的突击中,黄河中下游地区成为我国历史上的各氏族、部落交往、角逐和融合的中心。这个中心有不断扩大的趋势,最终形成以华夏部落集团为核心,包括东夷、苗蛮大部分先民的共同体。"华夏部落集团崛起的过程即是中原文明逐渐获取领先优势的过程,而文化上这一赶超过程则是根植于其所具有的独特区位优势。中原文明的这个区位优势在文化传播学上可具体表现为其所接触的文明中心地较多、直线接触距离较短、文化交流通道比较顺畅，这些因素使得中原文明在先秦各大地域文明之中享有得天独厚的发展优势。特别是在大联盟时代，各地域文明中心的政治交往和战争活动日益频繁，大大加速了各地域文明中心的文明因素向中原地区汇聚。俞伟超先生在观摩凌家滩玉器之后，就明确地指出了中原王朝的制玉工艺与巢国早期文明因素之间的传承关系："在当时，这批(指以玉龟和玉版为代表的)玉器的工艺水平，可说是居于我国各古文化中的最高峰。此外，只有北方的红山文化才有类似水平的玉器工艺。凌家滩遗存和红山文化都位于我国东部地区。在这沿海的东部地区，到了再晚一些的龙山文化和良渚文化阶段，制玉工艺更为发达，水平远远超过中原。但一到商代，中原地区的制玉工艺已后来居上，达到同时期的最高峰。这种变化过程，似已从总体上揭示出了商文化的制玉工艺是接受了东方文化的影响才发达起来的。"由此一斑而可窥见，大联盟时代的中原地区是在充分吸收以有巢古国文明为代表的周边地域文明中心的文化因素之后而实现了跨越式发展，率先进入了文明社会，并最终获得了领先优势。

(三)两河流域农业经济差异是巢国文明与中原文明的关系转变的潜在原因

从长江流域和黄河流域的农业经济差异来解释长江流域早期文明为何晚于黄河流域而产生，是裴士京先生在20世纪80年代做出的一个学术贡献。裴老师在《长江流域的文明之花为何迟开》一文中从土壤、气候、地理、人口等条件考察了新石器晚期黄河流域和长江流域农业经济类型和发展水平方面的差异，指出了长江流域阶级社会(早期国家)的产生要晚于黄河流域的一个重要原因，即是在当时的生产经营条件下旱地农业在劳力投入、种植规模和经济构成等方面具有比水田农业更为有利的优势。后来裴老师又在《试论亚洲文明发轫于旱地农业区》一文中以世界性的视野全面阐述了他的"旱地农业"理论："一般而言，在人们生产生活必需品耗时费力较多的地理环境中，如水稻农业区，生产的进程就迟些，生产力的提高和社会前进的步伐就迈得慢些，长江、恒河流域的早期发展史证明了这一点。反之，人们取得生活必需品较省时省功的地理环境，生产发展就快些，两河、黄河、印度河流域的旱粮农业区的早期史便是如此。这些地区的居民在维持生活、繁衍后代的必要劳动时间相对减少，剩余劳动较早出现，可以向生产的深度和广度，向手工业、畜牧业领域发展，剩余产品增多，交换频繁，必然促进社会分工。"巢国文明所在的巢湖流域无疑是长江流域的一个重要部分，是典型的水稻农业区。因此裴老师的学术观点完全适合于用以解释巢国文明与中原文明之间关系转变的内在动因。

由上可见,巢国文明与中原文明在文明发展水平上的这种高低关系的转变的历史原因是多方面的,是比较复杂的,可能还远不止于以上所述的三个方面。这里我们只作抛砖引玉,敬请各位专家能够作进一步地挖掘和探讨。

三、巢国文明与中华文明的关系

巢国文明是中华文明的重要组成部分。凌家滩文化时期的巢国文明在玉器制造和宗教观念方面是领先于中原文明的,它的许多文化元素通过复杂的文化传播而流入到中原文明的血液之中,最终在大一统时代成为中华文明不可剥离的特色成分,因此可以说它是中华文明的一个重要源头。有巢氏族的繁衍、进化和文化创造形成了一个源远流长、连续发展、特色明显的巢湖地方文明史,是中华民族早期文明史的有机组成部分。下面我们就试作简要分析。

(一)巢国文明是中华文明的一个重要源头

巢国文明对中华文明做出了许多独特的贡献,例如在巢居住房、玉器制作、原始八卦等许多方面,或为首创,或为领先,这对中原文明以及其他地域文明产生了深远的影响。现在我们仅举几例,略加说明。

1. 巢居文化

构木为巢是巢国先民的重大文化创造行为,是巢国文明起源的标志性事件,巢居之于文明社会的重要性可借由宁业高、张克锁两位先生的总结得以清晰的理解:"巢居促进人类智力开发,提高自身生存力和创造力";"巢居改善人类关系结构,逐步形成国家观和凝聚力";"巢居规范人类文明行为,改变人生价值观和世界观"。发明巢居并不意味着巢国先民已进入文明社会,但是没有此项文化创造活动则后续的早期国家的一些重要标的物,如城市、宫室乃至各种礼仪性建筑和棺椁类墓葬等等,将无法生成。因此可以这样说,巢国先民发明巢居奠定了后世进行持续而蓬勃的文化创造的基石。

2. 玉器文化

玉器是凌家滩出土文物中最有价值的部分,数量巨大、品种丰富、工艺精湛,其器形主要有玉人、玉龙、玉璜、玉璧、玉环、玉玦、玉钺、玉镯、玉兔、玉龟、玉管、玉珠、玉鹰、玉猪等二三十种,其工艺主要有阴刻、浮雕、圆雕、透雕、减地法、钻、抛光等技术。巢国先民的制玉工艺在当时各大地域文明之中是处于领先水平的,"凌家滩墓地的玉器在制作理念、造型构思、工艺技术等方面都出现了崭新的观念,具备了精雕细刻、生动传神、艺术夸张、神秘诱人的魅力。凌家滩玉器所表现的魅力是中国玉器发展史上第一个高峰。著名考古学家俞伟超先生、张忠培先生和严文明先生等,看过凌家滩玉器后一致认为,凌家滩玉器不论制作和艺术都达到距今五千年时的最高水准,它比良渚玉器早,比红山文化玉器水平高,开启了中国玉器的先河。"不仅如此,一些考古证据还明确显示出商周王朝的制玉工艺是受到凌家滩文化影响的,"凌家滩玉人的形态,还令人惊诧地看到竟同殷墟妇好墓所出玉人和哈佛大学福格美术馆所藏的商代玉人非常相似。这无疑又提供了商文化的制玉工艺曾大量受到东方古文化影响的直接信息。"因此可以说,巢国文明中的制玉工艺为商周王朝制玉工艺向更高水平发展提供了技术上的积累和准备。

3. 祭祀文化

凌家滩玉器中有这么一件刻有奇怪图案的玉版:长方形玉版的中心部位是一个内含八角星的太阳形图案,太阳图形的外围,即长方形玉版的四边,对称地伸出了四个树叶形图案,而四个树叶的两两相邻之间也对称地伸出了四个树叶形图案,整体是伸出了八个树叶形图案。俞伟超先生把玉版上这种树叶形图案与夏商周三代的社神祭祀联系了起来:"社是土地崇拜的场所。社神是民族学中所谓的地母。中国古代以树为社神的事实,先秦古籍言之甚明……这样,玉牌中太阳图案周围的八方之树应该是社神的象征,所以做出八树图案,就是表示八方的土地。"俞先生认为这种与社神有关的八方观念"或许正发生于淮河流域,以后再传播到其他地区"。这就表明凌家滩文化中的这种社神崇拜观念很可能借文化传播的方式而成为夏商周三代社神祭祀文化形成过程中的一个重要源头。

4. 占卜文化

凌家滩玉器中出现的玉龟和玉版,的确是凌家滩文化中的两大奇观,反映了巢国先民的宗教思想处于一个较高的水平。不少学者认为它们是古人占卜的道具,俞伟超先生对玉龟的用途作出了一个令人信服的解释:"凌家滩遗存的龟卜方法,大概是先由巫师(或祭司)当众口念占卜的内容,然后在玉龟空腹内放入特定的占卜物品,固定玉龟,加以摇晃,再分开玉龟,倾倒出放入的占卜物品,观其存在的形式,以测吉凶。可以认为,这是最早期的龟卜方法。"另外,这两枚玉龟与玉版可以被视为我国古代河图与洛书的最早实物。魏陈斌先生从数与形的角度,经过细致的考证,认为可以作这样的推定:河图与洛书的产生均来自凌家滩玉龟,凌家滩玉龟和玉版分别是河图、洛书的母体,是星相的两种表达方式。另外,他又将玉龟的龟盾数、钻孔数与《易经》中的相关数理进行了比对研究,同时也把玉版中出现的各种符号同八卦符号进行了一一比对,发现它们之间存在一定的渊源关系。这就有力表明了由商周王朝哲人制作的《易经》中的数理观念确实起源于有巢氏的占卜文化。此外，有些专家认为玉版与原始八卦有关，"玉版的八方图形与中心象征太阳的图形相配，符合我国古代的原始八卦理论，玉版四周的四、五、九、六之数，与洛书'太一下行八卦之宫每四乃还中央'之说相合，根据古籍中八卦源于河图、洛书的记载，玉版图形表现的内容应为原始八卦。"李修松先生也认为"凌家滩玉龟、玉版与八卦起源的关系是明显的"。对于凌家滩出土的玉龟和玉版，其功用无论是占卜道具，还是河图洛书，或者原始八卦，它们的出现是巢国文明对中华文明所做出的一个贡献。

（二）巢国文明史是中华民族早期文明史的一个有机组成部分

有巢氏的部族史、古国史和方国史是一个相对独立和连续发展的区域文明史，是中华民族早期文明史的一个有机组成部分。从始祖大巢氏到古皇有巢氏再到仁祖巢父，呈现了一个繁衍滋育、生生不息、发明巢居、远避禽兽、建造房屋、发展农业的有巢氏族文明史；从祭坛墓葬到宫室环濠等大型工程再到制作精良的大量玉器，呈现出了一个社会分工和阶级分化初步发生、政权雏形开始显现、文明因素成长水平较高的有巢古国文明史；从涂山氏与夏禹联姻到商周之际巢伯朝周再到春秋时期巢国亲楚抗吴，呈现了一个建都立国、雄踞南巢、影响中原、联结吴楚、开发巢湖、建设家园的有巢方国文明史。这些都表明巢国文明史是中华早期文明中一个有着自己故事和文化内涵的地方文明史，是中华民族早期文明史的一个不可或缺的部分。

四、结　论

巢国（有巢氏）文明是一个发展脉络清晰、内容丰富多彩、文献与考古可相参证的早期地域文明，是巢湖流域文明的根系。通过以上的论述，可以得出以下三个结论。

（1）巢国文明的起源和发展是一个阶段分明、中心变迁的长期历史过程，巢国文明起源的始发地是在巢南巢山一带，巢国文明起源的中心地是在太湖山南麓的凌家滩，巢国文明形成和发展的中心地是在巢湖东畔的唐咀古城遗址。

（2）巢国文明与中原文明的关系是，凌家滩文化时期的有巢古国的文明水平在许多方面要高于同期的中原文明的，而三代时期的有巢方国的文明水平则明显落后于中原文明，这一转变期就发生在尧舜禹时代。

（3）巢国文明与中华文明的关系可具体表现在两个方面：其一，巢国文明中的许多文化因素流进到中原文明的血液里,成为夏商周时代中华文化大创造的重要基因,因而巢国文明是中华文明的一个重要源头;其二,巢国文明史是中华大地上一个相对独立和连续发展的区域文明史,因而理应是中华民族早期文明史的一个有机组成部分。由此可见,巢国文明是中华文明的一个重要组成部分。

本文是安徽省哲学社会科学重点研究课题《多元一体观下的巢国文明史研究(项目编号:AHSKLW2014D04)阶段性成果。原文载于《合肥职业技术学院学报》创刊 10 周年纪念专辑《环巢湖文化研究》。

参考文献:

[1] 安徽省文物考古研究所编著.凌家滩考古报告[M].北京:文物出版社,2006,4:28-34,36,36.

[2] 宁业高,黄鹏程.《巢山·相山与象山考辨[EB/OL].网址 http://blog. sina. com. cn/s/blog_4a687d9a01017ubb. html.

[3] 王东平.中华文明起源和民族问题的论辩[M].南昌:百花洲文艺出版社,2004-53-54.

[4] 凌家滩发现5000多年前大型公共工程[EB/OL].网址 http://news. 163. com/14/0626/08/9VLEU8MQ00014AED. html

[5] 苏秉琦.中国文明起源新探[M].北京:三联书店,1999. 130-153.

[6] 凌家滩遗址具古国雏形》[EB/OL].网址:http://culture. ifeng. com/a/20140625/40884327_0. shtml。

[7] 顾祖禹著,贺次君、施和金点校.读史方舆纪要[M].北京:中华书局,2005:1287.

[8] 中国地方志集成安徽府县志辑2 光绪续修庐州府志(一)[M].南京:江苏古籍出版社,1998:147.

[9] 王心源,等.从环境考古角度对古居巢国的蠡测[J].安徽师范大学学报(自然科学版),2005(1):97-102.

[10] 徐旭生.中国古史的传说时代[M].北京:文物出版社,1985:122,139.

[11] 王清.大禹治水的地理背景[J].中原文物,1999(1):34-42.

[12] 泷川资言.史记会注考证[M].北京:新世界出版社,2009:141-144.

[13] 李岩.大禹治水与中国国家起源[J].学术论坛,2011(10):4-7.

[14] 裴士京.长江流域文明之花为何迟开[J].安徽师范大学学报(哲学社会科学版),1985(4):57-64,68-76.

[15] 俞伟超.含山凌家滩玉器反映的信仰状况[A].安徽省文物考古研究所编.凌家滩文化研究[C].北京:文物出版社,2006:16,15-16,16,16.

［16］裘士京,杨邦拓．试论亚洲文明发轫于旱地农业区［J］．世界历史,1992(2):68-76.

［17］宁业高,张克锁．远古巢湖［M］．合肥:安徽人民出版社,2010:63-70.

［18］安徽省考古研究所．凌家滩玉器［M］．北京:文物出版社,2000:2-8.

［19］张敬国．从安徽凌家滩墓地出土玉器谈中国的玉器时代［A］．安徽省文物考古研究所编．凌家滩文化研究［C］．北京:文物出版社,2006:8.

［20］魏陈斌．凌家滩玉龟符号的研究(二)［J］．巢湖学院学报,2010(1):88-93.

［21］陈久金,张敬国．凌家滩出土玉版图形试考［A］．安徽省文物考古研究所编．凌家滩文化研究［C］．北京:文物出版社,2006:78.

［22］李修松．试论凌家滩玉龙、玉鹰、玉龟、玉版的文化内涵［J］．安徽大学学报(哲学社会科学版)》20019(6):40-45.

沿淮地区水乡小镇景观节点特征要素构成分析
——以安徽省颍上县八里河镇为例

姚侠妹 偶 春 朱赪赪 卢 琦 柳丽丽

摘 要:水乡小镇景观节点特征要素构成分析及综合评价实证研究,为类似水乡小镇的环境景观建设提供理论依据,为打造具有地域特色文化的水乡小镇做出贡献。本文以安徽省颍上县八里河镇为研究对象,通过问卷调查和数据统计,运用主成分分析法对其景观节点特征进行分析及综合的实证研究,即实地调研景观节点,筛选出具有代表性的景观节点40处,建立综合评价体系,对其进行打分评估,从而进行节点特征要素构成分析。主成分分析结果表明,第1主成分景观节点特征主要反映了美学艺术与文化相融洽的生态园林景观,其中文化景观创新性、色彩丰富度、文化交融性、氛围感、韵律感载荷值最大,也是沿淮地区水乡小镇景观节点建设的方向及重点内容;综合评价表明,排名前6位的景观节点22、节点21、节点23、节点31、节点20、节点16位,共同特点表现为景观层次性丰富、讲究韵律感,视野开阔,环境氛围带入感强。研究表明,景观特征较好的节点能够满足人们对美学方面的要求;在沿淮地区水乡小镇环境建设中,既要保证景观的艺术效果,又要以保护水乡小镇生态平衡为前提,增强地方特色,构建自然和谐的生态园林景观,有效地保护自然资源,减少环境污染,提高环境质量和生态效益。

关键词:沿淮地区;水乡小镇;景观节点;评价;八里河镇

作者简介:姚侠妹(1981—),女,安徽蚌埠人,博士,阜阳师范大学生物与食品工程学院讲师,研究方向为城市生态与景观环境建设评价。

基金项目:教育部人文社会科学研究青年基金项目(18YJC760117);安徽高校人文社会科学重点项目(SK2018A0287);安徽省高校质量工程项目(2017jyxm1314);阜阳市人文社会科学研究专项项目(FYSK17-18ZD15);阜阳师范学院本科教学工程项目(2017CKJH02,2017WLKC34,2018JYXM25,2018JYXM17)。

水乡,因水成景,自然山水格局构成其景观骨架,具有地域特色的景观形态,在文化、建筑、物产等方面得到体现。自然环境要素影响了水乡建筑、交通方式、居民生活习惯。水乡小镇具有一定的水域分布,形成了特殊水乡景观风貌。世界上大多数被认可的宜居城市都是沿海或靠水城市。国外对于水乡小镇的研究主要集中在水污染治理、水利工程、河道恢复、历史建筑保护、滨水区景观营造等[1-2]。我国水乡小镇景观的发展,其历史可以追溯到古代。因其独特的地理位置与地域特点形成了独特的水乡景观。北方园林景观,往往多借鉴江南。特别是在乾隆时期,皇家园林的建设达到了成熟的阶段,技艺达到了登峰造极的境地。皇家园林景观的布置多借用江南水乡小镇的景观的元素(太湖石等),仿建江南的名园胜景等。现代对于水乡小城镇的研究,主要集中在江南水乡小镇,其中徐敏的《江南水乡古镇水域的景观生态研究》[3]、谢玉洁的《苏南水乡湖泊型湿地规划设计研究》[4]、张智敏的《珠江三角洲水乡聚落桑园围研究》[5],均是将江南水乡作为研究对象。对江南的建筑、风俗、景观遗产的保护、景观的重塑、景观节点创新等方面[6-12]的研究都是较为多的,主要的文献有《护城纪实》《历史文化名城保护与规划》等。

新时代的大背景下,相继出台了《国家新型城镇化规划(2014—2020)》《国务院关于印发"十三五"生态环境保护规划通知》《关于实施"千企千镇工程"推进美丽特色小(城)镇建设通知》等政策,推动全国城镇化的步伐,推动小镇、小城镇的建设与发展。广州市番禺区人民政府提议——关于建设"海鸥岛沙田水乡小镇的建设",加快番禺区城镇化建设进程,依托丰富多样的生态空间,培育发展新产业、新业态、新模式,构建"宜业、宜居、宜游"的新型发展空间,是推进新型城镇化建设的重要抓手。漳州市"闽南水乡特色小镇"项目进度,促进总部经济核心区的快速建成,加快繁荣发展闽南水乡历史文化区,实现政府、企业、社会互利多赢。针对"闽南水乡特色小镇"的专项扶持政策,不仅对于该项目的发展将起到极大的推动作用,还将助力龙文区总部经济的发展进程。而在一些地理位置不在江南,但具有河道、水网密布的中东北西部,鲜少有人研究。在这些地区的水乡小镇的景观的发展,往往是比较滞后的,地理位置不占优势,景观规划设计发展理论与实践都是相对的滞后,更加的需要研究与发展。这些个地区的水体状况较好,地区的发展具有很大潜力,积极推动此类地区的景观的研究,对地区的发展具有积极的意义。

安徽省境内有长江、淮河两大水系,水资源较为丰富。皖南地区,水域范围广,水网密集,大多的小城镇都是水乡小镇[13-14],尤其在景观建设方面,景观节点的设计较皖北地区更为突出。而在皖北地区,气候较皖南干燥,水乡小镇分布的范围与数量相对较少。皖北的水乡小镇相较南方来说,落后很多,环境景观质量也是较低,在景观设计与建设方面起步较晚。因此,本文选取沿淮地区典型水乡小镇八里河镇为研究对象,就其景观节点特征要素进行综合评价,为后期沿淮水系而建的小城镇景观环境建设提供理论依据。

一、研究地概况

选取位于国家 AAAAA 级风景名胜区——八里河风景区所在的八里河镇及周边景观节点作为水乡小镇景观节点实证研究对象,可较强代表沿淮地区水乡生态旅游模式的特色小镇环境景观。八里河镇位于安徽省阜阳市颖上县城南 8 公里,颖、淮两河交汇处,自然条件优越,水系丰富。地处东经 116°23′~116°32′,北纬 32°54′~32°62′,距阜阳市中心 25km,全镇面积 79.15km^2(图 1、图 2)。该镇处于暖温带向亚热带过渡带,四季分明,光照充足,常年平均气温 15.1℃,极端最高气温 41.2℃,极端最低气温-22.8℃,年平均无霜期 221 天,年日照 2213.3 小时,年平均降水 923.8mm。八里河镇境内的八里河自然保护区,总面积有 14600km^2,有湿地典型的地貌特点,八里河湖岸曲折,东西长约 5km,南北宽平均 2km,最宽处 3km,湖岸周长 49.5km,正常水域面积 1000km^2。2005 年,八里河镇被评为“全国环境优美乡镇”,获得“中华环境奖——绿色东方城镇奖”“全国文明村镇”。自然资源丰富,且近年来“美丽乡村”建设正在全面扎实推进,城镇道路及排水等基础设施、绿化、亮化工程都已基本结束,健身广场、文化墙与围墙等城镇整治工程正在收尾,村庄环境清理工作全面铺开,因此,将其作为研究区域,其分析结果对沿淮地区水乡小镇景观节点评价具有一定的代表性。

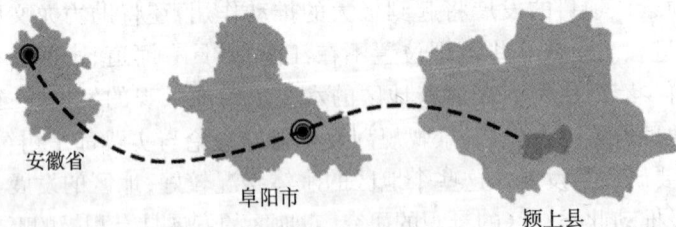

安徽省　　　阜阳市　　　颖上县

图 1　八里河镇区位分析

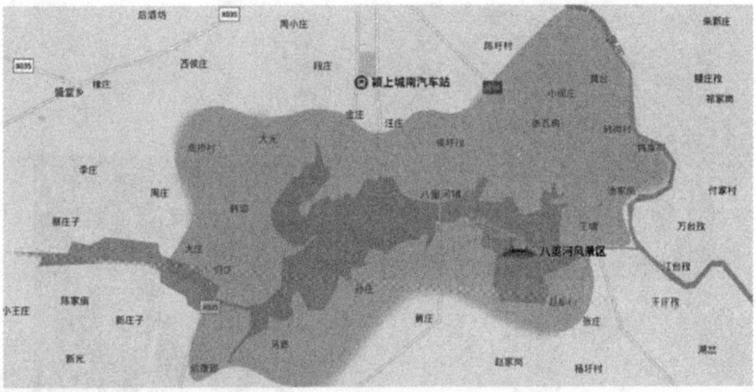

图2 八里河镇分布范围

二、研究方法

(一)景观节点确定

在充分了解八里河镇及周边景观环境后,在2018年9—10月对该区域进行调研分析,进行实地情况调查和拍照。所有照片拍摄均在晴朗天气条件下于8:30—16:00进行,采用同一单反相机,技术参数设置相同,拍摄高度基本不变,镜头方向与人垂直;避免人、车等干扰因素出现在照片内。在照片拍摄过程中以景观节点中心为基点向东、南、西、北4个方位拍照,然后再从4个方位向中心拍照。与专家、当地居民、游客等不同群体进行交流,并且通过照片的形式了解八里河镇景观,对其打分,最终确定具有代表性的40处景观节点(图3、图4)。

图3 八里河镇景观节点分析图

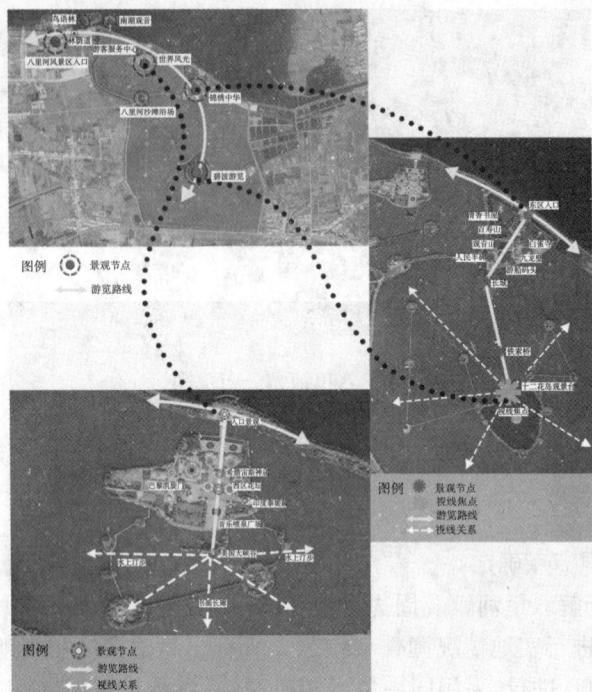

图4 八里河风景区景观节点分析图

(二)景观节点特征要素评价体系构建

景观节点特征要素评价是从人的角度评价客观存在的各种景观节点组成要素。本文运用文献调研法和主成分分析法以水乡小镇景观节点特征要素评价为出发点,从小镇景观环境特征、生态特征、美学质量和文化特征4个方面,下设24个二级指标,分别用 $X_1 \sim X_{24}$ 表示,构成研究八里河镇景观节点特征要素评价体系(表1)。

表1 沿淮地区水乡小镇景观节点特征要素评价体系

评价项目	评价要素	定义	调查问卷内容	符合(5分)~不符合(1分)
环境特征	空间尺度	X_1	空间是否开阔	开敞-封闭
	水陆关系	X_2	水陆关系处理是否合理	合理-不合理
	空气质量	X_3	空气是否清新	清新-浑浊
	清洁度	X_4	卫生、水质是否干净	干净-脏乱
	道路通达性	X_5	道路规划是否合理	合理-不合理

评价项目	评价要素	定义	调查问卷内容	符合(5分) ~ 不符合(1分)
生态特征	绿化覆盖率	X_6	植物的覆盖面积是否广阔	广阔–贫瘠
	生态适宜性	X_7	植物栽植是否符合当地立地条件	符合–不符合
	功能性	X_8	是否满足了必要的功能	满足–不满足
	体验感	X_9	是否舒适、符合人体工学原理	舒适符合–不舒服
	关联性	X_{10}	景观节点之间是否具有相关联系	有–没有
	参与感	X_{11}	景观中是否具有人的参与空间	有–没有
美学质量	色彩丰富度	X_{12}	景观节点的色彩是否丰富	丰富–单调
	视觉吸引力	X_{13}	是否吸引人的注意力	有吸引力–无吸引力
	建筑、小品丰富度	X_{14}	建筑小品的数量	数量多–数量少
	植物景观多样性	X_{15}	植物种类和配置方式是否丰富多样	丰富–单调
	韵律感	X_{16}	景观是否具有节奏感	强–弱
	季相性	X_{17}	植物景观是否能体现了季节性特征	强–弱
	氛围感	X_{18}	景观空间赋予的感受是否强烈	强–弱
	景观协调性	X_{19}	建筑、小品、植物等景观元素之间是否协调	协调–差异较大
	景观层次性	X_{20}	竖向景观层次是否丰富	丰富–单调
	变化性	X_{21}	景观是否富于变化	变化–不变
文化特征	地域文化性	X_{22}	景观节点在地方文化方面是否发挥作用	发辉–没有发挥
	文化景观创新性	X_{23}	景观是否具有文化创新性	强–弱
	文化交融性	X_{24}	本地和异地文化融合性是否协调	协调–差异较大

（三）数据调查

通过调查问卷形式进行数据采集,将确定的40处景观节点的照片发放评价者,主要是对景观节点特征要素进行视觉评价。选择调查对象为100名,其中阜阳师范大学园林专业学生 70 名、非园林专业学生 20 名、八里河镇居民（专科以上学历）10 名，对景观节点特征要素构成进行评价打分。

按照李克特的五级量表，设置 1~5 分（1 表示这种要素较少或没有，5 达到了标准），从而得出水乡小镇的景观节点特征要素指标的调查。

三、结果与分析

（一）KMO 与 Bartlett 球形检验

在进行景观节点特征要素构成分析及综合评价之前，对问卷结果进行 KMO 与 Bartlett 的球形检验[14]，主要用于检验数据的分布，以及各个变量之间的独立情况，KMO 系数>0.5，（巴特利球体检验的 x^2 统计值）$p<0.05$，问卷才有结构效度，说明在水乡景观节点特征要素构成分析及其评价体系，具有相关性。KMO 统计值为 0.732>0.700（表 2），说明景观节点特征构成要素评价调查体系中，特征适合做因子分析。Bartlett 的球形检验相伴概率为 0.000（$p<0.01$），说明在水乡景观节点特征要素构成分析及其评价体系，效果强度好。

表 2　KMO 与 Bartlett 检验结果

Kaiser-Meyer-Olkin	Measure of Sampling Adequacy.	0.732
Bartlett's Test of Sphericity	Approx. Chi-Square	852.625
	df	276
	Sig.	0.000

（二）主成分分析结果

水乡小镇景观节点特征要素构成分析评价时，采用主成分分析的方法。旨在利用降维的思想，把多指标转化为少数几个综合指标（即主成分）。以正交法进行因子旋转，提取特征值大于 1 的因子，看其的累计的方差贡献率是否达到要求。从表 3 反映出的，24 个水乡小镇景观节点特征要素指标大于 1 的特征值有 5 个，5 个方差的累计贡献值为 83.225%>80%，说明调查数据的提取的特征指标具有代表性，在这个景观节点特征要素的评价体系中，效果强度较好。通过最大方差法，进行因子旋转，为了使特征要素构成因子更好地解释初始变量，而得到 24 个指标在提取到 5 个特征要素构成的荷载结果（表3）。通过各特征要素的方差贡献率，得到水乡小镇景观节点的综合评价的公式，如下：

$$F = 0.51915 * F_1 + 0.13185 * F_2 + 0.07838 * F_3 + 0.05580 * F_4 + 0.04707 * F_5$$

通过以上计算公式,得到各景观节点的综合评价得分,并对其进行排名,具体结果详见表5。

表3 解释的总方差

成分	初始特征值			提取平方和载入		
	特征值	方差贡献率%	累积贡献率%	特征值	方差贡献率%	累积贡献率%
1	11.394	51.915	51.915	11.394	51.915	51.915
2	2.894	13.185	65.100	2.894	13.185	65.100
3	1.72	7.838	72.938	1.72	7.838	72.938
4	1.225	5.580	78.518	1.225	5.580	78.518
5	1.033	4.707	83.225	1.033	4.707	83.225

表4 旋转成分矩阵

指标		主成分				
		PC1	PC2	PC3	PC4	PC5
X_1	空间尺度	0.175	0.064	0.807	0.162	0.095
X_2	水陆关系	0.149	−0.043	0.676	−0.389	0.381
X_3	空气质量	0.077	−0.186	0.303	−0.057	0.750
X_4	清洁度	0.161	0.134	0.017	0.830	−0.042
X_5	道路通达性	0.024	0.228	0.062	0.881	0.060
X_6	绿化覆盖率	0.315	0.764	0.041	0.142	−0.307
X_7	生态适宜性	−0.061	0.833	−0.079	0.316	0.098
X_8	功能性	0.420	0.444	0.051	0.134	0.522
X_9	体验感	0.738	0.173	0.361	0.227	0.275
X_{10}	关联性	0.604	0.238	0.397	0.001	0.243
X_{11}	参与感	0.527	0.222	0.411	−0.255	0.031
X_{12}	色彩丰富度	0.878	0.209	0.001	0.118	0.064
X_{13}	视觉吸引力	0.671	−0.010	0.304	0.265	0.480
X_{14}	建筑、小品丰富	0.734	0.246	0.312	0.084	0.194
X_{15}	植物景观多样性	0.704	0.509	0.136	0.158	−0.169
X_{16}	韵律感	0.740	0.302	0.028	0.044	0.336

（续表）

指标		主成分				
		PC1	PC2	PC3	PC4	PC5
X_{17}	季相性	0.618	0.624	0.150	0.010	0.010
X_{18}	氛围感	0.796	0.154	0.317	0.128	0.189
X_{19}	景观协调性	0.652	0.399	−0.109	−0.009	0.370
X_{20}	景观层次性	0.559	0.538	0.153	0.373	0.046
X_{21}	变化性	0.666	0.556	0.297	−0.107	0.141
X_{22}	地域文化性	0.499	−0.048	0.561	0.263	0.070
X_{23}	文化景观创新性	0.880	−0.038	0.159	0.056	0.000
X_{24}	文化交融性	0.852	0.051	0.165	−0.035	−0.088

表5 景观节点综合评价得分排序

景观节点	F_1	F_2	F_3	F_4	F_5	综合得分	排名
1	−1.341	1.525	−0.095	1.062	0.570	−0.417	32
2	−1.094	−0.526	−1.288	−2.514	−3.016	−1.020	37
3	−2.192	0.764	−2.007	1.163	0.133	−1.123	39
4	0.182	1.021	−1.628	0.926	0.911	0.196	19
5	−1.105	0.503	1.626	−1.030	−0.593	−0.465	34
6	−0.236	−0.125	0.250	1.426	0.226	−0.029	25
7	−0.495	0.417	−0.447	0.511	−1.643	−0.286	30
8	−2.288	−0.192	0.687	−0.959	1.574	−1.139	40
9	−0.760	−0.941	0.889	0.589	1.275	−0.356	31
10	0.528	−0.338	−2.208	−0.941	0.882	0.045	23
11	−2.050	0.995	−1.134	0.106	−1.064	−1.066	38
12	−0.282	−0.485	1.339	−0.048	0.464	−0.086	26
13	−1.224	−1.728	0.442	1.414	−0.370	−0.767	35
14	−1.451	−1.744	−0.690	1.039	−0.587	−1.007	36
15	0.227	1.406	0.398	0.604	0.984	0.415	12
16	0.341	1.537	0.426	0.595	0.865	0.487	6
17	0.165	−0.488	−0.242	0.663	1.547	0.112	20
18	−0.035	1.048	0.916	−0.022	0.229	0.201	18

景观节点	F_1	F_2	F_3	F_4	F_5	综合得分	排名
19	−0.308	−2.894	1.097	0.407	−0.042	−0.435	33
20	1.099	−0.608	−0.582	0.593	0.998	0.525	5
21	1.479	0.155	−0.119	0.623	−0.649	0.783	2
22	1.802	0.227	−0.947	0.782	−1.185	0.879	1
23	1.168	−0.436	0.489	1.093	−0.521	0.624	3
24	0.206	−0.424	0.925	−0.421	−0.596	−0.142	27
25	1.079	−0.509	−1.455	0.885	−1.382	0.363	14
26	1.138	−0.714	−1.143	0.206	0.174	0.427	10
27	0.596	0.796	0.795	−0.849	0.561	0.456	7
28	0.775	−0.239	0.033	−1.427	0.087	0.298	15
29	0.274	1.210	1.368	1.023	−0.608	0.438	9
30	0.573	1.001	1.662	−0.424	−1.848	0.449	8
31	1.031	0.543	0.163	0.465	−0.572	0.618	4
32	0.522	0.747	0.937	−0.582	−0.763	0.375	13
33	0.391	−1.556	0.739	0.002	0.296	0.070	22
34	−0.372	−0.407	0.638	−0.096	−0.662	−0.233	29
35	0.765	0.049	−0.049	0.325	0.093	0.423	11
36	−0.490	1.073	−0.347	−1.642	0.665	−0.200	28
37	0.197	0.902	0.424	−0.691	0.653	0.247	16
38	0.867	−1.310	0.190	−1.826	0.899	0.232	17
39	0.414	0.088	−0.829	−1.767	0.779	0.099	21
40	0.318	−0.344	−1.223	−1.261	1.238	0.012	24

（三）评价结果分析

表4显示,第1主成分中,权重比较大的指标分别是:X_{23}文化景观创新性(0.880)、X_{12}色彩丰富度(0.878)、X_{24}文化交融性(0.852)、X_{18}氛围感(0.796)、X_{16}韵律感(0.740)(表4),它们主要反映了节点处美学艺术与文化相统一的生态园林景观。由此可知,八里河镇景观节点具有较好的色彩表现性,引入一些外来文化元素,使其与当地文化相融合;不同的景观节点空间所赋予的或开阔、或幽深、或亲近等氛围感较强,富有韵律感,反映出色彩丰富、活力向上、开放的景观效果。指标 X_7 生态适宜性(0.833)、X_6绿化覆盖率

（0.764）、X_{17}季相性（0.624）、X_{21}变化性（0.556）、X_{20}景观层次性（0.538）在第2主成分上的载荷值最大,其主要反映景观节点生态环境方面的信息。生态环境是八里河镇景观节点特征中第二重要的因素,其中八里河镇景观规划建设除了追求美观,也充分考虑了景观的生态功能,注重竖向软质景观建设,增加城镇绿量和景观多样性。指标X_1空间尺度（0.807）、X_2水陆关系（0.676）、X_{22}地域文化性（0.561）、X_{11}参与感（0.411）、X_{10}关联性（0.397）在第3主成分上的载荷值最大,主要是因为八里河镇位于颍河和淮河的交汇处,水系丰富,区域内有谷河、润河、泉河、颍河、西淝河、茨河、灛河、包河等;核心区八里河湖岸曲折,东西长15公里。此外,八里河镇在安徽省西北部,属黄淮平原地貌,境内还保留着古塔—开元塔、渔村等历史遗迹,八里河风景区汉民族文化村更是展现了当地汉民族六十年代以前的生产生活画面,由此以上这些因素对居民的影响深远,因此当地居民对视野空旷开阔、水陆关系处理得当、地域文化氛围突出的景观节点较为偏爱;此外,该镇注重景观节点之间的联系与过渡,景观的延伸性较好。指标X_5道路通达性（0.881）、X_4清洁度（0.830）在主成分4上的载荷值最大,指标X_3空气质量（0.750）、X_8功能性（0.522）、X_{13}视觉吸引力（0.480）在主成分5上的载荷值最大,以上均表明该镇居民注重景观点可达性、环境质量和视觉特征。

表5结果表明,在八里河镇的40个景观节点中,节点22、节点21、节点23、节点31、节点20、节点16位居前列,表现为景观层次性丰富、讲究韵律感,视野开阔,环境氛围带入感强。而排名后5位的景观节点8、节点3、节点11,节点2、节点14,其视觉质量较差,环境较为凌乱,不具备景观环境应具备的特征要素,如变化性、韵律感、多样性等,没有充分利用当地自然资源。沿淮地区水乡小镇景观节点特征要素评价是以人为主体进行的视觉角度上的主观性评估。景观特征较好的节点能够满足人们对美学方面的要求;在水乡小镇环境建设中,既要保证景观的艺术效果,又要以保护水乡小镇生态平衡为前提,进一步增强地方特色,构建自然和谐的生态园林景观,有效地保护自然资源,减少环境污染,提高环境质量和生态效益。

四、建 议

其一,充分发挥八里河旅游区的战略地位,综合八里河镇的景观规划,打造突出的水乡小镇的景观环境。创新驱动发展,发展特色产业,提升地区的发展活力,吸引更多的投资者的目光,引进先进的技术。水乡小镇的节点的建设应该跟上发展的步伐,吸收类似地区的发展经验,综合各项节点特征要素的构成,综合考虑。注重生态环境的发展,积极地进行景观节点的创新。

其二,注重水体这一景观构成要素的突出作用,积极发展水体的景观建设,创造更具创造力和活力的景观节点,加强水陆的联系。调动人们参与的积极性,提升体验感与参与感。同时,应充分结合当地历史文化,体现地域文化特征,注重地方传统的表达与展现,特别要注重文化性、乡土性、特色性的表现。比如可以利用一些特色的图案结合建筑物、构筑物的表现,以此来表达特定的意义;一些景观节点的特征要素,透过细部景观的处理手法,特别是在表现文化性和吸引力要素特征方面,有突出的作用。

其三,借鉴江南水乡小镇景观的优点,营造具有地方特色的水乡小镇景观。着眼于当前,关注自身的优势与特点,发挥创造性,打造独一无二的水乡小镇的特色景观;关注当地自然环境的变化,计算环境的承载能力,景观要建设好,环境也要注意保护。

参考文献:

[1] 黄健. 申遗背景下的中国乌镇价值判定及阐释与展示研究[D]. 北京:北京建筑大学,2018.

[2] 段丁毓,秦传新,马欢,等. 景观生态学视角下海洋牧场景观构成要素分析[J]. 海洋环境科学,2018,37(06):849-856.

[3] 徐敏. 江南水乡古镇水域的景观生态研究[D]. 南京:南京农业大学,2005.

[4] 谢玉洁. 苏南水乡湖泊型湿地规划设计研究[D]. 苏州:苏州大学,2014.

[5] 张智敏. 珠江三角洲水张聚落桑园围研究[D]. 广州:华南理工大学,2016.

[6] 李成,刘瑶瑶,李子怡,等. 田园综合体景观要素与模式分析[J]. 安徽农业科学,2018,46(23):82-85.

[7] 蒋雨婷. 浙江富阳县乡土景观要素构成与空间格局研究[D]. 北京:北京林业大学,2016.

[8] 李鹏波,雷大朋,张立杰,等. 乡土景观构成要素研究[J]. 生态经济,2016,32(07):224-227.

[9] 丁灿彧. 城市街道空间景观构成的研究[D]. 长沙:中南林学院,2004.

[10] 李霄鹤,兰思仁,余韵,等. 闽台传统红砖聚落景观要素识别及其影响因素解析[J]. 福建师范大学学报(哲学社会科学版),2014(01):124-130.

[11] 李钢. 城郊村镇景观节点特征主成分分析及综合评价实证研究[J]. 中国农业资源与区划,2017,38(10):204-209+221.

[12] 杨庆文. 旅游导向下水乡小城镇规划与建设路径研究[D]. 合肥:安徽农业大

学,2015.

[13]肖伟峰,张婷婷.基于视觉分析的百色市麒麟山公园景观要素评价与布局优化[J].规划师,2016,32(04):78-84.

[14]张茜,肖禾,宇振荣,等.北京市平原区农田景观及其要素的质量评价研究[J].中国生态农业学报,2014,22(03):325-332.

合肥市促进长三角地区
文旅协同发展的策略研究

张 泉 白冬梅 彭筱雪 柳照娟

摘 要:在长三角区域一体化发展的政策背景影响下,文化与旅游协同发展的重要作用越来越突出。以文旅融合推动长三角旅游一体化,是当前文旅产业面临的重大任务。文章在对合肥市内现有文化旅游资源进行纵向分析的基础上,与长三角地区其他城市的文旅发展情况进行横向对比,总结合肥市促进长三角地区文旅协同发展的可行性及缺陷,为促进合肥市文旅产业的快速发展、加快长三角文旅产业一体化建设、实现合肥市促进长三角地区文旅协同发展的宏伟目标在文化、市场、配套设施等层面提出了相关措施和建议。

关键词:长三角地区;文旅;协同发展;策略

文化是旅游发展的基本载体,旅游是文化传播的重要途径,随着长三角区域一体化发展上升为国家战略,如何借助地区文旅产业的平台实现快融入长三角区域的目标,是安徽省当前面临的重要问题。合肥市作为安徽省省会城市,应积极探索自身文旅产业的发展优势,在以文促旅,以旅兴文的基础上,促进自身文旅产业蓬勃发展,同时,为长三角地区文旅产业协同发展提供坚实的基础,实现长三角区域一体化发展的宏伟目标。

作者简介:张泉(1976—),男,合肥工业大学建筑与艺术学院城市规划系副系主任、副教授;白冬梅(1996—),女,合肥工业大学建筑与艺术学院硕士研究生;彭筱雪(1996—),女,合肥工业大学建筑与艺术学院硕士研究生;柳照娟(1995—),女,合肥工业大学建筑与艺术学院硕士研究生。

一、长三角地区文旅协同发展政策背景及基础

（一）政策背景

2018年11月5日，习近平总书记在首届中国国际进口博览会上将支持长江三角洲区域一体化发展上升为国家战略。2019年5月，在习近平总书记主持并召开的中央政治局会议对《长江三角洲区域一体化发展规划纲要》进行了审议，此外，会议指出，长三角一体化发展对整个长三角区域具有极大的区域带动和示范作用，在发展过程中，应紧扣"一体化"和"高质量"两个关键要素，以长三角一体化发展带动整个长江经济带和华东地区发展，形成高质量发展的区域集群。① 同年6月，在上海举行的推动长三角一体化发展领导小组全体会议，对《长江三角洲区域一体化发展规划纲要》进行了全面贯彻落实。2019年11月5日第二届中国国际进口博览会在上海国家会展中心开幕，习近平总书记再次指出要进一步促进长江经济带发展以及长三角区域一体化发展。

2011签订的《苏浙皖沪旅游合作一体化框架协议》表明，位于长三角地区内的安徽省，无论是从其地理位置还是文化脉络上来看，都足以证明其与浙江省、江苏省、上海市一样，拥有融入长三角地区的深厚基础与现实条件。2018年9月，长三角旅游一体化高峰论坛在上海举办，江苏、浙江、安徽、上海三省一市的政府和科研院所等多个机构共同参与，学习并掌握有关推进长三角一体化发展的重要策略；12月，长三角三省一市又共同签署《推进长三角区域旅游一体化发展2018年行动计划》。

国家政策背景的支持下，安徽制定了《安徽省实施长江三角洲区域一体化发展规划纲要行动计划》。在未来发展中，安徽省应在上海市的龙头带动作用下，与江苏、浙江形成区域联动发展，充分发挥自身优势，进一步推动安徽省文旅产业的高质量发展，江安徽省建设成为长三角地区联通中西部的重要开放枢纽。自此，安徽省在促进长三角地区文旅协同发展的道路上迈出了重要的一步。

（二）发展基础

长三角文化旅游协同发展还有着良好的经济基础与交通基础。长三角

---

① 研究部署在全党开展"不忘初心、牢记使命"主题教育工作，审议《长江三角洲区域一体化发展规划纲要》[J]. 共产党员（河北），2019（11）：6.

地区常住人口约占全国人口的 1/6,经济总量约为 1/4,人口稠密、经济发达、文化繁荣。而以上海为中心,27 个城市组成的长三角城市群交通便利,通达性极高。在高铁的 0.5~3 小时城际交通圈不断扩张的现实背景下,预计到2020 年末,长三角地区的铁路营业里程将达到 1.3 万公里,其中的高铁里程将超过全国的 1/6,达到 5300 公里以上。①

此外,在文化层面来看,长三角区域内的文化旅游资源可分为传统江南文化、红色文化以及都市文化三大类。传统江南文化是文化发展基础与脉搏,主要指江南的古城、古镇、园林、运河、乡村、戏曲等丰富多彩的文化景观及资源,以及安徽独特的古村落及徽派建筑等资源;红色文化中的党的诞生地、红船精神、革命老区等重要红色文化旅游资源,是长三角区域文化中的红色血脉,也是长三角文化发展的重要支撑;上海、杭州等地的现代化大都市的发展,孕育出新时代与新气象的都市文化,对中国时尚产业与时尚品牌的发展产生了重要的引领作用。这三种文化共同组成了长三角文旅协同发展的重要文化基础。

二、合肥市与长三角地区文化旅游协同发展的可行性分析

(一)合肥市文旅产业发展现状

1. 交通现状

随着长三角一体化战略的地位上升,合肥市的文旅产业发展前景也越来越广阔。作为长三角城市群副中心,合肥市有着便捷的交通条件,合宁线、合武线、京福高铁将合肥市与南京、上海、武汉、北京、福建等主要节点城市紧密联系起来,此外,合肥新桥国际机场现已开通的 51 条国内航线、13 条国际及地区航线缩短了合肥市与其他城市的出行时间。

为了进一步加强与长三角地区城市的密切联系,合肥市将通过"高速铁路—城际铁路—城市轨道交通"联动发展的策略,依托于轨道交通的建设,联通合肥市优势资源、提高城市竞争力,不断加快"长三角城市群"融合进程。

合肥市交通建设的蓬勃发展与人们生活水平的提高将进一步促进长三角地区旅游业的深入发展。人们都希望在有限的时间里能够最大限度地增加旅游目的地,由于合肥市在地缘上临近长三角地区,其交通建设的快速发

① 刘勇凤,耿彦斌. 长三角地区交通运输综合一体化发展现状与问题[J]. 综合运输,2019,41(09):116-121.

展为满足此需求提供了可能性。2019 年召开的长三角地区主要领导座谈会指出:上海、杭州、南京、合肥、苏州、宁波、温州七座城市轨道交通在互联网数字技支持下,实现轨道交通二维码手机扫码过闸"一码通行",加强了合肥市与长三角地区其他城市的出行的便捷性,进一步助力长三角一体化发战略,深化长三角城市交通协同。

2. 文化旅游资源现状

合肥市作为安徽省的省会,存有大量且丰富的文化旅游资源。根据文献资料,可将合肥市文化旅游资源划分为八大类,各类别的特点及发展要求如表 1 所示。

表 1　合肥市文化旅游资源类别一览表

类型	特点	发展要求	代表性景点
历史文化旅游资源	历史文化遗存	参与性开发	三河古镇、李鸿章故居
红色文化旅游资源	近现代革命遗存	教育性开发	大别山红色革命根据地
民俗文化旅游资源	生产生活习俗	继承性开发	寿州锣鼓、琅琊山庙会
建筑文化旅游资源	建筑风格及文化	建设性开发	醉翁亭、桐城文庙
饮食文化旅游资源	饮食种类及活动	创新性开发	八公山豆腐、六安瓜片
节庆文化旅游资源	传统及现代节日庆典	体验性开发	中国巢湖旅游节
影视文化旅游资源	影视作品生产基地	宣传性开发	滁州横店影视基地
非物质文化遗产	传统文化表现形式	保护性开发	凤阳花鼓、庐剧

表格来源:作者收集整理并自绘

合肥市丰富且特有的文化旅游资源,可与上海的都市文化、南京的古都文化,杭州山水文化形成优势互补,在扩大自身文化影响力的同时,也对推动长三角一体化建设,加快合肥市与长三角地区文旅产业的协同奠定了坚实的基础。

3. 旅游发展现状

从表 2 中可以看出,截至 2017 年,合肥旅游业发展趋势较好。2015 年合肥市旅游业的各项统计指标与 2014 年相比分别增长 3.04%、19.1%、17.37%、23.10%,2016 年这四个指标比上年增长 0.94%、18.67%、5.14%、21.31%,2017 年除国际旅游外汇收入略有下降 4.78% 外,其他三个统计指标仍在持续上涨,较上年增长 10.12%、20.23%、26.98%。

表2 合肥市旅游业主要数据指标

	2014 年	2015 年	2016 年	2017 年
接待入境游客(万人次)	40.09	41.31	41.70	45.92
国内游客(万人次)	6535	7784	9237	11106
国际旅游外汇收入(万美元)	28200	33100	34800	33136
国内旅游总收入(亿元)	774.32	953.22	1156.31	1468.31

数据来源:合肥市统计年鉴(2019 年)

随着合肥市旅游产业规模的不断扩大,合肥市内星级酒店、旅行社的建设也越来越受到重视,旅游产业体系基本形成。其中,旅行社 326 家(其中组团社 44 家,国内旅行社 282 家),星级旅游饭店 55 家(其中五星级酒店 11 家,四星级酒店 19 家,三星级酒店 24 家,二星级酒店 1 家)。此外,合肥都市圈内 A 级旅游景区 228 个。其中 5A 景区 4 个,4A 景区 77 个,3A 景区 104 个,2A 景区 42 个,1A 景区 1 个。

总体来说,合肥市旅游发展趋势较为稳定,并处于持续增长的过程之中,基本形成了布局合理、业态丰富、多产融合、协调发展的文化旅游体系,这为合肥市与长三角地区文旅协同发展提供了持续的动力保障。

(二)合肥市与长三角地区其他城市文旅产业融合度分析

1. 地域文化层面

合肥市有着丰富的文化旅游资源,且具有较大的开发价值,大分布、小集中的布局形式更是为合肥市旅游发展提供了良好的发展平台。与长三角地区其他重点城市相较,合肥市旅游资源品质良好,4A 级及以上景区共有 57 个,与南京市相近,具有较好的旅游资源基础,如表3 所示。

表3 合肥市与长三角地区其他城市 A 级旅游景区对比

城市	A 级旅游景区总数	5A 级旅游景区数量	4A 级旅游景区数量
合肥	57	1	24
南京	53	2	22
杭州	109	3	39
上海	113	3	59

数据来源:合肥市文旅局网站、南京市文旅局网站、杭州市文旅局网站、上海市文旅局网站

虽然合肥市旅游资源与南京市总体相近,但合肥市在地域文化挖掘方面与其他地区仍有较大的差异。南京、杭州、上海等城市在资源优势的基础上,

充分挖掘自身文化特色,打造了一系列令人印象深刻的特色街区、文化景区等。如上海的七宝老街和外滩、南京的中山陵、杭州的西湖与宋城等。而合肥市的大部分景区对地方地域文化的内涵并不重视,旅游方式仍停留在初级的观光层面,对旅游产品的开发及挖掘考虑较少,进而导致了旅游市场无法得到有效发展,阻碍了合肥市与长三角地区其他城市的文旅协同发展,减缓了长三角一体化进程。

2. 市场占有率层面

将合肥市旅游总收入、国内旅游人数、入境旅游人数这三个指标与南京、杭州、上海进行横向对比后发现,合肥的旅游总收入分别相当于南京、杭州、上海的60.5%、40.7%、32.6%,国内旅游人数分别相当于南京、杭州、上海的83.3%、61.7%、32.7%,入境旅游人数分别相当于南京、杭州、上海的56.7%、10.9%、5.1%。由此可见,虽然随着旅游市场的逐步扩大,合肥市各项主要旅游指标都呈现出了逐年递增的趋势,展现出了较好的发展前景。但合肥市的旅游产业与南京、杭州、上海在整体上仍存在较为明显的差距,如表4所示。合肥市旅游产业存在游客结构不合理的现象,具体表现为:国内游客多、入境游客少,普通游客多、高端游客少,省内游客多、省外游客少[1]。为了实现长三角一体化发展战略、促进长三角地区文旅协同发展,应加快合肥市文化旅游的发展建设,提高合肥市文旅产业在长三角地区的市场占有率,进而实现通过合肥市促进长三角文旅产业协同发展的宏伟目标。

表4 合肥市与长三角地区其他城市旅游情况对比

	旅游总收入(亿元)	国内旅游人数(万人次)	入境旅游人数(万人次)
合肥	1490.6	11106	45.92
南京	2460.2	13327.99	81.01
杭州	3589.1	17983	420
上海	4477.15	33976.8	893.71

数据来源:合肥市统计年鉴(2019年)、南京市统计年鉴(2019年)、杭州市统计年鉴(2019年)、上海市统计年鉴(2019年)

3. 配套设施层面

据不完全统计,南京市内星级酒店共有76家、旅行社共有694家;杭州市作为全国重点旅游城市,旅游配套基础设施较为完善,市内星级酒店共有145

---

① 夏明珠. 合肥在长三角城市群中旅游定位及优化路径[J]. 宜春学院学报,2015,37(08):45–49.

家、旅行社共有848家;长三角地区的龙头城市上海市具有健全的旅游配套服务设施,市内约有星级酒店229家、旅行社1639家。合肥市的旅游基础配套设施近年来日趋完善,其中星级酒店共有55家、旅行社326家,如表5、表6所示。但与长三角地区其他城市的信息共享较为欠缺,未形成较为完善的长三角地区文旅协同发展的信息共享机制。

表5 合肥市与长三角地区其他城市星级酒店情况对比

地 区	合计(家)	五星级(家)	四星级(家)	三星级(家)	二星级(家)
合肥市	55	11	19	24	1
南京市	76	18	26	27	3
杭州市	145	23	44	51	26
上海市	229	72	67	66	24

数据来源:合肥市统计年鉴(2019年)、南京市统计年鉴(2019年)、杭州市统计年鉴(2019年)、上海市统计年鉴(2019年)

表6 合肥市与长三角地区其他城市旅行社情况对比

地 区	旅行社数量(家)
合肥市	326
南京市	694
杭州市	848
上海市	1639

数据来源:合肥市统计年鉴(2019年)、南京市统计年鉴(2019年)、杭州市统计年鉴(2019年)、上海市统计年鉴(2019年)

4. 旅游品牌层面

合肥市与长三角地区其他城市相比,合肥市城市形象特点不鲜明,以"六朝古都,十朝都会"著称的南京市,城市形象鲜明,在长三角地区具有较强的品牌影响力;杭州则以其独具特色的山水景观、文化内涵被誉为"东方休闲之都,品质生活之城",吸引着大量游客慕名而来;上海作为国际化大都市,其城市形象更具特色。而合肥市的城市形象却处于不断变化之中,不利于长三角一体化发展,是未来合肥市促进长三角地区文旅协同发展所要面临的一个挑战。

(三)小结

合肥市具有明显的交通区位优势、丰富的资源条件、广阔的旅游发展前景,总体来看,合肥市文旅产业发展较好且具有较大的发展潜力,但合肥市与同为长三角城市群副中心的南京市、杭州市相比较，仍存在较为明显的差距，这对长三角地区文化旅游协调发展产生了一定的阻碍。因此，合肥市应以资源条件为依托，以交通区位为媒介、以旅游发展为保障，深度挖掘文化内涵、不断提高市场占有率、积极完善旅游配套设施、打响城市品牌形象。不断加强合肥市与长三角地区其他城市的联动发展，加快长三角一体化建设，最终形成合肥市与长三角地区文旅协同发展互惠共赢的局面。

三、合肥市促进长三角地区文旅协同发展的策略研究

（一）建立文化旅游协同发展利益分享机制

合肥的文化与旅游资源散落，急需整合，且与其他城市之间的关系错综复杂，呈现多元化发展趋势，使得各个城市在发展过程中较多地关注自身的发展和经济社会利益，容易忽略彼此之间的交流与联系，存在着一定的发展屏障，尚未实现真正的利益共享，也没能发挥促进长三角地区发展的最大效益。因此我们应该尽快采取措施，建立文化旅游协同发展利益分享机制，使得合肥与其他各个城市都能够享受长三角一体化发展带来的利益，从而最大限度地促进长三角地区的一体化发展。

首先，要对合肥的文化与旅游资源进行整合，将合肥的文化与旅游资源与长三角地区内其他城市的资源进行优势互补，使其尽快融入长三角一体化发展。注重对合肥的淮军文化、以老合钢厂区为代表的工业文化以及环巢湖近现代建筑等文旅资源的挖掘，发挥其与长三角区域内的上海都市文化、南京古都文化、杭州山水文化等文化的优势互补作用，增强合肥文化与旅游休闲竞争优势的同时，带动整个长三角地区文化旅游产品共同促销。

其次，建立文化旅游协同发展利益分享机制。长三角内的各个城市之间存在合作与竞争的双重关系，通过利益分享机制的建立，使这两种关系达到协调统一的目的，强化彼此之间在文化与旅游协调发展过程中的凝聚力，使区域内的各个成员都能紧密地联系在一起，共享彼此之间的各种文化与旅游资源，进而实现整个长三角区域内的资源共享、收益合理、效益公平，从而加快推进长三角区域内的文旅深度融合发展，使长三角区域旅游一体化高质量发展。

（二）开发新型旅游产品，创新旅游路线设计

随着文化与旅游产业的快速发展，旅游消费市场逐渐转变，合肥市如何转变发展路径、培育和发展新型的文化与旅游产品、满足广大游客的需求，以

及如何融入与推进长三角一体化发展,是目前急需解决的难题。一是以合肥市的文化和旅游资源为立足点,结合当前的市场需求和导向,研发新型产品,打造"文化+旅游"的新产品与新业态,例如打造传统文化研学游、非遗文化体验游等新型旅游景点,在对传统文化保护的基础之上,用文化展示、旅游传播的理念和方式加以创新表达,构建永葆江南文化意蕴的长三角经典文化旅游产品体系①;二是利用长三角的现有资源,设计新型旅游路线,在已有的旅游路线基础之上,注重对目前长三角一体化背景下推出的长三角 Pass 旅游卡的利用,研发多种旅游路线,为游客提供更多的选择性,使长三角 Pass 旅游卡更具有吸引力的同时,也更能有力地促进长三角文旅融合发展。此外,注重对现代综合交通体系的运用,为新型旅游路线中的游客流动提供必要的运输保障,如商合杭高铁的开通将会为上海、杭州以及合肥等城市带来更多的联动效益,放大"同城效应",加快推进长三角区域旅游一体化发展。

(三)建立市场信息分享平台,打造"互联网+智慧旅游"模式

文旅协同发展必然是要跟随当前互联网以及大数据的发展的脚步,与时代契合,与技术接轨,针对长三角区域文旅融合发展过程中缺乏信息交流平台等问题,需要借助互联网构建内部交流平台。合肥与长三角区域内其他城市可以借鉴苏州智慧城市的建设,将互联网与当前各大主流媒体联通合作,发布最新最全面的旅游信息,推广市内旅游景点,借助第三方传媒平台,举办"互联网+会议""互联网+论坛""互联网+展览""互联网+节庆"等重大活动,深化宣传长三角文化的同时,带动区域内旅游产业的发展,扩大合肥市在长三角区域范围内文旅产业的行业影响和社会影响。实现旅游线上服务功能的二次开发,推进"互联网+"在旅游线上服务的功能能拓展。② 最后将各个城市的旅游网站进行链接,使区域内各个旅游网站之间具有一定的联系,进行信息网络一体化建设,从而将长三角地域的各个旅游城市、旅游景点紧密的结合到一起,谋求区域协同发展,区域信息共享,努力实现长三角地区各城市之间不同旅游要素间的协调配合。

(四)塑造特色旅游形象,扩大地域品牌效应

针对一些城市以及景区存在的特色不明显与同质化现象,提出利用自身的文化与旅游优势,塑造各个城市特色旅游形象、打响品牌、扩大旅游效应的解决策略。这要求合肥市与长三角内的其他城市应该从实际出发,定位未来文旅协同发展方向,利用旅游品牌与品牌效应之间的相互促进作用,打造多

① 李萌. 以文旅融合推动长三角旅游高质量发展[N]. 中国旅游报,2019-03-12(003).
② 李郁. 长三角区域旅游协作发展研究[D]. 苏州大学,2016.

元化的旅游品牌,增强特色与竞争力。合肥市旅游品牌的成功构建,必然会扩大合肥市及长三角地区的品牌影响力,为长三角地区带来客观的经济社会效益,随着合肥市地域品牌效应的不断扩大,对开拓与培育合肥市乃至整个长三角地区对的文旅市场也有很大助益。在整个过程中,合肥市可以借助自身独特的地域文化景观与现代都市景观,着力打造"大湖名城、创新高地"的旅游品牌形象,为长三角地域内其他城市提供借鉴,增强整个长三角地区的品牌影响力,建立长三角地区在全国旅游地域大系统乃至全世界旅游目的地中独具风格、无可替代的区域旅游目的地的新形象。

四、结 论

在国家政策的支持下,安徽省融入长三角是促进长三角地区文旅协同发展的必然选择。合肥市作为安徽省省会城市,其文旅产业的发展建设在推动长三角一体化发展、促进长三角地区文旅协同发展方面有着极为重要的意义。当前,合肥市自身文旅产业具有良好的发展基础,但与长三角地区其他城市相较仍存在较大差距,且区域间的联动性较弱,对合肥市促进长三角地区文旅协同发展产生了一定的挑战。

为此首先要建立利益分享机制,整合合肥市自身条件,发挥区域优势,促进长三角地区的高质量发展;其次,通过研发旅游产品及路线,不断提高合肥市在长三角地区的市场占有率;再次,建立市场信息分享平台,实现区域旅游一体化,促进长三角地区文旅产业的智慧发展;最后,塑造特色旅游形象,为合肥市打造具有地域特色的旅游品牌,进一步丰富长三角地区旅游形象的多元性,促进长三角地区的文旅产业的差异化发展。

"卧游"与"澄怀"

——梅清《黄山图像》中的精神之寓

高 飞

　　摘　要：梅清因写黄山胜景凸显清俊、高逸之目，奇幻若影的气象，在中国山水画史上占有重要地位。他的《黄山图像》，无论图轴，还是册页，皆由"心师造化"，成其"聊当卧游"的意象图式。也因"心师造化"，别构出一个灵奇的"黄山之影"的视界。梅清之所以在其《黄山图像》中，达成如此的审美指向，归根结底与其"卧游"与"澄怀"的精神之寓密不可分。

　　明末清初时的宣城，文人荟萃，诗、画并隆。"以诗名江左"①的梅清，士争推毂，主盟骚坛，又因其写黄山"极烟云变幻之趣"②，凸显清俊、高逸之目，奇幻若影之象，被誉为"黄山画派"巨子。

　　梅清③青年时代重仕途，二十余岁举于乡，再上春官，屡试不第，遂隐居乡里，诗、画合作，寄情山林。有诗云："浮名走天下，纷纷复何益。誓归南山南，吾自适吾适。"④复云："谷里云烟常隐约，门前松石喜平安。歌完曳杖过溪去，图得青山自在看。"⑤不独诗文这样表述，从其画中所署别号：瞿山道者、柏枧山中人、敬亭山农、莲花峰长者，也可看出他对自然的迷恋之情。这或许就是

作者简介：高飞，安徽师范大学美术学院，教授，院长。

①　王士禛. 渔阳山人感旧集（卷十六）[M]. 上海：上海古籍出版社，2014：1181.

②　李元度. 国朝先正事略（卷三十七）[M]. 长沙：岳麓书社，2008：1138.

③　梅清，原名士羲，后改名为清，字渊公，号瞿山。生于明崇祯天启三年（1623），卒于清康熙三十五年（1697），在世七十四年。

④　梅清. 天延阁删后诗（卷十一）·归舟[M]//四库全书存目丛书·集部二二二. 济南：齐鲁书社，1997：316.

⑤　梅清题《曳杖过溪图轴》。诗后署："己丑秋日呈闰翁老师教之。瞿山道人梅清。"此画纵155.9厘米，横52.1厘米，作于清顺治六年（1649），造型方式类似元季画家黄子久，所绘山石、树木、草堂、板桥、溪水等物象，主以线条，偶有皴法，皆近逸笔。全图结构略显松散，远不及晚年的《黄山图像》富有朦胧感和简括性。原画现藏美国纽约大都会艺术博物馆。

梅清后来写黄山"聊当卧游"、立象显"影"以"澄怀"的最深基础。

关键词：梅清；黄山图像；卧游；澄怀

一、心师造化以卧游

梅清生活的时代，中国山水画坛正弥漫着一股强大的摹古风气，在这样的氛围里，梅清却未被时流左右，而是另辟蹊径，游观自然，师法造化，成就了他的另一种山水境界。时人云："瞿山绘事与时别，横峰巨壑森潥沕。便作小景构迷离，岚树亭台妙难说。"①"梅子才名走天下，大江南北谁其亚。纵横健笔意凌云，金壶墨汁惊初泻。千岩万壑罗心胸，开缣削出青芙蓉。"②在中国传统画学中，尤其是山水画，立象原则是师法自然，南北朝时期的姚最，最先提出"心师造化""立万象于胸怀"③，唐人张璪继而阐明"外师造化，中得心源"④。然而，山水画经唐、宋、元、明不断发展和嬗变，其原则渐渐发生了变化，审美标准开始移到笔墨技巧与章法构成上来，并形成一套完备的方法体系。这种高度成熟、规范化了的创作法则，被明末清初的摹古派奉为圭臬，甚至成为他们标榜画法正统的理由。梅清的游观自然，师法造化，虽非创举，但在其时的摹古风气里，显得尤为可贵。

梅清原本耽于诗歌，常放情丘壑，无论敬亭山水，还是江南峻岭，皆留下他的行迹和诗篇。明显地，梅清的山水画创作，既得山川之助，亦有著诗经验，所作家乡山水实况，如《宛陵十景图册》《宣城胜览图册》《敬亭霁色图轴》，无非诗的意象。尤其在游历黄山后，每图峰峦瀑水，松石烟云，皆是诗画联姻，人谓："足与摩诘比拟。"⑤

梅清写照黄山，想必与石涛有着密切关系。其时的宣城，诗画名流汇聚，隐居敬亭山广教寺的石涛即是其中之一，他们常作文酒之约，诗有唱和，画亦互酬。特别是石涛每游黄山归来，所图楮卷皆由梅清过目，满幅烟云的黄山

---

① 邓汉仪.天延阁赠言集(卷三)[M]//四库全书存目丛书·集部二二二.济南:齐鲁社，1997:515.

② 白彦良.天延阁赠言集(卷一)[M]//四库全书存目丛书·集部二二二.济南:齐鲁社，1997:493.

③ 姚最.续画品[M]//卢辅圣.中国书画全书(一).上海:上海书画出版社，2009:4.

④ 张璪.文通论画[M]//俞崑.中国画论类编(上).台北:华正书局有限公司，1984:19.

⑤ 何槩.瞿山诗略(卷二十二)·昔游集原序[M]//四库全书存目丛书·集部二二二.济南:齐鲁书社，1997:675.

图景，实令他百感交集，有句云："石公飘然至，满袖生氤氲；手中抱一卷，云是黄海云；云峰三十六，峰峰插紫玉；汗漫周未能，揽之归一掬；始信天地奇，千载迟吾师；笔落生面开，力与五丁齐；觌面浮丘呼，欲往愁崎岖；不能凌绝顶，踌躇披此图。"①康熙十七年（1678）六月，梅清首次与黄山晤面，目见烟云缥缈、群峰嶙峋，遂生出万千感慨，如曰："夙昔怀黄山，屡负仙源约；初为风雨淹，云岚尽如幕；后逢霜霰零，岩巅北风恶；兹当六月中，旱魃复为虐。"复曰："岚影撩人怀，幽兴愈飞跃；权为松谷游，竟日聊可托；戒仆起中宵，东方尚鸣柝；晨光辨依稀，群峦渐磅礴。"②梅清在返回途中客居太平时，特意作《黄山图》赠友人，并题："去年七夕客旌阳，高呼雷雨齐飞觞；今年着屐仙源路，又逢七夕留官署；望中三十六峰青，对面黄山入杳冥；我欲写山还泼墨，能事何妨受促迫；写就烟岚照眼明，仿佛莲花峰上行；但使主人能载酒，堂上看山更有情。"③这完全是与友人在作"卧游"的联想。的确，康熙二十九年（1690），梅清再次探访黄山，所作《黄山十六景图册》，无一不记述他游黄山的观感。从他多年后的题记，大抵可知梅清的用意："余游黄山后，凡有笔墨，大半皆黄山矣。此册虽未能尽三十六峰之胜，然而略展一过，亦可聊当卧游。"④

从梅清的早期山水图式看，我们很难找到一种可资调动观赏者审美情绪的凭借。这也是实际情况，他早年所绘山水，由于广宗前人笔墨，并没有形成典型的一致性的个人风格，而真正发展出梅氏山水特色的却是《黄山图像》，如在《黄山十六景图册》中，一眼便看出梅清的艺术风貌已彻底分离了先前描绘家乡山水客观、秀润的风调，平添了雄奇豪放之态，结构奇特，笔法多姿，墨色变化也越向了极端。依此看，梅清写黄山之貌，并非还原自然山水实体，他写《黄山炼丹台图》，如《十六景图册》《十二景图册》《十九景图册》《十景图册》中的表现，要么横幅布局，要么纵式呈现，把审美境界一并指向了高古和神秘。横幅者，以展示炼丹台景域的空阔感，尤其是蒲团松的介入，松冠上一

① 梅清. 天延阁删后诗（卷十二）·岳云[M]//四库全书存目丛书·集部二二二. 济南：齐鲁书社，1997：326.

② 梅清. 天延阁后集（卷五）·戊午诗略[M]//四库全书存目丛书·集部二二二. 济南：齐鲁书社，1997：417.

③ 梅清. 天延阁后集（卷五）·戊午诗略[M]//四库全书存目丛书·集部二二二. 济南：齐鲁书社，1997：421.

④ 梅清题记《黄山十六景图册》. 原画现藏故宫博物院，图册作于康熙二十九年（1990）九月，凡十六开，每开一景，分别为：松谷，天都峰，鸣琴泉，文殊院，百步云梯，云门，浮丘峰，翠微寺，炼丹台与蒲团松，始信峰与绕龙松，光明顶，汤池，狮子林，莲花峰，西海门，慈光寺。每幅画中或题诗或记事，表达游历黄山之情。卷尾题记则是康熙三十二年二月，所以，作者展看旧作，即刻产生了"卧游"之感慨。影见《梅清黄山图册》，上海人民美术出版社1980年版.

高士盘腿静坐,与炼丹台形成巧妙衬映。纵式者,一为水墨晕染法,一为马牙勾皴法。前幅画面中的炼丹台上,由于雾霭密布,一片混沌,陡峭的岩石及松木几于泯灭,只有台上的庙宇和云罅里放出一些光明,流动的烟云笼罩着山体,似有涛声回荡于山谷,气氛森然;后幅画则浅绛着色,炼丹台被极端地置于画面左上侧的边缘地位,物象形态较前幅画也客观了许多,荫翳的古松掩盖道观,台上岩体嶙峋,草木萧疏,一帘瀑水从巨岩身后泻入深渊峡谷,烟岚也随之弥漫开来,这种自然现象所造成的审美结果,即把欣赏者的视线从虚濛的岚色空间移向了画面顶端的炼丹台。梅清的这种画面构图,显然是一反常态的,或许是他处于仰观的角度,空山无人的幽邃感和高不可攀的传说中的仙界,引发了他的表现欲望。换句话说,抑或是一种假设,作者在这幅画里的主要收获,可能就是对山水画可作"卧游"的审美发现。所谓"心师造化",梅清的理解不外是岑寂玄渺,愈真愈幻,景愈实而境愈深。正如笪重光论山水:"空本难图,实景清而空景现,真境逼而神境生。"①梅清笔下的"实景"幻现的审美境界,想必与笪氏所谓的"神境"并无二致,他要是拿此画"卧游",一定不同于身临黄山实景的感受,看其画上题诗"古帝丹台迹未荒,行来鼎内紫芝香;便须采药探灵火,仙液千年味更尝"②,也就非常明朗了。

如果仅按照"外师造化"的角度来解读梅清的《黄山图像》,恐不易辨清作者写照黄山的实际理由和意义。毋庸怀疑,梅清所图黄山百态,皆源自他对黄山的饱游饫看,然而,作者那"极烟云变幻之趣"的黄山图景,却非被动的客观式的"外师造化"所能达成。因此说"心师造化"之于梅清更为确切,也是他得此境象的基点。从梅清的笔下,我们可以明显地察见,无论单幅图轴,还是册页中表现天都峰、莲花峰、始信峰、鸣弦泉、狮子林、浮丘峰、炼丹台等景观,都是在一种极端意象的笔墨里,循环往复地呈现出来。譬如天都峰和莲花峰,在他许多册页里,客观现实的踪影仿佛都被他一概抹去。天都峰的形象,有时被描绘成一块点苔密布的巨岩,形体嶙峋可怖,而且,作者往往在画上题写"古帝栖真地,天开此一都"的句子,如此的想象,让欣赏者哪还再去指摘他的奇怪之形呢? 另有一种构制,把天都峰完全创造成一个犹若笋状的柱石形态,峰头直冲霄汉,一见他题诗于画:"昂首惊天阙,孤怀见化城;丹梯千仞渡,

---

① 笪重光.画筌[M]//沈子丞.历代论画名著汇编.北京:文物出版社,1982:310.

② 梅清题《黄山十二景图册》之九.原画现藏安徽博物院。影见《安徽博物院藏孙大光捐献文物精品集》,安徽美术出版社2019年版,第212页。

碧汉一峰撑；独鹤何年去，呼猿此日情；相携横绿绮，深夜数声鸣。"①又有描述性的题识："天都峰，壁立千仞，游屐罕至；朱砂庵，位置峰下，望之真如蓬莱之绀宇。用杨万里②法仿佛写之。"③莲花峰的形体则更加诡异了，如《黄山十二景图册》《十景图册》《十六景图册》《八景图册》，个个山峰，或似热带雨林中的仙人掌，或犹夏日天空骤起的蘑菇云，或像莲花萼瓣脱落后的莲蓬。如果按照西方现代美学评判图像风格的理论，梅清这些奇特的山形结构，或许会被纳入有意味的抽象形式中去，抑或被看作超现实主义的神秘形体。然而，毫无疑问地，梅清这种依据客观实景而幻现出来的天都、莲花二峰，既非抽象的，也非超现实的，倒有一些移情于物、物我相融的意思了，看他在诸多《莲花峰图》中题写的"仙根谁手种，大地此开花；直饮半天露，齐擎五色霞；人从香国转，路借玉房遮；莲子何年结，沧溟待泛楂"④的句子，即可阅读到梅清立此形象的缘由，他追求的是象外之意，创造的是一种可作"卧游"的审美境地。

　　梅清"心师造化"的情况，不独改变对象的形态，还有一种境象，即是他在描绘鸣弦泉景点的诸多作品中，所设计出的令人惊叹和神往的高古之境。先看他的《鸣弦泉图轴》，高处悬崖倾斜，杂木倒挂，泉水如玉带从岩缝流出，层层跌落，形成高远气势，近处山石上一老翁手持筇杆，仰望泉水，似在细听天外之音。从视觉上看，这个高远图式，俨然是作者在联想李白"飞流直下三千尺，疑是银河落九天"的非现实世界了。一如他在画上的题诗："山头曳杖听流泉，湘浦飞声入五弦；髣髴音徽奏仙乐，一齐分韵到尊前。"⑤现实与非现实，真景与意象，在他这里一并作混淆处理。如果说"图轴"一画还有现实的影迹，那么，《黄山十九景图册》中的"鸣弦泉"，则被虚化成一个幻觉影像。泉水

---

　　①　梅清题《天都峰图轴》. 原画现藏辽宁省博物馆。此图绫本、设色，画心纵 187 厘米，横 56.7 厘米，与北京故宫博物院藏的《天都峰图轴》，除了笔法有别，构图完全相似(参见天津人民美术出版社出版的《梅清画集》)。这幅画里的天都峰，同样是柱形构造，峰顶几乎要冲出画面，峰头巉岩层叠，威势可怖，在历史上所有画天都峰的画家，也只有梅清能如此想象和改变一个客观景象的形态了。影见《辽宁省博物馆藏画》，上海人民美术出版社 1999 年版，第 102 页。

　　②　杨万里(1127—1206)：南宋诗人，字廷秀，号诚斋。与陆游、尤袤、范成大合称"南宋四大家"。众所周知，杨万里本不善绘事，梅清作山水用其法"仿佛写之"，显然是拿诚斋著诗风格作借题，如钱钟书比较陆游与诚斋的诗："放翁善写景，而诚斋擅写生。放翁如画图之工笔；诚斋则如摄影之快镜，兔起鹘落，鸢飞鱼跃，稍纵即逝而及其未逝，转瞬即改而当其未改，眼明手捷，踪矢蹑风，此诚斋之所独也。"见《钱钟书集：谈艺录》，生活·读书·新知三联书店 2011 年版，第 298 页。

　　③　梅清题《黄山十景图册》之八. 原画现藏故宫博物院。影见《梅清画集》，天津人民美术出版社 2008 年版，第 37 页。

　　④　梅清题《黄山十二景图册》之四. 原画现藏安徽博物院。影见《安徽博物院藏孙大光捐献文物精品集》，安徽美术出版社 2019 年版，第 207 页。

　　⑤　梅清题《鸣弦泉图轴》. 原画现藏安徽博物院。影见《梅清画集》，天津人民美术出版社 2008 年版，第 140 页。

似练,居中挂于隐显不定的崖壁,下方一高士抚琴端坐,同样地仰观瀑水。姑且不问梅清作鸣弦泉图像的目的是否为了卧游,画上的跋语,"鸣弦泉,石面平流中,有石梁贯之,予曾抱琴相对,不必鼓弦动操,而淙淙有声"①,似乎在揭示作者对旧游之地的怀想。与"图轴"中的观瀑者比较,这里的高士则端坐巨岩,抱琴不鼓,静听仙界奏乐,仿佛是对自己说:人间之弦音,何有仙乐之美感?梅清画黄山,大抵有人的介入,不外乎山水画谱里解读的"点景"人物,行立坐卧皆是简笔之态,隐含景中,唯写鸣弦泉,把人物布于画面的显要地位。切看《黄山十六景图册》《十二景图册》中的"鸣弦泉",两图一横一纵,置物没有分别,皆是近处山石上一布衣文士倚靠孤立虬松观看瀑水,作者明显加强了人物在画面中的主体地位,根据画中题识"鸣弦泉,为造物最巧之景,以拂松图写之,庶可传其清音耳"②、"鸣弦泉,有石梁横其前,泉水淙淙,依稀丝竹,实奇观也"③来判断,不言而喻,这个拂松观瀑者,其实就是梅清的自我写照。值得品读的是,两幅画中的虬松,态度盘曲,仿若苍龙,完全是在意象的美学语境下,制造出一种"高古"之趣。所以,时人尝有"谁能画龙兼画松,麟而爪鬣行虚空?谁能画松如画石,石骨荦确松蒙茸?"④"老瞿画松如画龙,突兀半壁苍云浓;通身鳞甲隐复现,爪痕劈破青芙蓉"⑤等等赞语。

中国山水画走向"意象",实现卧游的审美境界,也是文心使然。与中国传统的诗词歌赋一样,皆以意象的感知语境,传递作者的精神寄托。作为绘画一科,六朝时的山水画,不仅追求"形神兼备","卧游"与"畅神"更是其终极美学。南朝宗炳所做的广罗天下名山大川,图之于室,"唯当澄怀观道,卧以游之"⑥,所发"闲居理气,拂觞鸣琴,披图幽对,坐究四荒,不违天励之藂,独应无人之野"等等感慨,无非"畅神而已"⑦。稍后的王微进一步辩护了山水画的美学要旨,所谓"形者融灵而动变者,心也",把山水画创作纳入表现"灵"和"心"的境地,甚至在目不所及、见者不周的情况下,则"以一管之笔,拟太虚之

① 梅清题《黄山十九景图册》之九.原画现藏上海博物馆。影见《梅清画集》,天津人民美术出版社2008年版,第63页。

② 梅清题《黄山十六景图册》之三.原画现藏故宫博物院。影见《梅清画集》,天津人民美术出版社2008年版,第24页。

③ 梅清题《黄山十二景图册》之五.原画现藏安徽博物院。影见《安徽博物院藏孙大光捐献文物精品集》,安徽美术出版社2019年版,第208页。

④ 王士禛.渔阳精华录集释(下)[M].上海:上海古籍出版社,1999:1395.

⑤ 汪懋麟.天延阁赠言集(卷一)[M]//四库全书存目丛书·集部二二二.济南:齐鲁书社,1997:513-514.

⑥ 沈约.宋书(卷九十三)[M].北京:中华书局,2018:2503.

⑦ 宗炳.画山水序[M]//俞崑.中国画论类编(上).台北:华正书局有限公司,1984:583-584.

体"，以为卧游山水时，达到一种"望秋云神飞扬，临春风思浩荡"①的审美享受。

其实，梅清的画学思考与古人的美学致思并无轩轾之分，他的许多《黄山图像》，创作过程往往是由心立象，在"畅神"中实现"聊当卧游"的目的。譬如他七十一岁时所画《黄山十九景图册》，几乎在每幅画里都安排有人数不等的观景者，即便空山无人，也有屋宇或穿插于山脚、或掩蔽在林木烟云中，寓示人的存在，梅清作卧游的信息好像也在这里。看他画中题注便可明白，如第二幅《喝石居图》："喝石居，此亦石公粉本也，予亦未到，乃黄山别业。久不耐用细笔，又不甘以老态自居。他日石公见之，得毋谓老瞿效颦耶。"②画面中只见一座简易茅屋，山石、杂木、修篁围绕，其余的空间皆有岚影替代了。第三幅《五老峰图》，虽有人登山观景，画上的题识却与上幅画类似："石涛和尚从黄山来，曾写数册见示，中间唯五老峰最奇。予游黄山竟未与五老一面。意中每不能忘，握笔时仿佛得之。"③的确，梅清一生仅两次登临黄山，与喝石居、五老峰未曾谋面，也在情理之中。姑且不问这些图像的成立是援用石涛的画，还是他超乎寻常的想象，梅清作此图的目的，当是为了完整地领略黄山的全景之美。《黄山十九景图册》，应该说在梅清的《黄山图像》作品中，最具代表性，无论选景，还是造境，包括情景融合，无不体现一个诗人的高度。尤其在他那简括的造型中，借助多种笔法，或以淡墨晕染，或以浅绛敷之，皆能稳妥地把捉山水形体的内在特性和神态，唤出自然丘壑的勃勃生机。

从梅清《黄山图像》中的题识来看，大抵是他登临黄山后的忆写之作，自然地，他的山水形体也就呈现出较多的简略之貌，意象之趣。这种描绘自然的方式，与古人的山水美学既有契合点，也有分离处。宗炳追求的是"质有而趣灵"，五代和北宋，则筑起了一座座构成繁复、章法严谨、气象博大的艺术高峰，而自苏东坡提出"论画以形似，见于儿童邻"④之后，文人画家崇尚"意象"美学，逮元季形成主流，尤其在倪瓒"仆之所谓画者，不过逸笔草草，不求形似，聊以自娱耳"⑤的言论助力下，中国山水画彻底走向写意一端，有谓："元人专为写意，泻胸中之丘壑，泼纸上之云山。"⑥梅清早期的山水画创作，其实也

① 王微．叙画［M］//俞崑．中国画论类编（上）．台北：华正书局有限公司，1984：585.

② 梅清题《黄山十九景图册》之二．原画现藏上海博物馆．影见《梅清画集》，天津人民美术出版社年 2008 版，第 54 页．

③ 梅清题《黄山十九景图册》之三．原画现藏上海博物馆．影见《梅清画集》，天津人民美术出版社年 2008 版，第 56 页。

④ 苏轼．苏东坡全集（卷二十九）［M］．北京：燕山出版社，2009：720.

⑤ 倪瓒．清閟阁集［M］．杭州：西泠印社出版社，2010：319.

⑥ 王绂．书画传习录［M］//俞崑．中国画论类编（上）．台北：华正书局有限公司，1984：100.

是规整的"细笔",虽有意象的趣味,总体倾向雅秀。随其艺术积淀深厚,表现形式逐渐转到笔法恣肆、松动秀逸的风调上来。特别在他与黄山"晤面"后,把山水的写意精神,以及郭熙所说的"山水有可行者、可望者、可游者、可居者"①的审美境界推向了新的高度。梅清正是在对传统美学的吸收、继承中,破茧化蝶,再辟蹊径,通过笔墨的变化和情感的积蓄,借黄山之景,心师造化,达成他众多富有意象之美、可作"卧游"的《黄山图像》。在这些极具视觉美感的画面里,虽然作者均标明了黄山的具体景点,却未囿于客观实在,而是通过记忆,选择简括的笔墨语汇,采用浅淡的晕染形式,带领欣赏者一同进入"卧游"的美的联想中去。

二、立象显"影"以澄怀

在中国山水画史上,尤其是明清两季,为黄山立像而彰名者,一是渐江,二是石涛,再者即是梅清了。现代画家贺天健对三家所画黄山尝作这样的比较:"石涛得黄山之灵,梅清得黄山之影,渐江得黄山之质。"②

说梅清写照黄山得其"影",这个譬喻十分的恰切而有趣。究其因果关系,有必要在这里作些探讨,以观"影"之消息。

中国传统画学,对"影"的概念的体认,并非自然界中的物理现象,也非欧洲写实绘画强调的自然光源下的物体投影,它是画家凝物状形时怡悦心境的手段和媒介,因此,在中国绘画的创作实践中,画家对关切之物往往虚其细节,撷取物象轮廓之概要,以此通往诗家所说的自然常形未能扩限的"象外之象""韵外之致",所谓"舍形悦影"③。犹宗少文"神本亡端,栖形感类,理入影迹,诚能妙写,亦诚尽矣"④的画学理解,他拟山水,也是在借"影"的法则,尽山川林泉之妙,以此"澄怀味像","万趣融其神思"⑤。梅清着力的恰恰是对黄

---

① 郭熙. 林泉高致集·山水训[M]//于安澜. 画论丛刊(上册). 台北:华正书局有限公司,1984:17.

② 贺天健. 学画山水过程自述[M]. 北京:人民美术出版社,1992:137.

③ 关于"影"之作用,明季画家徐文长在其《书夏珪山水卷》跋文中说:"观夏珪此画苍洁旷迥,令人舍形而悦影。但两接处,墨与景俱不交,必有遗矣,惜哉!云护蛟龙,支股必间断,亦在意会而已。"他在《送俞生之入楚》谈画竹时,也强调了影的重要性:"万物贵取影,写竹更宜然,秋阴不通鸟,碧浪自翻天。戛戛俱鸣石,迷迷别有烟,直须文与可,把笔取神传。"清人郑板桥画竹取影入画,同样很有启示,他说:"凡吾作画,无所师承,多得力于纸窗、粉壁、日光月影中耳。"

④ 宗炳. 画山水序[M]//俞崑. 中国画论类编(上). 台北:华正书局有限公司,1984:583.

⑤ 宗炳. 画山水序[M]//俞崑. 中国画论类编(上). 台北:华正书局有限公司,1984:584.

山烟云氤氲、虚灵空幻相貌的捕捉,立象显"影",凝定出一个既可"聊当卧游"亦可"澄澈胸怀"的审美载体。

暂且不论梅清"得黄山之影"是否缘于昔人的美学,他所促成的《黄山图像》,从诠释自然的方式上来看,在中国山水画的发展史中是极难遇见的。这种方式的独特性,则是俭约或虚化客体中表象的、技巧性的肌理成分,达成一种流动、虚朦和意象的山水神韵,使客体在审美上愈显清旷、幽澹的"影"之灵趣。观梅清的《黄山狮子峰图轴》,层层山峰上下叠列,运米家山水皴法,虽然峰头重墨点染,却不见山体骨架,或许是作者故意为之,淡墨往两侧化开,形成流动的烟云,使层叠的大小山峰飘忽不定。尤可寻味的是,作者采取竖幅条形的构成,既像俯瞰山川,又有仰视之妙,由于远山峰头并未减弱,墨色和比例皆与近山仿佛,结果是把本为深远的视野颠覆成一个浮冉律动的、高远式的图景。同样地,《黄山十九景图册》中的《西海门》,按作者的视线,明显是一种平视状态,然而,梅清搭建出来的空阔、博大的黄海境象,却从深远越向了高远,右侧巨崖磅礴,威严可怖,崖壁上一条狭窄的山路,朦胧中似有行人活动;左侧烟岚密布,笋状山峰参差林立,为呼应岚影,多取淡墨干皴、浅染,偶运湿墨以求远近空间变化,峰上隐约有松枝摇曳,显出自然生机,似乎一处流动的把捉不住的海市蜃楼。梅清画出此种景象,也是根据他观览黄山的诸多感受,尤其是他能越过这些感受,去作丰富的联想和想象。看其画上题诗即可明白:"西海真天险,苍茫瞰落晖;千峰分剑立,一水绕龙飞;钟自云堆出,僧从石罅归;晚风吹动处,仙乐听依稀。西海门看落照。瞿山清,时年七十有一。"①梅清在七十岁以后的作品,许多画面不再计较形的得失,而是朝"淡"的意味发展,取消一切有可能影响视觉美感的对比度。至于梅清转换自然山水时是否借"影"的境界怡悦心神,或持有宗炳的"澄怀味像"之念,暂不决断,起码在欣赏者这里,那些清淡的、似形若影的黄山景色,令人不止目前朗然,心境也随之澄澈起来了。

如果说梅清不计形的得失,偏执于"影",并非实际,在他所有的山水形体中,客观形态也是显见的,只不过是对自然作一种理想的视觉呈现,或是一种高哲境界的诠释。前面有说,梅清写《黄山图像》,依靠的是"心师造化",而非面对自然如实描绘。明人董其昌尝云:"子美论画,殊有奇旨。如云'简易高人意',尤得画髓。昌信卿言:'大竹画形,小竹画意。'"②"王右丞诗云:'宿世

---

① 梅清题《黄山十九景图册》之十二.原画现藏上海博物馆。影见《梅清画集》,天津人民美术出版社年 2008 版,第 86 页。

② 董其昌.董其昌全集(叁)[M].上海:上海书画出版社,2013:162.

谬词客,前身应画师。'余谓右丞'云峰石迹,迴合天机;笔思纵横,参乎造化'。"①北宋苏轼也曾说:"余尝论画,以为人禽宫室器用皆有常形。至于山石竹木,水波烟云,虽无常形,而有常理。常形之失,人皆知之。常理之不当,虽晓画者有不知。"②东坡先生的意思很明白,人皆知之的常形,谓之自然,而画绝不能与之雷同,否则,知画不如知自然。就像黄宾虹比较画与自然的分别:"古人言'江山如画',正是不如画。画有人工之剪裁,可成尽美尽善。天地之阴阳刚柔,生长万物,均有不齐,常待人力补助之。"③大自然本是千姿百态的,足可引起游观者的心理愉悦,然而在画家的笔墨里幻现出的虚实显晦、苍莽幽澹的种种韵致,自然常形是无法与之抗衡的。梅清对于物像的描绘,其实是拿"常形"作借题,譬如《黄山图册》中不少表现《天都峰》《莲花峰》《浮丘峰》《西海门》的画面,要么山峰呈"笋"状,要么变为"仙人掌",无非是通过自然加以人力剪裁,变其态度,达成他对美的境界的想象,哪还计较形之常态呢? 即便有一些流露自然常态的画面,梅清也没有简单机械地翻制对象,如《黄山十景图册》中的《接引松与绕龙松》,《十六景图册》中的《始信峰与绕龙松》,两幅画面中的山石峰峦,皆被烟云拦腰围住,似海中礁石凸现于海面,一株虬松环绕岩石峰头,始信峰上的接引松也在伸臂招呼,咫尺之间形成一个和谐的关系。这里的山也好,石也好,松也罢,其实都已脱尽了自然体相,只是在一个简括的形象里,呈现出合理合规的影迹。

仅从梅清的《黄山图像》论其"得黄山之影",似乎不足以反映其独特性。这里,不妨对前文提到的论者评价渐江和石涛的情况作一分析。渐江之所以能"得黄山之质",根本原因是他向以师法自然为其画学准则。无论是出家遁迹武夷,还是后来畅游江南丘壑、与家乡山水朝暮相处,皆由"感言天地是吾师"的作风,图成他不同感受、情调各异的山水之姿,尤其是他笔下的黄山,石涛看得十分确切:"笔墨高秀,自云林之后罕传,渐公得之一变。公游黄山最久,故得黄山之真性情也。即一木一石,皆黄山本色,丰骨冷然生活。"④如是,在渐江众多表现黄山的册页和图轴中,山石草木,无不骨力强明,严谨的风度,远远超越了元季山水的松秀格调。与渐江不同,被誉为"得黄山之灵"的石涛,实是仰仗黄山烟云氤氲之妙,创造出境象空灵的视界。观察他的《黄山图卷》,青鸾、云门、硃砂、天都、玉屏、莲花诸峰依序展开,烟云不绝,偶有霞光

---

① 董其昌. 董其昌全集(叁)[M]. 上海:上海书画出版社,2013:164.
② 苏轼. 苏东坡全集(卷五十八)[M]. 北京:北京燕山出版社,2009:1535.
③ 黄宾虹. 九十杂述[M]//黄宾虹文集·杂著编. 上海:上海书画出版社,1999:577.
④ 石涛跋渐江《晓江风便图》. 原画现藏安徽博物院. 影见《金题玉躞——安徽博物院藏古代书画》,安徽美术出版社 2017 年版,第 127 页。

映照山体,不仅具有现实场景的表象,也隐含着非现实的仙道意味,从卷末题跋"太极精灵堕地涌,泼天云海练江横""请看秀色年年碧,万岁千秋忆广成"①等句,想必可读出些许消息。

反观梅清的《黄山图像》,既无渐江那种赋予山石草木以强明的骨力,又无石涛繁复飘逸的笔墨风调,他的审美倾向是朝着单纯、清净的虚相一路发展的。梅清诸多《黄山图册》中所经营的山体结构和树木形貌,往往是取能够反映某一景点特征的局部,以促进物象形态的简明化,尽管有一些表现开阔的场景,也被他单纯、清净、虚相的墨色,把画面拉向了虚实交错、似影若幻的视觉上来,一种朦胧的、空灵放逸的黄山之"影"跃然纸上。这种"影"的视觉感,在梅清这里,其审美意义无异于昔人追求的"象外之象""韵外之致"。

其实,在中国山水画里,"虚"或"影"的美学意态,一直是画家商讨的焦点。新安人方士庶有说:"山川草木,造化自然,此实境也。因心造境,以手运心,此虚景也。虚而为实是在笔墨有无间……。故古人笔墨具见山苍树秀,水活石润,于天地之外别构一种灵奇。即或率意挥洒亦皆炼金成液,弃滓存精曲尽蹈虚揖影之妙。"②梅清的《黄山图像》固然源于客观,但从未囿于自然实景,立形、构图和造境皆显示出独有的面目。《黄山十二景图册》《十六景图册》《十九景图册》中的《浮丘峰》,即是典型的例子,三幅画面的构成形式,或纵或横,无一不朝虚境拓展。《十二景图册》中浮丘山的周围空间似乎更为宽阔,作者只在画面偏上的中心地位,勾出几座忽隐忽显的山峰形象,除了施以花青和有节制的点苔以显现它们的形态,上下左右的大面积留白,都成了云雾和天空的妙境了。梅清将浮丘峰和其他山峰一并处理成锥形,不仅显其高远势力,还给人一种古意满卷的迷离感和神秘感,淡雅中的山峰,虽然作为"实"的一面,却不失"影"的意味,这也是周遭的"虚""空"二相造成的。他的题跋也如实说明了这样的境界:"浮丘峰,如海上三神山,可望不可即。戏以缥缈之笔图之,非必实有此景也。"③这里的"可望不可即""缥缈之笔""非必实有此景"的表述,道出作者"蹈虚揖影"的创作方式和对客体进行的象外之联想。

黄山的百步云梯,也是梅清复作不厌的题材之一,如《黄山十六景图册》

---

① 石涛题《黄山图卷》. 原画现藏日本京都泉屋博古馆。影见《海外藏中国古代文物精粹——日本泉屋博古馆卷》,安徽美术出版社 2016 年版,第 372—375 页。

② 方式庶. 天慵庵笔记[M]//卢辅圣. 中国书画全书(十二). 上海:上海书画出版社,2009:454.

③ 梅清题《黄山十二景图册》之十二. 原画现藏安徽博物院。影见《安徽博物院藏孙大光捐献文物精品集》,安徽美术出版社 2019 年版,第 215 页。

《十景图册》《十二景图册》中皆有表现，而且都作对角构成，远山花青浅染，近处的主体山峰略有干墨勾皴，几个登山者隐于山腰，似喻此处的险峻。梅清在其中一幅题识："百步云梯，从后海至前海必由之路，一线直上，三面皆空，经过许久，至今忆之犹心怖也。"[①]在这三幅构图相当的画面里，作者虽然借助烟云流动制造了一些紧张气氛，置陈布势也还是黄山固有的峻拔景貌。值得关注的是，梅清在《黄山十九景图册》中的《百步云梯》，则摆脱了前三幅图像中的客观痕迹，将远山彻底涤去，留下的空白与山崖融为一体，虚幻的景象，只能靠感知辨出山体的存在。崖壁由淡墨干皴，显其厚度，偶见几株墨色较重的虬松悬挂于山头和山腰，随山势仰望，一条虚白的山路布于陡峭的几成垂直的山崖，此处亦见登山者，有曳杖，有挑担，迷蒙中似有若无。如果说梅清在他诸多的《浮丘峰》中有"曲尽蹈虚揖影"的嫌疑，那么，这幅借助清淡、虚灵的笔墨形式，诠释出的"百步云梯"，恐怕在渐江和石涛的《黄山图像》中是难能察见的，说梅清的"得黄山之影"，此图可见一斑。

梅清图画黄山，不仅制造出一种具有审美意义的"影"的视像，还将"影"的形势引向了"韵"的美学范畴上来。中国传统画学，自古把"气韵"和"神韵"视作衡量艺术格调高低的标尺。有气韵者，自得神韵，无气韵者，味之乏趣。南朝谢赫的"气韵生动"，虽然针对人物画而论，却为后世画家伸延到山水、花鸟等画科。五代荆浩则将气韵与笔墨多种审美关系联结起来综合评判，如说："画有六要：一曰气，二曰韵，三曰思，四曰景，五曰笔，六曰墨。气者，心随笔运，取象不惑。韵者，隐迹立形，备仪不俗。思者，删拨大要，凝想形物。景者，制度时因。搜妙创真。笔者，虽依法则，运转变通，不质不形，如飞如动。墨者，高低晕淡，品物浅深，文采自然，似非因笔。"[②]梅清在《黄山图像》的创作中，既有荆浩综合起来的立象方法，也不乏自己妙造自然的方式。面对黄山的万千气象，具体到山石草木的繁芜，他也是"心随笔运，取象不惑"，对自然物象譬如山石的结构与肌理，以及荫翳的松木，往往"删拨大要"，归纳整理出"韵"的秩序。而在用墨时，梅清所做的则是将黄山最具个性特点的种种物象，进行了极端的简化和虚化，如《浮丘峰》《百步云梯》《狮子峰》等画，只留山的影迹，未杂多余之物，恰因空白的假象，形成烟云流动，从而实现了"影"和"韵"之间的自然转换。

至于梅清的《黄山图像》"极烟云变幻之趣"，把"影"与"韵"融合统一，墨

---

① 梅清题《黄山十景图册》之一．原画现藏安徽博物院。影见《梅清画集》，天津人民美术出版社 2008 年版，第 34 页。

② 荆浩．笔法记［M］//俞崑．中国画论类编（上）．台北：华正书局有限公司，1984：606.

色变化是其关揆。梅清在他的所有《黄山图像》中,对墨色的理解和把控,恐怕要大于对自然形体的关切。譬如《黄山十六景图册》之《光明顶》,与前述《百步云梯》《浮丘峰》比较,墨色虽然浓郁,"影"之状貌,"韵"的气息,同样分明。远山的淡墨,与近山的焦墨勾皴,形成虚实对比的节奏。此外,在这样一个呈平行之势的构图里,烟云所起的作用显而易见,因其侵入,外借线条的流动布局,既托起了山峰峻势,喻出松涛呼啸,也把黄山之影的审美境象,推向了一个博大的空间,就像作者画上题句:"旷绝光明顶,天南四望空;谁知孤啸处,身在万山中;呼吸风雷遇,嶙峋日月通;仙踪如可接,何必梦崆峒。"①同样地,此册中的《文殊院》,在墨色运用上亦可玩味,台上周边的松林为"实",中间庙宇、僧人话禅,以及背山的灵光成为"虚"的天地,加上两端由天都、莲花二峰拥护,大片的烟云淹没了山腰和山脚,把文殊院烘托得似有灵光显现,璀璨耀目。如果说梅清在这几幅画里,一改虚濛的立象手段,增强了实与虚的对比,那么,他的黄山之"影"的讯息,正是从这些不断变化、交互融合的墨色里发酵出来,不仅作者借助这样的图式做着"卧游"与"澄怀"的快意之事,就连欣赏者也为之心驰神往,在"可行、可望、可居、可游"的视觉感里,荡漾出身临其境的审美愉悦了。

三、结 语

综上便知,梅清创造的所有的《黄山图像》,皆由"心师造化"成其"聊当卧游"的意象山水图式。也因"心师造化"别构出一个灵奇的"黄山之影"视界,并以此澄澈胸怀,怡悦心神,摆脱昔日仕进不第的郁悒。作为一个诗人和画家,梅清的成绩是显著的,然而,从其早年耽于仕途的志向来看,他的诗学与画学,无非业外闲技。由此判断,梅清在其山水实践里获取的审美愉悦,示意的精神之寓,或许还不止"卧游"与"澄怀"两端。

---

① 梅清题《黄山十六景图册》之十一. 原画现藏故宫博物院。影见《梅清画集》,天津人民美术出版社 2008 年版,第 29 页。

长三角旅游产业一体化政策的
特征分析与提升路径研究

唐　睿

摘　要：长三角一体化战略背景下，政策对长三角旅游产业一体化具有重要引领作用。本文从政策成员、政策内容、政策工具等角度入手，探讨长三角旅游产业一体化政策的阶段性特征，发现长三角成员扩容强化了一体化政策的区域影响，政府主体推动政策内容的创新变革，政策工具革新促使政策有效性得到持续释放，相关政策对长三角旅游产业一体化发展做出巨大贡献。最后提出了设定"激励相容、利益兼容"的创新目标、遵循"科学批判、动态测评"的设计原则、构建"政府引导、三方咨询"的决策系统、探索"尺度上推、微观试点"的推行步骤等长三角旅游产业一体化政策的提升路径。

关键词：长三角；旅游产业；一体化政策；阶段性特征

一、引　言

在 2018 年 11 月举办的首届中国国际进口博览会上，长三角一体化正式上升为国家战略，长三角地区迎来了重大的历史发展机遇。最新通过印发的《长江三角洲区域一体化发展规划纲要》指出长三角地区应通过一体化实现经济的高质量发展，成为全国经济发展活跃、率先达到现代化的样板区和示范区。旅游产业依托自身产业关联性强、就业带动力度大、生产过程绿色环保等优势，成为地区实现经济高质量发展的支柱性产业，旅游产业也是未来

作者简介：唐睿（1988—）男，安徽合肥人，安徽大学创新发展战略研究院讲师，主要研究方向为产业经济学。

长三角一体化需要关注的重点产业之一。长三角地区旅游产业合作起步较早,1999年举办的长三角城市经济协调会(该会议在2010年正式更名为"长江三角洲城市经济协调会市长联席会议")最早对长三角地区旅游产业提出了初步的发展构想,随后历年的长三角城市经济协调会、长三角地区旅游合作联席会议、各类国家及省市层面的发展规划均对长三角旅游产业的一体化发展做出了明确的引导和部署。科学详细的制度安排为长三角地区旅游产业合作提供了有效的政策指引,规范了不同地区的竞合行为,对于长三角地区旅游产业一体化发展做出了巨大贡献。

然而,由于长三角不同地区旅游资源禀赋不同、旅游产业发展差距较大,叠加一体化政策实施主体模糊、权力约束不足、贯彻力度不一等问题,长三角旅游产业一体化进程仍然受到多重阻碍。政策作为政府调控产业发展的有效手段,在长三角旅游产业一体化进程中扮演重要角色。本文从政策成员、政策内容、政策工具等角度入手,探讨长三角旅游产业一体化政策不同方面的阶段性特征,对政府决策部门全面把握政策的动态发展,强化政策落实效果,进一步发挥政策对长三角旅游产业一体化的推动作用具有重要的理论意义和实践价值。

二、文献综述

旅游产业一体化政策的演变及影响效果一直是学界探讨的热点。在旅游产业一体化政策的演变方面,李锋等(2013)对我国旅游业一体化政策的效果进行了阶段性的评价,认为我国的旅游业一体化政策在1993年以前效果不大,1999年旅游业一体化政策对旅游业发展和国民经济发展起到了一定促进作用,2009年的政策在激励旅游业发展的同时也加深了旅游业的脆弱性[①]。杨秀云等(2018)研究发现中国旅游业一体化政策力度随时间变化波动较大,但总体处于波动上升态势。规范旅游市场是近40年来中国旅游业一体化政策的最主要目标[②]。张辉和成英文(2015)指出在国民旅游兴起、中国公民出境旅游兴起、度假旅游需求勃发、旅游市场逐渐细分的背景下,旅游政策也应

① 李锋,孙根年,付琦. 基于抗周期性角度的我国旅游产业一体化政策效用评估研究——以四次旅游业一体化政策为例[J]. 经济地理,2013,33(6):162—169.
② 杨秀云,李扬子,阮丽娟. 中国旅游产业政策的演化特征[J]. 长安大学学报(社会科学版),2018,v. 20;No. 73(02):66—76.

该紧扣时下的最新需求,进行自我调整①。在一体化政策影响效果方面,国内学者均认为一体化政策推动了我国不同地区旅游产业的协调发展。王慧娴和张辉(2015)研究发现我国历年旅游政策是有效的②。李光勤等(2018)研究发现"局改委"政策对相关地级市的旅游产业发展具有显著的促进作用③。何丽红等(2007)研究发现我国的一体化政策由于由政府主导,因此与现状相符,可以促进我国旅游产业的协调发展④。韩卢敏等(2016)研究发现安徽省的一体化政策对市场主体和政府具有激励作用,引导二者加大对区域旅游节点和旅游交通的建设,对旅游产业协调发展产生了正向影响⑤。由此可见,由于我国垂直府际的央地关系,政策的约束性较强,自上而下可以得到有效贯彻,一体化政策在实践过程中往往可以取得较好的效果。

三、长三角旅游产业一体化政策的阶段性特征

(一)长三角成员扩容强化了一体化政策的区域影响

1. 一体化成员自发组织限制了政策的推广力度

长三角一体化最早可以追溯到1982年成立的上海经济区,上海经济区划定上海市和江苏省、浙江省的部分市县为经济区成员。其间发布的《上海经济区发展战略纲要》主要聚焦工业发展,只是将旅游产业作为增加出口外汇的一种手段。由于上海经济区成员力量有限,且受制于计划经济的约束,旅游产业并未受到决策层的重视。随着20世纪80年代后期中央和地方政府新一轮权力调整,上海经济区最终被撤销。随后1992年长三角14个城市联合成立了长三角经济协作办主任联席会议⑥,该会议在1997年升级为长江三角洲城市经济协调会。从2001年至2007年,历届会议只在成员城市内部轮流举办,由于成员城市相对稳定,且并未发布关于推进长三角旅游产业发展的

---

① 张辉,成英文.中国旅游政策供需矛盾及未来重点领域[J].旅游学刊,2015,30(7):6-7.

② 王慧娴,张辉.中国旅游政策评估模型构建与政策变量分析[J].旅游科学,2015,29(5):1-13.

③ 李光勤,胡志高,曹建华.制度变迁与旅游经济增长——基于双重差分方法的"局改委"政策评估[J].旅游学刊,2018,33(1):13-24.

④ 何丽红,马木兰,郑丽.中国旅游业发展过程中政府主导绩效研究——基于政策效果的评估[J].经济与管理,2007,21(4):92-95.

⑤ 韩卢敏,陆林,杨兴柱.安徽省旅游政策变迁及其空间响应研究[J].地理科学,2016,36(3):431-438.

⑥ 14个城市分别为上海、无锡、宁波、舟山、苏州、扬州、杭州、绍兴、南京、南通、常州、湖州、嘉兴、镇江。

针对性政策,因此该阶段长三角旅游产业一体化进程十分缓慢。

2. 一体化成员快速增加扩大了政策的影响范围

进入2008年,长三角地区成员数量迎来了快速增长。2008年和2010年由国务院颁布的《关于进一步推进长江三角洲地区改革开放和经济社会发展的指导意见》和《长江三角洲地区区域规划2010—2015》将长三角的区域范围划定为上海、江苏省和浙江省的所有城市,长三角成员相对于以往大幅度扩容。此外,2010年举行的长江三角洲城市经济协调会市长联席会议①首次将安徽省的部分城市纳入会议成员。2016年国务院颁布的《长江三角洲城市群发展规划》正式将安徽省的部分城市纳入长三角地区范围中,至此长三角成员城市基本确定。2019年10月在安徽省芜湖市召开的长三角城市经济协调会第19次会议又吸收安徽省7个城市为长三角成员,成员城市数量达到41个。至此长三角地区实现了对一市三省所有城市的全域覆盖,成员城市的扩容壮大了长三角地区的整体实力,强化了一体化政策的区域影响力。

(二)政府主体推动政策内容的创新变革

1. 政府跨区域合作细化了一体化政策的空间布局

2010年颁布的《长江三角洲地区区域规划2010—2015》提出要在宁湖杭沿线、运河沿岸市县发展休闲旅游,将环太湖地区打造为全国重要的旅游休闲带,将浙西南地区打造为生态休闲旅游目的地。2014年举办的长三角地区旅游合作联席会议提出构建"三沿五环一轴"长三角水上旅游空间布局,打造旅游服务示范区。无论是国家层面的旅游区域规划还是地方层面的旅游合作联席会议均对长三角地区旅游产业发展做出了详细的空间部署,这种政策导向增强了长三角旅游产业空间发展的科学性,有助于长三角旅游产业在地理空间上实现协调发展。

2. 政府积极引导促进了旅游产业和相关产业的深度融合

2010年颁布的《长江三角洲地区区域规划2010—2015》指出旅游产业是"面向民生的服务业",旅游产业除了具有劳务出口的性质外,其服务民生的属性逐渐被政策提及,说明政府除了关注旅游产业发展带来的经济效益,更加重视旅游产业发展所创造的社会效益。此外,本次规划还提出了旅游产业应积极和工业、农业、休闲产业、文化产业等产业相融合的目标。2012年举行的长三角地区旅游合作联席会议也指出旅游产业应该依托其他产业发展房车旅游、邮轮旅游、休闲度假旅游。旅游产业和相关产业融合发展不但反映了旅游市场的客观规律,也是长三角旅游产业一体化的大势所趋。

---

① 该会议的前身为长江三角洲城市经济协调会。

3. 日趋成熟的制度安排保障了长三角旅游产业一体化的持续发展

上海经济区时期发布的《关于建立长江三角洲经济区的初步设想》为长三角一体化提供了初始的制度保障。1997 年举办的长三角城市经济协调会标志着长三角旅游产业一体化制度安排的初步建立,该会议设立了常务主席方和执行主席方,规定经济协调会定期举行,自此长三角城市经济协调会拥有了常态化的举行制度。从 2003 年开始,除了个别年份外,历届长江三角洲城市经济协调会均会发布相关政策,协调一体化成员的跨区域合作。

表 1   历年长江三角洲城市经济协调会政策

举办时间	举办成员	出台政策
1997 年	扬州	《长江三角洲城市经济协调会章程》
1999 年	杭州	
2001 年	绍兴	
2003 年	南京	《关于承办世博会为契机,加快长江三角洲城市联动发展的意见》
2004 年	上海	《关于设立信息、规划、科技、产权、旅游、协作专题工作的提案》 《关于修改长江三角洲城市经济协调会章程的提案》 《关于设立长江三角洲城市经济协调会专项资金的提案》 《关于充实长江三角洲城市经济协调会常设机构的提案》
2005 年	南通	《长江三角洲地区城市合作(南通)协议》
2006 年	泰州	《长江三角洲地区城市合作(泰州)协议》
2007 年	常州	《长江三角洲地区城市合作(常州)协议》
2009 年	湖州	《长三角城市合作(湖州)协议》
2010 年	嘉兴	《长江三角洲地区城市合作(嘉兴)协议》
2011 年 3 月	镇江	《长江三角洲地区城市合作(镇江)协议》
2011 年 4 月	台州	《长江三角洲地区城市合作(台州)协议》
2013 年	合肥	——
2014 年	盐城	《长江三角洲地区城市合作(盐城)协议》
2015 年	马鞍山	《长江三角洲地区城市合作(马鞍山)协议》
2016 年	金华	——
2017 年	淮安	——
2018 年	衢州	《长江三角洲地区城市合作(衢州)协议》
2019 年	芜湖	《长三角城市合作芜湖宣言》

在长江三角洲城市经济协调会出台的相关政策中,专门促进旅游产业发展的内容较少,但是相关政策会直接或者间接地对长三角旅游产业一体化产生影响,除了 1999 年和 2001 年的两次会议专门以"区域合作与旅游商贸专题的深化"及"抓住机遇,发展大旅游"为主题办会之外,其他年份的部分会议也间接的将长三角旅游产业发展纳入到政策内容中。2003 年的会议提出了打造长三角旅游共同市场,2007 年的会议商定在旅游方面进一步深化合作,2011 年的会议提出要开发长三角高端商务旅游产品,2018 年的会议发布了长三角城市旅游合作成果,并就商定合作领域出台了具体的落实措施。这都表明长三角旅游产业一体化的制度保障力度得到了不断提升。

从 2011 年举办至今的长三角地区旅游合作联席会议均会基于当时长三角旅游产业发展热点出台针对性的一体化政策。作为专门聚焦旅游产业发展的会议,长三角地区旅游合作联席会议对于区域旅游产业一体化的推动力量更强。2011 年和 2012 年会议确定的相关政策确定了长三角地区开展旅游合作的基本制度规范,对长三角三省一市旅游产业发展的战略对接、资源共享、分工合作都做出了详细规定。随后几年长三角地区旅游合作联席会议发布的政策逐渐深入到旅游产业合作的各个细分领域,出台了推动长三角旅游产业一体化发展的详细措施,这些政策标志着长三角旅游产业一体化的制度安排日趋成熟,成熟的制度安排对长三角旅游产业一体化发展做出了巨大贡献。

表 2　历年长三角地区旅游合作联席会议政策

举办时间	举办地点	出台政策
2011 年 5 月	上海	《苏浙皖沪旅游一体化合作框架协议》
2011 年 11 月	合肥	——
2012 年	无锡	《共同推进长三角休闲度假旅游发展合作协议》
2014 年	上海	《长三角地区率先实现旅游一体化行动纲领》
2015 年	苏州	《长三角旅游发展合作苏州共识》
2016 年	杭州	《2016 长三角区域旅游一体化发展杭州方案》
2017 年	黄山	《推进长三角区域旅游一体化发展 2018 年行动计划》

(三)政策工具革新促使政策有效性得到持续释放

1. 传统工具依赖导致政策效果无法充分发挥

上海经济区时期发布的政策仅对长三角旅游产业发展方向进行了粗略的描述,1999 年和 2001 年的长三角城市经济协调会以"区域合作与旅游商贸专题的深化"和"抓住机遇,发展大旅游"为议题办会。该阶段长三角地区主要借助政策纲要和制定会议议题等有限的政策手段探索旅游产业一体化的发展路径,对传统政策工具的依赖程度较高,缺乏进行政策工具创新的动力,导致一体化政策的效果无法得到充分发挥。

2. 精致政策工具使用增强了政策效果的时效性[①]

上海世博会首先引起了精致政策工具在长三角旅游产业一体化中的广泛推行。长三角城市经济协调会围绕上海世博会先后提出了打造长三角旅游共同市场、举办上海世博会湖州"友谊日"方案等措施。面对2007年爆发的全球金融危机,《关于进一步推进长江三角洲地区改革开放和经济社会发展的指导意见》提出应将旅游业培育为国民经济新的增长点。2016年长三角地区旅游合作联席会议承接G20峰会和上海迪士尼的后续效应,推进长三角区域旅游"一卡通"工程。由此可见,不断变化的宏观环境为长三地区政策工具创新提供了抓手,增强了政策工具的灵活性和时效性,强化了精致政策工具在特定阶段推动长三角旅游产业一体化发展的力度。

3. 混合政策工具的推广放大了政策推进旅游产业一体化的效果

混合政策工具是介于强制性政策工具和市场性政策工具之间的一种政策工具,混合政策工具所具备的"强制性"和"市场性"的二元属性决定了该类型政策工具在推进长三角旅游业一体化的实践中具有较强的应用价值。混合政策工具的具体内容如下。

表3　混合政策工具的具体内容

政策工具类型	预期效果	具体形态
管治工具	遵从	直接提供、经济管制、社会管制
激励工具	产生短期价值的回报	拨款、税收支出
能力构建工具	产生长期价值的回报	人才培养、基础设施的建设
系统改进工具	公共服务供给的优化	政策规划、流程再造

长三角地区旅游合作联席会议发布的众多政策工具具有激励工具、能力构建工具和系统改进工具的属性,下表展示了长三角地区旅游合作联席会议混合政策工具的情况。

---

① 精致的政策工具强调环境对政策工具选择的影响,认为政策工具的选择应以环境的需要为依据,政策工具效果的评判标准即观察该政策工具是否满足了环境的特殊需要。

表4 长三角地区旅游合作联席会议混合政策工具情况

举办时间	政策名称	政策措施	政策工具类型
2011 年 5 月	《苏浙皖沪旅游一体化合作框架协议》	设立旅游业发展投资基金 培育大型旅游企业集团 举办小型旅游交易会 引导旅游企业面对面进行业务洽谈	激励工具
	《长三角房车服务区标准》	共建房车营地网络信息系统	能力构建工具
2012 年	《共同推进长三角休闲度假旅游发展合作协议》	联手开展休闲度假旅游的推介营销 加快休闲度假旅游专业人才培养	能力构建工具
		推进长三角休闲度假旅游公共服务体系建设 加强休闲度假旅游业标准化建设	系统改进工具
2014 年	《长三角地区率先实现旅游一体化行动纲领》	设立专项工作小组 建立长三角旅游信息库	能力构建工具
		完善假日旅游预报制度和旅游警示信息发布制度	系统改进工具
2015 年	《长三角旅游发展合作苏州共识》	探索建立旅游客车过桥过路减免收费机制	激励工具
		实现官方旅游网站的相互链接 规范长三角区域道路旅游交通标志标牌设置	能力构建工具
		建立长三角区域主要景区产品联动优惠机制	系统改进工具
2016 年	《2016 长三角区域旅游一体化发展杭州方案》	探索建立长三角区域主要景区产品联动优惠机制 推进长三角区域旅游"一卡通"工程	系统改进工具
2017 年	推进长三角区域旅游一体化发展2018 年行动计划》	编制长三角旅游发展总体规划	系统改进工具

　　由表可知,长三角地区对激励工具的应用较少,由于旅游产业并不是长

三角地区国民经济的支柱产业,无法从政府获得充足的财政补贴,政府只能运用设立产业发展基金、组织旅游企业业务洽谈、减免旅游车辆路桥费等市场调控手段助力旅游产业一体化发展。长三角地区更多运用能力构建工具和系统改进工具促进旅游产业协调发展,比如公共服务的建设、旅游人才的培养、建立长三角区域主要景区产品联动优惠机制等政策措施都有助于加速长三角地区旅游产业一体化进程,提升长三角旅游产业一体化发展的内生动力。

四、长三角旅游产业一体化政策的提升路径

(一)设定"激励相容、利益兼容"的创新目标

中央政府在制定长三角旅游产业一体化政策时必须要综合考虑地方政府的发展目标,这些发展目标必须植根于长三角旅游产业发展的实际情况,并将长三角旅游产业一体化中的核心目标纳入中央政策的目标体系中来。同时,长三角地区应提倡各成员城市共同参与政策目标的制定。只有每个长三角成员城市都能成为旅游产业一体化政策目标制定过程中的一分子,才能确保长三角旅游产业一体化推进过程中的效率和公平。

(二)遵循"科学批判、动态测评"的设计原则

一是试点探索旅游产业一体化政策的评判机制,在取得成功后将经验模式在长三角范围内进行推广;二是建立事前评估的思维,在旅游产业一体化政策制定前,充分认识到政策的制定与执行成本,即旅游产业一体化政策是否会对其他产业产生"挤出效应",或者该政策是否具有极强的"非均衡效应",如果政策的成本超过了收益,则应对政策进行修订或者用其他方案代替;三是充分考虑旅游产业一体化政策的负外部性,如果政策引导下的旅游业一体化进程对环境、经济、民生产生了损害,则应叫停该政策;四是用发展的眼光看待旅游产业一体化政策,应对新兴旅游业需求和业态,及时淘汰过时政策,出台新政策以满足时代需要。

(三)构建"政府引导、三方咨询"的决策系统

政府除了依靠自身的政策咨询机构外,可以广泛地求助高校、科研院所甚至企业化的咨询机构,通过多方位的政策咨询集思广益。此外,长三角旅游行政管理部门还可以围绕不同阶段长三角旅游产业发展过程中遇到的现实问题确定研究议题,整合长三角的智力资源进行研究,为未来的科学决策提供参考。主动举办关于长三角旅游产业一体化的行业论坛和学术会议,号

召旅游企业、高校的科研团队、旅游企事业单位共同参与,分享彼此的实践经验和科研成果,推进理论与实践的融合,为一体化政策推动长三角旅游产业发展贡献智慧。

(四)探索"尺度上推、微观试点"的推行步骤

长三角地区可以选择具有代表性的某一城市为政策实施对象,评估政策的实施效果。当该旅游产业一体化政策产生了较为理想的效果,可以将政策在类似的地区普及,继续进行观察修正,然后结合地方经验和政府意志,出台正式的政策文件,在长三角地区进行全面推广。同时确定需要试点推行政策的旅游产业细分领域,结合时代背景和长三角旅游产业发展的阶段性特征,在旅游交通衔接、旅游人才培养、旅游与文化、科技的融合、旅游资源整合、旅游线路打造、旅游品牌塑造等方面出台针对性政策,确保"一事一议",提高一体化政策对这些细分领域的实际推动作用。

图书在版编目(CIP)数据

长三角一体化与安徽发展:安徽省社会科学界第十四届(2019)学术年会
论文集/马雷主编 . —合肥:合肥工业大学出版社,2019.12
ISBN 978 - 7 - 5650 - 4822 - 7

Ⅰ.①长…　Ⅱ.①马…　Ⅲ.①区域经济发展—安徽—文集②社会发
展—安徽—文集　Ⅳ.①F127.54 - 53

中国版本图书馆 CIP 数据核字(2019)第 290335 号

长三角一体化与安徽发展

安徽省社会科学界第十四届(2019)学术年会论文集

马　雷　主编　　　　　　　　　　　责任编辑　朱移山

出　版	合肥工业大学出版社	版　次	2019 年 12 月第 1 版
地　址	合肥市屯溪路 193 号	印　次	2019 年 12 月第 1 次印刷
邮　编	230009	开　本	787 毫米×1092 毫米　1/16
电　话	人文编辑部:0551 - 62903915	印　张	45
	市场营销部:0551 - 62903198	字　数	778 千字
网　址	www.hfutpress.com.cn	印　刷	安徽联众印刷有限公司
E-mail	hfutpress@163.com	发　行	全国新华书店

ISBN 978 - 7 - 5650 - 4822 - 7　　　　　定价：88.00 元

如果有影响阅读的印装质量问题,请与出版社市场营销部联系调换。